中国政法大学案例研习系列教材

刑法分则案例研习

XINGFAFENZE ANLIYANXI

（第二版）

阮齐林　方鹏 ◎编著

中国政法大学出版社

2018·北京

声　明　　1. 版权所有，侵权必究。

　　　　　2. 如有缺页、倒装问题，由出版社负责退换。

图书在版编目（CIP）数据

刑法分则案例研习/阮齐林，方鹏编著.—2版—北京：中国政法大学出版社，2018.8
ISBN 978-7-5620-8474-7

Ⅰ．①刑…　Ⅱ．①阮…②方…　Ⅲ．①刑法—分则—案例—中国　Ⅳ．①D924.305

中国版本图书馆CIP数据核字(2018)第182070号

出 版 者	中国政法大学出版社
地　　址	北京市海淀区西土城路25号
邮　　箱	fadapress@163.com
网　　址	http://www.cuplpress.com（网络实名：中国政法大学出版社）
电　　话	010-58908435（第一编辑部） 58908334（邮购部）
承　　印	北京朝阳印刷厂有限责任公司
开　　本	787mm×1092mm 1/16
印　　张	34.75
字　　数	741千字
版　　次	2018年8月第2版
印　　次	2018年8月第1次印刷
印　　数	1~4000册
定　　价	79.00元

作者简介

阮齐林 1957年10月生,安徽枞阳人。法学博士,教授,博士生导师。现执教于中国政法大学刑事司法学院。

方　鹏 1978年4月生,湖北枝江人。法学博士,副教授,硕士生导师。现执教于中国政法大学刑事司法学院。

编写说明

中国政法大学是一所以法学为特色和优势的大学，培养应用型、复合型、创新型和国际化的法律职业人才是我校长期以来的人才培养目标。高度重视学生法律实务技能培养，提高学生运用法学与其他学科知识方法解决实际法律问题的能力，是我校长期以来人才培养的优良传统。

开展案例教学是实现应用型法律职业人才培养目标的重要措施之一。中国政法大学具有案例教学的优良传统，建校之初就非常重视案例教学，开设了一系列的案例课程，多次组织编写案例教材。2005年，法学专业本科培养方案开始设置系统、独立的案例课程，明确要求学生必须选修一定数量的案例课程。2008年，法学人才培养模式改革实验班开始招生，在必修课程中开设了15门案例课程。2012年，实验班案例课程设置进一步优化，在必修课程中设置11门案例课程的同时，还开设了一定数量的案例课程供学生选修。经过长期的教学实践，案例课程已经成为我校课程体系的重要组成部分，成为推动教学方法改革的重要抓手，深受学生欢迎。

2012年，国家实施"卓越法律人才教育培养计划"，我校同时获批应用型复合型、涉外型和西部基层型全部三个卓越法律人才教育培养基地。为了做好卓越法律人才教育培养基地建设工作，全面深化法学专业综合改革，培养卓越法律人才，学校决定启动"中国政法大学案例研习系列教材"的编写工作。本套案例研习教材的建设理念是：在宏观思路上，强调理论性与实践性相结合，在重视基础理论的同时，根据法律职业人才培养需要，突出实践性的要求，一方面案例内容来自于实践，另一方面理论与实践相结合，培养学生解决实际问题的能力。在架构设计上，强调体系性与专题性相结合，既要基本涵盖对应课程的全部教学内容，符合体系要求，又要突出个别重点专题。在教材体例上，强调规范性与灵活性相结合，在符合基本体例规范要求的同时，可以根据不同课程实际情况有所变通。

本套案例研习教材的作者们长期在教学一线工作，法学知识渊博，教学经验丰富，因此，本套教材格外强调教学适用性，能够充分满足课程教学需要，能够充分发挥教师和学生两个主体的积极性，满足应用型法律职业人才培养的需要。

中国政法大学
2013 年 8 月

第二版修订说明

本教程自 2013 年 6 月问世至今已经 5 年多，其间，刑事立法、司法解释以及判例都有较大变化；同时，经历 5 年的教学使用，也需要根据教学经验和使用体会予以增补修订、不断完善。第二版增补修订之处主要有以下几项：

一、增补了 134 个案例，删除了 95 个案例，原案件总数为 281 个，现在为 320 个。

二、对案例的【案情】和【诉讼】部分进行了细致的梳理，删除了与掌握案情、案例要旨无关的冗长、繁琐叙述，显得更简洁。

三、编写思路上，与本书第一版有所区别：不再按照《刑法》分则第一至十章的顺序编写，而是以司法认定的难点为中心选择、编排案例。在这样的编排顺序之下，研习者能够从基本的、常见的犯罪类型入手，使案例研习有一个较为紧凑的开端，并逐渐形成对刑法分则的体系观念、逐步掌握刑法分则适用的一般方法。这导致本书案例分类和编排方法有所变化：选取常见多发"关联"案件类型，通过多个甚至十余个关联案例，进行深入系统的讲解，提高在"案件类型中关联罪名"的认定（适用）能力。例如，"致人死伤案件"，选取二十余个案例系统讲解故意伤害罪、故意杀人罪、过失致人死亡罪的适用；选取近二十个"驾车致人死伤案"，系统讲解交通肇事罪、以危险方法危害公共安全罪、故意杀人罪的适用；"诈骗类案件"，选取 11 个案例系统讲解骗取行为和非法占有目的，区别罪与非罪；"贪贿案身份"，选取 9 个案例着重讲解企业、村委会等国家工作人员身份的认定，等等。这个修订思路来自于 5 年来使用本教程第一版的教学体验。作为"案例"教材，似应尽量通过"案例"本身帮助学生掌握法律适用要点；作为"教材"，似应尽量用多个案例搭配讲解，帮助学生深入掌握罪名适用。这样或许效果更好。

以案件类型、司法认定的难点为核心选编案例，就需要尽量根据罪名特点和罪名适用之间的关联性编排章节体系。刑法分则虽然有四百多条文、五百多罪名，但其基本型无非是"侵犯人身"和"侵犯财产"，这两类犯罪是犯罪的"基本型"。其他犯罪如公共安全、经济犯罪、贪污贿赂、危害国家安全、军事利益、渎职等大多以基本型为基础，且与基本型相关联，可称之为"派生型"。因此，先研习"基本型"，再研习"派生型"，符合刑法罪名之间在知识上的逻辑联系。据此，第二版各章编排的顺序为：第一章侵犯公民人身权利、民主权利罪，第二章危害公共安全罪（不特定多人人身安全），第三章侵犯财产罪，第四章贪污贿赂罪等（特定身份人利用职务便利侵犯财产等），第五章破坏社会主义市场经济秩序罪（具有侵犯财产性），第六章妨害社会管理秩序罪，第七章渎职罪，第八章危害国家安全罪、危害国防利益罪、军人违反职责罪。这样一来，第二版的章节体系与《刑法》分则的章节体系不尽一致，请读者注意。

以案件类型、司法认定的难点为核心选编案例，也不能严格按照《刑法》分则的罪名体系编排。例如，《刑法》分则中，诈骗罪与金融诈骗罪、合同诈骗罪各在不同章节；职务侵占罪、挪用资金罪、非国家工作人员贿赂罪与贪污罪、挪用公款罪、贿赂罪也是各在不同章节，为了集中讲解，就不能拘泥于这些罪名在分则的体系位置，需要按照案件类型和认定难点来编排。

这给习惯于按照刑法分则章节、罪名体系授课的教师、听课的学生，或许带来不便。

本教程案例的判决、裁定内容基本是节选但绝无实质内容的添加，最终裁判结果，未作说明的均是已生效裁判的结果。

本次修订，宋行健同学协助做了大量的编辑工作。

编者
2018 年 8 月

前 言

"刑法分则案例研习"课程是以法学本科三年级学生为对象的专业选修课。为了规范教学内容,实现教学目的,同时也为了使这门课程走向成熟、定型,特编写此教程。

本教程设定教学对象已经修完刑法学及其他主要法学课程,在他们已有的刑法学及其他部门法学的知识基础上进行教学。目的是:①促进学生了解刑事司法实务,熟悉刑法法条、立法解释和司法解释以及权威判例,培养分析、处理案件的能力。②巩固和深化已经学过的刑法学知识。③兼顾司法考试的需要,为学生将来通过司法考试打基础。④学习判例规则,使之能够解决实务问题。本教程也可用作本科生、研究生刑法分则课程的案例辅导用书,以及用于法律职业者判例培训。

教程案例的选编,原则上选编真实判例,选编标准是典型、权威、具有一定的疑难性。典型判例有助于掌握法条、司法解释适用的常规情形,奠定基础知识。权威判例有助于掌握下位规则和司法习惯。疑难案例有助于掌握法律适用的争议点和解决疑难案件的方法。选取的案例以及对于其中案件要点的讨论,非常注重细节的规定,在同一个罪名之下,不同的案例涉及不同构成要件要素的理解和认定;当然,也有综合性的案例。授课老师在授课时,可以先挑选出该罪中最为疑难、具有综合性的案例,作为研讨的开头,然后分别讨论涉及各个构成要件要素的案例,最后回头分析综合案例。

教程内容以分则各罪刑条款的适用为基础,以总则的基本制度、基本原理为补充。分则条文是司法机关定罪的关键,同时也确立了量刑的基本框架,首先关注该案定罪处罚的基本依据,而后涉及其中的总则一般问题,比较顺应司法实务。

教程采取从"特殊到一般"的讲解顺序,与刑法学课程由"一般到特殊"的顺序相反。这里所谓特殊,指分则的内容;这里所谓一般,指总则的内容。采取这种方式主要是考虑刑法实务主要是各罪的认定与处罚问题,因此自然应当以各罪的认定与处罚为中心。这样的讲解方式或许更符合认知规律。通过个案的讲解,推及犯罪与刑罚的基本原理、制度,有利于深入、牢固地掌握。

教程按照《刑法》分则第一至第十章的顺序编写,这也是刑法学分则教材通行的体系。这样便于对照查找,也便于将来修订调整。不过,在使用本教程进行教学的过程中,不必按照教程编写的顺序。推荐从基本的常见的犯罪类型开始教学,即按照以下顺序进行:①第四章侵犯人身权利罪、②第五章侵犯财产罪、③第八章贪污贿赂罪、④第九章渎职罪。其后再依次研讨第二章危害公共安全罪、第三章破坏社会主义市场经济秩序罪、第六章妨害社会管理秩序罪。这样会有一个较为紧凑的开端,有助于在课程进行到中期就能形成一定的体系观念,掌握刑法分则适用的一般方法,避免产生分散凌乱之感。

本教程在编写过程中得到北京市朝阳区人民检察院、北京市朝阳区人民法院、北京市海淀区人民法院在提供案例资料方面的支持,特此表示感谢!

编 者

2013 年 6 月

目 录

第一章 侵犯公民人身权利、民主权利罪 …………………………………… 1
  知识概要 …………………………………………………………………………… 1
  第一节 故意杀人罪、过失致人死亡罪、故意伤害罪 ………………………… 1
    一、致人死伤案件的认定·基础案例 ………………………………………… 1
      案例一：甲男用水果刀攻击乙女致轻微伤案 …………………………… 1
      案例二：甲男推搡乙女致摔倒致右侧三踝骨折、距骨撕脱骨折
            达到轻伤一级案 ………………………………………………… 3
      案例三：杨春驾车致阻拦人死亡案 ……………………………………… 5
      案例四：张润博轻微互殴中致人倒地磕碰死亡案 ……………………… 5
      案例五：都某实施一般殴打导致特异体质被害人死亡案 ……………… 6
      案例六：季忠兵掷香蕉水桶致易燃液体泼洒烧死人案 ………………… 7
      案例七：蒋勇、李刚过失致人死亡案 …………………………………… 8
      案例八：罗靖掌推他人致后脑撞门致死案 ……………………………… 9
      案例九：赵金兴故意伤害致死案 ………………………………………… 10
      案例十：王兴佰、韩涛、王永央故意伤害案 …………………………… 11
      案例十一：郭春故意杀人案 ……………………………………………… 12
      案例十二：宋有福、许朝相故意杀人案 ………………………………… 13
      案例十三：陈卫国、余建华故意杀人案 ………………………………… 14
      案例十四：王乾坤故意杀人案 …………………………………………… 15
      案例十五：王宇航寻衅滋事案 …………………………………………… 16
      案例十六：钟平过失致人死亡案 ………………………………………… 17

案例十七：刘旭被控过失致人死亡案 …………………………………… 18
案例十八：穆志祥过失致人死亡案 ……………………………………… 18

二、拓展案例 …………………………………………………………… 19

案例一：张静玩"危险游戏"致人死亡案 ……………………………… 19
案例二：刘祖枝帮助"自杀"案 ………………………………………… 20
案例三：张某与恋人"相约自杀"案 …………………………………… 21
案例四：于欢防卫过当致人死伤案 ……………………………………… 23
案例五：王长友假想防卫过失致人死亡案 ……………………………… 26
案例六：过失导致手枪被他人用于自杀案 ……………………………… 27
案例七：K、J 二被告人不希望却认可勒死被害人 M 案 ……………… 28

第二节 强奸罪，强制猥亵、侮辱妇女罪，猥亵儿童罪 …………………… 29

案例一：被告人尾随妇女至女厕便坑隔门外窥视时被发现案 ………… 29
案例二：申文军强制猥亵妇女案 ………………………………………… 30
案例三：甲男涉嫌利用妇女醉酒强奸乙女案 …………………………… 32
案例四：夏培初骗奸案 …………………………………………………… 34
案例五：孟某等强奸案 …………………………………………………… 35
案例六：蔡某、马某某、田某某涉嫌强奸案 …………………………… 36
案例七：卓智成等强奸案 ………………………………………………… 37
案例八：张烨、施嘉卫等强奸、强制猥亵妇女案 ……………………… 38
案例九：谭荣财等强迫他人对妇女实施奸淫案 ………………………… 39
案例十：王晓鹏强制猥亵妇女、猥亵儿童案 …………………………… 41
案例十一：福富一猥亵儿童，黄日成引诱、介绍卖淫案 ……………… 42

第三节 绑架罪、非法拘禁罪 ………………………………………………… 43

案例一：郑师武致幻挟持他人非法拘禁案 ……………………………… 43
案例二：贾斌非法拘禁案 ………………………………………………… 44
案例三：田磊等为索取债务而劫持他人致人死亡案 …………………… 45
案例四：章浩、王敏绑架、非法拘禁罪案 ……………………………… 46
案例五：王星明、吴一非骗走外甥女后勒索案 ………………………… 48
案例六：李新朵绑架案 …………………………………………………… 49
案例七：雷小飞等非法拘禁案 …………………………………………… 49

　　　　案例八：叶清益绑架案 …………………………………………… 51
　　　　案例九：王高伟等截访案 …………………………………………… 53
　第四节　拐卖妇女、儿童罪，收买被拐卖的妇女、儿童罪，拐骗儿童罪 …… 54
　　　　案例一：武亚军、关倩倩拐卖儿童案 …………………………… 54
　　　　案例二：王锡龙"送养"亲生婴儿收取辛苦费案 ……………… 55
　　　　案例三：受智障女母亲之托为智障女介绍婚姻收费案 ……… 55
　　　　案例四：胡从方拐骗儿童案 ……………………………………… 56
　第五节　本章其他罪名 ……………………………………………………… 57
　　　　案例一：刘志庚、苑景武等故意伤害致人死亡案 ……………… 57
　　　　案例二：乔燕琴、李海婴等故意伤害案（孙志刚案）………… 58
　　　　案例三：韦思国等被控诬告陷害案 ……………………………… 60
　　　　案例四：蔡晓青侮辱案 …………………………………………… 62
　　　　案例五：周彩萍等"捉奸"侮辱他人案 ………………………… 62
　　　　案例六：赵明虐待案 ……………………………………………… 64
　　　　案例七：蔡世祥虐待、故意伤害案 ……………………………… 65
　　　　案例八：肖某过失致人死亡案 …………………………………… 66
　　　　案例九：万道龙将新生女婴遗弃林地案 ………………………… 67

第二章　危害公共安全罪 …………………………………………………… 68
　知识概要 ……………………………………………………………………… 68
　第一节　危害"公共安全"的认定 ………………………………………… 68
　　一、放火、爆炸、投放危险物质罪 ……………………………………… 68
　　　　案例一：陈美娟投放危险物质罪 ………………………………… 68
　　　　案例二：林木春为防盗窃在柚子果实中注入农药案 …………… 70
　　　　案例三：陈素华在他人院宅内水井中投毒案 …………………… 71
　　　　案例四：古计明、方振华投放危险物质案 ……………………… 72
　　　　案例五：及长龙烧毁蔬菜棚案 …………………………………… 73
　　　　案例六：为讨输掉赌资到网吧以汽油浇身欲自焚案 …………… 73
　　　　案例七：黄声党、黄家祯祭祖导致火灾案 ……………………… 74

二、以其他危险方法危害公共安全罪 …… 75
  案例一：郑小教以危险方法危害公共安全案 …… 75
  案例二：张健飞持刀无差别杀人案 …… 76
  案例三：司机陆某某、乘客张某某互殴导致交通事故案 …… 77
  案例四：曾巩义、陈月容非法狩猎案 …… 78
  案例五：叶润生开车撞人案 …… 79
三、破坏交通工具、交通设备和公用电信设施罪 …… 81
  案例一：李常安爆毁轿车案 …… 81
  案例二：李正林盗窃火车部件案 …… 82
  案例三：郝林喜、黄国祥破坏公用电信设施案 …… 83
  案例四：叶朝红等盗窃引发火灾案 …… 84

第二节 交通肇事罪、危险驾驶罪 …… 85
  案例一：王某交通肇事后逃逸责任认定案 …… 85
  案例二：安徽省颖上县人民检察院诉龚德田交通肇事案 …… 86
  案例三：王某甲驾车致一人重伤后逃逸案 …… 87
  案例四：赵双江故意杀人、赵文齐交通肇事案 …… 87
  案例五：邵大平交通肇事案 …… 89
  案例六：宋良虎、殷海军小区里撞人后抛弃被害人致死案 …… 90
  案例七：陈全安被控交通肇事案 …… 91
  案例八：钱竹平交通肇事案 …… 92
  案例九：冯广山交通肇事案 …… 93
  案例十：韩正连交通肇事后藏匿被害人致其死亡案 …… 94
  案例十一：倪庆国交通肇事后逃逸案 …… 95
  案例十二：李中海故意杀人案 …… 97
  案例十三：林某危险驾驶案 …… 98
  案例十四：唐浩彬危险驾驶案 …… 98
  案例十五：杜军交通肇事案 …… 99
  案例十六：孙福成以危险方法危害公共安全案 …… 99
  案例十七：梁应金等交通肇事案（合江特大沉船案）…… 100
  案例十八：谢忠德危险驾驶案 …… 102

　　　　案例十九：孙伟铭醉酒驾车连续冲撞致多人伤亡案 …………… 102
　　　　案例二十：黎景全以危险方法危害公共安全案 ………………… 104
　第三节　涉枪涉爆类犯罪 ……………………………………………… 105
　　　　案例一：朱香海、王作明等非法买卖枪支案 …………………… 105
　　　　案例二：赵春华非法持有枪支案 ………………………………… 107
　　　　案例三：非遗传人杨风申非法制造爆炸物案 …………………… 108
　　　　案例四：天宝石材厂非法制造、买卖爆炸物案 ………………… 109
　第四节　重大责任事故类犯罪 ………………………………………… 112
　　　　案例一：上海静安区高楼火灾案 ………………………………… 112
　　　　案例二：沈志明、曾小芳等危险物品肇事案 …………………… 114

第三章　侵犯财产罪 …………………………………………………… 118
　知识概要 ………………………………………………………………… 118
　第一节　抢劫罪、抢夺罪 ……………………………………………… 118
　　一、《刑法》第263条之抢劫罪 ……………………………………… 118
　　　　案例一：被告人阮传贵强奸、抢劫案 …………………………… 118
　　　　案例二：邹代明抢劫案 …………………………………………… 119
　　　　案例三：陈桂清抢劫案 …………………………………………… 120
　　　　案例四：侯吉辉、匡家荣、何德权抢劫案 ……………………… 121
　　　　案例五：王元帅、邵文喜抢劫、故意杀人案 …………………… 124
　　　　案例六：秦红抢劫案 ……………………………………………… 125
　　　　案例七：郭建良抢劫案 …………………………………………… 125
　　　　案例八：王志国、肖建美抢劫案 ………………………………… 126
　　　　案例九：赵吉寿被控抢劫案 ……………………………………… 127
　　　　案例十：李俊伟故意伤害、抢劫案 ……………………………… 129
　　二、转化型抢劫 ……………………………………………………… 130
　　　　案例一：杨飞飞、徐某抢劫案 …………………………………… 130
　　　　案例二：张运堂抢劫、李均平盗窃案 …………………………… 131
　　　　案例三：董小春被控抢劫案 ……………………………………… 132
　　　　案例四：尹林军、任文军盗窃案 ………………………………… 134

案例五：贺喜民抢劫案 ·· 134
　　案例六：翟光强等抢劫案 ······································ 136
　　案例七：赵晓波、白海波盗窃后殴打更夫案 ············ 136
　　案例八：杨辉、石磊等破坏电力设备案 ··················· 137
三、抢夺罪及其与抢劫罪的区分 ·································· 139
　　案例一：郭学周故意伤害、抢夺案 ························ 139
　　案例二：王平安强奸、抢夺案 ······························· 140
　　案例三：王跃军、张晓勇抢劫、盗窃案 ·················· 141
　　案例四：曾贤勇携带斧头抢夺案 ··························· 142
四、抢劫与寻衅滋事罪的区分 ····································· 143
　　案例一：霍某某等强拿硬要财物案 ························ 143
　　案例二：李某甲等寻衅滋事案 ······························· 144
　　案例三：亢红昌抢夺案 ·· 145

第二节　敲诈勒索罪 ·· 146
一、威胁、恐吓、要挟的手段 ····································· 146
　　案例一：熊志华等人捉奸之后索取财物案 ·············· 146
　　案例二：张舒娟将被害人哄骗至外地继而向家属索财案 ····· 147
　　案例三：孙吉勇威胁他人打欠条案 ························ 149
　　案例四：李书辉等殴打被害人并胁迫交财案 ··········· 150
二、非法占有目的 ··· 151
　　案例一：王明雨被控敲诈勒索案 ··························· 151
　　案例二：夏某理被控敲诈勒索案 ··························· 152
　　案例三：梁小红故意杀人案 ·································· 154
　　案例四：薛××敲诈勒索、寻衅滋事案 ·················· 155
　　案例五：廖举旺等敲诈勒索案 ······························· 156
三、抢劫罪与敲诈勒索罪本质特征的认定问题 ·············· 157
　　案例一：王某等四人敲诈勒索案 ··························· 157
　　案例二：明某等抢劫案 ·· 157

第三节　盗窃罪 158
一、盗窃的客观要件：盗窃行为、行为对象、结果 158
案例一：孔庆涛盗用他人股票账户资金高买低抛获利案 158
案例二：程稚瀚盗窃案 160
案例三：赵宏铃等盗窃案 161
案例四：马文翔通过互联网破解中欣银宝通卡密码消费案 162
案例五：孟动、何立康盗窃案 163
案例六：周洲非法获取计算机信息系统数据案 164
案例七：陆惠忠、刘敏非法处置扣押的财产案 165
案例八：梁建强、孙伟勇将质押车辆盗回案 166
案例九：申宇盗窃案 167
案例十：甲盗窃数额特别巨大未遂案 168

二、盗窃的主观要件：故意，非法占有目的 168
案例一：吴向东故意杀人案、破坏易燃易爆设备罪（北京三环
　　　　新城小区煤气爆炸案）............................... 168
案例二：曹根富盗窃案 169
案例三：杨光炎盗窃案 170

三、盗窃数额较大、多次盗窃、入户盗窃、携带凶器盗窃、扒窃 171
案例一：沈某某盗窃案 171
案例二：巫建福盗窃案 173
案例三：麦麦提依明·苏力坦盗窃案 173
案例四：张某入户盗窃未遂案 174

四、拓展案例：盗窃与职务侵占罪界分 175
案例一：林通职务侵占案 175
案例二：贺豫松职务侵占案 175
案例三：快递公司人员内外勾结窃取经管包裹案 176
案例四：雒彬彬担任游戏客服时窃取游戏金锭案 176

第四节　诈骗罪 178
一、基础案例：骗取财物行为和非法占有目的 178
案例一：罗小兵诈骗案 178

案例二：小贷公司负债累累借款还高利贷案 ······ 179
案例三：王先杰诈骗案 ······ 179
案例四：翁士喜被诉合同诈骗、判决非法经营案 ······ 180
案例五：钢浓公司、武建钢骗取贷款、诈骗案 ······ 181
案例六：梁保权、梁博艺信用卡诈骗案 ······ 182
案例七：马军贷款诈骗案 ······ 183
案例八：刘志刚冒充博士骗取安家费案 ······ 184
案例九：甲某涉嫌合同诈骗案 ······ 185
案例十：张文中诈骗再审无罪案 ······ 189

二、拓展案例：诈骗与盗窃、职务侵占罪、侵占罪的区别 ······ 190
案例一：丁晓君诈骗案 ······ 190
案例二：孙莹等假借手机盗窃案 ······ 191
案例三：葛玉友等诈骗案 ······ 192
案例四：陈平以假换真盗窃金项链案 ······ 193
案例五：朱影以驱鬼为由骗拿钱财案 ······ 193
案例六：冉禹"捡包诈骗"案 ······ 194
案例七：张东友骗卖备用铁路大桥案 ······ 195
案例八：李品华等人开车碰瓷骗钱案 ······ 198
案例九：何起明等抢走财物后哄骗被害人不追赶案 ······ 199
案例十：杨涛诈骗案 ······ 200
案例十一：程剑捡拾存折后猜配存折密码非法提取他人存款案 ······ 200
案例十二：二维码替换案 ······ 202

第五节 侵占罪 ······ 202
一、侵占罪的对象 ······ 202
案例一：出租车司机王严侵占乘客遗忘物案 ······ 202
案例二：阮玉玲被控盗窃案 ······ 203
案例三：王仁根盗窃他人埋藏财物案 ······ 203
案例四：杨飞侵占委托加工财物案 ······ 205

二、侵占罪与盗窃罪的区分：客观对象和主观故意 ······ 206
案例一：于江涉嫌侵占案 ······ 206

案例二：罗忠兰盗窃案 ··· 206
　　　案例三：左洪林盗窃案 ··· 207
　　　案例四：深圳机场女工梁丽"捡"走旅客黄金案 ············ 208
　三、侵占罪与职务侵占罪的区分 ······································ 210
　　　案例一：孟庆胜侵占案 ··· 210
　　　案例二：胡朕诈骗案 ·· 210
第六节　故意毁坏财物罪、破坏生产经营罪 ····························· 211
　　　案例一：孙静故意毁坏财物案 ································· 211
　　　案例二：刘俊破坏生产经营案 ································· 213
　　　案例三：朱建勇故意毁坏财物案 ······························ 213
　　　案例四：刘某反向恶意刷单案 ································· 214

第四章　贪污贿赂罪等 ··· 216
知识概要 ·· 216
第一节　贪污贿赂罪的主体：国家工作人员 ····························· 216
　　　案例一：卫建峰受贿案 ··· 216
　　　案例二：章国钧受贿案 ··· 217
　　　案例三：李培光贪污、挪用公款案 ··························· 218
　　　案例四：宋涛非国家工作人员受贿案 ························· 219
　　　案例五：赵玉生、张书安职务侵占案 ························· 220
　　　案例六：高世银非国家工作人员受贿案 ······················ 221
　　　案例七：杨志华收受贿赂案 ··································· 222
　　　案例八：朱洪岩盗卖国有资产案 ······························ 223
　　　案例九：黄明惠截留侵吞代征税款案 ························· 224
第二节　贪污罪 ·· 226
　一、利用职务上的便利 ··· 226
　　　案例：杨延虎等贪污案 ··· 226
　二、侵吞、窃取、骗取或者其他手段 ································ 228
　　　案例一：王雪龙挪用公款、贪污案 ··························· 228
　　　案例二：祝贵财等贪污案 ······································ 229

案例三：赵明贪污、挪用公款案 …………………………………… 230
案例四：邯郸农行管库员任晓峰、马向景等盗取金库巨款案 …… 231

三、贪污罪对象"公共财产" …………………………………………… 232
案例一：于继红套取单位房屋案 …………………………………… 232
案例二：石镜寰侵吞学校管理、使用的学生讲义费案 …………… 234
案例三：王自成等人私分企业收入案 ……………………………… 235
案例四：陆建中将诉讼代理费据为己有被控贪污案 ……………… 236
案例五：周爱武、周晓贪污案 ……………………………………… 238

四、贪污罪非法占有目的 ………………………………………………… 238
案例一：彭国军贪污、挪用公款案 ………………………………… 238
案例二：刘某挪用公款案 …………………………………………… 240
案例三：顾荣忠挪用公款、贪污案 ………………………………… 242
案例四：陈超龙以虚假手段掩盖挪用公款不能归还的真相案 …… 244

第三节 挪用公款罪 ………………………………………………………… 246

一、挪用公款归个人使用 ………………………………………………… 246
案例一：张威同被控挪用公款案 …………………………………… 246
案例二：张文中挪用资金再审无罪案 ……………………………… 247
案例三：歹进学被控挪用公款案 …………………………………… 248

二、挪用公款的用途 ……………………………………………………… 251
案例：刘国林、蔡文学、何志平挪用公款用于公司验资注册使用
仅一天案 ……………………………………………………… 251

三、挪用公款罪的对象 …………………………………………………… 252
案例：王正言挪用公款案 …………………………………………… 252

四、挪用公款罪的罪数和共犯 …………………………………………… 254
案例一：鞠胤文因挪用公款索取、收受贿赂案 …………………… 254
案例二：赵春荣、张娜被控构成挪用公款罪共犯案 ……………… 256

第四节 私分国有资产罪 …………………………………………………… 258
案例一：张金康、夏琴私分财政专项拨款案 ……………………… 258
案例二：杨代芳等人以公款购房后私分案 ………………………… 259

　　　　案例三：徐华、罗永德在国有企业改制过程中隐瞒资产真实情况
　　　　　　　造成巨额国有资产流失案 ………………………………… 261
　　　　案例四：刘忠伟等人集体决定以国有资产分发给承租集团成员案 … 263
　第五节　受贿罪、利用影响力受贿罪、巨额财产来源不明罪 ………… 265
　　一、受贿行为：利用职务上便利 …………………………………… 265
　　　　案例一：毋保良受贿案 ………………………………………… 265
　　　　案例二：徐放鸣受贿案 ………………………………………… 266
　　　　案例三：潘玉梅、陈宁受贿案 ………………………………… 268
　　二、利用职务上的影响力 …………………………………………… 270
　　　　案例一：李仕廉、王文卓收钱"捞人"案 …………………… 270
　　　　案例二：王小石斡旋型受贿案 ………………………………… 272
　　三、利用影响力受贿罪与受贿罪的区分 …………………………… 274
　　　　案例一：黎杨利用影响力受贿案 ……………………………… 274
　　　　案例二：陆某通过其情人职务上的行为收取贿赂案 ………… 275
　　　　案例三：蒋勇、唐薇受贿案 …………………………………… 277
　　　　案例四：罗菲受贿案 …………………………………………… 279
　　　　案例五：朱渭平受贿案 ………………………………………… 280
　　四、受贿罪的对象：贿赂 …………………………………………… 281
　　　　案例：阎怀民、钱玉芳以单位的名义向有关单位索要"赞助款"
　　　　　　　并占为己有案 …………………………………………… 281
　第六节　行贿罪 ……………………………………………………………… 284
　　　　案例一：某置业有限公司、某投资发展有限公司单位行贿案 … 284
　　　　案例二：欧阳施生贪污、行贿罪案 …………………………… 285
　　　　案例三：张文中、物美集团单位行贿再审无罪案 …………… 287
　第七节　拓展案例 ………………………………………………………… 288
　　　　案例一：刘宇涉嫌受贿案 ……………………………………… 288
　　　　案例二：某高速路"收黑放黑"案 …………………………… 289
　　　　案例三：B市张院长向A市李副院长打招呼案 ……………… 290
　　　　案例四：张守刚职务侵占案 …………………………………… 290

第五章　破坏社会主义市场经济秩序罪 …… 292

知识概要 …… 292

第一节　生产、销售伪劣商品罪 …… 292

案例一：三鹿公司生产三聚氰胺奶粉案 …… 292

案例二：陆勇涉嫌妨害信用卡管理罪、销售假药罪不起诉案 …… 295

第二节　走私罪 …… 297

案例一：程瑞洁等走私废物案 …… 297

案例二：某木业公司、吴某、王某走私普通货物罪案 …… 298

第三节　妨害对公司、企业的管理秩序罪 …… 298

案例：于在青违规不披露重要信息案 …… 298

第四节　破坏金融管理秩序罪 …… 299

案例一：黄光裕等内幕交易、泄露内幕信息案 …… 299

案例二：马乐利用未公开信息交易案 …… 301

案例三：大乾同公司等逃汇案 …… 302

第五节　金融诈骗罪 …… 302

案例一：吴英集资诈骗案 …… 302

案例二：马汝方等贷款诈骗、赵兰增违法发放贷款、挪用资金案 …… 306

案例三：肖智敏信用卡诈骗案 …… 309

案例四：罗志伟信用卡诈骗案 …… 311

案例五：陈卫明等非法截获他人手机验证码侵入他人支付宝账户窃取财物案 …… 311

第六节　危害税收征管罪 …… 312

案例一：北京匡达制药厂逃税案 …… 312

案例二：芦才兴虚开抵扣税款发票案 …… 314

第七节　侵犯知识产权罪 …… 315

案例一：昌达公司侵犯商业秘密案 …… 315

案例二：李某侵犯商业秘密案 …… 317

案例三：伊特克斯公司、郭书周等侵犯商业秘密案 …… 318

第八节　扰乱市场秩序罪 ……………………………………………… 321
　　案例一：李明华非法经营案 ……………………………………… 321
　　案例二：张建军、刘祥伟对非国家工作人员行贿案 …………… 322
　　案例三：王晓丽等传销案 ………………………………………… 323
　　案例四：谈文明等非法经营案 …………………………………… 324
　　案例五：王丹、沈玮婷非法经营、虚报注册资本案 …………… 326
　　案例六：李彦生、胡文龙非法经营案 …………………………… 327
　　案例七：王力军非法经营案 ……………………………………… 328
　　案例八：宋东亮、陈二永强迫交易、故意伤害案 ……………… 329

第六章　妨害社会管理秩序罪 …………………………………… 331
知识概要 ……………………………………………………………… 331
第一节　扰乱公共秩序罪 ……………………………………………… 331
　　案例一：周洪宝妨害公务案 ……………………………………… 331
　　案例二：李勇故意伤害、汪家伟聚众斗殴案 …………………… 333
　　案例三：史兴其诈骗案 …………………………………………… 334
第二节　妨害司法罪 …………………………………………………… 335
　　案例一：俞耀交通肇事后以贿买的方式指使他人冒名顶罪、教唆
　　　　　　伪证案 …………………………………………………… 335
　　案例二：金福祥被盗后夸大被盗数额案 ………………………… 337
　　案例三：被害人闫永辉收受财物改变陈述帮助嫌疑人逃避
　　　　　　罪责案 …………………………………………………… 338
　　案例四：李敬、邹汉东妨害作证、刘军帮助伪造证据案 ……… 340
　　案例五：陈某、欧阳某等掩饰、隐瞒犯罪所得案 ……………… 343
　　案例六：贾庆显等掩饰、隐瞒犯罪所得收益案 ………………… 343
　　案例七：袁某某信用卡诈骗，张某某掩饰、隐瞒犯罪所得案 … 344
　　案例八：汪照洗钱案 ……………………………………………… 345
　　案例九：姜某掩饰、隐瞒犯罪所得案 …………………………… 346
　　案例十：孙善凯、刘军、朱康盗窃案 …………………………… 346
　　案例十一：侯某某掩饰、隐瞒犯罪所得案 ……………………… 347

案例十二：龙某某拒不执行判决案 …………………………… 348
案例十三：何弦、汪顺太非法处置扣押的财产案 …………… 349
案例十四：陈维仁等脱逃案 …………………………………… 350

第三节 妨害国（边）境管理罪 …………………………………… 352
案例：杨崇贤等人涉嫌运送他人偷越国境罪 ………………… 352

第四节 妨害文物管理罪 …………………………………………… 353
案例：刘大力、曹振庆、赵殿永等盗掘古文化遗址、倒卖文物、转移赃物案 …………………………………………………… 353

第五节 危害公共卫生罪 …………………………………………… 355
案例：周兆钧被控非法行医案 ………………………………… 355

第六节 破坏环境资源保护罪 ……………………………………… 357
案例：李波盗挖城市行道树案 ………………………………… 357

第七节 走私、贩卖、运输、制造毒品罪 ………………………… 358
案例一：彭佳升贩卖、运输毒品案 …………………………… 358
案例二：刘继芳贩卖毒品案 …………………………………… 360

第八节 组织、强迫、引诱、容留、介绍卖淫罪 ………………… 361
案例一：李宁组织同性卖淫案 ………………………………… 361
案例二：吴祥海介绍卖淫案 …………………………………… 362
案例三：张桂方、冯晓明组织卖淫案 ………………………… 363

第九节 制作、贩卖、传播淫秽物品罪 …………………………… 364
案例一：方惠茹传播淫秽物品牟利案 ………………………… 364
案例二：何肃黄、杨柯传播淫秽物品牟利案 ………………… 365

第七章 渎职罪 ………………………………………………………… 366
知识概要 ………………………………………………………………… 366

第一节 滥用职权罪、玩忽职守罪 ………………………………… 366
案例一：周根强、朱江华非国家工作人员受贿案 …………… 366
案例二：许宗强徇私不履行职责案（福建长乐拉丁酒吧火灾案） ………………………………………………… 367
案例三：郑筱萸受贿、玩忽职守案 …………………………… 370

　　　　　案例四：翁余生被控滥用职权案 373
　　　　　案例五：龚晓被控玩忽职守案 375
　　　　　案例六：姜顺祥被控玩忽职守案 376
　　第二节　司法工作人员渎职罪 379
　　　　一、徇私枉法罪 379
　　　　　案例：杨有才徇私枉法案 379
　　　　二、民事、行政枉法裁判罪 381
　　　　　案例：莫兆军判错案导致被告人自杀案 381
　　　　三、其他与司法相关的渎职罪 384
　　　　　案例一：吴鹏辉等私放在押人员案 384
　　　　　案例二：李刚、张鹏被控帮助犯罪分子逃避处罚案 387
　　　　　案例三：倪庆元徇私舞弊不移交刑事案件案 388
　　第三节　其他罪名 390
　　　　　案例一：于萍被控故意泄露国家秘密案 390
　　　　　案例二：高晓云等徇私舞弊不征、少征税款、受贿案 392

第八章　危害国家安全罪、危害国防利益罪、军人违反职责罪 394

　　第一节　危害国家安全罪 394
　　知识概要 394
　　　　一、为境外窃取、刺探、收买、非法提供国家秘密、情报罪以及关联"涉密"犯罪 394
　　　　　案例一：吴士深、马涛为香港报社记者提供国家秘密案 394
　　　　　案例二：王冠都间谍案 396
　　　　　案例三：林建东故意泄露国家秘密、受贿案 398
　　　　二、其他危害国家安全犯罪 399
　　　　　案例一：王立军叛逃案 399
　　　　　案例二：罗让旦真、泽戈煽动分裂国家案 401
　　第二节　危害国防利益罪 402
　　知识概要 402
　　　　　案例：谭飞等冒充军人招摇撞骗、抢劫案 402

第三节　军人违反职责罪 ·· 403
　　知识概要 ·· 403
　　　案例：某边防战士胡某军人携枪潜逃境外案 ···················· 404

参考结论 ·· 405

第一章

侵犯公民人身权利、民主权利罪

知识概要

《刑法》分则第四章"侵犯公民人身权利、民主权利罪"是指故意或者过失地侵犯公民的人身权利、民主权利以及其他权利的行为,该章共规定了42个罪名,可分为侵害生命健康权的犯罪(故意杀人罪、过失致人死亡罪、故意伤害罪),侵犯妇女、儿童性权利的犯罪(强奸罪,强制猥亵、侮辱妇女罪,猥亵儿童罪),侵犯自由的犯罪(绑架罪、非法拘禁罪),拐卖收买类犯罪(拐卖妇女、儿童罪,收买被拐卖的妇女、儿童罪,拐骗儿童罪),利用职权侵犯人身权利犯罪(刑讯逼供罪、暴力取证罪、虐待被监管人罪),侵犯名誉类犯罪(诬告陷害罪、侮辱罪、诽谤罪),破坏婚姻家庭类犯罪(重婚罪、遗弃罪、虐待罪)等几类。本章罪名均为司法实务中多发常见的犯罪,本章重点讲解:①致人死伤案中,故意杀人罪、故意伤害罪、过失致人死亡罪的认定;②绑架人质案中,绑架罪、非法拘禁罪、敲诈勒索罪、抢劫罪的认定;③涉亲生子女案中,拐卖儿童罪、拐卖妇女罪、"送养"的认定;④强奸案中,违背妇女意志的认定;⑤致人死伤案中,定性寻衅滋事、聚众斗殴对其他共犯人罪责的影响。

"拓展案例",则是重点展示致人死伤案中间接故意、不作为等特殊类型以及正当防卫、假想防卫、被害人同意等对定定罪量刑的影响。

第一节 故意杀人罪、过失致人死亡罪、故意伤害罪

一、致人死伤案件的认定·基础案例

案例一:甲男用水果刀攻击乙女致轻微伤案

[案情]

甲男(男,25岁,大学文化,×网站汽车频道职员)与乙女(女,24岁,A汽车网编辑)上班乘坐地铁途中相识并互换联系方式。到达单位后二人互加QQ聊天,

其间因谈论个人交友、汽车等问题发生争执，乙女遂在新浪微博上转发二人聊天记录，并辱骂甲男。甲男见到上述微博后要求乙女马上删除，乙女要求甲男道歉，甲男向其道歉后，乙女删除部分微博，之后甲男通过QQ、短信继续交涉，要求全部删除，但乙女予以拒绝。

2012年8月某日14时许，甲男按照乙女名片上的地址到达银网中心B座16层乙女所在公司，通过公司前台约出乙女。二人在楼道内谈话，甲男继续要求乙女删除微博剩余内容，乙女予以拒绝。谈话期间，甲男右手在衣兜内握住平日携带的折叠水果刀，乙女察觉甲男神色有异，转身离开。甲男用左手拉拽被害人乙女致其倒地，后甲男压在乙女身上，右手拿出水果刀往其头部扎划，乙女用手阻挡，仍被划伤。其间，乙女多名同事赶至现场将二人拉开，甲男手中水果刀被夺下，群众当即报警，民警赶至现场将甲男抓获。

经诊断，乙女头部多发软组织挫伤，前额皮肤划伤长3.5厘米，深0.1厘米，左耳后皮肤伤口长约1厘米，深0.3厘米。右手腕皮肤划伤长2厘米。经鉴定为轻微伤。

[证据]

1. 甲男所用之折叠刀已被起获，该刀平时与钥匙放在一起，刀刃长约5厘米，展开连柄长约15厘米。

2. 甲男供述情况。甲男到案后前四次供述均称自己和乙女谈话时感觉她不会删除微博了，没法消除影响，自己感到绝望就想和她同归于尽。所以其右手在衣兜里将折刀打开了，发现她转身向公司跑，"于是就将她绊倒了""只记得她仰面倒在地上，我跟着她也被绊倒了，然后我顺势压在她的身上，右手掏出折刀""我扎了三刀，第一刀扎到她了，后来因为她反抗，后两刀都没扎下去，后来就被边上的人拉开了，我被拉开后听见旁边的人说乙女耳朵后边流血了，具体什么地方我没看清"。

之后甲男改变供述，称自己无杀人动机，去找乙女的时候根本没有想过如果对方不肯删除微博之后怎么处理的问题，并称"手里的刀不知怎么的就扎到她耳朵上了"，而"之前的供述是在事发后精神崩溃、一心求死的状态下作出的"。甲男还辩称如果想杀死她就不会拿小水果刀了等。

3. 经鉴定，案发时甲男受抑郁等精神症状的影响，对违法行为的辨认能力完整、控制能力减弱，仅具备限制刑事责任能力。

4. 本案办理过程中，乙女表示自己在此事上也存在过错，其不要求赔偿，也愿意谅解甲男。

[诉讼]

2013年12月12日，北京市海淀区检察院作法定不起诉处理。

[研习]

1. 甲男的行为是否具有殴打或故意伤害的性质？
2. 检察机关为何作出"法定不诉"决定？

3. 对甲男的行为能否以故意伤害罪（未遂）起诉？
4. 即使甲男供述想杀死乙女，能认定成立故意杀人罪（未遂）吗？

案例二：甲男推搡乙女致摔倒致右侧三踝骨折、距骨撕脱骨折达到轻伤一级案

［案情］

甲（男，35岁）与乙（女，29岁）之间系合租于某楼的邻居关系。2017年3月6日22时许，二人因甲误扔了乙放于冰箱里的鹌鹑蛋商谈赔偿问题，因具体金额无法达成一致引发纠纷。双方争执不下之时，乙站立于甲卧室的门框处，甲走出房间准备给房东打电话解决此事，未拨打又走回房间。之后，甲用双手推乙胳膊，乙倒于甲房门外，乙倒地后右下肢受伤，经诊断为右侧三踝骨折、距骨撕脱骨折、右踝软组织损伤。经刑事科学技术鉴定，乙右下肢损伤致右胫腓骨远端骨折，骨折线累及关节面，损伤程度属轻伤一级。

［证据］

1. 乙女的陈述：

（1）2017年3月5日17时许，我把购买的鹌鹑蛋放在了我租住的房间的冰箱里等着当早餐吃。3月6日6时许，我发现冰箱里的鹌鹑蛋被扔到了厨房的垃圾桶里。后我就敲了与我合租的姓方的男子的门问对方是不是他扔的。他说他以为那是坏的桂圆就扔了，然后就说要赔我钱。我说那赔我20元钱，对方说等晚上下班回来给我。3月6日22时许，对方找到我说标价上鹌鹑蛋是15.8元，只能赔我这些。我说我去买的路比较远，让对方把路费也给了，对方不同意，我们就吵了一会。之后对方要进他的房间把门关上，我就一只脚站在对方房门里侧，一只脚站在门外侧，不让对方关门。我们僵持了10分钟，对方说给房东打电话就走出房门，但他走出去后又说不打了，然后又回到了房间。我看对方不打，我就要给房东打电话，在我侧身准备给房东打电话的时候，对方就推了我一下，我就倒地了。我感觉我的脚踝骨疼，之后我就报案了。

（2）甲说不赔钱之后，他就往他的房间走，并进入到他自己的房间，用手去关门，还没关上时我就在外面用手推他的门不让他关门。接着我就右脚在他房门里、左脚在他房门外、后背倚着他房间里的门框，之后他在房间里说要给房东打电话，说完就往房间外走，走出房间的时候说太晚了不给房东打电话了，然后又回到房间里面。这时我就撤出了我的右脚，整个人都出了甲的房门。我的右侧对着甲的房间，我拿出手机想要给房东打电话，当我正在找电话号码时，甲从房间里走出来，用双手推我的胳膊，当时我偏右侧向着甲，他一推我我就倒地了，我的后背先着地，然后我感觉右脚踝特别疼，我看见右侧脚踝往外扭了，之后我就站不起来了。后来我另一位室友出门把我扶到了沙发上，甲也过来看我脚踝扭伤了，给我道歉。

2. 北京市红十字会急诊抢救中心诊断证明书、北京市红十字会急诊抢救中心司法鉴定中心法医学司法鉴定意见书证明：乙被诊断为右侧三踝骨折、距骨撕脱骨折、右踝软组织损伤。经鉴定，乙右下肢所受损伤致右胫腓骨远端骨折，骨折线累及关节面，损伤程度属轻伤一级。

3. 甲男供述：2017年3月6日6时许，跟我合租的一名女性敲我房门，问我是不是把她的鹌鹑蛋扔了，我跟对方说我误将对方的鹌鹑蛋当成过期的桂圆扔了，我会赔她钱。对方要20元，我说等我晚上下班回家再给他。当天22时许我回到家，看到我扔掉的鹌鹑蛋标价是15.8元，然后我跟对方说赔偿她15.8元，对方坚持要路费，让我赔她20元。我不同意，之后我就回我的房间了，对方跟着我来到我的房间，坚持要20元。20分钟后我从我的房间里出来准备打电话找房东，结果一看时间太晚了就没给房东打电话，我回到房间跟对方说我要换衣服让对方出去，她坚持在我的房间里跟我要钱，她当时站在我房间的门框位置，我想关上房门，但是对方将我的房门推开了，想挤进我的房间，我用手推了对方双手一下，对方就倒地了。之后我将其扶到沙发上并帮她揉了揉脚，后来对方就报警。

4. 证人丙的证言：我和甲、乙是室友。案发当天，我在自己的房间里待着，最开始是听到外面有吵架声，但是我没有出去。后来我听见外面有倒地的声音时我才出去看，我一开门看见乙躺在地上，甲站在自己的房间门口。我看见乙时，她的脚朝向我右腿压在左腿上，整个人是蜷缩着向左侧躺着，臀部朝着厨房。

5. 民警出警录像证明：民警到达案发现场时，乙坐在客厅沙发处，称："他把我东西扔了，他得赔我点钱，我就跟他多加了路费，加了四块二毛钱，他就说那我不给你了，就吵了两句。可能就是我站在他那门口里面，他让我出去，然后我出来时他就推了我。"后民警敲开甲卧室的卧室门，甲出来陈述情况，称："她当时就在我房间里不出来。她不出来我就出来给房东打电话，后来我一看太晚了就说明天再打。她就靠着（模仿乙行为，系靠着房门旁的墙壁上），说你给不给吧？我回到屋里就想关门，她就推门，就这么着。"之后乙又说："他不给房东打电话就回到房间，我刚出去他就把我推倒了。"甲辩解："她是这样倒地的（模仿乙动作，是面对其房门倒）。我不可能从你身后推你。"

[研习]

1. 根据本案证据，甲男推乙女摔倒致伤，是在将乙女推出房门时还是在乙女已经离开房门后？

2. 甲的行为是否构成故意伤害罪？

案例三：杨春驾车致阻拦人死亡案〔1〕

[案情]

杨春驾轻型货车至吴雪琴经营的杂货店送桶装纯净水，将水卸在吴雪琴店门口，吴要求杨将桶装水搬入店内，遭杨拒绝。随后杨春驾驶车辆欲离开，吴雪琴遂用右手抓住汽车的副驾驶室车门、左手抓住车厢挡板，阻止杨离开。杨春见状仍驾车向前低速行驶数米并向右转弯，致吴跌落地面后遭汽车右后轮碾轧并于当日死亡。

[诉讼]

起诉：故意伤害罪。

判决：法院认为，杨春因琐事与被害人吴雪琴争吵后，为摆脱吴的纠缠，欲驾车离开现场。在低速行驶过程中，杨春从驾驶室窗口处看到吴抓在车上，已经预见到自己继续驾车可能发生危害社会的结果，但因过于自信认为吴会自动撒手，不会发生危害结果，最终导致汽车缓行转弯时，被害人吴雪琴跌落地面，并遭汽车后轮碾轧致死，其行为构成过失致人死亡罪，遂对杨春判处有期徒刑4年。

[研习]

本案被告人的行为是否具有故意伤害性质？

案例四：张润博轻微互殴中致人倒地磕碰死亡案〔2〕

[案情]

张润博（男，1963年出生），2013年5月13日14时骑电动自行车险些与骑自行车的甘永龙（男，殁年53岁）相撞，两人为此发生口角。其间，甘永龙先动手击打张润博，张润博使用拳头还击，打到甘永龙面部致其倒地摔伤头部。甘永龙于同月27日在医院经抢救无效死亡，经鉴定系因重度颅脑损伤死亡。经一审法院主持调解，张润博的近亲属自愿代为一次性赔偿被害人家属各项经济损失50万元。被害人家属对张润博的行为表示谅解，同意对张润博从宽处罚，并撤回附带民事诉讼。

[诉讼]

起诉：故意伤害罪。

一审判决：张润博在因琐事与被害人发生争执并相互殴打时，应当预见自己的行为可能造成被害人伤亡的后果，由于疏忽大意未能预见，致被害人倒地后因颅脑

---

〔1〕 无锡市中级人民法院徐振华、徐竹梵撰稿，最高人民法院刑四庭宋莹审编："杨春过失致人死亡案——如何区分过失致人死亡罪与故意伤害罪？"【第635号】，载最高人民法院刑事审判第一、二、三、四、五庭主办：《刑事审判参考》2010年第4集（总第75集），法律出版社2011年版，为限制篇幅，本书注释中所有关于该系列丛书的信息均省略至具体集数。

〔2〕 最高人民法院刑二庭阎同志撰稿、康瑛审编："张润博过失致人死亡案——轻微暴力致人死亡案件如何定性？"【第1080号】，载《刑事审判参考》总第103集。

损伤死亡，其行为已构成过失致人死亡罪。……（检察机关）指控其犯故意伤害罪的证据不足。以过失致人死亡罪判处告人张润博有期徒刑6年。

抗诉：原判定性错误，应认定为故意伤害罪。理由：一是张润博具有预见自身行为可能造成他人身体受到伤害的认识因素，且具有预见的能力；二是张润博基于该认识因素实施了击打被害人头面部的行为，体现了故意伤害他人身体的意志因素，其对伤害行为造成的后果持放任心态；三是张润博的行为客观上造成被害人受到伤害的后果：被害人被打后头部触地，其死亡的后果系被告人拳打后被害人触地直接造成，故被害人的死亡结果与张润博的拳击行为存在因果关系；四是在案证据能够充分证明被告人的故意伤害行为，被告人亦有伤害他人的故意，不符合过失致人死亡罪的构成要件，应认定为故意伤害罪。

二审裁定：原判依法认定过失致人死亡罪并无不当。据此，驳回抗诉，维持原判。

[研习]

1. 抗诉意见指出：被告人行为"不符合过失致人死亡罪的构成要件"，是否正确？
2. 法官否定故意伤害罪（致人死亡）的理由是什么？
3. 如何评价这个判决？

案例五：都某实施一般殴打导致特异体质被害人死亡案[1]

[案情]

都某（男，1963年1月出生），2011年9月30日19时许，都某带着其子都某乙在某高校宿舍区亲属家中吃过晚饭后，准备驾驶轿车回家。其间，适逢住在该宿舍区另一幢楼房的该高校教授陈某（被害人，殁年48岁）驾车回家取物。陈某将其驾驶的车辆停在宿舍区两幢楼房前方路口，堵住了车辆行进通道，致都某所驾车辆无法驶出。双方遂发生口角，继而打斗在一起。在打斗过程中，都某拳击、脚踹陈某头部、腹部，致其鼻腔出血，后陈某报警。在此过程中，都某乙与陈某的妻子邵某发生拉扯，并将邵某推倒在地。民警赶到现场后将都某父子带上警车，由陈某驾车与其妻跟随警车一起到派出所接受处理。双方在派出所大厅等候处理期间，陈某突然倒地，后经送医院抢救无效于当日死亡。经鉴定，陈某有高血压及冠状动脉粥样硬化性心脏病，因纠纷后情绪激动、头面部（鼻根部）受外力作用等导致机体应激反应，促发有病变的心脏骤停而死亡。

---

[1] 江苏省高级人民法院叶巍、陈亚鸣撰稿，最高人民法院刑三庭罗国良审编："都某过失致人死亡案"【第1079号】，载《刑事审判参考》总第103集。

［诉讼］
起诉：过失致人死亡罪。
一审判决：过失致人死亡罪。判刑 3 年，并处赔偿附带民事诉讼原告人经济损失 23 425.19 元。
二审裁定：都某应当预见击打他人头部、腹部致他人死亡的危害后果，因为疏忽大意而没有预见，仍拳击、脚踹被害人头部、腹部，以致发生被害人死亡的危害后果，行为和结果之间存在因果关系，其行为符合过失致人死亡罪的构成要件。相关上诉理由和辩护意见不能成立。裁定驳回上诉，维持原判。

［研习］
1. 判决认定构成过失致人死亡罪的理由是什么？
2. 被告人对被害人死亡结果是否存在严重过失？

案例六：季忠兵掷香蕉水桶致易燃液体泼洒烧死人案[1]

［案情］
一审认定事实：季忠兵是某装饰公司锅炉房锅炉工，某年 7 月 2 日 17 时许，季忠兵在锅炉房与前来打开水的公司员工汪亚龙发生争执，继而相互推搡扭打。在此过程中，季忠兵用放于锅炉房边上的桶（内有香蕉水，是一种易燃性接近汽油的液体）泼洒汪亚龙，香蕉水瞬间起火燃烧，致使汪亚龙因高温热作用致休克而死亡。

［诉讼］
一审判决：季忠兵间接故意伤害他人，并致一人死亡，其行为构成故意伤害罪，判处 10 年有期徒刑。
二审判决：季忠兵因过失致一人死亡，其行为已构成过失致人死亡罪。判处 4 年有期徒刑。二审认定事实为：……（二人）继而相互推搡扭打。其间，季忠兵拎起放于锅炉房边上的一个油漆桶甩向汪亚龙，致盛放桶内的香蕉水泼洒在汪亚龙身上，香蕉水随即起火燃烧，季忠兵和汪亚龙均被烧着。嗣后，两人被送往医院救治，汪亚龙因高温热作用致休克而死亡。

［研习］
1. 二审判决中的案件事实认定与一审的有何不同？
2. 案件事实研判的差异对定性具有何种影响？
3. 案情中还有哪些因素可佐证被告人对桶攻"会起火烧死人"不具有故意？

---

[1] 湖南省城步苗族自治县人民检察院肖佑良撰稿："季忠兵过失致人死亡案"【第 812 号】，载《刑事审判参考》总第 89 集。

案例七：蒋勇、李刚过失致人死亡案[1]

[案情]

蒋勇、李刚受人雇佣驾驶一辆农用车于 2005 年 8 月 13 日上午 9 时许在某村道上行驶时，与当地的徐维勤驾驶的农用车对向相遇，双方为了让道问题发生争执并扭打。尔后，徐维勤持手机打电话，蒋勇、李刚以为徐维勤纠集人员，即上车调转车头欲驾车离开现场。徐维勤见状，即冲上前拦在其农用车前方并抓住右侧反光镜，意图阻止蒋勇、李刚离开。蒋勇、李刚将徐维勤拉至车后，由李刚拉住徐维勤，蒋勇上车驾驶该车以约 20 公里的时速缓慢行驶。后李刚放开徐跳上该车的后车厢。徐维勤见状迅速追赶，双手抓住该车的右侧护栏欲爬上该车。蒋勇在驾车过程中，从驾驶室的后视窗看到徐维勤的一只手抓在右侧护栏上，但未停车。李刚为了阻止徐维勤爬进车厢，将徐维勤的双手沿护栏扳开，徐维勤因此右倾跌地且面朝下，被该车的右后轮当场碾轧致死。该车开出十余米时，李刚拍打驾驶室车顶，将此事告知了蒋勇，并下车先行离开。蒋勇见状将农用车开到厂里后逃离无锡，后被抓获。同年 8 月 18 日，李刚向公安机关投案并如实供述了上述犯罪事实。

[诉讼]

起诉：故意杀人罪。

辩护："本案系过失致人死亡，被告人认罪态度好，被害人有一定过错。"

判决：蒋勇、李刚因让道问题与被害人徐维勤发生争执并扭打后，为了摆脱徐维勤的纠缠而驾车离开。蒋勇在低速行驶过程中看到徐维勤的手抓住护栏，其应当预见驾车继续行驶可能发生危害结果，但因急于摆脱徐维勤的纠缠而疏忽大意没有预见。李刚在车厢内扳徐维勤抓住护栏的双手时，已经预见这一行为可能发生危害结果，但基于被告人蒋勇驾车行驶的速度缓慢，轻信低速行驶过程中扳开徐维勤双手的行为能够避免危害结果的发生。综观被告人蒋勇、李刚各自的主客观因素，可以认定蒋勇、李刚共同的主观心态是为了摆脱徐维勤的纠缠，但二人之间并无意思上的沟通。在危害结果可能发生的情况下，蒋勇、李刚分别违反了应有的预见义务和应尽的避免义务，从而导致了徐维勤死亡结果的发生。蒋勇、李刚并无共同的致害故意，只是由于对预见义务和避免义务的违反而造成致害的结果，其行为均符合过失致人死亡罪的基本特征。李刚自动投案并如实供述犯罪事实，系自首，可从轻处罚。遂以过失致人死亡罪判处蒋勇有期徒刑 4 年 6 个月、李刚有期徒刑 3 年 6 个月。

---

[1] 无锡市中级人民法院徐振华、无锡市惠山区人民法院朱杰焰撰稿，最高人民法院刑五庭王勇审编："蒋勇、李刚过失致人死亡案——如何区分共同间接故意杀人与过失致人死亡？"【第 450 号】，载《刑事审判参考》总第 57 集。

[研习]
1. 二被告人对自己行为及行为结果的认知内容是什么？
2. 本案为何不将被告的行为认定为间接故意杀人或者故意伤害致人死亡，而认定为过失致人死亡？

案例八：罗靖掌推他人致后脑撞门致死案[1]

[案情]
2002年2月12日（正月初一）下午7时许，被告人罗靖与他人在同乡莫庭友家聚会饮酒。晚9时许，罗靖又与他人一同到客厅内打麻将，莫庭友站在旁边观看。由于罗靖在打麻将过程中讲粗话，莫庭友对罗靖进行劝止，二人为此发生争吵。争吵过程中莫庭友推了一下罗靖，罗靖即用右手朝莫庭友的左面部打了一拳，接着又用左手掌推莫庭友右肩，致使莫庭友在踉跄后退中后脑部碰撞到门框。在场的他人见状，分别将莫庭友和罗靖抱住。莫庭友被抱住后挣脱出来，前行两步后突然向前跌倒，约两三分钟后即死亡。经法医鉴定，莫庭友后枕部头皮下血肿属钝器伤，系后枕部与钝性物体碰撞所致，血肿位置为受力部位。莫庭友的死因是生前后枕部与钝性物体碰撞及撞后倒地导致脑挫伤、蛛网膜下腔出血，其口唇、下颌部及额下损伤系伤后倒地形成。案发后被告人罗靖自动投案并如实交代自己的犯罪事实经过。随后其家属与被害人家属达成赔偿协议。

被告人罗靖辩称自己的掌推行为只是争吵中的一种本能反应，不是想故意伤害被害人，自己的行为不应构成故意伤害罪。

[诉讼]
判决：罗靖犯故意伤害罪，判处有期徒刑6年。理由：罗靖故意掌推被害人莫庭友致其后脑部碰撞木门边后倒地形成脑挫伤、蛛网膜下腔出血而死亡，其行为已构成故意伤害罪。被告人在对被害人作出拳击掌推的行为之前，虽确实没有预见到其行为会导致被害人碰撞门边倒地死亡的严重后果，但被告人罗靖的掌推行为仍是在其意志支配下故意实施的，是故意伤害他人身体的行为，且被害人死亡的后果与被告人的行为之间具有刑法上的因果关系。被告人主观上有伤害他人身体的故意以及致人死亡的过失，符合故意伤害（致死）罪的构成要件，应以故意伤害（致死）罪追究其刑事责任。被告人辩称其掌推被害人并非出于故意，其行为不构成故意伤害罪的理由不充分，不予采纳。被告人犯罪后自首并积极赔偿死者家属的部分经济损失，可对其减轻处罚。

---

[1] 广东省恩平市人民法院谢建华撰稿，杜伟夫审编："罗靖故意伤害案——掌推他人致其头部碰撞造成死亡应如何定罪量刑？"【第226号】，载《刑事审判参考》总第30集。

[研习]

1. 如何从客观方面界定和区分杀人行为、伤害行为、过失致死行为？本案中，如单独评价，行为人用右手朝被害人左面部打一拳的行为属于哪类行为？推人致其倒地头部碰撞造成死亡的行为又属哪类行为？
2. 如何判定行为人的行为与被害人的死亡结果之间的因果关系？
3. 行为人的主观故意内容是什么？

案例九：赵金兴故意伤害致死案[1]

[案情]

赵金兴于2000年9月30日晚，在北京市海淀区香山西小府27号院暂住处与白俊峰（男，殁年20岁）发生争执，赵金兴持钝器猛击白俊峰头部，致白俊峰死亡。后赵金兴将白俊峰抛至某环保设备厂南墙外。赵金兴作案后潜逃至黑龙江省汤原县，2004年11月17日被公安机关查获归案。

[诉讼]

一审判决：赵金兴持械故意伤害他人身体，致人死亡，其行为已构成故意伤害罪，判处无期徒刑，剥夺政治权利终身；赔偿附带民事诉讼原告人白文玉、于桂云经济损失共计228 000元。

抗诉：赵金兴持钝物击打被害人白俊峰头部，致其右颞部颅骨粉碎性骨折，案发现场的墙壁及顶棚上有大量喷溅血迹。虽然赵金兴当庭供认只用铁棍打了白俊峰头部一下，但从尸体检验鉴定和现场勘查结果看，其使用的凶器、打击的部位、打击的力度，都足以直接造成被害人死亡。且其行凶后在并不能肯定白俊峰死亡的情况下，将白俊峰弃在难以被人发现的长满野草的荒地中，足见其主观上对白俊峰死亡的结果持放任态度，因此赵金兴的行为应认定为故意杀人罪。赵金兴作案后，不仅两次向前来寻找白俊峰的亲属谎称白已返回原籍，并潜逃达4年之久，其行为性质极其恶劣，情节后果特别严重，且毫无悔罪之心，依法应当判处死刑。请求依法改判。

二审判决：赵金兴始终供述其在与被害人厮打的过程中持棍打被害人头部一下，只有伤害的主观故意，且在抛弃被害人时，被害人已死亡。本案现有证据不能证明赵金兴在实施击打的行为时具有非法剥夺被害人生命的主观故意，亦不能证明赵金兴在实施抛弃行为时被害人尚未死亡，赵金兴具有放任被害人死亡的杀人的间接故意。赵金兴欺骗被害人的亲属、潜逃数年的行为，不影响对其犯罪行为性质的认定。故根据本案证据证明的事实，赵金兴的行为符合故意伤害罪的构成要件。裁定驳回抗诉，维持原判。

---

[1] 赵金兴案一审由北京市第一中级人民法院审理。

[研习]

1. 起诉、抗诉意见认为赵金兴具有杀人故意的依据是什么？法院认为赵金兴具有伤害故意的依据是什么？本案的争议焦点是什么？
2. 本案对于司法实务中区分故意杀人罪与故意伤害罪有何启示？

案例十：王兴佰、韩涛、王永央故意伤害案[1]

[案情]

2003年，王兴佰与被告人逄孝先各自承包了本村沙地售沙。王兴佰因逄孝先卖沙价格较低影响自己沙地的经营，预谋找人教训逄孝先。2003年10月8日16时许，王兴佰得知逄孝先与妻子在地里干活，即纠集了被告人韩涛、王永央及崔某某、肖某某、冯某某等人。在地头树林内，王兴佰将准备好的4根铁管分给王永央等人，并指认了逄孝先。韩涛、王永央与崔某某、肖某某、冯某某等人即冲入田地殴打逄孝先。其间，韩涛掏出随身携带的尖刀捅刺逄孝先腿部数刀，致其双下肢多处锐器创伤致失血性休克死亡。王永央看到韩涛捅刺被害人并未制止，后与韩涛等人一起逃离现场。

[诉讼]

起诉：故意伤害罪。

辩护：王兴佰只是想教训逄孝先，没有对被害人造成重伤、致残或者剥夺生命的故意。韩涛持刀捅伤被害人致其死亡，完全超出了王兴佰的故意范围，属于实行过限，应由韩涛个人负责。王永央亦辩称致人死亡的后果应由韩涛一人承担。

判决：本案被告人的行为均构成故意伤害罪。虽有证据证实，韩涛持刀捅刺的行为是导致逄孝先死亡的主要原因，但证据同时证实，王兴佰事先未向参与实施伤害者明示不得使用尖刀等锐器，王永央实施伤害行为时，发现韩涛持刀捅刺被害人也未予以制止，故韩涛的持刀捅刺行为并非实行过限的个人行为，王兴佰、韩涛、王永央应共同对被害人逄孝先的死亡后果负责。王兴佰、韩涛在犯罪中起主要作用，系主犯。王永央在犯罪中起次要作用，系从犯，依法予以减轻处罚。王兴佰有立功表现且积极赔偿被害人的经济损失，依法予以从轻处罚。韩涛犯罪时不满18周岁且有自首情节。判处王兴佰有期徒刑10年，剥夺政治权利3年；韩涛有期徒刑12年；王永央有期徒刑3年，缓刑4年。

[研习]

1. 对于被告人韩涛刺死被害人的行为，判决为何认定其构成故意伤害罪而不是

---

[1] 山东省青岛市中级人民法院牛传勇撰稿，最高人民法院刑三庭高憬宏审编："王兴佰、韩涛、王永央故意伤害案——共同故意伤害犯罪中如何判定实行过限行为？"【第409号】，载《刑事审判参考》总第52集。

故意杀人罪？本案与后文"案例十三：陈卫国、余建华故意杀人案"有何不同之处？

2. 如果本案案情是：王兴佰教唆伤害，但其并不知情韩涛会使用凶器；韩涛持尖刀刺击被害人致命部位致死；王永央与韩涛一起实施伤害，但王永央见韩涛用尖刀刺击致命部位，能够制止而不制止，则三人又当如何定性？

案例十一：郭春故意杀人案[1]

[案情]

2012年12月19日23时许，郭春酒后在其住处（系与其朋友法吉成共同承租）因琐事与女朋友姚幺妹发生争执，随后郭春强行将姚幺妹从床上拖拉到地上，并从厨房取出两把菜刀，先用刀背敲击姚幺妹头部及肩部两下，致姚幺妹头部流血后，继而用刀刃朝姚幺妹头部、面部猛砍数刀。后见姚幺妹头、面部大量流血，倒地后不再挣扎，即弃刀逃离现场。次日凌晨，郭春在朋友吴兴根的陪同下主动投案，并如实供述了上述犯罪事实。经鉴定：姚幺妹被他人砍伤，致颅面部多处软组织创伤，致容貌毁损及7枚以上牙齿脱落或者折断，构成重伤。

[证据]

1. 被害人姚幺妹的陈述，以及证人法吉成、张宏英、吴兴根的证言证实，当郭春持刀对姚行凶，证人法吉成进行劝阻时，郭春称别管，否则连其一起杀；当郭春持刀猛砍姚幺妹头面部数刀后逃离现场至表妹张宏英处时，对张称其用刀杀了姚幺妹。

2. 郭春主动投案后曾多次交代，由于其患有癌症，案发时，姚幺妹与其发生争吵后提出分手并要离开他，其受不了折磨，认为自己活不长了，也不想让她活了，因此持刀砍杀姚幺妹。

[诉讼]

起诉：故意杀人罪（未遂）。

辩护：郭春称："并未想杀她。"辩护人称：郭春不具有杀人故意，其行为构成故意伤害罪；即使郭春构成故意杀人罪，也属犯罪中止。

判决：以故意杀人罪处刑12年，剥夺政治权利3年。

[研习]

1. 被告人的行为构成故意杀人罪（未遂）还是故意伤害罪？

2. 被告人的行为构成未遂还是中止？

---

[1] 北京市第一中级人民法院王雪枫撰稿，最高人民法院刑五庭马岩审编："郭春故意杀人案"【第961号】，载《刑事审判参考》总第97集。

案例十二：宋有福、许朝相故意杀人案[1]

[案情]

宋有福与被害人宋起锋系邻里。因道路纠纷等原因，两家素有积怨，宋有福便蓄意报复宋起锋。1997年7月31日，宋有福到其连襟被告人许朝相家帮忙干农活，邀许找人教训宋起锋，许当即答应并商定次日夜间动手。次日晚9时许，许朝相又邀约李艳坤（在逃）各带一把剑到达约定地点与宋有福会面。当晚11时许，三人蒙面持剑，翻墙跳入宋起锋家院内。此时，宋起锋女儿宋某某打开室门欲上厕所，被李艳坤捂住其嘴推回室内。宋某某挣扎、呼喊，惊动了宋起锋夫妇。宋起锋夫妇出屋察看动静时，许朝相朝宋起锋胸部猛刺一剑，后与宋有福、李艳坤越墙逃离现场。宋起锋被送往医院时已死亡。经法医鉴定，宋起锋系被刺破主动脉弓，引起大失血而死亡。

[诉讼]

一审判决：故意杀人罪，宋有福、许朝相死刑，缓期2年执行，剥夺政治权利终身。

上诉：二被告人均以其未提出过要杀死被害人，定故意杀人罪不当，量刑过重为由，提出上诉。

抗诉：（检方抗诉理由）：二被告人为泄私愤持剑报复他人并将人刺死，后果严重，原判量刑畸轻。

二审裁定：宋有福为报复被害人，指使许朝相等人携剑共同实施犯罪，许朝相在犯罪中见被害人等人大声呼救，即对被害人胸部猛刺一剑后逃离现场。许朝相的行为显然系为达到宋有福唆使的报复被害人的目的，而放任被害人死亡结果的发生，应属间接故意杀人。宋有福在预谋犯罪时虽未有明确的杀害被害人的犯意，但其在实施犯罪时见报复被害人的目的已达到，也随即逃离现场，故其与许朝相系间接故意杀人的共犯，且二人在犯罪中作用相当，无主从犯之分，应负相同罪责。二上诉人的上诉理由均不能成立。宋有福、许朝相深夜持剑蒙面窜入被害人住宅，并将被害人杀死，犯罪情节恶劣，后果严重，社会危害性极大，应依法严惩。公诉机关抗诉要求判处二被告人死刑的理由成立，予以采纳。二上诉人的犯罪行为给被害人家庭造成的经济损失依法应予赔偿。就附带民事诉讼原告人张玉华上诉请求增加民事赔偿数额的理由，经查，原审法院已根据被害人家庭的经济损失情况及被告人的实际赔偿能力作出适当判决，故其上诉理由不再支持。原判定罪准确，审判程序合法。法院遂以故意杀人罪分别判处上诉人宋有福、许朝相死刑，剥夺政治权利终身。

死刑复核：鉴于二被告人作案手段并非残忍，主观上对危害结果持放任态度，

---

[1] 王玉琦审编："宋有福、许朝相故意杀人案——农村邻里纠纷引发的故意不明确的侵犯人身权利案件应如何定性？"【第35号】，载《刑事审判参考》总第5集。

而不是预谋杀人,对其判处死刑,可不立即执行。一审判决量刑适当,二审改判失当。于 1999 年 11 月 3 日判决:以故意杀人罪分别判处被告人宋有福、许朝相死刑,缓期 2 年执行,剥夺政治权利终身。

[研习]

1. 如何区分直接故意杀人与间接故意杀人?如何区分杀人故意与伤害故意?
2. 共同犯罪中,共犯应当如何承担责任?

案例十三:陈卫国、余建华故意杀人案[1]

[案情]

2005 年 9 月 29 日晚,余建华因怀疑同宿舍工友王东义窃取其洗涤用品而与王发生纠纷,遂打电话给亦在温州市务工的陈卫国,要陈前来"教训"王。次日晚上 8 时许,陈卫国携带尖刀伙同同乡吕裕双(另案处理)来到余建华务工的公司门口与余建华会合,此时王东义与被害人胡恒旺及武沛刚正从门口经过,经余建华指认,陈卫国即上前责问并殴打胡恒旺,余建华、吕裕双也上前分别与武沛刚、王东义对打。其间,陈卫国持尖刀朝胡恒旺的胸部、大腿等处连刺 3 刀,致被害人胡恒旺左肺破裂、左股动静脉离断,急性失血性休克死亡。

[诉讼]

一审判决:陈卫国、余建华因琐事纠纷而共同故意报复杀人,其行为均已构成故意杀人罪,犯罪情节特别严重,社会危害极大,应予依法惩处。于 2006 年 3 月 17 日判决:陈卫国犯故意杀人罪,判处死刑,剥夺政治权利终身;余建华犯故意杀人罪,判处有期徒刑 15 年,剥夺政治权利 5 年。

上诉:二被告人均主张没有杀人的故意,一审定性不准、量刑过重。

二审判决:上诉人陈卫国事先携带尖刀,在与被害人争吵中连刺被害人 3 刀,其中,左胸部、左大腿的两处创伤均为致命伤,足以证明陈卫国对被害人的死亡后果持放任心态,原审据此对陈卫国定故意杀人罪并无不当。上诉人余建华、陈卫国均供述余建华仅要求陈卫国前去"教训"被害人,没有要求陈卫国携带凶器;在现场斗殴时,余建华没有与陈卫国作商谋,且没有证据证明其知道陈卫国带着凶器前往;余建华也没有直接协助陈卫国殴打被害人。原判认定余建华有杀人故意的依据不足,应对其以故意伤害罪判处。陈卫国犯罪情节特别严重,社会危害极大,应予依法惩处。原审对陈卫国的定罪和适用法律正确,量刑适当,审判程序合法,对余建华的定罪不当,应予改判。于 2006 年 8 月 1 日判决:驳回上诉人陈卫国的上诉;

---

[1] 浙江省高级人民法院刑一庭干金耀撰稿,最高人民法院刑四庭耿景仪审编:"陈卫国、余建华故意杀人案——对明显超出共同犯罪故意内容的过限行为应如何确定罪责?"【第 408 号】,载《刑事审判参考》总第 52 集。

上诉人余建华犯故意伤害罪,判处有期徒刑15年,剥夺政治权利5年。

[研习]

1. 余建华指使陈卫国"教训"被害人,其中"教训"的内容如何理解?二审判决认定其对死亡结果不具故意的依据为何?陈卫国对于被害人的死亡具有何种心态?依据为何?陈卫国致被害人死亡,是否属于实行过限?

2. 余建华对被害人的死亡是否承担过失责任?亦即,其行为是否可被认定为故意伤害罪(致人死亡)?

案例十四:王乾坤故意杀人案[1]

[案情]

葛磊给高杰女友刘丹打电话引起葛、高二人争吵,并相约在蚌埠某玻璃厂门口见面。葛磊随即给被告人王乾坤(举重队员)打电话告知此事,并乘坐出租车去接王乾坤,王乾坤从网吧叫上陈骏、丁梦龙等人,同车来到玻璃厂门口。此时,杨峰等3人与高杰、刘丹已在玻璃厂大门南侧。葛磊见状打电话给王乾坤,表示自己与高杰单打,其他人交给王乾坤等人,王表示同意。

葛磊见高杰向玻璃厂大门口走来,上前拳击高杰面部,两人打在一起。杨峰往高杰跟前走去,被王乾坤拦住并打在一起,丁梦龙、陈骏与张言亮打在一起。厮打中,王乾坤持刀朝杨峰的腹、腰、腿、臀部等处连刺16刀,杨受伤倒地。随后,王乾坤向正与陈骏、丁梦龙厮打的张言亮胸背部、臀部刺5刀,向正与葛磊厮打的高杰左上腹、臀部、腿部连刺9刀。作案后,葛磊、王乾坤等人逃离现场,杨峰经抢救无效死亡。经鉴定:杨峰系被他人用单刃刺器刺伤胸腹部致肝肺破裂引起急性大出血死亡。张言亮、高杰的损伤程度为轻伤。葛磊、王乾坤投案自首。

[诉讼]

判决:王乾坤在聚众斗殴中持刀连刺三人,造成一人死亡、二人轻伤的严重后果,构成故意杀人罪。葛磊的行为构成聚众斗殴罪。王乾坤、葛磊均系聚众斗殴的积极参加者,王乾坤在同伙不知情的情况下持刀刺被害人的行为属"实行过限",从其持刀刺杨峰的刀数及部位,可见其主观上显然有非法剥夺他人生命的故意,故应由其独自承担故意杀人的刑事责任。王乾坤在聚众斗殴过程中致两名被害人轻伤的行为,属于聚众斗殴行为。故公诉机关指控被告人王乾坤构成故意杀人罪的同时又构成故意伤害罪,以及王乾坤的辩护人提出应当以故意伤害罪对其进行处罚的辩护意见均没有法律依据,不予采信。王乾坤、葛磊都有自首情节,但其犯罪情节严重,均不予从轻处罚。判决王乾坤犯故意杀人罪,处死刑,剥夺政治权利终身。葛磊犯

---

[1] 最高人民法院刑四庭蔡军撰稿,最高人民法院刑四庭梁国海审编:"王乾坤故意杀人案——聚众斗殴既致人死亡又致人轻伤的,如何定罪处罚?"【第521号】,载《刑事审判参考》总第66集。

聚众斗殴罪，判处有期徒刑3年。

死刑复核：高院核准死刑报最高法院核准。最高院认为，……鉴于王乾坤作案后自动投案并如实供述犯罪事实，具有自首情节，可依法从轻处罚，对王乾坤判处死刑不当，发回重审。

[研习]

1. 本案与陈卫国故意杀人案案情有何不同？
2. 本案对葛磊的处罚为何明显轻于陈卫国案中的余建华？
3. 王乾坤聚众斗殴致一死二伤，二伤结果是否应当成为对其适用死刑的理由？
4. 对王乾坤致二人轻伤结果是否可以认定为故意杀人罪（未遂）？

案例十五：王宇航寻衅滋事案[1]

[案情]

郭××、丁利宏因偷窃摩托车汽油被"密园食品店"店主发现并追赶，遂预谋砸该店玻璃进行报复。郭××纠集陈港、王宇航，谎称夜深敲门被店主拿砖头追赶，陈、王二人遂同意去砸商店玻璃，并由丁利宏和郭××准备了镐把和墩布把。夜2时许，四被告人骑摩托车来到某小区南门，并分别持镐把、墩布把和石块进入小区。当四人发现一名保安在小区南门内，丁利宏遂指使王宇航在小区门口望风。另三人走到位于该小区甲11号楼的"密园食品店"，用石块将该店玻璃砸碎后逃离现场。

被害人李云飞（男，18岁）跑出商店追赶，陈港帮助捡拾掉在地上的镐把，郭××、丁利宏分别持墩布把、镐把殴打李云飞的胸部、头部，造成李云飞闭合性脑外伤合并多脏器感染，致呼吸循环衰竭，经抢救无效于2009年8月9日死亡。

[诉讼]

北京市第二中级人民法院判决：①丁利宏犯故意伤害罪，判处无期徒刑，剥夺政治权利终身。②郭××犯故意伤害罪，判处有期徒刑15年。③陈港犯故意伤害罪，判处有期徒刑6年。④王宇航犯寻衅滋事罪，判处有期徒刑2年，缓刑3年。

[研习]

对王宇航的处罚为何明显轻于同案犯？

---

[1] 北京市第二中级人民法院（2010）二中少刑初字第491号刑事判决书。

案例十六：钟平过失致人死亡案[1]

[案情]

1999 年 12 月 26 日 12 时许，钟平与龙丽娟（女，36 岁）驾驶叶某的小轿车到官厅水库某河岔南侧游玩，为能够更加近距离地观赏野鸭，钟平在查看了河岔冰面后，认为可以承载其驾驶汽车穿越冰面，即驾驶该车载龙丽娟向河岔对岸行驶，当车行至河岔中心偏北一侧时，冰面破裂，汽车落入冰下水中，钟平弃车逃离，龙丽娟溺死于水中。钟平浮出水面后未采取抢救措施亦未报案，悄然返回北京。2004 年 5 月 24 日，当地渔民打鱼时发现了该车及死者的尸体。被告人钟平于 2004 年 6 月 11 日被抓获。

[诉讼]

一审判决：钟平在与龙丽娟游玩过程中，在预感到冰面上行车具有一定的危险性后，仍冒险驾车穿越冰面，导致车辆及二人中途落入冰窟窿，致使龙丽娟溺死于水中，其行为构成过失致人死亡罪，应依法处罚。综观本案，被告人钟平是成年人，对于在冰面上开车的危险性应当具有一定的认知能力，应当预见自己的行为可能发生的后果，而且也确实预见到了危险性的存在，只是在查看冰面情况后，过于自信地认为能够避免危险的发生而实施了穿越冰面的行为，不是不能预见和不能抗拒，因此，被告人钟平与辩护人王北京认为该事件属意外事件，不构成犯罪的辩解和辩护意见，缺乏事实和法律依据，本院不予采信。判决被告人钟平犯过失致人死亡罪，判处有期徒刑 3 年，缓刑 3 年。

二审裁定：对于钟平提出的"原判认为其与龙丽娟游玩过程中，在预感到冰面上行车具有一定的危险性，仍冒险驾车穿越冰面，导致车辆落水，不符合事实，其也未闪现过过于自信的心态"的理由，本院认为，钟平作为成年和智力上无缺陷的人，驾车载人在冰面行驶，应当预见自己的行为可能发生危害社会的结果，而非不能预见，不能避免，以致发生车坠人亡的后果，钟平的行为符合我国《刑法》关于过失致人死亡罪的构成和基本原则，其是否"闪现过过于自信的心态"，不影响从我国刑法原则上对其过失犯罪主观因素的判断。遂裁定驳回上诉，维持原判。

[研习]

1. 钟平对被害人的落水死亡有无过失，是否属意外事件？

2. 被害人对其自己落水是否也负有一定过错？如具有过错，是否影响钟平承担刑事责任？

3. 有一种意见认为，钟平构成故意杀人罪（不作为犯），其理据为何？如何评价？

---

[1] 国家法官学院、中国人民大学法学院编：《中国审判案例要览（2007 年刑事审判案例卷）》，人民法院出版社、中国人民大学出版社 2008 年版，第 210 页。

案例十七：刘旭被控过失致人死亡案〔1〕

[案情]

2004年4月29日11时许，刘旭驾驶轿车行驶至市区某路口由东向南左转弯时，适遇张立发（殁年69岁）骑车由东向西横过马路，二人因让车问题发生争吵。被告人刘旭驾车前行至中国图片社门前后靠边停车，与随后骑自行车同方向而来的张立发继续口角，后刘旭动手推了张立发的肩部并踢了张立发腿部。张立发报警后双方被民警带至派出所。在派出所解决纠纷时，张立发感到胸闷不适，于13时到首都医科大学宣武医院就诊，15时许经抢救无效死亡。经法医鉴定：张立发因患冠状动脉粥样硬化性心脏病，致急性心力衰竭死亡。

[诉讼]

北京市宣武区人民法院根据上述事实和证据认为：刘旭与张立发因交通问题发生口角及肢体接触，现有证据证实刘旭推了张立发肩部并踢了被害人腿部。但在打击的力度及部位方面，刘旭的行为尚未达到可能造成被害人张立发死亡的强度。刘旭在事发当时无法预料到张立发患有心脏病并会因心脏病发作导致死亡结果的发生，对于张立发的死亡，被告人在主观上既无故意也没有过失，张立发的死亡更多是由于意外因素所致，刘旭的殴打行为只是一个诱因，故刘旭不应承担过失致人死亡的刑事责任。自诉人张微指控被告人刘旭犯过失致人死亡罪不能成立。判决被告人刘旭无罪。

[研习]

1. 本案中，刘旭的行为与被害人的死亡结果之间，是否具有刑法上的因果关系？如何认定过失致人死亡的行为？刘旭的行为是否属于过失致死行为？

2. 本案中，法院认定刘旭无罪的理由是什么？如何评价？

案例十八：穆志祥过失致人死亡案〔2〕

[案情]

1999年9月6日10时许，穆志祥驾农用三轮车，载客行至某村境内路段时，见到前方有交通局工作人员正在检查过往车辆。因自己的农用车欠缴有关费用，穆志祥担心被查到受罚，遂驾车左拐并在某村村民李学华家住宅附近停车让乘客下车。

---

〔1〕 国家法官学院、中国人民大学法学院编：《中国审判案例要览（2006年刑事审判案例卷）》，人民法院出版社、中国人民大学出版社2007年版。

〔2〕 江苏省灌南县法院汪勤云、张海峰、王永仑、林夫撰稿，沈亮审编："穆志祥被控过失致人死亡案——致人死亡无罪过，违法行为与危害结果之间没有因果关系的不构成犯罪？"【第201号】，载《刑事审判参考》总第28集。

因车顶碰触村民李学明从李学华家所接电线接头的裸露处，车身带电。先下车的几名乘客，因分别跳下车，未发生意外，也未发现车身导电。后下车的乘客张木森在下车时，手抓挂在车尾的自行车车梁而触电身亡。张木森触电后，同车乘客用木棍将三轮车所接触的电线击断。

现场勘验表明，穆志祥的农用三轮车出厂技术规格外形尺寸为长368cm、宽140cm、高147cm。穆志祥在车顶上焊接有角铁行李架，致使该车实际外形尺寸为高235cm。按有关交通管理法规规定，该种车型最大高度应为200cm。李学明套户接李学华家电表，套户零线、火线距地面垂直高度分别为253cm、228cm，且该线接头处裸露。按有关电力法规规定，安全用电套户线对地距离最小高度应为250cm，故李学明所接的火线对地距离不符合安全标准。

[诉讼]

起诉：过失致人死亡。

辩护：被害人张木森从其三轮车上下车时触电死亡，纯属意外事件，其不应当承担刑事责任。

判决：穆志祥的行为虽然造成了他人死亡的结果，但既不是出于故意，也不存在过失，而是由于不能预见的原因引起的，属意外事件，不构成犯罪。

[研习]

1. 如何认定穆志祥的违规行为？其与被害人死亡结果的关系如何？造成被害人死亡的条件有哪些？应当认为哪一条件与死亡结果之间具有因果关系？

2. 如何认定穆志祥对于死亡结果的心态？

二、拓展案例

案例一：张静玩"危险游戏"致人死亡案[1]

[案情]

张静（女，19岁，农民工）与张丽敏均在浙江省慈溪市务工，二人共同租住一室。2012年8月13日1时许，张静用手机上网时发现一条"用绳子勒脖子会让人产生快感"的信息，决定与张丽敏尝试一下，并准备了裙带作为勒颈工具。随后，张静与张丽敏面对面躺在床上，张静将裙带缠系在张丽敏的颈部，用双手牵拉裙带的两端勒颈。其间，张丽敏挣扎、呼救。两人的亲友、邻居等人闻声而至，在外敲窗询问，张静答称张丽敏在说梦话。后张静发现张丽敏已窒息死亡，遂割腕自杀，未

---

[1] 浙江省宁波市中级人民法院万仁赞、孔飞撰稿，最高人民法院刑五庭马岩审编："张静故意杀人案——玩'危险游戏'致人死亡案件中行为人主观心态的认定"【第1045号】，载《刑事审判参考》总第101集。

果。当日8时许,张静苏醒后报警求救,经民警询问,其交代了自己的犯罪事实。案发后,双方家属达成赔偿和解。

[诉讼]

起诉:故意杀人罪。

辩护:张静辩称其没有杀死被害人的故意。张静的辩护人认为仅构成过失致人死亡罪。不构成故意杀人罪。

判决:在做"用绳子勒脖子产生快感"游戏时,张静用裙带勒张丽敏颈部,且在张丽敏呼救时依然勒颈,放任张丽敏死亡结果的发生,其行为构成故意杀人罪。张静作为成年人,理应对勒颈可以致人死亡的常识有所认识,且当被害人被勒颈产生激烈反应,伴有脚踢床板、喊叫救命等行为时,张静更应明知其行为可能会产生致人死亡的结果,但仍放任被害人死亡结果的发生,其行为符合故意杀人罪的特征。鉴于张静案发后主动报警,如实供认自己的犯罪事实,构成自首,并积极向被害人的亲属赔偿经济损失且获得谅解,依法可以减轻处罚。据此,判决张静犯故意杀人罪,判处有期徒刑7年。

[研习]

如何评价本判决的故意杀人罪的定性和理由?

案例二:刘祖枝帮助"自杀"案[1]

[案情]

刘祖枝系秦继明(男,殁年49岁)之妻。秦继明因患重病长年卧床,一直由刘祖枝扶养和照料。2010年11月8日3时许,刘祖枝在其暂住地北京市朝阳区某出租房内,不满秦继明病痛叫喊,影响他人休息,与秦发生争吵。后刘祖枝将存放在暂住地的"敌敌畏"倒入杯中给秦继明,由秦继明自行服下,造成秦继明服毒死亡。

[诉讼]

北京市第二中级人民法院认为,刘祖枝与患重病长年卧床的丈夫秦继明因故发生争吵后,不能正确处理,明知"敌敌畏"系毒药,仍向秦继明提供,导致秦继明服毒死亡,其行为构成故意杀人罪,应依法惩处。鉴于本案系家庭纠纷引发,刘祖枝长年坚持扶养、照料患重病卧床的秦继明,秦因不堪忍受病痛折磨,曾多次有轻生念头,且刘祖枝将"敌敌畏"倒入杯中提供给秦继明,由秦继明自行服下,是在双方发生争吵时冲动所为,故刘祖枝故意杀人的主观恶性与人身危险性和普通故意杀人存在一定区别。同时,刘祖枝归案后如实供述自己的罪行,且能够认罪、悔罪,

---

[1] 北京市第二中级人民法院罗灿、徐辉撰稿:"刘祖枝故意杀人案——提供农药由丈夫自行服下后未采取任何救助措施,导致丈夫中毒身亡的,如何定罪处罚?"【第746号】,《刑事审判参考》总第84集。

秦继明的亲属亦对刘祖枝表示谅解，请求法院对其从宽处理，故本院对刘祖枝予以从轻处罚。关于刘祖枝所提不是故意杀害秦继明的辩解及其辩护人所提刘祖枝没有杀人的犯罪故意，秦继明系自杀，刘祖枝的行为不构成犯罪的辩护意见，经查，刘祖枝在与秦继明发生言语冲突后，明知将"敌敌畏"提供给长年患病卧床并有轻生念头的秦继明，会导致秦继明服毒身亡的后果发生，仍不计后果而为之，事发后又不采取任何积极的措施送秦继明到医院救治，放任危害后果的发生，导致秦继明死亡；秦继明虽是自行服下刘祖枝提供的"敌敌畏"，但刘祖枝的行为与死亡结果之间存在因果关系，故刘祖枝的行为构成故意杀人罪，应依法惩处。故本院对该辩解及辩护意见不予采纳。对辩护人所提刘祖枝具有法定、酌定从轻处罚情节的辩护意见，经查属实，本院予以采纳。判决：被告人刘祖枝犯故意杀人罪，判处有期徒刑 7 年，剥夺政治权利 1 年。

一审宣判后，被告人刘祖枝未提出上诉，检察机关亦未提出抗诉，判决已发生法律效力。

[研习]

1. 如果本案案情是：刘祖枝仅实施了提供"敌敌畏"的行为帮助被害人自杀，没有实施其他行为，其行为如何定性？判决书认定本案中刘祖枝除了实施为被害人提供"敌敌畏"帮助自杀的行为之外，是否还有其他行为？可否认定其有杀人行为？

2. 刘祖枝有无阻止被害人自杀的义务？可否构成不作为的故意杀人？如果本案案情是：刘祖枝未提供"敌敌畏"，仅是看到被害人自杀服毒而不制止，其可否构成不作为的故意杀人罪？

案例三：张某与恋人"相约自杀"案[1]

[案情]

张玉龙在原籍与邻村女青年赵伟珍（死时 19 岁）恋爱，两人关系十分密切。赵伟珍曾几次在张家居住并与张玉龙多次发生两性关系，两人一旦暂时分离，则书信往来频繁，张玉龙称："我俩谁也离不开谁。"由于双方家庭对他们的婚事不予支持，两人曾外出私奔十余天。1992 年 11 月 19 日，两人曾经相约自杀，买了两把刀子，各自给家人写了遗书，还专门到张玉龙爷爷的坟上烧了纸。后因自己用刀捅死自己难以下手，又被张玉龙的父亲发现劝阻，自杀未成。

1992 年 11 月底，张玉龙得知自己将要转为城市户口，便产生了抛弃赵伟珍的念头，但旧情难舍，思想很矛盾。按张的说法是："和赵搞对象吧，以后两地生活不方便，是活受罪，但这个想法一直没好意思对赵说；不和赵搞对象吧，我俩多年的关系很好，又觉得舍不得，还听说我要不和赵搞对象了，赵就给我死哩。我想不如死

---

[1] 彭树华、严明主编：《新类型疑难刑事案例评解》，人民法院出版社 1997 年版，第 12 页。

了算了。"同年12月5日，张玉龙给赵伟珍写信，说二人的婚事家里人都不愿意，要赵拿上"苯巴比妥"药，到她姐家共同自杀。赵接到信后，便拿上信找到了张，问张吃药不吃，张说吃。赵伟珍将张写的信撕碎，问张："你不后悔？"张说："不后悔。"二人一同到了赵家，赵伟珍从自家药房（赵的父亲系个体行医的农村医生，有药房）取出"苯巴比妥"药三瓶共计225片，又问张"吃不吃"，张说"吃"。接着张便向赵询问"苯巴比妥"的药性，赵说吃少了头疼，吃多了就什么也不知道了。赵又问张在哪里死，张怕家中父母发现，便领赵来到其五叔张邦年家（张邦年当时不在家）。张玉龙先服下25片药，赵说喝不下白水，二人又相随到了张的四叔张富年家拿了白糖返回张邦年家。这时张玉龙对赵伟珍说："咱们不要喝了，我死了家没人管，以后咱各人走各人的算了。"赵听后得知张不想死，又要抛弃她，便气愤地对张说："没想到你是这号人！"随即端起白糖水喝下198片"苯巴比妥"。张玉龙不加制止，认为赵死后自己可以找个有城市户口的人当妻子。在赵药性发作时，张怕别人发现抢救，对人谎称赵"喝醉酒了，感冒了"。当赵的姐姐等人来救赵时，张怕将赵救活而极力阻拦，不让抢救。后张、赵都被送到医院抢救，张脱离了危险，赵于次日凌晨4时死亡。经法医鉴定：赵伟珍系"苯巴比妥"中毒死亡。

[诉讼]

山西省晋中地区中级人民法院一审认为，张玉龙目无国法，道德败坏，为求新欢，竟采用诱骗手段，非法剥夺他人生命，其行为已构成故意杀人罪，且作案手段卑劣，后果极为严重，应予严惩。判决被告人张玉龙犯故意杀人罪，判处死刑，剥夺政治权利终身。

被告人张玉龙上诉称：赵伟珍的死是我俩共同服药自杀的结果。"苯巴比妥"是她提供的，药是她自己吃下去的。我不但没有骗她、强制她吃药，相反我曾劝她不要吃药，她不听，将药吃下。判我死刑过重。

山西省高级人民法院二审认为，被告人张玉龙与死者赵伟珍相约服"苯巴比妥"药自杀属实。但张玉龙服药后后悔了，这时张有义务阻止赵再服药而没阻止；赵服药后药性发作，张玉龙有义务抢救而不抢救；当赵的姐姐等人来救赵时，张予以阻拦不让抢救，张玉龙的行为已构成故意杀人罪，但犯罪情节较轻，张的上诉理由应予考虑。原审判决定性准确，但量刑畸重，应予纠正。判决：被告人张玉龙犯故意杀人罪，判处有期徒刑4年。

[研习]

1. 若出于自杀者本人意愿真诚地相约自杀，对于未死者的行为如何定性？欺骗他人与自己"相约自杀"而实际欲置对方于死地，对于行为人的行为如何定性？

2. 本案中，赵伟珍的自杀是如何产生的？张玉龙的行为是欺骗他人自杀，还是真诚的相约自杀？张玉龙的危害行为是对赵伟珍自杀进行要约的行为，还是不救助的行为？

3. 一审法院、二审法院为何在事实认定上存在差异？

案例四：于欢防卫过当致人死伤案[1]

[案情]

于欢的母亲苏某在某工业园区经营一公司，于欢系该公司员工。2016年4月14日16时许，赵某1纠集郭某2、郭某1、苗某、张某3到源大公司讨债。为找到于某1、苏某，郭某1报警称源大公司私刻财务章。民警到达源大公司后，苏某与赵某1等人因还款纠纷发生争吵。民警告知双方协商解决或到法院起诉后离开。李某3接赵某1电话后，伙同某、张某2和被害人严某（男，时年26岁）、程某（男，时年22岁）到达源大公司。赵某1等人先后在办公楼前呼喊，在财务室内、餐厅外盯守，在办公楼门厅外烧烤、饮酒，催促苏某还款。其间，赵某1、苗某离开。20时许，杜某2、杜某7赶到源大公司，与李某3等人一起饮酒。20时48分，苏某按郭某1的要求到办公楼一楼接待室，于欢及公司员工张某1、马某陪同。21时53分，杜某2等人进入接待室讨债，将苏某、于欢的手机收走放在办公桌上。杜某2用污秽语言辱骂苏某、于欢及其家人，将烟头弹到苏某胸前衣服上，将裤子褪至大腿处裸露下体，朝坐在沙发上的苏某等人左右转动身体。在马某、李某3劝阻下，杜某2穿好裤子，又脱下于欢的鞋让苏某闻，被苏某打掉。杜某2还用手拍打于欢面颊，其他讨债人员实施了揪抓于欢头发或按压于欢肩部不准其起身等行为。22时07分，公司员工刘某打电话报警。22时17分，民警朱某带领辅警宋某、郭某3到达源大公司接待室了解情况，苏某和于欢指认杜某2殴打于欢，杜某2等人否认并称系讨债。22时22分，朱某警告双方不能打架，然后带领辅警到院内寻找报警人，并给值班民警徐某打电话通报警情。于欢、苏某欲随民警离开接待室，杜某2等人阻拦，并强迫于欢坐下，于欢拒绝。杜某2等人卡于欢颈部，将于欢推拉至接待室东南角。于欢持刃长15.3厘米的单刃尖刀，警告杜某2等人不要靠近。杜某2出言挑衅并逼近于欢，于欢遂捅刺杜某2腹部一刀，又捅刺围逼在其身边的程某胸部、严某腹部、郭某1背部各一刀。22时26分，辅警闻声返回接待室。经辅警连续责令，于欢交出尖刀。杜某2等四人受伤后，分别被杜某7等人驾车送至医院救治。次日2时18分，杜某2经抢救无效，因腹部损伤造成肝固有动脉裂伤及肝右叶创伤导致失血性休克死亡。严某、郭某1的损伤均构成重伤二级，程某的损伤构成轻伤二级。

[证据]

1. 被害人程某、郭某1、严某（均系讨债人员）陈述：……民警进接待室时，张某2把于欢摁在沙发上。民警问谁报警，没人吭声。苏某和于欢说杜某2打人，对方否认。民警说不能打架，就出去找报警人。张某2等人拦着苏某、于欢不让离开。杜某2还将于欢推到南墙处说报警也不管用，并说"你攮我哎！有本事你攮我哎！"

---

[1] 山东省高级人民法院（2017）鲁刑终151号刑事附带民事判决书。

没注意怎么回事,其三人和杜某2就被于欢拿东西捅了。程某、严某被捅了肚子一下,郭某1见杜某2被捅,扭身时被于欢抓住衣领捅后背一下。郭某1称看见于欢拉开上衣拉链拿出一把刀。……

2. 上诉人于欢供述和辩解:……对方将其与苏某带到接待室,马某、张某1陪同,杜某2进来让人将其与苏某的手机要走放在桌上。杜某2说些侮辱性语言,将烟头弹在苏某右肩部衣服上。杜某2还站在茶几边将裤子褪到大腿根,露出下体左右晃,离苏某三四十公分。马某与对方的李某3劝阻,杜某2才把裤子提上。杜某2脱下其一只鞋,放在苏某嘴边,苏某将鞋打落。李某3等要其喊"叔叔",其不喊,身后的人就揪其头发,杜某2扇其两耳光。杜某2不停地骂其与苏某,还叫其"欢欢",说"欢欢像狗名"。其多次想起身,都被摁住。民警到接待室,其和苏某说对方打人,对方不承认。民警劝说"别打架",就去外面了解情况,对方五六人跟出去。其与苏某也想出去,被拦住。对方的人陆续回来,让其坐下,其怕被打不敢坐。杜某2、郭某1等四五人将其向东南角推,有人从后边卡其脖子,将其推到靠东墙办公桌南边。其从桌上拿起刀挥舞,喊"别过来,别过来"。杜某2上前说"你攮哎,你攮哎",其就捅了杜某2腹部一刀。其他人见状冲过来,其又捅了程某、郭某1腹部各一刀。民警让其把刀交出,其说"等我出去,把刀给你"。其这么说,是因为在房内没有安全感。民警坚持让其交出刀,其将刀交出。

3. 苏某证言:2014年7月,其与丈夫于某1经张某4介绍,向吴某借款100万元,吴某安排赵某1与其签订借款合同,口头约定月息10%。2015年8月,因还款不及时,吴某派人到源大公司支锅做饭,在车棚睡觉。其陆续还款共计150余万元。同年11月,其又向吴某借款35万元,其中25万元以名仕花园住房抵押,签了房屋买卖合同,另外10万元由张某4担保,月息10%。其已还款31.5万元,其中25万元是房款,意思是不将住房卖给赵某1。吴某称未还够钱,于2016年3月5日派人跟随于某1一天,还将于某1的衬衣撕破。4月1日,吴某将其名仕花园住房门锁更换。其报警后跟民警进入房间,发现房内2万元现金丢失。赵某1出示购房合同,民警看后走了。第二天,刑警到其住房拍照。4月13日上午,吴某带人将名仕花园住房内的家具搬出,其再次报警。民警到后,吴某称其欠钱不还。民警见是经济纠纷遂离开。吴某不让其走,将其头部摁到马桶里近水面位置,马桶里没有粪便。其离开时有人尾随。当天下午,吴某派人将其住房内的家具搬到源大公司。其多次打市长热线。当晚通过中间人调解,约定其将住房给吴某,再给吴某30万元,即全部本息还清。因其住房还欠贷款,房产证丢了一本,一天内不可能过户。4月14日16时许,吴某手下到其公司讨债,报警称其私刻公章。民警来了解情况后离开。郭某1等到财务室催款。其与于欢去食堂吃晚饭,对方派人在外看着。其在食堂待了一个多小时,郭某1让其回接待室。于欢及公司员工张某1、马某陪着。对方的人在门厅外喝酒。后来杜某2等人进接待室,将其与于欢的手机收走放到办公桌上。……

4. 证人朱某(民警)的证言:2016年4月14日22时许,其带领辅警宋某、郭某 3 赶到源大公司。在接待室，苏某说有人打于欢，多名男子否认。其见于欢身上没有明显伤痕，即告知无论怎样都不能打架。其问谁报警，苏某称是厂里的工人。其走出接待室打电话向值班民警徐某汇报，让徐某过来。其与郭某 3 上警车商议是否向所长汇报。三四十秒后下车，马某向其讲述情况。其一听接待室异动，立即返回，见宋某拿着一把刀（即于欢扎人后交出的刀）。

5. 公安执法记录视频证明：2016 年 4 月 14 日 22 时 17 分，民警朱某和辅警郭某 3、宋某驾驶警车到达源大公司，警灯闪烁。朱某进接待室问谁报警、是否有人打架，苏某指认杜某 2 打于欢耳光，杜某 2 等否认并称是经济纠纷；苏某称厂里工人报警；民警警告双方不能动手；于欢欲离开被讨债人员阻止。22 时 22 分，朱某和辅警走出接待室，马某反映讨债人员侮辱苏某。朱某打电话。后朱某和辅警走到门厅外，朱某让辅警告诉双方不能动手。22 时 26 分，辅警走进大厅，透过玻璃墙见接待室内杜某 2、程某捂着肚子，于欢、苏某站在接待室东南角，严某、郭某 1 等站在于欢、苏某对面。辅警从大厅走向接待室门口过程中（时长 10 秒），于欢持刀分别捅刺严某、郭某 1 各一刀。辅警进入接待室，让于欢交出刀，于欢称从接待室出去才能交刀，后在辅警连续责令下将刀交出。22 时 43 分，民警徐某对于欢进行讯问。

6. 尸体检验鉴定：①杜某 2 上腹部正中见一纵行 2 厘米×0.5 厘米哆开创口，深达腹腔，创道长 15 厘米，……杜某 2 系腹部损伤后造成肝固有动脉裂伤及肝右叶创伤导致失血性休克死亡。在死者杜某 2 心血中检出乙醇成分，含量 148 毫克/100 毫升。②郭某 1 右腰背部有长 4 厘米皮肤裂伤，深达胸腔，……重伤二级。③严某左腹部见长 4 厘米横斜行皮肤创伤，……重伤二级。④程某左胸部锁骨中线第 6、7 肋间可见长 2.8 厘米横斜行皮肤创伤，……轻伤二级。⑤于欢左颈部见长 1.1 厘米横行表皮剥脱，右肩部可见多处小范围皮下出血，符合钝性外力作用下所形成，不构成轻微伤。

[诉讼]

一审判决：于欢面对众多讨债人的长时间纠缠，不能正确处理冲突，持尖刀捅刺多人，致一人死亡、二人重伤、一人轻伤，其行为构成故意伤害罪。于欢捅刺被害人不存在正当防卫意义上的不法侵害前提，其所犯故意伤害罪后果严重，应当承担与其犯罪危害后果相当的法律责任。鉴于本案系由被害人一方纠集多人，采取影响企业正常经营秩序、限制他人人身自由、侮辱谩骂他人的不当方式讨债引发，被害人具有过错，且于欢归案后能如实供述自己的罪行，可从轻处罚。……依法以故意伤害罪判处被告人于欢无期徒刑，剥夺政治权利终身。

二审判决：杜某 2 等人对于欢、苏某实施了限制人身自由的非法拘禁行为，并伴有侮辱和对于欢有推搡、拍打、卡颈部等肢体行为。当民警到达现场后，于欢和苏某欲随民警走出接待室时，杜某 2 等人阻止二人离开，并对于欢实施推拉、围堵等行为，在于欢持刀警告时仍出言挑衅并逼近，实施正当防卫所要求的不法侵害客观存在并正在进行。于欢是在人身安全面临现实威胁的情况下才持刀捅刺，且其捅刺的对象都是在其警告后仍向前围逼的人，可以认定其行为是为了制止不法侵害。……于欢面临的不法侵害并不紧迫和严重，而其却持利刃连续捅刺四人，致一人死亡、二人重伤、一人轻伤，且其中一人即郭某1系被背后捅伤，应当认定于欢的防卫行为明显超过必要限度造成重大损害……防卫过当。……判决于欢犯故意伤害罪，判处有期徒刑5年。

[研习]
1. 为何二审判决量刑与一审的有如此差距？
2. 防卫过当致人死伤一般认定为故意罪还是过失罪？

案例五：王长友假想防卫过失致人死亡案[1]

[案情]
王长友一家三口于夜晚入睡后，忽听见有人在其家屋外喊叫王与其妻佟雅琴的名字。王长友便到外屋查看，见一人已将外屋窗户的塑料布扯掉一角，正从玻璃缺口处伸进手开门闩。王即用拳头打那人的手一下，该人急抽回手并跑走。王长友出屋追赶未及，亦未认出是何人，即回屋带上一把自制的木柄尖刀，与其妻一道，锁上门后（此时其10岁的儿子仍在屋里睡觉）去村书记吴俊杰家告知此事，随后又到村委会向大林镇派出所电话报警。当王与其妻报警后急忙返回自家院内时，发现自家窗前处有俩人影，此二人系本村村民何长明、齐满顺来王家串门，见房门上锁正欲离去。王长友未能认出何、齐二人，而误以为是刚才欲非法侵入其住宅之人，又见二人向其走来，疑为要袭击他，随即用手中的尖刀刺向走在前面的齐满顺的胸部，致齐因失血性休克当场死亡。何长明见状上前抱住王，并说："我是何长明！"王长友闻声停住，方知出错。

[诉讼]
一审判决：通辽市中级人民法院认为，王长友因夜晚发现有人欲非法侵入其住宅，即向当地村干部和公安机关报警，当其返回自家院内时，看见齐满顺等人在窗前，即误认为系不法侵害者，又见二人向其走来，疑为要袭击他，疑惧中即实施了"防卫"行为，致他人死亡。属于在对事实认识错误的情况下实施的假想防卫，其行为有一定社会危害性，因此，应对其假想防卫所造成的危害结果依法承担过失犯罪的刑事责任，其行为已构成过失致人死亡罪。通辽市人民检察院指控被告人王长友犯罪的事实清楚，证据确实、充分，但指控的罪名不当，应予纠正。于1999年11月15日判决：王长友犯过失致人死亡罪，判处有期徒刑7年。

抗诉：通辽市人民检察院以"被告人的行为是故意伤害犯罪，原判定罪量刑不

---

[1] 内蒙古高院于奎金、包树海撰稿，梁国裕审编："王长友过失致人死亡案——假想防卫如何认定及处理？"【第127号】，载《刑事审判参考》总第20集。

当"为由提出抗诉。

二审裁定：内蒙古自治区高级人民法院经审理认为：王长友因夜晚发现他人欲非法侵入其住宅之事，即向村干部和当地公安派出所报警，在返回住宅时发现两个人影在其家窗户附近，错误地认为是侵害者，由于其主观想象，将齐满顺事实上并不存在的不法侵害误认为是已经存在，进而实施了假想的防卫，并致齐满顺死亡，应依法承担过失犯罪的刑事责任。通辽市中级人民法院认定被告人王长友由于对不法侵害的认识错误而导致的假想防卫造成他人死亡后果发生的事实清楚，证据确实、充分，定罪和适用法律正确，审判程序合法。对于通辽市人民检察院提出的抗诉理由不予采纳。于2000年1月23日裁定：驳回抗诉，维持原判。

[研习]

1. 本案中，被告人王长友主观上认为不法侵害性质为何？亦即，是对非法侵入住宅行为防卫，还是对袭击行为防卫？此认定是否影响王长友行为的定性？如系对袭击行为的防卫，在对方向其走来时行为人即反击，是否符合防卫的时间条件？

2. 对于假想防卫、防卫过当，行为人已认识到造成对方死亡的结果而追求该结果，为何不认定行为人构成故意杀人罪？

案例六：过失导致手枪被他人用于自杀案[1]

[案情]

被告人与一位同其关系密切的S女一起驱车旅行，在此过程中，他将自己上膛了的职务用枪放在汽车的仪表板上。S女"在一次停车时，乘被告人不注意突然把枪从仪表板上拿起来，朝自己开枪"。让被告人承受非难的是，他曾经和S女一起去旅馆开过房间，而且"尽管他知道S女士经常——特别是在饮酒之后——突然变得抑郁和忧伤起来，尽管他知道自己有每次坐进汽车都把手枪放在仪表板上的习惯"，却仍然不将子弹从手枪里取出来。

[诉讼]

德国联邦最高法院否定了该行为的可罚性。理由是：以帮助的故意共同引起自杀者死亡的人，不能被处以刑罚，因为自杀不是犯罪行为。此时帮助故意的内容包括：帮助者知道或者至少预见到自杀者的死亡，并许可性地容忍其发生。那么，基于正义的理由，就不能对只是过失地引起自杀者死亡的人处以刑罚。

[研习]

1. 过失地引起自杀者死亡的是否有罪？

2. S女死亡结果是否可以追溯到被告人过失行为？

---

[1]【德】克劳斯·罗克辛著，何庆仁、蔡桂生译：《德国最高法院判例·刑法总论》，中国人民大学出版社2012年版，第10页。

案例七：K、J二被告人不希望却认可勒死被害人M案[1]

[案情]

被告人K和J决定抢劫他们都认识的M。为此，他们想暴力攻击M，以使其无法反抗，然后随意拿走他房里所看中的东西，占为己有。K提议，用一根皮带勒住M，并将之捆绑起来。J同意。他俩当时均意识到，这样紧勒M不仅会导致其失去意识，甚至可能置其于死地。

1954年2月8日，借偶然会见M的时机，K试图当着J的面实施犯罪行为，但却又动摇了，他把皮带交给J，J也同样没有任何举动。但两个被告人并没彻底放弃计划。J这时却劝说不要勒M，因为他们意识到这样不仅会使M失去意识，还有可能致其死亡。这样，J提出，不如用沙袋砸昏M，K最终也同意。他俩认为，若撞击时用沙袋对准M脑袋的颅骨，就应该不会造成严重的伤害。

1954年2月15日，两被告人找到M。J的裤袋中装有沙袋。出于防备，K还是擅自携带了皮带，J对此并不知情。他俩请求M，让他俩在他那里过夜，M表示同意。K当晚便睡在M的房间里，而J在另一房间。快凌晨4点时，J用沙袋猛击两下M的脑袋，K此时也在场。这一打，却并未取得期望中的效果，反而把M惊醒了。接着再用沙袋一打，沙袋散了。M跳下床，与J厮打在一块。这时，K摔倒在地，并拾起皮带。他从M身后靠近M。M却根本没有觉察到，K也是他的对手。K从背后向M头上方抛出皮带，以将M套住，但皮带套在了下巴上。J见状，便将M的双手和手臂朝下扳，以让K得逞，这样M又被扑到床上了。K再次将皮带套过M的头，而J紧摁住M的双臂。这回，皮带套在M的脖子上了，两端都盘绕在上面。两个被告人各执皮带一端，并全力拉紧，直到M双臂下垂，全身沉在床上。于是他们开始将M捆绑起来。M又坐起，J就用后背向下压住他。K重新开始紧勒M。K将皮带捆绑在M的脖子上，皮带带扣固定在M脖子左侧。K这次勒紧皮带时间很长，直到M不再动弹，也不再发出任何声音。J注意到后，朝K喊道："住手！"K也便停手。两人于是将M绑好，接着便在其床单、衣物等物品之中找出一堆东西。然后他们看了看M。至此，他们开始怀疑M是否还活着。经过一些努力，他们也没有将M唤醒。此后他俩便离开了。

[诉讼]

"当行为人并不希望结果发生时，也可以成立间接故意。从法律上讲，如果他为了所追求的目标，在必要时，亦即不这样就不能实现其目标时，容忍其行为促成不希望发生的结果并认同该结果的产生，那么，他仍算是认可了该结果，存在间接故

---

[1] 【德】克劳斯·罗克辛著，何庆仁、蔡桂生译：《德国最高法院判例·刑法总论》，中国人民大学出版社2012年版，第14页。

意。不同于有认识的过失的地方在于,有认识的过失的行为人相信,预见到可能发生的结果并不会发生。"[1]

[研习]

1. 本判决体现了德国刑法间接故意认定的何种学说?
2. 根据认真对待理论,排除杀人间接故意的要点是什么?

第二节 强奸罪,强制猥亵、侮辱妇女罪,猥亵儿童罪

案例一:被告人尾随妇女至女厕便坑隔门外窥视时被发现案

[案情]

公安"起诉意见书":2014年12月29日21时许,李玉波(男,42岁,某浴池搓澡工)在某超市旁公共厕所,尾随事主杨蔚梅进入女厕所,欲对杨蔚梅实施强奸。被杨蔚梅发现后,李玉波害怕逃走,后被民警抓获。涉嫌强奸罪。

[证据]

1. 被害人陈述:晚9时许,我跟老公高迪吃完饭步行回家,因为我想上厕所,我就一边跟我母亲打电话一边向一公共厕所走去,我老公就先回家了。

走到厕所门口,我发现南侧门口站着一名男子,我没觉得有什么可疑,就直接进女厕所。进了厕所后,我进了最里侧的一个小间内并关上门,因为我在打电话,我就在小间内站了几秒钟,这时我从门缝处看到一个黑影,然后我停了两秒钟就把门推开了,发现之前站在男厕所门口的那名男子站在小间的门口,我当时吓坏了,我对他说:"你要干嘛?"然后该男子就跑出了女厕所,然后我没上厕所就回家了。

回家后我对老公说了这件事,并说你再陪我去一趟厕所。走到迪亚天天超市门口的时候,我发现了那名男子,我跟我老公说好像是他,然后我老公就喊"站住"并开始追,后来他和别人把那名男子抓住并报警了。

2. 犯罪嫌疑人供述:晚8时许,我准备去北京南站看看回原籍的火车票,顺路在开阳里附近一个公共厕所小便。我出厕所时,看到有一个女子进了厕所。因为长时间没有和妻子性交,我有了和那个女子强行发生性关系的想法。当时我想那个女子方便时会把裤子脱下来,我趁她没穿裤子,就把她按在厕所的墙上强行发生性关系。

我跟着那个女子进了女厕所,我进去后那个女子已经进到了单间隔断里,我听到她在里面打电话,我站在隔断的门前,我感觉她看到了我,她把门推开了,我们

---

[1] 【德】克劳斯·罗克辛著,何庆仁、蔡桂生译:《德国最高法院判例·刑法总论》,中国人民大学出版社2012年版,第14页。

对视了一下，当时我慌了，就赶紧出了厕所，那个女子也跟着出来了。我出厕所之后往南站方向走，突然想起自己没有带身份证买不了票，就沿原路返回，到了厕所我进去大便，出来后继续往暂住地方向走。然后我听到有一个女子跟着一个男子说："刚才就是这个男子进女厕所耍流氓。"那个男子朝我喊"站住"，我心里害怕转头就跑，后来他们追上把我抓了。我认识到自己的错误，认罪悔罪，希望从轻处理我。

3. 证人宋建设（李玉波工作所在的浴池的经理）证言：李玉波在单位负责给客人搓澡，他平时表现很老实，工作很踏实，特别卖力。

[诉讼]

北京市丰台区检察院作相对不诉处理。

[研习]

1. 本案的犯罪嫌疑人有没有着手强奸？
2. "起诉意见书"对案件事实的表述是否客观？
3. 本案案情如何表述比较客观准确？
4. 本案是强奸预备、中止，还是不构成强奸罪？
5. 如果嫌疑人声称：想看妇女如厕，是否能认定强奸罪？

案例二：申文军强制猥亵妇女案[1]

[案情]

申文军于2008年5月27日23时许，在其为网友朱某某（女，19岁）来京所安排的暂住地某小区房间内，采取摁压等强制手段，以亲吻、搂抱等方式对朱某某进行猥亵。后因朱某某强烈反抗和哭喊，被告人申文军将被害人朱某某放开。被害人朱某某出门后即向公安机关报案。次日，被告人申文军被抓获归案。

[诉讼]

北京市海淀区人民检察院认为被告人申文军的行为已构成强奸罪，且系未遂。被告人申文军对检察院指控的事实和罪名提出异议，辩称其虽亲吻了被害人，但没有想与被害人发生性关系的意图，其行为不构成强奸罪。

针对上述事实，公诉人当庭宣读、出示了公安机关在侦查期间收集和调取的如下证据材料：

1. 被告人申文军的供述，证实其曾供认2008年5月中旬，其通过网上聊天认识朱某某，并互留电话。同年5月26日晚，朱某某给其打电话说要来北京打工，问其有没有地方住。因其在房屋中介公司上班，手里有客户的空房，就答应了。次日下午，朱某某到了北京给其打电话，让其去车站接她，因其有事走不开，就让朱某某自己过来。当日下午3点左右，其在五道口城铁站接到了朱某某，就先带朱某某到

---

[1] 一审由北京市海淀区人民法院审理。

其住处放行李,并带朱某某去吃饭和上网吧。当日 19 时许,朱某某说自己累了,让其带她看看住处。后其就把朱某某带到其公司位于稻香园小区的一个出租房屋。进屋后,两人聊了一会天,其就先去洗澡,后朱某某再去洗澡。朱某某洗完澡后就趴在床上背对着其用手机聊 QQ。到了晚上 11 时许,其叫朱某某出去吃饭,朱某某说累了,爱答不理地对其说不想出去吃饭。其就过去拉朱某某出去吃饭,在碰到朱某某手的时候,其有了性冲动,就抓住对方的双手,把对方压倒在床上,并用胳膊压着对方的左肩部,并抱着对方的头开始亲对方的脸和嘴。当时朱某某就用右手抓他,并大声哭喊。他当时怕有人听见,就把对方放开了。朱某某坐在床边哭了一会后,就拿起手机和书包跑出房间。后他害怕朱某某出事,其就跟着追了出去,但没有追上。后其打对方电话,对方也不接。他就到白天上网的网吧找朱某某,没有找到。次日凌晨 3 时许,其就被警察在网吧抓获了。

2. 被害人朱某某的陈述,证明 2008 年 5 月 27 日下午 15 时许,她坐火车到北京后,给一个叫"申小杰"的网友打电话,说她到北京了,让对方来接。申小杰说不能来接,让她自己过去。她坐地铁到海淀区五道口的城铁站见到了申小杰。申小杰先领她到自己住处放了行李,并带她吃了饭后,就到一个网吧上网。当晚 19 时许,她坐车累了,就问申小杰住的地方能不能洗澡,申小杰就把她带到某小区的一个房间。进了房间后,她与申小杰聊了一会儿后,申小杰与其先后去洗了澡。洗完澡后,她就拿着手机进房间躺在床上背对着申小杰聊天。当晚 23 时许,申小杰问她出不出去吃饭,她说坐车太累不想吃了。但申小杰一直问她,她也没有理对方,并说:"别烦我了,我要睡了。"这时,申小杰突然扑过来,用手抓着她的手,强行将她翻转过来,并用身体将其压住,用手压着其肩膀,抱着她的头开始亲吻。她开始摇头不让亲,大声喊叫,并用手抓对方的身体,想挣脱。但申小杰还是亲她面部和嘴,想与她发生性关系,她就用力哭喊,对方才将其松开。其间,申小杰看见她哭,就对她说:"哭什么,又没怎么你。"后她拿起手机和书包哭着跑出了房间,并打了"110"报警。

经当庭质证,被告人申文军对控方上述部分证据提出异议,辩称事发当时其没有要强奸被害人的意思,且系主动放弃对被害人继续实施侵害的。

北京市海淀区人民法院认为,申文军为寻求性刺激,以强制手段猥亵妇女,其行为已构成强制猥亵妇女罪,应予惩处。北京市海淀区人民检察院指控被告人申文军犯罪的事实清楚、证据确凿,但指控罪名有误,本院依法予以更正。因为强制猥亵妇女罪与强奸罪未遂的关键区别在于:行为人主观上是否具有强行与被害妇女发生性行为的意图。在本案中,申文军虽然对被害人实施了部分性侵犯行为,但该行为仅表现在亲吻对方脸部、嘴部,并没有其他进一步的行为或表现,故其行为只是反映其欲通过亲吻异性寻求性刺激、宣泄情感的心理,并不必然表明其有强行奸淫之故意。虽然申文军在侦查阶段有过供述称自己有强奸之目的,但本案现有证据显示其没有实施任何带有奸淫趋向的实质性行为,也不能推断其行为必然会发展成为强奸行为。故本案证据不足以认定申文军在行为当时具有强奸的主观故意，不应以强奸罪追究其刑事责任。申文军为寻求性刺激、满足心理上的性需求，违背妇女意志，采用暴力猥亵妇女，其行为符合强制猥亵妇女罪的犯罪构成特征，应当以强制猥亵妇女罪定罪处罚。鉴于申文军在看到被害人哭喊时，没有继续实施侵害，且在到案后能如实供述自己的犯罪事实，具有坦白情节，本院对其酌予从轻处罚。判决如下：被告人申文军犯强制猥亵妇女罪，判处有期徒刑6个月。

[研习]

1. 在理论上，强奸罪未遂（或中止）与强制猥亵妇女罪的共同点和区别是什么？
2. 依行为人侦查期间陈述，本案中，行为人在实施猥亵行为时有无强奸的意图？
3. 如果行为人在实施强制猥亵行为时有强行奸淫意图，之后又自动放弃，是认定为强奸罪中止还是强制猥亵妇女罪既遂？可否认定为两罪的想象竞合？此种情形是一个事实问题还是法律问题？
4. 如何评价法院的认定？法院将本案作为一个事实问题还是法律问题？

案例三：甲男涉嫌利用妇女醉酒强奸乙女案

[案情]

2013年12月4日16时许，乙女因找工作来到甲男在六里桥长途车站附近的招聘摊位，甲男带领乙女前往丰台保安公司项目部应聘到地下停车场收费员工作。

当日18时许，甲男带乙女在一面馆吃饭，乙女自述："喝了2瓶啤酒。"其间，甲男称询问过乙女，乙女答应与其交男女朋友。乙女称甲男询问过是否交朋友被其拒绝。至10时许，甲男骑摩托车带乙女离开。

当晚21时30分许，甲男带乙女到案发地某小区地下室204号，该地为甲男朋友高永军、张小丹租住地，因二人回老家，钥匙暂时由甲男保管。监控视频显示，乙女先去地下室公共厕所，返回时现蹒跚状态并对甲男有搂抱等亲昵行为，二人进入204号房。

甲男称：进屋后乙女自己脱掉衣服，二人发生性关系，没有反抗、拒绝行为。……直接射精至乙女体内。之后乙女因醉酒呕吐。"待了会说还要，后上来亲我的嘴和胸部，并用手摸我下身。"二人再次发生性关系，发生后，乙女再次呕吐。

之后甲男同事张忠兴打来电话，甲男告知"带了个女的在高永军家玩"。张忠兴告知其高永军两口子已经回来，要甲男将女的带走，但因乙女醉酒昏睡，没有离开。张忠兴、高永军及高永军妻子张小丹三人来到小区院内。

23时至24时许，甲男向高永军说明情况，张小丹前往204室催叫乙女，乙女拒不离开，因而发生争吵厮打，在案证人均反映此时乙女并未穿衣服，后甲男等人进入房间给乙女穿上衣服并将其劝离案发地。后甲男给了乙女100元钱后，乙女打车离开，甲男回暂住地睡觉。

2013年12月4日23时许,当地派出所接到乙女报案称"我和一张姓男子在饭馆内喝完酒以后,同该男子来到某小区一地下室内,与该男子发生了性关系"。次日凌晨5时许,高永军找到甲男称对方报案强奸,甲男与乙女经电话联系后前往电力医院,后在电力医院被公安机关抓获。

[证据]

1. 管理员高月荣证言:当时我在值班,甲男和一个女的回来了,我问甲男来的人是谁,他说是一个朋友或老乡,后来他俩回屋说话说好长时间,听不清内容。后来他俩也出来上厕所,再后来租房的两口子回来了,女的和女孩打起来了,后来甲男就把女孩送走了。

(对于二人状态)高称:他们回来时甲男看不出来,女的有点喝多了,走路有点晃,是从监控里看到,没有与二人说过话。

(对于被害人的情况)高称:走路晃,上厕所回来时扶墙了,我一看就是喝多了。

(对于房屋隔音情况)高称:我们房间是隔断打出来的,隔音不好,我能听见说话,但他们说什么听不清,但打架前没有争吵的情况。对于高永军、甲男个人情况,高称二人都是招保安的,就在门口附近打个牌子招保安。对于张小丹与乙女打架的情况,高称当时张小丹、被害人、甲男均在现场,其看到时,张小丹和被害人正在相互撕扯,甲男在拉架。对于被害人着装情况,高称女孩当时是在床上躺着,裹着被子,穿没穿衣服记不清了,甲男和高永军媳妇都穿得很正常。

2. 乙女的证言:在饭馆吃饭时喝了三瓶啤酒,具体喝多少我记不清了。我喝三瓶没问题,喝四瓶也没事,就是喝嗨了,但是不至于喝得记不住事情。

(对于如何到达案发地点)乙女称:有印象在摩托车后面,怎么到的我记不清了。

(对于案发过程中呕吐情况)乙女称:没有印象。

(对于如何离开案发地及报警情况)乙女称:甲男把我送到路边,给我打了个车,甲男给了我100元钱打车,没走多远我就下车了,没有给车费,后来我又去了附近一个饭馆,到饭馆里我就用手机打110报警了,当时是凌晨几点记不清了。当时从案发地出来没报警是因为当时比较迷糊,后来在出租车上我清醒过来我才想起报警,当时马上就打电话报警了。

(对于自己何时清醒)乙女称:从案发地出来坐上出租车以后才意识到自己被强奸了。就能清楚记到就是我和甲男一起在饭馆吃饭要了一瓶酒,后来又追了一瓶酒,甲男给我倒酒,再后来的事情我就记不清楚了,之后的印象就是一段一段的了。

(对于在案发地上厕所情况)乙女称:能有模糊的印象,能记起甲男走过来,但是怎么去的记不清了,怎么进的屋记不清了。

(对于案发过程中细节问题)乙女称:想不起来了,案发过程中没有意识到自己被强奸,也没有想到谁,就是晕。

[诉讼]

本案由检察机关作存疑不诉处理。

[研习]

1. 本案有哪些证据对甲男不利？
2. 本案有哪些证据对甲男有利？
3. 在没有遭到暴力胁迫的情况下，妇女控告利用醉酒强奸的实质条件是什么？

案例四：夏培初骗奸案[1]

[案情]

夏培初在某旅社打工。1993年8月31日夜，夏培初见女旅客徐某某独自熟睡在405客房内，遂生奸淫邪念，对该女先进行猥亵，后又实施奸淫。其间，该女曾惊醒，但误认为被告人夏培初是同住该旅社的男友，故未作反抗。奸后被告人夏培初匆忙离开现场，引起徐的怀疑，徐即向公安机关告发。夏培初认罪态度较差。

[证据]

1. 受害人徐某某陈述的遭被告人夏培初奸淫的时间、地点、主要情节与证人金明家、王光建、陈国明、夏月意的证言相印证。
2. 浙江省杭州市中级人民法院刑事裁定书及释放证明书。
3. 被告人夏培初的供述。

[诉讼]

一审判决：夏培初虽未采用通常强奸案中的暴力、胁迫等强制手段，但其与被害的妇女徐某某发生两性关系，却是完全违背被害人意志的，这可以从本案的具体情况进行分析：①被告人与被害人徐某某原不认识，可以排除通奸可能。②被害人徐某某是与其男友一起来奉化的，她在睡之前，用沙发顶住405室的房门，因此可以排除她为卖淫而来，而且被奸后当即告发。③被告人夏培初正是利用被害妇女熟睡之机，在其不知抗拒的情况下实施了奸淫行为，被害人未作反抗，是因其产生错觉，误将被告人认为是与自己同宿在该旅社的男友，一旦发现情况不对，被害人即向公安机关告发，说明此次性行为是完全违背被害人意志的。因此，被告人夏培初违背妇女意志，采用"其他手段"强奸妇女，其行为已构成强奸罪。

上诉：自己是嫖娼行为，他在公安机关的交代是诱供、逼供所致。

二审裁定：驳回上诉，维持原判。

[研习]

1. 法院如何认定夏培初实施了强奸行为？请从法律适用和事实认定两个层面分析。

---

[1] 浙江省宁波市中级人民法院（1993）甬刑终字第183号刑事判决书。

2. 强奸罪客观行为中暴力、胁迫、其他手段的要素，与违背妇女意志要素的关系如何？

3. 本案被害人承诺是否有效？性承诺在强奸罪认定中起什么作用？

案例五：孟某等强奸案[1]

[案情]

2014年3月16日凌晨3时许，孟某在某酒吧内与被害人朗某（美国籍）跳舞相识，后孟某趁朗某醉酒不省人事之际，骗取酒吧管理人员和服务员的信任，将朗某带出酒吧。随后，孟某伙同被告人次某、索某、多某、拉某将朗某带至武汉东湖某小区"星光大道"的包房。接着，多某购买避孕套，并向次某、索某和拉某分发。次某、索某和拉某趁朗某神志不清，先后在包房内与其发生性关系。孟某和多某欲与朗某发生性关系，但因故未得逞。当日，朗某回到任教学校后，即向公安机关报警。经鉴定，被害人朗某双上臂及臀部多处软组织挫伤。

[证据]

1. 各被告人供述：被害人在受到性侵的过程中神情呆滞，一直在哭泣，在事后乘坐出租车返校途中仍在哭泣。

2. 被害人陈述："我当时很害怕，而且很醉，感觉没有力气。""我怕反抗了之后他们会伤害我，我只希望这个过程快结束。"

3. 多名证人证实被害人在酒吧中由于饮酒过量而呕吐不止。

4. 被害人被5名被告人带到案发现场时，需要由2名被告人搀扶才能行走。

5. 当日，朗某回到任教学校后，即向公安机关报警。

[诉讼]

一审判决：强奸罪。孟某、次某、索某、拉某在共同犯罪中起主要作用，系主犯。多某在共同犯罪中起次要作用，系从犯，依法应当对其从轻处罚。依据《刑法》第236条第3款第1项及第4项、第25条第1款、第26条第1款、第27条第1款、第55条、第56条、第67条第3款的规定，判决如下：强奸罪。判处孟某15年，剥夺政治权利3年。次某13年，剥夺政治权利2年。索某13年，剥夺政治权利2年。拉某12年，剥夺政治权利1年。多某10年，剥夺政治权利1年。

上诉：被告人以被害人无明显反抗行为，系自愿与其发生性关系为由上诉。

二审裁定：驳回上诉，维持原判。

---

[1] 湖北省高级人民法院郑娟，湖北省武汉市中级人民法院李济森撰稿，最高人民法院刑二庭苗有水审编："孟某等强奸案——被害人无明显反抗行为或意思表示时，如何认定强奸罪中的'违背妇女意志'?"【第1061号】，载《刑事审判参考》总第102集。

[研习]

1. 对于性交，妇女无明显反抗行为或意思表示时，是否意味"不违背妇女意志"？
2. 对于性交，妇女没有表示同意是否可以推断"违背妇女意志"？
3. 本案认定"违背妇女意志"的主要根据有哪些？
4. "孟某和多某欲与朗某发生性关系，但因故未得逞。"是否成立强奸未遂？是否适用轮奸情节？

案例六：蔡某、马某某、田某某涉嫌强奸案[1]

[案情]

2014年4月12日19时许，蔡某与赵某某（16周岁）在酒吧给朋友过生日时，蔡某接到被告人马某某电话，马某某告诉蔡某其要和田某某到吴忠市利通区嫖娼，让蔡某帮忙联系卖淫女，蔡某答应。随后，蔡某要求赵某某晚上陪其领导，并让赵某某洗头后换上卖淫女的衣服在网吧等候。当日23时许，马某某、田某某驾车到达吴忠市利通区，蔡某先帮二人找来其他卖淫女，但因价格问题双方未能谈妥，蔡某遂提出让赵某某陪二人，二人同意。当日23时许，蔡某和马某某、田某某驾车将赵某某带至吴忠市利通区"阳光汇"夜总会喝酒。13日凌晨3时许，蔡某、马某某、田某某、赵某某酒后离开夜总会，到吴忠市利通区某酒店登记住宿，赵某某一人住一间，马某某等三人住一间。入住酒店后，田某某欲与赵某某发生性关系，问蔡某包夜价格，蔡某到赵某某房间内与赵某某协商后，确定包夜价格为1500元，后田某某给蔡某1500元，进入赵某某房间。当晚田某某与赵某某发生了两次性关系。其间二人互留联系方式，并用手机自拍。13日8时许，田某某从赵某某房间出来后，马某某亦欲与赵某某发生性关系，给蔡某500元，并进入赵某某房间，约半小时后离开房间。关于是否发生性关系，二人各执一词。随后，四人退房离开宾馆，蔡某将赵某某送回，并给赵某某1500元。2014年5月12日，赵某某在父母的陪同下到公安机关报案称，4月12日晚上，马某某、田某某、蔡某将其灌醉，在其不知反抗、不能反抗的情况下将其强奸

[诉讼]

起诉：2014年9月2日，起诉蔡某、马某某、田某某犯强奸罪（轮奸）。

一审判决：蔡某、马某某、田某某犯强奸罪（轮奸），分别判处有期徒刑15年（另有其他犯罪，数罪并罚）、有期徒刑13年、有期徒刑13年。

上诉及二审裁定：宣判后，三被告人以其行为不构成犯罪为由提出上诉。二审

---

[1] 高剑、兰小青："如何减少和控制无罪案件的公诉——以蔡某等人涉嫌强奸案为例"，载《中国检察官》（经典案例）2016年5月下，总第244期。

法院以犯罪事实不清，证据不足，裁定撤销原判，发回重审。

重审判决：2015年5月5日判决：蔡某、马某某、田某某犯强奸罪，判处蔡某有期徒刑15年；分别判处马某某、田某某各有期徒刑10年。

上诉：三被告人仍以其行为不构成犯罪为由提出上诉。

二审判决：2015年9月16日，改判蔡某犯强迫卖淫罪，与另一起强奸犯罪、敲诈勒索犯罪，数罪并罚，判处有期徒刑13年，改判上诉人马某某、田某某无罪。

［研习］
1. 起诉、一审判决三被告人犯强奸罪的理由是什么？
2. 排除利用醉态强奸的实质理由是什么？
3. 本案认定三被告人对赵某某强奸罪不成立的有利因素是什么？

案例七：卓智成等强奸案[1]

［案情］

2009年4月初的一天中午，因卓智成要找女孩陪睡，周某联系范某（未满14岁，未追究刑事责任）帮助物色。在某中学门口，范某将初二女学生黄某（时年13岁）强行带走。被告人周某、钱志、范某将黄某带到建阳花园酒店内，在房间门口威胁黄某陪卓智成睡觉。黄某不从，范某遂殴打黄某，与周某一起强行将黄某拉进房间。因黄某不配合，卓智成走出房间责备周某等人。范某又进入房内卫生间威胁、殴打黄某，黄某被迫与卓智成发生了性关系。事后卓智成付给周某现金700元。

数日后，卓智成又要周某等人帮其找女孩陪睡。2009年4月的一天下午，在某公交站，钱志、周某与范某强行将女学生被害人陈某（时年16岁）带到建阳花园酒店内，威胁陈某，要陈某陪卓智成睡觉。陈某不从，范某、钱志、周某便殴打、威胁陈某，陈某只好同意。范某将陈某带入卓智成的房间后与周某等人守在门口，陈某被迫与卓智成发生了性关系。事后，卓智成付给周某现金600元。十几天后，钱志应卓智成要求，再次要陈某陪卓智成睡觉。陈某不从，钱志遂言语威胁，迫使陈某到建阳花园酒店房内与卓智成发生了性关系。事后卓智成付给钱志现金300元。

2010年1月7日下午，卓智成又要周某找女孩与其发生性关系。周某便与陈某玲（未满14岁，未追究刑事责任）到某中学初二年级，将站在教室门口的女学生刘某（时年13岁）强行带到建阳花园酒店进行恐吓，又按卓智成的要求把刘某带到建阳华荣金座大厅，卓智成看后表示满意。周某遂威胁刘某与卓智成发生性关系。回

---

[1] 最高人民法院刑一庭高明黎、福建省建阳市人民法院黄佶喆撰稿，最高人民法院刑一庭冉容编审："卓智成等强奸案——行为人明知他人系采取暴力、胁迫手段迫使被害人表面'同意'与其发生性关系的，如何定性，以及指使他人物色幼女供其奸淫后给付金钱财物的行为如何定性？"【第979号】，载《刑事审判参考》总第98集。

到花园酒店后，刘某被迫到卓智成开的815房，卓智成亲吻、抚摸刘某，且双方性器官有接触。事后卓智成付周某现金700元，周某分给陈某玲100元之后，周某、陈某玲又将刘某带至建阳朝晖宾馆，周某强行与刘某发生了性关系。

[诉讼]

起诉：周某强迫卖淫罪、强奸罪。钱志强迫卖淫罪。卓智成嫖宿幼女罪。[1]

判决：卓智成犯强奸罪，判刑13年。周某犯强奸罪，判刑10年。钱志犯强奸罪，判刑5年。

[研习]

1. 法院为何判决卓智成构成强奸罪？
2. 卓智成"不知是幼女"的辩解是否成立？

案例八：张烨、施嘉卫等强奸、强制猥亵妇女案[2]

[案情]

2000年5月16日下午，冯某（在逃）纠集张烨、施嘉卫及"新新"（绰号，在逃）等人强行将被害人曹某（女，21岁）带至某宾馆，进入以施嘉卫名义租用的客房。冯某、张烨、施嘉卫等人使用暴力、威胁等手段，强迫曹某脱光衣服站在床铺上，并令其当众小便和洗澡。嗣后，被告人张烨对曹某实施了奸淫行为（得逞），在发现曹某有月经后停止奸淫。被告人施嘉卫见曹某有月经在身，未实施奸淫，而强迫曹某采用其他方式使其发泄性欲。之后，冯某接到一电话即带被告人施嘉卫及"新新"外出，由张烨继续看管曹某。约1小时后，冯某及施嘉卫返回客房，张烨和施嘉卫等人又对曹某进行猥亵，直至发泄完性欲。2000年5月24日，施嘉卫在父母的规劝下到公安机关投案。

[诉讼]

一审判决：张烨、施嘉卫伙同他人，违背妇女意志，以暴力、胁迫的手段，强行与被害人发生性关系，其行为均已构成强奸罪；张烨、施嘉卫又伙同他人，以暴力、威胁等方法强制猥亵妇女，其行为均已构成强制猥亵妇女罪，依法应予两罪并罚。张烨在强奸共同犯罪中起主要作用，系主犯。施嘉卫在被告人张烨实施强奸的过程中，先用语言威逼，后站在一旁，对被害人有精神上的强制作用，系强奸共同犯罪中的从犯；其本人主观上具有奸淫的故意，后自动放弃奸淫意图而未实施奸淫行为，是强奸犯罪中止；其经父母规劝后向公安机关投案，如实供述自己的罪行，

---

〔1〕经《刑法修正案九》修正（2015年11月1日生效），删除嫖宿幼女罪。此后与幼女发生性交，属于《刑法》第236条之奸淫幼女，成立强奸罪。但是，对于《刑法修正案九》生效前的嫖宿幼女行为，仍然涉及嫖宿幼女罪的适用。

〔2〕"张烨等强奸、强制猥亵妇女案——如何认定共同犯罪的中止？"【第128号】，载《刑事审判参考》2001年第9辑（总第20辑），法律出版社2001年版，第14页。

应当认定为自首。遂于 2000 年 12 月 21 日判决：张烨犯强奸罪，判刑 9 年，剥夺政治权利 2 年；犯强制猥亵妇女罪，判刑 6 年 6 个月；决定执行有期徒刑 15 年，剥夺政治权利 2 年。施嘉卫犯强奸罪，判刑 1 年 6 个月；犯强制猥亵妇女罪，判刑 6 年；决定执行有期徒刑 7 年。

上诉：张烨上诉称，在强奸过程中必然会有猥亵行为，故其行为不构成强制猥亵妇女罪。施嘉卫上诉称，猥亵行为已包含在强奸犯罪的过程中，因而，一审认定其犯强制猥亵妇女罪不当。

抗诉：张烨和施嘉卫主观上都具有奸淫被害人的故意。在共同强奸犯罪过程中，张烨对被害人实施了奸淫，施嘉卫实施了暴力、威胁等帮助张烨奸淫的行为。施嘉卫虽未实施奸淫行为，但并没有自动放弃奸淫意图。原判认定施嘉卫属强奸犯罪中止，违背了法律有关犯罪中止的规定，适用法律不当，影响了对被告人的量刑。

二审判决：张烨和施嘉卫伙同他人，违背妇女意志，以暴力、胁迫等手段强行与被害人发生性关系并强制猥亵被害人，其行为均分别构成强奸罪和强制猥亵妇女罪，依法均应予两罪并罚。上诉人张烨在强奸共同犯罪过程中起主要作用，系主犯。上诉人施嘉卫在强奸共同犯罪中起次要作用，系从犯；上诉人施嘉卫有自首情节，依法可以从轻处罚。施嘉卫的行为不能认定为犯罪中止，其行为具有严重的社会危害性，原判对施嘉卫适用减轻处罚不当，依法应予以改判。检察机关抗诉意见正确，上诉人张烨和施嘉卫的上诉理由均不能成立。遂于 2001 年 3 月 26 日改判：张烨犯强奸罪判刑 9 年，剥夺政治权利 2 年；犯强制猥亵妇女罪判处有期徒刑 6 年 6 个月；决定执行有期徒刑 15 年，剥夺政治权利 2 年。上诉人（原审被告人）施嘉卫犯强奸罪，判处有期徒刑 4 年；犯强制猥亵妇女罪，判处有期徒刑 6 年；决定执行有期徒刑 9 年。

[研习]

1. 一审、二审法院是否认定被告人构成轮奸？理由是什么？
2. 施嘉卫可否成立中止？
3. 强奸未遂后又实施强制猥亵，是宣判为一罪，还是两罪并罚？

案例九：谭荣财等强迫他人对妇女实施奸淫案[1]

[案情]

2003 年 5 月 23 日 20 时许，谭荣财、罗进东与赖洪鹏（另案处理）在某水库边，持刀对在此谈恋爱的蒙某某、瞿某某（女）实施抢劫，抢得蒙某某 230 元、瞿某某

---

[1] 最高人民法院刑一庭川彦撰稿，最高人民法院刑一庭薛淑兰审编："谭荣财、罗进东强奸、抢劫、盗窃案——强迫他人性交、猥亵供其观看的行为如何定性？"【第 495 号】，载《刑事审判参考》总第 63 集。

60元，谭荣财、罗进东各分得80元。抢劫后，谭荣财、罗进东、赖洪鹏用皮带反绑蒙某某双手，用黏胶粘住蒙的手腕，将蒙的上衣脱至手腕处，然后威逼瞿某某脱光衣服、脱去蒙的内裤，强迫二人进行性交给其观看。蒙因害怕，无法进行。谭荣财等人又令瞿某某用口含住蒙的生殖器进行口交。在口交过程中，蒙某某趁谭荣财等人不备，挣脱皮带跳进水库并呼叫救命，方才逃脱。

2003年5月期间，被告人谭荣财、罗进东伙同他人先后在阳春市春城镇三桥等处先后5次持刀抢劫现金、手机等财物共计价值5879元。2000年9月19日凌晨3时40分，谭荣财在某游戏室，从屋顶揭瓦入室，将严仕章的一辆价值3705元的摩托车盗走。

[诉讼]

起诉：谭荣财、罗进东等犯抢劫罪、强奸罪，谭荣财犯盗窃罪。

辩护：谭荣财的辩护人提出，谭荣财强迫他人性交的行为既不构成强奸罪，也不构成猥亵妇女罪；其盗窃时未满18周岁，系从犯，请求对谭荣财从轻或减轻处罚。罗进东辩解，谭荣财等人强迫他人性交时，其离案发现场很远，没有参与该行为；其盗窃时未满18周岁，请求从轻处罚。其辩护人提出，罗进东是从犯，没有参与强迫他人性交的行为，请求对罗进东从轻处罚。

一审判决：谭荣财、罗进东等人以非法占有为目的，使用暴力手段劫取他人财物，其行为已构成抢劫罪；二被告人在抢劫过程中，违背妇女意志，使用暴力胁迫的手段，强迫他人与妇女发生性关系，其行为已构成强奸罪。谭荣财秘密窃取他人财物，数额较大，其行为已构成盗窃罪。谭荣财、罗进东参与抢劫多次，在共同抢劫犯罪中起主要作用，是主犯，应当按照其所参与的全部犯罪处罚。鉴于谭荣财在盗窃犯罪时未满18周岁，罗进东在参与的6次抢劫犯罪中，有4次作案时未满18周岁，依法应当对二被告人未满18周岁时参与的犯罪行为从轻处罚。二被告人犯数罪，依法应当数罪并罚。判决：被告人谭荣财犯抢劫罪，判处有期徒刑13年，剥夺政治权利3年，并处罚金3000元；犯强奸罪，判处有期徒刑9年；犯盗窃罪，判处有期徒刑10个月，并处罚金1000元；决定执行有期徒刑20年，剥夺政治权利3年，并处罚金4000元。被告人罗进东犯抢劫罪，判处有期徒刑11年，剥夺政治权利3年，并处罚金3000元；犯强奸罪，判处有期徒刑8年，决定执行有期徒刑18年，剥夺政治权利3年，并处罚金3000元。

上诉：谭荣财、罗进东上诉称，其强迫蒙某某与瞿某某发生性关系的目的是寻求精神上的刺激，调戏取乐，只是观看，没有强奸的故意和目的，原审法院定强奸罪有误，请求撤销原审法院的定罪量刑。

二审判决：被告人谭荣财、罗进东持刀胁迫二人脱光衣服，强迫二人性交，后又强迫瞿某某口含蒙某某生殖器再进行性交，其主观上是寻求精神上的刺激，调戏取乐，没有强奸的目的，客观上没有强奸行为，原审法院认定该行为构成强奸罪不当，应以强制猥亵妇女罪论处。判决：上诉人（原审被告人）谭荣财犯抢劫罪，判处有期徒刑 13 年,剥夺政治权利 3 年,并处罚金 3000 元;犯强制猥亵妇女罪,判处有期徒刑 3 年;犯盗窃罪,判处有期徒刑 10 个月,并处罚金 1000 元,决定执行有期徒刑 15 年,剥夺政治权利 3 年,并处罚金 4000 元。上诉人(原审被告人)罗进东犯抢劫罪,判处有期徒刑 11 年,剥夺政治权利 3 年,并处罚金 3000 元;犯强制猥亵妇女罪,判处有期徒刑 3 年,决定执行有期徒刑 13 年,剥夺政治权利 3 年,并处罚金 3000 元。

[研习]

1. 蒙某某的行为应如何定性?是否构成犯罪?
2. 被告人谭荣财、罗进东并未直接实施强奸、猥亵妇女行为,其强迫蒙某某实施上述行为,应当如何定罪处罚?
3. 被告人谭荣财、罗进东应当被认定为几罪?

案例十:王晓鹏强制猥亵妇女、猥亵儿童案[1]

[案情]

王晓鹏,男,1977 年 1 月 23 日出生,医生。2012 年 5 月 28 日至 31 日,某县中学组织学生在县医院体检。王晓鹏利用自己作为尿检项目检验医生的便利,超出尿检医生的职责范围,以"体检复查"为名,对 14 名已满 14 周岁的女学生和 7 名不满 14 周岁的女学生抚摸胸腋部和下腹部、腹股沟区,将裤子脱至大腿根部查看生殖器,用手在阴部进行按压抚摸,对个别女学生以棉签插入阴部擦拭的方式提取所谓"分泌物",进行猥亵。

[诉讼]

起诉:强制猥亵妇女罪,猥亵儿童罪。

辩护:王晓鹏超出职权范围进行检查是为了对学生负责,出发点是想把病因查清楚,并无猥亵之念,现有证据不足以证明王晓鹏具有强制猥亵妇女和猥亵儿童的动机与目的,王晓鹏的行为不符合猥亵犯罪的构成要件。

一审判决:被告人对 14 名已满 14 周岁女学生构成强制猥亵妇女罪,判处有期徒刑 3 年,对 7 名不满 14 周岁女学生构成猥亵儿童罪,判处有期徒刑 4 年,决定执行有期徒刑 6 年。

上诉:称没有猥亵的动机与目的,原判将违反医疗规程的医疗检查认定为犯罪行为,属于定性错误。

二审裁定:王晓鹏利用给学生作尿检的职务之便,超越尿检医生职责范围,趁

---

[1] 最高人民法院刑一庭崔祥莲撰稿,最高人民法院刑一庭冉容审编:"王晓鹏强制猥亵妇女、猥亵儿童案——如何界分正常医疗检查与猥亵犯罪行为以及强制猥亵对象中既包括已满 14 周岁女性又包括未满 14 周岁女童的,对所犯数罪是否并罚?"【第 987 号】,载《刑事审判参考》总第 98 集。

大多数被害女学生从未接受过体检的机会，实施了猥亵行为，且21名女学生均向公安机关陈述了其不知抗拒和无法抗拒而使自己的身体遭受不法侵害的事实，王晓鹏的行为违背了她们的意志，是变相的强制，王晓鹏的行为符合强制猥亵妇女罪和猥亵儿童罪的构成要件，其上诉理由不能成立。

[研习]

1. 认定被告人构成强制猥亵罪的根据有哪些？
2. "违反医疗规范"与构成强制猥亵罪是否排斥？
3. 是否足以认定被告人猥亵行为的"强制"性？

案例十一：福富一猥亵儿童，黄日成引诱、介绍卖淫案[1]

[案情]

2005年8月份，福富一（日籍）从深圳罗湖口岸入境，入住香格里拉大酒店。后福富一在酒店附近闲逛时，黄日成上前与福富一搭讪，问其是否需要"小姐"服务，福富一即用英文表示自己不喜欢女孩，喜欢小男孩。黄日成明白其意思后，将自己的电话号码留给福富一，并去找来了符某、郑某某等未成年人给福富一认识。后福富一离开中国。

2005年12月26日下午15时许，福富一再次从深圳罗湖口岸入境，入住香格里拉大酒店2626房。17时许，福富一给黄日成打电话，要其帮助找几个男童供其猥亵。黄日成即到某中学找到庄某某（男，1993年12月24日出生）、符某（男，1992年1月21日出生）、郑某某（男，1991年6月9日出生）3名初中生，并带着与福富一会面。后福富一、黄日成带着3名男孩一起到深圳市东门步行街，福富一出钱给每个男孩买了一件衣服。当晚20时许，5人返回香格里拉大酒店，福富一给付黄日成介绍费1100元后，将3名男孩带到酒店2626房内。福富一与3名男孩通过书写文字和数字方式进行交流，许诺给每名男孩子100元，之后，福富一先将被害人郑某某带入洗手间内，脱下郑的裤子，触摸郑的下体和阴茎，对郑进行猥亵，后又用同样的方式，依次分别将被害人符某、庄某某带入洗手间内进行猥亵。在猥亵完3人之后，福富一分别给了3名被害人100～200元的报酬，让3名被害人离开了酒店。

当晚，符某在父母的带领下向公安机关报案，公安人员在酒店内将福富一抓获。次日，公安人员将居间介绍的黄日成抓获。

[诉讼]

起诉：猥亵儿童罪。

辩护：福富一表示认罪，但辩解称自己是老师，非常喜欢孩子，给钱是因为孩

---

[1] 国家法官学院、中国人民大学法学院编：《中国审判案例要览（2007年刑事审判案例卷）》，人民法院出版社、中国人民大学出版社2008年版，第412页。

子穷,自己要帮助他们。黄日成表示认罪,其辩护人辩称,黄日成主观上没有犯罪故意,其虽然介绍了男孩子给福富一认识,但并不知道福富一是在猥亵这些儿童;客观上被告人黄日成也没有实施猥亵儿童的行为,请求法庭宣告被告人黄日成无罪。

一审判决:福富一为寻求刺激,采取抠摸不满14周岁男童阴茎的行为来满足自己不正当的欲望,其行为严重侵害了儿童的隐私权,对被害儿童的健康成长造成了伤害,构成了猥亵儿童罪。黄日成在罗湖火车站附近介绍女子向他人进行卖淫活动,在向被告人福富一介绍卖淫女时,了解到福富一有特殊的性需要(不喜欢女人,喜欢男童),为了满足被告人福富一的要求,明知自己的行为有伤风化,仍积极引诱、介绍男童为被告人福富一提供性服务,其行为构成了引诱、介绍卖淫罪,应当对自己的引诱、介绍他人卖淫的行为承担相应的刑事责任。判决福富一犯猥亵儿童罪,判处有期徒刑5年,驱逐出境。黄日成犯引诱、介绍卖淫罪,判处有期徒刑5年,并处罚金5000元。

二审裁定:驳回上诉,维持原判。

[研习]

1. 经儿童同意后,对其进行猥亵是否可构成猥亵儿童罪?
2. 介绍儿童提供猥亵服务是否属于介绍卖淫行为?本案行为人可否成立猥亵儿童罪的共犯(帮助犯)?

第三节 绑架罪、非法拘禁罪

案例一:郑师武致幻挟持他人非法拘禁案[1]

[案情]

2014年6月1日17时许,郑师武吸食甲基苯丙胺(冰毒)后,出现被警察追捕的幻觉,便闯入某公司仓库,手持一把西瓜刀劫持了仓库管理员李文珍,将仓库卷闸门锁上,企图"躲避警察追捕",并恐吓李文珍不要报警。群众发现上述情况后,将李文珍被劫持的消息通知该公司负责人白霜。白霜到场后询问郑师武有无需求。郑师武提出让白霜开车护送其与李文珍到广州市海珠区的要求,遭到了白霜的拒绝,当日22时,民警接到白霜报警后到达现场与郑师武谈判,一直用刀劫持、殴打李文珍的郑师武与民警陷入对峙。次日1时30分许,白霜寻机将卷闸门打开,民警立即冲入仓库将郑师武制服并抓获归案,缴获其西瓜刀,解救出李文珍。在上述过程中,

---

[1] 广东省广州市越秀区人民法院林旭群、中山大学法学院硕士研究生林子淇撰稿,最高人民法院刑四庭陆建红审编:"郑师武非法拘禁案——致幻挟持他人不具有真实的绑架犯罪目的,不应认定构成绑架罪"【第1172号】,载《刑事审判参考》总第108集。

郑师武造成李文珍背部、左中指、右肘部受伤,经鉴定属轻微伤。案发后经法医鉴定,郑师武案发时患"精神活性物质(甲基苯丙胺)所致精神障碍"。

[诉讼]

起诉:绑架罪。

判决:非法拘禁罪,具有殴打侮辱情节,从重处罚,判处有期徒刑2年6个月。

[研习]

1. 法院为何认定不构成绑架罪,仅构成非法拘禁罪?
2. 郑师武因吸毒致作案时无辨认能力并产生幻觉,是否阻却刑事责任?

案例二:贾斌非法拘禁案[1]

[案情]

2011年3月25日,贾斌与李宝珠结婚。婚后二人共同抚养李宝珠与前男友李宝所生女儿李某某(女,时年3岁)。2012年9月27日,李宝珠欲与李宝复合,遂向贾斌提出离婚。贾斌要求李宝珠退还其为李某某所支付的抚养费、结婚彩礼等共5万元。二人协商未果,当日李宝珠带李某某回娘家居住。次日时许,贾斌乘出租车到李宝珠的娘家,看望继女李某某,并带李某某到附近小卖部购买零食,返回家中发现无人后,便带李某某离开,乘车前往山西省大同市。途中,贾斌给李宝珠发信息、打电话,要求李宝珠准备8万元现金来交换女儿李某某,后又要求李宝珠到大同市见面。李宝珠即报警。当晚23时许,贾斌被公安人员抓获。其间,贾斌对李某某未实施伤害行为。

另查明,2013年2月4日,贾斌与李宝珠就婚姻纠纷向山阴县人民提起诉讼,经该院主持调解,双方达成离婚协议,李宝珠对贾斌的行为表示谅解。

[诉讼]

起诉:绑架罪。理由:贾斌将孩子带往远离山阴县的大同市,将孩子完全置于其个人的实际控制之下,并以对孩子实施伤害行为相要挟,提出勒索财物的非法要求,应当以绑架罪论处。

判决:贾斌挟持其继女李某某的行为构成非法拘禁罪,判处有期徒刑8个月。理由:贾斌主观上是为解决与妻子的婚姻问题而实施该行为,事出有因,不符合绑架罪中以勒索财物为目的的特征,且行为上没有采取暴力强制手段,也未造成任何后果,考虑其与继女有别于亲生子女的法律关系,抱走继女远离家庭居所,已形成对受害人人身自由的限制,具有一定的危险性,故认定贾斌构成非法拘禁罪。

---

[1] 最高人民法院刑一庭张眉、山西省山阴县人民法院赵清库撰稿,最高人民法院刑一庭冉容审编:"贾斌非法拘禁案——抱走年幼继女向欲离婚的妻子索要所支付的抚养费、彩礼费的行为,如何定性?"【第997号】,《刑事审判参考》总第98集。

[研习]
1. 起诉绑架罪、判决非法拘禁罪,分歧的焦点是什么?
2. 为索债绑架人质为何不定绑架罪?
3. 为何不定拐骗儿童罪?

案例三:田磊等为索取债务而劫持他人致人死亡案[1]

[案情]
田磊在任某公司经理期间,销售给刘小平解放柴油车3辆,重庆长安面包车1辆,总计价款435 000元,刘仅付价款130 500元,所欠304 500元价款按双方协议应在1998年3月25日以前付清。到期后,田磊多次向刘索要未果。1999年7月初,田磊让万德友找两个人来西安帮其索款,事成后给万等人12万元酬谢。7月3日,万德友叫同厂的丁光富,丁光富又叫廖木方并让廖带上廖家存放的"冬眠灵"针剂,廖、万、丁三人又购买了4支一次性注射器,于4日乘火车来到西安。7月5日,田磊在西安租得1辆桑塔纳轿车,并给廖木方、万德友、丁光富每人1把水果刀。7月6日下午7时许,四被告人到达延安。晚9时许,田磊、廖木方与被害人刘小平饭后同车去宾馆,在宾馆附近,田让路边等候的万德友、丁光富二人上车,即掉转车头向西安方向驶去。刘小平询问干什么,廖木方即拿出刀子威胁刘不许闹,田磊称去西安把事情说清楚,不会对刘进行伤害。车开出延安后,田磊害怕刘小平闹,停下车在刘的右臂注射"冬眠灵"两支,致刘睡着。次日早5时许在西安境内刘小平醒后,田磊让万德友给刘注射"冬眠灵"1支,刘又睡着。车驶入四川境内,刘醒后,廖木方、万德友二人又给刘注射1支"冬眠灵"。当车要过四川剑门关时,田磊害怕交警查车,再次让万德友给刘注射"冬眠灵"1支。7月8日凌晨2时许,车到达四川省新都县石板滩镇胜利村。四人将刘抬到与廖木方相识的范某家地下室。此时,刘已气息微弱。后田磊、万德友二人回到成都修车。廖木方、丁光富二人在范家休息。7月8日中午12时许,田、廖、万、丁到地下室发现刘小平已死亡。为避免被人发现,田、廖提出将尸体碎尸后,装入桶内沉入河底,其他人同意。四人分工后于9日按计划实施。田磊、万德友又将刘的衣服烧毁。7月12日,田磊给刘小平家打电话索要28万元,并威胁否则将采取措施。四被告人被捕后对其犯罪事实均供认不讳。

[诉讼]
一审判决:田磊、廖木方、万德友、丁光富为索取债务,非法绑架他人致人死亡,其行为均构成绑架罪。田磊犯绑架罪判处死刑,剥夺政治权利终身;廖木方犯

---

[1] "田磊等绑架案——为索取债务劫持他人并致人死亡的行为如何定性?"【第180号】,载《刑事审判参考》总第26集。

绑架罪，判处死刑，剥夺政治权利终身；万德友犯绑架罪，判处无期徒刑，剥夺政治权利终身；丁光富犯绑架罪，判处有期徒刑10年。

上诉：一审各被告人及其辩护人均以原判定性不准，量刑畸重为由，提出上诉。

二审判决：上诉人田磊、廖木方、万德友和原审被告人丁光富为追索债务，采取绑架手段，非法拘禁债务人，使债务人刘小平失去人身自由。田磊等人为了控制刘小平，多次给刘注射冬眠灵，经法医鉴定，没有充分依据证实刘小平系因注射该药而死，故其行为均已构成非法拘禁罪。对田磊、廖木方、万德友和其辩护律师所提四被告人的行为构成非法拘禁罪，不构成绑架罪的上诉理由和辩护意见，予以采纳。判决：上诉人田磊犯非法拘禁罪，判处有期徒刑15年，剥夺政治权利4年；上诉人廖木方犯非法拘禁罪，判处有期徒刑15年，剥夺政治权利4年；上诉人万德友犯非法拘禁罪，判处有期徒刑13年，剥夺政治权利3年；原审被告人丁光富犯非法拘禁罪，判处有期徒刑10年，剥夺政治权利2年。

[研习]

1. 根据案情，行为人给被害人注射"冬眠灵"致其死亡，对于死亡结果的心态如何？

2. 二审法院为何将本案认定为非法拘禁罪致人死亡（结果加重犯），而不认定为故意杀人罪（转化犯）？强制注射和拘禁是否属于"使用暴力"？对转化犯的构成要件如何理解？

3. 如本案案情为行为人发现被害气息微弱、濒临死亡，仍不救治而致其死亡，又当如何定罪？

案例四：章浩、王敏绑架、非法拘禁案[1]

[案情]

章浩承租泗阳县中亚一店大酒店，因经营不善而严重亏损，遂产生了绑架勒索财物的犯意。经考察，章浩选定了某摄影个体户吴艺光之子吴迪（本案被害人，7岁）为绑架对象，并对吴迪的活动规律进行了跟踪了解。2000年1月14日上午，章浩向在自己承包的大酒店做服务员工作的被告人王敏提出：有人欠债不还，去把其子带来，逼其还债。王敏表示同意。当日13时10分左右，章浩骑摩托车载着王敏至某小学附近，将去学校上学的吴迪指认给王敏，王敏即跟随吴迪至教室，将吴迪骗出。章浩骑摩托车与王敏一起将吴迪带至前述酒店，用胶带将吴迪反绑置于酒店贮藏室内关押。16时许，章浩电话寻呼章娟（系章浩外甥女），告诉章娟自己绑架了一个小孩，要求章娟帮助自己打电话给被害人家勒索财物，并告知章娟被害人家的电

---

[1] 江苏宿迁市中级人民法院宋川、洪冰撰稿，李武清审编："章浩等绑架案——基于索债目的帮助他人实施绑架行为的应如何定罪？"【第156号】，载《刑事审判参考》总第24集。

话号码以及勒索 50 万元和一部手机等条件。章娟表示同意。当日 16 时至 17 时许，章娟共 3 次打电话给被害人家，提出了勒索 50 万元和一部手机等条件。次日，章浩赶到沭阳县城，再次要求章娟继续向被害人家打电话勒索，章娟予以拒绝。因被害人家属报案，1 月 17 日凌晨，被告人章娟、章浩、王敏先后被公安机关抓获，被害人吴迪同时被解救。被害人吴迪被绑架长达 63 小时之久，送医院治疗 5 天，诊断为双腕软组织挫伤，轻度脱水。吴迪父母吴艺光、马莲为吴迪治疗共花去医疗费总计 221 431 元。

[诉讼]

起诉：章浩、王敏、章娟犯绑架罪。

辩护：章浩对指控的犯罪事实没有异议，其辩护人提出：章浩归案后认罪态度较好，可酌情从轻处罚。王敏辩称自己没有绑架的故意，其辩护人提出：王敏的绑架行为是在受骗的情况下实施的，主观恶性小，归案后认罪态度好，有悔罪表现，可予以从轻处罚。章娟对指控的犯罪事实没有异议，其辩护人提出：①章娟的行为符合犯罪中止的有关规定；②章娟属从犯，没有共同预谋和参与绑架，归案后能供述同案犯和被害人被关押的地点，能认罪悔罪，对其可以减轻处罚，并考虑缓刑。

一审判决：章浩以勒索财物为目的，绑架他人，章娟在明知章浩实施绑架行为后，打电话勒索财物，章浩、章娟的行为均已构成绑架罪。王敏在章浩谎称扣押人质而索债的认识支配下，非法拘禁儿童，其行为已构成非法拘禁罪。章浩、章娟系绑架罪的共犯。对于章娟的辩护人提出章娟的行为符合犯罪中止的有关规定的意见，经查，章娟在明知章浩实施绑架行为后，帮助章浩实施勒索行为，其后来虽然拒绝继续实施勒索行为，但不足以防止危害结果的发生，不属于犯罪中止，故其辩护意见不能成立，不予采纳。判决：章浩犯绑架罪，判处无期徒刑，剥夺政治权利终身，并处没收财产。章娟犯绑架罪，判处有期徒刑 3 年，并处罚金 5000 元。王敏犯非法拘禁罪，判处有期徒刑 3 年。

上诉：附带民事诉讼原告人吴艺光、马莲不服，提出上诉。理由是：原判对章娟量刑畸轻；王敏应构成绑架罪。

二审裁定：驳回上诉，维持原判。

[研习]

1. 章浩、王敏、章娟三人分别构成何罪？是否构成共同犯罪？为什么？王敏未实施扣押行为，为何也构成共同犯罪？

2. 章浩、王敏、章娟三人是犯罪既遂、未遂还是中止？

案例五：王星明、吴一非骗走外甥女后勒索案[1]

[案情]

2000年11月间，王星明、吴一非二人预谋向王星明的家人索要钱财。同年12月6日，王星明、吴一非在某浴馆会合，当日下午2时许，王星明单独来到塘沽区实验小学，以带其看病为借口将在此就读的外甥女李文慧骗出学校，并带回前述浴馆。后王星明授意吴一非多次给王玉芹（李文慧之母）的家中打电话，索要18万元，并威胁说，如不给钱就将李文慧带走。当日下午4时许，当王星明、吴一非去取该笔钱款时，被公安机关当场抓获。

[诉讼]

起诉：敲诈勒索罪，系犯罪未遂。

一审判决：王星明、吴一非以勒索钱财为目的，利用与被害人的亲属关系，采取欺骗手段劫持被害人，其行为已构成绑架罪。本案二被告人在客观方面利用王星明与李文慧的特殊关系，采取欺骗手段将李文慧控制。虽然由于李文慧本人系儿童，在主观上对此没有认识，但是客观上王星明、吴一非已经限制了李文慧的人身自由，并以此作为勒索钱财的手段，不符合敲诈勒索罪的犯罪特征，而符合绑架罪的构成要件。故公诉机关指控被告人王星明、吴一非犯有敲诈勒索罪（未遂）实属不当，应予纠正。判决：王星明犯绑架罪，判处有期徒刑10年，并处罚金5000元。吴一非犯绑架罪，判处有期徒刑7年，并处罚金3000元。

上诉：吴一非以其没有威胁"不给钱就带走孩子"及量刑过重为由提出上诉。

二审裁定：驳回上诉，维持原判。

[研习]

1. "绑架行为"是从被害人立场上来认定的，还是从公众立场来认定的？本案行为人借助亲属关系哄骗被害儿童，使之未觉察被控制的事实，可否认定为"绑架行为"？

2. 一般绑架罪的勒赎形式是不给钱就杀人、伤人。本案中，行为人威胁的内容是"不给钱就带走孩子"，是否属于将他人作为"人质"实施勒赎？绑架罪勒赎威胁的内容包括哪些？

3. 如果本案案情是外甥女李文慧到王星明家来玩时，王星明趁机给王玉芹打电话要钱，又当如何定性？

---

[1] 国家法官学院、中国人民大学法学院编：《中国审判案例要览（2002年刑事审判案例卷）》，中国人民大学出版社2003年版。

案例六：李新朵绑架案[1]

[案情]

李新朵于2002年7月起在冯万军（男，38岁，外地来京人员）家做保姆，并照顾孩子。其间，冯万军与李新朵发生了两性关系，并许诺与同居女友李建平（女，21岁）分手后娶李新朵为妻。李建平怀疑该二人有不正当两性关系，于同年9月24日上午，以冯万军的名义将李新朵解雇。被告人李新朵心存不满，于当日12时许，到本区小红门乡明园学校内，以冯万军找女儿冯某有事为由，将冯某从学校骗至其亲属居住处，后打公用电话以冯某的安全相要挟向冯万军索要"补偿费"20 000元。当日16时许，公安人员接群众举报后将被告人李新朵抓获归案，并在李新朵的带领下将冯某解救。

[诉讼]

一审判决：被告人为了索要补偿费而剥夺冯万军之女冯某的人身自由，其行为侵犯了公民的人身权利，已构成非法拘禁罪，依法应予惩处。故判决：李新朵犯非法拘禁罪，判处有期徒刑2年。

抗诉：原判定性及适用法律错误，李新朵出于报复，绑架幼童向第三方勒索财物，其行为应以绑架罪追究其刑事责任。

二审判决：李新朵出于报复，绑架冯某作为人质，并以此威胁冯某之父冯万军，索要"损失费"2万元，其行为已构成绑架罪。鉴于李新朵犯罪情节轻微及本案的具体情节，可对李新朵免予刑事处罚。抗诉意见成立，本院予以采纳，惟建议对李新朵适用《刑法》第239条第2款予以定罪的意见不妥。判决如下：原审被告人李新朵犯绑架罪，免予刑事处罚。

[研习]

1. 以索要"补偿费""青春损失费"为由控制扣押他人，是认定为非法拘禁罪还是绑架罪？二者的关键区别在于何处？
2. 绑架罪的判罚是否一定重于非法拘禁罪？

案例七：雷小飞等非法拘禁案[2]

[案情]

雷小飞与加拿大某公司北京办事处主任戴夫·罗西因纠纷产生矛盾，后雷小飞找到吴立群帮忙，吴立群又纠集尹春良等人预谋绑架戴夫·罗西。吴立群、吴春良

---

[1] 北京市第二中级人民法院（2003）二中刑终字第678号刑事判决书。
[2] 北京市高级人民法院谭京生、高文斌撰稿："雷小飞等非法拘禁案——'索债型'扣押、拘禁案件的定性？"【第263号】，载《刑事审判参考》总第34集。

为实施绑架行为承租了北京市某房屋。2002年3月10日17时许，雷小飞、吴立群、尹春良等人在北京市朝阳区某公寓4号楼下，将戴夫·罗西骗上吴立群驾驶的汽车后带至前述承租的房屋，将戴夫·罗西扣押并对其威胁，强迫其打电话，让其公司经理取出戴夫办公室抽屉内的美金4000元及护照等物交给吴立群等人。后三被告人伙同他人强迫戴夫·罗西多次给其亲属打电话索要美元25万元。同年3月15日17时许，公安人员将被告人雷小飞抓获，雷小飞交待了关押戴夫的地点后，公安人员前往上述地点将吴立群、尹春良抓获，同时将被害人戴夫·罗西解救。

[诉讼]

起诉：绑架罪。

辩护：雷小飞辩称：其未指使吴立群等人绑架戴夫·罗西，不构成绑架罪。其辩护人提出：雷小飞与戴夫·罗西是合伙投资关系，戴夫·罗西应对债务承担连带赔偿责任；雷小飞与吴立群等人在拘禁戴夫·罗西的问题上没有预谋，吴立群等人拘禁戴夫·罗西是为索取好处费，有其独立的性质，故雷小飞的行为构成非法拘禁罪；且雷小飞在犯罪中起次要作用，请求法院对雷小飞予以从轻或减轻处罚。吴立群辩称：其只是帮雷小飞要债，没有预谋绑架。其辩护人提出：吴立群的行为应认定为非法拘禁罪；且在本案中系从犯，亦未造成严重后果，应对吴立群从轻或减轻处罚。尹春良辩称：其只是帮助要债，没有预谋绑架。

一审判决：雷小飞称戴夫欠其70余万元，后找到吴立群帮助追索债务，吴立群、尹春良等人将戴夫拘禁。尹春良在公安机关预审期间供述，吴立群让其帮助雷小飞追回40余万元，但雷小飞等拘禁被害人戴夫后向其家属勒索25万美金，此时吴立群、尹春良的犯罪故意已由索要债务转变为勒索钱财，故吴立群、尹春良的辩解及吴立群的辩护人的辩护意见不能成立，不予采纳。雷小飞、吴立群、尹春良以勒索财物为目的绑架他人，其行为均已构成绑架罪。判决如下：雷小飞犯绑架罪，判处有期徒刑12年，并处罚金2.4万元，驱逐出境；吴立群犯绑架罪，判处有期徒刑11年，剥夺政治权利2年，并处罚金2万元；尹春良犯绑架罪，判处有期徒刑10年，剥夺政治权利2年，并处罚金2万元；追缴被告人违法所得美元4000元返还给被害人戴夫。

上诉：雷小飞上诉称：其没有事先预谋，未向戴夫·罗西索要钱财；其与整个事件无关，没有证据证明其犯绑架罪，原审判决认定其犯绑架罪没有根据。二审辩护人提出：雷小飞没有预谋绑架的主观故意，也未实施绑架勒索的客观行为，原审判决其犯绑架罪，认定事实不清，定性不准；雷小飞与戴夫·罗西之间存在合法的债权债务关系，雷小飞索要的数额并未超过对方所欠的数额，雷小飞的行为应认定为非法拘禁罪；雷小飞无前科，其行为未造成严重后果，且雷小飞有协助公安抓获其他同案犯的立功表现，建议二审法院对雷小飞从轻或减轻处罚。吴立群上诉称：原审判决认定事实不清，定性不准；其没有勒索钱财的目的，是雷小飞让其找对方索要欠款。

二审判决：上诉人雷小飞出资与被害人（未出资）合伙在北京经营公司，办理留学等各项业务。其间，雷小飞向被害人提供食宿费用和业务费用。而被害人却瞒着雷小飞，以该公司的名义招揽客户到境外培训、留学，并将收取的费用全部据为己有。后该事被雷小飞发觉，雷小飞要求被害人赔偿其经济损失，二人为此产生纠纷。双方在造成经济损失数额的问题上认识不一：被害人认为雷小飞向其支付了各种费用2.8万余元，雷小飞的损失仅限于此；而雷小飞认为自己为经营公司投入了大量钱财，被害人的行为给公司对留学项目的投资经营造成了实际损失，各种经济损失数额约合70余万元。雷小飞为了"把钱追回来，弥补自己的损失"，而找到另两名被告人将被害人扣押、拘禁。被告人吴立群、尹春良亦供述其二人是为帮助雷小飞索要欠款而实施犯罪，从上述情节可以看出，三被告人是在"索要债务"的主观认识下实施扣押、拘禁被害人的行为的。三被告人开始向被害人索要25万美元，后承诺交付15万美元（约合人民币120余万元）即可放人，被害人一方对此均予以证明，对索要数额应认定为15万美元。雷小飞承诺讨债成功后，给付吴立群、尹春良索要钱财的1/3作为"好处费"，该事实有各被告人的供述证实。被告人索要的数额虽高于被告人主观估算的债务数额人民币70万元，但雷小飞认为超额部分系吴、尹帮助讨债的费用，因此"索要债务"仍为被告人犯罪的主要目的。判决：雷小飞犯非法拘禁罪，判处有期徒刑2年；吴立群犯非法拘禁罪，判处有期徒刑2年；尹春良犯非法拘禁罪，判处有期徒刑1年6个月。

[研习]

1. 为何以索债为目的扣押他人不认定为绑架罪？索债型非法拘禁与绑架的一般区别是什么？

2. 索要数额超出原债务数额不大的，该认定为何罪？本案中，索要数额超出原债务数额较大，为何二审法院仍认定为非法拘禁罪？

3. 假如雷小飞与戴夫事实上有债务纠纷，并请吴、尹帮忙绑架戴夫索要10万元债务，吴、尹擅自向戴夫的亲友索要100万元，该如何定性？

4. 一审判决、二审判决为何不同？分歧在于何处？你认为哪一级法院的判决更有道理？

案例八：叶清益绑架案[1]

[案情]

叶清益的妻子黄某租住在新民镇某村，叶清益怀疑其妻与他人通奸，遂于1999年11月7日晚窜到黄某的临时住处附近伺机捉奸。当晚8时许，当叶清益看到陈某

---

[1] 国家法官学院、中国人民大学法学院编：《中国审判案例要览（2002年刑事审判案例卷）》，中国人民大学出版社2003年版。

（男，41岁）与黄某一起进入租住房后，便打电话给其父亲纠集七八名同村村民到凤岗村，闯入该住房，殴打与黄某在房中独处的陈某，并要求陈赔偿损失，陈同意。叶清益的兄长叶清露应被告人之邀亦赶到凤岗村，叶清露提议将陈带到五显镇，随行的人就强行将陈某挟持到位于该镇的叶清露家，被告人随后回家发现陈某在叶清露家中。叶清益的父亲叶水地通知了村干部郭安溪及村里的老者叶在良到叶清露家中。同村村民叶约限、颜进财、叶在钦及部分村民亦在场。叶约限问陈某"是公了还是私了"，陈同意以赔偿5万元"私了"，有人称太少，至少10万元，叶清益在旁附和称应予以赔偿10万元，叶约限称口说无凭，要陈写自愿书，陈称不会写字，后由叶在钦拟写一份赔偿10万元的自愿书让陈某抄写。叶约限拿电话让陈与家人联系，通知家人拿钱到同安影视城门口换人，同时叶清露让颜进财将陈某转移到叶在钦家。当晚9时许，叶清益、颜进财、叶约限3人到影视城欲与陈的家人交接，被害人的妻子陈丽英及陈的哥哥陈君再等人亦赶到影视城门口，并提出要见被害人才同意付钱，被告人叶清益只同意通电话，陈君再通完电话后察觉到陈某被殴打欲报警，叶清益拔腿就跑，陈君再追赶，附近的三四名五显镇村民看到此情形就反而追打陈君再，致陈君再受伤。当晚10时许，被告人叶清益一方认为敲诈钱财无望，遂让人将陈某送交五显派出所。

[诉讼]
起诉：非法拘禁罪。

一审判决：叶清益因怀疑其妻与他人通奸，就使用暴力方法绑架他人，并索要法律不予保护的财物，其行为已构成绑架罪。判决：叶清益犯绑架罪，判处有期徒刑10年，并处罚金2000元，剥夺政治权利1年。

二审判决：原判对于陈某被劫持到叶清露家中是上诉人叶清益指使、由他人实施的行为，以及索要赔偿数额是上诉人叶清益一人所为或由他人促成的等事实的认定有不当之处，而导致错误地认定上诉人的主观犯意、犯罪手段、情节。……上诉人叶清益以怀疑他人与其妻通奸为由，并对被害人实施殴打等手段进行威胁，迫使被害人交出财物，数额巨大，其行为已构成敲诈勒索罪。因意志以外的原因未能得逞，系犯罪未遂。判决上诉人叶清益犯敲诈勒索罪，判处有期徒刑1年6个月。

[研习]
1. 叶清益因其妻与被害人通奸而向被害人索要赔偿，并将其扣押殴打，是否属"为索取债务而扣押、拘禁他人"？可否构成非法拘禁罪？
2. 扣押殴打被害人后，强迫其写下赔偿自愿书，然后向被害人家人要求拿钱换人，一审法院认定为绑架罪，二审法院为何不认定为绑架罪，而认定为敲诈勒索罪？二罪的区别在于何处？

案例九：王高伟等截访案[1]

[案情]

王高伟于2012年2月出资承租了位于北京的两个院落，付朝新（另案处理）雇佣了被告人王晓隆、赵俊杰、王壮壮、王世磊、王二飞、卢冬冬等9人看管河南籍上访人员。2012年4月28日0时许，被告人王高伟、王晓隆、赵俊杰、王壮壮、王世磊、王二飞、卢冬冬将河南籍上访人员宋某、金某等4人强行开车拉至承租的院落，非法拘禁至4月29日夜间，并将上述人员送回河南省。这4人到河南省后又返回北京，向公安机关报案。民警于2012年5月2日将被告人抓获，并同时将已被非法拘禁2～6天不等的河南籍上访人员王某等人解救。

[诉讼]

北京市朝阳区人民法院一审审理后认为，10名被告人的行为已经侵犯了公民的人身权利，均构成非法拘禁罪，且因在拘禁的过程中有殴打情节，属于从重处罚情节，但10名被告人自愿认罪，依法应予从轻处罚。据此，法院最终判处王高伟有期徒刑2年，王晓隆、赵俊杰有期徒刑1年4个月，王壮壮、王世磊有期徒刑1年2个月，王二飞、卢冬冬有期徒刑1年；犯罪时未成年的3名被告人一人被判处10个月，另外2人被判处6个月，并均被适用缓刑。

[研习]

1. 上访人员违反相关上访规定越级上访，行为人进行截访，拘禁上访人并押回原籍释放，可否构成非法拘禁罪？如行为人以执行法令作为辩护理由，可否阻却其行为的违法性？

2. 如本案中还存在相关政府人员雇请行为人截访的情况，其是否可构成非法拘禁罪的教唆犯？

---

[1] 该案一审由北京市朝阳区人民法院审理。

第四节 拐卖妇女、儿童罪，收买被拐卖的妇女、儿童罪，拐骗儿童罪

案例一：武亚军、关倩倩拐卖儿童案[1]

[案情]

关倩倩于2009年2月8日生育一男孩，后因孩子经常生病，家庭生活困难，武亚军、关倩倩夫妻二人决定将孩子送人。2009年6月初，武亚军、关倩倩找到某医院护士乔瑜，让其帮忙联系。第二天，乔瑜将此事告知张永珍，张永珍又让段麦寸（同案被告人，已判刑）询问情况。段麦寸与关倩倩电话联系后约定付给关倩倩26 000元。后段麦寸将此情况告知景九菊（同案被告人，已判刑），景九菊经与赵临珍（同案被告人，已判刑）联系看过孩子后，赵临珍又通过郭秋萍（同案被告人，已判刑）介绍买家。2009年6月13日在赵临珍家中，武亚军、关倩倩将出生仅4个月的孩子以26 000元的价格卖给蔡怀光（在逃），赵临珍、景九菊、段麦寸、郭秋萍分别获利1400元、600元、500元、1500元。赵临珍、郭秋萍、王洪生（同案被告人，已判刑）与蔡怀光一同将婴儿送至山东省台儿庄，卖给他人。后武亚军的父亲向公安机关报警，称孙子被武亚军夫妇卖掉。2009年7月17日，公安机关解救出被拐卖的婴儿。

[诉讼]

起诉：拐卖儿童罪。

辩护：武亚军、关倩倩辩称，其因家庭生活困难，将孩子送给条件好的人家抚养，所收取的26 000元是营养费，不是出卖价，其行为不属于出卖亲生子女。

审判：被告人武亚军、关倩倩将出生仅4个月的男婴以26 000元的价格出卖给他人，其行为均构成拐卖儿童罪。关于武亚军、关倩倩辩解无罪的意见，经查，武亚军、关倩倩在不了解对方基本条件的情况下，不考虑对方是否具有抚养目的以及有无抚养能力等事实，为收取明显不属于营养费的巨额钱财，将孩子送给他人，属于出卖亲生儿子的行为，应当以拐卖儿童罪论处，且依法应当处5年以上10年以下有期徒刑。鉴于武亚军、关倩倩由于家庭生活困难，将孩子出卖给他人，后孩子被公安机关成功解救，没有造成严重的社会危害后果，且具有认罪、悔罪情节，对二人可在法定刑以下判处刑罚。……各判处有期徒刑3年，缓刑5年，并处罚金3

---

[1] 最高人民法院刑一庭赵俊甫撰稿，最高人民法院刑一庭薛淑兰审编："武亚军、关倩倩拐卖儿童案——出卖亲生子女构成拐卖儿童罪，具备特殊情况的，可在法定刑以下判处刑罚?"【第781号】，载《刑事审判参考》总第86集。

万元。

酌情减刑复核：临汾市尧都区人民法院将本案层报最高人民法院核准。最高人民法院经依法复核，依法裁定核准临汾市尧都区人民法院对被告人武亚军、关倩倩在法定刑以下判处刑罚的刑事判决。

[研习]

1. 出卖亲生子女的行为，可否构成拐卖儿童罪？行为人没有实施"拐"的行为，为何也可能构成拐卖儿童罪？

2. 本案中，武亚军、关倩倩有无非法获利目的？

3. 法院对武亚军、关倩倩适用《刑法》第63条第2款"特别减轻"条款有何依据？

4. 居中介绍出卖儿童的乔瑜、张永珍、段麦寸、赵临珍、景九菊、郭秋萍等人可否构成犯罪？是否属帮助犯？如果构成犯罪，可否对其也适用武亚军、关倩倩"特别减轻"条款？

案例二：王锡龙"送养"亲生婴儿收取辛苦费案[1]

[案情]

2011年，汪从方和妻子余桂芹婚后不能生育，欲"抱养"以续香火，并托姑姑余海燕打听有无人家"送养"。王锡龙与其妻子许龙琴均系务工人员，租住在余海燕经营的百货店附近，并与余海燕相识。余海燕发现许龙琴怀孕，便打探愿不愿意给人家抱养。许龙琴夫妇商量后同意送养，汪从方在抱走孩子时必须一次性支付辛苦费35 000元。双方谈好后，汪从方于5月30日交给王锡龙38 000元现金，将该男婴抱回家中抚养至今。

[诉讼]

本案因为证据不足，由公安机关进行撤案。

[研习]

王锡龙是否构成拐卖儿童罪？

案例三：受智障女母亲之托为智障女介绍婚姻收费案[2]

[案情]

莫丝婷，女，有重度智障。其母欧小妮托李松玲、陈旭珍给其女"找婆家"，李松玲、陈旭珍又找到查振权，商定给莫丝婷找到婆家后，由男方给李松玲、陈旭珍

---

[1] 案件来源：安徽省岳西县检察院。

[2] 安徽省怀宁县检察院提交疑难案例。

及女方3万元。查振权、李松玲、陈旭珍一同将莫丝婷带至安徽怀宁县，几经周折后，查振权、刘同义、陶仁好等人以61 000元（其中1万以欠条形式）将莫丝婷介绍给被害人陈根杰做老婆，并于2016年12月12日登记结婚。事后，刘同义、陶仁好各分得现金9000元，李松玲、陈旭珍各分得现金5000元，查振权分得现金13 000元，欧小妮与莫丝婷共得现金1万元。经司法鉴定，莫丝婷系中度智力障碍，无民事行为能力。

[证据]

1. 欧小妮（被害人之母）为减轻负担，书面委托查振权为莫丝婷找婆家。
2. 2015年查振权在怀宁县工商局依法登记成立振权婚姻中介所，对外介绍婚姻行为合法。
3. 精神病患者莫丝婷与陈根杰于2016年12月12日在怀宁县民政局依法登记结婚。

[诉讼]

2017年8月9日，莫丝婷母亲欧小妮已被广西壮族自治区藤县公安局作出警告的行政处罚。

查振权、刘同义、陶仁好等人待处理。

[研习]

本案中，欧小妮、查振权等人是否构成拐卖妇女罪？

案例四：胡从方拐骗儿童案[1]

[案情]

被告人胡从方自1994年刑满释放后在某寺庙出家做和尚。因无子嗣，胡从方萌生了偷养婴儿以防老的念头。

2000年7月12日凌晨2时许，胡从方来到某医院妇产科住院部，乘人熟睡之机，偷走陈粉琴刚生下1日的女婴，并将该婴儿放在某村杨全富家门口。同日，该婴儿被杨全富家人发现并收养。同月22日，该婴儿被其父母领回。

2000年7月14日凌晨1时许，胡从方来到另一医院妇产科住院部，乘人熟睡之机，偷走郑素君生下刚7日的女婴，先将婴儿放在自己住处即该寺庙的后门，后假装发现了弃婴并收养。当天下午，该婴儿被其家人找到并领回。

2000年12月20日凌晨1时许，胡从方来到另一医院妇产科住院部，乘人熟睡之机，偷走孔玲芬生下刚2天的男婴，后将该婴儿托养在朱克明家。2001年1月5日，该婴儿被解救回家。

---

[1] 浙江省台州市路桥区人民法院叶福生撰稿，裴显鼎审编："胡从方拐骗儿童案——如何区分拐骗儿童罪和拐卖儿童罪？"【第173号】，载《刑事审判参考》总第25集。

[诉讼]

判决：被告人胡从方以收养为目的，偷盗婴儿3人，使3婴儿脱离家庭，其行为已构成拐骗儿童罪。胡从方犯拐骗儿童罪，判处有期徒刑4年6个月。

[研习]

1. 刑法中关于偷盗婴幼儿有哪些规定？为何偷盗婴幼儿无拐无骗，但可认为是拐骗行为？为何不构成非法拘禁罪？

2. 如胡从方偷盗的婴幼儿系孤儿，其从医院偷盗，是否可构成拐骗儿童罪？

3. 如胡从方偷盗婴幼儿之后，又不想收养而将婴幼儿弃置路上，下落不明，其行为可否构成遗弃罪？

第五节　本章其他罪名

案例一：刘志庚、苑景武等故意伤害致人死亡案[1]

[案情]

2001年4月15日晚，河北省霸州市公安局接到群众报警称，在该市某饭店处，有一男子把一名妇女推倒了。随后，值班民警刘志庚、苑景武，联防队长许忠杰，联防队员于俊伟、徐文涛等5人乘车赶赴现场后，未出示传唤、拘传手续，强行将一东北口音的中年男子戴上手铐带回派出所，并关押在于俊伟、徐文涛宿舍内。5人对其进行讯问，因该中年男子不回答提问，5人轮番用火筷子、鞋底等作为工具，对该男子进行殴打，时间长达2~3个小时。而该男子仍不回答问题，5人又先后用旧式手摇电话对其进行电击。第二天早晨7时许，徐文涛发现该男子死亡，后将情况告知刘志庚等人。为了逃避法律惩罚，刘志庚等5人将尸体藏匿于床下，后又将尸体运至康仙庄新建办公地点（即目前该派出所办公地点）施工工地掩埋入2米多的深坑，并订立了攻守同盟，此后，三名协勤人员先后离开康仙庄派出所。此事被掩盖达3年之久，2004年3月，因抢劫、轮奸被判处有期徒刑16年的原协勤人员徐文涛，在保定监狱服刑期间向狱方供出此案。

[诉讼]

起诉：故意伤害罪。

判决：刘志庚等5人执行职务期间，非法拘禁他人，并在此期间使用暴力手段导致被害人死亡结果发生，均已构成故意伤害罪，依法判处刘志庚死刑，缓期2年执行，剥夺政治权利终身；判处苑景武、许忠杰无期徒刑，剥夺政治权利终身；判处于俊伟有期徒刑15年，剥夺政治权利5年；判处徐文涛有期徒刑4年，与原犯抢

---

[1] 该案一审由河北省廊坊市中级人民法院审理。

劫罪、强奸罪合并执行有期徒刑16年,剥夺政治权利5年,并处罚金1000元。5被告均未提出上诉。

[研习]

1. 在本案中,如被害人未死亡而只造成轻伤,刘志庚、苑景武等人的行为应如何认定?是否构成刑讯逼供罪?

2. 对于本案中刘志庚等5名被告人构成何种犯罪,有以下几种观点,请予以分别评述:

(1)第一种:刘志庚等5名被告人具有民警和联防队员身份,在遇到形迹可疑的人时对其进行盘问、限制自由、讯问是其职责之内的事务,不能构成非法拘禁罪,而且他们在主观上是出于错误判断的过失而错拘他人,因此对5人的拘禁他人的行为不承担刑事责任。5人应承担刑事责任的是造成他人死亡的行为,由于此行为人在主观上存在过失,因而构成过失致人死亡罪。

(2)第二种:刘志庚等5名被告人虽有拘禁可疑人员的职权,但应当严格按照法律程序和方式予以履行,如果违法履行,可以构成非法拘禁罪。本案中,5名被告人未出示传唤、拘传手续而强行拘禁他人,已构成非法拘禁罪;在拘禁期间又致他人死亡,应适用《刑法》第238条非法拘禁"致人死亡的处10年以上有期徒刑"的规定,仍构成非法拘禁罪(致人死亡)。

(3)第三种:刘志庚等5名被告人违反法律规定程序拘禁他人,构成非法拘禁罪;在拘禁他人之后对讯问对象实施暴力,属刑讯逼供行为,在刑讯逼供时致人死亡的,构成故意杀人罪。因此,刘志庚等5名被告人构成非法拘禁罪和故意杀人罪两罪。

(4)第四种:刘志庚等5名被告人违反法律规定程序拘禁他人,是非法拘禁行为;在非法拘禁中使用暴力致人死亡,构成故意杀人罪。

(5)第五种:刘志庚等5名被告人违反法律规定程序拘禁他人,是非法拘禁行为;在非法拘禁中使用暴力虽致人死亡,但由于他们对死亡结果没有故意,只有故意伤害行为存在故意,因而构成故意伤害(致人死亡)罪。

案例二:乔燕琴、李海婴等故意伤害案(孙志刚案)[1]

[案情]

被告人乔燕琴、吕二鹏、乔志军、胡金艳,原系广州市收容人员救治站护工。被告人李海婴、钟辽国、周利伟、张明君、李龙生、韦延良、何家红、李文星,原系广州市收容站被收容救治人员。

湖北青年孙志刚于2003年2月24日受聘于某服装公司。同年3月17日晚10时

---

[1] 摘自广东省高级人民法院(2003)粤高法刑一终字第387号刑事裁定书。

许，孙志刚因未携带身份证件，被广州市天河区公安机关作为"三无"人员收容，后被转送至广州市收容遣送中转站（下称"中转站"）。3月18日晚10时许，孙志刚自报有心脏病，被送至广州市收容人员救治站（下称"救治站"）。19日晚，被安置在该站一区201室的孙志刚被被收容救治人员罗某海的亲属喊叫求助，引起被告人乔燕琴的不满。乔燕琴向被告人乔志军提出将孙调至206室，让该室的被收容救治人员"教训"孙。之后，乔燕琴到206室窗边指使被收治在该室的被告人李海婴等人殴打孙志刚。

3月20日凌晨0时30分左右，乔燕琴、乔志军与被告人吕二鹏、胡金艳交接班时，乔燕琴再次向乔志军、吕二鹏、胡金艳提出将孙志刚调到206室并让该室人员殴打孙志刚，得到乔志军、吕二鹏的认同和胡金艳的默许。随后，乔燕琴、吕二鹏又分别到206室窗边指使被告人李海婴等人殴打被害人孙志刚。之后，乔志军打开201室门，吕二鹏打开206室门，乔燕琴、乔志军、吕二鹏、胡金艳共同将孙志刚从201室调至206室。凌晨1时许，被告人李海婴等人发起第一轮殴打，李海婴首先上前拳打脚踢、肘击、膝盖撞击被害人孙志刚，还将孙按倒在地，让同案人殴打。被告人钟辽国用左右肘击打被害人孙志刚，并将其推到墙边站立后用膝盖撞击被害人，被告人周利伟长时间持续殴打被害人。被告人李文星、李龙生、张明君、韦延良也上前拳打、肘击、脚踩、脚后跟砸被害人孙志刚的背部等部位，被告人何家红在窗边望风。殴打持续约5分钟后，被胡金艳制止。过了约10分钟，李海婴等人又对跪地求饶的孙志刚发起第二轮殴打，李海婴再次首先上前以肘击打孙志刚，钟辽国、周利伟也肘击、脚踩孙志刚，张明君则跳起来踩、踩孙志刚的背部，李文星、何家红也对孙志刚拳打脚踢。护士曾伟林和胡金艳发现孙志刚再次被殴打，前来制止，并将孙志刚调到205室。被告人吕二鹏在孙志刚向其反映情况时，持塑胶警棍对其胸腹部连捅数下。当天上午10时许，孙志刚被发现昏迷不醒，后被送至该救治站医疗室抢救无效死亡。法医尸体鉴定结论：孙志刚系因背部遭受钝性暴力反复打击，造成背部大面积软组织损伤致创伤性休克死亡。

[诉讼]
起诉：故意伤害罪。

一审判决：被告人乔燕琴、李海婴等人的行为均已构成故意伤害罪。以故意伤害罪判处乔燕琴死刑，剥夺政治权利终身；李海婴死刑，缓期2年执行，剥夺政治权利终身；钟辽国无期徒刑，剥夺政治权利终身；周利伟、张明君、吕二鹏均有期徒刑15年，剥夺政治权利5年；李龙生有期徒刑12年，剥夺政治权利4年；韦延良有期徒刑10年，剥夺政治权利3年；何家红有期徒刑9年；李文星有期徒刑8年；乔志军有期徒刑4年；胡金艳有期徒刑3年。

上诉：乔燕琴上诉的理由及其辩护人的辩护意见是：①乔燕琴不是犯罪集团的首要分子，不应对全案的罪行负责；没有提出伤害孙志刚的犯意和纠集吕二鹏、乔志军、胡金艳密谋伤害孙志刚；没有授意206室的人殴打孙志刚，将孙志刚调到206

室是为了制止孙吵闹,而不是为了殴打孙志刚;②孙志刚到救治站之前可能遭受过暴力殴打,本次被打后延误抢救,死因不明,乔燕琴不应对其死亡承担责任;③公安机关刑讯逼供、诱供;④原判判处其死刑,属量刑畸重。李海婴上诉的理由及其辩护人的辩护意见是:①李海婴受乔燕琴恐吓、强迫才殴打孙志刚,是胁从犯;②孙志刚在被调入206室前曾被殴打,事后延误救治导致死亡,死因不明。

二审判决:上诉人乔燕琴、李海婴等人目无国法,故意伤害他人身体,其行为均已构成故意伤害罪。原判并没有认定乔燕琴是犯罪集团的首要分子,但乔燕琴具有犯意,并利用护工的实际管理身份,组织并指使同案人殴打被害人,虽然没有直接实施殴打,也应承担本次犯罪的最主要责任,其所指挥的该次共同犯罪已造成一人死亡的严重后果,故罪行特别严重,原判对其判处死刑并无不当。李海婴等人上诉所称系被胁迫才参与殴打一节,已经查证没有事实根据,故不构成胁从犯。乔志军、胡金艳同意或默许将孙志刚调室殴打,明显与乔燕琴有伤害的犯罪合意,且协助调室,故即使没有进一步指使或直接殴打的行为,也已经构成故意伤害罪的共犯。裁定驳回上诉,维持原判。并核准乔燕琴死刑(注:当时死刑复核权未收回)。

[研习]

1. 如孙志刚未被打死,只受轻伤,本案中,乔燕琴、李海婴等人应定何罪?特别是对李海婴等没有监管人员的身份的人,应定何罪?理由为何?

2. 本案中,乔燕琴、李海婴等人虐待被监管人孙志刚造成其死亡,为何不认定为故意杀人罪?

案例三:韦思国等被控诬告陷害案[1]

[案情]

1993年11月份和1994年8月份,被告韦思国、韦日升多次共同策划,并署韦钦壬、韦钦元等名,先后多次以题为"41万元巨款哪里去了?"和"覃家平在蒙村市场建设中的经济问题容不得轻易了结"的控告信,向上级有关部门告发来宾县工商局局长覃家平在蒙村市场建设中以少投资、多报账的手段从中冒领41万元巨款。信中捏造了覃家平在蒙村市场竣工后,为掩人耳目,公然绕开县建委、县建行等有关单位,单方面和工头黄德恩等人私下结账,以假充真提取工程款69万元,除建设投资28万元外,覃家平个人侵吞了41万元。经地区纪委、地区监察局等有关部门多次联合调查,最后于1994年1月4日作出调查结论:经核查来宾县工商局财务账目,财务凭证齐全,应付工程款项全部付清,不存在侵吞41万元的事实。1993年下半年以来,韦思国、韦日升积极纠集他人上访,并多次冒充别人姓名投寄诸如"坚决要

---

[1] 中国高级法官培训中心、中国人民大学法学院编:《中国审判案例要览(1997年刑事审判案例卷)》,中国人民大学出版社1998年版。

求惩处来宾县工商局局长覃家平违法乱纪乱收费所造成的严重罪行"等信件向上级有关部门告发来宾县工商局局长覃家平诸多违法违纪问题。为此，地区纪委、来宾县监察局等部门先后多次组成调查组进行调查，并根据材料作出相应的结论，但韦思国、韦日升却认为覃家平是得到某领导的庇护而不受惩罚，无根据地认为覃家平对他们多次打击报复。1995年，韦思国、韦日升再次就地区纪委等部门已调查作出结论的问题四处状告覃家平，目的是告倒覃家平，并扬言：地区不解决，我们告到自治区，自治区不解决，我们告到中央，再不解决，我们准备同他（覃家平）同归于尽。

[诉讼]

起诉：诬告陷害罪。

一审判决：被告人韦思国、韦日升目无国法，捏造他人贪污巨款并多次向上级有关部门作虚假告发，意图使他人受到刑事处罚。其行为已触犯我国刑律，构成诬告陷害罪。……二被告人身为国家工作人员，多次故意状告他人诸多违法违纪问题，使他人人身受到很大损害，应依法从重处罚。但二被告人归案后尚能交代自己主要犯罪事实，且其行为尚未造成严重后果，亦有从轻处罚情节。判决：韦思国犯诬告陷害罪，判处有期徒刑2年。韦日升犯诬告陷害罪，判处有期徒刑1年6个月。

上诉：二上诉人上诉称，向上级纪检部门举报，绝大部分属实，没有捏造事实，举报是合法行为，不构成诬告陷害罪。上诉人的辩护律师辩称：被告人韦思国、韦日升举报有事实依据，并非诬告陷害，原审适用法律错误，认定事实有误，两韦的行为不构成犯罪。

二审判决：经查：韦思国、韦日升从1993年10月至1994年8月，多次署名为韦钦壬、韦钦元，以题为"41万元巨款哪里去了？""覃家平在蒙村市场建设中的经济问题容不得轻易了结""关于来宾县工商局乱收费的问题""关于公款送红包的问题""关于借枪和持枪上路收费打死人的问题"的举报信，向纪检、监察及地委、行署领导和地区纪检、监察部门告发来宾县工商局局长覃家平。地区纪委和监察机关组成联合调查组对举报的问题进行查证核实，作出相应的结论。

上诉人韦思国、韦日升通过正当途径向上级机关举报而且举报的事实得到地区纪委、监察机关的查证核实，行为人在客观上没有捏造犯罪的事实，而且没有向国家机关和有关单位作虚假的告发。即使举报"41万元哪里去了？"也没有凭空捏造，是根据来宾县二建林××口头提供的原工程签订合同款38.8万元，工商部门结账是69万元，实际拨给二建工程款28.8万元，相差41万元，工商局补税1.87万元以及蒙村市场承包情况等材料进行举报的，并未捏造事实对他人举报。上诉人韦思国、韦日升的行为不符合诬告陷害罪的主要特征，只是举报有些不实。上诉人及二审辩护人提出的上诉、辩护理由成立。判决：韦思国、韦日升无罪。

[研习]

诬告陷害与检举失实有何区别？

案例四：蔡晓青侮辱案[1]

[案情]

蔡晓青因怀疑徐某在其陆丰市东海镇金碣路 32 号"格仔店"服装店试衣服时偷了一件衣服，于 2013 年 12 月 2 日 18 时许发微博称"穿花衣服的是小偷。求人肉，经常带只博美小狗逛街。麻烦帮忙转发"，还附上徐某购物时的多张监控视频截图。该微博发出仅一个多小时，网友迅速展开的"人肉搜索"就将徐某的个人信息，包括姓名、所在学校、家庭住址和个人照片全部曝光，蔡晓青又把这些信息在微博上曝光。一时间，在网络上对徐某的各种批评甚至辱骂开始蔓延。距蔡晓青求"人肉搜索"的第一条微博发布二十多个小时后，徐某在河边发出最后一条微博后跳河自杀。案发后，蔡晓青的父母与徐某父母达成和解协议，一次性赔偿徐某父母 12 万元，徐某父母出具谅解书，请求司法机关对蔡晓青从轻处罚。

[诉讼]

起诉：侮辱罪。

辩护：侮辱罪是自诉案件，对蔡晓青提起公诉属于程序不当；徐某自杀与蔡晓青发布微博不存在刑法上的因果关系，蔡晓青不具有法定的严重情节，不构成侮辱罪。

一审判决：侮辱罪，处有期徒刑 1 年。判罪理由：在该店的视频截图配上"穿花衣服的是小偷"等字幕后，上传到其新浪微博上，公然对他人进行侮辱，致徐某因不堪受辱跳水自杀，情节严重，其行为构成侮辱罪。

[研习]

1. 蔡晓青的行为是否构成诽谤罪？
2. 侮辱罪"告诉才处理"，为何本案公诉？
3. 如果商店监控拍摄到甲某试衣服时窃取了店里的衣服，证据确凿，采取本案被告人同样的方式求网民"人肉搜索"，且搜索出了盗窃者，是否构成侮辱罪？

案例五：周彩萍等"捉奸"侮辱他人案[2]

[案情]

2001 年 8 月 1 日晚 11 时许，周彩萍邀约其父母（被告人倪稳香、周传美）等人

---

[1] 广东省汕尾市中级人民法院黄海钦、曾向虹撰稿，最高人民法院刑四庭陆建红审编："蔡晓青侮辱案——如何认定'人肉搜索'致人自杀死亡的行为性质以及如何认定侮辱罪中'严重危害社会秩序和国家利益'提起公诉的情形？"【第1046号】，载《刑事审判参考》总第 101 集。

[2] 倪干强、洪冰撰稿，高憬宏审编："周彩萍等非法拘禁案——将被捉奸的妇女赤裸捆绑示众的行为如何定罪处罚？"【第179号】，载《刑事审判参考》总第 32 集。

到兴化市大邹镇简家村自己家中,捉其丈夫钱某某与别人通奸。周彩萍等人冲进房后,见钱某某与妇女林某某正睡在一起,即上前掀开被单,抓住林女的头发往客厅拖,边拖边用手抽打林女的脸部,用脚踢林女的身体。倪稳香在帮忙拖拉林女的过程中,剥光了林女身上的睡衣,致林女全身赤裸。钱某某欲上前制止时,遭到周传美的殴打,从二楼跳窗逃走。嗣后,周传美让周彩萍母女用塑料绳和包装带将赤裸的林女捆绑起来,置于客厅。周彩萍又在客厅里装上灯泡并点亮。其间虽有邻居规劝周彩萍、倪稳香、周传美让林女穿上衣服,但三人执意不肯,并扬言该女与钱某某通奸,要出出该女的洋相,让她现现丑,待天亮后再将其扔到户外公路上给大家看。直至次日凌晨3时许,经众邻居的再三劝说,周彩萍等人才让林女穿上衣服。其间,林女被全身赤裸捆绑的时间长达2个小时左右,围观村民十余人。后经他人干预,周传美才将捆绑林女的绳子解开。

[诉讼]

起诉:非法拘禁罪。

一审判决:周彩萍、倪稳香、周传美在捉奸中,以暴力殴打手段,用塑料绳和包装带强行将全身赤裸的林女捆绑于客厅,让十余名群众围观。其主观方面具有贬低、损害他人人格,破坏他人名誉的目的,客观方面公然使用暴力和言语进行侮辱,侵犯了公民的人格和名誉权利,情节严重,其行为均已构成侮辱罪,且属共同犯罪。被告人周彩萍、倪稳香、周传美在实施侮辱犯罪过程中所使用的方法又构成了非法拘禁罪,属牵连犯罪。侮辱罪和非法拘禁罪的法定刑同等轻重,考虑到被告人的犯罪目的在于侮辱他人,故对各被告人应以侮辱罪定罪论处。公诉机关指控被告人周彩萍、倪稳香、周传美犯罪的事实清楚,证据充分,但指控犯非法拘禁罪的罪名不当,应予变更。鉴于被害人林女亦有一定过错,三名被告人归案后认罪态度较好,有一定的悔罪表现,结合三名被告人在共同犯罪中的作用和情节,于2001年12月27日判决:被告人周彩萍犯侮辱罪,判处拘役6个月;被告人倪稳香、周传美犯侮辱罪,分别判处拘役6个月,缓刑1年。

一审宣判后,三名被告人没有上诉,检察机关亦未抗诉,判决发生法律效力。

[研习]

1. 在法律层面上,强制猥亵妇女罪与侮辱罪有何区别?强制猥亵妇女罪的构成是否要求行为人有满足性刺激的内心倾向(倾向犯)?此问题的回答,对于本案行为人是否触犯强制猥亵妇女罪有何影响?

2. 根据相关司法解释规定的追诉标准,本案行为人的非法拘禁行为是否已经达到构成犯罪的量的要求?

3. 结合上述问题,分析本案中的罪数关系。

案例六：赵明虐待案[1]

[案情]

赵明自1993年5月1日与佘贵英同居以来，因家庭琐事多次对佘贵英进行打骂。1995年1月27日上午10时许，佘贵英要带小孩回娘家，赵明以孩子生病为由，不让带去。在双方争夺时，小孩的门牙被碰掉1颗，赵明对佘进行殴打，佘被打以后，服农药自杀。赵明将其送往医院抢救无效，于当日下午2时30分死亡。经法医鉴定：①死者佘贵英系服农药致死；②佘左面部、左手臂、左下肘等处皮下瘀血。

[诉讼]

公诉：虐待罪。

一审判决：虐待家庭成员，致人死亡，构成虐待罪，判处有期徒刑3年。

上诉：赵明上诉称：①没有虐待佘贵英的主观故意与客观行为；②上诉人与佘贵英不属于合法夫妻关系，不是正当的家庭成员关系，因此自己的行为不构成犯罪。

二审判决：①赵明在未达到法定结婚年龄、未办理任何法律手续的情况下，而与佘贵英非法同居，虽然不属于合法的婚姻关系，但是客观上毕竟是在一起共同生活的，故佘某可被视为家庭成员，成为虐待罪的主体；②赵明在与佘贵英共同生活期间，经常打骂佘，且造成了佘自杀的后果，其社会危害性是严重的，应予惩处，虽然从严格意义上讲，赵明的行为与经常性地在肉体或精神上对被害人实施折磨式摧残有所差异，但是赵明的行为所造成的后果是严重的；③被告人的虐待行为造成被害人死亡的后果，依照法律规定应在2～7年范围内量刑，本案根据案件的具体情况及被告人的表现，对被告人赵明判处有期徒刑3年是适当的。遂于1995年6月25日裁定：驳回上诉，维持原判决。

[研习]（以下问题依据1997年《刑法》）

1. 类似于事实婚姻的长期非法同居关系中的同居者，是否可认定为虐待罪中的"共同生活的家庭成员"？刑法中对家庭成员的认定，是否必须符合婚姻家庭法中的法律形式？

2. 虐待致人自杀是否属于虐待罪的结果加重犯"虐待致人死亡"？本案由检察机关提起公诉是否正确？

---

[1] 中国高级法官培训中心中国人民大学法学院编：《中国审判案例要览（1996年刑事审判卷）》，中国人民大学出版社1997年版。

案例七: 蔡世祥虐待、故意伤害案[1]

[案情]

蔡世祥与其子蔡木易（本案被害人，死亡时 14 岁）一起生活。因蔡木易患有先天性病毒性心抽，蔡世祥酒后经常对其进行殴打，并用烟头烫、火钩子烙身体，用钳子夹手指，冬季泼凉水等方法对其进行虐待。2004 年 3 月 8 日夜，蔡世祥发现蔡木易从家中往外走，遂拳击其面部，用木棒殴打其身体。次日晨，蔡木易称腹痛不能行走，被其姑母蔡亚琴发现后送医院治疗无效，于 2004 年 3 月 17 日 21 时许死亡。经鉴定，蔡木易生前被他人以钝性致伤物（如拳脚等）伤及腹部，致十二指肠破裂，弥漫性胸、腹膜炎，感染性中毒休克死亡；蔡木易生前十二指肠破裂的伤情程度属重伤。

[诉讼]

起诉：故意伤害罪。

一审判决：蔡世祥长期对与其共同生活的未成年家庭成员进行殴打，致被害人伤后不及时对被害人进行诊治，造成被害人因伤死亡的严重后果，其行为已构成虐待罪，且情节特别恶劣。公诉机关指控的犯罪事实清楚，证据充分。蔡世祥的行为同时也触犯了故意伤害罪，由于故意伤害罪罪名涵括在虐待罪的罪名概念中，应被虐待罪吸收，二者属法条竞合关系，故对蔡世祥应以虐待罪定罪，从重处罚。公诉机关指控被告人犯故意伤害罪的罪名不成立。判决：蔡世祥犯虐待罪，判处有期徒刑 7 年。

抗诉：①被告人蔡世祥的虐待行为不能吸收其实施的故意伤害行为，虐待罪与故意伤害罪之间不是法条竞合关系，原判对法律理解有误，适用法律不当，定性不准。②蔡世祥故意伤害他人并致人死亡，依照《刑法》第 234 条规定，应当对其判处 10 年以上有期徒刑。原判量刑不当。锦州市人民检察院支持义县人民检察院的抗诉意见。

二审判决：故意伤害罪与虐待罪的罪状各不相同，二罪之间并不发生法条竞合关系，一审法院以法条竞合处理原则，认定蔡世祥犯虐待罪属适用法律不当。蔡世祥用暴力手段故意伤害被害人的身体，并致其死亡，其行为已构成故意伤害罪。综上，原判定性错误，抗诉机关提出的第 1 项抗诉理由成立，予以支持。原审被告人蔡世祥的伤害行为已造成被害人死亡的犯罪结果，根据《刑法》第 234 条之规定，应当对其判处 10 年以上有期徒刑、无期徒刑或者死刑。原判对蔡世祥判处有期徒刑 7 年的量刑不当，应予改判。抗诉机关提出的第 2 项抗诉理由成立，予以支持。判决

---

[1] 辽宁省高级人民法院李晓智、任厚强、最高人民法院刑一庭冉容撰稿，最高人民法院刑一庭周峰审编："蔡世祥故意伤害案——虐待过程中又实施故意伤害行为致人死亡的如何定罪？"【第 410 号】，载《刑事审判参考》总第 52 集。

如下：被告人蔡世祥犯故意伤害罪，判处有期徒刑12年。

[研习]

1. 虐待罪的结果加重犯"虐待致人死亡"是否包括故意伤害致人死亡？
2. 本案既有长期虐待行为，又有故意伤害行为，应如何处理？

案例八：肖某过失致人死亡案[1]

[案情]

肖某与庄某某（殁年3岁，与肖某系母子关系），2011年年底，肖某和丈夫将儿子庄某某从老家接到某市的家中抚养。2012年5月30日21时许，因庄某某说谎不听话，肖某用衣架殴打庄某某大腿内侧位置并罚跪约一个小时。次日1时许，因庄某某在床上小便，肖某又用衣架殴打庄某某的大腿内侧，用脚踢其臀部。当日5时许，肖某和丈夫发现庄某某呼吸困难，即将庄某某送到该市人民医院抢救，庄某某经抢救无效于当日死亡。医院警务室报案，肖某在现场等候处理。公安人员赶到医院将肖某带回公安机关处理，肖某如实供述其犯罪事实。经鉴定，庄某某符合被巨大钝性暴力打击致胰腺搓碎、睾丸挫碎、双侧后腹膜积血、全身多处皮下组织出血引起失血性休克合并创伤性休克死亡。案发后，被害人的父亲、祖父母对肖某的行为表示谅解，请求对肖某从轻处罚。

[诉讼]

起诉：过失致人死亡罪。

辩护：初犯，认罪态度好、得被害人亲友原谅、尚有一年幼女儿需要照顾，请求从轻处罚。

判决：肖某在管教孩子过程中，过失致小孩死亡，其行为构成过失致人死亡罪。判处有期徒刑3年，缓刑4年。

[研习]

1. 用"家长管教孩子"评价本案被告人打人致死的行为，依据是社会观念还是法律概念？
2. 本案为何不定虐待罪？

---

[1] 最高人民法院刑一庭张眉撰稿，最高人民法院刑一庭冉容审编："肖某过失致人死亡案——对家长体罚子女致子女死亡的行为如何定罪处罚？"【第996号】，载《刑事审判参考》总第98集。

案例九：万道龙将新生女婴遗弃林地案[1]

2010年7月16日，万道龙、徐爱得知自己刚出生4天的女儿万某某被确诊为梅毒携带者且治愈后将留有残疾时，决定遗弃万某某。当日下午，万道龙将万某某弃于黑龙江省宝清县妇健院北面路边菜园内。因担心过路行人发现抱走万某某，万道龙与徐爱霞商定将万某某捡回扔到某县人烟稀少的水库。当晚，万道龙驾驶摩托车载着万某某前往该水库，途经某村小西山时，发现山中有片林地，便将万某某弃于林地后驾车回家。次日晨，一村民上山采蘑菇时发现尚存活的万某某，将其救回并报案。

[诉讼]

起诉：故意杀人罪。

辩护：辩护人提出，万道龙仅构成故意杀人罪未遂，有悔罪表现，请求从轻处罚。

判决：二被告将出生仅4天的女婴遗弃深山野林，非法剥夺他人生命，其行为构成故意杀人罪，系犯罪未遂，可比照既遂犯从轻或减轻处罚。判处万道龙刑4年有期徒刑，徐爱霞刑2年有期徒刑。

[研习]

1. 根据什么认定二被告人具有杀人故意？
2. 二被告人的行为是否符合遗弃罪的特征？

---

[1] 最高人民法院刑一庭冉容、何东青撰稿，最高人民法院刑一庭周峰审编："万道龙等故意杀人案——拒不履行扶养义务，将出生不久的女婴遗弃在获救希望渺茫的深山野林的，如何定性？"【第993号】，载《刑事审判参考》总第98集。

第二章

危害公共安全罪

知识概要

《刑法》分则第二章"危害公共安全罪"是指故意或者过失地实施危害不特定多数人的生命、人身安全的行为，共规定了47个罪名，可分为以危险方法危害公共安全类犯罪、破坏公共设施危害公共安全类犯罪、恐怖活动犯罪及劫持交通工具犯罪、涉枪涉爆类犯罪、交通肇事罪及危险驾驶罪、重大责任事故类犯罪等几类犯罪。本章着重讲解：①投放危险物质、放火、爆炸案中，"危害公共安全"的认定；②涉枪支弹药爆炸物案中，阻却违法、责任事由的运用；③醉驾案件中，危险驾驶罪、交通肇事罪、危险方法危害公共安全罪的认定；④交通肇事逃逸以及二次碰撞罪责的认定；⑤交通肇事罪、重大责任事故罪与普通过失犯罪罪责认定上的差异；⑥重大责任事故罪与其他特定重大责任事故犯罪之间存在的一般法与特别法的法条竞合关系。

第一节 危害"公共安全"的认定

一、放火、爆炸、投放危险物质罪

案例一：陈美娟投放危险物质案[1]

[案情]

陈美娟与陆兰英两家相邻。2002年7月下旬，两人因修路及其他琐事多次发生口角并相互谩骂，陈美娟遂怀恨在心，决意报复。2002年7月25日晚9时许，陈美娟从自家水池边找来一支一次性注射器，再从家中柴房内的甲胺磷农药瓶中抽取半

---

[1] 江苏省南通市中级人民法院臧建伟、江苏省高级人民法院郇习顶、最高人民法院周加海撰稿："陈美娟投放危险物质案——介入因素与刑法因果关系的认定？"【第276号】，载《刑事审判参考》总第36集。

针筒甲胺磷农药后，潜行至陆兰英家门前丝瓜棚处，将农药打入瓜藤上所结的多条丝瓜中。次日晚，陆兰英及其外孙女黄金花食用了被注射有甲胺磷农药的丝瓜后，出现上吐下泻等中毒症状。黄金花经抢救后脱险；陆兰英在被送往医院抢救后，因甲胺磷农药中毒引发糖尿病高渗性昏迷低钾血症，医院对此诊断不当，而仅以糖尿病和高血压症进行救治，陆兰英因抢救无效于次日早晨死亡。

陆兰英死后，其亲属邻里在门前瓜棚下为其办理丧事时，发现未采摘的丝瓜中有的有小黑斑，遂怀疑他人投毒，故向公安机关报案。

[诉讼]

起诉：投放危险物质罪。

辩护：其辩护人认为，陈美娟在受到被害人侮辱及谩骂的情况下才起报复之念，且被害人自身有病，医院又救治不当，被告人投放甲胺磷并不能必然导致被害人死亡结果发生，请求法院酌情从轻处罚。

判决：陈美娟因与被害人发生口角而心怀不满，故意在被害人所种植的丝瓜中投放甲胺磷农药，危害公共安全，造成二人中毒、其中一人死亡的严重后果，其行为已构成投放危险物质罪。陈美娟归案后，认罪态度较好，可酌情从轻处罚。陈美娟对其犯罪行为给附带民事诉讼原告人所造成的经济损失，合理的部分应予赔偿。对被告人及其辩护人关于被害人的死因并非被告人投放甲胺磷必然导致的辩解及辩护理由，经庭审查明，被害人系因有机磷中毒诱发糖尿病高渗性昏迷低钾血症，在两种因素共同作用下死亡，没有被告人的投毒行为在前，就不会有被害人死亡结果的发生，故对该辩解和辩护理由不予采纳。判决：陈美娟犯投放危险物质罪，判处死刑，缓期2年执行，剥夺政治权利终身。

死缓复核：2003年5月7日裁定核准陈美娟死刑，缓期2年执行，剥夺政治权利终身的判决。

[研习]

1. 以危险方法危害公共安全类犯罪中的"公共安全"的含义为何？一般如何判断是否危害公共安全？

2.（1）本案中，陈美娟在陆兰英家门前丝瓜棚处的丝瓜内注射农药，是否危害公共安全？陈美娟的行为应认定为故意杀人行为，还是投放危险物质行为？

（2）法院认定其为投放危险物质罪的理由为何？如何评价？

3. 如果陈美娟的本意是针对陆兰英一人投毒，未曾想到陆兰英将毒丝瓜拿到市场上销售，造成大面积人员中毒，对其行为如何定性？

4. 本案中，陈美娟的行为与陆兰英的死亡结果之间是否具有刑法上的因果关系？其是犯罪既遂还是未遂？

案例二：林木春为防盗窃在柚子果实中注入农药案[1]

[案情]

1996年8月间，被告人林木春因其种植在本村寨顶山（地名）的一片柚子果实经常被人偷摘而产生不满，就萌发在柚子上下农药，欲让偷摘者食后中毒住院的邪念。同月中旬的一天，林木春就携带一支注射器及剧毒农药"甲胺磷"到柚子园里，分别在5粒柚子果上注入2毫升左右的"甲胺磷"。在此过程中，林木春亦将此事告诉了同村的一些妇女。注射过后的5~6天，被注入"甲胺磷"农药的柚果都落果在地。1996年9月初的一天，林木春到柚子园劳动时，将其中的两粒柚子用手及锄头予以掰开和锄开，发现柚果已经发生腐败，也就未对另3粒注有农药的柚子做任何处理。9月4日下午，被害人林秀玉（死者，24岁）带其外甥黄少伟（6岁）到寨顶山牧牛时，林秀玉到林木春家的柚子园内捡得1粒注有剧毒农药且已开始大面积腐烂并带有一股刺鼻农药味的柚果，与其外甥黄少伟共食后均中毒。当晚7时许，被害人林秀玉、黄少伟被送往医院住院抢救。林秀玉经抢救无效于次日凌晨2时30分死亡，经法医鉴定，死者林秀玉的死亡原因系生前误服含有机磷农药的柚子中毒致死。黄少伟经住院治疗，于1996年9月21日痊愈出院，花去医药费1096.3元。经医院诊断，黄少伟为有机磷农药中毒。

[诉讼]

起诉：投毒罪（1979年《刑法》第106条第1款之规定，现罪名为投放危险物质罪，下同）。

一审判决：林木春因其果园的柚果被人偷摘而产生不满，就采用在柚果中注入剧毒农药"甲胺磷"的方法，欲让偷摘者食后中毒。当注有"甲胺磷"农药的柚果均落果且已腐烂时，林木春又没有全部予以处理，从而造成他人捡食后中毒，导致一人中毒一人死亡的后果，危害了公共安全，其行为已构成投毒罪。案发后，林木春认罪态度好，并能积极筹款予以赔偿，悔罪表现较好。同时结合本案的主客观情况，可予依法减轻惩处。遂于1996年11月18日判决：林木春犯投毒罪，判处有期徒刑3年。

上诉：恳求二审法院判处缓刑，以便顾全家庭、幼女、公婆，同时也赚钱赔偿被害人家庭。其辩护人也以上诉人的行为不构成投毒罪而是构成过失投毒罪（现为过失投放危险物质罪）为由提出辩护意见。

二审裁定：驳回上诉，维持原判。

[研习]（以下问题均根据1997年《刑法》思考）

1. 结合本案案情分析，本案中，被告人林木春在其果园的柚果里注入农药，是否足以危害公共安全？其行为可否认定为投放危险物质的行为？

---

[1] 福建省漳州市中级人民法院（1996）漳刑终字第145号刑事判决书。

2. 本案中，林木春对死亡结果所持的心态为故意还是过失？支持其只具有过失的事实依据有哪些？认为其具有故意的依据有哪些？如何分析和判断？林木春构成何罪？

3. 本案和"陈美娟投放危险物质案"有何不同？

案例三：陈素华在他人院宅内水井中投毒案[1]

[案情]

陈素华（女，33岁）因与其丈夫的姐夫林国源（两家相距30米左右）互相指责对方的生活作风问题发生争吵，并互相毁坏对方家庭的生活用品。陈素华于1994年4月26日晚窜到林国源住宅内，将约250毫升的甲胺磷乳油（剧毒农药）倒入林家的水井里。后林国源及其女儿发现井水有异味而不敢饮用。

[诉讼]

起诉：故意杀人罪，由于犯罪分子意志以外的原因而未能得逞，属犯罪未遂。

辩护：陈素华辩解称，其投毒并非为了杀人，而是要让林家的水井不能饮用。辩护人提出，陈素华主观上无杀人的故意，客观上其行为也不可能产生致人死亡的后果，故不构成故意杀人罪。

一审判决：陈素华为泄愤报复，用投毒方法毁坏他人的水井，手段恶劣，情节严重，其行为已构成故意毁坏公私财物罪。公诉机关指控陈素华犯故意杀人罪，因其主观上缺乏杀人故意的犯罪构成要件，故指控不能成立。被告人归案后尚能坦白交代，对其辩解及其辩护人的辩护意见予以采纳。判决陈素华犯毁坏公私财物罪，判处有期徒刑2年。

抗诉：陈素华主观上具有杀人的故意和目的，其行为构成故意杀人罪，一审判决定性错误导致量刑畸轻。

二审辩护：陈素华的行为不构成投毒罪（现为投放危险物质罪，下同），也不构成故意杀人罪，原审法院认定其构成故意毁坏公私财物罪较为准确。

二审判决：原判部分事实不清，适用法律不当。裁定发回重新审判。

重审判决：陈素华为泄愤报复，明知农药甲胺磷有毒，故意将毒物投放到林家饮用的水井中，威胁到林国源全家人员等多人的生命、健康，其行为已构成投毒罪（现为投放危险物质罪，下同）。陈素华的投毒行为已非针对林国源一人，而是对不特定多人的生命、健康安全造成威胁，公诉机关指控被告人陈素华犯故意杀人罪不当。辩护人的辩护理由不能成立，不予采纳。鉴于被告人的行为尚未造成严重后果，归案后能坦白交代，酌情予以从轻处罚。判决陈素华犯投毒罪（现为投放危险物质

---

[1] 中国高级法官培训中心、中国人民大学法学院编：《中国审判案例要览（1996年刑事审判卷）》，中国人民大学出版社1997年版。

罪，下同），判处有期徒刑 5 年。

上诉：上诉称，主观上只有故意毁坏公私财物的目的，而没有危害他人生命健康的投毒故意，要求予以改判。

二审裁定：驳回上诉，维持原判。

[研习]（以下问题均根据 1997 年《刑法》思考）

1.（1）陈素华主观意图（目的）为何？其投毒行为客观上可否造成公共安全的危险？

（2）行为是否危害公共安全，是以行为人主观认识为基准进行判断，还是以客观行为为基准进行判断？

2. 陈素华投毒的位置是林国源住宅内的水井，可能危及特定范围内的特定多数人安全。"公共安全"的含义是否包括特定范围内的特定多数人安全？

3. 本案中，陈素华在实施行为时，主观上可能确实是想让林家的水井不能饮用，可能真的不想杀害林家的人，其是否具有杀人的故意、危害公共安全的故意？行为人对危害公共安全的危险和结果有无认识，可否根据其行为时认识到的行为性质进行推断，还是必须以其直接意图确定？

4. 按照客观主观相统一原则，本案陈素华的行为应当认定为何罪？

案例四：古计明、方振华投放危险物质案[1]

[案情]

被告人购买铱射线工业探伤机、安装铱放射源（源强为 95 居里），通过驱动探伤机施源器，将铅罐内的铱放射源输送到被害人的办公室天花板，使用铱源直接对被害人的身体进行照射，致使被害人及在该中心工作的 70 多名医护人员受到放射源的辐射伤害。法医鉴定，其中 1 人重伤、13 人轻伤、61 人微伤。

[诉讼]

判决：二被告人为泄愤报复而采用投放放射性物质的方法致伤多人，构成投放危险物质罪，分别判处死缓、15 年有期徒刑。

[研习]

问：被告人的行为是否构成故意伤害罪？

---

[1] 最高人民法院刑一庭程永生撰稿："古计明、方振华投放危险物质案——在危害公共安全罪中，没有造成一人以上死亡或多人重伤后果的，一般可不判处死刑立即执行"【第 358 号】，载《刑事审判参考》总第 46 集。

案例五：及长龙烧毁蔬菜棚案[1]

[案情]

及长龙因日常琐事与本村党支部书记及保坤、村主任李希顺产生过矛盾而耿耿于怀，继而产生报复之念。1993年12月20日凌晨，及长龙携带火柴等引火物，来到本村村东的野外，先后分别将及保坤、李希顺承包种植蔬菜的大棚点燃，把两个大棚内种植的西葫芦苗全部烧毁，造成直接经济损失10 696.36元。

[诉讼]

判决：被告人及长龙为泄愤报复，烧毁他人向集体承包种植蔬菜的大棚和棚内的菜苗，造成直接经济损失10 696.36元，其行为已构成破坏集体生产罪，情节严重，应从严惩处。依照《刑法》第125条、第52条、第51条第1款的规定，于1994年3月21日作出判决如下：被告人及长龙犯破坏集体生产罪（现罪名为"破坏生产经营罪"），判处有期徒刑5年，剥夺政治权利1年。

宣判后，被告人及长龙没有提出上诉。

[研习]（以下问题均根据1997年《刑法》思考）

1. 本案是否成立放火罪？
2. 本案是否触犯故意毁坏财物罪？应当以何罪名定罪处罚？

案例六：为讨输掉赌资到网吧以汽油浇身欲自焚案[2]

[案情]

2016年1月15日许，张晓雷在捷敏网吧玩赌博机输掉不少钱，为讨回输掉的钱财，张晓雷、赵瑞龙携带汽油桶、打火机至某大楼地下一层的捷敏酒吧内，分别将汽油泼洒在身上，并由张晓雷手持打火机（内无液体），以点火自焚相威胁，讨要在此处玩赌博机输掉的部分钱款。后二人在与网吧工作人员交涉过程中被民警当场抓获。

[诉讼]

起诉：放火罪未遂，应处3年以上有期徒刑。理由：二被告人在网吧将所带之桶装汽油泼洒于身，若接触到火源即会引起火灾，网吧是公共场所且当时有多人，危害公共安全。

辩护：主观上仅仅是为了得到赔偿而吓唬对方，打火机系其平时抽烟所用，且

---

[1] 最高人民法院中国应用法学研究所编：《人民法院案例选》1996年第1辑（总第15辑），人民法院出版社1996年版。

[2] 上海市浦东新区人民法院陆玮："放火罪与寻衅滋事罪的区分"，载《人民司法》2018年第2期。

已经没有液体。往身上浇汽油是害怕被打。且在交涉劝阻下放下了打火机，把衣服脱下来进行冲洗。

判决：以自焚相威胁恐吓他人，情节恶劣，二被告人行为构成寻衅滋事罪。各判处拘役6个月。

［研习］
1. 为何不定放火罪？
2. 为何不定敲诈勒索罪？

案例七：黄声党、黄家祯祭祖导致火灾案[1]

［案情］
2009年9月26日8时35分，黄家祯、黄声党为了祭祖，经事先商量后，携带各自购买的祭祖物品，一起步行前往祖墓。同日9时15分，黄家祯、黄声党到达祖墓所在地点，休息一会儿后，俩人就着手开始祭墓，先点燃蜡烛，接着点香、插香，而后烧纸钱，最后各拿出一串三节的鞭炮在墓庭中燃放，祭墓全过程，黄声党和黄家祯都是按程序先后完成的。同日9时34分，被告人黄家祯、黄声党离开祖墓。由于被告人黄家祯、黄声党在虎丘墓庭燃放鞭炮时引燃了附近的芒萁骨草，引发森林火灾。

2009年11月16日，福建智立司法鉴定所对"虎丘"山场森林火灾作出的《鉴定意见书》指出：2009年9月26日，目击证人于10时30分左右发现的森林火灾，是由于2009年9月26日9时30分左右，在"虎丘"墓庭燃放鞭炮后，鞭炮飞入"虎丘"墓左侧（靠坪洋村）下边缘A点位置的芒萁骨丛中，引燃芒萁骨后，进而引发森林火灾的。2009年10月15日，闽清县林业局林业案件鉴定工作小组作出鉴定：森林火灾过火面积1226亩，经济损失245 041元（不包括经济林损失）。

［诉讼］
起诉：失火罪。

一审判决：黄家祯犯失火罪，判刑3年；黄声党犯失火罪，判刑3年。理由：根据《鉴定意见书》，本案火灾可以认定是由二被告人燃放鞭炮引起的。二被告人燃放鞭炮都有主观上的共同故意，因此，都负有防止火灾发生的共同注意义务，同时，相互之间也有督促对方积极履行的注意义务，但他们在燃放鞭炮后，没有认真检查是否还存在火灾的隐患就离开，二人在主观上都有过失，行为上存在"不作为"，最终引起火灾造成经济损失，因此，二被告人均构成失火罪。鉴于祭祖燃放鞭炮是一种民间风俗习惯，虽然二被告人在燃放鞭炮上有主观故意，但他们的过失只是没有注意防范，没有排除隐患，在量刑上可酌情从轻处理。

---

［1］ 福建省闽清县人民法院（2010）梅刑初字第82号刑事判决书。

上诉：上诉人在犯罪主观方面没有过失，司法鉴定结论不是认定事故责任的有效证据，判决明显错误，请求依法改判无罪。

二审判决：二上诉人违反国家保护森林的法律法规，擅自野外用火，引发森林火灾，过火林地面积达1226亩，造成重大财产损失，其行为已构成失火罪，二上诉人均应对燃放鞭炮引起的森林火灾共同承担责任，福建智立司法鉴定所的司法鉴定意见书符合客观事实，应予以采信……裁定驳回上诉，维持原判。

[研习]

1. 本案二被告人是故意点燃蜡烛、点香、烧纸钱、燃放鞭炮，为何法院认定其构成失火罪？

2. 法院在认定造成火灾原因时采用了推断的方式：起火原因是因有人在"虎丘"墓燃放鞭炮引起的，在上述起火点、起火时间段只有被告人黄家祯、黄声党二人有此行为，故火灾是由二人在虎丘墓燃放鞭炮造成的。此种推断是否正确？无人目睹二人的行为导致火灾，是否可以认定该事实？

3. （1）现本案可以查明：火灾系虎丘墓燃放鞭炮引起，且可证明二人一起到来一起离开，祭墓全过程系二被告人先后完成，但不能证明具体是何人燃放的鞭炮导致了火灾，可否认定二人具有共同过失？刑法中有无共同过失犯罪？

（2）如果二人并非一起到来一起离开，而是分别前后到来，一人完成后一人才来，各自祭墓后离开，可否认定二人都构成失火罪？

二、以其他危险方法危害公共安全罪

案例一：郑小教以危险方法危害公共安全案[1]

[案情]

郑小教，男，1980年8月出生。2013年1月18日上午，政府有关部门组织50余人来到郑小教违章建筑所在地。10时许，工作人员开始拆除郑小教的违章建筑，郑小教则坐在驾驶室内远观。当看到房子被拆的场面后，郑小教越想越气，产生了驾车去撞工作人员与其拼命的念头。随后，郑小轿加速驾驶小轿车沿着带有一定坡度的道路直冲下去，撞到了站在道路上维持外围秩序的多名工作人员，其中，李鸿寿被车头撞飞滚在引擎盖上后又被甩在地上。郑小教在撞到人后，仍然驾驶汽车继续右转向行驶，并朝工作人员密集的地方冲撞而去，直至撞上其父亲房屋南侧小门，在此过程中，又撞到多名工作人员和其母亲，房屋的小门及门边墙体被撞破损。后

---

[1] 衢州市中级人民法院熊娟撰稿，最高人民法院刑四庭陆建红审编："郑小教以危险方法危害公共安全案——如何理解以危险方法危害公共安全罪中的'不特定多数人'"【第1072号】，载《刑事审判参考》总第103集。

在郑小教驾车加速后退撞上砖堆时才被工作人员制服。11名工作人员受伤，经鉴定，其中吴开兴等 5 人的损伤程度为轻伤，夏津津等 2 人为轻微伤，刘达飞等 4 人未达到轻微伤程度。

[诉讼]

起诉：故意杀人罪。辩称：无杀人故意，只想阻止工作人员拆房子，是以危险方法危害公共安全罪。

一审判决：郑小教为泄愤，采用驾驶车辆连续冲撞的方式，故意剥夺他人生命的行为已构成故意杀人罪。已经着手实行犯罪，由于意志以外的原因而未得逞，系犯罪未遂，依法可以比照既遂犯从轻处罚。被告人犯罪系临时起意，主观恶性较小，可酌情从轻处罚。判处郑小教有期徒刑 10 年。

上诉：郑小教以主观上没有杀人故意、是故意伤害为由提出上诉。

二审判决：案发时现场共有拆违工作人员、郑小教家人及邻居等 50 余人，郑小教采用驾车撞人的危险方法冲向不特定多数人，对危害不特定多数人的生命、健康安全持放任态度，主客观上符合以危险方法危害公共安全罪的犯罪构成，而故意杀人罪或故意伤害罪所侵害的客体均为普通公民个人的人身权利，不能涵盖本案侵害客体所具有的社会性。故对构成故意伤害罪的上诉意见不予采纳。原判定性错误，致量刑不当，据此改判：上诉人（原审被告人）郑小教犯以危险方法危害公共安全罪，判处有期徒刑 7 年。

[研习]

1. 本案应定以危险方法危害公共安全罪还是故意杀人罪？
2. 一审不定以危险方法危害公共安全罪的理由："郑小教在特定的拆违现场有针对性地冲撞特定的工作人员，不具有危害公共安全的特性。"如何评价这一观点？
3. 本案能定故意杀人罪（未遂）吗？
4. 问：辩护人为何主张故意伤害罪？
5. 如此致伤 11 人，其中轻伤 5 人，如果定性故意伤害罪不数罪并罚只能在 3 年以下量刑，合理吗？一行为或数行为犯数个同种罪一并审理不数罪并罚的习惯能坚持多久？

案例二：张健飞持刀无差别杀人案[1]

[案情]

张健飞，被捕前是吉林省永吉县金家乡中心小学的职工。2009 年 9 月 17 日晚 6 点，张健飞酒后在北京市前门大栅栏步行街、粮食店街、六必居旅馆等处，无故持刀刺扎路人邱某、历某等十余人。其中，邱某被刺中左下腹部，伤及左侧髂外动脉，

---

[1] 该案一审由北京市第一中级人民法院审理。

致急性失血性休克死亡。历某被刺中左侧腰部,伤及脾脏、胰腺及左肾,致急性失血性休克死亡。另有 14 位路人不同程度地被张健飞扎伤。张健飞作案后被当场抓获。

公安机关法医精神病学鉴定中心出具的《精神病司法鉴定意见书》证明:张健飞实施违法行为时处于普通醉酒状态,辨认、控制能力存在,具有完全责任能力。

[诉讼]

起诉:以危险方法危害公共安全罪。

一审判决:张健飞酒后在公共场所持刀随意刺扎多人,致 2 人死亡、6 人重伤、3 人轻伤、5 人轻微伤,严重危害公共安全,其行为已构成以危险方法危害公共安全罪,犯罪性质极其恶劣,后果特别严重,社会危害性极大,依法应予严惩。依照刑法规定,醉酒的人犯罪应当负刑事责任,遂于 2010 年 11 月 8 日判决:张健飞犯以危险方法危害公共安全罪,判处其死刑,剥夺政治权利终身。

二审裁定:驳回上诉,维持原判。并报最高人民法院复核。

死刑复核:最高人民法院经复核,核准其死刑判决。

[研习]

对不特定公众实施无目的杀伤,是否危害公共安全?持刀见人就砍的行为是否属于以危险方法危害公共安全罪中的"危险方法"?对张健飞可否认定为以危险方法危害公共安全罪?其行为应当如何认定?

案例三:司机陆某某、乘客张某某互殴导致交通事故案[1]

[案情]

2001 年 3 月 30 日上午 7 时许,陆某某当班驾驶一辆无人售票公交车,从起点站出发行驶。当车行驶至市区某站时,张某某乘上该车。因张上车后始终站在车前门第二台阶处,影响乘客上车,陆某某遂叫张往车厢内走,但张未予理睬。当公交车停靠下一站并起步后,陆见上车的乘客较多,再次要求张某某往里走,张某某不仅不听从劝告,反以陆某某出言不逊为由,挥拳殴打正在驾车行驶的陆某某,击中陆的脸部。陆某某被殴后,置行驶中的车辆于不顾,离开驾驶座位,抬腿踢向张某某,并动手殴打张,被告人张某某则辱骂陆某某并与陆扭打在一起。这时公交车因无人控制,偏离行驶路线,有乘客见公交车前出现车辆、自行车,惊呼"当心,车子!"但为时已晚,公交车接连撞倒一相向行驶的骑自行车者,撞坏一辆出租车,撞毁附近住宅小区的一段围墙,造成骑自行车的被害人龚某某因严重颅脑损伤致中枢神经

---

[1] 上海市第一中级人民法院金泽刚、周翔撰稿,李燕明审编:"陆某某、张某某以危险方法危害公共安全、交通肇事案——公交车司机离开驾驶岗位与乘客斗殴引发交通事故的如何定性?"【第 197 号】,载《刑事审判参考》总第 28 集。

功能衰竭而当场死亡,撞毁车辆及围墙造成物损 21 288 元（其中桑塔纳出租车物损 12 431 元,公交车物损 6037 元,围墙损坏修缮费 2820 元）。随后,陆某某委托在场群众向公安机关报警并投案自首。

[诉讼]

起诉:陆某某、张某某犯以危险方法危害公共安全罪。

辩护:陆某某辩称:①陆某某在受到被告人张某某攻击后,本能地进行回击,其离开驾驶室的行为仅是一种违反安全行车规定的行为;②当时道路上车流量并不多,发生本案严重后果具有偶然性;③陆某某有返回驾驶室踩刹车的行为,说明陆某某不希望危害结果的发生,故被告人陆某某的过失行为造成危害公共交通安全的结果,应以交通肇事罪定罪判刑。同时,鉴于被告人陆某某有自首情节,建议对陆从轻处罚。

张某某及其辩护人辩称:①张某某因与陆某某口角打了陆一拳后,陆不仅立即回击张某某,而且未停车即离开驾驶座位与张扭打,这些都是张某某所无法预见的,故张某某对所发生的结果不存在放任的故意;②张某某因口角打陆一拳的行为,不能与放火、决水、爆炸、投毒等足以危害公共安全的行为相提并论;③如果张某某打人一拳的行为要承担 10 年以上有期徒刑,不符合罪刑相一致的原则。

一审判决:陆某某明知车辆在无人驾驶的情况下会危及道路上行人安全及其他车辆的正常行驶,造成严重后果,在遭到他人殴打后,未采取任何安全措施,竟离开驾驶座位与人互殴,造成 1 人死亡、车辆受损及围墙倒塌的严重后果,其行为已触犯刑律,构成以危险方法危害公共安全罪,依法应判处 10 年以上有期徒刑、无期徒刑或者死刑,鉴于被告人陆某某犯罪后能投案自首,依法可以减轻处罚。张某某违反交通运输管理法规,在车辆行驶过程中殴打驾驶员,致使发生 1 人死亡、车辆和财物受损的严重后果,其行为已构成交通肇事罪,依法应予惩处。公诉机关指控罪名不当,应予纠正。于 2001 年 11 月 19 日判决如下:陆某某犯以危险方法危害公共安全罪,判处有期徒刑 8 年,剥夺政治权利 2 年。张某某犯交通肇事罪,判处有期徒刑 3 年。

二审裁定:于 2002 年 2 月 25 日驳回上诉,维持原判。

[研习]

1. （1）刑法中交通肇事罪的主体为何?乘客可否构成交通肇事罪?

（2）本案中,乘客张某某有无实施违规行为?

2. 交通事故的造成与乘客张某某的行为有无刑法上的因果关系?司机陆某某的过激反应能否中断此因果关系?司机陆某某与交通事故结果之间有无刑法上的因果关系?

3. 乘客张某某对于事故所持主观心态为何?司机陆某某对于事故所持主观心态为何?

4. 按客观主观相统一原则,乘客张某某、司机陆某某应认定为何罪?

案例四：曾巩义、陈月容非法狩猎案[1]

[案情]

1998年至2003年间，曾巩义（男，1964年出生）、陈月容（女，1974年出生）未经批准私自从家中的高压变电器上拉出一条导线至本村洋头隔门山场设置电网，接通电源捕猎野生动物，每年都有野猪等数只野生动物被电击死亡。在2003年12月24日曾因"导线短路"引燃山场造成森林火灾。在2003年3月1日22时许，陈月容在家中接通电源，致使路过的村民陈洪生被电击受轻微伤。

[诉讼]

起诉：非法狩猎罪、过失以危险方法危害公共安全罪。

一审判决：曾巩义、陈月容违反狩猎法规，使用禁用的工具、方法狩猎，属于非法狩猎情节严重，其行为已构成非法狩猎罪。公诉机关指控曾巩义、陈月容犯过失以危险方法危害公共安全罪，首先，"导线短路"引发森林火灾的指控事实不清，证据不足。其次，曾巩义、陈月容设置电网虽致他人轻微伤，但没有致他人重伤、死亡，不符合过失以危险方法危害公共安全罪的构成要件。判决曾巩义犯非法狩猎罪，判处有期徒刑6个月。陈月容犯非法狩猎罪，判处拘役5个月。

[研习]

1. 是否构成过失以危险方法危害公共安全罪？
2. 是否成立以危险方法危害公共安全罪？
3. 是否构成非法狩猎罪？

案例五：叶润生开车撞人案[2]

[案情]

叶润生系个体司机，于1998年10月29日晚9时许，在林祖针杂货店与刘运水发生口角并互相殴打，被张月军劝阻，引起叶润生不满，叶又与张发生争吵。张月军妹夫林祖针朝叶的脸部打了一拳，致叶脸部出血，后被叶更强等人劝开，并将叶润生拖往医院上药。途中，叶润生跑到农机站将其赣35240东风车开出，要林祖针带他去医院，未达到目的。当晚11时许，叶润生驾驶东风货车行至林祖针店门口时，突然拐弯冲进店内，将坐在店门口的胡晓发、黄厚永、林祖针、张月风撞倒，胡晓发在送往医院途中死亡。经法医鉴定：胡晓发系胸部被挤压造成心肌坏死，肺瘀血，

---

[1] 最高人民法院刑一庭肖凤撰稿，最高人民法院刑一庭颜茂昆审编："曾巩义、陈月容非法狩猎案——私拉电网非法狩猎并危及公共安全的，应当如何处理？"【第603号】，载《刑事审判参考》总第72集。

[2] 该案一审由江西省吉安地区中级人民法院审理，二审由江西省高级人民法院审理。

引发血液、呼吸循环障碍死亡；黄厚永、林祖针、张月凤均为轻伤。作案后，叶润生主动到公安机关投案自首。

[诉讼]

起诉：以危险方法危害公共安全罪。

一审判决：被告人叶润生目无国法，因纠纷竟故意驾车冲进杂货店造成一死三伤，后果严重，其行为已构成以危险方法危害公共安全罪，应依法严惩。鉴于被告人一贯表现较好，系初犯；案发后能主动投案自首，积极赔偿被害方的经济损失，认罪、悔罪态度好；且附带民事诉讼原告人林祖针对引发本案存在较大过错等因素，依法可从轻处罚。于1999年3月15日判决：叶润生犯以危险方法危害公共安全罪，判处死刑，缓期2年执行，剥夺政治权利终身。

上诉：被告人叶润生不服一审判决，提出上诉。

抗诉：叶润生以危险方法危害公共安全，犯罪情节特别恶劣，后果特别严重，吉安中院一审判处被告人叶润生死刑，缓期2年执行，确有错误，应判处死刑立即执行。遂提请江西省检察院抗诉。江西省检察院审查后支持吉安分院抗诉意见，向江西省高级人民法院提出抗诉。理由是：原审被告人叶润生犯罪手段特别残忍，情节特别恶劣，后果特别严重，应予严惩。被告人叶润生为了实施报复，以汽车作为犯罪工具，用极其残忍的手段实施犯罪，造成一死三伤的严重后果，侵害了不特定多数人的人身安全。原审被告人叶润生虽有自首、赔偿被害方经济损失，被害人林祖针有过错等情节，但均不足以减轻其罪责而从轻判处，一审判处其死缓量刑畸轻。

二审判决：原审被告人叶润生为报复林祖针，置他人生命于不顾，驾车朝林祖针的杂货店撞去，造成一死三伤的严重后果，虽其中一死二伤都是无辜群众，但叶的侵害对象是明确的，损害范畴是特定的，是可以预见和控制的，其行为构成故意杀人罪。原审判决以危险方法危害公共安全罪定性不当。原审被告人叶润生所犯罪行，情节恶劣，后果特别严重，虽有投案自首情节，但不足以减轻其处罚。于1999年7月5日判决：上诉人（原审被告人）叶润生犯故意杀人罪，判处死刑，剥夺政治权利终身。

原审被告人叶润生经最高人民法院核准已执行死刑。

[研习]

本案的行为是否危害公共安全？叶润生是否构成以危险方法危害公共安全罪？

三、破坏交通工具、交通设备和公用电信设施罪

案例一：李常安爆毁轿车案[1]

[案情]

李常安怀疑自己的妻子黄丽群与德保县公安局局长岑某某关系暧昧而怀恨在心，为泄愤报复，给岑造成不良影响，谋划炸坏公安局小轿车。为此，被告人李常安用草香1段、雷管1枚、硝铵炸药2筒、导火索85厘米、竹签等制成爆炸装置。1996年5月16日凌晨0时许，李常安撬开德保县公安局停放一辆本田牌小轿车的库门锁头，将其自制的爆炸装置放于车左前门下方离左前轮20厘米的地面上，然后用打火机点燃捆在导火索头的草香，即关上库门离开现场，0时50分，炸药被引爆，小轿车被炸坏，造成经济损失31 490元。

[诉讼]

起诉：破坏交通工具罪。

辩护：李常安及其辩护人提出公诉机关对本案的定性有误，应定为故意毁坏公私财物罪。

判决：李常安明知使用爆炸的手段会造成小轿车被毁坏的后果仍为泄愤报复而为之，并造成小轿车毁坏、经济损失31 490元的严重后果，其主观上有毁坏公私财物的故意，客观上实施了毁坏公私财物的行为，李常安的行为已构成故意毁坏财物罪。公诉机关指控被告人李常安犯破坏交通工具罪定性不当。被告人提出依本案的性质应定为故意毁坏财物罪的辩护理由与本案实情相符，予以采纳。根据本案的案情及被告人李常安的认罪态度（即被告人李常安在庭审中拒不交代其犯罪事实，在有大量证据证实其作案的情况下翻供），依照《刑法》第275条规定，经本院审判委员会讨论决定，以法定最高刑判处刑罚。判决：李常安犯故意毁坏财物罪，判处有期徒刑3年。

[研习]

1. 本案行为对象是停放在车库里的汽车，该汽车是否属于正在使用中的交通工具？李常安的行为是否足以导致交通工具倾覆、毁坏的危险？其行为是否构成破坏交通工具罪？

2. 李常安的行为可否构成爆炸罪？应当以何罪论处？

---

[1] 广西壮族自治区百色地区中级人民法院（1996）百中刑初字第73号刑事判决书。

案例二：李正林盗窃火车部件案[1]

[案情]

被告人李正林，原系石家庄铁路分局阳泉车辆段白羊墅列检所检车员。

2003年12月2日18时许，李正林携带卡丝钳、活口扳、开口扳、梅花扳等作案工具，来到阳泉车站筒子沟编组场，在20道停留的运营车（车号C62B4639432）上拆盗103紧急阀组成1套、主阀组成1套；在20道停留的阳泉车辆段2辆扣留车（车号C62B4613705、C644841246）上拆盗103紧急阀组成、主阀组成各1套；从17道停留的阳泉车辆段段修车（车号C624414774）上拆盗103紧急阀组成1套、主阀组成1套；从17道停留的阳泉车辆段段修车（车号C62A4430404）上拆盗120紧急阀组成1套、主阀组成1套。被拆盗的物品总价值5860元。李正林将拆下的车辆配件装在5个编织袋内，转移到编组场边的灯塔下被公安人员抓获，并查获了全部被盗物品（已发还被盗单位）。案发后，李正林带领公安人员在盗窃现场提取作案工具活口扳、开口扳、梅花扳、卡丝钳各1把，手套1双，手提袋1个。

[诉讼]

起诉：破坏交通工具罪、盗窃罪。

辩护：李正林辩解，没有破坏交通工具的犯罪故意，实施的是盗窃行为。根据《铁路技术管理规程》的规定，一列货车中允许有6%的关门车（即失去制动力的车辆）。因此，只拆盗一辆运营车的紧急阀、主阀组成，不足以危及行车安全。其辩护人提出，起诉书指控李正林犯破坏交通工具罪证据不足；李正林盗窃系犯罪未遂，而且所盗赃物被全部追回，认罪态度好，建议对其从轻处罚。

庭审举证：在庭审中，公诉人当庭宣读和出示了以下证据：石家庄铁路分局车辆分处出具的证明，证实车辆丢失103、120紧急阀组成或丢失主阀组成后，车辆将失去制动作用，从而会引起列车制动力降低，危及行车安全。李正林及其辩护人对此证据提出异议，认为该证明与《列检标准化学习手册》中第101条第2项的规定不符，建议法庭对车辆分处出具的证明进行核实。

法院对上述争议的证据进行了核实，补充调取了以下证据：①《列检标准化学习手册》中第101条第2项的规定，是根据《铁路技术管理规程》第188条作出的。《铁路技术管理规程》第188条规定，货物列车中因装载的货物规定需停止制动作用的车辆，自动制动机临时发生故障的车辆，准许关闭截断塞门（简称关门车，即失去制动作用的车辆），编入列车的关门车数不超过现车总辆数的6%。②石家庄铁路分局车辆分处对原出具的证明，作出了补充说明：其一，从车辆本身技术构造讲，车辆丢失103、120主阀组成就没有制动作用，将危及本车行车安全。其二，如果列车的关门车辆数已达到现车总辆数的6%，或当列车编组辆数少，不允许有关门车

---

[1] 河北省石家庄铁路运输法院（2004）石铁刑初字第22号刑事判决书。

时,再增加丢失103、120主阀组成的车辆,将危及行车安全。其三,在列车中,如果对丢失103、120主阀组成的车辆采取了关门措施,且关门车辆数不超过6%时,则只降低列车制动力,不足以危及行车安全。

判决:李正林以非法占有为目的,拆盗铁路车辆上的配件,数额较大,其行为已构成盗窃罪,应依法惩处,指控盗窃罪名成立,但指控李正林犯破坏交通工具罪证据不足。根据石家庄铁路分局车辆分处出具的补充说明,运营车丢失103、120主阀组成,是否达到危及行车安全的程度,与该车的编组情况有密切的关系。由于没有证据证明被拆盗的运营车处于何种编组情况,认定李正林拆盗列车配件的行为足以危及行车安全的证据不足,故采纳辩护人所提认定李正林犯破坏交通工具罪证据不足的意见。关于辩护人所提李正林系盗窃未遂的意见,与事实不符,不予采纳。李正林采用破坏性手段盗窃铁路车辆配件的行为,不仅侵犯了国有财产的所有权,还影响了铁路企业的正常生产秩序,属于破坏性盗窃,应按照盗窃罪的量刑幅度,酌情从重处罚。李正林具有其辩护人提出的所盗赃物全部追回、归案后认罪态度好、能主动交纳罚金等酌定从轻处罚的情节,也应在量刑时予以考虑。为了保护国有财产所有权不受侵犯,打击刑事犯罪,判决:李正林犯盗窃罪,判处有期徒刑2年,并处罚金3000元。

[研习]

1.(1)李正林拆盗停留在火车站里运营车上的部件,是否属于破坏正在使用的交通工具?

(2)《刑法》第116条规定的足以发生倾覆、毁坏危险的危险程度,是构成破坏交通工具罪危险犯既遂的条件,还是成立破坏交通工具罪危险犯的条件?亦即,破坏交通工具罪危险犯有无未遂形态?

(3)根据本案证据,李正林拆盗火车部位,是否达到了使其发生倾覆、毁坏危险的危险程度?其是否构成破坏交通工具罪?是否构成破坏交通工具罪的未遂?

2.李正林是否构成盗窃罪?其作为列检所检车员,盗窃停留在其辖区车辆段内火车上的部件,可否构成职务侵占罪?如何认定其罪数关系?

3.如何理解和评价本案证据中关于破坏行为具体危险程序的证明?

案例三:郝林喜、黄国祥破坏公用电信设施案[1]

[案情]

2013年9月9日至11日,郝林喜在举办皮鞋、箱包特卖会的过程中为提高销

---

[1] 上海市静安区人民法院孙玮、林丽丽撰稿:"郝林喜、黄国祥破坏公用电信设施案——对非法使用'伪基站'设备干扰公用电信网络信号的行为如何定罪量刑?"【第957号】,载《刑事审判参考》总第97集。

量,雇用其亲戚黄国祥驾车携带一套"伪基站"设备,占用中国移动上海公司GSM公众数字蜂窝移动通信网的频率,截断一定范围内移动电话的正常通信联系,并发射无线电信号进行广告宣传。经上海市无线电管理局的工作人员查处并没收"伪基站"相关设备后,同年10月初,郝林喜继续雇用黄国祥使用上述方法做广告宣传。10月10日和11日,因郝林喜、黄国祥使用"伪基站"设备,周边用户通信中断约14万人次。

[诉讼]

法院以破坏公用电信设施罪,分别判处郝林喜、黄国祥有期徒刑3年、1年6个月。

[研习]

问:本案被告人构成何罪?

案例四:叶朝红等盗窃引发火灾案[1]

[案情]

叶朝红、刘佩猛、石累伙同李晓阳(在逃)于2001年8月6日16时,携带打火机、编织袋等作案工具,伺机在景德镇火车站停靠的货物列车上,采取用明火烧货物外包装袋的方法盗窃铁路运输物资。当4人行至停靠在该站六道的25023次货物列车时,叶朝红、刘佩猛发现该次列车P64A3428560号棚车有可盗窃物品,遂由石累望风,叶朝红、刘佩猛钻入该车车底,点燃货物外包装袋,因该棚车装载可发性聚苯乙烯,遇火燃烧并向车外蔓延,三人见状后立即逃离现场,致使火势进一步扩大,P64A3428560号棚车及并列停靠的P613062585号棚车先后着火。造成P64A3428560号棚车装载的聚苯乙烯烧损133袋,烧损货物价值26 600元;该棚车烧损面积达53.27平方米,占车厢内部总面积的30.88%,构成大破;相邻的P613062585号棚车烧损面积达33.6平方米;景德镇火车站六道2根25米钢轨报废,报废材料价值8750元。

刘佩猛、石累还于2001年8月31日在一录像厅内盗窃彩电1台,价值1500元。

[诉讼]

起诉:被告人叶朝红、刘佩猛、石累犯放火罪,被告人刘佩猛、石累构成盗窃罪,应数罪并罚。

辩护:刘佩猛的辩护人辩称刘佩猛不构成放火罪,仅构成失火罪;其在共同犯罪中作用较小,属从犯,且犯罪时未满18周岁,请求从轻处罚。

判决:被告人叶朝红、刘佩猛、石累共同预谋以点火方式盗窃货物列车上的货

---

[1] 黄伟撰稿,薛淑兰审编:"叶朝红等放火案——以盗窃为目的放火烧毁货物列车的行为应如何定性?"【第239号】,载《刑事审判参考》总第32集。

物，导致火灾的发生，足以使公共安全处于危险状态，其行为已经构成放火罪。被告人刘佩猛、石累还构成盗窃罪，依法应数罪并罚。刘佩猛的辩护人关于本案构成失火罪的辩护意见，于法无据，不予支持。叶朝红、刘佩猛系主犯。石累系从犯，可从轻处罚。叶朝红系累犯，依法应从重处罚。刘佩猛、石累犯罪时未满 18 周岁，予以从轻处罚。判决：叶朝红犯放火罪，判处有期徒刑 8 年，剥夺政治权利 1 年。刘佩猛犯放火罪，判处有期徒刑 5 年；犯盗窃罪，单处罚金 500 元；决定执行有期徒刑 5 年，并处罚金 500 元。被告人石累犯放火罪，判处有期徒刑 3 年 6 个月；犯盗窃罪，单处罚金 500 元；决定执行有期徒刑 3 年 6 个月，并处罚金 500 元。

[研习]

1. 根据一般常理推断，行为人在盗窃财物时点燃货物外包装袋，其实施该行为时是否希望货物被烧毁？其是否认为货物极有可能被烧毁？可否认定叶朝红等人对火灾结果是追求或不反对的，即系故意？

2. 行为人在引起火情后，有无扑救和报告的义务？其行为是否属于不作为？其见火情蔓延能扑救而不扑救，致使火势进一步扩大导致火灾，此时对火灾结果是故意还是过失？单独评价此行为如何认定？

第二节 交通肇事罪、危险驾驶罪

案例一：王某交通肇事后逃逸责任认定案[1]

[案情]

2007 年 11 月 18 日下午 6 时左右，王某驾驶一辆大货车（驾驶车厢内共坐了 4 个人，核定人数是 3 人）在城市郊区公路上行驶，途中下车解手。王某上车后，货车刚起步大约有十几米远，听到后面"嘭"的一声，猜想有什么东西撞到自己车尾了。但为了避免招惹是非，王某继续开车前行。事后查明：李某（司机）和张某当天傍晚酒后回家，因驾驶的摩托车速度太快，来不及刹车，撞到了王某大货车的尾部。事后尸检表明，两人均当场死亡。交警部门出具的责任认定书指出：王某驾驶超过核定人数的车辆，出事后驾车逃离现场，负主要责任；李某酒后驾车的行为与事故有因果关系，负次要责任。

[研习]

1. 王某驾驶室超过核定人数的违章行为与事故死伤后果有没有因果关系？
2. 按客观归属、信赖原则、危险分配理论分析本案会得出什么结论？

---

[1] 关振海："交通肇事罪若干问题的探讨——基于对一个案例的分析"，载《吉林公安高等专科学校学报》2009 年第 1 期。

3. 交警部门认定王某负事故主要责任是否有法律根据?

案例二:安徽省颍上县人民检察院诉龚德田交通肇事案[1]

[案情]

2014年6月10日15时许,龚德田超速驾驶货车与张某某无证驾驶的两轮摩托车发生碰撞,致两车受损、张某某当场死亡。在事故发生25分钟后,龚德田拨打122报警,弃车离开现场,未在现场等候公安机关处理,并关闭手机。交警出警到达现场后,无法与其取得联系。之后,龚德田向公安机关投案并供述:报警后没有立即投案是害怕被派出所关起来。

经县交管大队交通事故责任认定书认定,龚德田负事故主要责任。案发后,龚赔偿被害人近亲属32.6万元,获得谅解。

[诉讼]

起诉:龚德田超速驾驶致一人死亡,负事故主要责任,构成交通肇事罪。且肇事后逃逸,建议判处3年以上4年以下有期徒刑。

一审判决:龚德田驾驶机动车辆在公共道路上超速行驶,违反交通运输管理法规,因而发生重大事故,致一人死亡,承担事故的主要责任,且肇事后逃逸,其行为构成交通肇事罪,并依照《刑法》第133条、第67条第1款、第72条第1款及《最高人民法院关于审理交通肇事刑事案件具体应用法律若干问题的解释》(以下简称《审理交通肇事刑事案件的解释》)第2条第1款第1项、第3条之规定,判处有期徒刑3年,缓刑4年。

二审判决:根据《审理交通肇事刑事案件的解释》第2条第1款的规定,交通肇事致一人死亡的,需同时具备负事故全责或者主要责任的条件,行为人才能构成交通肇事罪。就本案而言,交警部门就是根据龚德田驾驶机动车超速行驶并且在事故发生后弃车离开现场认定其对事故负主要责任。即龚德田弃车离开现场的行为是其行为构成交通肇事罪的构成要件。因此,原判适用《关于审理交通肇事刑事案件的解释》第3条的规定,认定龚德田行为构成交通肇事罪,且系交通肇事后逃逸,显然是对其逃逸行为重复评价,属于适用法律错误,依法应予纠正。据此,改判:上诉人(原审被告人)龚德田犯交通肇事罪,判处有期徒刑1年,缓刑2年。

[研习]

1. 认定龚德田负事故主要责任的根据是什么?
2. 本案认定被告人构成交通肇事罪是否依据被告人行为时的行为和心理?
3. 本案对交通肇事罪的定罪处罚是否背离了传统的刑法观?

---

[1] 最高人民法院公报2017年第6期:"安徽省颍上县人民检察院诉龚德田交通肇事案",一审案号:(2014)颍刑初字第00473号。

4. 本案对交通肇事罪的定罪处罚有没有新理念？
5. 二审判决认为一审判决适用法律错误的理由是什么？

案例三：王某甲驾车致一人重伤后逃逸案

[案情]

王某甲驾驶小型面包车由南向北行驶时，适有王某乙驾驶摩托车（无号牌）由北向东左转弯，两车接触，造成王某乙受伤，事故发生后，王某甲驾车逃逸。经鉴定，王某乙的损伤程度属重伤二级。经交通支队认定：王某甲负此事主要责任，王某乙负此事故的次要责任。

[研习]

王某甲如果没有逃逸情节，依据司法解释是否构成交通肇事罪？

案例四：赵双江故意杀人、赵文齐交通肇事案[1]

[案情]

2013年10月29日22时30分许，赵文齐驾驶赵双江所购二手摩托车并搭载赵双江行驶到河北省贾光乡贾光网通营业厅门口处时，撞倒行人徐占齐，摩托车倒地，赵文齐亦当场昏迷。赵双江拨打120急救电话后，将徐占齐拽入路边沟中，后驾驶该摩托车载着赵文齐逃离现场。后抢救人员到达现场，因没发现被害人而拨打赵双江报警时所用手机号码，赵双江明知可能是医生所打电话而不接听，经鉴定，徐占齐因交通事故所致颅脑损伤死亡。

[证据]

1. 赵双江供述：2013年10月29日22时30分许，其乘坐赵文齐驾驶的红色铃木牌二轮摩托车，沿容贾公路由南向北行驶至贾光乡贾光大药房门口时，与一位腿脚不方便的行人发生了交通事故，其和赵文齐滑出去倒在地上。其走过去看到该行人躺在路的西侧流了很多血，赵文齐脸部受伤了，也流了很多血。其叫几次才把赵文齐叫醒，赵文齐问怎么回事，其告诉赵文齐撞了一个人，被撞的人流了很多血。自己就用手机打了120急救电话。其提议把被撞的人弄到公路旁边，赵文齐同意，由于赵文齐受伤动不了，其把被撞的人拽到公路西侧坑边的坡上，当时该人喘着粗气，咳嗽了一声。其和赵文齐商量后，就骑摩托车载着赵文齐逃跑了。其让朋友姚某开车到赵文齐家，并告诉姚某，赵文齐骑摩托车摔了。到了赵文齐家，其把摩托车推到赵文齐的老婶家里。姚某开面包车，载着赵文齐、赵文齐母亲、赵文齐叔叔与其

---

[1] 虞佳臻撰稿："赵双江故意杀人、赵文齐交通肇事案——车辆所有人在交通肇事后将被害人隐藏致使被害人无法得到救助而死亡的如何定性？"【第1169号】，载《刑事审判参考》总第108集。

到了定兴县医院。其告诉他们，赵文齐是自己摔的。在去医院的路上有个手机给其打电话，有人说可能是医院的人打的，其没接该电话。发生事故的摩托车是其买的一辆二手摩托车。

2. 赵文齐供述：2013年10月29日22时30分许，其骑摩托车载着赵双江回家，在去西各庄村的公路上发生了交通事故，当时不知道撞的什么，其在医院醒来才知道撞人了。当时撞了之后，其就没意识了，不知道是否与赵双江说话了。摩托车是赵双江的，是一辆红色二轮摩托车。其没有驾驶证。

3. 容城县公安局物证鉴定室出具的情况说明记载：本案中，徐占齐尸检中见徐占齐右侧额骨、顶骨、颞骨粉碎性骨折，右侧颞肌出血，右侧额部硬脑膜破碎，脑组织外露，右额叶脑组织挫碎，右侧顶部硬膜下出血。双侧颅前窝、颅中窝粉碎性骨折，颅脑损伤较重，但不是绝对致命伤，分析徐某某受伤当时未死亡。

4. 证人孙某证实，2013年10月31日8时15分许，其看到公路西侧沟里躺着一个人，就打电话报警了。这个人好像是每天在这里经过的西四庄村的老光棍。

[诉讼]

判决：赵双江作为肇事车辆所有者，明知赵文齐撞倒在地的徐占齐伤势严重，仍将徐占齐拽入沟中，使徐占齐得不到救治而死亡，其行为构成故意杀人罪；赵文齐违反交通运输管理法规，造成徐占齐死亡的重大交通事故，负事故全部责任，其行为构成交通肇事罪。赵文齐被公安机关抓获前，能报警而未报警，其行为构成肇事后逃逸。事故发生后，赵双江曾拨打120急救电话，但因赵双江的行为，使急救人员到达案发现场后，未找到被害人，未能对被害人进行救治。案发后，被害人亲属与赵双江亲属、赵文齐亲属分别达成调解协议，被害人亲属对二被告人的犯罪行为予以谅解。根据二被告人在犯罪中的作用以及社会危害性，依照《刑法》第232条、133条、第56条第1款、第55条第1款之规定，以被告人赵双江犯故意杀人罪，判处有期徒刑10年，剥夺政治权利1年；被告人赵某犯交通肇事罪，判处有期徒刑3年。

[研习]

1. 如果足以认定被害人因得不到救助而死亡，赵双江是否构成交通肇事罪逃逸致人死亡？

2. 认定赵双江构成故意杀人罪需要具备什么条件？

案例五:邵大平交通肇事案[1]

[案情]

2014年7月19日22时05分许,邵大平驾驶轿车行至华埠镇新汽车站路段,碰撞到行走的被害人徐凤珠,致徐凤珠身体局部受伤倒地,轿车左后视镜掉落、前挡风玻璃左下角破裂,左前门被撞凹,现场遗留左后视镜等碰撞痕迹。事发后,徐凤珠在原地呼叫路人帮忙,程月社、陈惊雷先后于22时06分00秒和06分10秒报警。邵大平驾车离开现场驶往开化县城方向,并电话告知其同学赵炳阳其发生事故,后到开化县山甸大桥附近接到赵炳阳后一同开车返回华埠镇(行驶轨迹图证实其轿车离开事故路段后行驶距离为23.937公里),途中电话报警,在205国道开化县华埠镇东岸大桥附近等候交警到来。22时07分许,张旗帅(2014年3月14日取得驾驶证,尚在实习期)驾驶临号牌轿车搭载朋友行至事故路段,碰撞倒地躺在快车道上的徐凤珠,造成徐凤珠当场死亡。经鉴定,徐凤珠系因钝性外力作用致右侧多根肋骨骨折伴右侧血气胸死亡。经开化县公安局交通警察大队事故责任认定,该事故第一次碰撞中,邵大平负事故全部责任,徐凤珠无责任;第二次碰撞中,邵大平负事故同等责任,张旗帅负事故同等责任,徐凤珠无责任。邵大平于案发当晚22时25分报警,并在指定位置等候交警处理,到案后如实供述犯罪事实。

案发后,邵大平亲属与被害人徐凤珠亲属达成赔偿协议,支付给徐凤珠亲属381 858.25元(不包括保险公司和张旗帅应承担的部分),得到徐凤珠亲属的谅解。

[诉讼]

一审判决:邵大平逃逸产生了致使被害人徐凤珠因伤无法离开现场继而发生被其他车辆碾压致死的后果,邵大平的逃逸行为与徐凤珠的死亡结果之间存在法律上的因果关系,应认定为交通肇事后逃逸致人死亡。邵大平系自首,归案后认罪态度较好,积极赔偿被害人亲属的经济损失,得到被害人亲属的谅解,予以减轻处罚。据此,根据《刑法》第133条、第67条第1款,《审理交通肇事刑事案件的解释》第5条第1款之规定,以交通肇事罪判处邵大平有期徒刑4年。

上诉:邵大平上诉称,其具备自首、积极赔偿并取得被害人家属谅解等情节,请求减轻处罚并适用缓刑。另查明,被害人亲属在二审期间再次出具谅解书,请求对上诉人邵大平减轻处罚并适用缓刑。

二审判决:邵大平的行为应认定为交通肇事逃逸致人死亡。邵大平犯罪以后自动投案并如实供述罪行,系自首;案发后积极赔偿被害人亲属经济损失并取得被害人亲属谅解等,可依法减轻处罚。根据邵大平的犯罪事实、情节及悔罪表现等,可

---

[1] 衢州市中级人民法院殷一村、周永敏、开化县人民法院毛曼谕撰稿,最高法院刑四庭陆建红审编:"邵大平交通肇事案——交通肇事撞伤他人后逃离现场,致被害人被后续车辆碾压致死的如何定性?"【第1118号】,载《刑事审判参考》总第105集。

对其适用缓刑。据此，以交通肇事罪改判邵大平有期徒刑3年，缓刑4年。

[研习]

1. 邵大平肇事后逃逸致受伤被害人在二次事故中死亡，如何认定邵大平的责任？
2. "因逃逸致人死亡"，是否以逃逸前的肇事行为构成交通肇事罪为必要？
3. 如果前车不知道发生事故而离开现场，如何认定罪责？
4. 第二次事故中，后车责任应当如何认定？
5. 如果不能确定被害人死于第一次事故还是第二次事故，如何认定责任？

案例六：宋良虎、殷海军小区里撞人后抛弃被害人致死案[1]

[案情]

2002年9月3日7时许，宋良虎驾驶、殷海军乘坐的松花江牌微型车，在北京市昌平区天通苑小区内由南向北行驶时，将横过道路的行人吴培英撞伤。宋良虎与吴培英的丈夫董建叶将被害人吴培英抬上肇事汽车送往医院，途中，宋良虎与殷海军预谋将被害人抛弃。当汽车行驶至该市某打火机厂门口时，宋良虎谎称医院到了，殷海军与董建叶将吴培英抬下车，放在门口后，殷海军趁机返回肇事车，宋良虎驾车与殷海军逃逸。被害人吴培英后因创伤失血性休克合并颅脑损伤死亡。

另查，被害人吴培英被遗弃时生命处于垂危状态，当地派出所民警在接到报警后虽及时赶到现场，但因被害人之夫董建叶提出要回家取钱，民警才未直接将被害人送往医院抢救，故延误救治时间约2小时。

[诉讼]

起诉：故意杀人罪。

一审判决：被告人宋良虎在发生交通事故，撞伤他人后，为逃避法律追究，伙同殷海军将被害人带离现场并遗弃，致人死亡，两被告人的行为均已构成故意杀人罪。宋良虎所犯故意杀人罪，性质恶劣，后果严重，依法应予惩处。殷海军所犯故意杀人罪，依法亦应惩处。判决：被告人宋良虎犯故意杀人罪，判处无期徒刑，剥夺政治权利终身；被告人殷海军犯故意杀人罪，判处有期徒刑13年，剥夺政治权利2年。

二审判决：一审判决对宋良虎、殷海军量刑不当，应予以改判。判决：被告人宋良虎犯故意杀人罪，判处有期徒刑15年，剥夺政治权利3年；被告人殷海军犯故意杀人罪，判处有期徒刑12年，剥夺政治权利2年。

---

[1] 最高人民法院中国应用法学研究所编：《人民法院案例选》2006年第2辑（总第56辑），人民法院出版社2006年版，第38~43页。

[研习]

1.（1）被告人宋良虎驾驶汽车在小区内将吴培英撞伤（重伤），若对该行为单独评价，可否构成交通肇事罪？若否，应当认定为何罪？

（2）被告人殷海军当时乘坐汽车，对此行为是否承担刑事责任？

2. 途中宋良虎、殷海军将被害人抛弃致死，对二人行为如何认定？其对被害人死亡的心态为何？

3. 民警发现吴培英垂危后，因其夫原因而延误救治，可否中断因果关系？理由为何？

4. 先过失致人重伤，之后又故意不救助致其死亡，在罪数关系上如何认定？

案例七：陈全安被控交通肇事案[1]

[案情]

2005年6月27日23时许，陈全安驾驶大货车行至某路口时，靠边停车等人。其间张伯海驾驶小客车（车上搭载关志明）同向行驶，追尾碰撞陈全安驾驶的大货车尾部，导致小客车损坏、关志明受伤和张伯海当场死亡。事故发生后，陈全安驾车逃逸。2005年7月29日，陈全安及其肇事货车被公安机关缉获。经交警部门认定，陈全安发生交通事故后逃逸，负事故的主要责任；张伯海酒后驾驶机动车，负事故的次要责任。

[诉讼]

起诉：广东省佛山市南海区人民检察院以陈全安犯交通肇事罪向佛山市南海区人民法院提起公诉。

一审判决：佛山市南海区人民法院经审理认为，被告人陈全安驾车发生交通事故，造成一人死亡，肇事后逃逸，违反了《中华人民共和国道路交通安全法》第70条第1款的规定，根据《中华人民共和国道路交通安全法实施条例》第92条第1款的规定，负事故的主要责任，其行为已构成交通肇事罪，故以交通肇事罪判处被告人陈全安有期徒刑1年6个月。

上诉：其事后逃逸行为与交通事故的发生不存在法律上的因果关系，其行为不构成交通肇事罪。

二审判决：交通事故发生在前，陈全安的逃逸行为发生在后，其逃逸行为并非引发本次交通事故的原因。至于陈全安有无其他与本次事故发生有因果关系的违反交通运输管理法规的行为，如陈全安是否在禁止停车路段停车？其停车是否阻碍其他车辆的正常通行？陈全安的其他违反交通运输管理法规的行为应否对事故负全部

---

[1] 最高人民法院中国应用法学研究所编：《人民法院案例选》2008年第4辑（总第66辑），人民法院出版社2008年版。

或者主要责任？一审没有查明，在事实不能查明的情况下，应按照"疑罪从无"的原则处理。如果陈全安有在禁止停车的路段停放车辆从而妨碍其他车辆正常通行的违规行为，结合本案事实，陈全安也只应负同等责任以下的事故责任，而公诉机关仅指控陈全安有逃逸的违规行为。因此，本案现有证据尚不足以认定陈全安的行为构成交通肇事罪。原判认定的事实不清，证据不足，适用法律错误。裁定：撤销佛山市南海区人民法院（2005）南刑初字第1964号刑事判决；发回佛山市南海区人民法院重新审判。

[研习]

1.（1）从事实层面判断，在追尾碰撞事故中，陈全安是否违反交通运输法规？是否负有主要责任？逃逸行为是否导致追尾碰撞事故的原因？

（2）从行政责任层面判断，交警部门认定陈全安负事故的主要责任的依据是什么？

（3）从刑法层面判断，认定行为人是否违章、对结果的责任大小，是否一律必须援引交警部门的认定结论？刑事责任与行政责任是否一定具有一致性？刑法中的责任是形式判断，还是实质判断？

2. 被告人陈全安是否构成交通肇事罪？理由为何？

3. 如果本案中关志明受重伤后未死亡，陈全安发现事故后逃逸，导致关志明因得不到救治而死亡，陈全安的行为应如何定性？

案例八：钱竹平交通肇事案[1]

[案情]

2002年7月24日，钱竹平持证驾驶中型自卸车沿241线前往某水泥厂运石头。凌晨6时许，遇一男子（身份不详，据目击者证实及案卷摄影件证明，该男子系精神病患者）正缓缓横过公路。当时一辆农用三轮车正超越该行人，钱见状欲仿效三轮超越该男子，因货车大，难以通行，钱遂急刹车，超重的货车随惯性向前滑行，汽车偏右部位碰擦到该男子的左后背部，致该男子身体不稳，倒在汽车下方（即两前轮中间）。同车的戴某某忙下车将该行人搀起。钱见该行人皮肤擦伤，便问"要紧否？"该男子嘴里嘟囔着走向路边。钱见状即开车离开现场，继续来回拖运石头。约当日上午8时，钱开车路过时，仍见该行人坐在路边。下午1时许，平桥镇政府一工作人员路过事发地时，见一男子横倒在路边，断定系车辆肇事所致，遂向当地派出所报案，公安机关根据目击群众反映即设卡拦截。约下午4时30分，钱被抓获，并对肇事过程作了供认。经法医尸鉴，该男子系腹膜后出血引起失血性休克死亡。经

---

[1] 江苏省溧阳市人民法院万柏松撰稿，王观强审编："钱竹平交通肇事案——交通肇事逃逸致人死亡的司法认定"【第342号】，载《刑事审判参考》总第44集。

交警认定，钱某对该事故负全部责任。

[诉讼]

起诉：交通肇事罪逃逸致人死亡。

辩护：事故发生时被害人身体并无异常，自己也未逃逸。辩护人认为不构成"逃逸致人死亡"。

一审判决：被告人钱竹平因违反交通管理法规，致使发生一人死亡的道路交通事故，构成交通肇事罪。事故发生后，钱既未报案，又未对伤者实施抢救，而是径直离开现场，以致被害人未得到及时抢救而死亡，钱竹平的行为构成交通肇事逃逸致人死亡。钱竹平及其辩护人提出的钱离开现场无逃逸的故意，与事实不符。据此，依照《刑法》第133条、《审理交通肇事刑事案件的解释》第5条第1款，于2002年11月12日判决：钱竹平犯交通肇事罪，判处有期徒刑8年。

上诉：钱竹平以"一审认定被害人死亡系交通肇事所致，证据不足；离开现场主观上不具有为逃避法律追究而逃跑的故意"为理由，辩护人以"上诉人钱竹平没有逃逸的故意"为理由，提起上诉。

二审判决：上诉人钱竹平在驾车发生交通事故后，当时仅看到被撞人背部皮肤擦伤，看不出其他伤情，且伤者当时在他人搀扶下能行走，会讲话，上诉人当时即认为，被害人不需要抢救治疗，并驾车离开现场。上诉人的上述行为表明其主观上无逃避法律追究而逃跑的故意，其行为不构成交通肇事逃逸致人死亡。上诉人的上诉理由及辩护人的辩护意见成立。上诉人的其余上诉理由不能成立。据此，依法于2003年1月27日判决，维持一审判决的定罪部分，撤销一审判决量刑部分。钱竹平犯交通肇事罪，判处有期徒刑2年6个月。

[研习]

1.（1）何谓交通肇事中的"逃逸"？

（2）本案中，钱竹平第一次开车离开现场的行为是否属于"逃逸"？第二次离开现场的行为是否属于"逃逸"？

2.（1）对于钱竹平如何定罪处刑？是否属于"因逃逸致人死亡""交通运输肇事后逃逸"？

（2）如果其第二次返回时，发现被害人已死而逃走，其行为如何认定？

案例九：冯广山交通肇事案[1]

[案情]

2005年2月20日19时许，冯广山驾驶轿车行至某立交桥路口时，将由北向南

---

[1] 最高人民法院中国应用法学研究所编：《人民法院案例选》2006年第4辑（总第58辑），人民法院出版社2006年版。

骑自行车的訾秀兰撞伤。被告人驾车逃逸至某机械厂门口西侧，又与正常行驶的兰小鹏驾驶的面包车相撞，继而撞倒路旁行人林嵩，并将路北停放的王宗保的一辆机动三轮车撞坏，闯入路边简易房中，被告人冯广山弃车逃逸。林嵩经抢救无效于当晚21时死亡。交通事故责任认定书认定：冯广山承担事故的全部责任；訾秀兰、林嵩、兰小鹏、王宗保无责任。

[诉讼]

起诉：交通肇事罪逃逸致1人死亡。

辩护：其辩护人认为：被告人肇事后虽逃逸，但被害人林嵩得到他人及时的救助，因此被告人不构成逃逸致人死亡。

判决：被告人违反交通运输管理法规，发生一死一伤、两车受损的重大交通事故，负此事故的全部责任，且肇事后逃逸，其行为已构成交通肇事罪。公诉机关指控的犯罪罪名成立。对于公诉机关指控被告人因逃逸致一人死亡，经查：事故发生后，路旁行人及巡警及时拨打了120，将被害人訾秀兰、林嵩送往医院救治，后林嵩因伤势过重抢救无效死亡。因此，被害人的死亡系被告人冯广山驾车肇事所致，而非逃逸延误其治疗所致。被告人虽然存在逃逸的情节，但不符合逃逸致人死亡的特征，故对公诉机关的该项指控不予支持。对辩护人的该项辩护意见予以采纳。考虑到被告人连续肇事的情节，判处冯广山犯交通肇事罪，判处有期徒刑6年。

[研习]

1. （1）何谓交通肇事中的"因逃逸致人死亡"？

（2）本案中，冯广山有无逃逸行为？是否属于"因逃逸致人死亡"？

2. 有论者认为，"因逃逸致人死亡"还包括第一次交通事故后行为人逃逸，因逃逸行为而导致第二次事故致人死亡，故本案冯广山属"因逃逸致人死亡"。此理解是否正确？"因逃逸致人死亡"的实质是什么？本案情形应当如何判断？

案例十：韩正连交通肇事后藏匿被害人致其死亡案[1]

[案情]

2005年10月26日晚21时许，韩正连酒后驾驶货车，行驶至某社区岛山巷时，将在路边行走的妇女徐寿花撞倒。韩正连发现撞伤人后，为逃避法律追究，将徐寿花转移到岛山巷10号楼2单元道口藏匿，致使徐寿花因无法得到救助而死亡。当夜，韩正连又借一辆货车，将徐寿花的尸体运至连云区板桥镇，将尸体捆绑在水泥板上，沉入烧香河中。

---

[1] 张贞伟撰稿，王勇审编："韩正连故意杀人案——如何认定交通肇事转化为故意杀人的主观故意？"【第439号】，载《刑事审判参考》总第56集。

[诉讼]

起诉：故意杀人罪。

辩护：徐寿花是被当场撞死的；韩正连没有杀人的主观故意，指控故意杀人的事实不清，证据不足。

一审判决：被告人驾车撞伤人，又将被害人隐藏导致其死亡，其行为已构成故意杀人罪。依照《刑法》第232条、第56条第1款之规定，以故意杀人罪，判处被告人韩正连有期徒刑15年，剥夺政治权利5年。

上诉：韩正连以被害人徐寿花是被当场撞死的，其没有杀人的主观故意为由上诉。

二审判决：韩正连酒后驾驶机动车辆，撞伤一人后为逃避法律制裁，将被害人拖离事故现场隐藏，导致被害人无法得到救助而死亡，其行为已构成故意杀人罪。韩正连交通肇事撞人后，本应积极施救，但其不抢救被害人，反而将被害人转移藏匿，致使被害人大量失血休克死亡，具有放任被害人死亡的主观故意，韩正连及其辩护人提出没有杀人故意的上诉理由不能成立。驳回上诉，维持原判。

[研习]

1.（1）对于交通肇事后藏匿被害人致其死亡的行为的定性，相关司法解释是如何规定的？该规定的基本原理为何？是提示性规定还是拟制性规定？

（2）本案中，韩正连的行为是否符合此规定？应当如何定性？是一罪还是数罪？

2. 如果本案案情如韩正连所说，被害人徐寿花是被当场撞死的，则其行为如何定性？

3. 如果韩正连并非酒后驾车，开车撞人的行为经鉴定系被害人过错，但之后藏匿被害人致其死亡，则本案又应如何定性？

案例十一：倪庆国交通肇事后逃逸案[1]

[案情]

2002年6月25日下午2时30分许，倪庆国酒后驾驶三轮摩托车行至武障河闸南侧时，因避让车辆采取措施不当，致其所驾摩托车偏离正常行车路线，又因该三轮车制动系统不合格，未能及时刹住车，将人行道上正在行走的被害人严学桂撞倒。

事故发生后，倪庆国当即将严学桂抱到附近大圈乡龙沟村个体卫生室请求救治。接治医务人员问被害人是哪里人，严学桂回答是本县白皂乡人，语气艰难，之后即不能讲话。经听诊，医务人员发现严肺部有水泡声，怀疑其伴有内脏出血，认为卫

---

[1] 汪勤云、王永仑撰稿，南英审编："倪庆国交通肇事案——如何准确把握'交通肇事后将被害人带离事故现场后遗弃，致使被害人无法得到救助而死亡'的情形？"【第220号】，载《刑事审判参考》总第30集。

生室不具备抢救条件,即催促倪庆国将严学桂速送灌南县人民医院急救。倪庆国遂将严抱上肇事三轮摩托车,向县城新安镇继续行驶。在到达新安镇后,倪庆国因害怕承担法律责任,将严学桂抛弃在新安镇肖大桥河滩上(距苏306公路线约200米)。当日下午4时许,严学桂被群众发现时已死亡。经法医鉴定,严学桂因外伤性脾破裂失血性休克并左肱骨骨折疼痛性休克死亡。

[证据]

1. 倪庆国供述:其在送被害人去县医院抢救途中,曾3次停车呼喊被害人,而被害人均无应答,故认为被害人已经死亡,没有救治必要,才产生抛"尸"想法的。抛"尸"当时,倪庆国还在现场观察了一会,仍没有看到被害人有任何动作,更加确信被害人已经死亡,最后才离开现场。

2. 医学专业人员证实:脾破裂时,如果脾脏前面损伤程度较深,累及脾门,并大血管损伤者,若伤者有心脏疾病,则伤者可能在短时间内死亡,但没有严格的时间界限。如果损伤程度较浅未累及脾门及脾门血管,则较短时间(1小时)内死亡的可能性较小。经现场测试,以肇事车辆的时速从事故地行驶至县人民医院约需10分钟。

3. 事故处理部门认定,倪庆国酒后驾驶制动系统不合格的机动车辆在反向人行道上撞伤行人,应负事故的全部责任。本案现有证据仅表明被害人严学桂被撞外伤性脾破裂、左肱骨骨折,但已无法查明被害人脾破裂是否伤及脾门,是否伴有脾门大血管破裂,以及其受伤前是否患有心脏疾病。

[诉讼]

起诉:故意杀人罪。

辩护:被告人辩称,主观上没有杀人的故意,也不符合交通肇事转化为故意杀人罪的条件。其辩护人的辩护意见是:倪庆国虽有将被害人带离事故现场后遗弃的行为,但本案没有证据证实被害人是因被遗弃无法得到及时救治而死亡,也没有证据证实被害人在被遗弃前确实仍然存活,故倪庆国不符合《审理交通肇事刑事案件的解释》第6条的规定,不构成故意杀人罪;倪庆国将被害人带离事故现场的目的是要送医院抢救,而不是为逃避法律追究,故也不构成交通肇事后逃逸;对被告人倪庆国应按交通肇事的一般情节,在3年以下有期徒刑或者拘役的法定刑幅度内量刑。

本案在审理过程中,被告人倪庆国亲属与被害人严学桂亲属就附带民事诉讼赔偿问题达成协议,且当庭兑现完毕。由被告人亲属代被告人赔偿被害人亲属经济损失计15 000元。

判决:被告人倪庆国违反交通运输管理法规,酒后驾驶制动系统不合格的车辆,致发生1人死亡的重大交通事故,负事故的全部责任,其行为已构成交通肇事罪,且肇事后逃逸,应予惩处。公诉机关指控倪庆国的犯罪事实清楚,证据确实、充分,但指控罪名不当。被告人在交通肇事后即将被害人抱送附近诊所求治,并按医嘱速送被害人去县医院抢救,其后来遗弃被害人是在认为被害人已死亡的主观状态下作出的。本案现有证据无法证明被害人在被遗弃前确没有死亡,也无法证明被害人的死亡是因被遗弃无法得到救助而造成,故其行为不符合《审理交通肇事刑事案件的解释》第 6 条关于交通肇事转化为故意杀人的条件。本着疑情从轻的原则,对倪庆国只能以交通肇事罪定罪处罚。对辩护人提出的关于倪庆国的行为不构成故意杀人罪的辩护意见予以采纳。倪庆国先前虽能积极送被害人去医院救治,但在认为被害人已死亡的情况下,为逃避法律追究又将被害人遗弃逃跑,符合交通肇事后逃逸的特征,故辩护人提出的关于倪庆国的行为不属于交通肇事后逃逸的意见,与事实、法律不符,不予采信。鉴于倪庆国归案后认罪态度较好,且其亲属已赔偿了被害人亲属的全部经济损失,取得了被害人亲属的谅解,故可酌情对其从轻处罚。构成交通肇事罪,判处有期徒刑 4 年。

[研习]

1. 本案中,倪庆国是否属于交通肇事后藏匿、遗弃被害人致其死亡?可否以故意杀人罪论处?

2. 本案倪庆国是否属于"因逃逸致人死亡""交通运输肇事后逃逸"?

3. 如果有证据证明倪庆国误认为被害人已死而遗弃,有证据证明被害人在被遗弃前确没有死亡,被害人的死亡是因被遗弃无法得到救助而造成,则倪庆国可否构成故意杀人罪?单独评价此遗弃行为,应如何定性?整案如何认定?

4. 如果有证据证明被害人在被遗弃前确没有死亡,倪庆国误认被害人已死而将其"尸体"抛弃到水中致其淹死,其行为如何认定?

案例十二:李中海故意杀人案[1]

[案情]

2005 年 10 月 16 日,李中海驾摩托车搭载章诚,后因操作不当造成车头撞到路边隔离带,导致章诚从后座被甩出后倒地。李中海下车查看后,发现章诚躺在机动车道内因受伤而无法动弹,他在未采取任何保护措施的情况下自行驾车逃逸。后章诚因被途经该处的大货车碾压而当场死亡,交警部门认定李中海对事故负全部责任,尸检表明,章诚系因在交通事故中造成复合伤而死亡(李中海交通肇事、后续车辆碾压共同所致)。

[诉讼]

判决:李中海不履行法定作为义务的行为与被害人死亡结果之间的因果关系不

---

[1] 上海市虹口区人民法院叶琦、华东政法大学蔡恩璇撰稿,最高人民法院刑二庭王晓东审编:"李中海故意杀人案——如何认定交通肇事逃逸案件中的间接故意杀人犯罪?"【第 925 号】,载《刑事审判参考》总第 95 集。

中断,李中海对结果持间接故意,构成故意杀人罪,判处有期徒刑 12 年,剥夺政治权利 3 年。

裁判要旨:"肇事人明知未死亡被害人可能会被后续车辆碾压仍然逃离的,应当认定为故意杀人罪。"

[研习]

本案被告人行为应定故意杀人罪还是交通肇事罪(逃逸致死)?

案例十三:林某危险驾驶案[1]

[案情]

林某醉酒驾驶一辆"台铃"牌电动自行车,行至某村路口时被当场查获。经鉴定,林某血液酒精含量为 179.04 毫克/100 毫升。该车设计最高车速大于 20 公里/小时,整车质量超过 40 千克,已达到轻便摩托车的技术标准,属于机动车。

[诉讼]

判决:林某犯危险驾驶罪,判处拘役 2 个月,并处罚金 2000 元。

[研习]

超标电动自行车是否属于危险驾驶罪之"机动车"?

案例十四:唐浩彬危险驾驶案[2]

[案情]

郑会驾车发生事故,在交巡警平台接受处理时,停车挡了车库出口,民警催促其挪车。郑会男友唐浩彬嫌郑会驾驶技术不好,便亲自驾车挪动位置(车上另有一人),在此过程中,唐浩彬驾驶车辆撞上停靠在路边的他人汽车。民警立即将唐浩彬抓获。经鉴定,唐浩彬血液酒精含量为 206.7 毫克/100 毫升。

[诉讼]

一审判决:唐浩彬犯危险驾驶罪,判处拘役 4 个月,并处罚金 2 万元。

唐浩彬提起上诉,二审法院以事实不清,证据不足为由,发回重新审判。后检察院撤诉。

[研习]

唐浩彬的行为是否构成犯罪?

---

[1] 最高人民法院刑五庭曾琳撰稿,马岩审编:"林某危险驾驶案——醉酒驾驶超标电动自行车的,是否构成危险驾驶罪?"【第 894 号】,载《刑事审判参考》总第 94 集。

[2] 最高人民法院刑五庭曾琳撰稿,马岩审编:"唐浩彬危险驾驶案——醉酒后在道路上挪动车位的行为是否构成危险驾驶罪?"【第 895 号】,载《刑事审判参考》总第 94 集。

案例十五：杜军交通肇事案[1]

[案情]

某日中午，杜军宴请他人，酒后与他人同到浴室洗浴休息至 17 时许。17 时 40 分时，杜军驾轿车行驶至某路段，因对路面情况疏于观察，撞击到同向在路边靠右行走的四个人，致其中三人当场死亡，一人受伤。杜军随即停车，电话报警。经鉴定，杜军血液酒精含量为 88 毫克/100 毫升。交通管理部门认定，杜军负事故的全部责任。

[诉讼]

判决：杜军的行为构成交通肇事罪，判处有期徒刑 7 年。

[研习]

1. 杜军的行为是否构成以危险方法危害公共安全罪？
2. 对酒后驾驶造成重大伤亡的事件，如何区分交通肇事罪与以危险方法危害公共安全罪？

案例十六：孙福成以危险方法危害公共安全案[2]

[案情]

2010 年 2 月 10 日 20 时许，孙福成在大量饮酒后，驾车行驶至某饭店路口时，撞倒了一辆摩托车，随即又撞上了两辆汽车。孙福成驾车右转逃离现场，行驶至某公园附近路口时，又撞上了一辆汽车。孙福成驾车折返继续行驶至解放北路与花园路交叉路口时，又撞上了一辆小型客车，造成该客车内田正福等五人受伤，该客车被撞后失控撞倒路边的路灯杆。此后，孙福成驾驶的汽车冲向道路北侧的人行道，撞上了停放于路边的汽车及电瓶车等车辆，直至撞到路边的墙面才停住。公安人员接到报案后赶至现场将孙福成抓获。经鉴定，孙福成血液酒精含量为 272.6 毫克/100 毫升。田正福经抢救无效于当日死亡。田鑫构成轻伤。

[诉讼]

判决：孙福成构成以危险方法危害公共安全罪，鉴于其表现良好、初犯、认罪悔罪、全部赔偿了被害人的损失、取得谅解。判处有期徒刑 11 年。

---

[1] 最高人民法院刑四庭杨华撰稿，陆建红审编："杜军交通肇事案——对酒后驾驶造成重大伤亡的案件，如何区分交通肇事罪与以危险方法危害公共安全罪？"【第 909 号】，载《刑事审判参考》总第 94 集。

[2] 江苏省扬州市中级人民法院尹晓撰稿，最高人民法院刑五庭马岩审编："孙福成以危险方法危害公共安全案——对醉酒驾驶机动车构成以危险方法危害公共安全罪的处罚，如何贯彻体现宽严相济刑事政策？"【第 913 号】，载《刑事审判参考》总第 94 集。

[研习]

本案根据什么认定构成以危险方法危害公共安全罪?

案例十七:梁应金等交通肇事案(合江特大沉船案)[1]

[案情]

被告人梁应金,原系榕山建筑公司经理,"榕建"号船舶所有人的法定代表人。被告人周守金,原系"榕建"号客船四等二副。被告人梁如兵,原系"榕建"号客船五等驾驶。被告人石萍,原系"榕建"号客船五等司机。

梁应金以榕山建筑公司名义经批准建造短途客船"榕建"号。1997年7月11日,经船舶检验,核定该船乘客散席101人,每年5月1日至9月30日洪水期准载70人;除大客舱允许载客外,其余部位严禁载客;应配备船员6人。梁应金聘请只有四等二副资格的周守金驾驶,安排其子梁如兵、儿媳石萍及周良全任船员。"榕建"号在1996年7月16日试航时,就因未办航运证和严重超载等违章行为被港监部门责令停止试航,但梁应金不听制止,仍坚持试航,事后受到港监部门通报处理。在"榕建"号营运期间,梁应金为多载客,决定将驾驶室升高80厘米,顶棚甲板上重新焊接栏杆。该船改装后没有向船舶检验机构申请附加检验。梁应金长期不重视营运安全,对该船超载问题过问很少,使该船长期超载运输,埋下了事故隐患。

2000年6月22日晨5时40分左右,被告人周守金、梁如兵驾驶"榕建"号客船从合江县格山镇境内的长江河段徐家泊码头出发,上行驶往榕山镇,由本应负责轮机工作的石萍负责售票。该船在下浩口码头接乘客后,船舱、顶棚甲板及驾驶室周围都站了人,堆满了菜篮等物,载客218名,已属严重超载。客船行至流水岩处时河面起大雾,能见度不高,周守金仍冒雾继续航行。船至银窝子时,河雾越来越大,已经不能看到长江河岸。周守金迷失了方向,急忙叫被告人梁如兵到驾驶室操舵,自己则离开驾驶室到船头观察水势,因指挥操作不当,被告人梁如兵错开"鸳鸯"车(双螺旋桨左进右退),致使客船随即倾翻于江中,船上人员全部落水,造成130人溺水死亡,公私财物遭受重大损失。

[诉讼]

起诉:交通肇事罪。

辩护:被告人梁应金辩称自己无罪:指控船员配备不足不能成立;增加客船顶棚栏杆是为了安全起见,不是为了经济利益;升高"榕建"号客船驾驶台是向港监部门报告了的;指控对客船安全疏于管理不是事实。其辩护人提出:指控被告人梁应金对船舶安全工作疏于管理的证据不足;指控被告人梁应金违法配备船员不实;

---

[1] 国家法官学院、中国人民大学法学院编:《中国审判案例要览(2001年刑事审判案例卷)》,中国人民大学出版社2002年版。

起诉书混淆了被告人梁应金的职务行为和个人行为，造成此次事故的直接原因是船员冒雾航行，严重超载，操作不当，而不是梁应金的行为所致，故指控被告人梁应金犯交通肇事罪的证据不足，梁应金的行为不构成犯罪。

被告人周守金对公诉机关指控的犯罪事实无异议。其辩护人提出：被告人周守金在驾驶航行中突遇大雾是无法预测的，其操作不当有一定的责任，但翻船是被告人梁如兵错开"鸳鸯"车造成的；被告人周守金驾驶"榕建"号是适当的；被告人周守金有投案自首情节，应予从轻、减轻处罚。

被告人梁如兵的辩护人提出：造成翻船是被告人周守金冒雾航行、操作不当所致；超载有乘客的因素，并非被告人梁如兵一人的行为；被告人梁如兵有自首情节并积极施救，情节不属特别恶劣，可对梁如兵从轻或者减轻处罚。

被告人石萍的辩护人提出：在此次翻船事件中，被告人石萍只对严重超载部分负刑事责任，被告人石萍有自首情节，可依法予以从轻或者减轻处罚，并可考虑适用缓刑。

判决：被告人梁应金身为"榕建"号客船所有人（即格山建筑公司）的法定代表人，对客船有管理职责。但梁应金不吸取违章试航被处罚的教训，又决定对该船驾驶室等进行改造，未经船舶检验机构检验就投入营运，违反了《中华人民共和国船舶检验规则》，并为该船顶棚甲板非法载客创造了条件；被告人梁应金不为客船配足船员，所聘驾驶员只具有四等二副资格（应具备四等大副资格），使之长期违章作业；被告人梁应金不履行安全管理职责，使该船长期超载运输，均违反了《中华人民共和国内河交通安全管理条例》（以下简称《内河交通安全管理条例》）第10条和第16条的规定。被告人梁应金违反交通运输管理法规的行为与造成"榕建"号客船翻沉的严重后果有直接的因果关系。被告人周守金不具备四等大副资格而受聘驾驶"榕建"号客船，在6·22翻船事故中，冒雾超载航行，迷失方向后指挥操作失误，是造成翻船的主要原因。被告人梁如兵盲目追求经济利益，使该船严重超载，操舵时错误使用左进右退"鸳鸯"车，造成客船急速右旋翻沉。被告人石萍不履行轮机职责而售票，未限制上船人数，造成严重超载。上述被告人的行为均违反了《内河交通安全管理条例》等交通运输管理法规。被告人梁应金、周守金、梁如兵、石萍违反交通运输管理法规，造成水上交通事故，致130人死亡，后果严重，情节特别恶劣，已构成交通肇事罪，应予依法从重处罚。于2000年10月7日判决，梁应金犯交通肇事罪，判处有期徒刑7年；周守金犯交通肇事罪，判处有期徒刑7年；梁如兵犯交通肇事罪，判处有期徒刑7年；石萍犯交通肇事罪，判处有期徒刑5年。

[研习]

1. 造成沉船事故的原因由重到轻有哪些？哪些人应当承担责任？他们是否系共同过失犯罪？各行为人的过失责任有何不同？

2. 被告人梁应金没有直接驾船，其行为为何也构成交通肇事罪？

案例十八：谢忠德危险驾驶案[1]

[案情]

谢忠德于2011年7月11日0时许，在北京市顺义区仁和镇河南村西口处（乡间小道）醉酒驾驶无牌照摩托车，后被查获。经法医鉴定，谢忠德血液检材中的酒精含量为144.7mg/100ml。

交通支队出具相关证明：谢忠德危险驾驶案发地为空旷地，可以通行社会车辆，根据《道路交通安全法》第119条第1项的规定，符合道路范畴。

[诉讼]

起诉：危险驾驶罪。

判决：谢忠德在道路上无证醉酒驾驶机动车，其行为侵犯了公共交通安全，构成危险驾驶罪。谢忠德案发后明知他人报警而在现场等候，到案后能如实供述犯罪事实，系自首，且当庭认罪、悔罪，依法可对其从轻处罚。判处谢忠德犯危险驾驶罪，判处拘役2个月，并处罚金1000元。

[研习]

1. 刑法对于危险驾驶罪是如何规定的？

2. （1）危险驾驶罪罪状中的"道路"是何含义？是否仅限于交通运输管理法规规定的道路？

（2）本案谢忠德醉酒驾车行为发生在农村的乡间小道上，是否属于交通运输管理法规规定的"道路"？能否被认定为危险驾驶罪罪状中的"道路"？

（3）是否所有乡间小道或者可通车的道路都属危险驾驶罪罪状中的"道路"？

3. 危险驾驶罪罪状中的"机动车辆"是何含义？本案谢忠德醉酒驾驶的是摩托车，是否属于"机动车辆"？谢忠德可否构成危险驾驶罪？

4. 危险驾驶罪与交通肇事罪是何关系？如果本案中谢忠德醉酒驾驶摩托车在乡间小道上将人撞成重伤后逃逸，其行为应如何定性？可否认定为交通肇事罪？

案例十九：孙伟铭醉酒驾车连续冲撞致多人伤亡案[2]

[案情]

2008年5月，孙伟铭购买了一辆别克轿车，之后在未取得驾驶证的情况下长期驾驶该车，并多次违反交通法规。同年12月14日中午，孙伟铭与其父母为亲属祝

---

[1] 北京市高级人民法院温小洁撰稿，最高人民法院刑二庭苗有水审编："谢忠德危险驾驶案——对危险驾驶罪罪状中的'道路'如何理解？"【第760号】，载《刑事审判参考》总第85集。

[2] 浙江省高级人民法院刑一庭梁健撰稿，最高人民法院刑四庭李勇审编："孙伟铭以危险方法危害公共安全案——醉酒驾车连续冲撞致多人伤亡的，如何定罪处罚？"【第586号】，载《刑事审判参考》总第71集。

寿，大量饮酒。当日17时许，孙伟铭驾驶其别克轿车行至成都市成龙路"蓝谷地"路口时，从后面撞向与其同向行驶的一辆比亚迪轿车尾部。肇事后，孙伟铭继续驾车以超过限定的速度（60公里/小时）行驶。行至成龙路"卓锦城"路段时，越过中心黄色双实线，先后与对面车道正常行驶的4辆轿车相撞，造成其中一辆长安奔奔轿车上的张景全、尹国辉夫妇和金亚民、张成秀夫妇死亡，代玉秀重伤，以及公私财产损失5万余元。经鉴定，孙伟铭驾驶的车辆碰撞前瞬间的行驶速度为134～138公里/小时；孙伟铭案发时血液中的乙醇含量为135.8毫克/100毫升。案发后，孙伟铭的亲属代为赔偿被害人经济损失11.4万元。

[诉讼]

起诉：以危险方法危害公共安全罪。

一审判决：被告人孙伟铭在未领取驾驶证的情况下，长期违法驾驶机动车辆并多次违反交通法规，其醉酒后驾车行驶于车辆和人群密集之处，对公共安全构成直接威胁，且在发生追尾事故后，置不特定多数人的生命、财产安全于不顾，继续驾车超速行驶，跨过道路上禁止超越的中心黄色双实线，与对向正常行驶的多辆车辆相撞，造成4人死亡、1人重伤及公私财产损失数万元的严重后果，其行为已构成以危险方法危害公共安全罪。孙伟铭犯罪情节特别恶劣，后果特别严重，应依法严惩。判决被告人孙伟铭犯以危险方法危害公共安全罪，判处死刑，剥夺政治权利终身。

上诉：孙伟铭以其主观上不具有以危险方法危害公共安全的故意，一审判决定罪不准，适用法律错误，量刑过重为由，提出上诉。其辩护人提出，孙伟铭主观上对危害结果的发生是过于自信的过失，其行为构成交通肇事罪；孙伟铭真诚悔罪，积极赔偿被害人的经济损失，并获得被害方谅解，可酌情从轻处罚。二审期间，孙伟铭之父孙林表示愿意代为赔偿被害人的经济损失。经法院主持调解，孙林代表孙伟铭与被害方达成民事赔偿协议，积极筹款赔偿被害方经济损失100万元（不含先前赔偿的11.4万元），取得被害方一定程度的谅解。

二审判决：被告人孙伟铭无视交通法规和公共安全，在未取得驾驶证的情况下，长期驾驶机动车辆，多次违反交通法规，且在醉酒驾车发生交通事故后，不计后果，继续驾车超限速行驶，冲撞多辆车辆，造成数人伤亡的严重后果，主观上对危害结果的发生持放任态度，具有危害公共安全的间接故意，其行为已构成以危险方法危害公共安全罪。孙伟铭犯罪情节恶劣，后果严重。但鉴于孙伟铭是间接故意犯罪，与直接故意驾车撞击车辆、行人的犯罪相比，主观恶性不是很深，人身危险性不是很大；其犯罪时处于严重醉酒状态，对自己行为的辨认和控制能力有所减弱；案发后真诚悔罪，并通过亲属积极筹款赔偿被害人的经济损失，依法可从轻处罚。原判认定的事实和定罪正确，审判程序合法，但量刑不当。被告人孙伟铭犯以危险方法危害公共安全罪，判处无期徒刑，剥夺政治权利终身。

[研习]

1. 本案中，被告人孙伟铭醉酒驾车，有前后两次行为：

（1）对于第一次追尾事故，其行为性质如何界定？

（2）第二次连续冲撞致多人伤亡的行为，对公共安全造成了重大危险，导致重大伤亡结果，其开车撞人的行为是否属于"危险方法"？是否构成以危险方法危害公共安全罪？

（3）是否所有开车撞人的行为都可认定为"危险方法"？刑法中以危险方法危害公共安全罪中的"危险方法"是何含义？

2.（1）对公共安全造成重大损失的结果，孙伟铭主观上是故意还是过失？

（2）为何不认定其构成过失以危险方法危险公共安全罪，或交通肇事罪？三罪的区别和联系为何？

案例二十：黎景全以危险方法危害公共安全案[1]

[案情]

2006年9月16日18时50分许，被告人黎景全大量饮酒后，驾驶面包车由南向北行驶至某村新路治安亭附近路段时，从后面将骑自行车的被害人李洁霞及其搭乘的儿子陈柏宇撞倒，致陈柏宇轻伤。撞人后，黎景全继续开车前行，撞坏治安亭前的铁闸及旁边的柱子，又掉头由北往南向穗盐路方向快速行驶，车轮被卡在路边花地上。被害人梁锡全（系黎景全的好友）及其他村民上前救助伤者并劝阻黎景全，黎景全加大油门驾车冲出花地，碾过李洁霞后撞倒梁锡全，致李洁霞、梁锡全死亡。黎景全驾车驶出路面外，被治安队员及民警抓获。经检验，黎景全案发时血液中检出乙醇成分，含量为369.9毫克/100毫升。

被告人黎景全在医院被约束至酒醒后，对作案具体过程无记忆，当得知自己撞死2人、撞伤1人时，十分懊悔。虽然其收入微薄，家庭生活困难，但仍多次表示要积极赔偿被害人亲属的经济损失。

[诉讼]

起诉：以危险方法危害公共安全罪。

一审判决：被告人黎景全犯以危险方法危害公共安全罪，判处死刑，剥夺政治权利终身。

上诉：黎景全提起上诉。

二审裁定：驳回上诉，维持原判，并依法报请最高人民法院核准。

复核：最高人民法院复核认为，被告人黎景全酒后驾车冲撞人群，其行为已构成以危险方法危害公共安全罪。黎景全醉酒驾车撞人，致2人死亡、1人轻伤，犯罪情节恶劣，后果特别严重，应依法惩处。鉴于黎景全是在严重醉酒状态下犯罪，属间接故意犯罪，与蓄意危害公共安全的直接故意犯罪有所区别；且其归案后认罪、

---

[1]《最高人民法院关于印发醉酒驾车犯罪法律适用问题指导意见及相关典型案例的通知》。

悔罪态度较好，依法可不判处死刑。依法裁定不核准被告人黎景全死刑，撤销二审裁定，发回重新审判。

重审：重审期间，被告人黎景全的亲属倾其所有，筹集 15 万元赔偿被害方。

重审判决：被告人黎景全醉酒驾车撞倒李洁霞所骑自行车后，尚知道驾驶车辆掉头行驶；在车轮被路边花地卡住的情况下，知道将车辆驾驶回路面，说明其案发时具有认识能力和控制能力。但黎景全撞人后，置被撞人员于不顾，也不顾在车前对其进行劝阻和救助伤者的众多村民，仍继续驾车企图离开现场，撞向已倒地的李洁霞和救助群众梁锡全，致 2 人死亡，其主观上对在场人员伤亡的危害结果持放任态度，具有危害公共安全的间接故意。因此，其行为已构成以危险方法危害公共安全罪。黎景全犯罪的情节恶劣，后果严重。但鉴于黎景全系间接故意犯罪，与蓄意危害公共安全的直接故意犯罪相比，主观恶性不是很深，人身危险性不是很大，应当有所区别；犯罪时处于严重醉酒状态，辨认和控制能力有所减弱；归案后认罪、悔罪态度较好，积极赔偿了被害方的经济损失，依法可从轻处罚。据此，于 2009 年 9 月 8 日判决被告人黎景全犯以危险方法危害公共安全罪，判处无期徒刑，剥夺政治权利终身。

[研习]

1. 交通肇事罪与以危险方法危害公共安全罪有何区别？
2. 本案中，黎景全先后两次撞人行为的性质应如何定性？
3. 黎景全行为时因严重醉酒，无辨识能力，为何还要承担刑事责任？

第三节 涉枪涉爆类犯罪

案例一：朱香海、王作明等非法买卖枪支案[1]

[案情]

被告人朱香海，原系当阳市水产供销公司经理。

1991 年 6 月，当阳水产公司经有关部门的批准，取得经营猎枪及其弹药的营业执照，系《中华人民共和国枪支管理法》（以下简称《枪支管理法》）实施前的湖北省猎枪定点销售单位。《枪支管理法》于 1996 年 10 月 1 日实施后，当阳水产公司虽向有关部门提出申请，但未取得继续经营猎枪的资格。

---

[1] 湖北省襄樊市中级人民法院艾军撰稿，最高人民法院刑二庭郭清国审编："朱香海、左正红等非法买卖枪支、贪污案——对于 1997 年刑法施行以后、司法解释公布施行以前实施的非法买卖枪支犯罪，是参照执行原有的司法解释还是适用新公布施行的司法解释？"【第 328 号】，载《刑事审判参考》总第 42 集。

1998年，当阳水产公司保卫科职工王作明在当阳市公安局乘工作人员不备，窃取了盖有公章但已作废的"枪支、弹药运输许可证"及"射击运动枪、猎枪、注射枪购买证"各一份。同年9月，被告人朱香海从王作明处要走上述购枪手续，准备做猎枪生意。

1998年9月29日至1999年12月14日，朱香海持"射击运动枪、猎枪、注射枪购买证"，以当阳水产公司的名义先后11次到湖南资江机械厂（当阳水产公司原业务关系单位）购买猎枪166支。除在运输途中被湖北省松滋市公安局查获14支外，均通过当阳水产公司渔猎用品商店卖给左正红和胡梗生（已死亡）等人。

1998年至1999年，左正红多次到当阳水产公司渔猎用品商店非法购买猎枪共计22支后非法销售。其中，卖给李元平6支，卖给邰清忠6支，卖给李国富1支，卖给罗开慧（另案处理）1支，卖给李志刚（已判刑）8支。同时，左正红还卖给朱延辉（另案处理）自制左轮手枪1支。

1999年5月，邰清忠经人介绍，从左正红处购买了1支五连发猎枪和5支猎枪，先后出售给郑昌国1支、刘铁链（已判刑）2支、赵从才（已判刑）2支。

1998年9月，张少波找李前勇帮忙购买1支猎枪。李前勇找李国富帮忙购买，李国富遂联系被告人左正红。谈定价格后，李国富即通知李前勇，李前勇将钱交给李国富，李国富又将钱交给左正红，购得五连发猎枪1支。尔后，李国富将枪交给了李前勇，李前勇又交给张少波。

[诉讼]

辩护：被告人朱香海的辩护人提出朱香海非法买卖枪支的行为属职务行为，对其应当适用《刑法》第126条的规定定罪量刑。经查，1996年4月29日以后，朱香海所在单位已没有经销枪支的资格，同时，朱香海非法买卖枪支的行为未经集体讨论决定，其也未将非法买卖枪支所得利润上交单位，属朱香海为谋取私利的个人行为，应当依照《刑法》第125条第1款的规定定罪量刑，故该辩护意见不能成立，不予采纳。

左正红等人的辩护人均提出对左正红等人应当适用最高人民法院在1995年9月20日颁布的《关于办理非法制造、买卖、运输非军用枪支、弹药刑事案件适用法律问题的解释》中的数量规定处罚。

一审判决：朱香海、左正红等人违反枪支管理规定买卖枪支，严重危害了公共安全，其行为均已构成非法买卖枪支罪。被告人朱香海非法买卖枪支166支，被告人左正红非法买卖枪支23支，被告人邰清忠非法买卖枪支6支，根据《关于适用刑事司法解释时间效力问题的规定》第1、2条的规定，对被告人左正红等人均应当适用最高人民法院在2001年5月10日公布实施的《关于审理非法制造、买卖、运输枪支、弹药、爆炸物等刑事案件具体应用法律若干问题的解释》中的数量规定处罚，故上述辩护人的辩护意见均不能成立，不予采纳。根据前述司法解释第2条第1项的规定，朱香海、左正红均属情节严重。于2002年10月25日判决：被告人朱香海犯非法买卖枪支罪,判处死刑,剥夺政治权利终身。被告人左正红犯非法买卖枪支罪,判处死刑,缓期2年执行,剥夺政治权利终身。

上诉:朱香海上诉称,经营猎枪是为本公司创收,并非为个人牟利,其违法经营枪支的行为应属单位犯罪;原判量刑过重。

二审判决:上诉人朱香海所在单位曾合法经营猎枪,在《枪支管理法》实施后,朱香海曾就经营猎枪一事向其主管上级汇报请求过,这一事实有时任当阳市水产局局长阮心泉的证言证明:1998年初,朱香海曾向他口头汇报想经销猎枪,他基本上是同意的,只是要求朱香海要把公安部门的审批手续办全后才能经营。朱香海经营猎枪虽无合法手续,但其凭此手续确实从湖南资江机械厂购买了枪支,且从湖南资江机械厂提取的猎枪销售备查登记表、猎枪销售管理登记表、猎枪销售发票等书证均可证明朱香海是以当阳水产公司的名义购买的。朱香海向外卖枪的地点为当阳水产公司渔猎用品商店,其对外公开营业,且在卖枪过程中也不止朱香海一个人经手,这一事实有当阳水产公司副经理兼会计郑耀凤证明。关于经营猎枪的账目问题,郑耀凤证明,朱香海在1998年和1999年经营猎枪时,公司虽没有有关枪支经营的账目,但有往来账,大体可以反映出枪支经营的款项。现有证据不能证明朱香海将犯罪所得据为己有。故朱香海上诉提出其非法买卖枪支的行为是单位犯罪的理由成立,予以确认。上诉人朱香海、左正红、邰清忠、李前勇和原审被告人张少波、李国富违反枪支管理规定非法买卖枪支,严重危害了公共安全,其行为均已构成非法买卖枪支罪。上诉人朱香海系当阳水产公司非法买卖枪支犯罪直接负责的主管人员,依法应承担刑事责任。判决:维持湖北省襄樊市中级人民法院刑事判决中对上诉人左正红等人犯非法买卖枪支罪的判决。上诉人朱香海犯非法买卖枪支罪,判处死刑,缓期2年执行,剥夺政治权利终身。

[研习]

1. 区分的单独犯罪与自然人犯罪关键在于何处?本案是单独犯罪还是自然人犯罪?理由为何?

2. 非法买卖枪支罪与违规销售枪支罪如何区分?本案涉案单位和个人是构成非法买卖枪支罪,还是违规销售枪支罪?

3. 王作明在当阳市公安局乘工作人员不备窃取了盖有公章但已作废的许可证和购买证的行为,如果单独评价,如何定性?可否构成盗窃国家机关公文、印章罪?

案例二:赵春华非法持有枪支案[1]

[案情]

2016年8月至10月,赵春华在天津市海河亲水平台摆设射击游艺摊位进行营利

---

[1] 天津市第一中级人民法院(2017)津01刑终41号刑事判决书。

活动。民警在巡查过程中，当场在赵春华经营的摊位上查获枪形物 9 支及疑似枪支弹夹 15 个及圆形塑料 BB 弹一罐等物，并依法将赵春华传唤到公安机关。经鉴定，现场查获的 9 支枪形物中的 6 支，为能正常发射、以压缩气体为动力的枪支。

[证据]

赵春华供述：其从他人处以 2000 元的价格接了 9 支枪及弹夹、气球等物品，用于摆摊经营射击气球生意，并自行购买了塑料子弹，于 2016 年 8 月开始，每天晚上 9 点至 12 点在天津市亲水平台附近摆设射击气球摊位。2016 年 10 月 12 日晚上，其在摆摊经营时被公安机关当场查获。

[诉讼]

一审判决：赵春华构成非法持有枪支罪，情节严重，判处有期徒刑 3 年 6 个月。

二审判决：考虑赵春华非法持有的枪支均刚刚达到枪支认定标准等因素，可酌情从宽处罚。改判赵春华构成非法持有枪支罪，判处有期徒刑 3 年，缓刑 3 年。

[研习]

1. 赵春华诉称：自己持有的是玩具枪而非真枪，没有非法持有枪支故意。二审判决指出："涉案枪支外形与制式枪支高度相似，以压缩气体为动力、能正常发射、具有一定致伤力和危险性，且不能通过正常途径购买获得，赵春华对此明知，其在此情况下擅自持有，即具备犯罪故意。至于枪形物致伤力的具体程度，不影响主观故意的成立。"对此，你怎么看？

2. 赵春华诉称：其行为不具有社会危害性。二审判决指出："枪支独有的特性使其具有高度危险性，因此《枪支管理法》明确规定'禁止任何单位或者个人违反法律规定持有……枪支'，非法持有枪支本身即具有刑事违法性和社会危害性。"对此，你怎么看？

3. 对于本案情形，有何新司法解释？

案例三：非遗传人杨风申非法制造爆炸物案[1]

[案情]

被告人杨风申被河北省文化厅命名为赵县五道古活会代表性传承人，2016 年 2 月 19 日，杨风申因该村过庙会，组织部分村民在杨家庄村杨广伟旧家居民区非法制造烟火药被举报。公安干警当场查获用于制造"梨花瓶"的烟火药 15 千克、梨花瓶成品 200 个（每个瓶内药量为 1.46 千克）以及其他原料和工具，经对查获的烟火药鉴定，该火药具有燃爆性。

赵县文化馆馆长证言，以往杨家庄村庙会每年都放焰火。我问杨风申今年如果还放，宣传部说央视《农广天地》要来，可以请来录个节目。

---

[1] 石家庄市中级人民法院（2017）冀 01 刑终 557 号刑事判决书。

[诉讼]

一审判决：构成非法制造爆炸物罪，情节严重。鉴于被告人制作烟火药不是为了出售谋利或者其他违法目的，而是为了举办"五道古火会"时进行燃放，主观恶性较小，只是由于文化水平不高，触犯了刑法。被告人认罪态度较好，犯罪时已满75周岁，应从轻、减轻处罚，判处有期徒刑4年6个月。

上诉：被告人以量刑过重上诉。

二审判决：考虑到杨风申作为非遗传承人，其制造烟火药是为了履行法定传承义务，为在庙会进行焰火表演，制造烟火药行为未造成实际危害后果，犯罪时已满75周岁以上等特殊情况，改判构成非法制造爆炸物罪，免于刑事处罚。

[研习]

1. 非法制造爆炸物罪"情节严重"的法定刑幅度？
2. "五道古火会"庙会焰火表演是非遗项目，是否阻却制作烟火（爆炸物）行为的非法性？
3. 本案被告人是否能够认识到行为的违法性？

案例四：天宝石材厂非法制造、买卖爆炸物案[1]

[案情]

被告单位天全县天宝石材厂。被告人刘天宝，系天全县天宝石材厂负责人。被告人高守荣，系天全县天宝石材厂管理人员。

被告人刘天宝于1994年开办天全县天宝石材厂，并于同年经天全县工商行政管理局核准取得了《企业法人营业执照》。之后刘天宝经营的石材厂相继在天全县大河乡龙打溪开办和承包了花岗石矿山，并于1995年经天全县公安局审批同意办理了《四川省爆炸物品购买、使用、储存许可证》。采矿期间，刘天宝得知多孔硝铵掺和燃料油混合制成多孔铵油炸药价格低廉、制造简单等信息后，于1998年9月至2000年9月，在川化公司购买8750千克多孔硝铵，由被告人高守荣负责管理和安排使用，其中5600千克经掺和适量柴油配制成多孔铵油炸药在自己矿山使用，另有2700千克经刘天宝同意，由高守荣经手以直接出卖配制好的多孔铵油炸药和分别以多孔硝铵及柴油价款现场配制方式制成多孔铵油炸药出卖给天全县的其他矿山老板，获赃款7290元。2001年1月3日，天宝石材厂取得《个人独资企业营业执照》。2001年3月10日，天全县公安局在本县抓获王崇智在天全天宝石材厂购买的多孔铵油炸药700千克而案发。案发后，被告人高守荣、刘天宝先后主动到公安机关供述本案的事实。

---

[1] 一审：四川省天全县人民法院（2001）天全刑初字第30号刑事判决书；二审：四川省雅安市中级人民法院（2001）雅刑终字第80号刑事判决书。

[证据]

有关 8750 千克多孔硝铵的情况：①检验报告证实，所提取的多孔硝铵不具备炸药的爆炸性能，多孔铵油炸药具有爆炸性能。②四川省公安厅原公治发（1993）40 号"关于同意推广应用多孔硝铵炸药新技术"的批复及证人杨青毓、廖明的证言证实了川化公司多年生产、销售多孔硝铵和四川省内广泛在矿山和改造中低产田地使用多孔铵油炸药新技术的基本情况。③公安部公治（1994）895 号"关于对关于明确将多孔硝铵纳入民爆物品管理的请示报告"的批复，说明了多孔硝铵是一种化学危险物品，本身不具有爆炸性，不宜列为民用爆炸物管理，但同时明确：多孔硝铵制作炸药极为容易，可制定有关地方管理法规，规定只能将产品供应民用爆破器材生产厂或组织出口，以避免流散社会被不法分子用来非法制造炸药。

[诉讼]

起诉：非法制造、买卖爆炸物罪。

一审判决：《民用爆炸物品安全管理条例》和《公安部关于印发爆炸物品名称的通知》已明确将铵油炸药列入，多孔硝铵虽未列入民用爆炸物管理，但经掺燃料油后制成多孔铵油炸药即具备炸药性质。被告单位天全县天宝石材厂为降低生产成本购买多孔硝铵后，违反法律规定，未经国家有关部门的批准和办理相关证照，私自加工、配制多孔铵油炸药自己使用和出售给他人使用，被告人刘天宝系该厂直接负责的主管人员，被告人高守荣系直接责任人员，均构成非法制造、买卖爆炸物罪，且属情节严重。认定刘天宝、高守荣有投案自首情节，鉴于本案的特殊原因，配制多孔铵油的目的、危害后果等，于 2001 年 8 月 24 日判决：被告单位天全县天宝石材厂犯非法制造、买卖爆炸物罪，判处罚金 2 万元（已交本院），违法所得赃款 7290 元予以追缴；被告人刘天宝犯非法制造、买卖爆炸物罪，判处有期徒刑 5 年；被告人高守荣犯非法制造、买卖爆炸物罪，判处有期徒刑 3 年。

上诉：被告人刘天宝的主要上诉理由是：①原审根据 1984 年公安部《关于印发爆炸物品名称的通知》明确将铵油炸药列入《民用爆炸物品安全管理条例》，而认为制造和销售多孔铵油炸药的行为应受《民用爆炸物品安全管理条例》规范，是没有任何法律依据的。因为，根据科学技术鉴定书，认定多孔硝铵是一种新科技成果，1992 年才开始生产和推广，难道公安部在 1984 年就预先知道有这种新科学技术，且公安部批复也明确答复"多孔硝铵不宜将其列为民爆物品管理"。所以至案发后，多孔硝铵仍然没有纳入民爆物的管理范围。为此，它不属于刑法意义上所指向的爆炸物品。②原审认定"天宝石材厂为降低成本购买多孔硝铵后，违反法律规定，未经国家有关部门的批准和办理相关证照，私自加工，配制多孔铵油炸药自己使用和出售给他人使用"，其认定无法律依据，因为依照上述文件，公安厅明确同意推广使用多孔硝铵，法律没有明确界定，所以使用是合法的，并且天宝石材厂事前已办理"三证"，在使用中从未发生过任何事故，也不具备社会危害性。故上诉人的行为不构成犯罪。

被告人高守荣上诉主要理由是：原审认定非法制造5600千克多孔铵油炸药的依据不充分；对销售的2700千克多孔铵油炸药的认定也违背客观事实；因为多孔硝铵掺和柴油并非《公安部关于印发爆炸物品名称的通知》所列的铵油炸药，既然没有规定，则不构成犯罪；公安厅批复同意推广使用，这项新技术即需现场配制使用，虽然规定到当地公安机关办理有关合法证件，但不能认定为办理生产许可证，原审无依据可证实被告人犯罪，原审采用推理方式从而错误引用法律，适用法律不当，请求依法改判上诉人无罪。

二审判决：上诉人刘天宝、高守荣、违反国家对爆炸物品的管理规定，在不具有公安机关颁发的《爆炸物品销售许可证》的情况下，私自将多孔铵油炸药2700千克违法出售给他人，其行为均已构成非法买卖爆炸物罪，天宝石材厂在非法出售多孔铵油炸药期间具有法人资格，且以单位名义实施危害社会的行为，依法已构成单位非法买卖爆炸物罪，应对单位判处罚金，对直接负责的主管人员刘天宝、直接责任人员高守荣处以刑罚。原审法院认定本案的基本事实清楚，诉讼程序合法，对单位犯罪的认定准确，判处罚金和追缴违法所得赃款的数额恰当，认定原审被告人刘天宝、高守荣构成非法买卖爆炸物罪，定罪准确，但认定二被告人的行为构成非法制造爆炸物罪，属情节严重，在适用法律上有错误，量刑不当。因为非法制造爆炸物罪是指违反规定，未经国家有关主管部门的许可，私自制造爆炸物的行为。根据本案事实，国家的主管部门即公安部门同意川化厂对多孔硝铵炸药新技术进行推广应用，并强调加强销售渠道的管理，但如何加强对销售、购买等渠道的管理并无明确的规定，也未对川化厂大规模生产的多孔硝铵进行禁产禁销，故不应属未经许可的范围；而依据有关部门对多孔硝铵的鉴定报告，川化公司的请示，省公安厅的批复，川化厂的产品说明书，多孔硝铵包装袋上的明示操作方法、购买手续，以及多孔硝铵与普通化肥的价差，可以断定川化厂直接销售的就是炸药；被告人刘天宝出于降低生产成本的动机，在具有公安机关颁发《爆炸物品购买、储存、使用许可证》的合法证件情况下，到川化厂购买多孔硝铵炸药，并因多孔硝铵炸药的性能，只能在现场掺和燃油配制成炸药用于矿山爆破使用，故不能被视为非法制造爆炸物的行为。且根据最高人民法院2001年9月17日法（2001）129号《对执行〈关于审理非法制造、买卖、运输枪支、弹药、爆炸物等刑事案件具体应用法律若干问题的解释〉有关问题的通知》第1条的规定："对于《解释》施行前，行为人因生产、生活所需非法制造、买卖、运输枪支、弹药、爆炸物没有造成严重社会危害，经教育确有悔改表现的，可以依照《刑法》第13条的规定，不作为犯罪处理。"故对二被告人及天宝石材厂配制、使用多孔硝铵的行为，不应以犯罪论处。鉴于对多孔铵油炸药的生产、销售、使用及管理等方面在客观上存在的具体原因，上诉人刘天宝、高守荣非法买卖爆炸物的数额为2700千克，且不属于因生产、生活所需而非法买卖，但按上述司法解释其数量不属情节严重，考虑二上诉人的主观动机、危害后果，案发后主动投案自首且积极交纳罚金等具有真诚悔罪的态度，且系初犯等法定和酌定从轻、减轻处罚情节,对其应适用减轻处罚。综合上述情节及二上诉人的一贯表现,对其适用缓刑亦不致再危害社会。对于二被告人及其辩护人所提部分上诉、辩护理由,依法应予采纳。遂于2001年10月25日判决:被告单位天全县天宝石材厂犯非法买卖爆炸物罪,判处罚金2万元(已交纳);追缴违法所得赃款7290元。上诉人(原审被告人)刘天宝,犯非法买卖爆炸物罪,判处有期徒刑1年,缓刑1年。上诉人(原审被告人)高守荣,犯非法买卖爆炸物罪,判处有期徒刑6个月,缓刑1年。

[研习]

1. 根据以上案情、证据、判决理由,本案所涉孔硝铵是否属于非法制造、买卖爆炸物罪中的"爆炸物"? 控辩审三方的观点和依据如何? 如何评价?

2. 如何理解"非法制造"? 控辩审三方的观点和依据如何? 如何评价?

3. 本案的争议焦点在于何处? 你认为应当如何认定?

4. 本案是否属于单位犯罪? 应当如何处罚?

第四节 重大责任事故类犯罪

案例一:上海静安区高楼火灾案[1]

[案情]

2010年6月初,时任静安区建设和交通委员会主任的高伟忠,接受上海佳艺建筑装饰工程公司原法定代表人、经理黄佩信的请求,违规决定静安区建设总公司承包静安胶州路教师公寓节能改造工程,并将该工程整体转包给不具备相应资质的佳艺公司,由时任静安建交委副主任姚亚明等人以违规招投标等方式具体落实。

此后,黄佩信与佳艺公司副经理马义镗又决定将工程拆分后再行分包。其中,脚手架搭设项目由没有资质的被告人支上邦、沈建丰经劳伟星同意,非法借用上海迪姆物业管理公司的资质承接。脚手架项目中的电焊作业又被交给不具备资质的沈建新承包,沈建新再委托马东启帮助招用无有效特种作业操作证的吴国略和王永亮等人从事电焊作业。

同年9月下旬,高伟忠在该工程没有进行项目申报、没有取得施工许可证及全部完成施工方案审批等情况下决定开工。静安建交委综合管理科周建民等积极执行该违规决定。

同年10月中旬,为赶工期,教师公寓项目执行经理沈大同在没有制定新的施工方案的情况下,提出搭设脚手架和喷涂外墙保温材料实行交叉施工,马义镗和现场总监理工程师张永新等人对此严重违规做法均未制止。

---

[1] 该案一审由上海市第二中级人民法院审理。

11月15日，支上邦在没有申请动火证的情况下，要求马东启完成胶州路728号10层脚手架增加斜撑的施工，安排电焊工吴国略及电焊辅助工王永亮在无灭火器及接火盆的情况下违规进行电焊作业。电焊溅落的金属熔融物引燃下方9层脚手架防护平台上堆积的聚氨酯材料碎块、碎屑，引发火灾，造成58人死亡、71人受伤等特别严重后果。

法院同时查明，2004年至2010年，高伟忠等人利用职务便利帮助他人承接工程等，收受贿赂。其中，高伟忠受贿12.1万余元；周建民受贿12.5万元。黄佩信、马义镑利用在国有企业中从事公务的职务便利帮助他人承接工程等，分别受贿62万余元和94万余元。

[诉讼]

判决：高伟忠、姚亚明等人滥用职权的行为，是造成特别重大火灾事故的重要原因之一。鉴于吴国略、王永亮有自首情节，且其违章作业与工程管理人员未有效落实安全生产管理措施、未进行安全教育、没有配备足够防火器材等有关，可依法减轻或免除处罚。据此判决：①静安区建设和交通委员会原主任高伟忠犯滥用职权罪、受贿罪，判处有期徒刑16年；静安区建设和交通委员会原副主任姚亚明，犯滥用职权罪，判处有期徒刑5年；静安区建设和交通委员会原综合管理科科长周建民，犯滥用职权罪、受贿罪，合并执行有期徒刑13年6个月；静安区建设和交通委员会原综合管理科经办人张权，犯滥用职权罪、受贿罪，合并执行有期徒刑13年6个月；上海金山区添益建材经营部负责人冯伟，犯受贿罪，判处有期徒刑11年。②上海佳艺建筑装饰工程公司原法定代表人、经理黄佩信，犯重大责任事故罪、受贿罪，合并执行有期徒刑16年；上海佳艺建筑装饰工程公司原副经理马义镑，犯重大责任事故罪、受贿罪，合并执行有期徒刑15年6个月；上海佳艺建筑装饰工程公司原项目经理沈大同，犯重大责任事故罪，判处有期徒刑5年；上海佳艺建筑装饰工程公司安全员陶忱，犯重大责任事故罪，判处有期徒刑3年6个月；上海静安区建设总公司原法定代表人、总经理董放，犯重大责任事故罪，判处有期徒刑5年；上海静安区建设总公司原副总经理瞿幼棣，犯重大责任事故罪，判处有期徒刑4年6个月；上海静安区建设总公司原副总经理周峥，犯重大责任事故罪，判处有期徒刑4年6个月；上海静安区建设总公司安全设备科科员曹磊，犯重大责任事故罪，判处有期徒刑2年；上海静安区建设总公司原技术质量科科长助理范玮民，犯重大责任事故罪，判处有期徒刑2年，缓刑3年；上海市静安建设工程监理有限公司监理张永新，犯重大责任事故罪，判处有期徒刑5年；上海市静安建设工程监理有限公司监理卫平儒，犯重大责任事故罪，判处有期徒刑2年。③杨为民犯行贿罪，判处有期徒刑5年；张利犯行贿罪，判处有期徒2年；姜建东犯单位行贿罪，判处有期徒刑2年。④支上邦（非法借用资质承接脚手架搭设项目）犯重大责任事故罪、行贿罪，合并执行有期徒刑6年；沈建丰（非法借用资质承接脚手架搭设项目）犯重大责任事故罪、行贿罪，合并执行有期徒刑5年；上海迪姆物业管理公司原法定代表人劳伟星，犯重大责任事故罪，判处有期徒刑3年6个月；⑤沈建新（承接电焊作业，不具备资质）犯重大责任事故罪，判处有期徒刑3年6个月；马东启（受委托招用无有效证件的电焊工等）犯重大责任事故罪，判处有期徒刑2年；吴国略（电焊工）犯重大责任事故罪，判处有期徒刑1年，缓刑2年；王永亮（电焊辅助工）犯重大责任事故罪，免予刑事处罚。

[研习]

1. 重大责任事故罪与失火罪有何区别？本案发生失火事故，应认定为重大责任事故罪，还是失火罪？

2. 本案发生火灾的直接原因有哪些？间接原因有哪些？重大责任事故罪现为自然人犯罪，各行为人应当如何承担责任？为何直接引发火灾的行为人得到轻判？是否符合罪刑相适应原则？

案例二：沈志明、曾小芳等危险物品肇事案[1]

[案情]

石岭鞭炮厂是石岭村的村办企业，1989年7月份办理了《爆炸物品安全生产许可证》。1990年11月份办理了《营业执照》，法人代表是被告人沈志明。1995年后，被告人沈志明与沈生林（在事故中死亡）合股承包经营该厂。他们将该厂的和硝间、加工间、爆竹成品、半成品和原材料存放间都安排在同一栋房屋的不同房间内。上栗撤区改县后，1998年2月份，上栗县公安局要求全县各鞭炮厂更换《爆炸物品安全生产许可证》，但石岭鞭炮厂一直未换证。上栗县公安局也未吊销其原有的《爆炸物品安全生产许可证》，其《营业执照》也未被工商行政管理部门吊销。石岭鞭炮厂向当地公安、工商等部门交纳了管理费用，也向税务部门交纳了税费。1998年10月份，上栗县乡镇企业局向石岭鞭炮厂颁发了《企业登记证书》。1998年9月22日，上栗县乡镇企业局、消防队、公安局、工商行政管理局4家对石岭鞭炮厂检查发现存在库存量大、人员集中、危险间太近等问题，要求该厂停产整改，但该厂并未停产进行有效整改。被告人黄伟与彭丽从事个体鞭炮销售业务，自1995年来，多次销售石岭鞭炮厂生产的鞭炮。

2000年2月下旬，被告人黄伟和沈志明去福建省南安市土产公司收账、联系业务，该公司业务员黄小春向两被告人提到是否生产"五彩炮"，后经协商，两被告人与该公司经理黄春拔、业务员黄小春达成口头协议，购销规格分别为20×44cm、15×39cm、12×3cm的"五彩炮"，在3月10日前先交一部分货，剩余部分在清明节前交清。两被告人回到萍乡后，被告人沈志明要沈生林试制。3月2日沈生林将6

---

[1] 最高人民法院中国应用法学研究所编：《人民法院案例选》2002年第1辑（总第39辑），人民法院出版社2002年版。

只"五彩炮"样品交给被告人黄伟,要其带到福建联系其他买主。3月4日,被告人沈志明和沈生林去湖南省浏阳市大瑶镇购买做"五彩炮"的纸张,被告人彭丽因有他事一同前往。被告人黄伟到福建后,与福建省晋江市土产公司的许坤口头协议购销一批"五彩炮",其规格和数量为:20×44cm 的40件、15×39cm 的20件、12×3cm 的10件、25×5cm 的40件。达成协议的当天,被告人黄伟电话告诉了沈生林。与此同时,沈生林在石岭鞭炮厂负责批量生产。后被告人黄伟电话告诉被告人彭丽,要她转告沈生林加紧生产,被告人彭丽便打电话告诉了沈生林。

被告人曾小芳系石岭鞭炮厂的收发员和安全生产领导小组成员。3月11日上午,在沈生林许诺以现金支付加工费的情况下,先后有86人来到石岭鞭炮厂做工,当时厂房内堆放有100多袋"五彩炮"成品、"大地红"鞭炮和其他一些爆竹半成品及一些原材料。因天下雨,沈生林同意前来做工的人在拥挤的厂房内加工,被告人曾小芳在场,未提出反对意见,并将爆竹半成品发给前来做工的人。上午9时30分许,因配药工李华(在事故中死亡)违反国家安全标准配药,在和硝时违反操作规程,摩擦起火引发爆炸,继而引起存放"五彩炮"和"大地红"鞭炮的大厅等四处发生爆炸,致使砖瓦结构的厂房倒塌,黄婷、沈红、张平、沈生林、李华等33人死亡,沈福强、罗清华、张根英3人重伤,胡桂芝、沈丹丹、曾小芳等8人轻伤,周兵、张三百2人轻微伤。经农业部烟花爆竹质量监督检验测试中心对现场勘查时提取型号为19.3×4.5cm 的"五彩炮"检验得出结论:单个含药量为12.64克,其中,氯酸钾含量为42.9%,摩擦感度为100%。单个装药量超过国家标准251.8倍。

3月11日上午,被告人沈志明、黄伟在从福建回萍乡的火车上得知石岭鞭炮厂发生了爆炸。被告人黄伟和被告人彭丽通了电话,了解了爆炸后的一些伤亡情况后,与被告人沈志明在新余下车,后两被告人又转车,于3月13日躲藏到被告人何金义在福建省龙海市租住的家中。到被告人何金义家后,两被告人告诉了何金义石岭鞭炮厂发生爆炸的事,并向何金义借钱要逃走。被告人何金义拿了1000元给沈志明,并和黄伟一起带沈志明去厦门市袁厝社26号其亲戚家躲藏。3月14日后,三被告人被抓获。被告人黄伟、沈志明3月13日躲在福建时,又与被告人彭丽通了电话,被告人沈志明要彭丽藏匿石岭鞭炮厂往来账本、《税务登记证》等,彭丽即与被告人黄志藏匿了以上物品。公安机关在3月14日讯问被告人彭丽时,彭丽没有说出被告人沈志明、黄伟的下落,3月18日公安机关第二次讯问被告人彭丽时,彭丽讲出了被告人沈志明、黄伟的下落。

[诉讼]

起诉:被告人沈志明、黄伟、彭丽犯非法制造爆炸物罪,被告人彭丽犯包庇罪,被告人曾小芳犯危险物品肇事罪,被告人何金义犯窝藏罪,被告人黄志犯包庇罪。

辩护:①被告人沈志明及其辩护人辩称,石岭鞭炮厂不是非法生产,而是有证生产,被告人沈志明不构成非法制造爆炸物罪,而只构成危险物品肇事罪。被告人沈志明认罪态度好,请求从轻处罚。其辩护人当庭提供了石岭鞭炮厂《爆炸物品安全生产许可证》《石岭鞭炮厂企业登记证书》《烟花爆竹产品质量检验合格证》等证据。②被告人黄伟、彭丽及其辩护人辩称，被告人黄伟、彭丽没有参与石岭鞭炮厂的大爆竹生产，他们是向石岭鞭炮厂购销爆竹，其行为不构成非法制造爆炸物罪。③被告人彭丽及其辩护人还辩称，被告人彭丽不是拒不交代沈志明、黄伟的下落，其藏匿的石岭鞭炮厂的《税务证》及往来账本不是罪证，被告人彭丽不构成包庇罪。④被告人曾小芳及其辩护人辩称，曾小芳只是石岭鞭炮厂的一名普通工人，不是厂安全生产领导小组成员，其行为不构成危险物品肇事罪。⑤被告人黄志及其辩护人提出，被告人黄志没有包庇罪犯的主观故意，未妨碍司法人员办案，其行为不构成包庇罪。⑥被告人何金义及其辩护人辩称，被告人何金义没有窝藏罪犯的故意，不构成窝藏罪。

判决：石岭鞭炮厂是在被告人沈志明、黄伟与福建南安、晋江土产公司口头达成购销"五彩炮"协议后，由被告人沈志明等人组织生产"五彩炮"的，被告人彭丽督促了石岭鞭炮厂加紧生产，三被告人主观上是为了履行销售"五彩炮"协议，并不具有生产爆炸物的故意。《刑法》第125条所规定的"爆炸物"是指军用或民用的具有爆破性、有较强的爆破力和杀伤力的物品，烟花爆竹虽属爆炸性物品，但其本质上是娱乐性用品，不是刑法意义上的"爆炸物"；"五彩炮"装药量虽然超过了国家安全标准，但仍属于不符合安全标准的娱乐用品，不能视为是"爆炸物"。石岭鞭炮厂自1986年3月开办以来，先后办有《爆炸物品安全生产许可证》和《营业执照》，虽然没有按规定换取新的证照，但该厂一直在缴纳各种规费，公安机关还为该厂核发了外销证、运输证等，有关部门也未吊销其原有证照，上栗县乡镇企业局还颁发了《企业登记证书》，因此认为该厂生产爆竹是"非法"的，与事实不符。公诉机关对被告人沈志明、黄伟、彭丽犯非法制造爆炸物罪的指控不能成立。被告人沈志明、黄伟、彭丽及其辩护人提出三被告人不构成非法制造爆炸物罪的辩护意见成立，予以采纳。

关于被告人沈志明的辩护人提出被告人沈志明构成危险物品肇事罪的辩护意见，该院认为，被告人沈志明作为石岭鞭炮厂的法人代表，违反生产、储存危险物品的管理规定，厂房布局不合理，危险间太近，将爆竹成品、半成品和原材料堆放在一起，库存量过大，生产工人过度集中，在有关部门通知停产整改后，仍不采取有效措施，造成严重的事故隐患；同时，在生产作业中疏忽安全管理规定，配药工李华违反国家安全标准配药，违反操作规程，而直接导致了重大事故的发生，后果特别严重。被告人沈志明对此应负主要责任，其行为构成危险物品肇事罪。辩护人的辩护意见成立，予以采纳。

关于被告人曾小芳及其辩护人提出被告人曾小芳不是厂安全生产领导小组成员、不构成危险物品肇事罪的辩护意见，该院认为，石岭鞭炮厂安全生产领导小组成员中有被告人曾小芳的名字，该厂将厂安全生产领导小组成员名单张贴于厂房内，被告人曾小芳是明知的，但未提出不同意见，应是厂安全生产领导小组成员，具有管理安全生产的职责。在沈生林违反规定让工人在拥挤的厂房内加工时，被告人曾小芳不但不制止，反而将爆竹半成品发放给工人加工，对本案特别严重后果的发生负有一定责任，其行为构成危险物品肇事罪。被告人曾小芳及其辩护人的此项辩护意见不能成立，不予采纳。

事故发生后，被告人彭丽虽然明知被告人沈志明的下落，未向司法机关及时提供，但她并未向司法机关作虚假证明，也未帮助被告人沈志明逃匿；她和被告人黄志一起藏匿的往来账本、《税务登记证》等物并不是被告人沈志明犯罪的罪证。被告人彭丽、黄志未虚构事实、隐藏罪犯，也未隐藏罪证，其行为不构成包庇罪。其辩护人的辩护意见成立，予以采纳。被告人何金义明知石岭鞭炮厂发生爆炸且后果特别严重后，还给钱资助被告人沈志明逃匿，并带被告人沈志明去其亲戚家躲藏，其行为构成窝藏罪。其辩护人提出被告人何金义不构成窝藏罪的辩护意见不能成立，不予采纳。

关于被告人黄伟行为的定性，该院认为，被告人黄伟明知被告人沈志明的石岭鞭炮厂发生爆炸，后果特别严重，还带被告人沈志明躲藏在被告人何金义家，又和何金义一起带被告人沈志明到厦门躲藏，其行为帮助了被告人沈志明逃匿，构成窝藏罪。

综上，被告人沈志明、曾小芳的行为均构成危险物品肇事罪。被告人沈志明在有关部门发现石岭鞭炮厂存在安全隐患，通知其停产整改的情况下，仍不采取有效措施，导致了本案的发生，应酌情从重处罚。被告人曾小芳犯罪情节较轻，认罪态度较好且处于哺乳期，可酌情从轻处罚。被告人黄伟、何金义共同帮助犯罪人逃匿，其行为均构成窝藏罪，被告人黄伟是主犯，被告人何金义是从犯，应依法惩处。被告人彭丽、黄志的行为不构成犯罪，应宣告无罪。遂于2000年7月24日作出判决如下：被告人沈志明犯危险物品肇事罪，判处有期徒刑7年。被告人曾小芳犯危险物品肇事罪，判处有期徒刑3年，缓刑3年。被告人黄伟犯窝藏罪，判处有期徒刑1年。被告人何金义犯窝藏罪，判处有期徒刑6个月。被告人彭丽无罪。被告人黄志无罪。

[研习]

1. （1）烟花爆竹是否属于刑法意义上的"爆炸物"？
   （2）本案是"非法生产"还是"违规生产"？
2. 本案是构成非法制造爆炸物罪，还是危险物品肇事罪、重大责任事故罪、过失爆炸罪、过失致人死亡罪？区别的要点在哪里？是单位犯罪还是自然人犯罪？
3. 黄伟、何金义、彭丽、黄志该当何罪？

第三章

侵犯财产罪

知识概要

《刑法》分则第五章"侵犯财产罪"是指故意攫取、挪用、毁坏公私财物,或者破坏生产经营、拒不支付劳动报酬的行为,共规定了13个罪名,按照行为性质,可分为攫取型犯罪(抢劫罪、抢夺罪、盗窃罪、诈骗罪、敲诈勒索罪、聚众哄抢罪)、侵占类犯罪(侵占罪、职务侵占罪)、毁坏破坏型犯罪(故意毁坏财物罪、破坏生产经营罪)、挪用型犯罪(挪用资金罪、挪用特定款物罪)、拒不给付类犯罪(拒不支付劳动报酬罪)。其中,攫取型犯罪、侵占类犯罪需行为人主观上具有非法占有的目的。本章罪名也是司法实务中多发常见的罪名,存在较多细节性的重点疑难问题。本教程着重解决主要问题有:①熟人间侵财案件中抢劫、盗窃、敲诈勒索的认定;②转化型抢劫罪的暴力程度;③侵犯财产性利益包括虚拟财产案件中抢劫罪、盗窃罪、职务侵占罪、诈骗罪的认定;④诈骗罪骗取行为与非法占有目的的认定;⑤盗窃罪与诈骗罪的界分;⑥职务侵占罪与盗窃罪、诈骗罪区别的意义;⑦造成他人财产损失案中故意毁坏财物罪、破坏生产经营罪的扩张适用。

第一节 抢劫罪、抢夺罪

一、《刑法》第263条之抢劫罪

案例一:被告人阮传贵强奸、抢劫案[1]

[案情]

2014年3月29日20时许,阮传贵骑摩托车行至某公路,发现赵某(女,已成

---

[1] 湖南省益阳市资阳区人民法院张伟撰稿:"被告人阮传贵强奸、抢劫案——强奸犯罪未遂与中止的具体认定,对抢劫犯罪中'使用暴力、胁迫手段'的理解与认定",载《刑事审判参考》总第103集。

年）在路边独自行走，遂意图强奸赵某。阮传贵将摩托车停在路边，快步赶上赵某，从赵某身后扯住其头发，将赵某甩倒在路边护坡下的水沟边，又用力将赵某头部按到水沟里致其呛水，后用手掐住赵某喉咙，强迫赵某脱下衣裤，欲与其发生性关系。阮传贵欲将生殖器插入赵某阴道时，赵某扭动身体反抗，阮传贵因紧张，生殖器未能完全勃起而未逞，遂强迫赵某为其实施口交。因当时公路上过往车辆较多，阮传贵害怕被发现，即骑摩托车挟持赵某欲到偏僻处继续实施强奸，转到某村级公路上行驶时，阮传贵因驾驶不慎，摩托车翻入路边水沟中，两人均摔晕。阮传贵先于赵某苏醒，发现自己左膝盖、左眉梢处均有轻微皮肤破损，赵某手脚处亦有轻微皮肤擦破，遂性欲全消，又考虑到强奸要受到惩处，于是叫醒赵某后强迫其给200元钱去治疗，后阮传贵独自离开。

[研习]
1. 阮传贵是否构成抢劫罪的"暴力、胁迫"？
2. 阮传贵是强奸未遂还是中止？

案例二：邹代明抢劫案[1]

[案情]
2000年6月下旬，邹代明携带美元13 000余元来到拉萨，在兑换美元过程中结识了马全忠。6月26日，邹代明以设立办公室为名，与拉萨市国贸大厦签订了租用该大厦211号房间的房屋租赁合同并支付了租金3000元。27日，邹代明购买了保险柜等办公物品摆放在其租用的房间内，并给房间安装了防盗门，同时指令他人将防盗门里边的门扣焊死，将房间里唯一的一扇窗户用砖头堵死。

6月30日下午，邹代明将马全忠带至其租用的房间内，声称该处是其办公地点，并与马全忠达成了兑换美元的口头协议。7月3日上午，邹代明电话约请马全忠携款至其租用的房间兑换1万美元后，又打开保险柜谎称自己尚有5万美元可供兑换，并询问马全忠是否愿意继续交易。马全忠表示同意，二人商定当日下午再行交易。当日下午2时30分许，邹代明指使张某某等人在国贸大厦附近，观察马全忠是否独自前来，并嘱咐张某某待马全忠上楼后，即雇辆出租车在大厦门前等候。之后，邹代明用电话通知马全忠前来交易。马全忠赶到国贸大厦211房间，将携带的17万元交给邹代明。邹代明把钱装入事先准备好的白色纸袋内后，佯装打开保险柜取美元时，迅速跑出房门，并将防盗门锁上。与在楼外等候的张某某等人一同乘出租车逃离现场。

---

[1] 周峰撰稿，南英审编："邹代明抢劫案——设置机关将他人禁闭起来以得逞劫财目的行为如何定性？"【第159号】，载《刑事审判参考》总第24集。

[诉讼]

一审判决：邹代明以非法占有为目的，将他人禁闭于其设置的房间内，使其丧失抗拒能力，进而占有他人财产的行为，已构成抢劫罪。判处有期徒刑5年，并处罚金1万元。

抗诉：邹代明抢劫数额巨大，原判量刑畸轻。

上诉：其并未实施暴力，仅是以欺骗方法骗取受害人的财物，故其行为只构成诈骗罪，而非抢劫罪。

二审判决：邹代明以非法占有为目的，有预谋地将作案地点的窗户封死及将防盗门里面的门扣焊死后，按照预定计划，采取将他人禁闭的手段，当场将他人财物劫走的行为，已构成抢劫罪，且抢劫数额巨大，依法应予严惩。检察机关提出原判量刑畸轻的抗诉意见正确，应予支持。判决被告人邹代明犯抢劫罪，判处有期徒刑12年，剥夺政治权利3年，并处罚金1万元。

[研习]

1. 设置机关将他人禁闭起来以达到劫财目的的行为可否认定为抢劫行为？抢劫行为的实质是什么？最低限度是什么？本案为何不认定为诈骗罪？

2. 如果本案案情是：被害人马全忠进入里屋后，一阵大风将房门吹得反锁，被告人邹代明遂临时起意不顾马全忠反对拿走财物，如何定罪？可否认定为抢劫罪？为什么？

案例三：陈桂清抢劫案[1]

[案情]

陈桂清与林琛华、朱文清经事先预谋后，于2004年12月27日11时许窜至某酒店守候，当柯联合欲进入轿车驾驶室时，陈桂清持匕首与朱文清将柯联合挟持在车后座后，由林琛华驾驶该车开往泉港区。途中，陈桂清及朱文清、林琛华强行搜走柯联合身上和车内的31 700元，又用纱布蒙住柯联合的眼睛后威逼柯打电话叫家人拿钱，柯联合被迫打电话向林荣契借款10万元并要林荣契送到泉州市第一医院。当天下午5时许，被告人陈桂清与林琛华、朱文清继续挟持被害人柯联合到指定的地点接款，柯联合在泉州市第一医院里喷水池边的人行道接到林荣契的10万元后将款交给被告人陈桂清和朱文清。尔后，被告人陈桂清及林琛华、朱文清将车钥匙交还柯联合并将柯放走，三人逃离现场进行分赃。案发后，公安机关从林琛华处追回现金1600元返还给被害人柯联合。

---

[1] 最高人民法院中国应用法学研究所编：《人民法院案例选》2007年第4辑（总第62辑），人民法院出版社2007年版。

[诉讼]

起诉：抢劫罪。

一审判决：陈桂清以非法占有为目的，伙同他人，采用暴力手段，劫取他人财物13万余元，其行为已构成抢劫罪，且抢劫数额巨大。判处无期徒刑，剥夺政治权利终身，并处没收个人全部财产。

上诉：陈桂清称：同案人林琛华、朱文清叫其去讨赌债，事前不知道要去抢劫，无预谋；没有殴打被害人，分赃少；归案后认罪态度好，原判量刑过重，请求从轻处罚。

二审裁定：驳回上诉，维持原判。

[研习]

1. 在学理上，抢劫罪与绑架罪如何区分？最关键区分在于何处？

2. 在客观上，本案陈桂清等是否实际实施了利用第三人对被绑架者安危和忧虑而索财的行为？有无证据证明其主观上有此意图？其目的应当认定为"意图向第三人勒赎"还是"意图向被绑者本人要钱"？应定何罪？

3. 第三人对被绑架者的被绑架情形知情，是否是成立绑架罪的必要要件？如果本案案情是：陈桂清挟持柯联合时，原本是想向其家属要钱，但柯联合偷偷骗家人说做生意需用钱。对于陈桂清的行为应当如何认定？

案例四：侯吉辉、匡家荣、何德权抢劫案[1]

[案情]

侯吉辉原曾在周陶敏的个体卖肉摊上打过工。2005年5月，侯吉辉碰到被告人匡家荣等人，在谈到如何出去搞钱时，侯吉辉提出周陶敏有钱，可以带他们去。5月下旬到无锡后，经商议决定由侯吉辉带匡家荣一起到周陶敏家肉摊上打工，以便利用打工期间与被害人一家同住一套房子的条件伺机动手。5月底，经摊主周陶敏同意，侯、匡二人住进了被害人租住的套房，并和与其二人同住一室、早于侯、匡二人20多天到周陶敏肉摊上打工的被告人何德权相识。其后，在侯、匡二人商议抢劫老板时，认为何德权与其同住，最好拉何入伙。后侯、匡二人分别对何讲，老板对伙计很抠，每天有1万多元的营业额，平时流动资金有三四万元，不如把老板绑起来把钱抢走，每人能分到1万多元，要何一起参加。何说：如果每人能分到10万、8万的，还可以搏一搏，你们这样不值得。后侯、匡二人继续做何的工作，何表示："你们干的事与我无关，最多我不去报警。"6月8日，三被告人中午下班回到住处

---

[1] 江苏省高级人民法院刑二庭高军撰稿，最高人民法院刑二庭苗有水审编："侯吉辉、匡家荣、何德权抢劫案——在明知他人抢劫的情况下，于暴力行为结束后参与共同搜取被害人财物的行为如何定罪量刑？"【第491号】，载《刑事审判参考》总第62集。

后，侯、匡二人认为老板这几日回安徽老家办事，时机已到，商量马上要对老板娘动手，何德权听后即离开，直到晚上8点左右才回住处。侯、匡二人因老板娘当日下午出去有事而在当日未及下手。

次日中午二被告人下班回到住处后，侯、匡二人认为再不动手，待老板回来就来不及了。午饭后，匡家荣在其住的房间内从床铺下抽出预先从打工摊位上拿回的剔骨刀，准备马上动手。侯、匡二人随即走入三人住的房间，侯吉辉在卫生间以窗帘拉不下来为由，诱使老板娘（俞彩凤）走到卫生间门口，匡家荣乘机从身后持刀架在老板娘的脖子上，并说：不要动，把钱拿出来。被害人见状大声呼救、反抗，侯吉辉为阻止其呼救，捂住被害人的嘴，并将被害人扑翻在地，而后坐在被害人身上继续捂嘴并卡住被害人的喉咙，匡家荣在冲进其住的房间拿出胶带纸捆绑被害人双腿被挣脱，被害人仍在大声呼救反抗的情况下，即持剔骨刀对被害人胸腹部、背部等处刺戳数刀，同时侯吉辉用被子捂住被害人的头部。致被害人俞彩凤当场死亡。何德权在房间内听到客厅中的打斗声渐小后走出房门，见状后何问侯、匡二人："你们把老板娘搞死了？"匡家荣随即叫何德权一起到老板娘房间去找钱。三人在被害人家中共找出1000余元。后匡家荣叫何德权和其一起将躺在卫生间门口的被害人的尸体拖拽了一下，三被告人分别将身上沾有血迹的衣服换掉后，携带以上赃款逃出被害人家。

2005年6月10日，侯吉辉、匡家荣、何德权因形迹可疑被公安机关盘问，侯吉辉、匡家荣如实供述了上述抢劫犯罪事实，后何德权亦作了供述。

[诉讼]

一审判决：匡家荣、何德权以非法占有为目的，共同抢劫他人财物，并致一人死亡，其行为均已构成抢劫罪，判处侯吉辉死刑，剥夺政治权利终身，并处没收个人全部财产；匡家荣犯抢劫罪，判处死刑，剥夺政治权利终身，并处没收个人全部财产；何德权犯抢劫罪，判处有期徒刑14年，剥夺政治权利4年，并处罚金5000元。

上诉：侯吉辉上诉及当庭辩解称：其在预谋抢劫时无杀人的故意，在实施抢劫的过程中，为阻止匡家荣持刀对被害人行凶，其右手曾被匡家荣所持之刀划伤。原判对其量刑过重，请求对其从轻处罚。何德权当庭的主要辩护意见为：其未同意也未参与侯、匡二人的抢劫行为，后参与在被害人家找钱的行为，系在匡家荣手持带血剔骨刀、其内心恐惧的情况下所为。

二审判决：对于侯吉辉及其辩护人就本案事实问题提出的上诉理由、当庭辩解和辩护意见，经查：①侯吉辉归案后始终供述其在抢劫过程中，曾因阻止匡家荣持剔骨刀捅被害人，而致其右手中指、无名指被划伤；原审被告人何德权在二审庭审中证明，其三人逃到杭州南站后，其曾听到侯吉辉埋怨匡家荣不该将被害人杀死；结合归案时侦查机关所摄侯吉辉的右手伤情照片，尚不能完全排除上诉人以上辩解事实存在的可能。②现有证据尚不能证明侯吉辉、匡家荣在预谋抢劫时有明确致被害人死亡的主观故意；但侯吉辉明知匡家荣持剔骨刀与其共同为抢劫而对被害人实施暴力过程中，在应当预见到被害人有被致死可能的情况下，为了排除妨碍、制止反抗而始终对被害人捂卡口喉，对匡家荣致被害人死亡的行为起到了配合帮助的作用，对被害人致死的后果负有重要责任。故辩护人关于被害人死亡的结果系出于侯吉辉意志以外原因的辩解与事实不符。

对于何德权的当庭辩解，经查：根据现有证据，侯吉辉、匡家荣二人为抢劫而以打工为名，到被害人家与何德权同住一室而相识后，曾多次拉拢何共同实施抢劫，何一直未明确允诺，且有躲避侯、匡二人的行为；本案抢劫行为实施前，何德权并未在侯、匡二人商量马上动手时有表态应允、接受分工的行为；在侯、匡二人以暴力行为致被害人死亡后，何德权应匡家荣的要求参与了在被害人家翻找财物的行为。据此，原判认定作案前何德权与侯、匡二人就抢劫多次进行预谋，并与侯、匡二人共同致被害人死亡的事实证据不足。原审被告人何德权在二审庭审中的辩解意见与事实基本相符，予以采纳。

侯吉辉、原审被告人匡家荣以非法占有为目的，共同预谋、携带凶器，当场实施暴力抢劫他人财物，并致一人死亡，已构成抢劫罪，且系共同犯罪。上诉人侯吉辉在共同犯罪中提起犯意，提供作案对象，积极预谋，在抢劫过程中积极实施对被害人的暴力行为，对被害人死亡的后果负有重要责任。但鉴于其在抢劫犯罪中实施的暴力行为并非被害人死亡的直接原因；案发后有自首行为；具有部分酌定从轻情节；案发后有认罪、悔罪表现等，故对其判处死刑可不立即执行。故侯吉辉的辩护人对侯吉辉的量刑情节及其量刑问题提出的意见成立，予以采纳。原审被告人匡家荣积极参与预谋，在抢劫犯罪过程中持剔骨刀对被害人捅刺多刀，致被害人死亡。其对本案被害人死亡的犯罪后果负有直接责任。其虽有犯罪后自首、检举同案犯共同犯罪事实的行为等从轻情节，但不足以对其从轻处罚。原判对其量刑并无不当。故匡家荣辩护人就匡家荣量刑情节提出的意见与事实相符，但就量刑问题提出的意见不予采纳。

何德权在明知侯、匡二人为抢劫而实施暴力并已致被害人死亡的情况下，应匡家荣的要求参与侯、匡二人共同非法占有被害人财物的行为，系在抢劫犯罪过程中的帮助行为，亦构成抢劫罪的共同犯罪，在共同犯罪中起辅助作用，系从犯。因其在被害人死亡前并无与侯、匡二人共同抢劫的主观故意和客观行为，故对其应适用一般抢劫罪予以处罚。鉴于何德权在本案抢劫犯罪中的从犯作用、被动参与犯罪且未实施抢劫犯罪中的暴力行为，主观恶性、人身危险性、社会危害性相对较轻等情节，对其应在法定量刑幅度内从轻处罚。

判决如下：匡家荣犯抢劫罪，判处死刑，剥夺政治权利终身，并处没收个人全部财产。侯吉辉犯抢劫罪，判处死刑，缓期2年执行，剥夺政治权利终身，并处没收个人全部财产；何德权犯抢劫罪，判处有期徒刑4年，并处罚金1000元。

[研习]

1. 一审法院与二审法院认定的案件事实的主要不同在于何处？依照一审认定事实，何德权是否构成抢劫罪共犯，是否应对被害人死亡承担刑事责任？

2. 按照二审认定事实，何德权是否构成抢劫罪共犯，是否应对被害人死亡承担刑事责任？是既遂还是未遂？理由为何？

3. 如果何德权事前表示不参加抢劫，只表示不会报案；事中也未参与搜索财物，只是事后参与了毁灭罪证，则对其行为如何认定？

案例五：王元帅、邵文喜抢劫、故意杀人案[1]

[案情]

2002年6月6日，王元帅主谋并纠集邵文喜预谋实施抢劫。当日10时许，二人携带事先准备好的橡胶锤、绳子等作案工具，骗租杨某某（女，29岁）驾驶的松花江牌小型客车。当车行至某村路段时，经王元帅示意，邵文喜用橡胶锤猛击杨某某头部数下，王元帅用手猛掐杨的颈部，致杨昏迷。二人抢得杨某某驾驶的汽车及手机1部、寻呼机1个等物品，共计价值42 000元。

王元帅与邵文喜见被害人杨某某昏迷不醒，遂谋划用挖坑掩埋的方法将杨某某杀死灭口。杨某某佯装昏迷，趁王元帅寻找作案工具，不在现场之机，哀求邵文喜放其逃走。邵文喜同意掩埋杨时挖浅坑、少埋土，并告知掩埋时将杨某某的脸朝下。王元帅返回后，邵文喜未将杨某某已清醒的情况告诉王。当日23时许，二人将杨某某运至北京市密云县金叵罗村朱家峪南山的土水渠处。邵文喜挖了一个浅坑，并向王元帅称其一人埋即可，便按与杨某某的事先约定将杨掩埋。王元帅、邵文喜离开后，杨某某爬出土坑获救。经鉴定，杨某某所受损伤为轻伤（上限）。

[诉讼]

一审判决：王元帅、邵文喜以非法占有为目的，使用暴力抢劫他人财物，均已构成抢劫罪；二人在结伙抢劫致被害人受伤后，为了灭口共同实施了将被害人掩埋的行为，均已构成故意杀人罪。二人虽然杀人未遂，但王元帅所犯罪行情节严重，社会危害性极大，不足以从轻处罚。考虑到邵文喜在故意杀人过程中的具体作用等情节，对其所犯故意杀人罪酌予从轻处罚。二人均系累犯，应当从重处罚。判决：被告人王元帅犯故意杀人罪，判处死刑，剥夺政治权利终身；犯抢劫罪，判处无期徒刑，剥夺政治权利终身，并处没收个人全部财产；决定执行死刑，剥夺政治权利终身，并处没收个人全部财产。被告人邵文喜犯故意杀人罪，判处无期徒刑，剥夺政治权利终身；犯抢劫罪，判处有期徒刑15年，剥夺政治权利3年，并处罚金3万

---

[1] 北京市高级人民法院刑一庭撰稿，南英审编："王元帅、邵文喜抢劫、故意杀人案——犯罪中止与犯罪未遂的区别？"【第242号】，载《刑事审判参考》总第32集。

元；决定执行无期徒刑，剥夺政治权利终身，并处罚金 3 万元。

上诉：一审宣判后，王元帅提出上诉。

二审判决：邵文喜的行为构成故意杀人罪的犯罪中止，应对其减轻处罚，故改判邵文喜犯故意杀人罪，判处有期徒刑 7 年，剥夺政治权利 1 年；犯抢劫罪，判处有期徒刑 15 年，剥夺政治权利 3 年，并处罚金 3 万元；决定执行有期徒刑 20 年，剥夺政治权利 4 年，并处罚金 3 万元；驳回王元帅的上诉，维持原判。

[研习]

1. 抢劫之后为灭口而杀人，认定为一罪还是数罪？
2. 邵文喜所犯故意杀人罪，是犯罪未遂，还是中止？王元帅对于此罪是犯罪未遂，还是中止？

案例六：秦红抢劫案[1]

[案情]

2007 年 8 月 14 日 10 时许，秦红（男）到唐从波家找他，见只有唐从波的母亲苏凤兰和两个小孩在家，便要求在其家中休息，苏凤兰答应了秦红的请求，秦红就到唐从波家卧室休息。后秦红趁苏凤兰外出之机，将其存放在枕头下的一部黑色直板手机揣进口袋。当秦红将从箱子里窃取的 1060 元现金清点完毕，正欲揣进自己口袋之时，被外出回来的苏凤兰发现并抓住，秦红用力强行挣脱，并在唐从波家堂屋捡起一根木棒并亮出一根带黑花点的布绳，对苏凤兰以进行殴打和捆绑相威胁，从而阻止苏凤兰的追赶，并将现金和手机拿走逃离现场。

[诉讼]

起诉：抢劫罪且属入户抢劫。

判决：抢劫罪，有期徒刑 5 年，并处罚金 3000 元。

[研习]

本案被告人的行为是否属于"入户抢劫"？

案例七：郭建良抢劫案[2]

[案情]

郭建良，曾先后因抢劫被判刑 11 年、因盗窃被判刑 7 个月。2013 年 8 月刑满释

---

[1] 最高人民法院刑四庭张剑撰稿、陆建红审编："韦猛抢劫案——被允许入户后临时起意盗窃，被发现后当场使用暴力的，能否认定'入户抢劫'？"【第 1180 号】，载《刑事审判参考》总第 109 集。

[2] 最高人民法院刑四庭罗勋、杨华撰稿，最高人民法院刑四庭陆建红审编："郭建良抢劫案——'抢劫致人死亡'的司法认定"【第 1183 号】，载《刑事审判参考》总第 109 集。

放,2015年1月31日,郭建良携带透明胶带、菜刀、帽子、口罩等工具乘车至某县城,伺机作案。当日中午,至一小巷见刘约华(女,殁年32岁)独自回家,即紧随其后,强行进入刘约华家中。刘约华见状呼救,郭建良持菜刀朝刘约华手部、头部砍击,用胶带捆绑刘约华的双手、双脚等部位,将刘约华背至二楼北卧置于床上,又用床上的秋衣、秋裤等再次捆绑刘约华的手脚,逼迫刘约华说出钱财存放地点。郭建良在二楼翻找财物未果后下楼欲继续翻找,与刘约华之弟刘松(被害人,时年24岁)相遇,郭建良持菜刀朝刘松手部、头部砍击。其间,刘约华在二楼窗户旁向邻居呼救时从窗口处坠落,致重度颅脑损伤死亡。郭建良威逼刘松进入卫生间,将刘松双手捆住后逃离。刘松被刀砍致头顶部裂伤及右手背、手指外伤,其损伤程度属轻微伤。

[诉讼]

起诉:抢劫罪。

辩护:被害人系坠楼身亡,郭建良抢劫行为没有因果关系,不是抢劫致人死亡。

一审判决:抢劫罪(致人死亡),判处死刑,剥夺政治权利终身,并处没收个人全部财产。理由:郭建良系累犯,多次犯罪被处罚后,不思悔改,仍在光天化日之下公然入户实施抢劫,致一人死亡,人身危险性极大,所犯罪行极其严重,无法定从轻、减轻情节,依法应当判处死刑。

上诉:不属于抢劫致人死亡,量刑过重。

二审裁定:驳回上诉维持原判,报请最高人民法院核准死刑。

死刑复核:最高人民法院经审理认为,被告人犯罪性质恶劣,具有入户抢劫、抢劫致人死亡的情节,且系累犯,主观恶性深,人身危险性大,应依法从重处罚。核准死刑判决。

[研习]

为何认定抢劫致人死亡?

案例八:王志国、肖建美抢劫案[1]

[案情]

2013年8月24日22时许,肖建美与王志国(有前科,曾因盗窃被判刑8个月、因抢劫被判刑3年6个月)在某广场旁边的树林里,假称是派出所的,着便装以抓嫖娼的名义向被害人赵某某索要钱款,否则将其送往派出所,在此期间,二被告人使用掐脖子、揪头发、拽胳膊等暴力手段,最终抢走赵某某现金230元和白色耳麦一副。2013年8月28日,赵某某在新容花园西门北侧找到王志国和肖建美,便追赶二

---

〔1〕河北省保定市中级人民法院郭宏伟撰稿,最高人民法院刑四庭陆建红审编:"王志国、肖建美抢劫案——'冒充军警人员抢劫'的认定"【第1184号】,载《刑事审判参考》总第109集。

被告人,并向公安机关报警,王志国被当场抓获。

[诉讼]

一审判决:抢劫罪,王志国系累犯判刑 11 年,并处罚金 5000 元;肖建美判刑 10 年,并处罚金 5000 元。

上诉:被告人肖建美上诉提出,其与王志国事先没有预谋,实施抢劫时只是口头宣称是警察,没有任何警察身份的标志,原判定性错误。

二审判决:二被告人只是口头称其是派出所的警察,被害人对二被告人身份产生怀疑并多次守候在案发地点,最终抓获二被告人,说明被害人并未相信二被告人是警察身份,如果认为二被告人属"冒充军警人员抢劫"的情形并施以刑罚,明显罪责刑不相适应,故对上诉人肖建美的该上诉理由予以采纳。据此改判:肖建美有期徒刑 6 年,并处罚金 5000 元;王志国有期徒刑 7 年,并处罚金 5000 元。

[研习]

1. 如何认定冒充军警人员抢劫?
2. 二审分别判处二被告人 6 年和 7 年有期徒刑,是否适当?

案例九:赵吉寿被控抢劫案[1]

[案情]

1994 年 2 月 23 日,赵吉寿纠集赵天栋、赵天林、赵天相、王中伟、田文国、陈代年、李春林、付文章、许长才、薛春乾、杨许基、闫洪福、卢生全、卢兵、殷达刚并雇用汽车,在赵家预谋后,赵吉寿带领赵天相、赵天林坐上汽车到达中杰村委会,赵吉寿找到库房保管员张应录以购买化肥为由,骗张打开了村大门和库房门锁,赵吉寿、赵天相、赵天林三人从库房内搬出 12 袋化肥装入车内,张应录和村副主任焦会邦察觉他们有抢劫化肥的企图,进行阻止并将库房暗锁锁上,赵吉寿与焦会邦发生争执,此时,赵天栋等 13 人已赶到村院内,赵吉寿唆使赵天栋安排王中伟、陈代年、田文国把守村委会大门,付文章、李春林、薛春乾把守值班室电话,隔绝与外面的联系,其余人员抢装化肥,焦会邦阻挡时被赵吉寿厮拉、拳捣,推倒在地。车装满后,张应录将大门锁上,赵吉寿用炉棍撬坏大门锁,焦先后两次抱住汽车保险杠,均被赵吉寿、赵天栋、赵天林拳打脚踢拉离汽车,赵吉寿等人将 246 袋价值 27 060 元的二铵化肥拉回赵家,破案后赃物被全部追回。行抢期间,与村委会一墙之隔的综合厂值班员张吉生看到赵吉寿等人的行为,便向村支书邹学兵报告,返回途中,高血压病复发,送往医院抢救过程中死亡。经法医鉴定:张吉生系情绪紧张,血压升高,造成脑溢血死亡;焦会邦经县医院诊断:中度脑震荡,胸、背部软组织挫伤,胁间神经挫伤,住院治疗 31 天,花去医疗费 2629.72 元。

---

[1] 甘肃省酒泉地区中级人民法院(1996)酒中刑再终字第 3 号刑事判决书。

[诉讼]

起诉：抢劫罪且数额巨大。

辩护：赵吉寿辩称，中杰村委会欠他石棉长期索要不还，拉扣化肥来抵顶石棉不构成犯罪。同时认为其一时气愤，采取了过激的举动，致伤他人是违法行为，是法制观念不强的表现。

一审判决：本案的发生虽与过去的经济纠纷有一定的关系，但本质上是有区别的，事实上是赵吉寿欠中杰村的款，村上欠赵吉寿的石棉。被告人赵吉寿得知村上进了代销化肥后，从找人找车到以购化肥为由，骗信库房保管员打开库房门锁起，特别是其他人员随后赶到后，赵唆使赵天栋安排人员守门看电话，并对焦会邦实施暴力行为，强行将化肥拉回家，从手段上实施了暴力，客观上抢得了公共财物，且抢劫的是春耕急需物资，行抢时致伤1人，造成间接死亡1人，其行为已构成抢劫罪。参与案件的其他人员，在赵吉寿的欺骗下，以帮忙为出发点，主观上没有非法占有的目的，是违法行为，但应承担民事赔偿责任。于1994年12月31日判决：赵吉寿犯抢劫罪，判处有期徒刑4年。其他被告人无罪。

上诉：赵吉寿及其二审辩护人称，村委会欠他的21吨石棉，挡扣246袋化肥来抵顶石棉债务，不构成犯罪。

二审裁定：赵吉寿借索要石棉不还，纠集多人以暴力手段，开车抢拉化肥的行为构成抢劫罪；赵吉寿等人抢劫的化肥虽在破案后被全部追回，已在抢劫中造成致伤1人、间接死亡1人的严重后果，一审确定对受害人的民事赔偿是适当的；村委会拖欠赵吉寿石棉一事，赵应通过合法程序诉讼解决，不能以暴力自行处置，否则法纪就无法维持。于1995年2月20日裁定驳回上诉，维持原判。

二审终审裁定宣告后，赵吉寿被送往执行机关服刑改造期间，又以定罪不当为由，多次申诉，请求复查纠正。1996年10月24日，法院决定对本案提起再审。

再审判决：赵吉寿因经济纠纷未如愿以偿，便采取非法手段，强行拉运化肥，以实现自己所谓的债权，被制止时致伤他人身体。因其不具有非法占有目的，故不构成抢劫罪，但其行为严重违法，原判定罪科刑不妥，民事赔偿适当，其申诉理由成立，予以采纳。理由是：①赵吉寿不具有抢劫和非法占有的目的；②赵吉寿主观上没有抢劫的故意，只因村委会拖欠石棉不还，找若干人拉扣化肥来抵顶自己的债权；③赵吉寿不学法，采取莽撞的非法手段，造成致伤1人、间接死亡1人的严重后果，实属严重违法，应报告有关部门给予行政处理。于1996年10月31日判决：赵吉寿无罪。

[研习]

1. 强抢化肥用以抵石棉的行为，客观上是否是抢劫他人占有财物的行为？对于行为对象化肥而言，赵吉寿主观有无占有（所有）目的？有无非法占有目的？非法占有目的是否必须包括财产增加或获利的因素？法院再审认为赵吉寿不构成抢劫罪的理由为何？

2. 是否存在其他理由,认定赵吉寿不构成抢劫罪?
3. 本案如果造成焦会邦轻伤结果,应当如何处理?
4. 张吉生的死亡与赵吉寿的行为有无刑法上的因果关系?

案例十:李俊伟故意伤害、抢劫案[1]

[案情]

1999年9月25日15时许,李俊伟及其弟李志强、王小龙(均在逃)在某出租房内,与江西籍青年范志军、范小永因伙食费问题双方发生争执,被告人李俊伟打了范志军一耳光,并将范志军摔倒在地,尔后分别与李志强持擀面杖猛击范志军头部,正在卧室内收拾行李的范小永见状后大声呼救,王小龙即冲入卧室手掐范小永的颈部、将范摔倒在地,并用衣物塞住范的嘴巴,被告人李俊伟又携擀面杖冲入范小永卧室猛击范的头部数下,将范小永打昏。此时,范志军欲逃出门外呼救,被李俊伟发现、拖回客厅并用擀面杖击打范志军头部,将范志军打昏。尔后,被告人李俊伟及李志强、王小龙用绳子、领带捆绑范志军、范小永的手脚,并用衣物堵塞二范的嘴巴,将二人拖入卧室内用席子盖住,并把地板上的血迹拖干净。被告人李俊伟及李志强、王小龙在收拾衣物时,在范志军、范小永的衣物中发现3500元,即当场携走范小永3500元、范志军密码箱、身份证等物,尔后逃离现场。经法医鉴定:范志军头部的损伤为重伤。

[诉讼]

起诉:李俊伟伙同他人故意伤害他人身体,致人重伤,并当场掳走他人财物,其行为构成故意伤害罪、抢劫罪。

辩护:李俊伟辩称,双方为伙食费问题发生争执后,是范志军先动手打人,事先并无犯罪故意,擀面杖是李志强拿给他的,自己只打伤范志军,并未打伤范小永,造成范志军重伤是范摔倒地后无意所致,其不是主犯,没有参与捆绑二范,所分得的钱是王小龙给的,并没有抢劫,过去供述是公安机关逼供所致,请求法院从宽判处。

一审判决:李俊伟目无国家法律,故意伤害他人身体,致人重伤,其行为构成故意伤害罪。公诉机关指控被告人李俊伟犯故意伤害罪成立,指控被告人李俊伟犯抢劫罪不成立,因李俊伟的行为不符合抢劫罪的构成要件。判决被告人李俊伟犯故意伤害罪,判处有期徒刑10年。

抗诉:一审判决改变定性,适用法律不当,导致量刑畸轻。李俊伟等对被害人实施伤害后,又对被害人实施捆绑、堵塞口腔。在被害人身体受到强力打击并被强

---

[1] 广西壮族自治区南宁市中级人民法院(2000)南市刑初字第25号刑事判决书;广西壮族自治区高级人民法院(2000)桂刑终字第127号刑事判决书。

制，处于不能反抗的状态下，李俊伟等人又临时起意，以非法占有为目的，将二被害人的钱物占为己有，基于被告人李俊伟等有故意伤害和非法占有他人财物的两个故意，同时也实施了这两种行为，且两种行为之间没有内在的牵连关系，故应分别构成故意伤害罪和抢劫罪。抗诉机关的上级人民检察院，即广西壮族自治区人民检察院在出庭履行职务时认为，李俊伟等对两被害人实施伤害后，在收拾衣物时，发现被害人范小永有3500元钱，即起盗心，把3500元窃走，其行为已构成了盗窃罪。李俊伟等人实施了故意伤害、秘密窃取两个行为，侵犯了他人健康、公私财产两个客体，分别构成故意伤害罪、盗窃罪。应依法予以数罪并罚。

二审判决：广西壮族自治区人民检察院在庭审中提出的，李俊伟的行为构成故意伤害罪和盗窃罪的意见正确，本院予以采纳。判决上诉人（原审被告人）李俊伟犯故意伤害罪，判处有期徒刑9年；犯盗窃罪，判处有期徒刑1年6个月，并处罚金3000元；决定执行有期徒刑10年，罚金3000元。

[研习]

1. 李俊伟在实施伤害行为时，有无取财的故意？在实施取财行为时，有无抢的行为？本案如何认定？

2. 如果李俊伟实施伤害行为之后，范志军、范小永未失去知觉，其当面取走钱财，如何认定？

二、转化型抢劫

案例一：杨飞飞、徐某抢劫案[1]

[案情]

2007年11月17日21时许，杨飞飞、徐某骑摩托车进入某自行车停车场内，窃走一电动自行车上的电瓶（价值150元），上海南站社保队员吴桂林发现后进行拦截。杨飞飞、徐某为抗拒抓捕，分别用大力钳、拳头对吴桂林实施殴打，杨飞飞挣脱吴的抓捕后逃逸，徐某在逃跑途中被抓获，遗留在现场的摩托车和电瓶被公安机关扣押。吴桂林的伤势经鉴定构成轻微伤。

[诉讼]

一审判决：杨飞飞、徐某盗窃他人财物，为抗拒抓捕而当场使用暴力，其行为构成抢劫罪。徐某犯罪时不满18周岁，依法应予减轻处罚。杨飞飞、徐某均表示认罪，并在亲属帮助下赔偿被害人的经济损失，依法可以酌情从轻处罚。判决：杨飞飞犯抢劫罪，判处有期徒刑3年，并处罚金3000元；被告人徐某犯抢劫罪，判处有

---

[1] 最高人民法院刑一庭赵俊甫撰稿，最高人民法院刑一庭薛淑兰审编："杨飞飞、徐某抢劫案——转化型抢劫犯罪是否存在未遂？"【第687号】，载《刑事审判参考》总第79集。

期徒刑 1 年 3 个月,并处罚金 1000 元。

上诉:杨飞飞、徐某及徐某的法定代理人均提出上诉。

二审判决:杨飞飞、徐某盗窃他人财物,为抗拒抓捕当场使用暴力,其行为已构成抢劫罪,且系未遂。原审法院对其犯罪的定性和认定的从轻处罚情节并无不当,但未认定本案的抢劫犯罪系未遂,应予纠正。维持原审法院对被告人杨飞飞、徐某定罪的判决,撤销对两名被告人量刑的判决,改判杨飞飞有期徒刑 2 年 10 个月,并处罚金 3000 元;改判徐某有期徒刑 1 年,并处罚金 1000 元。

[研习]

1. 抢劫罪的既遂标准为何?转化型抢劫有无未遂,与普通抢劫的既未遂判断有何不同?

2. 在本案中,如果电瓶价值数额较大:

(1) 如杨飞飞、徐某等当时未实施暴力而被抓捕,其所犯盗窃罪是否既遂?

(2) 如其已将电瓶拿出停车场后被发现,其实施的盗窃罪是既遂还是未遂?如果之后其又实施暴力,电瓶被追回,也未造成轻伤结果,其抢劫罪是既遂还是未遂?

案例二:张运堂抢劫、李均平盗窃案[1]

[案情]

1988 年 12 月 4 日晚 8 时许,张运堂、李均平伙同张进良(另案处理,已判刑)携带镰刀,乘道路堵车之机,扒窃某煤建公司车队巴建国驾驶的汽车拉运的白糖。张进良、张运堂先后上车扒货,李均平在下边捡拾赃物,共窃得白糖 6 袋,每袋 50 公斤。巴建国从后视镜上看见有人扒货,即下车查看,当场抓住了张运堂。张运堂为了脱身,用镰刀照巴建国的脸上砍了一下,将巴的面部划伤(经法医鉴定构成轻伤),同时张进良也捡起石头威胁巴建国及货主刘义。巴建国及刘义见此情形驾车离开现场,后在一报警点报了案。巴建国驾车走后,当张进良、张运堂、李均平搬运赃物时,张进良被公安人员当场抓获,张运堂、李均平逃跑。赃物 6 袋白糖被公安人员截获发还被害人。经确山县价格事务所评估鉴定,6 袋白糖价值 1200 元。李均平、张运堂逃跑后,分别于 1999 年 9 月 21 日和 1999 年 9 月 22 日到确山县公安局投案。但李均平投案后避重就轻,不如实交代犯罪事实。

[诉讼]

起诉:2000 年 4 月 13 日,起诉抢劫罪。

判决:张运堂以非法占有为目的,伙同他人犯盗窃罪,为抗拒抓捕而当场使用暴力,致被害人轻伤,其行为已构成抢劫罪。张运堂在共同盗窃中起主要作用,是

---

[1] 洪冰撰稿,李武清审编:"张某某抢劫、李某盗窃案——盗窃共同犯罪中部分共犯因为抗拒抓捕当场实施暴力转化为抢劫罪,其他共犯也随之转化?"【第 244 号】,载《刑事审判参考》总第 32 集。

主犯，应当按照其所参与的全部犯罪处罚；但在案发后能主动向公安机关投案，如实交代犯罪事实，符合自首的条件，可以从轻处罚。被告人李均平以非法占有为目的，伙同他人实施盗窃，积极参与搬运赃物，数额较大，其行为已构成盗窃罪。在共同扒车盗窃的过程中，李均平起辅助作用，是从犯，应当从轻处罚。在被害人抓住张运堂时，李均平没有对被害人实施暴力或以暴力相威胁。虽然证人刘义证明"他们三人用石头砸"，但无其他证据相印证。同案人张运堂、张进良的供述证实，当张运堂被抓而抗拒抓捕时，李均平并不在现场，而是在离现场六七十米远的地方搬运赃物，故李均平的行为不构成抢劫罪。公诉机关指控被告人李均平犯抢劫罪定性不当，应予纠正。李均平后来虽能主动向公安机关投案，但未能如实供述自己的罪行，不属于自首。判决被告人张运堂犯抢劫罪，判处有期徒刑5年，并处罚金1500元。被告人李均平犯盗窃罪，判处有期徒刑6个月，并处罚金1500元。

[研习]

1. 共同盗窃犯罪中，部分共犯因为抗拒抓捕当场实施暴力转化为抢劫罪，其他共犯是否也随之转化？理由为何？

2. 如果本案中三人盗窃的6袋白糖价值只有400元，则三人的行为如何认定？

3. 如果本案中张进良将巴建国砍成重伤，张运堂、李均平是否需对重伤结果承担（故意、过失）刑事责任？

案例三：董小春被控抢劫案[1]

[案情]

2006年4月14日13时许，董小春在某农贸市场"一元店"门口处，故意碰撞被害人焦娇，并乘机将其上衣兜内的1部手机（价值1120元）盗出。焦娇随即发现手机被盗，并与同伴王怡拽住董小春索要手机，董小春否认，王怡要打电话报警，董小春抡打王怡头部一下后欲逃跑，被周围群众当场抓获。

[诉讼]

起诉：抢劫罪。

一审判决：被告人以非法占有为目的，秘密窃取他人财物，数额较大，其行为已构成盗窃罪，应依法予以惩处。董小春在窃得手机被被害人发现后，虽有抡打王怡的情节，但情节轻微，尚不构成转化型抢劫，故公诉机关指控被告人董小春犯有抢劫罪的罪名不当，本院予以纠正。鉴于董小春盗窃未遂，并主动预缴罚金，认罪态度较好，故依法予以从轻处罚。故判决被告人董小春犯盗窃罪，判处罚金1000元。

抗诉：一审判决适用法律不当，量刑畸轻。北京市检察院第二分院的出庭意见

---

[1] 北京市平谷区人民法院（2006）平刑初字第00216号刑事判决书、北京市第二中级人民法院（2006）二中刑终字第1738号刑事判决书。

是：董小春的行为构成盗窃罪（既遂），且情节严重，建议二审法院予以改判。

二审：经审理查明：

1. 被害人焦娇的陈述证明：2006年4月14日13时许，其与同学王怡到平谷仿古大市场"一元店"买完东西要出去时，从外边进来一个小伙子（董小春）撞其身体右侧一下，其发现上衣右侧口袋的手机没了，就向那人要手机，那人说没拿并往外走，其拽住他的胳膊边走边要，王怡掏手机要报警，那人用手殴打王怡头部，将王怡头发打乱了。王怡见他要跑，就喊旁边的人帮忙，围观群众将他抓住，王怡从他手中抢回了手机。

2. 证人王怡的证言证明：2006年4月14日13时许，其和同学焦娇在平谷大市场西门东侧"一元店"门前站着，焦娇向一男子索要手机，那人说没有，然后往大市场门口走，焦娇拽着他跟着走，在大市场门里边，其和焦娇俩人拽着他，不让他走，他往门外跑，其喊抓小偷，这时过来很多人将他抓住，其将手机夺了过来。在大市场西门里边站着的时候，其跟那人要手机，他不给，其说要报警，那人用手打其头一下，然后就挣开往外跑。

3. 证人徐海旺的证言证明：当时其在仿古农贸市场西南门外的停车场，看见一个30多岁的男子从西南门出来，旁边跟着两个女孩子，双方边往大门西侧走，边争执什么，女孩拽着男子的胳膊，当走到距西南大门50多米时，女孩高声喊有人抢手机，让大家帮忙，其和20多人围过去，戴眼镜的女孩从男子手中抢回了手机，那名男子要跑，被大伙抓住打了一顿。

4. 证人王栢生的证言证明：2006年4月14日13时30分左右，其在仿古农贸市场西南门外的停车场，看见一个男子和两个小女孩从西南门出来，那男子被两个小女孩一人拽着一只胳膊，贴着门的右侧往西走，一小女孩喊有人抢手机，有20余人围了过去，那名男子要挣脱两个小女孩的手，大家围上去揍了他一顿。

5. 证人贾永华的证言证明：当时其在大市场巡逻，听说抓到一个抢手机的人，其赶过去将那名男子带到市场管理办公室，后警察赶到将那人带走。

6. 证人王启来的证言证明：其当时看到一个小伙子蹲在地上，两个小女孩说这个人偷了她们的手机，旁边围了好多人，有人打这小伙子，一个小女孩从小伙子手中抢过手机后就打电话报了警。

7. 原审被告人董小春的供述：2006年4月14日中午，其到平谷大市场，见到两个小姑娘正在"一元店"买东西，其中一个不戴眼镜的姑娘右上衣口袋里有一部手机，二人往外走到门口时，其迎上去用左肩膀撞了那个不戴眼镜的姑娘右肩一下，同时将手机从她口袋中掏了出来，转身走出五六步，那个不戴眼镜的姑娘跟其要手机，其说没拿，并继续往市场门口走，两个姑娘拽着其要手机，后戴眼镜的姑娘要报警，其用胳膊抢了她一下，具体抢到哪儿不清楚，其只想跑，这时戴眼镜的姑娘喊人，围上来许多人，其被带到市场办公室，后警察来了。

二审判决：董小春在实施盗窃后即被被害人发现，虽有抨打王怡的情节，但属情节轻微，尚不构成转化型抢劫罪，其行为符合盗窃罪的未遂构成要件。驳回抗诉，维持原判。

[研习]

1. 转化型抢劫中对暴力程度是否有所限定，在司法实务中，是否只要打了人，就认为有暴力？

2. 如果本案行为人本想在逃跑时冲撞被害人一下，结果不小心将其撞倒致死，如何认定？本案行为人本想将被害人打成轻伤后逃跑，结果未造成任何伤害结果，如何认定？判断暴力程度应当采客观标准，还是主观标准？

案例四：尹林军、任文军盗窃案[1]

[案情]

2012年11月12日10时许，尹林军、任文军撬开某住宅防盗门，窃取黄金手镯1只（价值9864元）、手表2块（价值1000元）和现金600元。其间，主人陈金林返回家中，发现了藏在室内的尹林军，遂抓住尹林军衣领将其推到墙上，打其脸部几拳致尹林军面部受伤流血。尹林军为尽快脱逃，在陈金林抓住其衣领不放的过程中，与陈金林从室内拉扯到四楼楼梯后摔倒，尹林军即将上衣脱掉，从二楼楼梯口的窗户翻出逃走，任文军在此过程中逃离。

[诉讼]

起诉：抢劫罪。

判决：盗窃罪，判处尹林军有期徒刑1年6个月，并处罚金6000元；判处任文军有期徒刑1年，并处罚金5000元。理由：被告人"没有实施暴力或者以暴力相威胁，其与被害人拉扯是被动地针对被害人的殴打及抓捕行为进行的抵抗、摆脱，不符合'转化型抢劫'的构成要件"。

[研习]

判决不成立抢劫罪的理由成立吗？

案例五：贺喜民抢劫案[2]

[案情]

2003年10月21日，贺喜民与同乡逢日亮（另行处理）在某麦当劳快餐厅内，

---

[1] 最高人民法院刑四庭杜军燕撰稿，陆建红审编："尹林军、任文军盗窃案——盗窃后为抗拒抓捕实施暴力程度不明显的摆脱行为，能否认定为'转化型抢劫'？"【第1186号】，载《刑事审判参考》总第109集。

[2] 上海市黄浦区人民法院朱铁军撰稿，党建军审编："贺喜民抢劫案——转化型抢劫罪之"当场"使用暴力，应当如何理解和把握？"【第300号】，载《刑事审判参考》总第38集。

趁正在用餐的潘海滨不备之机，从潘海滨挂在椅背上的夹克衫内侧口袋里窃取皮夹一只塞进自己的牛津包。随即离开麦当劳快餐厅，又至附近的新世界商厦地下一楼肯德基快餐厅内欲再次行窃未果。当其欲离开商厦时，早已跟踪伏击的两名公安执勤人员陈国宝、邢臻捷即上前抓捕，被告人贺喜民为抗拒抓捕，脚蹬抱住其双腿的陈国宝右眼部，同时从裤袋内掏出一把弹簧折刀，欲打开行凶。后被过路青年李一凡一拳击中脸部，震落其手中的弹簧刀。在众人协助下，被告人贺喜民被制服。

[诉讼]

起诉：抢劫罪。

辩护：贺喜民辩解称其不知陈国宝是公安人员；没有踢陈的眼睛；刀是从口袋内滑出来的，没有抗拒抓捕行为。其辩护人认为：被告人在麦当劳快餐厅内实施盗窃的过程已经结束；被告人在陈国宝等人没有表明身份的情况下对其抓捕时实施了一些行为，但不是抗拒抓捕，故被告人的行为构成盗窃罪，而不构成抢劫罪。

判决：贺喜民以非法占有为目的，趁人不备，在公共场所秘密窃取他人财物，数额较大，当公安执勤人员对其实施抓捕时，贺又当场使用暴力，抗拒抓捕，其行为符合转化型抢劫罪的法律特征，应以抢劫罪定罪处罚。关于对被告人实施抓捕的人是否是公安人员，并不影响被告人贺喜民抗拒抓捕转化为抢劫犯罪的性质。被告人贺喜民虽在麦当劳快餐厅盗窃结束，但其盗窃行为始终在公安执勤人员的监视控制之下，被告人盗窃得手后迅速离开麦当劳快餐厅继而转至相邻的肯德基快餐厅欲再行窃，应视为盗窃现场的延伸，当其盗窃未成欲离开时，被跟踪的公安执勤人员当场抓捕，被告人贺喜民此时持刀反抗，即为当场实施暴力，其行为性质亦由此发生转化。故判决被告人贺喜民犯抢劫罪，判处有期徒刑3年6个月，并处罚金4000元。

[研习]

1. 转化型抢劫前行盗窃、诈骗、抢夺罪可否是未遂？预备？

2. 转化型抢劫中的当场使用暴力中的"当场"如何理解？本案是整体两次盗窃动作一个盗窃行为都转化为抢劫罪，还是后一次盗窃转化为抢劫罪？如果本案案情是：贺喜民在麦当劳快餐厅盗窃结束未被发现，转战距离较远的肯德基快餐厅行窃时被发现而实施暴力，应当如何论罪？

3. 转化型抢劫的暴力对象可否是执行职务的公安人员？贺喜民有无认识到是公安人员，有无认识到是否在对其进行抓捕，是否影响转化型抢劫罪的成立？如果贺喜民误认为公安人员正在抓捕自己，实际上公安人员只是在进行日常巡视并无抓捕意图，而对其实施暴力，可否构成抢劫罪？

案例六：翟光强等抢劫案[1]

[案情]

2012年12月28日凌晨，胡丛建、孟祥友在某路口盗窃停在路边的王吉春大货车油箱内柴油时，被停在该路段南侧的大货车司机刘春风、刘光父子发现。刘春风、刘光下车后，胡丛建、孟祥友遂持斧子与刘春风、刘光打斗。胡丛建将刘春风左肘砍伤，致其轻微伤。后刘春风、刘光将孟祥友制服并绑在二人驾驶的大货车后侧。胡丛建逃跑，并打电话叫来张帅、翟光强、贾森、井中岩。井中岩驾车望风，翟光强、贾森、张帅各持斧子下车与王吉春、刘春风、刘光打斗，并将两辆大货车玻璃、大灯砸碎。后胡丛建驾驶轿车，从路西侧绿化带由西向东，冲撞两辆大货车之间的王吉春、刘春风、刘光。翟光强见王吉春跑过来，用斧子猛砍王吉春头部，致王吉春颅脑损伤，无效死亡。刘光也被殴打致轻微伤。后六名被告人驾驶两辆轿车逃离现场。胡丛建、孟祥友将抢来的175升柴油卖给他人，经鉴定价值1358元。后翟光强、胡丛建、贾森、孟祥友被抓获归案，张帅、井中岩自动投案。

[诉讼]

起诉：翟光强犯故意杀人罪，胡丛建、孟祥友犯抢劫罪、寻衅滋事罪，贾森、张帅、井中岩犯寻衅滋事罪。

判决：本案各被告人都构成抢劫罪，判处：翟光强死刑，缓期2年执行，剥夺政治权利终身，并处没收个人全部财产，限制减刑。胡丛建15年，剥夺政治权5年并处罚金200元。贾森有期徒刑14年，剥夺政治权4年，并处罚金2000元。张帅有期徒刑12年，剥夺政治权2年，并处罚金2000元。孟祥友有期徒刑5年，并处罚金2000元。井中岩判刑3年，缓刑5年，并处罚金2000元。

[研习]

1. 为何判决本案被告人都构成抢劫罪？
2. 本案哪些被告人应当对王吉春死亡结果承担罪责。

案例七：赵晓波、白海波盗窃后殴打更夫案[2]

[案情]

1995年2月2日，呼源林场汽车队司机任为民（在逃）与赵晓波、白海波合谋，要去山上红峰分场偷取柴油，并且商定如有人看管就给点钱，无人看管就偷。当日

---

[1] 最高人民法院刑四庭章晓瑜、河北省高级人民法院曹永校撰稿，最高人民法院刑四庭陆建红审编："翟光强等抢劫案——在他人实施盗窃为抗拒抓捕当场使用暴力的犯罪过程中加入其中的行为如何定性？"【1187号】，载《刑事审判参考》总第109集。

[2] 该案由黑龙江省大兴安岭地区呼中区人民法院审理。

上午9时许，由任为民驾驶自家的客货两用车，带着两只油桶，与赵、白两被告人一起上山。当他们来到红峰林场第10工组时，见该工组无人，便从油罐里偷放出2桶柴油，计360公斤。随后，任为民、白海波又到该工组车库内偷出电瓶一个、手动葫芦一个及修车工具十余件。所盗物品共计价值1760余元。

当三人驾车往回走，行至距10工组约三公里处，遇到更夫牛有才。原来牛有才在春节期间负责看点，闲着无事骑车到工组外面溜达，看到有车上山，便怀疑是来偷东西的，如果跟进去又怕挨打，就返回往山下走。牛见白为民等人的汽车过来，即靠路边停下自行车，汽车过去后，牛在雪地上记下车号，被汽车上的赵晓波发现。赵说："那人在后面记车号哩。"三人下车来到牛有才面前，任为民对牛说："我们在山上灌了两桶油，你就装没看见。"说着便将100元钱塞给牛有才。牛说："这钱我不能要。"赵晓波上前问："你在那写啥呢？"牛说："没写啥。"赵即指着地上说："这不是你记的车号吗？"说着便朝牛有才踢了一脚，打了一耳光，牛有才乘机逃脱，尔后三人开车离开。

[诉讼]

起诉：抢劫罪。

判决：赵晓波、白海波以非法占有为目的，盗窃呼源林场红峰分场第10工组的财物，数额较大，其行为均已构成盗窃罪，系共同犯罪，应依法惩处。两被告人在盗窃返回途中遇见更夫记其车号，赵晓波对更夫实施了暴力，但情节不严重，而且更夫只是怀疑他们盗窃，没有进行追捕，赵晓波殴打更夫也不是发生在盗窃现场或现场的延伸，因而两被告人的行为不构成抢劫罪。被告人赵晓波犯盗窃罪，判处有期徒刑1年，缓刑2年。被告人白海波犯盗窃罪，判处拘役4个月。

[研习]

本案法院不认为是转化型抢劫的理由为何？

案例八：杨辉、石磊等破坏电力设备案[1]

[案情]

2006年9月6日3时许，杨辉、翟保龙、卢世强、石磊、张华伟、井正龙、苏传新、姚强、苏超伙同他人，窜至某村牌坊附近盗剪电缆，见被害人梁昌庭、邝永贤等人驾车途经该处时，即持铁水管拦截，并将邝驾驶的汽车玻璃砸烂，剪得正在使用中的 BVV-240mm^2 铜芯电缆700米（价值155 750元）、BVV-120mm^2 铜芯电缆800米（价值88 472元），致35户居民停电65小时。

---

〔1〕最高人民法院刑三庭陈攀撰稿，最高人民法院刑三庭王新英审编："杨辉、石磊等破坏电力设备案——盗窃电力设备过程中，以暴力手段控制无抓捕意图的过往群众的不构成抢劫罪"【第575号】，载《刑事审判参考》总第70集。

2006年9月9日3时许，被告人杨辉、翟保龙、卢世强、石磊、张华伟、井正龙、苏传新、姚强伙同他人，窜至某镇某街附近盗剪电缆，见被害人邱大前驾摩托车途经该处时，即持铁水管殴打邱，并对闻讯出来的附近居民张广根进行控制和威胁，剪得正在使用中的 BVV－95mm² 铜芯电缆900米（价值79 614元），致120户居民停电10小时。

[诉讼]

一审判决：杨辉等人不仅盗剪正在使用中的电缆，还采取暴力手段控制过往群众，使之不敢反抗、报警，并强行劫取剪下的电缆，其行为同时符合破坏电力设备罪和抢劫罪的构成要件，属法条竞合，应遵循重法条优于轻法条的适用原则，结合本案事实，对相关被告人实施的该二起犯罪以抢劫罪定罪处罚。被告人杨辉犯抢劫罪，判处有期徒刑14年，剥夺政治权利4年，并处罚金10万元；犯破坏电力设备罪，判处有期徒刑13年，剥夺政治权利4年；决定执行有期徒刑20年，剥夺政治权利5年，并处罚金10万元。被告人石磊犯抢劫罪，判处有期徒刑13年，剥夺政治权利4年，并处罚金8万元；犯破坏电力设备罪，判处有期徒刑12年，剥夺政治权利3年；决定执行有期徒刑17年，剥夺政治权利5年，并处罚金8万元（其他被告人略）。

上诉：石磊及其辩护人提出：①被告人威吓、控制过往群众的目的是便于盗窃电缆，其行为属于"牵连犯"而非"法条竞合犯"；②抢劫罪与破坏电力设备罪的法定刑一致，原判认为抢劫罪重于破坏电力设备罪错误；③石磊只构成破坏电力设备罪。

二审判决：被告人石磊等人虽采取暴力手段控制过往群众，但殴打、威胁过往群众的目的是使盗剪电缆这一犯罪行为得以完成，并非为占有过往群众的随身财物，客观上也只实施了危害公共安全的行为。而抢劫罪是对公私财物的所有者、保管者或者守护者当场使用暴力、胁迫或者其他对人身强制的方法，立即抢走财物或者迫使被害人立即交出财物的行为。本案中，过往群众并非被剪电缆的所有者、保管者或守护者，故石磊等人的行为均应构成破坏电力设备罪，原判定性错误，应予纠正。上诉人石磊犯破坏电力设备罪，判处有期徒刑12年，剥夺政治权利3年。原审被告人杨辉犯破坏电力设备罪，判处有期徒刑13年，剥夺政治权利4年（其他被告人略）。

[研习]

1. 盗窃中对无抓捕意图的他人实施暴力，可否转化为抢劫罪？
2. 对于本案盗剪正在使用中电缆的行为，是法条竞合还是想象竞合、牵连犯？
3. 如果本案杨辉、石磊对阻止其盗剪电缆的群众实施暴力造成其轻伤，则认定罪数的思维顺序如何？

三、抢夺罪及其与抢劫罪的区分

案例一：郭学周故意伤害、抢夺案[1]

[案情]

2009年6月下旬，在某陶瓷厂务工的郭学周被辞退，郑铭才到该厂接替郭学周的工作。郭学周认为其被辞退系郑铭才从中作梗所致，对郑铭才怀恨在心，遂决意报复。2009年7月3日上午，郭学周携带菜刀一把，来到陶瓷厂附近路口守候。当郑铭才驾驶摩托车上班途经该路口时，郭学周上前质问郑铭才并向其索要"赔偿款"1万元遭拒，郭学周遂持刀将郑铭才的头部和手臂砍致轻伤。郑铭才被砍伤后弃车逃进陶瓷厂，郭学周持刀追赶未成，遂返回现场将郑铭才价值为4320元的摩托车骑走，后以1000元卖掉。具体情形为：被告人郭学周在持刀砍伤被害人后虽然持刀追赶"一小段路"，但随即放弃追赶。其停止追赶的地方与被害人逃入的平艺陶瓷厂相距100米左右，被害人进入工厂后即叫工友帮其报警，郭学周慑于被被害人工友追赶而折返，回到砍击现场后才临时起意将被害人摩托车开走。

[诉讼]

起诉：故意伤害罪、抢劫罪。

一审判决：郭学周的行为构成故意伤害罪、抢夺罪，依法应予数罪并罚。公诉机关指控的郭学周的行为构成故意伤害罪成立，但指控郭学周的行为构成抢劫罪定性不当，应予纠正。被告人郭学周犯故意伤害罪，判处有期徒刑2年；犯抢夺罪，判处有期徒刑1年6个月，并处罚金2000元；总和刑期3年6个月，决定执行有期徒刑3年6个月，并处罚金2000元。

抗诉：一审法院对郭学周的抢夺罪定性不准，适用法律错误。被告人郭学周在故意伤害被害人后，萌发开走其遗留在现场的摩托车的故意，其有非法占有他人财物的故意；郭学周先前对被害人的砍击行为及后来的持刀追砍行为，均已使被害人产生内心恐惧而不敢反抗，故见郭学周开走其摩托车也不敢追赶；郭学周是在被害人不敢反抗的情形下公然劫取摩托车，并非乘被害人不备抢夺财物，其行为不符合抢夺罪的构成要件，而符合抢劫罪的构成要件，故应对郭学周以故意伤害罪和抢劫罪二罪并罚。

辩护：①郭学周的行为不构成抢夺罪。郭学周因为害怕被害人及被害人的老乡追赶，为了早点逃离现场，才驾被害人的摩托车离开的，主观上并没有非法占有该车的目的，该行为不应认定为犯罪。②原审判决对郭学周的故意伤害罪量刑过重，

---

[1] 广东省潮州市中级人民法院江瑾、郭旭平撰稿，最高人民法院刑一庭汪鸿滨审编："郭学周故意伤害、抢夺案——实施故意伤害行为，被害人逃离后，行为人临时起意取走被害人遗留在现场的财物，如何定性？"【第683号】，载《刑事审判参考》总第79集。

请求二审法院从轻改判。

二审裁定：郭学周因持刀故意伤害他人身体，致一人轻伤；又以非法占有为目的，抢夺他人数额较大的财物，其行为分别构成故意伤害罪、抢夺罪，依法应予数罪并罚。抗诉机关所提的抗诉意见不能成立，不予采纳。上诉人及辩护人提出的上诉理由和辩护意见亦不能成立，不予采纳。裁定驳回抗诉、上诉，维持原判。

[研习]

对于郭学周实施的后一取财行为，为何法院认定为抢夺罪而非抢劫罪？

案例二：王平安强奸、抢夺案[1]

[案情]

2001年3月20日凌晨5时许，王平安持手电筒窜至某住宅外，用手电筒从窗户往屋内照，发现一妇女正在睡觉，就骗妇女李某某将门打开。被告人王平安进屋后见桌子上有一把菜刀，遂持刀胁迫李某某脱掉衣裤，强行与李发生了性关系，事后被告人王平安见枕头边有一传呼机抓起就跑，李某某赤身奋力追赶，被告人王平安被群众抓获。传呼机被追回已退还被害人。

[诉讼]

起诉：强奸罪、抢劫罪。

一审判决：王平安以持刀胁迫的方法，违背妇女意志，强行与之发生性关系，其行为已构成强奸罪。公诉机关指控被告人王平安犯抢劫罪的证据不足，指控的罪名不能成立。王平安犯强奸罪，判处有期徒刑8年。

抗诉：王平安以持刀威胁的手法，违背妇女意志强行与其发生性关系，其行为已构成强奸罪。被告人以非法占有为目的，以胁迫的方法夺走被害人的财物，因其意志以外的原因未能得逞，被告人的行为构成抢劫（未遂）罪。原判仅认定被告人犯强奸罪，不认定被告人犯抢劫罪，未数罪并罚，认定罪名及适用法律不当，量刑偏轻，判决错误。检察员在庭审中发表抗诉意见称，被告人王平安在强奸被害人之后，趁被害人惊魂未定、赤身裸体之时乘人之危抓起被害人的传呼机就跑，其行为构成抢劫罪。

二审裁定：被告人王平安发现被害人的传呼机后，拿着就跑，并未实施暴力、胁迫等手段，被害人赤身裸体在后面追赶，也无恐惧心理，被告人在被抓获过程中未使用暴力手段反抗，因此，被告人的行为构不成抢劫罪。被告人乘被害人不备，顺手牵羊拿走被害人的传呼机就跑，属抢夺行为。驳回抗诉，维持原判。

---

[1] 国家法官学院、中国人民大学法学院编：《中国审判案例要览（2002年刑事审判案例卷）》，中国人民大学出版社2003年版。

[研习]

对于王平安实施的后一抢财行为,为何法院认定为抢夺行为而非抢劫行为?《最高人民法院关于审理抢劫、抢夺刑事案件适用法律若干问题的意见》第8条规定:"行为人实施伤害、强奸等犯罪行为,在被害人未失去知觉,利用被害人不能反抗、不敢反抗的处境,临时起意劫取他人财物的,应以此前所实施的具体犯罪与抢劫罪实行数罪并罚。……"为何不适用此条?

案例三:王跃军、张晓勇抢劫、盗窃案[1]

[案情]

2001年5月10日晚10时许,王跃军、张晓勇经预谋,由王跃军驾驶摩托车搭载张晓勇,尾随骑自行车的女青年赵静至某路口处时,在车速较快的情况下,由被告人张晓勇用力抢夺赵静的右肩挎包,并加速逃离现场,将挎包抢走,致赵静当场摔倒,送医院抢救无效,因重度颅脑损伤死亡,被抢挎包内装有20余元、IC电话卡等物。

[诉讼]

一审判决:王跃军、张晓勇明知自己驾驶摩托车抢夺他人财物可能造成被害人伤亡,却放任结果的发生,致使被害人死亡,其行为构成故意杀人罪。王跃军、张晓勇为抢夺挎包,对被害人赵静伤亡的结果持放任态度,是间接故意犯罪,被害人赵静被害后死亡,应以故意杀人罪对王、张定罪处罚,二被告人的辩护人关于本案定性的辩护意见均缺乏法律依据,不予采纳。判决如下:①被告人王跃军犯故意杀人罪,判处死刑,剥夺政治权利终身;②被告人张晓勇犯故意杀人罪,判处死刑,剥夺政治权利终身。③被告人王跃军、张晓勇赔偿附带民事诉讼原告人经济损失48 151元。

上诉:王跃军辩护人辩称:①行为人主观上有非法占有公私财物的目的,客观上是乘人不备,实施了被害人不知反抗从而夺取被害人财物的行为,符合抢夺罪的法定特征;②对被害人的死亡主观上没有故意,是由于被告人过于自信的过失导致被害人死亡结果的发生;③对致被害人死亡的结果,超越了二人共谋的范围,不能构成共同犯罪,且被告人认罪态度好,应从轻处罚。

张晓勇辩护人辩称:①对被告人张晓勇的行为应定抢夺致人死亡罪;②被告人张晓勇在案发后能够主动交代自己的犯罪行为,在侦破此案中也能积极和公安机关配合,具有酌定可以从轻情节;③原判量刑过重。

二审判决:王跃军、张晓勇以非法占有他人财物为目的,其行为虽然是将强力

---

[1] 最高人民法院刑二庭牛克乾撰稿,最高人民法院刑二庭裴显鼎审编:"王跃军、张晓勇抢劫、盗窃案——'飞车行抢'刑事案件如何定性?"【第323号】,载《刑事审判参考》总第41集。

作用于被抢取的财物,但该强力可能会造成他人伤亡的结果,上诉人是明知的,且放任危害的结果发生,抢走被害人财物并致被害人死亡,既侵犯了被害人的人身权利,又侵犯了被害人的财产权利,已构成抢劫罪。被告人王跃军犯抢劫罪,判处无期徒刑,剥夺政治权利终身,并处罚金2000元。被告人张晓勇犯抢劫罪,判处无期徒刑,剥夺政治权利终身,并处罚金2000元。

[研习]

1. 关于飞车抢夺致人死亡如何定性,司法解释是如何规定的?
2. 本案是认定为抢夺罪还是抢劫罪(致人死亡),或者过失致人死亡罪、故意杀人罪?认定关键在于何处?

案例四:曾贤勇携带斧头抢夺案[1]

[案情]

2001年3月1日下午,曾贤勇携带斧头窜至某银行营业厅内,在罗某(女)拿出现金放在柜台准备办理存款业务时,将其现金计27 600元悉数抢走,欲逃跑时被群众于厅内当场抓获,并被搜出随身携带的斧头一把。

[诉讼]

起诉:抢劫罪。

辩护:辩护人提出,是抢夺,且系未遂,认罪态度好,建议对其从轻处罚。

一审判决:曾贤勇携带凶器抢夺他人财物,数额巨大,其行为已构成抢劫罪。公诉机关指控罪名成立,应予确认。辩护人关于被告人的犯罪行为应认定为抢夺罪的辩护意见,因《刑法》第267条第2款已有明确规定;关于系犯罪未遂辩护意见,因被告人曾贤勇系将被害人的钱抢劫后在逃匿的时候被抓获的,其犯罪行为已经实施完毕,故该两点辩护意见均不予采纳。被告人曾贤勇犯抢劫罪,判处死刑,剥夺政治权利终身,并处没收个人全部财产。

上诉:曾贤勇诉称"量刑过重"。其辩护人提出本案应定性为抢夺,一审量刑过重。

二审判决:一审认定上诉人曾贤勇于2001年3月1日下午携带斧头抢走储户资金27 600元的犯罪事实清楚、证据确实充分,依法予以确认。辩护人所提"定性应为抢夺"的辩护意见,因上诉人曾贤勇为实施犯罪而携带斧头进行抢夺,依照《刑法》第267条第2款及《关于审理抢劫案件具体应用法律若干问题的解释》第6条之规定,其行为应以抢劫罪定罪处罚。辩护意见于法无据,不予采纳。上诉人曾贤勇携带凶器进入金融机构劫夺储户资金,数额巨大,其行为已构成抢劫罪。鉴于上

---

[1] 陈文全撰稿,韩维中审编:"曾贤勇抢劫案——携带凶器在银行营业大厅抢夺储户现金行为的法律适用?"【第190号】,载《刑事审判参考》总第27集。

诉人曾贤勇在犯罪中对被害人的人身未造成任何伤害，在抓捕时没有持械反抗，本案尚未造成严重后果，根据罪刑相适应原则，原判量刑过重。故上诉人曾贤勇及其辩护人所提"量刑过重"的上诉理由及辩护意见成立，本院予以采纳。上诉人（原审被告人）曾贤勇犯抢劫罪，判处无期徒刑，剥夺政治权利终身，并处没收个人全部财产。

［研习］

1. 本案中的斧头是否属于凶器？曾贤勇应被认定为何种罪名？
2. 本案是否属于抢劫银行或者其他金融机构？
3. 本案是犯罪既遂还是未遂？

四、抢劫与寻衅滋事罪的区分

案例一：霍某某等强拿硬要财物案[1]

［案情］

2003年10月1日白天，霍某某、展某某、王某德、刘某、王某国在一起密谋，霍某某提出假扮残疾人上旅客列车找旅客讨要钱财，众人均表示同意。当晚12时许，霍某某、展某某各拄一根木质拐杖，假装成残疾人，与王某德、刘某、王某国一起上车后，按事前分工，由王某国到加2号与加1号车厢的连接处望风，其余4人在车厢内。首先由霍某某大声喊话，惊醒了部分已入睡的旅客，随后王某德向旅客继续喊话，喊话中有"我们杀过人、坐过牢""如不给钱，有你好看""把你的行李扔下去"等内容。然后，4人一起对旅客唱歌，边唱歌边分别向旅客要钱，车厢内部分旅客被迫给了4人数量不等的财物。喊话要钱的过程中，众旅客均听到了霍某某等人用拐杖跺击车厢地板发出的声音。得手后，4人在车厢的连接处将所索要的钱款交给王某国。接着，5人又用同样的方法向加1号车厢的旅客索要钱财，前后共得赃款600余元。当列车到株洲火车站停车时，5人下车离开现场。

［诉讼］

起诉：抢劫罪。

一审判决：被告人霍某某、展某某二人伪装成残疾人，在深夜成帮结伙窜上旅客列车，并以乞讨为名，针对不特定的众多旅客，采用高声喊话、语言恐吓的手段，使旅客普遍产生恐慌情绪和不安心理，进而连续向众多乘车旅客强拿硬要财物，引起公愤，造成恶劣的社会影响，严重危害旅客列车的公共秩序，情节严重，其行为均构成寻衅滋事罪。霍某某、展某某、王某德、刘某犯寻衅滋事罪，各判处有期徒刑2年；王某国犯寻衅滋事罪，判处有期徒刑1年6个月。

---

[1] 该案一审由长沙铁路运输法院审理，二审由广州铁路运输中级法院审理。

抗诉：原审判决定性不准、适用法律不当、量刑畸轻。

二审判决：五名原审被告人在作案之前早有预谋，在主观方面，其上车的目的就是为了通过非法手段获取钱财，非法侵害他人的财产权利；客观方面，五人刻意选择旅客列车作为目标，利用夜色已深、旅客疲劳、熟睡，又处于孤立无援境地的状况，依仗人数上的优势，以自己曾经杀人、坐牢的言语威胁旅客，使旅客产生心理上的恐惧，为免受人身伤害而被迫交出钱财，或者直接从旅客手中夺取钱财，他们的行为同时侵犯了旅客的人身权利和财产权利，完全符合抢劫罪的客观构成要件。五名原审被告人在主观方面并非向社会进行有意识的挑衅；客观方面除现金外，对其他财物并未触动，与寻衅滋事无理挑起事端，破坏社会秩序的客观要件不相符合。霍某某犯抢劫罪，判处有期徒刑10年，剥夺政治权利3年，并处罚金3000元。展某某犯抢劫罪，判处有期徒刑4年，并处罚金1000元。王某德犯抢劫罪，判处有期徒刑3年6个月，并处罚金1000元。刘某犯抢劫罪，判处有期徒刑3年，并处罚金1000元。王某国犯抢劫罪，判处有期徒刑2年，并处罚金1000元。

[研习]

1. 通常抢劫罪与寻衅滋事罪如何进行区分？在客观上，抢劫行为与寻衅滋事行为有无区分？

2. 本案涉案行为人是构成抢劫罪还是寻衅滋事罪？认定难点存在何处？认定关键在于何处？

案例二：李某甲等寻衅滋事案[1]

[案情]

2011年9月14日13时许，李某甲、李某乙、王某某三人经事先预谋，在育才路红绿灯处将准备上学的某中学学生杨某某拉进附近一巷子内，以威胁、恐吓的方式逼迫杨某某掏出现金（以下币种同）5元给李某甲，后三名被告人又从杨某某身上搜得现金43元后逃离现场。

2011年9月15日21时许，李某甲、李某乙、王某某在某县供暖公司公路边将放学回家的某中学学生李某某拉至供暖公司门房东侧，以威胁、恐吓的方式抢得现金5元。

2011年9月21日21时许，李某甲、李某乙、王某某在育才路红绿灯处，王某某持匕首将放学回家途经该处的某中学学生姜某某胁迫至旁边一巷子，以殴打、恐吓的方式逼迫姜某某将身上现金22.5元掏出交给了李某乙。

李某甲、李某乙、王某某等人以上述方式强拿硬要他人钱财7起，得赃款

---

〔1〕 最高人民法院刑一庭肖凤撰稿、冉容审编："李某甲等寻衅滋事案——未成年人多次强取其他未成年人少量财物的案件如何处理？"【第1002号】，载《刑事审判参考》总第98集。

158.50元；其中李某甲、李某乙参与作案7起，得赃款158.50元；王某某参与作案5起，得赃款76.50元。

[诉讼]

判决：李某甲、李某乙、王某某为寻求精神刺激，采用暴力、胁迫等方法，以大欺小，以强凌弱，多次强拿硬要学生钱财，破坏社会秩序，其行为均构成寻衅滋事罪。各被告人在共同犯罪中所起的作用相当且犯罪时均不满18周岁。均可以从轻处罚。分别判处有期徒刑如下：李某甲有期徒刑1年。李某乙1年，王某某10个月。

[研习]

1. 本案被告人多次拦截强取财物，有时持刀胁迫，是否属于常见的抢劫手段？
2. 本案认定为寻衅滋事罪的依据为何？

案例三：亢红昌抢夺案[1]

[案情]

2000年11月30日夜12时许，亢红昌与同在某建筑工地打工的牛艳清、牛长清、朱小胖（3人均在逃）酒后回工地时，见王某某一人在前边行走。朱艳清即提出一起殴打该人取乐，其他人表示同意。几人即上去从背后将王某某打翻在地。亢红昌走上前来正准备用脚踢倒地的王某某时恰巧绊倒，无意间碰到王某某腰间的手机。亢红昌乘机从王某腰间夺下手机起身便跑，后被王某某带人追上并将其抓获。该手机价值1750元。

[诉讼]

一审判决：亢红昌伙同他人酒后滋事，无故殴打行人后见财起意，趁被害人被打倒不备之机，公然夺取被害人的手机后逃跑，其行为已构成抢夺罪。公诉机关指控的犯罪事实清楚、证据确实充分，但定性不当，应予纠正。遂以抢夺罪判处亢红昌有期徒刑1年，并处罚金1000元。

抗诉：亢红昌使用暴力，劫取他人财物，其行为应构成抢劫罪，原判定性不准，量刑不当。

二审裁定：亢红昌伙同他人酒后寻衅滋事，无故殴打行人王某后，又见财临时起意，趁王某被打倒在地之机，公然夺取王的手机后逃跑，其行为构成抢夺罪。铁西区人民检察院抗诉认为原审被告人亢红昌的行为应定抢劫罪，经查，根据现有证据，不能证实亢红昌与牛艳清等人无故殴打王某是为了劫取钱财，且被害人王某证言也表明亢红昌等人对其殴打时没有向其索要财物，故亢红昌等人酒后无故殴打他人属寻衅滋事行为。亢红昌绊倒后无意间发现王某腰间佩有手机，其临时见财起意，

---

[1] 安阳市铁西区人民法院赵新杰撰稿，李燕明审编："亢红昌抢劫案——无故殴打他人后临时起意乘机夺财的行为应如何定罪？"【第203号】，载《刑事审判参考》总第28集。

夺下手机逃跑。王某的证言表明，当其手机被抢时，没有人为阻拦其追回手机而对其进行殴打。在王某等人追赶并抓获亢红昌的整个过程中，亢及其同伙没有为抗拒抓捕而实施暴力或以暴力相威胁。亢红昌等人先行实施的寻衅滋事、无故殴打王某的行为，并非亢红昌劫取财物的手段，后行取财时，也无采用暴力或威胁手段来达到非法强行占有财物的目的，只是趁被害人王某被打倒在地之机，公然夺走王的手机，不符合抢劫罪的特征。铁西区人民检察院的抗诉理由不能成立，不予采纳。驳回抗诉，维持原判。

[研习]

1. 本案中，亢红昌对被害人实施暴力时，其主观目的为何？是否可将该暴力行为认定为抢劫行为中的"抢"的行为？
2. 本案如何定性？

第二节　敲诈勒索罪

一、威胁、恐吓、要挟的手段

案例一：熊志华等人捉奸之后索取财物案[1]

[案情]

2001年1月27日下午，熊志华跟踪其妻子熊某至本市某宾馆大厦内，见其妻熊某在服务台办理房间登记入住手续，便立即打电话约其兄，并由其兄又邀约"民子"、"宝宝"等三人赶往该宾馆门口会合。五人会面后，即一起闯入该宾馆607房间，发现熊某正和张某某在一起，即对张某某一通拳打脚踢，经鉴定，张某某的损伤程度为轻微伤甲级。之后，熊志华责问张某某如何解决此事，张某某表示不知熊某已婚，并提出给熊志华2万元了结此事。熊志华则表示要了结此事，张某某至少得拿出10万元，威胁张某某立即打电话去筹钱，并强迫张某某当场写下10万元的欠条。张某某只得打电话给朋友黄某某，以自己急需钱用为由，让黄某某送4.5万元到朋友陈某处再转交给被告人熊志华。嗣后，在熊志华的安排下，由熊志华之兄与"民子"等人将张某某带往江西耐火材料厂附近的一房屋内看押，由"宝宝"前往陈某处取走4.5万元。由于张某某的朋友报案，熊志华被抓获，张某某被放回，其他同案人潜逃。

[诉讼]

起诉：绑架罪。

---

〔1〕江西南昌市中级人民法院刘艺军撰稿，李燕明审编："熊志华绑架案——如何准确区分敲诈勒索罪与犯劫罪、绑架罪的界限？"【第155号】，载《刑事审判参考》总第24集。

一审判决：熊志华伙同他人使用暴力、胁迫的手段，劫得他人现金4.5万元，其行为已构成抢劫罪，且数额巨大。公诉机关指控被告人熊志华的犯罪事实清楚，证据确凿、充分，但指控的罪名不当。被告人熊志华犯抢劫罪，判处有期徒刑11年，并处罚金11 000元，剥夺政治权利2年。

上诉：熊志华以原判定性不准、量刑过重为由提出上诉。

二审判决：熊志华以非法占有为目的，采取威胁、要挟的手段，强行向他人索要钱财10万元，实际索得4.5万元。其行为已构成敲诈勒索罪，且数额巨大。上诉人及其辩护人提出的熊志华的行为不构成抢劫罪而构成敲诈勒索罪的辩解和辩护意见，合乎本案事实及法律规定，予以采纳。原判以抢劫罪对熊志华定罪量刑不当。改判熊志华犯敲诈勒索罪，处有期徒刑5年。

[研习]

1.（1）以索债为目的而扣押、拘禁他人的非法拘禁罪，与敲诈勒索罪和勒索型绑架罪有何区别？

（2）本案可否认定为非法拘禁罪？

（3）如熊志华辩驳称给钱是张某某主动提出的，其无非法占有目的，如何认定此情节？

2. 敲诈勒索罪与勒索型绑架罪的主要区别在于何处？本案熊志华等人通过第三人获取钱款，其行为可否认定为绑架罪？

3.（1）以威胁要挟为手段的敲诈勒索罪和以威胁为手段的抢劫罪的区别在于何处？

（2）本案熊志华等人对被害人威胁的内容为何？是否当场取财？其行为可否认定为抢劫罪？

（3）如熊志华等人在本案中只逼迫被害人写下欠条，没有逼迫其当场拿钱，认定为何罪？

（4）如熊志华等人利用的不是被害人害怕被殴打的心理，而是利用其害怕事后揭发通奸隐私的心理，如何定罪？

（5）二审法院认定为敲诈勒索罪的理由为何？

案例二：张舒娟将被害人哄骗至外地继而向家属索财案[1]

[案情]

2006年10月2日13时许，张舒娟在某专线车上偶遇中学生戴磊（男，案发时

---

[1] 江苏省淮安市中级人民法院刑一庭徐俊、最高人民法院刑三庭孙江撰稿，最高人民法院刑三庭罗国良审编："张舒娟敲诈勒索案——利用被害人年幼将其哄骗至外地继而敲诈其家属钱财的能否构成绑架罪？"【第443号】，载《刑事审判参考》总第56集。

12 周岁），戴磊下车后，张舒娟主动上前搭讪。在了解到戴磊的家庭情况后，张舒娟遂产生将戴磊带到南京、向戴磊家人要钱的想法。随后，张以戴磊父亲与人抢劫分赃不均、现有人要将戴父带到南京并以戴磊做保障为借口，将戴磊哄骗至南京并暂住在某酒店。当晚 23 时许，被告人张舒娟外出打电话到戴磊家，要求戴家第二天付 8 万元并不许报警，否则戴磊将有危险。次日上午，被告人张舒娟又多次打电话到戴家威胁。其间，戴磊乘被告人外出之机与家人电话联系，得知其父并无危险。后在家人的指点下离开酒店到当地公安机关求助，淮安警方在南京将张舒娟抓获。

经查：张舒娟对被害人戴磊除使用了一些威吓性语言外，主要采取的是哄骗，使其自愿跟随她去南京。被告人对被害人未实施暴力或以暴力相威胁。被害人被哄到南京后，被告人张舒娟花钱供其吃住，出门的时候将戴磊一个人丢在房间里。致使被害人之后可以乘被告人外出之机与家人电话联系，得知其父并无危险，后在家人的指点下离开酒店到当地公安机关求助。

[诉讼]

起诉：绑架罪。

判决：张舒娟以非法占有为目的，采用威胁等方法强行索取公民财物，数额巨大，其行为已构成敲诈勒索罪。针对公诉机关指控的绑架罪名，经查，被告人张舒娟实施的犯罪行为所侵犯的客体主要是公民的财产权利，绑架罪所应具备的"劫持人质"的特征在本案中亦不明显，事实上，戴磊的人身自由也未被剥夺，被告人张舒娟在本案中的行为尚未达到绑架犯罪所应达到的严重程度，以敲诈勒索罪对其定罪处罚比绑架罪更为符合罪刑相适应的原则。被告人张舒娟因意志以外原因犯罪未得逞，属犯罪未遂，依法可从轻处罚。其认罪态度较好，可以酌情从轻处罚。被告人张舒娟犯敲诈勒索罪，判处有期徒刑 5 年。

撤回抗诉：检察机关以一审判决定性错误、量刑畸轻为由抗诉，后在二审阶段撤回抗诉。

[研习]

1. 勒索型绑架罪与敲诈勒索罪的区别关键在于何处？本案区分绑架罪与敲诈勒索罪的难点在于何处？

2. 本案中，张舒娟客观上确未对戴磊实施有形的强制控制，可否认定其是利用人生地不熟实施无形控制？如果本案中戴磊年幼，是三四岁的幼儿，尚不足以控制和支配自己的自主行动，无法自觉地摆脱被告人的实际控制，则本案如何定性？

3. 根据现有案情推断张舒娟主观意图的内容，其是想哄骗带走戴磊一起玩，然后借机假冒绑架向其家里要钱；还是意图先无形控制，实在不行再实施有形控制？

4. 本案如何定性？

案例三：孙吉勇威胁他人打欠条案[1]

[案情]

2005年4月16日，孙吉勇从外地回来发现卫生间垃圾桶有使用过的避孕套，怀疑其妻任燕与他人有染，经追问，任燕承认了于2005年4月与五家渠的宋新华发生性关系。之后，孙吉勇从昌吉市公安局领取一支"六四"式手枪，并多次打电话要求让宋新华来他家里解决此事。同年5月13日下午18时，宋新华来孙吉勇原住处商谈此事。孙吉勇将2005年4月16日从昌吉市公安局领取的手枪和一包手枪子弹在其家茶几上放着。孙吉勇对宋新华提出四种解决办法：①你与任燕殉情自杀；②将自己的生殖器割掉；③把自己的腿打断；④要付出代价。宋新华选择了第四个条件，并开口说，我给你10万元。孙吉勇就让宋新华打了一张借任燕54 800元的借条，借款注明借款日期为2005年4月9日，3个月内还清，并让宋新华写保证书，保证今后不和任燕见面、打电话。接着被告人拿起茶几上的枪擦了擦，在此过程中，枪走火打中自己的左小腿部。孙吉勇用毛巾包扎伤口后，让宋新华把地上的血迹擦干净后让其离去。

之后孙吉勇又给宋新华继续打电话，在与宋新华无法联系的情况下，任燕把宋新华起诉到法院，并于2005年6月9日向法院提起诉讼，要求宋新华偿还借款54 800元，并当日申请法院对宋新华的住房采取财产保全措施。2005年7月13日，五家渠垦区法院在宋新华未到庭的情况下，缺席作出了一审判决，判决宋新华偿还任燕借款54 800元，并承担诉讼费用2822元。法院依据任燕申请财产保全的要求，查封了宋新华的住房。被告人孙吉勇见宋新华一直未露面，分别与2005年8月21日、22日、25日向宋新华发出"杀人偿命，欠债还钱，血性男人眼中容不得半点沙子，如果尊严被畜生所糟蹋，活在世上如同行尸走肉，但君子报仇，十年不晚，且不择手段""现已将房产申请保全，届时将强制执行，你我之间一定要发生一起惊天动地，腥风血雨的事件"等内容的短信。宋新华遂向公安机关报案。同年10月10日，法院裁定中止原判决的执行，再审此案，于12月1日撤销原判决。

[诉讼]

起诉：敲诈勒索罪，数额巨大、未遂。

辩护：孙吉勇辩称：我没有敲诈勒索被害人。我出差回家后发现事情的缘由，但不知道具体是谁，后来知道了。我与宋新华只通过一次电话，时间是5月6日，当时我很生气，我说你不要伤害别人，伤害别人就会伤害自己。后来电话就一直打不通，5月13日宋新华给我打了电话，说他找我把事情说清楚。谈话时我说你要付出代价。这个代价并非是索要钱财的意思。是宋新华主动说我给你10万元钱，给我打

---

[1] 最高人民法院中国应用法学研究所编：《人民法院案例选》2007年第2辑（总第60辑），人民法院出版社2007年版，第88页。

了一张 54 800 元条子，我让他打了一张 54 800 元条子，意思是 50 000 元是 2005 年，4000 元是 4 月，800 元是 8 号，我的意思让他记住那天，那个他伤害了我的日子。我才不想要他的钱，我就是想让他难受，不好过，因为他破坏了我美满的家庭。辩护人提出的意见为：被害人是有一定的过错。被告人提出的四个条件，是为了平衡心态，羞辱被害人。被告人要被害人打欠条，从目前证据看，不能认为其有占有财物的目的。事发后，被告人让宋新华打条子和写保证，说明孙吉勇还想着自己的家庭。综上所述，被告人的行为情有可原，请求法庭宣告被告人无罪。

一审判决：孙吉勇在得知妻子和别人发生不正当性关系后，认为自己男人的尊严受到了打击，即想着报复，让自己痛苦的心得以解脱，向被害人提出四种解决方案，在前三个解决方案根本不能实现的情况下，自己说出了用钱解决的办法。此时，孙吉勇不仅主观上具有非法占有的主观故意，客观上实施了用枪恐吓、迫使被害人出具借款 54 800 元的借条的行为，侵害了被害人的财产权益和人身权益，其行为构成敲诈勒索罪。被告人最终未能实现非法占有借条项下的钱款的目的，是由于其意志以外的原因，属犯罪未遂，依法对被告人减轻处罚。判决：被告人孙吉勇犯敲诈勒索罪，判处有期徒刑 1 年，缓刑 2 年。

上诉：孙吉勇称：应宣告我无罪。

二审裁定：驳回上诉，维持原判。

[研习]

1. 孙吉勇第一次威胁是否包含有当场实施暴力的内容，是抢劫还是敲诈勒索？孙吉勇第二次威胁即发短信威胁是否包含有当场实施暴力的内容，如单独评价，是抢劫还是敲诈勒索？

2. 本案的犯罪对象是欠条还是借条上载明的 54 800 元钱款？如果孙吉勇实施第一次威胁时，获得的不是欠条而是现款，应当如何定罪？如果在宋新华打出欠条之后，孙吉勇又逼迫其去取款现场给钱，当定何罪？

3. 法院在民事诉讼中已判决任燕胜诉，如果已执结将钱款支付给任燕，本案是既遂还是未遂？

案例四：李书辉等殴打被害人并胁迫交财案[1]

[案情]

2008 年 11 月 19 日 21 时许，李书辉、韩小霞预谋敲诈韩小霞网友鞠尊洲，后由韩小霞约鞠尊洲见面并在某招待所开设房间，李书辉和李国梁尾随其后，在鞠尊洲进入房间不久，李书辉就以欺负表妹为名对鞠进行殴打，后以到派出所报案并通知

---

[1] 最高人民法院中国应用法学研究所编：《人民法院案例选》2010 年第 3 辑（总第 73 辑），人民法院出版社 2010 年版。

其妻子相要挟，向鞠尊洲索要现金10 000元。李书辉从鞠尊洲钱包内拿走800元，后又还给鞠尊洲200元，其间，李国梁一直在现场，而后，李书辉电话通知李庆辉前来招待所看住鞠尊洲，自己又拿鞠尊洲的银行卡去银行取出现金4900元，后鞠尊洲写下欠韩小霞4000元的欠条一张。事后李国梁和李庆辉各得赃款200元，其余的由李书辉所得。韩小霞在到案后主动配合公安机关抓获被告人李书辉。

[诉讼]

起诉：抢劫罪。

辩护：李书辉、韩小霞、李国梁对公诉机关指控犯抢劫罪有异议。韩小霞的辩护人认为其构成敲诈勒索罪。

判决：李书辉、韩小霞、李国梁以非法占有为目的，采用暴力胁迫手段，当场向被害人索要现金10 000元，并从被害人身上获得现金600元，又用其信用卡从银行取款4900元，还逼迫被害人写下4000元的欠条一张，其行为已构成敲诈勒索罪。平顶山市新华区人民检察院指控被告人李书辉、韩小霞、李国梁犯抢劫罪的公诉意见与抢劫罪的构成要件不符，不予支持。被告人韩小霞协助公安机关抓获被告人李书辉属立功，可以从轻或减轻处罚。被告人李国梁在本案中起次要作用，系从犯，应当从轻、减轻处罚。判决：被告人李书辉犯敲诈勒索罪，判处有期徒刑2年，并处罚金6000元。被告人韩小霞犯敲诈勒索罪，判处有期徒刑1年，并处罚金4000元。被告人李国梁犯敲诈勒索罪，判处有期徒刑1年，缓刑1年，并处罚金3000元。

[研习]

1. 本案被告人对被害人有殴打暴力行为，又当场取财，为何不认定为抢劫罪？区分关键在于何处？

2. 对于李书辉当场从被害人身上取钱，以及逼迫写下欠条一张，二行为如何认定？

二、非法占有目的

案例一：王明雨被控敲诈勒索案[1]

[案情]

王明雨与张爱华于1981年9月30日登记结婚，1982年育有一子，现在美国留学。2003年2月17日在延庆县法院提起离婚诉讼，延庆法院2004年3月27日判决离婚。法院判决离婚时并未就财产分割及子女抚养问题进行处理。王明雨于2005年九月至十月间，以语言及寄信等手段，称不解决"经济问题"则向检察机关检举揭

---

[1] 最高人民法院中国应用法学研究所编：《人民法院案例选》2008年第1辑（总第63辑），人民法院出版社2008年版，第50页。

发张爱华的行贿行为，向张爱华索要 2000 万元。后经张爱华的律师陆宏达谈判，数额降至 300 万元，陆宏达称先支付 20 万元，王明雨表示同意。2005 年 10 月 16 日 11 时许，王明雨在丰台区左安门宾馆接受张爱华委托陆宏达送给其的 20 万元后，被当场抓获。

经查：张爱华与王明雨在婚姻存续期间以张爱华的名义在深圳市购有住房 2 套，2004 年 7 月 21 日被张爱华以 50 万元的价格出售。另查明：在双方婚姻关系存续期间，两人经营的公司有香港爱华国际集团有限公司（资产不详）、香港国际华洋投资有限公司（资产七千余万元）、北京金凤凰房地产开发有限公司（注册资本 1000 万元，其中张爱华出资 600 万元）、北京黄河房地产开发有限公司（注册资本 11 700 万元，1999 年章程中的股东为北京恒利通经济技术开发中心和张爱华，其中恒利通出资 9360 万元，其他为张爱华出资；2003 年章程变更为张爱华及其他自然人出资，其中张爱华个人出资为 9360 万元，后该公司提供一份北京市第二中级人民法院民事裁定书，证实该公司无可执行财产）、北京爱华物业管理有限公司（注册资本 2000 万元，出资方为北京黄河房地产开发有限公司和香港国际华洋投资有限公司）、北京泰丰房地产开发有限公司（投资方经三次变更为北京金凤凰房地产开发有限公司和香港国际华洋投资有限公司，注册资本 7500 万元，2002 年底资产总计 164 565 858.84 元）。此外，王明雨称北京市恒利通经济技术开发中心系其与张爱华出资成立的红帽子企业，注册登记经济性质为全民所有制，法人代表原为王明雨，后变更为潘冰心，注册资金为 10 178 万元，目前该公司状况不详；张爱华、王明雨在婚姻关系存续期间尚未分割的其他财产不详。

[诉讼]

起诉：敲诈勒索罪。

审判：法院认为被告人王明雨的行为不构成敲诈勒索罪。检察机关提出撤诉申请，法院于 2007 年 5 月 17 日裁定同意撤诉。

[研习]

检察院控告王明雨犯有敲诈勒索罪的理由为何？法院认定无罪的理由为何？

案例二：夏某理被控敲诈勒索案[1]

[案情]

夏某理、夏某云系姐弟关系，夏某云、熊某系夫妻关系。夏某理、夏某云的母亲叶某系某县开发区村民。2005 年 4 月，香港某公司与浙江某集团有限公司共同投

---

[1] 浙江省湖州市南浔区人民法院陈克娥、潘勤勤撰稿，最高人民法院刑四庭党建军审编："夏某理等人敲诈勒索案——拆迁户以举报开发商违法行为为手段索取巨额补偿款是否构成敲诈勒索罪？"【第509号】，载《刑事审判参考》总第64集。

资组建一旅游公司在县开发区开发项目,其中,拆迁由开发区管委会委托拆迁公司实施。2005年11月中旬,因涉及叶某家房屋拆迁和坟墓迁移,叶某与拆迁公司签订了房屋拆迁协议,叶某、夏某芬(叶某的二女儿)分别收到房屋拆迁补偿费52 565元和坟墓迁移补偿费29 600元。被告人夏某理、夏某云以及熊某起初虽对叶某签订了拆迁协议有过不满,但对拆迁补偿费标准并无异议,其中,夏某云还从其母亲处收到房屋补偿费计42 000元,夏某理从夏某云处拿到10 000元。2005年12月中旬,夏某云因家人在迁移坟墓时未通知自己到场而感到不满,与母亲叶某和叔叔潘某等亲属发生矛盾,夏某云赶至潘某家中掀翻饭桌,引起潘某家人生气并欲动手教训。夏某云自知理亏,当场下跪,向潘某家人赔礼。夏某理得知此事后,认为是开发区管委会实施拆迁而造成他们亲属不和,加上先前其大儿子在校猝死一事多次进京上访被开发区管委会带回,未能按其意愿得到处理,为此产生重新向开发区管委会等单位索取拆迁、迁坟相关损失赔偿费和儿子死亡精神损失费的想法。

2005年12月底,夏某理先后起草了一份要求开发区管委会、香港某公司与浙江某集团有限公司等单位赔偿住宅和祖坟毁坏及精神损失费计共61万元的索赔材料,一份举报香港某公司与浙江某集团有限公司、开发区在项目开发过程中存在违规、违法行为的举报信,交由夏某云修改打印,将索赔材料交给开发区管委会,并将举报信交给县信访局。2006年1月13日晚,拟成立的旅游公司的执行总裁唐某某得知夏某理举报该公司开发的项目后,担心对工程进展不利,通过开发区有关人员了解到联系方式,打电话约见被告人熊某,以了解夏某理等人的意图。次日,夏某理、夏某云、熊某按约与唐某某见面,并将举报信和索赔材料交给唐某某,夏某理声称"不满足我们的要求,要举报这个项目不合法,要这个项目搞不下去"。唐某某考虑到该项目已大量投资,为不使举报行为对项目产生不利影响,答应对夏某理进行赔偿,并主动打电话给熊某。夏某理让夏某云陪熊某应约继续和唐某某交涉,但具体赔偿数额由夏某理决定。熊某在征得夏某理同意后,与唐某某谈妥,方由唐某某赔偿给夏某理、夏某云、熊某共计25万元。1月19日,夏某理、夏某云、熊某在一份由唐某某起草的关于愿意支付25万元、夏某理不再举报该项目的承诺书上分别签字后,收到唐某某首期支付的10万元。该10万元存放于夏某云处,后夏某云征得夏某理同意后取出2万元偿还贷款。案发后,公安机关追回8万元并已发还唐某某。

[诉讼]

一审判决:三被告人以非法占有为目的,采用要挟手段,索取他人钱财,数额巨大,其行为均已构成敲诈勒索罪。被告人夏某理系主犯,被告人夏某云、熊某系从犯。以敲诈勒索罪,分别判处被告人夏某理有期徒刑6年,判处被告人夏某云有期徒刑4年,判处被告人熊某有期徒刑2年。

上诉:三被告人及辩护人提出,不具备非法敲诈他人财产的主观故意,其就房屋、祖坟向开发商提出赔偿是一项正常的主张自身民事权利的行为;不具备敲诈勒索的客观行为,其与开发商接触是一个民事谈判的过程,不是敲诈对方的过程,开发商支付 10 万元是自愿的。请求撤销原审判决，宣告被告人无罪。

二审判决：虽然三被告人以要挟为手段索赔，获取了巨额钱财，但被告人夏某理、夏某云的索赔是基于在房屋拆迁、坟墓搬迁中享有一定的民事权利提出的，故认定三被告人具有敲诈勒索罪构成要件中"以非法占有为目的"的主观故意，证据不足，不能认定三被告人有罪。撤销原判，夏某理、夏某云、熊某无罪。

[研习]
1. 二审判决无罪的理由具体为何？如何评价二审判决？
2. 根据判决来看，是否可以认为只要存在经济纠纷，就一律认定为无罪？

案例三：梁小红故意杀人案[1]

[案情]
1999 年 5 月 27 日 21 时许，梁小红冒充王刚（云南省建水县第三中学学生，时年 14 岁）的亲戚打电话到云南省建水县第三中学小卖部，谎称王刚的父亲因出车祸住院，将王刚骗至建水县曲江大桥西侧泵房处后，与王刚发生争执。梁小红遂勒王刚的颈部、捂王刚的嘴，致王刚昏迷。梁小红以为王刚死亡，将王藏匿于附近的水沟中。次日凌晨，梁小红将写好的恐吓信放置于王刚家门口，称王刚被绑架，让王的母亲拿 2.5 万元到曲江大桥处赎人。同月 30 日，王刚的尸体在曲江河内被发现。经鉴定，王刚系溺水死亡。

[诉讼]
起诉：故意杀人罪、敲诈勒索罪。

一审判决：公诉机关指控梁小红杀死被害人王刚并书写恐吓信的事实成立，但认为梁小红的行为构成故意杀人罪和敲诈勒索罪不妥。被告人梁小红以勒索财物为目的绑架他人致人死亡的行为，构成绑架罪。判决被告人梁小红犯绑架罪，判处死刑，缓期 2 年执行，剥夺政治权利终身。

上诉：梁小红上诉称：因田里用水与王刚之父发生过矛盾，自己把王刚骗出学校是想说服王刚让王刚帮助解决矛盾；自己没有准备凶器，没有杀害王刚的意图，且公安人员一调查自己就如实交代了犯罪事实。梁小红的辩护人提出，梁小红致王刚昏迷后，误认为王刚已死亡，将王藏匿于无水的水沟中，由于当晚下大雨，才致王刚溺水死亡，梁小红的行为符合（间接）故意杀人罪的特征；梁小红给王刚父母写恐吓信目的是转移公安机关的侦查视线，而非为勒索财物，不构成敲诈勒索罪；梁小红在公安人员盘问时，主动交代罪行，应视为自首。

抗诉：一审判决定性不准、适用法律不当、量刑畸轻。梁小红不具有以勒索财

---

[1] 王桂霄撰稿，高憬宏审编："梁小红故意杀人案——对故意杀人后为掩盖罪行而写信勒索钱财并恐吓他人的行为应如何定性？"【第 105 号】，载《刑事审判参考》总第 16 集。

物为目的的主观故意，梁小红将被害人杀害后，又给被害人的父母写恐吓信进行敲诈，其行为构成故意杀人罪和敲诈勒索罪。梁小红亦不具有自首情节。

二审判决：梁小红在与王刚发生争执时，故意对王刚勒颈、捂嘴，致使王刚昏迷后，将王刚丢弃于水沟致使王刚溺水死亡的行为，已构成故意杀人罪。梁小红在杀害被害人王刚后为转移公安机关侦查视线而写敲诈信的行为不构成敲诈勒索罪。梁小红在公安机关掌握一定的证据并将其作为犯罪嫌疑人进行讯问后，如实供述罪行，不具有自首情节。检察机关关于梁小红犯故意杀人罪和量刑畸轻的抗诉理由成立。判决被告人梁小红犯故意杀人罪，判处死刑，剥夺政治权利终身。

云南省高级人民法院依法将本案报请最高人民法院核准。

[研习]

1. 梁小红实施杀人行为时有无勒赎目的，可否认定为绑架罪？

2. （1）梁小红实施写恐吓信进行敲诈，如其主观上确有勒索目的，对此行为应当如何定性？

（2）根据案情，其实施该行为时有无勒索目的，可否认定为敲诈勒索罪？

3. 梁小红构成何罪？是犯罪既遂还是未遂？为什么？

案例四：薛×× 敲诈勒索、寻衅滋事案[1]

[案情]

薛××于2013年至2015年间，多次无正当理由进京上访，在稳控敏感时期采取以"进京上访制造事端"相威胁，先后5次勒索葫芦岛市公安局连山分局渤海街派出所24 500元，勒索葫芦岛市公安局龙港分局双龙街派出所10 000元。

[诉讼]

一审判决：敲诈勒索罪。判刑1年6个月，并处罚金34 500元。

上诉：不构成犯罪，理由是薛××上访不是以向派出所索取钱财为目的。

二审判决：此案卷载材料显示被告人薛××多次到有关机关上访，且在政府为其解决一套廉租房并签订息访协议书后，再次无事生非，以上访为要挟，提出无理要求，本案的被告人薛××是构成敲诈勒索罪还是构成寻衅滋事罪应慎重研究，故裁定如下：①撤销葫芦岛市连山区人民法院（2015）连刑初字第00235号刑事判决；②发回葫芦岛市连山区人民法院重新审判。

重审：薛××多次到有关机关上访，在政府为其解决一套廉租房并签订息访协议后，再次以上访为要挟，强拿硬要，获取财物，破坏社会秩序，其行为已构成寻衅滋事罪。公诉机关指控被告人薛××犯敲诈勒索罪不妥，应予变更。被告人及其

---

[1] 二审：辽宁省葫芦岛市中级人民法院（2015）葫刑终字第00216号刑事裁定书；重审：辽宁省葫芦岛市连山区人民法院（2016）辽1402刑初9号刑事判决书。

辩护人提出被告人不构成犯罪的辩护意见,经查,被告人薛××多次到有关机关上访,在政府为其解决一套廉租房并签订息访协议后,无事生非,再次以上访为要挟,强拿硬要,获取财物,破坏社会秩序,其行为符合寻衅滋事罪的构成要件,已构成寻衅滋事罪。被告人及其辩护人的辩护意见没有事实及法律依据,本院不予采纳。综上所述,判决薛××犯寻衅滋事罪,判处有期徒刑1年4个月。

[研习]

二审判决:"薛××是构成敲诈勒索罪还是构成寻衅滋事罪应慎重研究"是什么意思?

案例五:廖举旺等敲诈勒索案[1]

[案情]

2009年至2011年,廖举旺、廖国前、唐开学、刘琴(均系某村村民)以聂家煤矿征用土地补偿过低为由,多次组织村民堵井口、公路,要求聂家煤矿赔偿土地补偿等费用。廖举旺、廖国前、唐开学因此先后被县公安局行政拘留。之后,廖举旺、廖国前、唐开学继续找到聂家煤矿的股东,提出赔偿土地补偿、行政拘留损失等要求,并以堵井口、公路,让煤矿无法正常生产,把煤矿搞垮,提几十斤汽油焚灭煤矿等相威胁。2009年、2010年,聂家煤矿因征地纠纷,两次在梁平县虎城镇的调解下提高补偿标准并兑现。2010年8月12日,廖国前、唐开学作为所在村的诉讼代表向法院提起诉讼,要求聂家煤矿退出多占的土地。2011年8月1日,法院驳回了原告的诉讼请求。廖举旺、廖国前、唐开学、刘琴积极组织村民张罗上诉事宜。

2011年8月5日至10日,四人商量找聂家煤矿董事长赵成山赔偿行政拘留、民事诉讼败诉、土地赔偿等损失,并电话要求赵成山来解决赔偿损失问题。8月10日,赵成山应被告方的要求来到廖举旺家中,四被告人向赵成山提出赔偿廖举旺、廖国前、唐开学因被行政拘留造成的损失各(以下币种同)2万元,民事败诉损失费2万元,廖举旺被占土地2万元,集体被占土地2万元,共计12万元。赵成山要求四人出具收条并保证不再堵煤矿井口、公路,随后,赵成山让人将12万元送到廖举旺家交给刘琴,后离开廖举旺家。之后,村民得知,也纷纷找煤矿闹事。2011年8月14日,赵成山向公安机关报案称被敲诈勒索。

[诉讼]

起诉:敲诈勒索罪,后因证据不足申请撤诉,法院裁定准许撤诉。

上诉:请求撤销原《准许撤诉裁定》,继续审理并宣告各上诉人无罪。

---

[1] 重庆市高级人民法院张波、蒋佳芸撰稿,最高人民法院刑二庭苗有水审编:"廖举旺等敲诈勒索案——对农村征地纠纷引发的'索财'行为如何定性?"【第1066号】,载《刑事审判参考》总第102集。

二审：维持原裁定。
［研习］
1. 为何认为不构成敲诈勒索罪？
2. 为何法院裁定准许公诉机关以证据不足为由撤诉？

三、抢劫罪与敲诈勒索罪本质特征的认定问题[1]

案例一：王某等四人敲诈勒索案

［案情］
2006年8月21日22时许，王某伙同被告人陈某、张某等人，以曾与王某合住一室的杨某（女，26岁）在搬家时搬走王某的音响为名，将杨某强行带至北京市海淀区半壁店处，通过殴打和恐吓的手段向杨某索取现金5000元。在杨某表示身上并无太多现金的情况下，上述被告人逼迫杨某回到她的住处拿取现金或出具相应数额的欠条。次日5时许，三被告人在杨某的住处继续以暴力逼迫杨某交付现金或出具欠条时，被公安机关抓获。

［诉讼］
起诉：王某等四人犯抢劫罪。
判决：敲诈勒索罪。理由：①被告人的供述与被害人陈述相互印证，能够证明被告人等人确系因被害人拿走了一名被告人的财物，而以此为借口向被害人勒索钱财；②尽管被告人等人对被害人当场实施了暴力及暴力威胁，被害人的人身自由亦处于被告人等人的控制之下，但这种暴力的程度较轻，尚未达到对被害人人身安全造成严重威胁的程度；③在被害人表明自己身上尚有几百元钱的情况下，说明被害人对于是否当场交付钱财尚有选择的余地。

［研习］
问：本案为何不定抢劫罪？

案例二：明某等抢劫案[2]

［案情］
明某等人经预谋，于2006年8月19日20时许，以提供低价的歌厅消费及性服务为名，将李某（男）骗至某俱乐部包间内，并安排卖淫女与李某发生性关系。后

---
[1] 金铁、汪蕾："抢劫罪与敲诈勒索罪本质特征的认定问题——两起定性争议案件探析"，载张仲芳主编：《刑事司法指南》2009年第2集（总第38集），法律出版社2009年版，第211页。
[2] 北京市第一中级人民法院（2007）一中刑终字第2844号刑事裁定书。

明某等人冒充俱乐部工作人员冲进包房内，以李某在包间内嫖娼为由，对其进行殴打，威胁将其送派出所处理，并当场从李某携带的包内翻出 700 元以及银行卡、存折等物，后明某等人立即派人持李某的银行卡前往银行，并使用暴力逼迫李某说出密码，从银行卡中取出 1700 元，从存折中取出 4800 元。后明某等人又让李某向其朋友借钱，并带着李某到约定的地点，从李某的朋友处取出 5000 元。同时，明某等人又扣押了李某随身携带的手机、手包、钱包、U 盘等物（共价值 850 元），以继续对李某进行敲诈。经鉴定，以上款物共计折合 13 050 元。后明某等人多次与李某电话联系，继续对其进行要挟，向其索要 6000 元。2006 年 8 月 21 日晚，明某等人前往与李某约定地点取钱时，明某被公安人员当场抓获。

[诉讼]

起诉：敲诈勒索罪。

判决：抢劫罪。理由：①敲诈勒索罪与抢劫罪最本质的区别是抢劫罪是当场实施暴力、当场劫取钱财，而敲诈勒索罪的手段仅限于威胁，而一般不当场获取钱财。②敲诈勒索罪的暴力威胁手段不是直接指向被害人本人，而是指向被害人的亲友，从而达到对被害人的要挟，否则便是抢劫罪的威胁。③被告人揭发嫖娼隐私仅是为劫取他人钱财而精心设计的借口，而并没有也不可能给被害人任何自由选择的余地，是以敲诈为名，行抢劫之实。④被告人抢劫既遂后继续向被害人索要钱款的行为，系前一抢劫行为的自然延伸，可以作为量刑情节考虑，不宜再分开评价，另行追加敲诈勒索罪。

[研习]

如何评价法院的改判？

第三节　盗窃罪

一、盗窃的客观要件：盗窃行为、行为对象、结果

案例一：孔庆涛盗用他人股票账户资金高买低抛获利案[1]

[案情]

1994 年 9 月，孔庆涛代表其所在的公司在某证券公司炒股票。其间，海口市建设银行信托投资公司亦在此地进行股票交易操作，孔庆涛便在旁观看，并暗暗记下

---

〔1〕　汪鸿滨撰稿，周峰审编："孔庆涛盗窃案——窃取他人股票账户号码和密码后秘密使用他人账上资金高价买入朋友抛卖的股票从中获利的行为应如何定性？"【第 106 号】，载《刑事审判参考》总第 16 集。

该信托投资公司操作的股票账户号码和密码。之后，孔庆涛用此账户号码和密码通过电话查询，得知海口市建设银行信托投资公司在该证券公司的股票账户上有剩余资金 300 余万元。

1994 年 11 月 6 日，孔庆涛分别对其朋友周劲、宋健讲："我提供信息给你们炒股，赚钱对半分。"周、宋二人表示同意。同月 8 日，孔庆涛示意周劲、宋健买入股票"渝钛白"后高价卖出。当天下午，周劲即在自己的股东账户内以每股 3.53 元的即时价格买进"渝钛白"4500 股；宋健也用陈国海的股东账户以每股 3.50 元的即时价格买进"渝钛白"10 000 股。次日上午 8 时许，孔庆涛指使周劲、宋健将所买的"渝钛白"股票以 5~6 元的委托价格卖出。之后，周劲打电话给南方证券公司委托将自己账户中的"渝钛白"股票卖出，其中一笔 2500 股以每股 5.43 元的委托价格卖出，另一笔 2000 股以每股 6.50 元的委托价格卖出。宋健也委托富南证券公司将陈国海账户内的"渝钛白"股票卖出，其中一笔 5000 股以每股 5 元的委托价格卖出，另一笔 5000 股以每股 5.40 元的委托价格卖出。10 时许，孔庆涛在海口市大同一横路七号用公用电话拨打华夏证券公司的股票交易委托电话，用窃取的海口市建设银行信托投资公司的股票账户和密码，委托指令以每股 6.80 元的价格买入"渝钛白"股票 20 万股，当日，实际成交金额 1 172 617 元。孔庆涛的上述行为使海口市建设银行信托投资公司损失 45 万元。

由于孔庆涛委托高价买进，使周劲、宋健所委托卖出 14 500 股的"渝钛白"股票得以高价成交，共赚得差价 29 717.71 元。事后，孔庆涛从周劲处分得赃款 4000 元，从宋健处分得赃款 8400 元。

[诉讼]

起诉：盗窃罪。

判决：孔庆涛以非法占有为目的，秘密窃取受害单位的股票账户号码和交易密码，在受害单位毫不知情的情况下，盗用该单位名义和账上资金，高价买入包括其朋友在内的股票，从中牟利，且非法占有的财物数额巨大，其行为已构成盗窃罪。被告人孔庆涛的行为已给受害单位造成了 45 万元的巨额损失，故应酌情从重处罚。于 1997 年 11 月 5 日判决被告人孔庆涛犯盗窃罪，判处有期徒刑 7 年，罚金 8500 元。

[研习]

1. （1）本案犯罪对象为何？

（2）如果被认定为盗窃罪，其数额计算以何为准，是实际获利数额，还是被抛售的股票数额，或是其掌控的股票账户内全部股票的价值？

（3）如果其已掌握账户、密码，准备抛售获利，还未实施时即被抓获，是犯罪既遂、未遂还是预备？

（4）如果其对所知悉账户内的股票低买高抛，抛售获利并将获利所得转到自己账户，而将所卖股票又按原数买回，如何定性？

（5）如果其知悉账户、密码后更改密码，如何认定？

2. 本案行为为何被认定为盗窃行为，而不认为是故意毁坏财物的行为？如果其高买低抛并未卖给本人获利，如何定罪？

3. 盗接他人电话线路盗打电话，致使他人蒙受话费损失数额较大的如何定性？

案例二：程稚瀚盗窃案[1]

[案情]

2005年3月至8月间，程稚瀚多次通过互联网，经由西藏移动公司计算机系统，非法侵入北京移动公司充值中心，采取将数据库中已充值的充值卡数据修改后重新写入未充值数据库的手段，对已使用的充值卡进行非法充值后予以销售，非法获利377.5万元。案发后，上述款项已被追缴。

[诉讼]

起诉：盗窃罪。

辩护：被告人辩称没有非法占有的目的。其辩护人认为，充值卡密码本身不具有经济价值，不属于盗窃罪中所指公私财物，而是一种商业秘密，不能成为盗窃罪的犯罪对象；充值卡密码不是充值卡，不能以充值卡标明的金额作为充值卡密码的价值，也不能依据销赃数额确定本案的犯罪数额；程稚瀚窃取充值卡密码的行为，侵犯的是移动公司的商业秘密和移动电话业务专营权，不是财物所有权或管理权，故程稚瀚的行为不构成盗窃罪；鉴于程稚瀚的违法所得已全部退赔，未造成实际严重危害后果，且认罪态度好，是初犯，建议对程稚瀚从轻处罚。

一审判决：被告人程稚瀚非法侵入北京移动公司充值中心，利用修改数据库中已充值的充值卡数据的手段，将已充值的充值卡重置为未充值状态，并将其编写的明文密码予以销售，使已不能充值的充值卡重新具有充值功能并被使用，该行为性质系对充值卡进行非法充值后予以使用。作为充值卡有效充值依据的充值卡明文密码，虽然在形式上表现为一串数字，但该串数字与对应的北京移动公司充值中心未充值数据库中的密文密码共同代表了一定金额的电信服务。对客户而言，取得明文密码就取得了对应的充值卡的价值，就可通过充值程序获得一定金额的电信服务，因此，充值卡明文密码代表了充值卡标明的金额，该密码本身具有一定的经济价值，属于财物。

程稚瀚非法侵入北京移动公司充值中心，对已充值的充值卡进行非法充值后予以销售，他人获得充值卡密码通过充值程序充值后，获得了北京移动公司一定金额的电信服务，造成北京移动公司相应资费损失，程稚瀚销售非法充值的充值卡密码也获取了非法利益，其行为已构成盗窃罪，盗窃数额特别巨大，依法应予惩处。鉴

---

[1] 北京市第二中级人民法院刑二庭谭劲松撰稿，最高人民法院刑二庭苗有水审编："程稚瀚盗窃案——充值卡明文密码可以成为盗窃犯罪的对象"【第602号】，载《刑事审判参考》总第72集。

于程稚瀚认罪态度较好，其非法所得已全部被追缴，未给北京移动公司造成实际损失，对其酌予从轻处罚。程稚瀚犯盗窃罪，判处有期徒刑12年，剥夺政治权利2年，并处罚金5万元。

上诉：程稚瀚上诉称：充值卡密码属于商业秘密，不属于"公私财物"，不能成为盗窃罪的犯罪对象，其只是侵犯了北京移动公司电信服务业务的专营权，不构成盗窃罪。

二审裁定：充值卡的明文密码及与之相对应的密码共同代表着一定金额的电信服务，该密码本身具有一定的财产价值，属于财物范畴，能够作为盗窃罪的对象；而刑法规定的商业秘密，特指不具有直接财产内容的技术信息和经营信息，该信息的价值需要通过生产经营行为才能体现，故充值卡不属于商业秘密的范畴。程稚瀚非法侵入北京移动公司充值中心，对已充值数据库中的充值卡数据修改后，将修改过的数据重新写入未充值数据库，使已经充过值的不具有经济价值的充值卡重新注入资金具有了充值功能，又通过对外公开销售的方式，使这些已经失效的充值卡再次被使用，非法获利并占为己有，给北京移动公司造成了相应的资费损失，其行为侵犯了被害单位的财产所有权，一审法院以盗窃罪对其定罪处罚，适用法律并无不当。驳回上诉，维持原判。

[研习]

1.（1）本案的犯罪对象是充值卡密码，还是充值卡密码所代表的充值卡价值？法院是如何认定的？

（2）如果其已修改充值卡数据库，还未销售出充值卡即被抓获，是犯罪未遂还是既遂？

（3）如果已将充值卡卖出但购买者还未充值，是犯罪未遂还是既遂？

2. 为何其行为可被认定为盗窃行为？

3. 购买该充值卡的购买者，如知充值卡密码系行为人非法获取，仍然购买并使用，其行为应当如何认定？

案例三：赵宏铃等盗窃案[1]

[案情]

赵宏铃系横店影视城有限公司网管员。2011年，赵宏铃登录公司网络部开发组组长骆勇峰的电脑，盗取了公司检售票系统源程序和服务器码。2012年6月至7月，赵宏铃在其笔记本电脑上编写程序，通过秘密侵入横店影视城有限公司检售票系统，

---

[1] 浙江省高级人民法院聂昭伟撰稿，最高人民法院刑二庭刘为波审编："赵宏铃等盗窃案——非法侵入景点检售票系统修改门票数据获取门票收益的行为如何定性？"【第1202号】，载《刑事审判参考》总第110集。

发现可以修改梦幻谷景区门票数据，将允许进入人数从一人改成多人，遂产生以此盗取门票收益的想法，便与妻子章菲菲商议、试验并获成功。后赵宏铃通过章菲菲、金俊寻找客源，章菲菲让周衍成为其组织客源，金俊让周衍成、胡海兵、单宇进为其组织客源。具体作案手段为：章菲菲、金俊等人先以195元的价格购买一张一人次的梦幻谷原始电子门票卡，由赵宏铃侵入检售票系统，根据卡号将人数修改为6~8人，再由周衍成、胡海兵、单宇进组织客源进入景区。周衍成、胡海兵按实际带入游客每人150元的价格支付给赵宏铃、章菲菲、金俊，以每人170元的价格出售给游客；单宇进按实际带人游客每人160元的价格支付给赵宏铃、金俊，以每人170~190元的价格出售给游客。赵宏铃共改卡40余张，涉案金额为42 000余元。

[诉讼]

起诉：被告人赵宏铃、章菲菲、金俊、周衍成犯破坏计算机信息系统罪，被告人胡海兵、单宇进犯盗窃罪。

判决：盗窃罪，赵宏铃有期徒刑1年2个月，并处罚金1万元。（其他被告人量刑略。）

[研习]

1. 法院判决为何不以破坏计算机信息系统罪定罪处罚？
2. 被告人窃取了什么？
3. 为何不认定为职务侵占罪？

案例四：马文翔通过互联网破解中欣银宝通卡密码消费案[1]

[案情]

马文翔从他人处购买某公司发行的中欣银宝通卡卡号和MD5值（MD5值是一种密码表达方式，是将一串字节通过加密算法计算而成的十六进制字符串。MD5值和普通密码之间可以通过技术手段相互转换）。2014年9月至11月，马文翔利用其买来的卡号及MD5值通过互联网进行破解，获得对应的密码，在中欣网上商城兑换成手机充值卡、实体购物卡或电子券并高价出售，非法消费金额共计135 878.5元。由于涉案中欣卡已被持卡人在中欣网上商城输入卡号和密码后激活，多名持卡人发现卡内金额无故减少后向中欣商城投诉，中欣商城经调查发现马文翔犯罪行为。

[诉讼]

一审判决：被告人行为侵犯了他人的财产权利，构成盗窃罪，判处有期徒刑4年6个月，并处罚金5000元。

上诉：马文翔辩称：中欣商城的卡号和密码是其从他人处购得，其不构成盗窃

---

[1] 一审：北京市东城区人民法院（2015）东刑初字第00943号刑事判决书；二审：北京市第二中级人民法院（2016）京02刑终33号刑事判决书。

罪，原判认定犯罪数额有误，量刑过重。

二审判决：鉴于马文翔能够当庭认罪，其家属代为退赔全部赃款，本院对其酌予从轻处罚，予以改判有期徒刑3年6个月，并处罚金4000元。

[研习]

使用自己购得他人窃取卡号和MD5值，在网上商城兑换实体卡或电子券后出售等消费的行为，应当如何定性？

案例五：孟动、何立康盗窃案[1]

[案情]

孟动于2005年6月至7月间利用黑客程序并通过互联网，窃得了茂立公司所有的腾讯、网易在线充值系统的登录账号和密码。同年7月22日下午，孟动通过QQ聊天的方式与被告人何立康取得了联系，并向何提供了上述所窃账号和密码，预谋入侵茂立公司的在线充值系统，窃取Q币和游戏点卡后在网上低价抛售。2005年7月22日18时许，孟动通知何为自己的QQ号试充1只Q币并在确认充入成功后，即在找到买家并谈妥价格后，通知被告人何立康为买家的QQ号充入Q币，并要求买家向其工行卡内划款。其间，何立康除按照孟动的指令为买家充入Q币外，还先后为自己及其朋友的QQ号充入数量不等的Q币。自2005年7月22日18时32分至2005年7月23日10时52分，何立康陆续从茂立公司的账户内窃取Q币32 298只，价值24 869.46元；自2005年7月23日0时25分至4时07分，何立康还陆续从茂立公司的账户内窃取游戏点卡50点的134张、100点的60张，价值1041.4元。以上两被告人共计盗窃价值25 910.86元的物品。案发后，茂立公司通过腾讯科技（深圳）有限公司追回Q币15 019个，实际损失17 279个，价值13 304.83元，连同被盗游戏点卡合计损失价值14 384.33元。本案被告人销赃价格高低不等，每只Q币最高0.6元，最低的0.2元，而被害单位与运营商腾讯公司和网易公司的合同价是每只Q币0.8元。被告人孟动、何立康到案后，在家属的帮助下，分别向公安机关退缴8000元和2.6万元，其中14 384.33元已由侦查机关发还茂立公司。

[诉讼]

判决：茂立公司作为腾讯、网易公司的代销商，其销售的Q币和游戏点卡是通过支付真实货币并按双方合同约定的折扣购买的，一旦失窃便意味着所有人将丧失对这些财产的占有、使用、处分和收益等全部财产权利。孟动、何立康以非法占有为目的，通过互联网共同窃取被害单位的Q币和游戏点卡，侵犯了被害单位的占有、

---

[1] 上海市黄浦区人民法院朱铁军、沈解平撰稿，最高人民法院刑五庭王勇审编："孟动、何立康盗窃案——如何认定网络盗窃中电子证据效力和盗窃数额？"【第420号】，载《刑事审判参考》总第53集。

使用、处分和收益的权利，数额巨大，已构成盗窃罪。何立康能主动投案，如实交代全部犯罪事实，系自首，依法可减轻处罚；到案后有立功表现，依法可予从轻处罚。孟动到案后能如实坦白自己的犯罪事实，可酌情从轻处罚；两名被告人在家属帮助下能退赔被害单位的全部损失，可予酌情从轻处罚；两名被告人系初犯、偶犯，到案后确有认罪悔罪表现，依法可适用缓刑。判决：被告人孟动犯盗窃罪，判处有期徒刑3年，缓刑3年，并处罚金3000元；被告人何立康犯盗窃罪，判处有期徒刑1年6个月，缓刑1年6个月，并处罚金2000元。

[研习]

本案中的Q币和游戏点卡可否成为盗窃罪的对象？是否一切"虚拟财产"都能成为盗窃罪等财产犯罪的对象？本案盗窃的数额如何计算？

案例六：周洲非法获取计算机信息系统数据案[1]

[案情]

周洲因自己的"面对面365"网络游戏的游戏金币被盗，产生盗窃他人游戏金币的念头。而后，周洲将计算机远程控制程序pcshare.exe（一种木马程序）伪装成"我的照片"压缩文件包，通过网络发送到聊天对象的信箱。当对方打开该压缩文件包，pcshare.exe程序自动在他人计算机内运行后，周洲采取用该程序远程控制他人计算机的手段，直接窃取或通过修改他人游戏账号和密码的方式窃取他人计算机内储存的"面对面365"网络游戏的游戏金币，并通过自己以周光辉名义在淘宝网开设的网店销售牟利。自2009年3月至2009年8月，周洲共作案200余次。案发后，周洲退赃款20 816元，公安机关追回赃款4700元。

[诉讼]

一审判决：盗窃罪，销赃得款70 000元，数额特别巨大。其案发后退出部分赃款，酌情从轻处罚。判刑11年，并处罚金1万元。[2]

上诉：周洲认为原判认定盗窃罪的证据不足，适用法律错误，量刑过重，请求改判。辩护人提出：①原判据以定案的电子数据鉴定书、电子证物检查笔录、远程勘验笔录及郭彪证言不真实，不能作为定案依据。②原判认定周洲通过销售盗窃的游戏币非法获利70 000元的证据不足。③周洲盗窃的对象是虚拟财产，不具物质属性，不构成盗窃罪。④周洲盗窃游戏币的行为没有达到情节严重程度。综上，请求宣告周洲无罪。

二审判决：非法获取计算机信息系统数据罪，判刑1年7个月，罚金1万元，对非法所得25 516元依法予以追缴。裁判理由：周洲采取用非法向他人计算机输入木

---

〔1〕 安徽省蚌埠市中级人民法院（2010）蚌刑终字第0097号刑事判决书。

〔2〕 蚌埠市蚌山区人民法院（2010）蚌山刑初字第03号刑事判决书。

马程序远程控制他人计算机的手段,盗取他人计算机储存网络游戏金币,并出售牟利,由于游戏金币作为虚拟财产无法准确估价,且现有证据不能确定周洲非法获利的数额,判定其行为构成盗窃罪的定性不准,导致量刑不当……但周洲盗窃的网络游戏金币属于计算机信息系统数据,且其累计作案达 200 余次,情节严重,其行为构成非法获取计算机信息系统数据罪。

[研习]
1. 什么是网络虚拟财产?
2. 盗窃对象"财物"是否包含虚拟财产?

案例七:陆惠忠、刘敏非法处置扣押的财产案[1]

[案情]
陆惠忠与刘敏原系夫妻关系。2005 年 2 月 21 日,某法院受理了谢某与陆惠忠买卖纠纷一案,并于 3 月 28 日作出民事判决,判决陆惠忠于判决发生法律效力之日起 10 日内给付谢某货款 2.5 万元,并承担诉讼费用。

在诉讼期间,陆惠忠与刘敏协议离婚,约定所有财产归刘敏所有(财产中包括登记在陆惠忠名下的车 1 辆,但双方约定陆惠忠仍享有对该车的使用权,且离婚后,二人并未至车辆管理部门办理车辆登记变更手续),所有债务由陆惠忠负责偿还。

因陆惠忠未在判决确定的履行期内支付货款,2005 年 4 月 29 日,谢某向法院申请强制执行。同年 4 月 30 日,法院向陆惠忠发出执行令。5 月 10 日上午,人民法院依法裁定扣押了陆惠忠所有的轿车,并加贴封条后将该车停放于开发区人民法院停车场。当天下午 2 时许,陆惠忠得知其汽车被法院扣押,即让刘敏以汽车归刘所有为由去法院交涉。当得知若陆惠忠不履行判决确定的付款义务,法院将依法拍卖该车的信息后,刘敏即唆使陆惠忠将汽车开回来。当天下午 5 时许,陆惠忠至法院停车场,乘无人之机,擅自撕毁汽车上的封条,将已被依法扣押的轿车开走,并将该车藏匿于某宾馆停车场内。

[诉讼]
起诉:非法处置扣押的财产罪。
辩护:被告人请求法庭从轻处罚。陆惠忠的辩护人提出:陆惠忠的行为尚达不到《刑法》第 314 条所规定的"情节严重"的情形,其归案后如实供述自己的罪行,认罪态度较好,请求法庭对其免予刑事处罚。
判决:陆惠忠在刘敏的教唆下擅自转移、隐藏已被司法机关依法扣押的财产,情节严重,其行为已构成非法处置扣押的财产罪。刘敏教唆他人犯罪,其行为亦构

---

[1] 陈靖宇、陈利撰稿,王勇审编:"陆惠忠、刘敏非法处置扣押的财产案——窃取本人被司法机关扣押财物的行为如何处理?"【第 404 号】,载《刑事审判参考》总第 51 集。

成非法处置扣押的财产罪,应当按照其在共同犯罪中所起的作用处罚。对于辩护人提出的不能认定陆惠忠的行为属"情节严重"的意见,陆惠忠在人民法院依法扣押其轿车后,擅自转移、隐藏该汽车,其非法处置的行为,已给法院正常的执行工作带来恶劣影响,属情节严重,故对此辩护意见不予采纳。于2005年9月29日判决如下:陆惠忠犯非法处置扣押的财产罪,判处有期徒刑1年。刘敏犯非法处置扣押的财产罪,判处有期徒刑10个月,缓刑1年。

[研习]

1. 盗窃罪的对象为何?本人所有被他人合法占有的财物能否成为盗窃罪的对象?

2. 本案中行为人有无非法占有目的?如何判断?如果行为人事后索赔,可否认为其有非法占有目的?

3. 行为人可否构成盗窃罪?理由为何?

案例八:梁建强、孙伟勇将质押车辆盗回案[1]

[案情]

2010年4月26日,孙伟勇与梁建强、刘古银(均另案处理)经预谋,由梁建强向其亲戚弓寿喜借来一辆小汽车,并伪造了弓寿喜的身份证、机动车辆登记证书后,由刘古银冒充弓寿喜,与孙伟勇一起将该车以72 000元质押给被害人薛春强,并向薛作出还款赎回的书面承诺。得款后,孙伟勇与梁建强、刘古银共同分掉。同年5月8日,梁建强等人用事先另配的钥匙从薛春强处将车盗走并归还给弓寿喜。同年7月5日,孙伟勇被抓获,后检举了他人重大犯罪事实。

[诉讼]

判决:孙伟勇秘密窃取他人财物,且数额巨大,其行为构成盗窃罪;孙伟勇系累犯,依法应从重处罚;孙伟勇在共同犯罪中起次要作用,系从犯,依法应予从轻处罚,同时,其又有重大立功表现,依法可予减轻处罚;孙伟勇认罪态度较好,且其家属自愿代孙退赃,对孙可酌情从轻处罚。被告人孙伟勇犯盗窃罪,判处有期徒刑2年9个月,并处罚金5000元。

[研习]

1. 在梁建强等人从薛春强处将车盗回之前,汽车的所有权、占有权归谁?在民法上,质押合同是否有效,是否影响薛春强对汽车的占有?本案所涉汽车能否成为盗窃罪的对象?

2. 本案中犯罪对象到底是72 000元钱,还是所质押的汽车?对象不同是否影响

---

[1] 上海市第二中级人民法院陈娇莹、潘庸鲁撰稿,最高人民法院刑四庭陆建红审编:"孙伟勇盗窃案——伪造证明材料将借用的他人车辆质押,得款后又秘密窃回的行为,如何定性?"【第751号】,载《刑事审判参考》总第84集。

案件定性？盗窃数额如何计算？

3. 如果本案案情是：梁建强向薛春强质押借款时，真的是想借款，后临时起意才盗回汽车，该如何定性？

4. 如果本案案情是：梁建强以占有为意图先向弓寿喜骗借汽车，然后以占有为目的向薛春强质押借款 72 000 元钱，然后盗走汽车自己卖掉。如何定性？

案例九：申宇盗窃案[1]

[案情]

2007 年 2 月 12 日 11 时许，申宇在某通信技术公司库房内，在与某搬家公司送货员崔晓宝、李鹏办理货物交接手续的过程中，趁崔晓宝、李鹏不备，窃取二人负责运送的三星手机一箱（共 10 部），经鉴定价值 55 000 元。申宇将该箱手机藏在库房其他位置。崔晓宝、李鹏发现手机丢失后报警，民警在库房内起获被盗的手机，并将被告人申宇抓获归案。现赃物已发还。

[诉讼]

一审判决：申宇以非法占有为目的，秘密窃取他人财物，数额巨大，其行为已构成盗窃罪，应予惩处。申宇作为库房管理员，在没有他人在场的情况下将涉案手机藏于库房的其他位置后，便已完成盗窃行为，实际控制了手机；而崔晓宝、李鹏作为物流公司的送货员，库房并不在他们的控制范围内，丢失手机后即丧失了对手机的控制，如不报警寻求公安机关的帮助，其无法重新取得对手机的控制，因此，被告人申宇窃取手机的行为已经实施完毕并实际控制了手机，具备了盗窃罪的构成要件，属犯罪既遂。鉴于被告人申宇在被抓获归案后及庭审过程中均能如实供述犯罪事实，认罪态度较好，且被盗手机已全部发还，未给被害人造成实际经济损失，故本院对其酌予从轻处罚。判决：被告人申宇犯盗窃罪，判处有期徒刑 5 年，罚金 5000 元。

上诉：申宇认为：其行为是犯罪未遂，原判量刑过重。申宇辩护人认为：原判对部分犯罪事实认定不准，认定申宇系盗窃既遂不妥。申宇的行为是盗窃未遂，且具有自首情节，未给被害单位造成经济损失，主观恶性小，认罪态度好，原判量刑偏重，请求二审法院对申宇从轻处罚。

二审判决：证人崔晓宝、李鹏的证言证实，他们清点发现所送手机丢失一箱后，确认手机不是在运输途中丢失，遂将寻找手机的范围锁定在申宇看管的库房内，并及时报警，在民警到来后，将被盗手机起获，客观上有效地阻止了申宇犯罪目的的实现，其并未完全取得对所窃财物的实际控制，因此，申宇的盗窃行为属于因意志

---

[1] 最高人民法院中国应用法学研究所编：《人民法院案例选》2008 年第 4 辑（总第 66 辑），人民法院出版社 2008 年版。

以外的原因而未得逞,是盗窃未遂,申宇及其辩护人的该点意见成立,本院予以采纳。原审人民法院……认定申宇系盗窃既遂不当,应依法改判。考虑本案被盗手机已全部发还,未给被害人造成实际经济损失,并根据申宇的犯罪情节和悔罪表现,可对其适用缓刑。上诉人申宇犯盗窃罪,判处有期徒刑3年,缓刑4年,并处罚金3000元。

[研习]

列举出支持既遂和未遂的理论依据和事实依据,你支持哪一种立场和结论?一审、二审法院持何种立场?为何结论不同?

案例十:甲盗窃数额特别巨大未遂案[1]

[案情]

甲给小型连锁超市送货时发现该店二楼桌上有一纸包,似乎包里是钱,便顺手窃取在手、下楼、出店门、蹬上送货三轮车、骑行渐远。店老板乙见甲下楼时手里似乎拿着个东西,惦记起桌上的钱纸包,赶紧上楼看果然不见,就急忙下楼追,追上甲质问是否拿了店里什么东西?!甲将纸包交出,内有6万元现金,达到当时"数额特别巨大"标准。

[诉讼]

起诉盗窃罪既遂。

判决:盗窃罪(未遂)。判处有期徒刑4年。

[研习]

法院判决未遂的原因是什么?

二、盗窃的主观要件:故意,非法占有目的

案例一:吴向东故意杀人案、破坏易燃易爆设备罪
(北京三环新城小区煤气爆炸案)[2]

[案情]

吴向东与丁某系同事上下级关系,两人关系暧昧。2007年8月17日上午8点,吴向东在丁某家因琐事与丁某发生激烈争吵,争执中吴向东将丁某掐死。行凶后为伪造现场、消灭罪证,吴向东松动了丁某家中厨房内的天然气管道与灶台、热水器的连接,导致天然气大量外泄。临走时,吴向东拿了丁某的手机、首饰等,在现场

---

[1] 阮齐林:"论盗窃罪数额犯的既遂标准",载《人民检察》2014年第19期。

[2] 该案一审由北京市第二中级人民法院审理。

制造种种假象。第二天晚上7点多，吴向东又回到小区，从地下车库将丁某的轿车开走，然后将车弃置在某公园内。他回家后又将丁某的手机、首饰等埋在花盆中。8月19日上午，丁某的丈夫孟某出差回家，发现妻子倒在地上，屋内弥漫着刺鼻的天然气味道，以为家里厨房灶台开关未关，在拧动灶台开关时，电火花点燃，使充斥在房间内的天然气爆燃，引发爆炸。导致孟某受伤，该单元楼三十多户房屋受损，另有两名住户受伤。

[诉讼]

判决：吴向东犯故意杀人罪、破坏易燃易爆设备罪，两罪并罚，判处死刑，剥夺政治权利终身。

[研习]

1. 本案中，吴向东故意杀人后为制造假象而拿走被害人的财物抛弃，对于拿走财物的行为如何认定，是否构成盗窃罪？

2. 本案吴向东触犯几罪，如何定罪？

案例二：曹根富盗窃案[1]

[案情]

2000年12月17日0时许，曹根富（男，29岁）在陈营村见邻居张位租用的平头大卡车停放在路边，便用砖头砸碎车玻璃，进入该车驾驶室拆接点火开关，将该车启动并驾驶至其亲戚冈守红在京暂住地，卸下该车的3个车轮胎（价值2100元），放在冈的住处。后被告人驾驶该车准备返回陈营村附近时被被害人的亲属发现并抓获归案。现上述车辆及3个车轮已起获并发还张位。

[诉讼]

一审判决：曹根富以非法占有为目的，将他人的机动车驾驶离现场后，窃取机动车车轮，且所窃物品价值数额较大，其行为已构成盗窃罪，故对其判处有期徒刑1年，罚金1000元。

抗诉：原判认定事实有误，量刑畸轻。曹根富窃取轮胎的行为，是其将该车秘密窃取已脱离车主控制范围后进行的，拆下3个轮胎是对该车的一种再处分行为，故应认定曹根富盗窃数额特别巨大（经鉴定，平头大卡车价值73万元）。

二审裁定：证人张作当庭证实，其在寻找丢失汽车时，遇曹根富驾车往回行驶，曹发现其后停车，曹对其说要将车送回原处。其发现该车的3个车轮胎丢失。根据本案事实及证据证实，曹根富将他人汽车驶离原处，卸下车轮胎，目的是盗窃车轮胎，伺机变卖，后欲将该车返回时被抓获，故认定曹根富盗窃汽车，证据不足。本院对检察机关的抗诉意见不予采纳。裁定驳回抗诉，维持原判。

---

[1] 北京市第二中级人民法院（2001）二中刑终字第01244号刑事裁定书。

[研习]

1. 为盗窃车轮胎而开走汽车,送还汽车途中被抓获,行为人对汽车有无盗窃故意?有无非法占有目的?

2. 司法解释对于盗开汽车是如何规定的?本案可否认定为为了犯罪而盗窃汽车作为交通工具、逃跑工具?

案例三:杨光炎盗窃案[1]

[案情]

杨光炎于2004年11月6日凌晨3时许,跳窗进入某人像摄影店内,盗窃该店电脑主机1台,数码相机及充电器1套,数码相机镜头和内存各1个,光学相机1台,镜头及电池盒各1个,以上物品共价值18 060元。后杨光炎拨打电话通知被害人常江店内物品系其所盗,向常江索要1.2万元作为归还物品的条件,并同意常江通过中间人向其支付200元后可先将电脑主机取回。当日20时许,杨光炎收到中间人给付的钱款后被北京市公安局东城分局刑侦支队民警抓获。涉案款、物已全部起获并已由侦查机关发还被害人。

[诉讼]

起诉:盗窃罪。

辩护:杨光炎辩称单位欠其工资,其出于报复目的才实施了上述行为,并非想非法占有他人钱物。其辩护人认为:杨光炎出于解决民事纠纷及报复目的实施了上述行为,杨主观上没有非法占有他人财产的犯罪故意,杨的行为不构成盗窃罪。

一审判决:经查,单位拖欠杨光炎工资一事,仅有杨光炎供述,并无其他证据相佐;证人证言、被害人陈述等证据相互印证,且与被告人在侦查机关的供述吻合,能够证明被告人杨光炎采用秘密窃取的手段,非法取得他人财物,后又以归还财物为条件向被害人索要钱款的事实,足以表明被告人杨光炎具有非法占有他人财物的主观故意,杨光炎出于报复或何种犯罪动机,并不影响其非法占有他人财物的犯罪故意的认定。杨光炎犯盗窃罪,判处有期徒刑3年,并处罚金3000元。

上诉:杨光炎以其行为是敲诈勒索,原判量刑过重为由提出上诉。其辩护人认为:杨光炎没有非法占有从人像摄影店拿出的物品的想法,只想通过此办法达到向老板索要拖欠工资的目的,原判认定杨光炎犯盗窃罪,定性错误,希望二审法院对其以敲诈勒索罪(未遂)定罪量刑,并考虑本案事实及被告人的悔罪表现,予以从轻处罚。

二审裁定:杨光炎所提单位欠其工资的供述,没有其他证据相印证;在案证据

---

[1] 最高人民法院中国应用法学研究所编:《人民法院案例选》2007年第1辑(总第59辑),人民法院出版社2007年版,第60页。

证实,杨光炎秘密窃取单位物品后,又以归还物品作为交换条件,向单位经理常江索要巨额钱款,杨光炎具有非法占有他人财物的主观故意和目的;杨光炎以非法占有为目的,用所窃物品为交换条件勒索他人钱款,其行为分别构成盗窃罪和敲诈勒索罪,且两罪之间存在牵连关系,原审法院据此择一重罪认定杨光炎犯盗窃罪,定罪准确,证据充分,并考虑杨光炎的认罪态度及未给被害人造成损失等情节,依法在量刑幅度内对其从轻处罚并无不当。杨光炎所提上诉理由及其辩护人的辩护意见不能成立,不予采纳。遂裁定驳回上诉,维持原判。

[研习]

1. 如果有证据证明,杨光炎拿走财物后又索财的目的如其所说,是想通过此办法达到向老板索要拖欠工资的目的,对其行为该如何定性?

2. 如无证据查明杨光炎所述属实,其窃得人像摄影店内物品之时和之后:
(1) 确实是真想以物品交换1.2万元,该如何定罪?
(2) 不想归物品,而是想借归还为名再骗取1.2万元,该如何定罪?

三、盗窃数额较大、多次盗窃、入户盗窃、携带凶器盗窃、扒窃

案例一:沈某某盗窃案[1]

[案情]

2002年12月2日晚12时许,沈某某在某酒店与潘某某进行完卖淫嫖娼准备离开时,趁潘不备,顺手将潘放在床头柜上的嫖资及一只"伯爵牌"18K黄金手表拿走,后藏匿于其租住房屋的灶台内。次日上午,潘某某醒后发现自己的手表不见,怀疑系沈所为,便通过他人约见了沈某某。潘询问沈是否拿了他的手表,并对沈称:该表不值什么钱,但对自己的意义很大,如果沈退还,自己愿意送2000元给沈。沈某某坚决否认自己拿走了该表。潘某某报案后,公安机关遂将已收拾好行李(手表仍在灶台内,被告人未予携带或藏入行李中)准备离开某市的沈某某羁押。沈某某在被羁押期间供述了自己拿走潘手表的事实及该手表的藏匿地点,公安人员据此起获了此手表,并返还给被害人。另经查明,在讯问中,沈某某一直不能准确说出所盗手表的牌号、型号等具体特征,并认为该表只值六七百元;拿走潘的手表是因为性交易中潘行为粗暴,自己为了发泄不满。经某市某区价格认证中心鉴定:涉案手表价值123 879.84元。

[诉讼]

一审判决:被告人秘密窃取他人数额较大以上的财物,其行为已构成盗窃罪。

---

[1] 广东省佛山高明区人民法院何树志、薛付奇撰稿,党建军审编:"沈某某盗窃案——对所盗物品的价值有重大认识错误的应如何处罚?"【第315号】,载《刑事审判参考》总第40集。

虽然被害人将手表与嫖资放在一起，但被害人并未申明手表亦是嫖资的一部分，该手表仍为被害人所有；被告人拿走嫖资同时顺手拿走手表时，被害人虽没有睡着，但被害人对此并未察觉，故被告人的行为仍然符合"秘密窃取"的特征。因此，公诉机关指控被告人犯盗窃罪的罪名成立，应予支持。被告人沈某某关于其行为并非"秘密窃取"的辩解和其辩护人关于被告人沈某某不具有非法占有目的的辩护意见，均无事实根据，不予采纳。

被害人将价值巨大的手表与嫖资放在一起，一方面足以使对名表缺乏起码认识的被告人产生该表价值一般（而非巨大）的错误认识；另一方面也可能让一个以卖淫为生计的被告人产生谋小利的贪念。被告人在被羁押后、知悉其所盗手表的实际价值前，一直误认为其所盗取的只是一只价值数百元的普通手表。结合被告人的出身、年龄、职业、见识、阅历等状况来看，被告人误认所盗手表的价值是真实可信的，并非被告人故意规避。此节也可以从被告人始终不能准确说出该表的牌号、型号等能体现价值巨大的特征以及在盗得手表后没有马上逃走或者将财物及时处理掉，乃至收拾好行李准备离开某市时手表仍在灶台内并未随身携带或藏入行李中得到验证。被害人在向被告人追索手表的过程中，虽表示愿意用 2000 元换回手表，但仅称该表"对自己意义重大"，并未明确表明该表的实际价值，相反却明确表示该表并不太值钱。此节事实，并不足以使被告人对所盗手表的实际价值产生新的认识，相反更可能加深被告人对该表价值的误认。综上，被告人顺手拿走他人手表的行为，主观上虽有非法占有他人财物的目的，但被告人当时没有认识到其所盗手表的实际价值，其认识到的价值只是"数额较大"，而非"数额特别巨大"。也就是说，被告人主观上只有非法占有他人"数额较大"财物的故意，而无非法占有"数额特别巨大"财物的故意。由于被告人对所盗物品价值存在重大误解（或者认识错误），其所认识的数额远远低于实际数额，根据主客观相统一的刑法原则，故不能让其对所不能认识的价值数额承担相应的刑事责任，而应按其盗窃时所能认识到的价值数额作为量刑标准。鉴于被告人犯罪后主动坦白其盗窃事实，且所盗手表已被追缴并退还失主，属于犯罪情节轻微。遂作出如下判决：沈某某犯盗窃罪，免予刑事处罚。

抗诉及二审：一审宣判后，检察机关以被告人犯盗窃罪数额特别巨大，原判量刑畸轻为由，提出抗诉。由于被告人下落不明，二审中，该案依法中止审理。

[研习]

1. 盗窃罪的数额要素，是客观要素还是主观要素？盗窃故意的成立，是否要求行为人认识到财物数额较大以上？盗窃罪的数额加重犯"数额特别巨大"，是否纯粹以客观结果论？其成立是否要求行为人主观上认识到财物数额特别巨大？如何评价法院的认定？

2. 请查阅"天价葡萄案"并回答："天价葡萄案"是如何处理的？本案与"天价葡萄案"有何区别？

3. 对于对盗窃数额的重大认识错误的案件，例如本案，如何运用刑法理论进行处理？

案例二：巫建福盗窃案[1]

[案情]

2015年10月15日14时许，巫建福经过被害人应素妹家时，见大门未关，遂产生盗窃念头，进入室内窃得摩托车钥匙一把、一字起子一把，并用窃得的车钥匙在门口试开车辆，在打开一辆二轮摩托车的电门锁后，因认为当时盗窃摩托车易被发现，遂先行离开。当晚21时许，巫建福再次到该处，使用窃得的车钥匙将摩托车偷走。经鉴定，涉案起子价值1元，摩托车价值800元。

[诉讼]

判决：被告人入户盗窃他人财物，已构成盗窃罪，拘役3个月，并处罚金1000元。

[研习]

本案所窃摩托车价值是否应计入入户盗窃的金额？

案例三：麦麦提依明·苏力坦盗窃案[2]

[案情]

麦麦提依明·苏力坦于2011年8月4日18时许，在某路口红绿灯处，趁被害人安丽（女，25岁）不备，窃取其钱包1个（价值5元），内有108元及身份证等物品，后被当场抓获。

[证据]

被害人安丽陈述："我从家里骑车向东骑到朝阳区劲松中街西南角等红绿灯，看见我左右两个人摁一个人，我正要走，其中一个人说'你东西丢了'。我就向后看，那两个人将摁在地上的男子翻过来，掀开上衣，我看见我的钱包别在那个被摁倒在地上的人的前腰带处，一半在衣服里，一半露在腰带处。钱包本来是在我的一个黑的皮包里，皮包就放在电动车的前踏板上，黑皮包还在，钱包没了，当时黑皮包拉链拉上了，钱包丢了以后，我看黑皮包拉开一个手的位置……当时现场有我、两个便衣警察，其他的是围观的，后来我们一起到的派出所。"

民警王某某证言："2011年8月4日18时许，我和同事刘春秀在劲松中街蹲守，刘春秀叫我看路口处，我看见一名新疆特征男子从一名骑蓝色电动车的女子的电动

---

[1] 浙江省衢州市中级人民法院殷一村、浙江省江山市人民法院徐升撰稿，最高人民法院刑四庭陆建红审编："巫建福盗窃案——利用入户盗窃所得车钥匙在户外窃取摩托车的行为，是否属于'入户盗窃'？"【第1175号】，载《刑事审判参考》总第108集。

[2] 北京市朝阳区人民检察院京朝检刑诉（2011）3135号。

车踏板上的挎包里,拿出一个深色的东西,我意识到这是一个盗窃嫌疑人,我和刘春秀跑了过去,这个新疆男子从挎包里拿出东西后往裤腰里塞,同时转身往回走,我们把他抓住了,叫住骑电动车的女子,从这个新疆男子的裤腰里拿出一个棕色钱包,被盗女子说这是她的钱包,我拿出钱包清点了一下,里面有108元钱、这个女子的身份证及相片等物。盗窃男子约20多岁,1.65米,体瘦,短发,穿浅灰色上衣。被盗物品是棕色钱夹,20×10厘米,里面有108元,一张百元的,一张五元的,三张一元的。"

麦麦提依明·苏力坦供述:"我刚来北京,没有钱,就决定偷东西养活自己。2011年8月4日下午6点多钟,我一个人转悠到朝阳区劲松中街路口处,当时我在路的一边,正好红灯,我看见一个女的骑着一辆电动自行车停在路口正在等红绿灯,她边上没什么人,她的自行车脚踏板上放着一个黑色的挎包,我就从这个女的右后侧慢慢走了过去,趁她不注意悄悄地拉开她挎包的拉锁,很快从挎包内摸出一个钱包,别在我的腰带上了,刚转身准备跑时,上来两个人把我按倒了,说是警察,并且从我前腰带处拿出了我偷的钱包。之后我就被带回了派出所。我作案时没有同伙打掩护,就我一个人。"

[诉讼]

法院认为,麦麦提依明·苏力坦以非法占有为目的,在公共场所扒窃公民财物,其行为触犯了刑法,已构成盗窃罪,系犯罪未遂,案发后能够如实供述犯罪事实,故本院对其所犯盗窃罪依法予以从轻处罚。判决:被告人麦麦提依明·苏力坦犯盗窃罪,判处拘役5个月,罚金1000元。

[研习]

1. 本案被告人窃取被害人放置于电动自行车踏板上提包中钱包是否"扒窃"?
2. 系既遂还是未遂?

案例四:张某入户盗窃未遂案[1]

[案情]

张某深夜窜至王某家,将门推开后脱下拖鞋,赤脚进入屋内,在翻动抽屉内物品时,将睡着的王某夫妇惊醒,被二人当场抓获,扭送至派出所。

[研习]

入户盗窃但未窃得财物的,是否认定犯罪未遂?

---

[1] 周家海:"最高人民法院研究室关于入户盗窃但未窃得财物应如何定性问题的研究意见",载《司法研究与指导》2013年第1期。

四、拓展案例：盗窃与职务侵占罪界分

案例一：林通职务侵占案[1]

[案情]

林通系某农村信用社押钞员。2000年3月30日下午5时30分许，林通和同事涂能雄等人从下属各信用社营业网点押钞回信用社，将收回的70余万元存进金库保险柜后，被告人林通支开涂能雄，利用金库及保险柜钥匙未上交之机，又返回打开金库大门及保险柜，盗走70万元后携款潜逃。

[诉讼]

一审判决：林通采取秘密手段窃取金融机构的巨额钱款，其行为已构成盗窃罪，数额特别巨大。判处死刑，剥夺政治权利终身，并处没收个人全部财产。

上诉：林通辩称：自己属于职务侵占，不是盗窃。

二审判决：林通犯职务侵占罪，判处有期徒刑15年，并处没收财产10万元。判决理由：鼓山信用社平常的现金出入库是由押钞员林通、涂能雄等人负责的，信用社押钞员同时又兼任管库员职责，很混乱。林通窃取信用社巨款得逞是利用了保管保险柜的钥匙以及能够进出金库这两条职务上的便利，尽管其行为同时也利用了信用社管理制度上的混乱和漏洞，但就其窃取钱款的行为本质而言仍然是一种利用职务便利的行为。

[研习]

为何起诉盗窃判决职务侵占？

案例二：贺豫松职务侵占案[2]

[案情]

贺豫松系中铁快运公司郑州站营业部委外装卸工，其利用当班装卸旅客托运的行李、包裹的职务便利，在2003年5月至2005年12月间，先后19次窃取电脑、手机、电磁炉等物品，共计价值45 871元。

[诉讼]

判决：豫松身为郑州车站委外装卸工，利用职务便利，非法占有本单位的财物，数额较大，其行为已构成职务侵占罪，判处有期徒刑2年，缓刑4年。

---

[1] 福建省高级人民法院王成全、吴兆撰稿，薛淑兰审编："林通职务侵占案——名义职务与实际职务不一致的应当如何判断是否利用职务之便？"【第247号】，载《刑事审判参考》总第32集。

[2] 郑州铁路运输法院马守锋撰稿，最高人民法院刑三庭续文钢审编："贺豫松职务侵占案——临时搬运工窃取铁路托运物资构成盗窃罪还是职务侵占罪？"【第452号】，载《刑事审判参考》总第57集。

[研习]

本案在定性上可能存在哪两种不同意见？

案例三：快递公司人员内外勾结窃取经管包裹案[1]

[案情]

吴志飞与陈金元系亲戚关系，二人同是北京顺丰速运有限公司业务员，负责收揽及派送快递，李丽丽系被告人陈金元的妻子。吴志飞在得知陈金元急需用钱归还贷款后，就与陈金元、李丽丽共谋通过调包快递的方式牟利，三人最终商定由陈金元购买一袋大米，通过快递运送到吴志飞所负责的区域，吴志飞在去上一个中转站分拣快递的过程中将陈金元的快递单与其他快递的快递单对调，然后由李丽丽负责接收快递。共谋后，三人按计划分工进行，2015年11月8日，陈金元邮寄的装有大米的快递寄到了吴志飞所负责区域的上一级中转站，吴志飞在去中转站分拣本区域快递的时候发现了陈金元邮寄的快递，后吴志飞将陈金元包裹上的快递单抽出，并与旁边另一个重量相当的包裹的快递单进行了调换。被调换的包裹由快递员送到了陈金元所填写的收件人手中，该包裹实际由李丽丽接收。包裹内含12部苹果6S plus手机，经鉴定，共价值57 000元。

[诉讼]

起诉：原起诉职务侵占罪，后因2016年《最高人民法院、最高人民检察院关于办理贪污贿赂刑事案件适用法律若干问题的解释》（以下简称《办理贪污贿赂案意见》）出台，职务侵占罪数额较大标准为6万元，而本案犯罪金额57 000。检察院变更起诉盗窃罪。

判决：犯盗窃罪，判处吴志飞、陈金元有期徒刑2年，缓刑2年，并处罚金2000元。判处李丽丽有期徒刑1年6个月，缓刑2年，并处罚金2000元。

[研习]

按照目前的司法习惯，本案应当定职务侵占罪还是盗窃罪？

案例四：雒彬彬担任游戏客服时窃取游戏金锭案[2]

[案情]

雒彬彬于2012年5月至11月期间，利用担任武神网络公司客服人员的工作便利，在未获授权的情况下使用公司管理员账号中的92号工具擅自生成游戏中的"金锭"29 562 497枚（根据游戏确定的兑换比例价值1 970 833.13元）。雒彬彬使用上

---

[1] 本案由北京市丰台区检察院起诉、丰台区法院2016年判决。
[2] 北京市第三中级人民法院（2014）三中刑终字第66号刑事判决书。

述"金锭"在游戏商城中换取游戏道具后，通过网络平台销售牟利。

[证据]

1. 任×（武神公司副总裁）的证言：雒彬彬于 2011 年 5 月入职，担任公司客服专员。2012 年 11 月 16 日左右，我公司发现账户内客户充入的资金余额同系统产生的金锭差别巨大，着手调查。产生金锭的途径一是用户充值（兑换比例为 1 元 = 3 点 = 15 金锭），另外是用户在使用过程中出现异常，经管理层批准后，客服可以用 92 号工具产生金锭，补偿给客户。经查询，我们怀疑雒彬彬利用管理员的权限，未经领导审批，擅自修改游戏数据，生成金锭，通过我公司的游戏商城兑换为铅印宝票，再将宝票转入其个人申请的游戏玩家账户中，再转移到 5173 网站出售获利 114 940 元。

2. 证人陈×（武神公司客服部主管）的证言：客服人员通过登录管理员账号（GM）可以开启 92 号工具。客服部只有我有这项权限。我没有授权过雒彬彬进行此项操作。

3. 武神公司出具的相关书证材料：

（1）该公司具备利用互联网经营游戏产品运营、网络游戏虚拟货币发行的资质。

（2）劳动合同书证明：雒彬彬于 2011 年 5 月至武神公司工作，任客服职位。

（3）GM 工作守则证明：GM 账号是用来管理游戏的专属账号，禁止利用该权力破坏游戏中数据，使玩家不能正常游戏。禁止利用 GM 权限以现金买卖游戏中的道具。

（4）武神公司出具的书证证明：2012 年 5 月至 2012 年 11 月，管理员账号 shen-wunbdjj09 通过购买商城道具消耗金锭数量为 29 562 497 枚，按照 1 元兑换金锭 15 枚的比例，给公司造成的损失折合为 1 970 833.13 元。

4. 雒彬彬的供述：我发现公司客服的游戏系统里增加了刷金锭的功能，我就利用当班时间先后多次利用该功能刷金锭，因金锭在游戏中无法交易，我就通过商城将金锭兑换为铅印宝票，再将宝票导入我的游戏账号 woshishagua001。我又在 5173 网站注册了 woshishagua753 账号，通过该网站销售宝票，价格是 100 元兑换 40 票。销售收入都进入与我关联的招商银行卡。具体金额记不清了，但 2012 年三四月份之后，5173 网站汇给我的钱都是我的获利。正常情况下我不负责刷金锭，如果游戏中玩家因为网络原因造成损失，会把情况反馈给我们客服。经查询核实后，会将相关信息反馈给客服以及负责补偿的部门。

[诉讼]

起诉：盗窃罪。

一审判决：盗窃罪，判刑 13 年，剥夺政治权利 3 年，罚金 26 000 元。

上诉：雒彬彬上诉称定性有误，是职务侵占，且犯罪数额认定缺乏法律依据。

二审判决：上诉人雒彬彬为牟取非法利益，利用担任武神公司客服专员的职务便利，侵占公司财产，数额巨大，其行为已构成职务侵占罪，判刑 6 年。继续追缴雒彬彬 568 829 元发还被害单位。

[研习]
1. 本案"金锭"是什么财产？
2. 该"金锭"与"Q 币"、"比特币"、（微信钱包中的）"零钱"有何差别？
3. 本案应当定盗窃罪、职务侵占罪还是非法获取数据罪？

第四节 诈骗罪

一、基础案例：骗取财物行为和非法占有目的

案例一：罗小兵诈骗案[1]

[案情]
2012 年 9 月，罗小兵结识了李兴梅。2012 年 12 月至 2013 年 1 月，罗小兵称自己在重庆做工程需要资金，可以支付高额利息，多次向李兴梅口头提出借款。李兴梅先后将其管理的扶贫互助资金 231.91 万元私自挪用给罗小兵。至案发前，罗小兵归还李兴梅 27.6 万元，其余 204.31 万元借款全部用于偿还债务和赌博。经查，没有在重庆做工程需要资金之事。

[诉讼]
一审判决：犯诈骗罪，判刑 11 年，并处罚金 50 万元。
上诉：借贷关系，不构成犯罪。
二审裁定：罗小兵在其已欠下巨额外债，又无稳定收入来源的情况下，隐瞒其无力偿债的财务状况，虚构在重庆做工程差钱的事实，并以高利息为诱饵，使李兴梅误认为罗小兵有可靠的投资项目，具有偿还能力，而挪用公款 231.91 万元交由罗小兵使用。罗小兵在骗得资金后，除极少部分归还被害人外，将其余资金全部用于偿债、赌博和日常开销，未对所借资金进行妥善的保存或合理投资，导致无法归还。罗小兵与李兴梅之间虽然名义上是借贷关系，但实质上罗小兵是在无偿还能力的情况下，多次以借为名，骗取他人巨额财物，应以诈骗罪定罪处罚。裁定驳回上诉，维持原判。

[研习]
1. 本案被告人骗取财物的事实根据是什么？
2. 认定非法占有目的的事实根据是什么？

---

[1] 彭水县人民法院（2013）彭法刑初字第 0299 号刑事判决书、重庆市第四中级人民法院（2014）渝四中法刑终字第 00006 号刑事判决书。

案例二：小贷公司负债累累借款还高利贷案

[案情]

2014年9月25日岳某某与裘某某、X小贷公司签订了《借款合同》一份，约定裘某某向岳某某借款1300万元，借款期限为3个月（2014年9月25日至2014年12月25日），借款月利率为1.5%，裘某某以其在X小贷公司6000万元的股权（占该公司30%的股份）提供了质押担保，但没有去工商局办理出质登记。另约定X小贷公司为该借款提供了连带责任保证的担保。后岳某某将1300万元的承兑汇票交付给裘某某。

2014年10月13日，X小贷公司向国开行山西分行借款4500万元，由Y小贷担保公司提供了2500万元的担保，以裘某某持有的X小贷公司6000万元的股权向Y小贷担保公司提供了反担保，并办理了出质登记。

2014年12月16日，裘某某归还了岳某某200万元，2015年1月9日归还了100万元。现因裘某某及X小贷公司负债额度太大，裘某某的个人资产及X小贷公司的资产根本无法归还岳某某1000万元借款。

实际上在2014年9月25日裘某某向岳某某借款时，裘永清控股的公司已经负债累累，裘某某向岳某某的借款也用于归还他人的高利贷。

[研习]

1. 本案裘某某有没有骗取1300万借款的事实？
2. 对被告人不利的因素是什么？

案例三：王先杰诈骗案[1]

[案情]

王先杰被债权人张亚平、蔡建平、上海银行无锡分行等个人和单位以未能偿还到期贷款和民间借贷为由诉至法院，或申请诉前财产保全。法院先后作出民事判决、民事调解和民事裁定，责令王先杰返还债权人本息及其他诉讼费用，并裁定查封、冻结王先杰的财产，金额累计4000余万元。王先杰在明知其身负巨额债务，名下房产均遭法院查封的情况下，于2013年8月6日前后的一天，假借要开办无锡天酬投资有限公司之名，委托孙向荣垫资3000万元代为办理工商注册登记手续。随后，王先杰向前述债权人透露将有资金转入其新开的个人账户。8月13日9时许，孙向荣

---

[1] 江苏省无锡市中级人民法院范莉、王星光撰稿，最高人民法院刑四庭陆建红审编："王先杰诈骗案——民事纠纷与公权力混合型诈骗案件中若干情节的认定"【第1065号】，载《刑事审判参考》总第102集。

将2850万元转入王先杰的银行账户。前述债权人立即向有关法院申请冻结了上述款项。孙向荣得知款项被冻结后即报案，涉案财物已发还孙向荣。

[诉讼]

起诉：诈骗罪。

一审判决：诈骗罪未遂，判处有期徒刑6年，罚金1万元。

上诉：理由是：①其准备成立新公司是事实，并无假借成立新公司之名骗取垫资款的故意；②其没有虚构事实、隐瞒真相，其行为不构成诈骗罪。

二审裁定：驳回上诉，维持原判。理由：王先杰明知债权人发现自己账户有钱即会申请法院冻结，而要求孙向荣将2850万元用于验资的垫资款转入自己的银行账户，并告知债权人资金进入账户的时间，致使该垫资款被法院冻结。上述客观行为足以反映出王先杰意图通过人民法院的公权力，冻结、扣划上述款项，从而骗取孙向荣垫资款用于偿还其个人债务，其行为符合诈骗罪的法律特征。

[研习]

1. 认定本案被告人非法占有目的的依据是什么？
2. 为何认定为未遂？

案例四：翁士喜被诉合同诈骗、判决非法经营案[1]

[案情]

2010年1月至10月间，翁士喜以岳腾基业公司名义，在北京市通州区某院内搭建商铺，对外招租，承诺定期开业。与王玉俐等350余名商户签订租赁合同并收取租金、履约保证金等共1300余万元。所搭建商铺未经审批，亦未向工程所在地县级以上人民政府建设行政主管部门申请领取施工许可证，因此被政府相关部门查处。之后，翁士喜等人陆续退还商户钱款。至案发尚有10名商户共计55万余元未退还。

[诉讼]

起诉：合同诈骗罪。

判决：非法经营罪，判处有期徒刑3年，并处罚金30万元。

[研习]

1. 翁士喜的行为是否构成合同诈骗罪？
2. 翁士喜是否构成非法经营罪？

---

[1] 北京市第二中级人民法院周耀撰稿，最高人民法院刑五庭马岩审编："翁士喜非法经营案——未经许可在城区违法搭建商铺并以招商为名收取租金的行为如何定性？"【第1042号】，载《刑事审判参考》总第101集。

案例五：钢浓公司、武建钢骗取贷款、诈骗案[1]

[案情]

事实一：武建钢任钢浓公司法定代表人。该公司于 2007 年投产，从事还原铁生产加工，产品销售给金资公司。自投产钢浓公司持续亏损，资金周转困难。2008 年 6 月，武建钢经他人介绍结识光大银行武汉分行青山支行副行长林汉宁，武建钢表示希望从该行获取贷款，林汉宁向其推荐了银行保理融资业务。为获得贷款，武建钢隐瞒钢浓公司持续亏损的事实，向光大银行武汉分行提供虚假的财务报告、应收款明细表。同年 9 月 16 日，钢浓公司与光大银行武汉分行签订《综合授信协议》，授信额度为 2000 万元，授信有效期 1 年，应收账款付款期限最长不得超过 90 天。同月 18 日，武建钢使用私刻的武汉钢铁股份有限公司（物资采购）合同专用章，假冒"金资公司"合同员周长工的签名，与光大银行武汉分行签订《关于武汉钢浓粉末冶金有限公司（卖方）有关应收账款转让问题的三方协议》。协议签订后，武建钢又伪造废钢买卖合同、产品合格证明、应收账款债权转让通知书等，于 2008 年 9 月 23 日、10 月 9 日 2 次从光大银行武汉分行骗取保理资金共计 2000 万元。

2009 年年初，武汉钢铁（集团）股份有限公司内部管理机制调整，签订合同、结算账款由金资公司负责，同年 3 月 2 日，钢浓公司采取前述欺骗方法与光大银行武汉分行重新签订《综合授信协议》，授信额度仍为 2000 万元，授信有效使用期限至 2010 年 3 月 1 日。同年 5 月，因钢浓公司不能按约正常还款，林汉宁对钢浓公司的财务章、合同章、公章进行监管。

2009 年 11 月 9 日，武建钢与武汉盈科物资有限公司有关人员签订钢浓公司股权转让协议，并于同年 11 月 19 日办理公司法人变更登记，武建钢不再持有钢浓公司股份，不再担任钢浓公司法定代表人。经鉴定，自 2008 年 9 月至 2009 年 11 月 18 日法定代表人变更，钢浓公司累计收到光大银行青山支行授信保理贷款资金 11 094 万元，偿还 9094 万元，尚欠 2000 万元。至 2010 年 8 月案发，钢浓公司尚欠保理融资本金 1503.5 万元。

事实二：2009 年 11 月 28 日，武建钢隐瞒钢浓公司法定代表人已变更的事实，对原材料供货商程春胜谎称需要资金回购钢浓公司股权，向程春胜借款 278.24 万元，期限 6 个月。同年 12 月 15 日，武建钢以股权回购资金不足为由，再次向程春胜借款 309 万元，承诺 2010 年 1 月 20 日归还。逾期后，程春胜多次向武建钢催还借款，武建钢于 2010 年 9 月至 10 月间归还借款 35 万元，并承诺同年 10 月 1 日起每月归还借款 30 万元。逾期后，武建钢假借各种理由不履行偿还义务。至案发，仍有本金

---

[1] 湖北省高级人民法院郑娟、邓海兵撰稿，最高人民法院刑四庭陆建红审编："钢浓公司、武建钢骗取贷款、诈骗案——使用虚假资料获取银行贷款的，如何认定行为人的非法占有目的？"【第 1208 号】，载《刑事审判参考》总第 111 集。

552.24万元不能归还。

[诉讼]

起诉：合同诈骗罪。

辩护：武建钢没有私刻合同专用章和提供虚假证明文件，钢浓公司将银行贷款用于生产和偿还借款，没有非法占有，不构成合同诈骗罪。钢浓公司股权转让后，应由后任法人承担归还银行贷款的责任。武建钢与程春胜有多年业务往来，二人的债务是民间借款，没有诈骗的故意。

一审判决：①被告人骗取保理融资款2000万元，并导致1503.5万元不能归还，给银行造成特别重大损失，构成骗取贷款罪。判处被告单位罚金10万元，武建钢有期徒刑4年，并处罚金5万元。②武建钢以非法占有为目的，虚构事实，骗取他人财物552.24万元，数额特别巨大，其行为构成诈骗罪。判处有期徒刑11年，剥夺政治权利1年，并处罚金5万元。数罪并罚决定执行有期徒刑13年，剥夺政治权利1年，并处罚金10万元。

抗诉：被告单位和被告人对保理资金有非法占有目的，依法应以合同诈骗罪承担刑事责任。

上诉：借条、还款协议等证明武建钢找程春胜借款系民间借贷，武建钢不构成诈骗罪。

二审裁定：维持原判。

[研习]

1. 如何认定诈骗罪中的非法占有目的？
2. 试根据前述问题1答的三个方面分析，为何认定事实二具有非法占有目的？
3. 试根据前述问题1答的三个方面分析，为何认定事实一不具有非法占有目的？

案例六：梁保权、梁博艺信用卡诈骗案[1]

[案情]

梁博艺以其本人名义在某银行办理了一张信用卡，同年5月17日起，梁博艺与兄弟梁保权二人共同使用该信用卡进行透支消费且主要用于二人的企业经营。2014年8月18日，二人最后一次持该卡透支消费13 000元。8月21日该信用卡出现逾期，银行将该卡停卡并开始电话催收还款。同年10月31日，二人向该卡转账还款40 000元（银行按照信用卡合约规则优先视为归还利息、滞纳金等发卡行所收取的费用）后未能继续归还欠款。二人欠款逾期未还后，经越秀支行多次电话催收、催

---

[1] 广州市越秀区人民法院黄莹、邓凯撰稿，最高人民法院刑四庭陆建红审编："梁保权、梁博艺信用卡诈骗案——透支信用卡用于经营活动导致无法归还的是否构成信用卡诈骗罪？"【第1120号】，载《刑事审判参考》总第105集。

收函催收、上门催收仍未归还。梁博艺或梁保权接听电话时均表示愿意归还欠款，只是申明企业经营困难希望暂缓还款。截至 2015 年 3 月 20 日，按照银行信用卡合约规则的计算方法，涉案信用卡仍有透支款本金合计 167 411.60 元及利息 9542.38 元未归还。2015 年 3 月 23 日，梁保权冒用梁博艺名义到光大银行大厦协商还款事宜时，银行员工报警案发。

[诉讼]

起诉：梁博艺、梁保权构成信用卡诈骗罪。

审理：法院认为：本案二被告人将涉案信用卡透支款项用于生产经营，因经营不善、市场风险等客观原因造成透支款项无法偿还，主观上不具有"非法占有目的"，其行为不构成信用卡诈骗犯罪，本案只是一般的民事纠纷。

撤诉：鉴于法院对本案的认定，起诉部门作撤诉处理。

[研习]

1. 如何认定"恶意透支"型信用卡诈骗罪"非法占有目的"？

2. 透支被停卡后至催收后未满 3 个月期间所偿还款项是否应当认定为偿还本金，且应从犯罪数额中予以扣除？

案例七：马军贷款诈骗案[1]

[案情]

2000 年底，于爱华将其名下一处房屋产权证书交给其女婿马军保管，并委托马军为其办理房屋出租手续。2004 年，马军欠下白某 20 余万元债务，无力偿还，于是许诺出售一处房产套现后还账。同年 11 月 3 日，马军找到一名女子冒充于爱华，并持于爱华的房屋产权证书、假身份证、假委托书等文件在某公证处办理了委托公证，取得房屋产权的处置权。11 月 5 日，马军凭借公证书及房产证到建设委员会和国土管理部门将房屋产权无偿过户到白某名下。2005 年 1 月 5 日，马军请求朋友任伟帮忙以银行按揭贷款方式从白某处买下该房产。于是，房屋产权被过户至任伟名下，任伟以所购房产为担保，与银行签订了借款合同，银行依约向白某支付了 24 万元购房款。马军所欠债务随即消灭。交易结束后，马军告知任伟，所购房产是其从于爱华处骗来还账的。此后，马军与任伟一起，每月按时偿还房屋贷款，至案发时止，已经偿还借款及利息 1 万余元。2006 年 7 月，任伟向于爱华主张房屋所有权，于是案发。经鉴定，涉案房屋价值 39.5 万元。

[诉讼]

起诉：诈骗罪。

---

[1] 丰台区检察院侦监处张京晶撰稿，张倩编辑："马军贷款诈骗案"，载《北京市人民检察院参阅案例》（2008 年第 7 号，总第 28 号）。

判决：被告人使用虚假产权证明作担保，骗取贷款，数额特别巨大，其行为构成贷款诈骗罪，判处马军有期徒刑10年。

[研习]

马军的行为是构成诈骗罪还是贷款诈骗罪？

案例八：刘志刚冒充博士骗取安家费案[1]

[案情]

2004年11月14日，郑州航空工业管理学院参加国家人事部在北京举办的"全国第六届高级人才洽谈会"，刘志刚来到该洽谈会，以刘育豪之名向航空学院谎称自己是北京大学在读博士生，将于2005年7月毕业，并提交了其编造的个人工作经验、科研项目、发表的论文、英语水平等简历。该学院信以为真，即与刘志刚商谈招聘事宜。为能让刘志刚毕业后到其学院工作，决定让刘志刚于毕业前即可上班。刘志刚于2004年12月份到郑州航空工业管理学院上班，该院按"博士生"待遇付给刘志刚4万元安家费，3个月的工资6000元，并分配120平方米住房一套。刘志刚上班后，多次以自己是北大博士生，要进一步提高待遇为由，不断向学院提出需要配置电脑、打印机和科研启动资金等要求。郑州航空工业管理学院经向北京大学查询，发现刘志刚未在北京大学读博士，遂向公安机关报案，2005年2月2日，刘志刚再次向该院提出上述待遇时被抓获。归案后，公安机关追回赃款40630元和分配给他的住房钥匙一套，已发还被害单位。

[诉讼]

起诉：诈骗罪。

一审判决：刘志刚以非法占有为目的，采用虚构事实、隐瞒真相的方法，骗取公共钱财，数额巨大，其行为已构成诈骗罪。公诉机关指控其罪名成立，应予以支持。刘志刚及其辩护人均认为刘志刚的行为是一般民事欺诈，不构成诈骗罪。经当庭查证，刘志刚主观上具有骗取被害单位钱财的故意，客观上采用了虚构事实的方法，以虚假"在读博士生"身份，隐瞒真实情况，骗取公共钱财，其行为符合诈骗罪的构成要件，且数额巨大，应当以诈骗罪追究其刑事责任。故刘志刚及其辩护人的辩护理由均不能成立，法院不予采纳。判决：刘志刚犯诈骗罪，判处有期徒刑3年6个月，并处罚金4000元。并责令刘志刚退赔被害单位郑州航空工业管理学院经济损失5370元。

上诉及二审：刘志刚不服一审判决，提出上诉，郑州市中级人民法院经审理认为，原判认定刘志刚犯诈骗罪的事实清楚，定性准确，量刑适当，审判程序合法，

---

[1] 最高人民法院中国应用法学研究所编：《人民法院案例选》2008年第4辑，人民法院出版社2008年版。

遂裁定驳回上诉,维持原判。

[研习]

1. 本案中,刘志刚是否实施了诈骗行为?诈骗罪的对象是什么?刘志刚虚构身份直接骗取的对象是什么?以此认定,其是否构成诈骗罪?

2. 如果查明:刘志刚确已上班工作3个月,据此领取3个月的工资6000元,只不过按其真实身份根本没有上班资格,则其对此工资是否构成诈骗罪?

3. 如果案情是:按照郑州航空工业管理学院的规定,只有博士研究生才享受4万元安家费的待遇,刘志刚真实身份是硕士研究生却冒充博士研究生,取得安家费,则其对此安家费是否构成诈骗罪?

4. 如果案情是:刘志刚虚构身份获得郑州航空工业管理学院副教授身份,之后以郑州航空工业管理学院副教授身份申请国家项目,评审通过得款10万元,可否构成诈骗罪?

5. 通过回答以上问题,你的感触是?

6. 讨论"王某以虚假身份应聘司机开走单位汽车案"的定性:2008年8月,王某以虚假的身份证、驾驶证到某服装公司应聘驾驶员,应聘后上班第一天,王某接受公司指派,驾驶公司的小轿车送公司办事员外出,即借机将该车开走,占为己有。其后,王某采取同样手段又非法占有了3家公司的3部小轿车。经查,非法所得小轿车价值10万余元至20万余元不等。[1]

案例九:甲某涉嫌合同诈骗案[2]

[案情]

2007年甲某成立了泽华商贸公司,该公司因未办理年检,已于2009年10月9日被吊销营业执照。2009年8月,乙某因以前与甲某进行过电视、空调装修合作,遂找到甲某,要求其为自己的歌厅装电视。2009年9月27日北京乐巢文化发展有限公司与泽华商贸公司签订供货合同,约定乙某向甲某订购康佳电视共计65台,总价253 400元,9月28日乙某付清价款。

甲某自供到丰台区洋桥大中电器电视部缴纳10万元定金让对方帮忙联系购买电视,并从该店提出9台电视,给乙某的歌厅装上,其余153 400元甲某自供用到公司其他业务上。同年11月底,乙某要安装电视时,因甲某公司无钱支付大中电器剩余货款,遂无法提货安装。甲某自供把从大中电器洋桥店退还的6万多元定金用在其

---

[1] 许少宇:"以虚假身份应聘司机开走单位汽车如何定性",载《检察日报》2009年10月14日,第3版。

[2] 案件来源:北京市丰台区人民检察院公诉案件审查报告"甲某涉嫌合同诈骗案",承办人:北京市丰台区人民检察院刘亮、温建康。

他业务上。2010年乙某要求甲某退款，甲某因无钱，遂以资金周转困难为由推脱。2010年3月26日甲某书写的退款证明书交给乙某，约定退电视款253 400元，退回订货补款33 000元整，共计退还金额286 400元整，退还金额在2010年4月2日前退清。到约定期限后，甲某为了继续拖延，出具了出票人为景茂泽华商贸（北京）有限公司、金额为221 700元的支票，但告知了乙某错误的密码，2010年4月14日因密码填写错误而被银行退票。乙某找到甲某继续索要欠款，甲某自供此后躲着乙某，10月后甲某手机号码更换，乙某称2010年6月以后就找不到甲某，10月后甲某电话也联系不上了。

甲某辩称自己未还款的主要原因系资金周转不开，且2010年3月在河北廊坊被骗价值43万元的货物，但其就被骗一事并未报案，亦无法提供其他证明材料。

2011年9月22日，乙某报案称被诈骗，甲某下落不明。2014年2月18日，甲某在海淀区住宿时，被民警查获，次日被刑事拘留，2014年2月26日，甲某偿还乙某10万元，乙某出具证明，要求给甲某从轻处罚，同日甲某被北京市公安局丰台分局取保候审。甲某于2014年6月30日至2015年6月4日共计向乙某还款186 400元，乙某出具说明，证实甲某已经还清欠款。

经调查，2007年10月1日甲某向王东旭的借款14万元，一直未予偿还，2011年9月26日东城区人民法院判决甲某偿还王东旭14万元；2009年12月17日，甲某从刘中华处购买美的空调86套，总价130 720元，被告甲某支付原告刘中华货款5万元，余款一直未给付，2012年6月19日东城区人民法院判决甲某给付刘中华货款80 720元。

[证据]

1. 犯罪嫌疑人供述与辩解：

甲某：2007年或2008年左右，我在经营公司做业务的过程中认识了一个开歌厅的经理叫乙某，我给他装过3次歌厅用的电视和空调，他也都给我结款了，都是正常业务。2009年8月左右，乙某找到我说他和合伙人在丰台区丰益桥附近又开了一家歌厅，让我帮他购买65台康佳电视，并给他安装调试，我同意了。我们双方于2009年9月在乙某的办公地丰台区丰管路16号2号楼签的合同，乙某以北京乐巢文化发展有限公司名义与我的景茂泽华商贸有限公司签的。合同约定由我公司供应65台康佳液晶电视，订货周期是50天，由我公司购买提供给对方并负责安装调试，货款含安装调试费共计253 400元。当天签合同的时候，乙某在合同签订地给了我15 000元现金作定金。2009年9月28日，对方通过银行向我的农商行账户汇款238 400元，对方已经付完全款。我收到钱后，找到丰台区洋桥的大中电器电视部门，给了店里职员10万元定金，对方帮助联系康佳公司购买电视，当时我为了让乙某放心，就从大中电器店内提了9台康佳42寸电视，给乙某的歌厅装上了。余下的153 400元我先用到公司其他业务上了，因为我公司当时资金周转困难，想先用乙某的钱周转，等有其他业务回款后再给乙某交货。11月底，乙某要安装电视时，我公司实在没钱交给大中电器了，我就向乙某说业务做不了。乙某要求我退款，我就找理由推脱，我还把从大中电器洋桥店退还的 6 万多元定金用在其他业务上了。乙某着急开业又找其他公司购买安装了电视。2010 年元旦后，乙某要求我退钱，但我没有钱退给他，就以资金周转困难为由拖着。2010 年 3 月，我公司在河北廊坊又被人骗走了一批货，赔了 43 万元，就更没有钱退给他了。2010 年 4 月，我给乙某一张北京银行的转账支票，为了多拖几天，我故意告诉他错误的密码，银行以密码填写错误退票。之后乙某又找我要钱，大约在 2010 年 5 月左右，我在他的歌厅给他写了一张欠条，金额 28 万，实际我只欠他 221 700 元，余下的算我拖欠的补偿款，后来我实在没钱就一直躲着乙某，也换了电话号码。

我与乙某的合同上，我这方有我公司的印章及我的签名，对方当时没有盖章和签字。我实际拖欠乙某 221 700 元，当时总货款是 253 400 元，我向对方提供了 9 台康佳电视并安装了，折算是 3 万余元，剩的余款是 221 700 元。我收对方货款用的是我的户名的北京农商银行卡，收取货款应该是开发票了。

侦查员问：你把乙某给你的货款干什么用了？

甲某答：除了花了 3 万多元采购给对方安装了 9 台电视之外，其余的被我用在公司其他业务上了，我做的业务很多，有的单位要求我们先采购、安装，之后才能给我结账付款，我就需要先垫资购买安装，所以把钱先挪用了，用来采购、给工人开工资，没法说明具体用在哪个业务了。

侦查员问：该货款你使用的具体项目？具体数额？

甲某：采购安装 9 台电视使用了 3 万余元，总共用于给工人开工资的有七八万元，加油等用了 1 万多元，还剩下 10 万余元，用作其他项目采购款了。

侦查员问：当时你有多少工人？

甲某答：9 月份之前用过十二三个工人，9 月份之后空调安装少了，还有 9 个人左右。

侦查员问：当时你公司如何给工人开支？

甲某答：当时我管吃、管住，工人是死工资，办公室的 1 个员工月薪 2500，出去干活安装的 3000 元，司机用过一两个，月薪 3500 元。工人吃、穿从我这里支钱，年底给结工资。

侦查员问：你给工人支钱、开工资有凭证吗？

甲某答：当时有工资条，工人要签字的，支钱也要写条。这些我没有保留，已经找不到了。

侦查员问：这些工人、司机的情况？

甲某答：我以前的伙计有知道的，但是联系不上了。

侦查员问：其他单位在你采购安装之后也要给你付款，为什么不付款给乙某？

甲某答：当时我不止乙某这块，我还欠供货方王东旭、刘中华两人分别 12 万余元、8 万余元，后来在东城法院打民事官司了，我一直在还款，王东旭的已经还完，还差刘中华7万余元。后来在河北廊坊，我被人骗走210多台空调，损失43万余元，我就更没钱还了。当时被骗没有报案，我手中没有相关材料，到廊坊的一个派出所报案人家不受理。

侦查员问：有谁能证明你被骗了？

甲某答：给我干活的司机、工人能证明。不过，现在都联系不上了。

侦查员问：乙某是否一直能联系上你？

甲某答：2010年10月之后，我已经换了电话号码，对方联系不上我，我也一直没有联系。因为我当时确实没钱，想拖着，挣钱后再还给对方，而且当时我还欠刘中华、王东旭的钱。

侦查员问：你是否对乙某进行了赔偿？

甲某答：我已经分两次赔偿了乙某共计6.5万元，还差12.1万元，我被取保后就一直和他联系，我现在手里没钱，等工程款回来后再给他，他本人也同意了。我这里有乙某收到还款的两张收条复印件。

（最后一次讯问）侦查员：你是否对乙某的钱款进行了偿还？

甲某答：2015年5月17日，我已经将钱款286 400元全部还清，我有还款证明。

2. 被害人陈述：2009年我公司投资花乡一个歌厅时，让甲某的公司负责采购安装空调，之后我们就认识了，再有采购安装电器的时候我就给他打电话，甲某的报价比较低。2009年，我公司投资丰台区丰管路乐巢歌厅时，还是找到甲某与他的公司签的供货合同，由其提供液晶电视并负责安装。采购康佳液晶电视65台，价格共计253 400元，合同约定50天内供货并安装调试。合同签订前，我先给了甲某15 000元现金，9月28日签订合同后，我通过银行账户给甲某转账238 400元。甲某的采购渠道我不知道，他说是按厂家定制机型拿货。到了2009年12月，甲某才给我歌厅安装了9台康佳液晶电视，之后就没有供货。我公司又等到2010年3月，甲某也没有安装余下电视，我公司就另行采购了一批电视。我和甲某口头明确要求解除合同并退还货款253 400元，已安装的9台电视算是给我公司的赔偿。从2010年3月开始我就不断催甲某退款，他老是推脱。还给我公司写了一个退款协议，表示要退给我司253 400元，之后到2010年4月，给了我一张公司的转账支票，金额为221 700元，并告诉我他公司银行账上没钱，要等一段时间再入，到4月14日左右，我将支票入账，甲某告诉我的密码错误，银行退票了，我就再找他要求退款，甲某说再给我换一张支票，之后就不再和我见面了。到2010年6月以后我就再找不到甲某了，2010年底，甲某电话也联系不上了。

3. 乙某出具的谅解书：甲某家属积极与我公司联系解决欠款一事，并积极退回部分货款，余款也由甲某家属担保，我公司体量其家人经济压力及实际情况，恳请公安部门在不影响司法公正情况下，给予甲某从轻处罚。

4. 民事判决书2份，证明：甲某与刘中华、王东旭民事纠纷判决情况。

（1）东城区人民法院2012年6月19日（2012）东民初字第1274号民事判决书。

经审理查明，2009年12月17日，被告甲某从原告刘中华处购买美的空调86套，总价130 720元，被告甲某支付原告刘中华货款5万元，并出具欠条，余款2009年12月19日付清，故被告尚欠原告80 720元。

判决书判决甲某给付刘中华货款80 720元。

（2）东城区人民法院2011年9月26日（2011）东民初字第10221号民事判决书。

判决被告甲某返还于2007年10月1日向原告王东旭借的14万元。

5. 工作说明：

（1）侦查员于2014年2月23日出具的工作说明：

甲某涉嫌合同诈骗一案，据甲某供述其在2010年在河北廊坊市被人骗走价值43万余元的空调，现因甲某无相关证明材料，也未到当地进行报案，故暂无法核实被骗一事。

（2）民警多次到十五支队核实情况，该支队营房股股长付小宏答复称：该支队与景茂泽华商贸（北京）有限公司确有业务往来，但因人员变动较大，2009年是否委托过景茂泽华商贸（北京）有限公司甲某安装空调及具体结款情况，需查找当时财物凭证后才能回复，现经请示领导，不能出具证明材料，故暂时无法取证。

[诉讼]

公安机关以涉嫌合同诈骗罪移送起诉。

检察机关经审查认为是否具有非法占有目的存疑，作存疑不诉处理。

[研习]

嫌疑人是否涉嫌合同诈骗罪？

案例十：张文中诈骗再审无罪案[1]

[案情]

1. 一审、二审判决认定张文中诈骗罪事实和判处的刑罚：2002年初，被告人张文中得知国家对重点企业、重点项目实行国债贴息补贴政策，遂与被告人张伟春、物美集团副总裁张某1等人商议此事，并委派张伟春到原国家经贸委等部门进行了咨询。在得知该批国债技改贴息资金主要用于支持国有企业技术改造项目、物美集团作为民营企业不属于国债技改贴息资金支持范围的情况下，张文中与张伟春商量后决定以中国诚通控股集团有限公司（国有企业，以下简称诚通公司）下属企业的名义进行申报。为此，张文中与诚通公司董事长田某1多次联系，田某1答应了张文中的要求。在张文中的指使下，张伟春等人以虚假资料编制了物美集团技改项目《可行性研究报告》，以诚通公司下属企业名义上报原国家经贸委。物流项目获得审

---

[1] 节选自最高人民法院（2018）最高法刑再3号刑事判决书。

批后，物美集团既未实施，也未向银行申请贷款；物美集团以信息化项目为名，以与其关联公司北京和康友联技术有限公司（以下简称和康友联公司）签订虚假设备采购合同和开具虚假发票为手段，获得1.3亿元贷款，用于公司日常经营，未实施信息化项目。2003年10月29日，财政部将3190万元国债技改贴息资金拨付到诚通公司，后诚通公司将该款汇入物美集团账户，物美集团将该款用于偿还公司贷款。案发后，已追缴赃款3190万元。

一审判决张文中犯诈骗罪，判处有期徒刑15年，并处罚金50万元。二审认为量刑偏重，改判有期徒刑10年，并处罚金50万元。

2. 最高人民法院再审认定的事实：2002年初，原审被告人张文中获悉国债贴息政策及原国家经贸委正在组织申报国债技术改造项目后，即与原审被告人张伟春等人商议决定物美集团进行申报，并委派张伟春具体负责。张伟春到原国家经贸委等部门进行了咨询。为方便快捷，张文中与张伟春商量后决定以诚通公司下属企业的名义申报，并征得时任诚通公司董事长田某1同意。物美集团遂以诚通公司下属企业的名义，向原国家经贸委上报了第三方物流改造和信息现代化建设两个国债技改项目（以下分别简称物流项目、信息化项目），并编制报送了项目《可行性研究报告》等申报材料，其中物流项目《可行性研究报告》所附的土地规划意见书及附图不规范且不具有法定效力。上述两个项目经原国家经贸委等部门审批同意后，物美集团与和康友联公司签订虚假设备采购合同，开具虚假发票，获得信息化项目贷款1.3亿元，后用于公司经营。物流项目因客观原因未能在原计划地点实施，也未申请到贷款。2003年11月，物美集团通过诚通公司取得物流项目和信息化项目的国债技改贴息资金共计3190万元，后用于归还公司其他贷款。案发后，3190万元被追缴。

[研习]

最高人民法院再审判决无罪的理由是什么？

二、拓展案例：诈骗与盗窃、职务侵占罪、侵占罪的区别

案例一：丁晓君诈骗案[1]

[案情]

2014年9月至11月间，丁晓君在上海市长宁区、静安区、普陀区、徐汇区等地，多次冒充帮助民警办案的工作人员，专门搭识未成年人，以发生案件需要辨认犯罪嫌疑人、需向被害人借手机拍照等为由，借得被害人侯某、李某、王某、秦某、

---

[1] 上海市第一中级人民法院刑二庭任素贤、秦现锋撰稿，最高人民法院刑二庭刘为波审编："丁晓君诈骗案——以借用为名取得信任后非法占有他人财物行为的定性？"【第1174号】，载《刑事审判参考》总第108集。

王某某、谈某、徐某的手机等财物,在让被害人原地等候时逃离。之后,丁晓君将赃物销售,所得赃款挥霍殆尽。

[诉讼]

起诉:诈骗罪。

一审判决:盗窃罪,系累犯,应当从重处罚,判刑1年6个月,并处罚金3000元。

抗诉:定性错误,量刑畸重。被告人以虚构事实的方式取得被害人信任,被害人自愿交出手机等财物并在原地等候,被告人系在被害人同意下公然离开现场,没有实施趁人不备、秘密逃离的盗窃行为,故本案应认定诈骗罪;原判因定性错误导致量刑失当。

上级检察院支持抗诉:在被害人同意被告人离开时,财物已经交付,且脱离被害人的控制,被害人已经实施了处分行为,被告人的行为应构成诈骗罪;原判定性错误但量刑并无不当。

二审判决:诈骗罪,判刑1年6个月,并处罚金3000元。判决理由:经查,7名被害人的陈述及相关辨认笔录证实,丁晓君冒充帮助民警办案的工作人员,编造理由骗得被害人手机等财物离开案发现场时,被害人均是知晓的,并非趁被害人不备逃逸。一审判决对丁晓君的行为定性有误,应予纠正。虽二审定性发生变化,但并不导致量刑畸重,一审判决量刑仍在法定幅度之内。

[研习]

如何掌握诈骗罪之被害人处分意思?

案例二:孙莹等假借手机盗窃案[1]

[案情]

2005年1月初的一天下午,孙莹、水明明、郝燕宾伙同郭丽预谋后,孙莹与郭丽到三门峡市某中学门口找到郭丽的朋友李冰洁,孙莹趁郭丽和李冰洁说话之机,以借用电话为名,将李冰洁的一部手机拿走(价值1530元),后孙莹、水明明、郝燕宾将手机销赃,得赃款四百余元。

此外,孙莹、水明明、郝燕宾、薛磊明、解浩还分别或结伙,实施其他窃取他人财物的行为。以上,孙莹参与盗窃2次,价值3570元;薛磊明参与盗窃1次,价值2560元;水明明、郝燕宾各参与盗窃2次,价值2860元;解浩参与盗窃1次,价值2040元。

---

[1] 最高人民法院中国应用法学研究所编:《人民法院案例选》2006年第4辑(总第58辑),人民法院出版社2006年版。

[诉讼]

判决：孙莹、水明明、郝燕宾、郭丽的行为构成盗窃罪。孙莹犯盗窃罪，判处有期徒刑6个月，并处罚金2000元。水明明犯盗窃罪，判处拘役6个月，并处罚金3000元。郝燕宾犯盗窃罪，判处拘役6个月，并处罚金3000元。

[研习]

具体到本案，如何区分盗窃罪和诈骗罪？

案例三：葛玉友等诈骗案[1]

[案情]

葛玉友、姜闯在德清恒运纺织有限公司收购碎布料期间，经事先商量，采用事先偷偷在运输车辆上装入1.5吨重的石头，同林祥云一起给"空车"过磅，随后偷偷把石头卸掉才去装载碎布料，再同林祥云一起满载车辆过磅，然后根据2次过磅结果计算车上碎布料重量，再和林祥云进行现金交易的方法，在林祥云没有察觉的情况下，每次交易均从德清恒运纺织有限公司额外多运走1.5吨碎布料。自2011年4月至2011年8月，葛玉友、姜闯采用上述方法，先后7次骗得碎布料共计10.5吨，共计价值5.25万元。葛玉友、姜闯、张福生自2011年8月至2011年9月，还以空车装水2吨的方式先后2次骗得碎布料共计4吨，共计价值1.96万元。案发后，葛玉友、姜闯退回全部赃款发还被害单位。

[诉讼]

起诉：盗窃罪。

辩护：辩护律师认为是诈骗罪。

判决：诈骗罪，葛玉友有期徒刑3年4个月，并处罚金15 000元；姜闯有期徒刑3年2个月，并处罚金1万元；张福生有期徒刑1年2个月，并处罚金6000元。

判决理由：被告人结伙，以非法占有为目的，虚构事实、隐瞒真相，骗取他人财物的行为，均构成诈骗罪。

[研习]

在买卖过程中，致使被害人对重量产生错误认识并进而处分财物的，如何定性？

---

[1] 浙江省高级人民法院刑三庭聂昭伟撰稿，最高人民法院刑二庭叶晓颖审编："葛玉友等诈骗案——在买卖过程中，行为人采取秘密的欺骗手段，致使被害人对所处分财物的真实重量产生错误认识，并进而处分财物的行为如何定性？"【第1048号】，载《刑事审判参考》总第101集。

案例四：陈平以假换真盗窃金项链案[1]

[案情]

陈平在广州买得假金项链一条，于 1993 年 3 月 15 日来到天津市。当天她到天津商场金店，见柜台里放有一条重 14.09 克、价值 1803.5 元的金项链，与她所买的假金项链式样相同，遂产生以假换真的邪念。她随即到东方商业大厦买得金坠一个，签字笔一支，并将金坠的重量标签涂改为 14.09 克系在假金项链上。然后又返回天津商场金店，以挑选金项链为名，乘售货员不备之机，用自己的假金项链调换了上述真金项链。次日，陈平将金项链卖掉，获赃款 1000 元。尔后，陈又前往广州买得假金项链 11 条、假金戒指 9 枚及涂改液等物品，于同年 3 月 26 日返津。3 月 28 日陈平再次来到天津商场金店，采用上述同样手段，以假换真换得一条重 11.09 克、价值 1418.3 元的金项链。当天，陈平又以同样手段调换一条重 19.78 克、价值 2531.9 元的金项链时，被售货员发觉，当场将其抓获。案发后，陈平的认罪态度尚好，能积极退赃，其退交的重 11.09 克的金项链及 1500 元赃款已发还被盗单位。

[诉讼]

判决：陈平以非法占有为目的，伪装购买金项链，在挑选时乘售货员不备，以假换真，连续三次秘密窃取金项链，总价值 5700 余元，数额巨大，其行为已构成盗窃罪，应依法惩处。姑念其系初犯，无前科劣迹，案发后认罪态度较好，能积极退赃，且有未遂情节，没有给被盗单位造成经济损失，可依法从轻判处。该院依照《刑法》(1979 年《刑法》) 第 152 条的规定，于 1993 年 9 月 6 日判决被告人犯盗窃罪，判处有期徒刑 5 年。

[研习]

以假充真为骗，为何本案不认为是诈骗罪，而认为是盗窃罪？

案例五：朱影以驱鬼为由骗拿钱财案[2]

[案情]

2007 年 11 月 1 日 11 时许，朱影伙同李夏云（另案处理）到甲村王本香家，以驱鬼为由，诱骗王拿出 430 元及价值 1840 元的黄金首饰作为道具，交给被告人"施法驱鬼"。朱影将上述财物用纸包好后，在"施法"过程中，乘被害人王本香不备，用事先准备好的相同纸包调换装有财物的纸包，待"施法"完毕，将该假纸包交还

---

[1] 最高人民法院中国应用法学研究所编：《人民法院案例选》1994 年第 1 辑（总第 7 辑），人民法院出版社 1994 年版。

[2] 威海市环翠区人民法院焦卫撰稿，最高人民法院刑四庭耿景仪审编："朱影盗窃案——对以盗窃与诈骗相互交织的手段非法占有他人财物的行为应如何定性？"【第 492 号】，载《刑事审判参考》总第 62 集。

被害人，并嘱咐 3 日后才能打开，随后将被害人的上述财物带离现场。

2007 年 11 月某日及同月 17 日，朱影伙同李夏云又先后到乙村丛日芬家中、丙村于立芳家中，采用上述相同手段，骗窃丛日芬 1500 元；骗窃于立芳 4300 元及价值 3220 元的黄金饰品。

综上，被告人朱影共参与作案 3 起，犯罪金额为 11 290 元。

[诉讼]

起诉：诈骗罪。

判决：盗窃罪，判处有期徒刑 3 年，并处罚金 20 000 元。理由：朱影与他人共同犯罪过程中，先采用虚构事实的方法欺骗他人拿出财物，后又趁机采用调包的手段窃取该财物，欺骗行为与盗窃行为联结，但其非法取得财物的主要方式是秘密窃取，蒙蔽他人的行为并不直接获得所要非法占有的财物，而只是为实现盗窃创造条件，故其行为不应认定为诈骗罪。

[研习]

结合本案，讨论诈骗罪与盗窃罪的区分。

案例六：冉禹"捡包诈骗"案[1]

[案情]

冉禹（男，27 岁）伙同他人于 2002 年 4 月 19 日 9 时许，在公主坟环岛附近，以捡到钱后与事主分钱的名义设立圈套引诱事主，并采用调包的手段骗取事主王宝柱 7150 元后离去，因被事主及时发现，被告人冉禹在逃跑途中被事主抓获。赃款已发还事主。

[证据]

事主王宝柱的陈述：当日上午，他与妻子张爱英在公主坟东南角看站牌时，有一个穿黑色夹克的男青年从其身边掉了一个信封，里面是一叠钱，那人捡起来，拉着他往北走，并说："我刚拾了很多钱，你别声张，到前面分你一点。"这时从后面追过来一个胖子，对他们说："我丢了 8000 元钱，你们拾到没有？"穿黑夹克的男青年让他把身上的钱给胖子看看，他就掏出上衣兜里的 7150 元钱让对方看，但没有撒手，后又放回原处，穿黑夹克的男青年突然将他身上的钱又掏出来说："再让他看看。"边说边用一张报纸给他包钱，后往他兜里一塞，转身跑了，那个胖子也随他跑了，他觉得不对劲，打开报纸一看没有钱，就追他们，那二人拦下一辆出租车想跑，后在周围群众的帮助下，将穿黑夹克的男青年抓获。

证人张爱英证言证实：当日上午，她与爱人从医院出来等车时，有个男青年与她爱人说了些什么，她爱人就跟那人走，一会儿又过来一个男的，说丢了 8000 元钱，

---

[1] 北京市第一中级人民法院（2002）一中刑终字第 03398 号刑事裁定书。

问她爱人捡到没有，她爱人说没有，原来那个青年主动拿出自己的钱包打开让对方看，她也让爱人拿出钱来让对方看，第一个男青年接过钱看了一眼，对第二个男青年说"不是你的钱"，并将钱非常快地往她爱人怀中塞去，转身快步离去，她爱人与自称丢钱的人还在说着什么，她感觉不对劲，让爱人看一下钱，发现钱没有了，就去追，那个自称丢钱的人也跑了。

[诉讼]

起诉：盗窃罪。

一审判决：事主王宝柱身上的钱是其自己掏出来交给被告人，还是被告人冉禹从事主身上取出后调包，是本案定性的关键情节。被告人冉禹的辩解与证人张爱英的证言能够相互印证，均能证实事主王宝柱自己主动将钱交到被告人冉禹手中，后被告人冉禹将钱调包的事实。故认定：被告人冉禹以非法占有为目的，伙同他人编造虚假理由设立圈套引诱事主，骗取事主钱财，数额较大，其行为已构成诈骗罪，应予惩处。北京市海淀区人民检察院指控被告人冉禹犯罪的基本事实成立，但指控罪名有误，予以纠正。鉴于被告人冉禹当庭能够如实供述主要犯罪事实，其犯罪行为未给事主造成实际损失，可酌予对其从轻处罚。以诈骗罪判处被告人冉禹有期徒刑1年6个月，罚金3000元。

抗诉：①原判案件定性有误。被告人冉禹虚构捡钱、丢钱的事实，使事主为了证明自己的清白而将自己的钱交给冉禹核实，其主动交付只是为了让对方看一看，时间上具有暂时性，财产的占有权没有转移给冉禹，没有丧失对钱的控制，财物最终失去控制是被告人采取调包的方式秘密窃取的结果，冉禹取得财物的手段是偷而不是骗。②原判量刑偏轻。原判定性有误导致量刑偏轻，且认定冉禹当庭能如实供述主要事实，未给事主造成实际损失，酌予从轻处罚不妥。冉禹在主要事实上的供述与事主的证言不一致，没有造成损失的原因是由于事主及时发现将被告人抓获而追回钱款，并不是被告人主动退赃，故均不能成为从轻处罚的情节，本案系严打三类重点案件，对冉禹应依法从重处罚。

二审判决：从被告人供述的预谋过程到其实施的犯罪手段，都符合诈骗罪的犯罪构成，事主将自己的钱款交给冉禹是基于冉禹与其同伙虚构事实，欺骗事主造成的，不是冉禹采取秘密窃取的方式取得，应认定被告人冉禹的行为构成诈骗罪。

[研习]

1. 本案中，行为人是否实施了欺骗行为？

2. 欺骗事主而使事主将自己携带的7150元钱让对方看，是否认为事主对此财物转移了占有？可否认定为诈骗罪？

3. 本案取财的关键手段为何？如何定性？

案例七：张东友骗卖备用铁路大桥案[1]

[案情]

1993年4月的一天，张东友在乘坐火车时发现相邻旧路堤上有一座大型铁路桥梁。张东友听说该桥早已报废，遂产生了"卖桥赚钱"的邪念。此后，张东友便制造谎言，声称自己买了一座报废的铁路大桥，且可以办理拆桥手续，到处招骗买主。他先后与开滦、秦皇岛、唐山的3家机械厂联系"卖桥"，均因对方及时拆穿其"能办拆桥手续"的谎言而未能得逞。同年6月，张东友找到某市法院劳动服务公司经理康某，谎称自己已经买下一座报废铁路桥梁并能办理拆桥手续，愿以每吨800元的价格卖出，买者负责拆桥工程。康某驱车随张东友到现场看桥后，认为有利可图，遂口头同意购买此桥。之后，开平法院劳服公司即将此桥转卖给二十二冶金发公司拆除，并由张东友以开平法院劳服公司经办人的身份，与二十二冶金发公司签订了买卖并拆除大桥的《施工合同协议》。协议规定，甲方开平法院劳服公司以每吨1550元的价格，将大桥钢梁转卖给乙方二十二冶金发公司拆除。

二十二冶金发公司一方面作拆桥开工准备，一方面向开平法院劳服公司催要拆桥手续。张东友在开平法院劳服公司经理康某的再三催促下，到处蒙骗拆桥手续。先是猜测大桥归天津铁路分局古冶车务段管辖，即前往该车务段企图骗取证明未得逞，后又猜测大桥归天津铁路分局秦皇岛车务段管辖。同年7月30日，张东友再次骗得开平法院劳服公司经理康某及二十二冶金发公司负责人王某的信任，三人一同乘车赴秦皇岛。

张东友等三人到达秦皇岛后，找到秦皇岛车务段，张自称是段长的侄子，企图骗取拆桥手续，又因段长公出未得逞。张将康、王二人安置在招待所，自己无奈在街头转悠。忽然发现邮局后面有一单位：铁道部第一工程局电务工程处招待所，张即进去与服务员搭讪，找到经理自我介绍。张谎称："我是开平法院的法警，我们劳服公司买了铁路分局一座报废桥梁，现已拆卖得款90多万元，院领导想把钱转出来兑成现款，你们如果能办，可以提一笔管理费。"经理请示处领导，不同意为其转款，遂将张介绍给铁一局三处贸易公司经理卢某。张东友对卢表示，如能顺利将法院拆桥款转到你们公司账上办妥兑换现款，可给卢提3万元好处费。卢见张身着夏季警服，腰别五四式手枪（实际是仿真钢珠手枪），皮枪套外面镶嵌五颗子弹，即相信他是法院的人，表示同意合作。当卢找张要身份证件时，张谎称出来匆忙未带，遂解下腰间手枪交给卢暂作抵押。卢即信以为真，将枪小心锁进抽屉，向张提供了开户银行和账号，商定收取10%的代扣税和管理费，并根据张的口授草拟了大意为铁一局三处将报废铁路桥转给开平法院劳服公司拆除的假合同。后张神秘兮兮地嘱

---

[1] 最高人民法院中国应用法学研究所编：《人民法院案例选》1995年第4辑（总第14辑），人民法院出版社1995年版。

咐卢，这事只有我们法院某院长知道，其他人来问不要乱讲，企图封住卢口。

张东友将草拟的假合同带回给开平法院劳服公司经理康某看后，康即于8月2日与张东友正式签订了买卖大桥的书面协议。协议规定：甲方张东友与铁一局三处秦皇岛贸易公司建筑工程处联系，将留守营东侧报废的铁路桥转交乙方开平法院劳服公司拆除，每吨按1250元计价，乙方开平法院劳服公司在1993年8月31日前，将桥款40万元汇入铁一局三处秦皇岛贸易公司账户，其余款项由甲方张东友结算。

1993年8月4日，张东友带领康某来到铁一局三处秦皇岛贸易公司找卢经理正式签订转款合同。康当面问卢是否有拆桥手续，在一旁的张东友用脚碰卢腿示意卢说有，于是卢会意回答说："手续没问题。"致使双方在正式合同上签了字。合同规定："甲方铁一局三处秦皇岛建筑工程处与乙方唐山市开平区法院劳服公司商定，甲方将留守营东侧天津铁路分局报废桥梁一座，转卖给乙方拆除，每吨按800元计价。自合同签订之日起至1993年8月31日前，将全部桥款40万元转甲方账户。"铁一局加盖其贸易公司下属的"铁一局三处秦皇岛贸易公司建筑工程处"的公章。

合同签订后，开平法院劳服公司即正式通知二十二冶金发公司进行拆桥施工。同年8月9日，二十二冶金发公司将队伍拉入工地，鸣放鞭炮后即开始了大规模拆桥工程。案发时，该桥上行线第三孔钢梁已被切割落地，下行线第三孔钢梁第五节间纵梁下平面联结系已被切割落地，第四节间纵梁也已被切割，至此，给铁路运输企业造成直接经济损失275 210元。

[诉讼]

起诉：盗窃罪（未遂）。

辩护：被告人辩称，自己没有到达现场秘密窃取他人财物，只是为了露脸，欺骗了他人。其辩护人认为，张东友没有实施秘密窃取的行为，而是实施了诈骗行为，应认定张东友犯诈骗罪；张东友的诈骗行为由于其意志以外的原因而未能得逞，应认定为未遂。

判决：张东友以非法占有为目的，采取签订假合同的方法，企图骗取他人的巨额财物，且给铁路运输企业造成数额特别巨大的财产损失，其行为已构成诈骗罪，应依法严惩。张东友在着手实施诈骗犯罪的过程中，由于意志以外的原因而未得逞，是诈骗犯罪的未遂，但其行为已给铁路财产造成严重损失，均应作为量刑情节一并考虑。于1994年10月28日判决：张东友犯诈骗罪（未遂），判处无期徒刑，剥夺政治权利终身。

[研习]

1. 从民法层面分析，在购桥协议上，加盖有真实的铁一局贸易公司下属的"铁一局三处秦皇岛贸易公司建筑工程处"公章，是否可认定为表见代理？合同是否有效？

2. 本案的受害人是谁？是开平法院劳服公司，还是铁路运输企业（铁一局）？本案的犯罪对象为何？是开平法院劳服公司支付的40万购桥款，还是铁路运输企业的铁路大桥？

3. 如果认为受害人是开平法院劳服公司，张东友认定为何罪？铁一局贸易公司经理卢某可否构成共同犯罪？

4. 如果认定受害人是铁路运输企业（铁一局），张东友认定为何罪？开平法院劳服公司相关人员可否构成共同犯罪？

5. 本案是否另外触犯破坏交通设施罪、故意毁坏财物罪？

案例八：李品华等人开车碰瓷骗钱案[1]

[案情]

李品华、潘才庆、潘才军单独或结伙，于1999年12月至2000年6月间，凭借其丰富的驾驶经验和对交通法规的熟识，驾驶轿车，在上海市的一些交通要道上，趁前方外地来沪车辆变道之际，采用不减速或加速行驶的方法，故意碰擦前方车辆，制造交通事故，并隐瞒故意制造交通事故的真相，欺骗对方驾驶员和公安交警部门，利用有关道路交通法则规定的路权原则，在事故处理中获得赔偿，从而骗取对方驾驶员支付的车辆修理费。其中，被告人李品华参与作案7次，诈骗金额为19 000元；被告人潘才庆参与作案6次，诈骗金额为12 000元；被告人潘才军参与作案2次，诈骗金额为5000元。

典型情况如下例：李品华于1999年12月2日凌晨1时许，驾驶桑塔纳轿车，在上海市中山北路近共和新路口处，趁被害人张宝成驾驶的货车变道之际，在直行车道上从后故意碰擦张驾驶的车辆从而制造交通事故。事后，李通过公安交警部门调处，骗得张给付的车辆修理费1800元。

[诉讼]

判决：被告人李品华、潘才庆、潘才军单独或结伙，利用"车辆、行人必须各行其道，借道通行的车辆和行人，应当让在本道内行驶的车辆或行人优先通行"这一路权优先原则，趁被害人驾车变道时，不减速或加速而故意碰擦对方车辆，制造交通事故。其主观上并非出于过失，故不应适用上述规定；其故意制造交通事故后，对被害人和公安交警部门隐瞒该交通事故是其故意制造的真相，致使公安交警部门将上述故意制造的交通事故按过失造成的交通事故进行调处，并认定被害人承担事故的全部责任或部分责任，为此被害人支付了赔款。因此，被告人不仅在主观上具有非法骗取他人钱款的故意，在客观方面也实施了骗取其本不应获取且数额较大的赔款行为，已符合诈骗罪构成的主客观要件，构成诈骗罪。鉴于被告人李品华有自首情节，遂判决：李品华犯诈骗罪，判处有期徒刑1年6个月，并处罚金3000元；

---

[1] 鲍慧民、郭杰撰稿，白富忠审编："李品华、潘才庆、潘才军诈骗案——故意制造"交通事故"骗取赔偿款行为的定性"【第214号】，载《刑事审判参考》总第29集。

潘才庆犯诈骗罪，判处有期徒刑1年，并处罚金2500元；潘才军犯诈骗罪，判处有期徒刑1年，并处罚金2500元。

[研习]

1. 李品华等人获得赔偿，在外观形式上是否符合交管法规的规定？为何仍认定为犯罪？

2. 本案为何定性为诈骗，而不是敲诈勒索？如果李品华等人要挟被害人称：如你不赔，我就找交警处理，或者到法院告你！可否构成敲诈勒索？

3. 本案故意制造交通事故的行为，可否触犯以危险方法危害公共安全罪？

案例九：何起明等抢走财物后哄骗被害人不追赶案[1]

[案情]

1999年10月16日下午，何起明遇到陈二（在逃），闲聊中，陈二提出去搞一辆摩托车，何起明表示同意。后陈二去寻找目标，何起明在某加油站处等候。当晚8时许，陈二雇请宋某驾驶两轮摩托车到加油站载上何起明一同到某村附近，以等人为由让宋某停车等候。陈二趁宋某下车未拔出钥匙之际，将摩托车开走，宋某欲追赶，何起明则以陈二用其车去找人会回来还车等理由稳住宋某。后何起明又以去找陈二为由，叫宋某在原地等候，自己趁机逃跑。经鉴定，该摩托车价值4905元。

[诉讼]

起诉：诈骗罪。

判决：何起明以非法占有为目的，虚构事实骗取他人财物，数额较大，其行为已构成诈骗罪。判处有期徒刑2年，并处罚金2000元。

[研习]

1. 本案的取财（转移占有）关键手段为何？如果陈二开走摩托车时，何起明什么话也没说，二人定何罪？

2. 法院认为，何起明欺骗稳住宋某，是骗取其放弃对摩托车的处分，由此构成诈骗罪，对此你如何评价？此行为如何定性？

---

[1] 广西壮族自治区东兴市人民法院谢程撰稿，商贵君审编："何起明诈骗案——抢走财物后哄骗被害人不追赶的行为如何定性？"【第148号】，载《刑事审判参考》总第23集。

案例十：杨涛诈骗案[1]

[案情]

2013年至2015年，杨涛在担任某房地产售楼部销售经理期间，明知所在公司并未决定对外销售商铺，为骗取他人财物，对到项目部咨询的杨小莉、熊传阶、石铁民等9人虚构了商铺即将对外销售的事实，谎称可以帮助被害人购买商铺，要求被害人将订购商铺的款项汇入其个人银行账户。其间，杨涛将商铺重复卖给不同的被害人。为骗取被害人的信任，杨涛还利用其保管的购房合同、房屋销售专用章、副总经理印章与被害人签订房屋买卖合同，骗取被害人杨小莉、熊传阶、石铁民等9人共计1011万元，用于前往澳门赌场赌博及个人消费，肆意挥霍被害人财物。因被害人多次催交商铺，2014年12月，杨涛又利用所在公司决定将商铺向社会统一招租的机会，虚构了公司决定向被害人返租商铺的事实，伪造了公司公章，与被害人签订租赁合同。其中，向被害人杨小莉等3人支付商铺租金共计284 152元，对其他被害人承诺以所购商铺的租金折抵购买商铺款项的方式，继续掩盖其诈骗行为。截至案发，杨涛实际骗取被害人钱款共计9 825 848元。2015年1月23日，杨涛主动到公安机关投案，如实供述了主要犯罪事实，并退还涉案赃款805 902.93元（其中现金54 600元，在光大银行的存款751 302.93元）。

[诉讼]

起诉：诈骗罪。

辩护：其行为是职务侵占罪，指控的诈骗罪不成立。

一审判决：诈骗罪，有期徒刑15年，并处罚金50万元。

上诉：其以"统建公司"名义与被害人签订的房屋买卖合同有效，双方构成表见代理，其侵占的是单位财产，应以职务侵占罪对其追究刑事责任。

二审裁定：驳回上诉，维持原判。

[研习]

为何不以职务侵占罪定罪处罚？

案例十一：程剑捡拾存折后猜配存折密码非法提取他人存款案[2]

[案情]

2002年2月，程剑捡拾取得一张户名为朱卫祖的中国银行活期存折。因该存折

---

〔1〕 湖北省高级人民法院郑娟、湖北省武汉市中级人民法院李济森撰稿，最高人民法院刑四庭陆建红审编："杨涛诈骗案——单位职员虚构公司业务、骗取财物的如何定性？"【第1218号】，载《刑事审判参考》总第111集。

〔2〕 刘一守撰稿，刘效柳审编："程剑诈骗案——猜配捡拾存折密码非法提取他人存款的行为的定性？"【第256号】，载《刑事审判参考》总第33集。

加有密码，程剑即在家中多次估猜、配写密码，并多次到银行试图取款，均因密码错误未果。同年 3 月 10 日下午，程剑来到中国银行跃进路分理处，以朱卫祖手机号码后 6 位数作为密码输入时，取出现金 200 元，又到中国银行老街分理处取出现金 1.6 万元，并且找到其姐夫余顺进要求其帮忙取款，余顺进即于当天下午持存折在中国银行跃进路分理处取出 6 万元现金。同月 12 日上午，程剑到中国银行徽山路分理处用朱卫祖的存折取出现金 5.6 万元之后，将该存折烧毁，尚余 4000 元存款，并将所取现金藏匿于卧室床头柜中。综上，程剑用户名为朱卫祖的存折提取共计 132 200 元，并占为己有。当公安机关讯问时，程剑即承认上述事实，并退回全部赃款 132 200 元。

[诉讼]

起诉：盗窃罪，属数额特别巨大。

辩护：程剑辩称，存折系捡拾所得，其行为不构成盗窃罪。程剑的辩护人认为，没有证据证明程剑窃取朱卫祖的存折，故其行为不符合盗窃罪的客观要件，不构成盗窃罪。

一审判决：程剑犯盗窃罪，判处有期徒刑 10 年，并处罚金 10 000 元。理由：程剑在取得朱卫祖带有密码的存折时，并未占有或控制存折上的钱财，但其利用与失主熟悉的便利，采用多次盗配存折密码的秘密方法，盗用朱卫祖的名义，到银行支出存折上的款项 132 200 元占为己有，并将尚余 4000 元的存折烧毁，从而使物主失去对该存折上的钱财的控制。因此，程剑主观上具有非法占有的目的，客观上实施了秘密窃取的行为，其行为构成盗窃罪。

上诉：一审宣判后，程剑不服上诉。

二审判决：程剑获取存折后，以非法占有为目的，用隐瞒真相的欺骗手段占有他人财物，其行为性质属诈骗而非盗窃，且诈骗数额巨大，其行为业已构成诈骗罪。程剑系初犯、偶犯，案发后赃款全部追回，归案后其认罪态度较好，可酌定从轻处罚。判决：（上诉人）原审被告人程剑犯诈骗罪，判处有期徒刑 3 年，缓刑 4 年，并处罚金 10 000 元。

[研习]

1. 对于程剑捡拾存折的行为：

（1）存折是否是现金？捡到存折是否意味着占有、控制存折上的钱款？钱款归谁占有？该行为为何不认定为侵占罪？

（2）如果程剑捡到的是一张不记名、不挂失的现金支票，其之后取款、不取款，如何定性？

2. 对于程剑猜配密码后取款的行为：

（1）猜配密码成功，是否认为相当于取得了取款的钥匙，而占有、控制了钱款？

（2）此行为为何被定性为诈骗？被骗人是谁，被害人是谁？

（3）如果其之后未盗用朱卫祖的名义，而是以朱卫祖委托其取款名义取款，如何定性？

（4）如果其未到柜台上取款，而是到自动存折取款机上取款，如何定性？

案例十二：二维码替换案[1]

[案情] 被告人将商家向顾客收款的二维码采取暗中调换、覆盖等方式替换为自己的二维码。通过顾客购物后扫描该二维码付款，获取顾客支付给商家的购物款。

[研习]
"二维码案"是盗窃还是诈骗？

第五节　侵占罪

一、侵占罪的对象

案例一：出租车司机王严侵占乘客遗忘物案[2]

[案情]
1998年10月19日晚11时许，王严驾驶出租车送乘客李某某至黄兴路娱乐城。李某某下车时，将随身携带的背包遗忘在车内，包内有现金13 105元及其他物品。王严发现李某某遗忘的背包后，将其带回家中，见包内装有巨额现金，心生贪念，即将此包藏于家中电视机柜内。当晚，公安人员接到李某某的报案后，在本市枫叶饭店门前找到王严时，王严矢口否认拾到背包。当公安人员依法搜查其住所并当场起获李某某的背包后，王严才在证据面前交代了隐匿该背包的全部过程。破案后，现金和其他财物全部退还失主。

[诉讼]
起诉：侵占罪。

辩护：王严的辩护人提出，王严将李某某的背包拿回家以后，完整地放在电视柜中就又出门开车拉客。这说明，王严在主观上没有侵占遗忘物的故意，客观上没有侵占遗忘物的行为。且该案情节显著轻微，危害不大，不构成犯罪。另外，根据《刑法》第270条第3款的规定，侵占罪是自诉案件，不应由检察机关提起公诉。

判决：王严以非法占有为目的，将李某某的遗忘物隐匿在家中，且数额巨大，

---

〔1〕石狮市人民法院（2017）闽0581刑初1070号刑事判决书。
〔2〕高憬宏审编："王严侵占案——侵占案是告诉才处理的案件？"【第7号】，载《刑事审判参考》总第1集。

在公安人员向其询问时仍拒绝交出，其行为触犯了《刑法》第270条规定，构成侵占罪，应当受刑罚处罚。王严经教育后认罪态度较好，且赃款已全部追回，可酌情从轻处罚。辩护人提出王严主观上没有侵占遗忘物的故意，客观上没有侵占遗忘物的行为，且情节显著轻微，危害不大，不构成犯罪的辩护理由，与客观事实不符，不予采纳。本案涉及的遗忘物数额巨大，由公安机关侦破此案，并移送检察机关提起公诉，有利于惩罚犯罪，保护被侵害人合法利益，故辩护人关于本案不能由检察机关提起公诉的辩护理由，不予采纳。1998年12月20日判决如下：王严犯侵占罪，判处有期徒刑2年，并处罚金5000元。

[研习]

1. 遗忘在出租车内的物品可否成为侵占罪的对象？刑法中的遗忘物与民法上的遗失物有无区别？

2. 本案在刑事诉讼程序上有无问题？

案例二：阮玉玲被控盗窃案[1]

[案情]

汪某于2006年3月26日14时20分携带一部当日购买的手机去储蓄所存款，在填写单据时将手机及包装盒放在储户填写单据的办公桌上，填写单据后即到柜台办理存款业务，手机（价值2800元）及包装盒遗忘在办公桌上。办理完存款业务后，即离开银行。15时5分，阮玉玲到该银行办理存款业务，在填写开户申请单时发现办公桌上有一手机包装盒，误认手机为遗失物，将盒子内手机及电池取出带走。汪某在此后又返回银行取走手机包装盒，不久发现包装盒内的手机及电池丢失。汪某向公安机关报案后，公安机关根据银行内的监控录像及从银行纸篓内提取的阮玉玲填写的单据找到阮玉玲，其将手机退还。

[诉讼]

起诉：盗窃罪。

被告人辩称：无窃取他人财物的故意，其行为不构成盗窃罪。

在宣告判决前，检察机关以证据发生变化为由撤回起诉，法院同意撤诉。

[研习]

本案中的手机是遗忘物还是银行占有物？行为人的行为是侵占行为还是盗窃行为？应当如何处理？

---

〔1〕 最高人民法院中国应用法学研究所编：《人民法院案例选》2008年第1辑（总第63辑），人民法院出版社2008年版。

案例三：王仁根盗窃他人埋藏财物案[1]

[案情]

王仁根与施某某于2004年左右结识后，一直保持着不正当关系。2006年9月，施某某因丈夫遇车祸死亡而获得了十余万元的赔偿款。2007年年初，在王仁根的提议下，施某某与其一起将现金9.8万元埋在施某某的某老屋内。2007年3月间，王仁根先后两次至施某某家老屋，用施某某以前给其的钥匙开门入室，将埋在地下的现金窃走，后将钱款主要用于为家庭购买电器等以及其个人做生意和挥霍。同时，王仁根还编造谎言向施某某隐瞒其已将钱款窃走的事实。2008年年初，王仁根断绝了与施某某的联系。施某某发现钱款不见后，于2008年3月15日向公安机关报警，本案案发。

[诉讼]

起诉：盗窃罪。

辩护：王仁根辩护人认为：①被告人的行为属侵占他人埋藏物的行为，应构成侵占罪；②被告人与被害人之间存在特殊关系，且被告人系初犯，归案后又能如实供述自己的罪行，社会危害性较小，据此，建议对被告人从轻处罚。

判决：王仁根以非法占有为目的，秘密窃取他人财物，数额特别巨大，其行为已构成盗窃罪。关于被告人所作的其行为不属于盗窃的辩解及其辩护人所作的被告人的行为属非法占有他人埋藏物的行为，应构成侵占罪的辩护意见：①被害人与被告人间并不存在钱款的委托保管关系，被告人背着被害人偷偷去挖钱，后又怕事情败露编造谎言进行隐瞒，最后又躲避被害人的行为，都能证实其采取的是一种秘密窃取的手段；②被害人将钱款埋在其屋内的地下，并未放弃对钱款的占有，该钱款的性质属于其占有的财物，而非埋藏物。被告人明知是他人占有的财物，而采用秘密手段进行窃取，其行为符合盗窃罪构成要件。据此，对上述辩解和辩护意见均不予采纳。辩护人提出的第2点辩护意见，经查属实，法院予以采纳。判决王仁根犯盗窃罪，判处有期徒刑10年，并处罚金10万元。

[研习]

本案的犯罪对象是埋藏在地下的财物，王仁根将其非法占有己有，为何不构成侵占罪？

---

[1] 国家法官学院、中国人民大学法学院编：《中国审判案例要览（2010年刑事审判案例卷）》，中国人民大学出版社2012年版，第270页。

案例四：杨飞侵占委托加工财物案[1]

[案情]

自诉人赵伟良诉称，其系大唐卫达袜厂业主，自2007年上半年开始，其将袜子分批交由杨飞父亲杨作新的定型厂定型。同年8月下旬，其发现有人在出售自己厂里生产的袜子，遂报案。公安机关经侦查发现，系杨飞将赵伟良交付杨作新定型的袜子盗卖给他人。公安机关追回袜子62包，每包300～500双，价值共计87 420元以上。

[诉讼]

起诉：赵伟良以被告人杨飞犯侵占罪，向浙江省诸暨市人民法院提起诉讼。

辩护：杨飞及其辩护人提出，侵占罪的对象限于代为保管的他人财物，而杨飞没有接受自诉人赵伟良的委托，且不存在拒不退还情节，故杨飞的行为不构成侵占罪，请求宣判杨飞无罪。

一审判决：被告人杨飞的父亲杨作新系从事袜子加工业务的个体工商户，系家庭经营，但主要由杨作新夫妇二人负责经营。从2007年上半年始，自诉人赵伟良将部分袜子委托杨作新加工定型。其间，杨飞将赵伟良委托加工定型的袜子盗卖给他人。经公安机关追回的袜子共计62包，每包300～500双不等，均已发还自诉人。法院认为，自诉人赵伟良将袜子委托给被告人杨飞之父杨作新加工定型，尽管杨作新经营的袜子加工厂在组织形式上系家庭经营，但实际上系由其夫妇共同经营，二人并未将自诉人委托加工的袜子交由杨飞保管，杨飞对该批袜子未形成事实上的占有，故杨飞将这些袜子予以盗卖的行为不符合侵占罪的构成特征。据此，判决被告人杨飞无罪。

上诉：一审宣判后，自诉人提出上诉。

二审裁定：原审被告人杨飞对上诉人赵伟良委托杨作新加工定型的袜子，并未形成事实上的占有，杨飞在其父杨作新不知情的情况下，采取秘密窃取的手段，盗卖其父实际占有的财物，其行为不构成侵占罪。驳回上诉，维持原判。

[研习]

1. 本案中，作为行为对象的委托加工的袜子是否属于其本人代为保管的他人财物？

2. 侵占罪的对象可否是种类物？还是要求一定是特定物？侵占罪保护的法益是占有还是所有权？假设本案系被告人的父母盗卖，该如何处理？

3. 本案杨飞的行为属侵占行为还是盗窃行为？该如何处理？法院认定为无罪的理由为何？

---

[1] 浙江省高级人民法院刑三庭聂昭伟撰稿，最高人民法院刑五庭王勇审编："杨飞侵占案——如何理解和认定侵占罪中的'代为保管他人财物'？"【第583号】，载《刑事审判参考》总第70集。

二、侵占罪与盗窃罪的区分：客观对象和主观故意

案例一：于江涉嫌侵占案[1]

[案情]

于江（男）系某酒吧歌手。1998年1月2日中午，于江到某储蓄所存款。此时王某也正在办理存款业务。在小桌上填完存款凭证后转向到3米外的窗口交款，王某将一个装有11 000元国库券的信封遗忘在桌子上。于江进入储蓄所，也坐在小桌上填存款凭证，见手边有个信封。翻开一看里面装有国库券，遂按在手下。趁他人不备揣入裤袋。这一动作被储蓄所的保安看见，但以为是于江本人的物品，因此没有过问。王某办完存款手续，发现装有国库券的信封不在手头，马上到小桌上找。不见，于是王某问保安、储蓄所柜台工作人员及于江是否发现一个装有国库券的信封，众人均说未见。王某怀疑自己记忆有误，可能忘在公司办公室里，就回办公室去找，不见，又返回储蓄所寻找。当于江走出储蓄所大门时，保安还拦住于江问刚才装进裤袋的物品是否为自己的，于江答是本人物品。久寻不到，保安带王某看监控录像带，发现是于江获取信封并装入裤袋，遂报警将于江抓获。

[诉讼]

起诉：盗窃罪。

判决：于江将他人的遗忘物非法占为己有，数额较大，拒不交出，其行为构成侵占罪，判处有期徒刑6个月。

[研习]

行为人在取得财物之时，该财物是属他人占有的财物，还是失去占有的财物即遗忘物？是定侵占罪还是盗窃罪？

案例二：罗忠兰盗窃案[2]

[案情]

1998年2月18日晚，罗忠兰进入某娱乐广场包厢伴客人唱歌。当晚10时许，在此消费的客人陈某某将装有现金等物的黑色手提包置于电视机上，到包厢外打电话。嗣后，包厢内其他客人结账后离开娱乐广场。罗忠兰送客人走后返回851包厢，趁正在打扫卫生的服务员未注意之机，将陈某某的手提包拿进包厢的卫生间，盗走包内

---

[1] 陈兴良主编：《刑法疑案研究》，法律出版社2002年版，第334页。
[2] 海南省海口市新华区人民法院洪冰撰稿，李武清审编："罗忠兰盗窃案——如何正确区分盗窃罪与侵占罪？"【第160号】，载《刑事审判参考》总第24集。

现金 12 000 元，将手提包及包内其他物品弃于卫生盆下，熄灭卫生间的灯，锁上卫生间的门后逃离现场。陈某某打完电话回到 851 包厢欲取包时，发现手提包不见。经与打扫卫生的服务员共同寻找，发现手提包被丢弃在卫生间内卫生盆下。罗忠兰于次日用所盗钱款以其男友的姓名购买诺基亚移动电话机 1 部、SIM 卡 1 张、备用电池 1 块、充电器 1 个；另将 7000 元现金存入银行，800 元现金随身携带。案发后，公安机关已追回全部赃款赃物并退还失主。

[诉讼]

起诉：盗窃罪。

辩护：罗忠兰及其辩护人辩称，其行为性质是在公共场所拾得客人遗忘的物品，虽有非法侵占他人财物的目的，但并无盗窃的故意，也没有秘密窃取的行为，不构成盗窃罪。因亦未拒不交出拾得的财物，也不构成侵占罪。

一审判决：罗忠兰以非法占有为目的，秘密窃取他人财物，数额巨大，其行为已构成盗窃罪。关于"罗忠兰不构成盗窃罪"的辩解和辩护意见与事实不符，不能成立。罗忠兰犯盗窃罪，判处有期徒刑 3 年，并处罚金 3000 元。

上诉及二审：一审宣判后，罗忠兰不服，以"一审判决定性不准、量刑过重"为理由提起上诉。二审裁定驳回上诉，维持原判。

[研习]

1. 本案中的行为对象，是顾客外出打电话时临时置于"卡拉 OK"包厢内的财物，此财物是认定为他人占有的财物，还是他人失去占有的财物（遗忘物）？行为人的行为是定性为盗窃罪还是侵占罪？

2. 是否物主遗忘的物品，一定是失去控制、占有的财物，系侵占罪的对象？

案例三：左洪林盗窃案[1]

[案情]

2011 年 10 月 13 日 17 时许，左洪林在某长途客运车上，趁邻座的被害人吴凡下车上厕所之机，窃取吴凡放在座位衣服兜内的现金 3300 元，并藏在其右脚鞋内，离开座位。左洪林后被抓获。赃款已起获并发还被害人。

[证据]

1. 左洪林供述："当日 17 时左右，我准备乘坐长途车往河北遵化打工，当我在四惠长途汽车站上车时，一名男乘客叫我坐在他身旁，我坐下后他说他想上厕所，叫我帮他看着书包和衣服，说完后他下车去上厕所了，在他下车后我用手摸了摸他放在座位上的衣服，发现他的衣服内兜鼓鼓的，我掏出来一看是钱，就把钱放在了

---

[1] 北京市朝阳区人民检察院京朝检刑诉（2011）3409 号起诉书；北京市朝阳区人民法院（2012）朝刑初字第 362 号刑事判决书。

我的右鞋内。过了大概有两三分钟,那名男乘客回来后发现衣服内的钱丢了,就不断地问周围的乘客,还下车问了一次司机,问完司机后他又上车问我是否偷了他的钱,我说我没有,他叫司机把车开到了警察那,他下车把2名警察叫上了车,那名男乘客跟警察说我拿了他的钱,警察就把我和那名乘客带到了四惠长途汽车站内的派出所,到了派出所后,我先是没有承认拿钱,后来我挺害怕的,就当着警察的面把放在右鞋内的钱掏出来了,给了警察。当时有点见财起意,就是一时冲动。现金大概有几千块钱吧,具体多少我不清楚。现金是放在那名男乘客座位上的衣服内兜里的。那名男乘客之所以怀疑我偷了他的钱,可能是因为刚开始我帮他看着东西,他从厕所回来上车后发现我不见了,所以怀疑我偷了他的钱。那名男乘客当时坐在最后一排靠窗户的位置,我坐在他身体的右侧,后来我偷完钱后就坐在他斜对过的座位上了。"

2. 被害人吴凡陈述:"在长途车还没有出站的时候,一名老头上了车,并在车上找座位。因为当时车上人挺多,我对那名老头说:老先生,你坐我旁边吧。那名老头坐下后,我对他说:师傅,你帮我看一下书包和衣服,我着急去趟洗手间。后我下车去了洗手间,过了大约两三分钟后,我从洗手间回来时那名老头不见了,我检查了一下衣服,发现放在衣服兜内的现金丢失了。我问周围的乘客有没有看见其他人来过这个座位,他们说只看见一名老头坐在那,没看见其他人来过这个座位,我又问刚才坐在我身边的老头去哪了,他们说没注意。我看到司机站在车门口,我就找到司机对他说我的钱丢了,并问他有没有看到一个老头下过车,司机对我说:根本就没有人下过车,车厢后边坐着几个老头你去看一下,不行就赶紧报警。我到车厢后面时,发现了那名老头,我对他说:师傅,你刚才不是坐在我边上吗?我的钱丢了。那名老头说:我没坐在你边上,坐在你边上的老头下车了。这时我看见一辆警车停在了站内,我叫司机把车开到警车旁边,我下车后看到警车内有2名民警,我就把丢钱的经过叙述了一遍,2名民警听完后和我一起上了长途车,通过我的指认,2名民警将老头和我一起带回了派出所。现金是放在我上衣左侧里兜内,是3300元。之所以让他帮我看东西,是因为我们都是一起到遵化的,他看上去年龄比较大,应该不会有什么事,我当时着急上厕所,所以我就让他帮我看东西。"

[诉讼]

判决:左洪林犯盗窃罪。左洪林到案后能如实交代自己的罪行,有悔罪表现,并已退赔全部犯罪所得,故予以从轻处罚。判处其有期徒刑6个月,罚金1000元。

[研习]

物主吴凡曾对被告人说:"师傅,你帮我看一下书包和衣服,我着急去趟洗手间。"根据此类托付,可否认为本案犯罪对象的3300元系委托保管物?被告人的行为是盗窃罪还是侵占罪?

案例四：深圳机场女工梁丽"捡"走旅客黄金案[1]

[案情]

2008年12月9日8时许，某珠宝公司的员工王某在深圳机场办理行李托运手续时中途离开，将一个装有14 555.37克黄金首饰的小纸箱放在行李手推车上方的篮子内，并单独停放在柜台前1米的黄线处。现场监控视频显示，王某离开33秒后，机场清洁工梁丽出现在手推车旁。大约半分钟后，梁丽将纸箱搬进机场一间厕所。王某约4分钟后返回，发现纸箱不见了，随即向公安机关报警。

当天14时许，梁丽下班，将纸箱带回住处，放置于床底下，另取出一部分黄金首饰放入在床边的其丈夫衣服口袋内。18时许，民警到梁丽家中询问其是否从机场带回物品。梁丽否认，民警对梁丽进行劝说。但直到床下存放的纸箱被民警发现，梁丽才承认该纸箱是从机场带回的。当民警继续追问是否还有首饰未交出，梁丽仍予以否认。民警随后从梁丽丈夫的衣服口袋内查获另一部分黄金首饰。民警将这些黄金首饰带走，经评估价值约300万元。尚有136.49克黄金首饰去向不明。

[诉讼]

公安机关以涉嫌盗窃罪立案侦查，深圳市检察机关经审查研究后认为，梁丽的行为虽然也有盗窃的特征，但构成盗窃罪的证据不足，更符合侵占罪的构成特征。根据"刑疑惟轻"的原则，从有利于梁丽的角度出发，检察机关认定梁丽不构成盗窃罪。由于侵占罪不是检察机关管辖的公诉案件，属于自诉案件，即"不告不理"。检察机关于9月25日解除对梁丽的取保候审，将本案退回公安机关，并建议公安机关将相关证据材料转交自诉人。自诉人未提起自诉。

[研习]

1. 从客观方面分析，本案纸箱里的黄金首饰，置于行李手推车上方的篮子内：

（1）现实情况是物主就在旁边，是归物主占有属他人占有的财物，还是失去了占有、控制属遗忘物？

（2）如果王某已离开机场，黄金首饰是否归机场占有？

2. 从主观方面分析：

（1）如果梁丽认为物主已离开，其主观上是侵占故意还是盗窃故意？其行为应当如何定性？

（2）如果梁丽明知或推测物主有可能在旁边，其主观上是侵占故意还是盗窃故意？其行为应当如何定性？

3. 如果案发后，王某找到梁丽索要：

（1）其拒不归还，可否认定有非法占有目的？

---

[1] 搜狐新闻："深圳检察机关还原机场女工'捡'黄金案过程"，http://news.sohu.com/20090925/n267010574.shtml

（2）如果其表示可以归还，但需先支付管理费，可否认定有非法占有目的？

三、侵占罪与职务侵占罪的区分

案例一：孟庆胜侵占案[1]

[案情]

孟庆胜系北京网通公司职员。1998年3月初，孟庆胜持假身份证（系其提供照片、资金，于1998年2月找人伪造的）应聘到北京网通公司，负责电脑网页制作。同年4月2日下班前，孟庆胜向王经理提出借公司的伦飞牌笔记本电脑回家看影碟，王同意。当晚孟庆胜用该电脑看了几张影碟后，感觉该机性能很好，遂起意占有。次日，孟庆胜给公司打电话谎称自己出了车祸不能上班，公司多次打传呼与孟庆胜联系。孟庆胜始终不给公司回电话，后再也没有到公司上班。公司按照孟庆胜应聘时所持居民身份证的地址查找该人，发现北京根本无此地址，遂向公安机关报案。同年4月8日，孟庆胜被公安机关抓获，后被逮捕，并追缴了笔记本电脑（价值18 000元）。

[诉讼]

公诉：伪造居民身份证罪。

自诉：北京网通公司以孟庆胜犯侵占罪向法院提起自诉。

判决：法院将两诉合并开庭审理。以伪造居民身份证罪，判处其拘役3个月；以侵占罪，判处其拘役6个月。两罪并罚，决定执行拘役7个月。

[研习]

在本案中，行为人系单位员工，其非法据为己有的笔记本电脑系单位财物，其行为是构成职务侵占罪还是侵占罪？

案例二：胡朕诈骗案[2]

[案情]

2008年2至3月，胡朕在担任必旺食品公司业务员期间，用私刻的刘桂红开办的曙光综合商店公章，先后6次以该商店名义向其所属公司下达订购相关商品的订单，然后到储运集团配送科骗出送货单，提出货物，并将提出的货物运到市场按批发价售出。经鉴定，上述货物价值99 673元，赃款被被告人胡朕挥霍。

---

[1] 李继华："此案应如何适用法律"，载《国家检察官学院学报》1999年第1期。

[2] 最高人民法院中国应用法学研究所编：《人民法院案例选》2010年第1辑（总第71辑），人民法院出版社2010年版。

经查，胡朕以订货单位的名义向其所属公司下达订购相关商品的订单，这是其作为业务员的工作内容，属于业务员的职权范围。但是，胡朕从储运集团取得客户名称为曙光综合商店的送货单的行为，违反客户自提货物的相关程序。按照储运集团的提货程序，需客户本人前来提货，或出具证明委托他人提货。胡朕能够假借客户自提的名义取得送货单，是利用了其与该单位工作人员间的熟悉与信任，而相关人员省略审核程序属于严重违反公司章程规定的操作程序。胡朕假借客户自提的名义取得送货单、提出货物并销售的行为，不属于其作为该食品公司业务员的职权范围。

[诉讼]

起诉：诈骗罪。

一审判决：胡朕以非法占有为目的，假借客户自提的名义取得送货单，提出货物并销售，获利数额巨大，达 99 673 元，其行为已构成诈骗罪。判处有期徒刑 6 年，并处罚金 50 000 元。

上诉：胡朕上诉称：①原判不应按货物的市场价认定货物价值，而应按批发价认定；②原判适用法律错误，其行为只构成职务侵占罪，不构成诈骗罪；③原判量刑过重。辩护人提出原判定罪错误，应定职务侵占罪。

二审裁定：胡朕从储运集团处取得客户名称为曙光综合商店的送货单的行为违反客户自提货物的相关程序，胡朕假借客户自提的名义取得送货单、提出货物并销售的行为不属于其作为必旺食品公司业务员的职权范围，其行为不符合职务侵占罪的构成要件，故原判认定胡朕犯诈骗罪定罪准确。……驳回上诉，维持原判。

[研习]

1. 本案胡朕的行为，可分为"下单"和"提货"两步。下单是否利用了职务便利？提货是否利用了职务便利？取财的关键手段为何？是否构成职务侵占罪？应当以何罪论处？

2. 结合本案分析，职务侵占罪中的"利用职务上的便利"是何含义？与利用工作上的便利条件有何区别？

第六节 故意毁坏财物罪、破坏生产经营罪

案例一：孙静故意毁坏财物案[1]

[案情]

孙静，原系某乳品公司业务员，于 2001 年 9 月应聘到该公司。出于为该公司经

---

[1] 南京市雨花台区人民法院王斌、最高人民法院刑二庭郭彦东撰稿，裴显鼎审编："孙静故意毁坏公私财物案——非法'占有'与'毁坏'行为的区分？"【第 310 号】，载《刑事审判参考》总第 39 集。

理孙建华创造经营业绩的动机，于2002年10月8日起向该公司虚构了南京市三江学院需要供奶的事实，并于2002年12月1日利用伪造的"南京市三江学院"行政章和"石国东、陈宝全、蔡斌"三人印章，与该公司签订了"供货合同"，从2002年10月8日起至2003年1月4日止，孙静将该公司钙铁锌奶321 500份（每份200毫升）送至其家中，并要求其母亲每天将牛奶全部销毁。经鉴定上述牛奶按0.95元/份计算，共价值305 425元。2003年12月24日，孙静以三江学院名义交给海浪乳品公司南京分公司奶款7380元，其余奶款以假便条、假还款协议等借口和理由至案发一直未付给该公司。

[诉讼]

起诉：职务侵占罪。

辩护：孙静辩称：主观上没有非法占有的故意，不是出于为自己创造虚假业绩的动机，而是为了讨好公司经理孙建华。其辩护人提出：孙静主观上没有非法侵占的故意，客观上没有非法占有的行为，其行为不构成职务侵占罪，应构成故意毁坏财物罪；同时海浪乳品公司南京分公司在管理上有很大过错，亦应承担相应责任。

判决：孙静作为业务员，明知鲜牛奶的保质期只有1天，却对牛奶持一种放任其毁坏变质的态度，其主观上并没有遵从牛奶的经济用途加以适当处分的意图，其行为完全符合故意毁坏财物罪的故意构成要件。同时客观上孙静实施了将牛奶倒掉、喂猪等毁坏行为，符合故意毁坏财物罪的客观要件。……故意毁坏财物罪的毁坏行为有两种，一种是使公私财物完全丧失价值和效用；另一种是使公私财物部分丧失价值和效用。本案中虽然大部分牛奶喂猪了，从表面看并未完全丧失牛奶的价值，但相对于海浪乳品公司南京分公司而言，牛奶已完全丧失了所有权和相应的价值，故本案故意毁坏财物的价值应以海浪乳品公司南京分公司实际损失的牛奶的价值计算。……此外，孙静于2002年12月24日曾以三江学院的名义付给公司7380元奶款，对此公诉人当庭也表示认可，但认为被告人是以其他片区的奶款来冲抵的，不应从总价值中扣除。对此被告人当庭辩解这7380元中有部分是其他片区的奶款，也有部分是自己的工资。不论这7380元是被告人用其他片区的奶款冲抵的还是自己的工资，对于本案来说，被告人已经实际给付了7380元，故应从总价值305 425元中扣除已付的7380元。孙静犯故意毁坏公私财物罪，判处有期徒刑4年。

[研习]

1. 本案的犯罪对象是牛奶还是购奶款？牛奶送至孙静家中后，是归孙静所有，还是归乳品公司所有？案发后乳品公司是向孙静追索购奶款（合同价），还是要求赔偿牛奶（市场价或成本价）？

2. 刑法中故意毁坏财物罪中的"毁坏"包括哪些形式？实质为何？孙静的行为是否属毁坏？

3. 在主观上，孙静是否具有非法占有目的？是否构成职务侵占罪？职务侵占罪中的非法占有目的为何意？

4. 法院认定孙静犯"故意毁坏公私财物罪",罪名认定有无问题?

案例二:刘俊破坏生产经营案[1]

[案情]

刘俊系某贸易公司店长兼产品采购经理,其自2007年12月至2009年5月,先后担任某公司销售员、店长、产品采购经理等职务,负责某公司电脑产品的对外销售。2008年3月至2009年5月,刘俊为了达到通过追求销售业绩而获得升职的个人目的,违反某公司销售限价的规定,故意以低于公司限价的价格大量销售电脑产品,而在向公司上报时所报的每台电脑销售价格则高于公司限价100元至200元,每台电脑实际销售价格与上报公司的销售价格一般相差700元至1000元。因公司有不成文的规定,当月向大宗客户销售电脑的货款可在2个月后入账,刘俊利用该时间差,用后面的销售款弥补前账。后来因销量过大,本人又无经济能力,导致亏空金额越来越大。最后,刘俊直接造成公司亏损533万元。2009年6月,刘俊在与公司负责人谈话期间,主动陈述了上述事实。

[诉讼]

起诉:破坏生产经营罪。

判决:出于扩大销售业绩以助个人升职的动机,违反公司限价规定,擅自低于进价销售电脑产品,其行为不符合破坏生产经营罪。同时,刘俊的行为不符合故意毁坏财物罪的构成要件。根据罪刑法定原则,被告人刘俊无罪。

[研习]

1. 刘俊为何不构成破坏生产经营罪?
2. 刘俊的行为为何不构成故意毁坏财物罪?

案例三:朱建勇故意毁坏财物案[2]

[案情]

2002年4月29日至5月10日,朱建勇为泄愤报复,利用事先获悉的账号和密码,侵入陆正辉、赵佩花夫妇在证券营业部开设的股票交易账户,然后篡改了密码,并使用陆、赵夫妇的资金和股票,采取高进低出的方法进行股票交易。5月16日,朱建勇再次作案时被当场发现。按照股票成交平均价计算,用首次作案时该账户内的

---

[1] 上海市静安区人民法院孙玮、上海市第二中级人民法院费晔撰稿,最高人民法院刑四庭陆建红审编:"刘俊破坏生产经营案——非国有公司工作人员出于个人升职目的,以低于公司限价价格销售公司产品,造成公司重大损失的行为,如何定性?"【第736号】,载《刑事审判参考》总第83集。

[2] "上海市静安区人民检察院诉朱建勇故意毁坏财物案",载最高人民法院办公厅编:《中华人民共和国最高人民法院公报》2004年卷,人民法院出版社2005年版。

股票与资金余额,减去案发时留有的股票与资金余额,朱建勇共给陆、赵夫妇的账户造成资金损失19.7万余元。朱建勇被发现后,立即如实供认了全部事实,并赔偿了陆、赵夫妇的经济损失。

[诉讼]

起诉:故意毁坏财物罪。

判决:构成故意毁坏财物罪,鉴于有自首情节、赔偿了被害人全部损失,可以适用缓刑。

[研习]

朱建勇的行为是否应当认定构成故意毁坏财物罪?

案例四:刘某反向恶意刷单案[1]

[案情]

2014年4月,经营论文相似度检测业务的淘宝店主董某为谋市场竞争优势,雇佣并指使被告人谢某,3次以同一账号恶意购买同行××科技南京公司淘宝网店铺的商品共1505单。2014年4月23日,浙江淘宝网络有限公司认定××科技南京公司淘宝网店铺从事虚假交易,并对该店铺作出商品搜索降权的处罚,被处罚期间,因消费者在数日内无法通过淘宝网搜索栏搜索到科技南京公司淘宝网店铺的商品,严重影响该公司正常经营。经审计,被商品搜索降权处罚而导致的订单交易额损失为159 844.29元。

[诉讼]

起诉:破坏生产经营罪。

辩护:其辩护人辩护提出董某的行为不构成犯罪,且对被害单位损失数额的审计结果过高。

一审判决:本院认为,被告人董某、谢某出于打击竞争对手的目的,以其他方法破坏生产经营,二被告人的行为均已构成破坏生产经营罪。……关于董某的辩护人提出"对被害单位损失数额的审计结果过高"的辩护意见……××科技南京公司淘宝店铺的订单额(营业收入)主要通过"淘宝站外其他"、"淘宝搜索"(淘宝网首页搜索栏)、"直接访问"和"我的淘宝"等100个渠道获得,且在该店铺被处罚前,通过"淘宝搜索"获得的订单额一直稳居第2位;在该店铺被处罚期间及被处罚前后,除"淘宝搜索"外,从其他渠道获得的订单金额均相对较为稳定,唯独从"淘宝搜索"获得的订单金额出现了剧烈波动,每日订单额从被处罚前的数万元骤降至数百元甚至数十元,处罚撤销搜索排名恢复后又回升至数万元。鉴定机构根据客观事实并依据相应的审计规则所得出的鉴定意见具有事实和法律依据,应当予以采

---

[1] 江苏省南京市雨花台区人民法院(2015)雨刑二初字第29号刑事判决书。

信。综上,本院为维护社会主义市场经济秩序,保护企业的正常经营活动,判处董某有期徒刑1年6个月,缓刑2年;谢某有期徒刑1年,缓刑1年2个月。

上诉:被告人不符一审判决上诉。

二审判决:上诉人(原审被告人)董志超、谢文浩由于报复和其他目的,以其他方法破坏生产经营,其行为均构成破坏生产经营罪。……鉴于损失数额变化(有所降低),改判董某有期徒刑1年,缓刑1年2个月;谢某免于刑事处罚。

[研习]

本案被告人行为是否为破坏生产经营罪的"其他方法"?

第四章

贪污贿赂罪等

> **知识概要**

《刑法》分则第八章"贪污贿赂罪"是指国家工作人员利用职务上的便利,非法占有、使用公共财物,收受贿赂或者取得其他非法利益,侵害职务行为廉洁性的行为,共规定有13个罪名。本章的重点和难点有:①国家出资企业、村委会等自治组织中工作人员身份的认定;②贪污罪与挪用公款罪、私分国有资产罪的区别;③贪污罪、受贿罪利用职务上便利的认定;④受贿罪为他人谋取利益的认定;⑤贿赂犯罪"不正当利益"的认定;⑥行贿罪与单位行贿罪的界分。

第一节 贪污贿赂罪的主体:国家工作人员

案例一:卫建峰受贿案[1]

[案情]

2009年9月至2010年8月,卫建峰在担任某城际轨道交通公司副总经理兼任湘桂Ⅶ标指挥部指挥长期间,利用职务之便,为他人谋取利益,多次收受他人贿赂款共计188.775万元。卫建峰将收受的部分资金用于储蓄、炒股、消费和购买商品房,其在被司法机关调查期间,主动向司法机关交代了大部分受贿犯罪事实。案发后,卫建峰通过其家属已退出赃款140万元。

[诉讼]

起诉:受贿罪。

辩护:卫建峰身份不符合《刑法》第93条的规定,不应以国家工作人员论。

判决:卫建峰是国有公司委派到国家出资企业中从事公务的人员。中国铁道建筑总公司属于国有公司(国有独资·全资),中铁二十五局集团是国有控股公司中国

---

[1] 最高法院刑二庭康瑛撰稿,最高法院刑二庭王晓东审编:"卫建峰受贿案——如何认定公司改制后国家工作人员的身份?"【第1018号】,载《刑事审判参考》总第99集。

铁建股份有限公司的全资子公司，属于国家出资企业。从卫建峰担任中铁二十五局集团有限公司副总经理的任命来看，其系由国有公司中国铁道建筑总公司决定并向中铁二十五局集团有限公司及其党委下达通知任命的，然后才由中铁二十五局集团有限公司履行聘任手续。卫建峰经国有公司决定任命在国有控股公司的分支机构从事组织、领导、经营、管理工作，应当认定为国家工作人员。卫建峰利用职务上的便利，为他人谋取利益，收受财物，其行为侵犯了国家工作人员职务行为的廉洁性，已构成受贿罪。判处有期徒刑11年，并处没收财产30万元。

［研习］
1. 卫建峰是否国家工作人员？
2. 如果卫建峰是中国铁建股份有限公司委派到中铁二十五局集团担任副经理的，是否为国家工作人员？

案例二：章国钧受贿案[1]

［案情］
章国钧原系交通银行股份有限公司湖州新天地支行行长助理。2011年2月至9月，章国钧利用担任新天地支行业务管理经理、行长助理职务上的便利，为李金星谋取利益，先后多次非法收受李金星贿送的现金，共计约49 200元。案发后，章国钧向检察机关退出全部赃款。

交通银行股份有限公司（以下简称交通银行）是国有参股的股份制银行。经交通银行湖州分行党委研究决定，2008年8月至2011年3月，章国钧担任交通银行湖州新天地支行公司的业务管理经理。2011年3月至2012年2月，章国钧担任新天地支行公司行长助理，主要负责公司客户的营销和日常管理工作，及公司客户经理队伍的日常管理。

［诉讼］
起诉：受贿罪。
辩护：章国钧不属于国家工作人员，不构成受贿罪；章国钧有自首情节。
判决：章国钧身为国家工作人员，利用职务上的便利，非法收受他人财物，为他人谋取利益，其行为构成受贿罪。章国钧到案后，能如实供述犯罪事实，且当庭认罪，依法可以从轻处罚。章国钧已退缴全部赃款，酌情可以从轻处罚。据此判处有期徒刑2年6个月。

［研习］
章国钧是否为国家工作人员？

---

［1］ 浙江省湖州市中级人民法院赵芳、陈克娥撰稿："章国钧受贿案——如何认定国家出资企业中的国家工作人员？"【第974号】，载《刑事审判参考》总第97集。

案例三：李培光贪污、挪用公款案[1]

[案情]

李培光原系中铁三局集团第四工程有限公司（以下简称中铁三局四公司）×项目部一分部财务主任。检察机关起诉李培光以下两项犯罪事实：

第一项：2009年5月至9月间，李培光利用担任中铁三局四公司×项目部一分部财务主任的职务便利，多次到某税务局虚开收款人为林建顺、谢茂全，总金额为1 247 040元的发票4张，在单位报账后将1 247 040元据为己有。虚报所得款项中的825 000元用于购买国债和银行定期存款，370 000元取现后，交由一分部食堂职工高进庆藏入食堂库房里。

第二项：2009年10月至2010年5月，先后3次将其保管的×项目部一分部账外资金860 000元，存入自己的个人账户，用于购买银行"财富日日生升"理财产品。2010年5月，国家审计部门对一分部财务部门进行经济审计后，李培光于5月21日赎回两笔"财富日日升"的银行理财产品，共计510 000元归还单位。案发后，尚有350 000元"财富日日升"的银行理财产品没有赎回。

2010年8月25日李培光因将一分部账外资金存入自己账户购买理财产品，被检察机关立案侦查。8月31日，李培光主动向检察机关交代了检察机关未掌握的自己以林建顺、谢茂全名义到税务局代开发票报销所得款1 247 040元并据为己有的事实，还向南宁铁路运输检察院供述了其用虚报所得款购买国债和定期存单的藏匿地点及370 000元现金藏匿处。检察机关根据其供述，在其一分部宿舍及一分部食堂的库房里查获了825 000元国债凭证、银行定期存单及现金370 000元。至此，李培光共退出非法占有的1 216 855.96元。

另查明李培光在被司法机关调查期间，提供了某市国税局工作人员廖晓丽涉嫌职务犯罪的重要线索，并经查证属实。

[诉讼]

起诉：贪污罪、挪用公款罪。

辩护：被告人不具有国家工作人员的身份，不成立贪污罪、受贿罪。

一审判决：李培光身为国家出资企业中从事公务的人员，利用职务上的便利，以虚开发票在单位报账的方式，侵吞公款1 247 040元，其行为侵犯了公共财产的所有权和国家工作人员职务行为的廉洁性，已构成贪污罪。同时，李培光利用职务上的便利，以营利为目的，在任职期间擅自决定挪用本单位公款860 000元归个人使

---

[1] 最高人民法院刑二庭康瑛撰稿，最高人民法院刑二庭叶晓颖审编："李培光贪污、挪用公款案——如何审查认定国家出资企业中国家工作人员的身份？"【第1016号】，载《刑事审判参考》总第99集。

用，其行为构成挪用公款罪，应与贪污罪并罚。李培光挪用公款 860 000 元，数额巨大，情节严重；其在司法机关立案调查其挪用公款犯罪事实期间，主动向司法机关交代了司法机关尚未掌握的其贪污犯罪事实，属于自首，依法可以减轻处罚；其在被办案机关调查期间，提供侦破其他案件的重要线索，并查证属实，具有立功表现，依法可以从轻处罚；其在案发前退出挪用的大部分公款，依法可以从轻处罚；其归案后主动供述了赃款去向，退出了绝大部分贪污的赃款，可以酌情从轻处罚。据此判决：李培光犯贪污罪，判处有期徒刑 7 年，并处没收财产 20 万元；犯挪用公款罪，判处有期徒刑 5 年；数罪并罚，决定执行有期徒刑 10 年 6 个月，并处没收财产 20 万元。

上诉：李培光上诉称：其所在公司是原国有企业改制后的有限公司，已不属于国有企业。其仅是该公司聘请的工作人员，不属于受委派从事公务的人员，其不具备贪污罪、挪用公款罪的主体要件。综合考虑其自首、立功、退赃等情节，请求法院对其适用缓刑。

二审判决：李培光不具有国家工作人员身份。改判李培光犯职务侵占罪，判处有期徒刑 4 年；犯挪用资金罪，判处有期徒刑 3 年；数罪并罚，决定执行有期徒刑 6 年。

[研习]

1. 二审为何改判职务侵占罪、挪用资金罪？
2. 为什么第一项事实定职务侵占、第二项事实定挪用资金？
3. 李培光是否成立自首？

案例四：宋涛非国家工作人员受贿案[1]

[案情]

2009 年年底至 2012 年 8 月，宋涛在担任上港集团生产业务部生产调度室副经理、经理期间，利用负责上港集团下属港区码头货物装卸、船舶到港、浮吊作业计划、分配、调度和管理等职务便利，先后多次收受上海铨兴物流有限公司负责人丁华给予的价值 1.5 万元的联华 OK 消费积点卡及 LV 皮包 1 只，收受上海顶晟国际货物运输代理有限公司负责人陈立军给予的现金 20 余万元。上述收受的消费积点卡、贿赂款共计价值 21.5 万余元，均被宋用于个人消费。2012 年 10 月 30 日，宋涛在上港集团监管部门找其谈话期间，主动供述收受 OK 消费积点卡及 LV 包的事实，后在检察机关调查期间，又主动供述收受 20 余万元现金的事实。在法院审判阶段，宋涛在家属的帮助下退缴了全部赃款。

---

[1] 上海市虹口区人民法院张金伟、葛立刚撰稿："宋涛非国家工作人员受贿案——如何认定国有控股企业中一般中层管理干部的国家工作人员身份？"【第 959 号】，载《刑事审判参考》总第 97 集。

另查明，上港集团于2005年改制为国有控股、中外合资的股份有限公司，并已在上海市证券交易所上市。上港集团的高层领导，列入上级领导部门管理范围；集团总部部门领导的任命，由集团人事组织部根据相关规定，向集团领导部门提出任用人选，经集团领导部门扩大会议讨论同意，然后发文任命。同时，按照上港集团的公司章程，公司员工的聘用和解聘，由公司总裁决定。宋涛在上港集团生产业务部下设的生产调度室从主管到担任副经理、经理的职务变动，均由其上级部门领导个人提出聘任意见，由人事组织部审核后，由公司总裁在总部机关职工岗位变动审批表上签署同意意见即成，无需经过人事组织部提名、领导部门扩大会议讨论决定的程序。

[诉讼]

起诉：受贿罪。

辩护理由之一：宋涛从事一般业务管理活动，不属于代表国家出资企业中负有管理、监督国有资产职责的组织从事公务的人员，不构成受贿罪的主体。

判决：非国家工作人员受贿罪，具有自首情节，且在家属帮助下退缴全部赃款，确有悔罪表现，可以减轻处罚并适用缓刑。判处有期徒刑3年，缓刑4年，并处没收财产3万元；退缴的赃款予以没收。

[研习]

1. 上港集团的高层领导是否为国家工作人员？
2. 宋涛是否为国家工作人员？
3. 宋涛为何成立自首？

案例五：赵玉生、张书安职务侵占案[1]

[案情]

2011年以来，赵玉生利用担任某村二组组长的职务便利，与该村支书张书安商议后，在发放新郑市城关乡沟张村二组村民南水北调工程永久用地补偿费过程中，以在该村二组南水北调永久用地补偿费分配表中添加张书安的方式，先后2次以张书安名义套取169 120元，张书安分得3万元，赵玉生将余款据为己有。

[诉讼]

起诉：贪污罪。

一审判决：贪污罪，判决赵玉生有期徒刑10年6个月；张书安判处有期徒刑5年。

---

[1] 最高人民法院刑三庭韩景慧、郑州市中级人民法院郭宝安撰稿，最高人民法院刑三庭罗国良审编："赵玉生、张书安职务侵占案——村民小组组长将集体土地征用补偿费据为己有的行为应当如何定性？"【第1138号】，载《刑事审判参考》总第106集。

上诉：涉案款项系农村集体组织的财产，并非国有财产；南水北调建设部门已经完成对征用土地的丈量、附属物的清点及补偿费的发放工作，二被告人不属于利用国家工作人员的职务便利侵吞国有资产。

二审判决：上诉理由成立。一审判决适用法律错误应予纠正。在共同犯罪中，赵玉生起主要作用，系主犯；张书安起辅助作用，系从犯，应依法减轻处罚，其亲属代为退赃，可酌情从轻处罚。据此，改判赵玉生犯职务侵占罪，判处有期徒刑6年；张书安犯职务侵占罪，判处有期徒刑3年。

［研习］

1. 认定村民委员会等村基层组织人员（包括村民小组长）是否"从事公务"的要点是什么？

2. 村民委员会等村基层组织协助人民政府从事土地征收、征用补偿费用的管理等行政管理工作有哪些表现？

案例六：高世银非国家工作人员受贿案[1]

［案情］

2009年3月，綦江县永新镇镇政府规定，新改建村级公路由各村组织实施，镇政府每公里追加补贴4万元。镇政府为此成立领导小组，负责组织全镇公路建设项目的申报、规划、招投标和组织实施，同时要求各村成立相应领导小组，村党支部书记任组长、村委会主任任副组长，负责本村公路建设管理协调和公路筹资投劳等工作。

2009年5月，重庆市綦江县永新镇长田村村民委员会召集村民代表会议，决定通过自筹资金、社会募捐和政府补贴，硬化该村公路。同年6月5日，时任长田村村民委员会主任的被告人高世银以村民委员会的名义，书面承诺将该工程交给兰文仕承包，兰文仕遂向冯鹰、王斌收取项目转让费20余万元，并于次日给予高世银好处费6万元。同月12日，高世银以长田村村民委员会的名义，与冯鹰、王斌挂靠的重庆斌鑫建筑工程有限公司签订施工合同。高世银在关押期间检举他人非法持有枪支，经查证属实。

［诉讼］

起诉：受贿罪。

判决：非国家工作人员受贿罪，判处有期徒刑1年2个月。

---

[1] 重庆市第五中级人民法院林杰、重庆市綦江县人民法院李春梅、最高人民法院刑一庭耿磊撰稿，最高人民法院刑一庭翟超审编："高世银非国家工作人员受贿案——村民委员会主任在村自行修建道路中收受他人贿赂的，如何定性？"【第960号】，载《刑事审判参考》总第97集。

[研习]

高世银是否为其他依照法律从事公务的人员？

案例七：杨志华收受贿赂案[1]

[案情]

杨志华原系江苏省如东县掘港镇青园居委会党支部书记、主任、经济合作社社长，曾任掘港镇青园村党支部书记、村委会主任、村经济合作社社长。

青园大酒店是由如东县掘港镇青园村村委会申请，经如东县计划委员会、土地管理局等单位批准筹建的村办企业。经青园村村委会讨论决定，被告人杨志华任青园大酒店筹建组负责人。

1995年上半年至2002年下半年，杨志华先后利用担任如东县掘港镇青园村党支部书记、村民委员会主任、村经济合作社社长、青园大酒店筹建组负责人的职务便利，在建设及转让青园大酒店过程中，非法收受施工单位、材料供应单位、大酒店受让单位财物共计26.5万元。

1996年~2000年，南通达忆装饰材料有限公司（以下简称达忆公司）经理吴某、何某为感谢被告人将青园村的10余万元资金拆借给达忆公司，以及调解达忆公司与青园村村民之间的矛盾，先后5次送给杨志华共计8500元。

在司法机关立案前，杨志华如实交待了自己的犯罪事实，并退出了全部赃款。

[诉讼]

起诉：公司、企业人员受贿罪（现为非国家工作人员受贿罪）。

辩护：村民委员会并非公司或者企业，杨志华不具有公司、企业人员的主体身份，不构成公司、企业人员受贿罪；杨志华系自首，可以从轻或者减轻处罚；杨志华积极退赃，有悔改表现。

判决：青园大酒店系经江苏省如东县人民政府批准设立的村办企业，被告人杨志华利用担任青园大酒店筹建组负责人的职务便利，在筹建、转让青园大酒店过程中，为他人谋取利益，非法收受26.5万元，数额巨大，其行为已构成企业人员受贿罪。但指控杨志华利用担任村基层组织领导的职务便利，在管理村集体事务过程中，为达忆公司谋取利益，非法收受该公司经理吴某、何某共计8500元的行为，构成企业人员受贿罪，没有法律依据，但此8500元属于非法所得，应予没收。杨志华在司法机关立案前已如实供述犯罪事实，系自首，依法可减轻处罚。杨志华归案后认罪态度较好，积极退赃，可酌情从轻处罚，辩护人的此部分辩护意见予以采纳。遂于

---

[1] 最高人民法院刑二庭郭清国撰稿，最高人民法院刑二庭任卫华审编："杨志华企业人员受贿案——筹建中的企业工作人员利用职务便利为他人谋取利益非法收受、索取财物的能否以企业人员受贿罪定罪处罚？"【第320号】，载《刑事审判参考》总第41集。

2004年9月9日判决：被告人杨志华犯企业人员受贿罪，判处有期徒刑3年，并处没收财产5000元。

宣判后，杨志华未上诉，检察机关未抗诉，判决发生法律效力。

[研习]（以下问题根据现行《刑法》作答）

1. 本案杨志华所收26.5万元，是利用其担任的村党支部书记、村民委员会主任、村经济合作社社长的职务便利，还是利用其担任青园大酒店筹建组负责人的职务便利？利用前者构成何罪？利用后者构成何罪？

2. 对于杨志华所收的8500元，法院为何不认为其构成犯罪？对此，应如何评价？

案例八：朱洪岩盗卖国有资产案[1]

[案情]

2002年底，朱洪岩与某食品公司破产清算组签订租赁经营该公司肉联厂（国有企业）的合同，租赁期限为2003年1月1日至2003年12月31日。协议签订前后，有韩林业、王士宇等9名股东入股经营，朱洪岩任厂长，韩林业、王士宇任副厂长。由于经营亏损，股东向朱洪岩索要股金。2003年11月份，朱洪岩让王士宇通过马庚国联系，与扬州市一名做废旧金属生意的商人蒋某达成协议，将肉联厂1台柴油发电机和1台制冷机以8万元价格卖给蒋某。2004年1月2日深夜，朱洪岩及韩林业、王士宇等人将蒋某等人及货车带到肉联厂院内，将两台机器及附属设备（价值9.4万余元）拆卸装车运走。朱洪岩及韩林业、王士宇等人将蒋某的货车"护送"出泗阳后，携带蒋某支付的8万元返回泗阳。在王士宇家中，朱洪岩从卖机器款中取3万元给王士宇，让王士宇按股东出资比例予以分配，又取2000元交给韩林业，作为泗阳县食品公司破产清算组的诉讼费用。朱洪岩携带其余4.8万元潜逃。2004年7月，朱洪岩写信给泗阳县反贪局供述自己盗卖机器事实。2004年8月，朱洪岩被抓获归案。案发后，朱洪岩亲属退回赃款计6.5万元。

[诉讼]

起诉：贪污罪。

辩护：朱洪岩不具备贪污罪的主体资格，其行为构成自首，请求从轻处罚。

一审判决：朱洪岩作为受委托代为管理、保管国有财产人员，利用职务之便，盗卖国有资产，其行为构成贪污罪。朱洪岩能坦白交代自己罪行，认罪态度较好，酌情从轻处罚。于2005年1月21日判决：被告人朱洪岩犯贪污罪，判处有期徒刑7

---

[1] 江苏省高级人民法院刑二庭叶巍、江苏省宿迁市中级人民法院刑二庭刘怀撰稿，最高人民法院熊选国审编："朱洪岩贪污案——租赁国有企业的人员盗卖国有资产的行为如何处理？"【第355号】，载《刑事审判参考》总第45集。

年,追缴违法所得 8 万元。

上诉:朱洪岩以不具备贪污罪的主体身份、其行为构成投案自首等为由提出上诉。其辩护人提出:朱洪岩不是贪污罪主体,没有非法占有的故意,其行为不构成贪污罪;朱洪岩写信给检察机关的行为构成投案自首;价格鉴定不能作为证据使用。

二审裁定:朱洪岩在承包租赁属于国有性质的食品厂厂房机器设备期间,即具备"受委托管理、经营国有财产人员"的贪污罪主体身份,其间利用负责经营管理的职务之便利,盗卖所承租的国有资产,其行为构成贪污罪。原判决定性适当。……驳回上诉,维持原判。

[研习]

1. 贪污罪主体之一的"受委托管理、经营国有财产的人员"具体指何种人员?本案中,朱洪岩是否属此类主体?

2. 在朱洪岩租赁经营期间,其所盗卖的机器的所有权归谁所有?是否属公共财物?如果其出卖的是生产出来的产品,如何定性?

3. 本案中,朱洪岩写信给检察机关的行为,是否构成投案自首?司法解释对此是如何规定的?

案例九:黄明惠截留侵吞代征税款案[1]

[案情]

黄明惠,系苏州市通安食品购销站(个人独资企业)投资人。2004 年 1 月至 2005 年 12 月,黄明惠个人独资经营的苏州市通安食品购销站依法接受当地税务机关(苏州市国税局新区分局)委托,代征收生猪零售环节增值税。黄明惠利用职务便利,采取收取增值税税款后不出具增值税发票的手段,将收取的增值税共计 182 808 元截留侵吞,非法占为己有。

[诉讼]

起诉:贪污罪。

辩护:辩护人的辩护意见主要为:依法接受当地税务机关委托征收税款的受托方是单位即苏州市通安食品购销站,不是黄明惠个人,按该协议从事的履行行为是一种劳务或服务性质,不具有管理职能,不是一种公权。……

判决:苏州市通安食品购销站依法接受当地税务机关委托代征收增值税,属于依照《税收征收管理法实施细则》第 44 条委托代征税款的行为,黄明惠作为法定代表人代理苏州市通安食品购销站行使代征的权力,属于依照法律从事公务的人员,

---

[1] 最高人民法院刑二庭王志辉撰稿,最高人民法院刑二庭苗有水审编:"黄明惠贪污案——利用受国家税务机关委托行使代收税款的便利侵吞税款的行为,如何定罪处罚?"【第 692 号】,载《刑事审判参考》总第 79 集。

应以国家工作人员论。黄明惠利用其在通安食品购销站的职务便利,采取收取增值税税款后不出具增值税发票的手段,截留并占有国家税款 182 808 元,其行为构成贪污罪。判处有期徒刑 10 年,并处没收个人财产 10 万元。

[研习]

1.(1)根据民法、行政法的知识分析,苏州市国家税务局新区分局委托苏州市通安食品购销站代征增值税,两单位之间的委托关系的性质是民事委托还是行政委托?此认定对于黄明惠行为性质的认定有何影响?

(2)苏州市通安食品购销站代征增值税时,是以购销站名义对外收款的,还是以税务分局名义对外收款的?根据税法分析,购销站是否属于税法上的扣缴义务人?其是否可构成逃税罪?

(3)收受到税款后,税款的所有权归购销站还是税务分局?税款属性是单位款项,还是公共财产?此认定对于黄明惠行为性质的认定有何影响?

2. 接受苏州市国家税务局新区分局委托征收税款的受托方是苏州市通安食品购销站,不是黄明惠个人,此确为事实。

(1)黄明惠有无管理该款项的职责?

(2)黄明惠管理税款,是否属于从事公务?

(3)试想:如税务分局劳务聘请的临时会计,在管理款项时将其据为己有,是否构成贪污罪?

3.(1)如要将黄明惠认定为国家工作人员,其是属于《刑法》第 93 条第 2 款中的"国家机关委派到非国有企业中从事公务的人员",还是属于"其他依照法律从事公务的人员",还是属于《全国人大常委会关于刑法第九章渎职罪主体适用问题的解释》(2002 年 12 月 28 日)所规定的"在受国家机关委托代表国家机关行使职权的组织中从事公务的人员"(亦即第 93 条第 2 款中的"在国家机关中从事公务的人员")?

(2)国家工作人员的本质是什么?是否必须要求人事档案上记载有特定职务、身份?

4.(1)黄明惠将截留的税款大部分用于购销站经营活动,是单位行为还是个人行为?

(2)如果购销站具有法人资格,黄明惠的行为应如何认定?

第二节 贪污罪

一、利用职务上的便利

案例：杨延虎等贪污案[1]

[案情]

杨延虎1996年8月任浙江省义乌市委常委，2003年3月任义乌市人大常委会副主任，2000年8月兼任中国小商品城福田市场（2003年3月改称中国义乌国际商贸城，简称国际商贸城）建设领导小组副组长兼指挥部总指挥，主持指挥部全面工作。2002年，杨延虎得知义乌市稠城街道共和村将列入拆迁和旧村改造范围后，决定在该村购买旧房，利用其职务便利，在拆迁安置时骗取非法利益。杨延虎遂与王月芳（杨延虎的妻妹）、郑新潮（王月芳之夫）共谋后，由王、郑二人出面，通过共和村王某某以王月芳的名义在该村购买赵某某的3间旧房（房产证登记面积61.87平方米，发证日期1998年8月3日）。按当地拆迁和旧村改造政策，赵某某有无该旧房，其所得安置土地面积均相同，事实上赵某某也按无房户得到了土地安置。2003年3、4月份，为使3间旧房所占土地确权到王月芳名下，在杨延虎指使和安排下，郑新潮再次通过共和村王某某让该村村民委员会及其成员出具了该3间旧房系王月芳1983年所建的虚假证明。杨延虎利用职务便利，要求兼任国际商贸城建设指挥部分管土地确权工作的副总指挥、义乌市国土资源局副局长吴某某和指挥部确权报批科人员，对王月芳拆迁安置、土地确权予以关照。国际商贸城建设指挥部遂将王月芳所购房屋作为有村证明但无产权证的旧房进行确权审核，上报义乌市国土资源局确权，并按丈量结果认定其占地面积64.7平方米。

此后，杨延虎与郑新潮、王月芳等人共谋，在其岳父王某祥在共和村拆迁中可得25.5平方米土地确权的基础上，于2005年1月编造了由王月芳等人签名的申请报告，谎称"王某祥与王月芳共有三间半房屋，占地90.2平方米，二人在1986年分家，王某祥分得36.1平方米，王月芳分得54.1平方米，有关部门确认王某祥房屋25.5平方米、王月芳房屋64平方米有误"，要求义乌市国土资源局更正。随后，杨延虎利用职务便利，指使国际商贸城建设指挥部工作人员以该部名义对该申请报告盖章确认，并使该申请报告得到义乌市国土资源局和义乌市政府认可，从而让王月芳、王某祥分别获得72平方米和54平方米（共126平方米）的建设用地审批。按王

---

[1] 最高人民法院审判委员会："指导案例11号：杨延虎等贪污案"，发布日期：2012年9月18日。

某祥的土地确权面积仅应得 36 平方米建设用地审批，其余 90 平方米系非法所得。2005 年 5 月，杨延虎等人在支付选位费 24.552 万元后，在国际商贸城拆迁安置区获得 2 间店面 72 平方米土地的拆迁安置补偿（案发后，该 72 平方米的土地使用权被依法冻结）。该处地块在用作安置前已被国家征用并转为建设用地，属国有划拨土地。经评估，该处每平方米的土地使用权价值 35 270 元。杨延虎等人非法所得的建设用地 90 平方米，按照当地拆迁安置规定，折合拆迁安置区店面的土地面积为 72 平方米，价值 253.944 万元，扣除其支付的 24.552 万元后，实际非法所得 229.392 万元。

此外，2001~2007 年，杨延虎利用职务便利，为他人承揽工程、拆迁安置、国有土地受让等谋取利益，先后非法收受或索取 57 万元，其中索贿 5 万元。

[诉讼]

起诉：杨延虎犯贪污罪、受贿罪，郑新潮犯贪污罪，王月芳犯贪污罪。

辩护：杨延虎等人及其辩护人提出：杨延虎没有利用职务便利。王月芳应当获得土地安置补偿，涉案土地属于集体土地，不能构成贪污罪。

一审判决：关于杨延虎没有利用职务便利的辩护意见，经查，义乌国际商贸城指挥部系义乌市委、市政府为确保国际商贸城建设工程顺利进行而设立的机构，指挥部下设确权报批科，工作人员从国土资源局抽调，负责土地确权、建房建设用地的审核及报批工作，分管该科的副总指挥吴某某也是国土资源局的副局长。确权报批科作为指挥部下设机构，同时受指挥部的领导，作为指挥部总指挥的杨延虎具有对该科室的领导职权。贪污罪中的"利用职务上的便利"，是指利用职务上主管、管理、经手公共财物的权力及方便条件，既包括利用本人职务上主管、管理公共财物的职务便利，也包括利用职务上有隶属关系的其他国家工作人员的职务便利。本案中，杨延虎正是利用担任义乌市委常委、义乌市人大常委会副主任和兼任指挥部总指挥的职务便利，给下属的土地确权报批科人员及其分管副总指挥打招呼，才使得王月芳等人虚报的拆迁安置得以实现。

关于被告人王月芳应当获得土地安置补偿，涉案土地属于集体土地，不能构成贪污罪的辩护意见。经查，王月芳购房时系居民户口，按照法律规定和义乌市拆迁安置有关规定，不属于拆迁安置对象，不具备获得土地确权的资格，其在共和村所购房屋既不能获得土地确权，又不能得到拆迁安置补偿。杨延虎等人明知王月芳不符合拆迁安置条件，却利用杨延虎的职务便利，通过将王月芳所购房屋谎报为其祖传旧房，虚构王月芳与王某祥分家事实，骗得旧房拆迁安置资格，骗取国有土地确权。同时，由于杨延虎利用职务便利，杨延虎、王月芳等人弄虚作假，既使王月芳所购旧房的房主赵某某按无房户得到了土地安置补偿，又使本来不应获得土地安置补偿的王月芳获得了土地安置补偿。土地使用权具有财产性利益，无论国有土地，还是集体土地，都属于《刑法》第 382 条第 1 款规定中的"公共财物"，可以成为贪污的对象。王月芳名下安置的地块已在 2002 年 8 月被征为国有并转为建设用地，义乌市政府文件抄告单也明确该处的拆迁安置土地使用权登记核发国有土地使用权证。

因此，杨延虎等人及其辩护人所提该项辩护意见，不能成立。

被告人杨延虎作为国家工作人员，利用担任义乌市委常委、义乌市人大常委会副主任和兼任国际商贸城指挥部总指挥的职务便利，伙同被告人郑新潮、王月芳以虚构事实的手段，骗取国有土地使用权，非法占有公共财物，三被告人的行为均已构成贪污罪。杨延虎还利用职务便利索取或收受他人贿赂，为他人谋取利益，其行为又构成受贿罪，应依法数罪并罚。杨延虎犯贪污罪，判处有期徒刑15年，并处没收财产20万元；犯受贿罪，判处有期徒刑11年，并处没收财产10万元；决定执行有期徒刑18年，并处没收财产30万元。郑新潮犯贪污罪，判处有期徒刑5年。王月芳犯贪污罪，判处有期徒刑3年。

宣判后，三被告人均提出上诉。二审法院裁定驳回上诉，维持原判。

[研习]

1. 贪污罪中的"利用职务上的便利"是为何意？本案中，杨延虎虽为义乌市委常委、国际商贸城建设指挥部总指挥，但王月芳等人能够实现虚报拆迁安置主要是因确权报批科的虚假确权。杨延虎没有直接利用本人的职权，而是通过给下属的土地确权报批科人员及其分管副总指挥打招呼，才获取不正当利益。可否认为是"利用职务上的便利"？

2. 本案杨延虎等非法所得的是90平方米建设用地的使用权，可否成为贪污罪的对象？

3. 郑新潮、王月芳等人不具有国家工作人员的身份，为何也可构成贪污罪？

4. 对于共和村王某某及村民委员会出具虚假证明的行为应如何定性？

5. 对于国际商贸城建设指挥部分管土地确权工作的副总指挥、义乌市国土资源局副局长吴某某和指挥部确权报批科人员的行为应如何定性？

二、侵吞、窃取、骗取或者其他手段

案例一：王雪龙挪用公款、贪污案[1]

[案情]

上海市青浦区农业机械管理站（以下简称青浦区农机站）是青浦区农业委员会设立的全额拨款事业单位。2009年8月，王雪龙任青浦区农机站站长、神牛公司法定代表人期间，神牛公司以设置青浦区农机零配件服务网点名义出资成立上海通阳农机服务有限公司（以下简称通阳公司），王雪龙担任公司法定代表人，股东为王雪

---

[1] 上海市第二中级人民法院王宗光、夏稷栋、关敬杨撰稿，最高人民法院刑二庭康瑛审编："王雪龙挪用公款、贪污案——如何认定'小金库'性质公司及公务性支出能否从贪污数额中扣除？"【第1142号】，载《刑事审判参考》总第106集。

龙及时任青浦区农机站党支部书记的祝建林。2011年4月19日，王雪龙利用其全面负责神牛公司、通阳公司工作的职务便利，私自将通阳公司无偿转让至马雪元名下，并由王雪龙个人实际控制，至工商变更登记当日，通阳公司利润合计22万余元。2012年9月，王雪龙个人决定将上海昊桑农业机械设备有限公司（以下简称昊桑公司）支付神牛公司的服务费36万元由通阳公司收取。后王雪龙将上述通阳公司利润及收取的服务费用于个人套现、消费等。2013年4月，王雪龙与王川民经事先商量，成立上海厚缘农业科技服务有限公司（以下简称厚缘公司），王雪龙为实质股东之一。2013年5月、12月，王雪龙利用其全面负责神牛公司的职务便利，个人决定将昊桑公司支付神牛公司的服务费42万元由厚缘公司收取。后王雪龙将上述厚缘公司收取的服务费用于个人套现、消费等。

[诉讼]

起诉：贪污罪，侵吞公款100余万元，数额巨大。

判决：贪污罪，判处有期徒5年6个月，并处罚金50万元。

上诉：王雪龙诉称：通阳公司、厚缘公司均属于青浦区农机站下属的"小金库"性质企业，且其将绝大部分涉案款项用于青浦区农机站日常开销等公务性支出，其行为不构成贪污罪。即使构成贪污罪，也应将用于公务性支出的款项从贪污数额中扣除。

二审裁定：维持原判。

[研习]

1. 本案通阳公司、昊桑公司是否为神牛公司的"小金库"？二公司截留神牛公司的收入是否为神牛公司"小金库"性质资金？

2. 贪污款项用于公务性支出的部分能否从贪污数额中扣除？

案例二：祝贵财等贪污案[1]

[案情]

祝贵财、杨超、王东立、及永才均系国有公司北京万商大厦管理人员。2004年2月至3月间，四被告人和陈瑞慕（另案处理）等人共同商定并出资，以祝贵财亲属的名义成立了"恒威佳信公司"。同年3月，"中复电讯公司"有意承租万商大厦裙楼一层约488平方米原"鞋服城"项目用于经营。时任副总经理的杨超代表北京万商大厦与"中复电讯公司"洽谈租赁万商大厦底商事宜，在双方商定租赁价格后，由"恒威佳信公司"同日先与北京万商大厦签订承租合同，再与"中复电讯公司"签订转租合同。及永才受祝贵财指派负责管理"恒威佳信公司"，将转租"中复电讯

---

[1] 北京市第一中级人民法院林辛建撰稿，最高人民法院刑二庭叶晓颖审编："祝贵财等贪污案——如何区分非法经营同类营业罪和贪污罪？"【第1087号】，载《刑事审判参考》总第103集。

公司"的获利扣除各类税款等费用后不定期分配给上述四被告人。……至2010年10月间，四被告人利用"恒威佳信公司"和"瑞源通泰公司"共获取转租租金差价款共计2 122 501.96元。其中，上述2家公司上缴国家的各类税款共计657 584.19元。

[诉讼]

起诉：贪污罪。

辩护：仅成立非法经营同类营业罪。

判决：贪污罪。

[研习]

为什么认定贪污罪？

案例三：赵明贪污、挪用公款案[1]

[案情]

赵明受国有公司委派担任国有控股企业天津城建隧道股份有限公司会计，后被任命为该公司财务核算中心副主任。2009年4月至12月，赵明利用职务之便，采取提取备用金的手段，多次从其负责的项目账上支取现金共计783 800元，用于赌博。2010年1月至2011年10月，赵明采取偷盖单位印鉴、私自填写现金支票的方式提取单位银行存款共计3 223 000元，用于赌博。其中，有累计2 952 659.58元账目被赵明以支付相关单位劳务费、租金、材料款等记账形式予以列支，弥补其私自支取公款的账面差额。赵明曾私盖一本"天津市环城地铁管片有限公司"（系赵明所在公司的盾构管片项目与天津市环美混凝土制造有限公司成立的合资公司，但从未开展业务）的收据用以掩盖挪用公款的事实。赵明受赌博网站"太阳城"代理张丽的唆使，将挪用的公款大部分转到了张丽提供的账户中用于个人网上赌博，还曾使用电脑制作虚假的单位开户银行上海浦东银行账单，用以隐瞒私自动用的单位公款。自2008年7月至2011年10月案发前，赵明挪用单位公款4 006 800元，虚列支出2 592 659.58元。赵明以现金还款方式陆续归还公款共计1 377 500元，给单位造成实际经济损失2 629 300元。

[诉讼]

一审判决：赵明犯贪污罪，判处无期徒刑，剥夺政治利终身，并处没收个人全部财产；犯挪用公款罪，判处有期徒刑12年。决定执行无期徒刑，剥夺政治权利终身，并处没收个人全部财产。

上诉：没有非法占有公款故意，不是贪污，属于挪用公款性质。

---

〔1〕天津市高级人民法院熊灿、白云飞撰稿，最高人民法院刑二庭逄锦温审编："赵明贪污、挪用公款案——对采取虚列支出手段实施平账行为的认定及上诉不加刑原则在数罪并罚中的理解与适用"【第1088号】，载《刑事审判参考》总第103集。

二审判决：赵明犯挪用公款罪，判处有期徒刑 15 年。

[研习]

二审为何改判不成立贪污罪，仅成立挪用公款一罪？

案例四：邯郸农行管库员任晓峰、马向景等盗取金库巨款案[1]

[案情]

被告人任晓峰、马向景、赵学楠、张强，系中国农业银行邯郸分行金库管库员。2006 年 10 月 13 日~2006 年 10 月 18 日，任晓峰与赵学楠、张强利用看管金库的便利条件，先后 2 次从金库盗取 20 万元购买彩票，后归还。

2007 年 3 月 16 日~2007 年 4 月 13 日，任晓峰与马向景又多次从金库盗取共计 3295.605 万元，任晓峰用其中 3125 万元购买彩票。在投入巨额资金未中奖的情况下，任晓峰用余款中的 7.68 万元购买了捷达轿车一辆，任、马二人准备出逃。

2007 年 4 月 14 日 8 时许，任晓峰和马向景再次密谋后，从金库盗出现金 6 箱共计 1800 万元，用其中 1410.1 万元购买彩票。任晓峰分得余款 329.9 万元，马向景分得余款 60 万元。任晓峰得知彩票未中奖后，遂通知马向景分头潜逃。

任晓峰携款 354 万余元和存有 30.9 万元的建行卡及事先准备好的假身份证、地图册等物品，驾驶捷达轿车潜逃至连云港，在连云港以 20.55 万元购买本田轿车一辆。马向景逃至北京市大兴区宋长海家躲藏。宋长海得知马向景盗用金库现金的情况后，仍然为马向景提供食宿。4 月 17 日上午，马向景离开，当日下午，公安人员找到宋长海了解马向景的去向时，宋长海隐瞒了马向景到过其住处的事实。

[诉讼]

一审判决：任晓峰、马向景身为国有银行从事公务的人员，利用担任金库管库员的职务便利，共同窃取金库现金 5095.605 万元，用于购买彩票，其行为均已构成贪污罪，且数额特别巨大，情节特别严重。任晓峰伙同金库管库员赵学楠、张强挪用金库 20 万元现金进行营利活动，三被告人的行为均已构成挪用公款罪，情节严重。宋长海明知马向景犯罪后而为其提供隐藏处所，其行为构成窝藏罪，且窝藏重大犯罪罪犯，情节严重。赵学楠挪用公款时间较短并于案发前归还，没有造成库款的损失，可以从轻处罚。张强有自首情节，且在挪用公款犯罪案发之前提出归还库款，并积极筹措资金归还，可以减轻处罚。宋长海窝藏重大犯罪罪犯，情节严重，但有劝马向景投案自首的情节，可酌情从轻处罚。被告人任晓峰犯贪污罪，判处死刑，剥夺政治权利终身，并处没收个人全部财产；任晓峰犯挪用公款罪，判处有期徒刑 6 年；数罪并罚，决定执行死刑，剥夺政治权利终身，并处没收个人全部财产。被告人马向景犯贪污罪，判处死刑，剥夺政治权利终身，并处没收个人全部财产。

---

[1] 本案一审由邯郸市中级人民法院审理，二审由河北省高级人民法院审理。

被告人赵学楠犯挪用公款罪，判处有期徒刑5年。被告人张强犯挪用公款罪，判处有期徒刑2年，缓刑2年。被告人宋长海犯窝藏罪，判处有期徒刑3年。

上诉：任晓峰、马向景、赵学楠不服，均提出上诉。

二审裁定：裁定驳回上诉，维持原判。对任晓峰、马向景维持死刑判决的裁定，依法报请最高人民法院核准。

[研习]

1. 本案任晓峰趁银行不注意盗取金库的现金，可否认定为盗窃罪？为什么？
2. 前3项案情事实分别构成何罪？犯罪数额分别是多少？
3. 在第2、3项事实中，如果任晓峰、马向景的想法是先挪出公款买彩票，中奖后再还回去，结果没中奖，就携带余款逃走，则其行为应如何定罪？本案为何不如此认定？
4. 对于第4项案情事实，宋长海一边窝藏马向景，一边劝其投案自首，为何还被认定为窝藏罪？其向公安人员作说假话为何不构成包庇罪？

三、贪污罪对象"公共财产"

案例一：于继红套取单位房屋案[1]

[案情]

于继红原系白山市房产管理局八道江房管所房管科副科长。1993年初，于继红在白山市建设银行开发公司归还因开发建银小区而占用八道江房产管理所商企房面积时，利用负责八道江房地产管理所还迁工作之机，采取不下账、少下账的手段，从中套取商企房1户，面积为52.03平方米，价值93 133.70元。

于继红于1992年在白山市建设银行开发公司开发建银小区时，利用负责八道江房产管理所拆迁工作之机，采取虚添拆迁面积和虚添住户的手段，从中套取住宅面积100平方米，并用此面积套取住宅房1户，面积为84.48平方米，价值81 100.80元，加上用面积顶交的取暖费、热水费2669.55元，总价值83 770.35元。

[诉讼]

辩护：于继红辩称，其不构成贪污罪，商企房是所长苏某奖励给她的，84.48平方米住宅房是其母买拆迁户的，手续合法。其辩护人提出，被告人主体身份不明，本案事实不清，证据不足。

一审判决：经查明，1992年底，白山市建设银行房地产综合开发公司（以下简称开发公司）归还因开发建银小区而占用八道江房产管理所（以下简称房管所）商

---

[1] 最高人民法院刑二庭刘为波撰稿，杨万明审编："于继红贪污案——不动产能否成为贪污罪的犯罪对象？"【第216号】，载《刑事审判参考》总第29集。

企房面积 321.52 平方米（5 户），被告人于继红利用负责房管所还迁工作之机，于 1993 年 12 月 18 日在给财务科填报经租房产增加、减少通知单时，将建行开发公司归还的面积填报为 305.75 平方米，并将其中 4 户面积加大，从中套取商企房 1 户，面积为 52.03 平方米，价值 93 133.70 元，用于个人出租牟利。案发之前尚未办理私有产权证。

同年，白山市建设银行房地产综合开发公司开发建银小区时，被告人于继红利用负责因开发建银小区拆迁房产管理所管理的房屋工作之机，在其母亲孙秀香购买拆迁户房屋面积时，虚添拆迁面积 17 平方米，价值 16 320 元，并将建行开发公司还房管所面积顶交其母所购买房屋取暖费、热水费 2669.55 元。综上，被告人于继红利用职务上的便利，非法占有公共财物计价值 112 123.25 元。

关于 84.48 平方米住宅房是其母购买拆迁户，并在房管所房改的辩解意见，……故该辩解意见部分采纳；其辩护人关于被告人主体身份不明的辩护意见，因被告人所在单位房管所任命书及转干表证实，于继红为房管所房管科副科长，且系国家机关工作人员，故不予采纳。被告人于继红犯贪污罪，判处有期徒刑 10 年，并处没收个人财产 3 万元，追缴 52.3 平方米商企房 1 户，赃款 18 989.55（含 17 平方米面积折价）。

上诉：于继红称其未实施利用职务之便非法占有国有资产的行为；购买的商企房及孙秀香购买的住房是经房管所的法定代表人苏连同同意在动迁之前购买的。其辩护人提出：因房屋所有权并没有发生转移，故一审法院认定于继红套取 52.03 平方米商企房 1 户的事实不清，证据不足；于继红其母孙秀香购买的拆迁户魏秀成的房屋面积是 36.5 平方米而不是 23 平方米或者 40 平方米。

二审判决：于继红利用职务之便，非法占有公共财物的行为已构成贪污罪。……其辩护人提出认定于继红贪污 52.03 平方米房屋的所有权未发生转移，原审判决事实不清，证据不足的辩护意见，因上诉人利用职务上的便利，骗取公有房屋并实际占有使用，故虽未办理私有产权证，仍应构成贪污既遂，……驳回上诉，维持原判。

[研习]

1. 对于检察院指控的第 1 项事实，即于继红套取商企房 1 户面积 52.03 平方米一事：

（1）不动产能否成为贪污罪的对象？能否成为挪用公款罪对象？能否成为盗窃罪、抢劫罪、诈骗罪、侵占罪、敲诈勒索罪的对象？理由为何？

（2）对于套取的商企房，于继红案发之前尚未办理私有产权证，是犯罪既遂还是未遂？理由为何？

（3）如果没有非法所有意图，而是侵占该房屋用于收取租金，其行为如何定性？是对房屋构成挪用公款罪？还是对租金构成贪污罪？

（4）如何认定于继红对涉案房屋具有非法所有意图，而不是非法占用意图？

2. 对于检察院指控的第 2 项事实，即于继红套取商企房 1 户面积 100 平方米一事,法院为何没有认定?

案例二:石镜寰侵吞学校管理、使用的学生讲义费案[1]

[案情]

石镜寰原为北京市第五中学党政办公室主任。2000年6月,其利用担任北京市第五中学教育处主任的职务便利,在对本校初三年级教育、教学等活动进行管理过程中,以用"讲义费"给毕业生购买纪念品的名义,领取转账支票一张,金额为13万余元,后用假发票报销平账,将该款侵吞。同年7月间,石镜寰利用负责退还初三年级毕业生"讲义费"的职务便利,伪造毕业生签字,冒领"讲义费"3万余元。综上,石镜寰共侵吞公款16万余元,石镜寰本人已退还北京市第五中学13万余元,另有其亲属代为退赔的4万元扣押在案。

据北京市财政局规定,为弥补学校经费不足,对毕业年级收取"讲义费",其标准为初中每人每学期不超过30元。收取的"讲义费"列入学校基本账户,属"代收款"科目。该费必须用于学生的学习活动支出,比如购买复习题、试卷等,由各年级组统一管理,严禁用于其他支出,如有节余,则应在学生毕业时如数返还。

[诉讼]

起诉:贪污罪。

辩护:石镜寰提出自己主动向单位领导投案并退还赃款应属自首,工作表现较好,请求从轻处罚。

一审判决:石镜寰身为国有事业单位工作人员,利用职务之便,将本单位管理的"讲义费"非法占为己有,其行为构成贪污罪,判处有期徒刑10年。

上诉:其辩护人认为,应认定为自首。认罪态度好,应对其减轻处罚。

二审裁定:石镜寰身为国有事业单位中从事公务的人员,利用职务便利,使用欺骗的方法将本单位管理的学生"讲义费"非法占为己有,其行为已构成贪污罪,……检察机关接到举报进行调查取证后,依法立案并传唤了石镜寰,石镜寰才交代了上述罪行;……石镜寰不属于自首;……驳回上诉,维持原判。

[研习]

1. 本案中的"讲义费",论其应然性质,是属于学生所有的私款,还是属于学校所有的公款?可否认定为贪污罪的对象?理由为何?

2. 对于检察院指控石镜寰贪污13万余元一事,如果有证据证明石镜寰起初确实是欲为学生购买"学生王子"而从学校领取支票,因供货方货不够而无法购买,之后自己才将支票兑换为现金。对其行为如何定性?法院是如何认定的?

---

[1] 国家法官学院、中国人民大学法学院编:《中国审判案例要览(2004年刑事审判案例卷)》,人民法院出版社、中国人民大学出版社2005年版。

案例三：王自成等人私分企业收入案[1]

[案情]

王自成原系宁国县霞西乡企业办公室主任兼霞西林工商公司经理。陈太胜，原系宁国县霞西林工商公司副经理。方存保原系宁国县霞西林工商公司供销员。尹玉玲原系宁国县霞西林工商公司出纳员。李发娣原系宁国县霞西林工商公司会计。任宪芬原系宁国县霞西林工商公司聘用的业务员。刘咸松原系宁国县霞西林工商公司门卫兼保管员。李自然原系宁国县霞西林工商公司聘用的收货员。

1986年下半年至1990年6月，王自成、陈太胜、方存保、尹玉玲、李发娣、任宪芬、刘咸松和李自然等人利用职务之便，采取开假欠条、假发票、收入不记账、重复报销等手段，9次冒领并私分霞西林工商公司的公款共计381 452.10元（既遂337 737元，未遂43 715.10元）。案发后追回赃款269 082.96元。其中，王自成3次单独侵吞公款32 679.90元，5次参与私分公款分得82 158.68元，共计114 838.58元；案发后追回赃款93 600元。陈太胜5次参与私分公款，个人分得55 445.42元；案发后追回赃款33 375.38元。方存保4次参与私分公款，个人分得48 545.42元；案发后追回赃款23 200元。尹玉玲4次参与私分公款，个人分得43 172.28元；案发后赃款全部追回。李发娣2次参与私分公款，个人分得20 683.97元；案发后赃款全部追回。任宪芬2次参与私分公款，个人分得19 416.90元；案发后赃款全部追回。刘咸松2次参与私分公款，个人分得14 634.43元；案发后赃款全部追回。李自然分得公款18 000元，案发后全部退还。此外，该公司职工周志明也分得公款3000元，案发后已全部退还。1990年6月，陈太胜到乡政府投案自首。

[诉讼]

起诉：上列被告人犯贪污罪。

一审判决：王自成、陈太胜、方存保、尹玉玲、李发娣、任宪芬、刘咸松身为集体经济组织工作人员，在购销搪柴（荆条）等业务中，利用职务之便，采取开假欠条、假发票、收入不记账、重复报销等手段，冒领并私分公款数额特别巨大，其行为均已构成贪污罪。被告人李自然虽然也分得公款，但他事前不了解情况，没有参与共同私分公款的故意和行为，故不构成犯罪。于1991年7月13日作出刑事判决：王自成犯贪污罪，判处死刑，缓期2年执行，剥夺政治权利终身；陈太胜、方存保犯贪污罪，分别判处有期徒刑12年；尹玉玲犯贪污罪，判处有期徒刑8年；李发娣、任宪芬犯贪污罪，分别判处有期徒刑5年；刘咸松犯贪污罪，判处有期徒刑3年，缓刑3年；对被告人李自然宣告无罪。

---

[1] 最高人民法院中国应用法学研究所编：《人民法院案例选》1994年第1辑（总第7辑），人民法院出版社1994年版。

上诉：刘咸松、李自然表示服判，其他被告人均提出上诉。王自成、方存保、尹玉玲和任宪芬提出，霞西林工商公司不是集体经济组织，他们不能成为贪污罪的主体，其分款行为不构成贪污罪。陈太胜提出，他于案发前主动投案自首，要求从轻处罚。李发娣提出，她在检察机关尚未立案时就主动投案，后又主动退出全部赃款，并能检举他人，要求从轻处罚。

二审判决：原判认定王自成等8名被告人私分霞西林工商公司的盈利款属实，但该公司不属于集体经济组织。王自成等人所在的霞西林工商公司虽曾注册为集体经济组织，但该公司经营的资金、场所等均是王自成等人自行筹措的，其主管机关霞西乡人民政府并未投资，也未提供生产设施和技术服务。在管理形式上，该公司是由王自成为主的几个农民自主经营，自负盈亏。该公司从设立到与该乡其他企业合并，霞西乡人民政府虽然每年通过其所属的企业办公室与王自成签订过《生产协议》或《承包合同》，但在这些"协议"或"合同"中，乡政府只主张权利，没有承担任何义务。因此，王自成等人兴办的霞西林工商公司属于个人合伙性质的经济组织。王自成等8名被告人私分的30余万元，是他们按章上交有关费用和投资扩大再生产之后的盈利款，属于个人劳动所得的合法收入，其私分盈利款的行为不构成犯罪。原审法院以贪污罪对王自成等人定罪判刑显然不当。于1993年5月12日作出判决如下：撤销宣城地区中级人民法院刑事判决中对王自成、陈太胜、方存保、尹玉玲、李发娣、任宪芬、刘咸松的判决部分；对王自成、陈太胜、方存保、尹玉玲、李发娣、任宪芬、刘咸松宣告无罪。维持原审判决中对李自然宣告无罪的判决部分。

[研习]

检察院和一审法院为何认定被告人构成贪污罪，而二审法院认定其无罪？对于企业所有制性质如何确定？是以注册性质认定，还是进行实质认定？

案例四：陆建中将诉讼代理费据为己有被控贪污案[1]

[案情]

陆建中，原系常州市中天律师事务所主任。1993年6月至1994年3月，陆建中在担任常州市第五律师事务所主任期间，利用职务之便，采用收款不入账、销毁凭证、截留"小金库"公款等手段，侵吞该律师事务所收取的中国银行常州分行、江西省分宜对外经济贸易公司、武进县漕桥第二社会福利厂等单位及左某某、朱某某等人的委托诉讼代理费、法律服务费共计93 099.86元。案发后，追回赃款76 158.65元。

---

[1] 李亚飞撰稿，党建军审编："陆建中被控贪污案——律师事务所主任将名为国有实为个体的律师事务所的财产据为己有不构成贪污罪"【第83号】，载《刑事审判参考》总第12集。

[诉讼]

起诉：贪污罪。

一审判决：陆建中利用职务之便，采用收款不入账等手段，侵吞公款，其行为已构成贪污罪，遂判处有期徒刑12年，剥夺政治权利3年。

上诉：陆建中以其行为不构成贪污罪为由提起上诉。

二审判决：法院查明：1993年6月~1994年3月，陆建中在担任常州市第五律师事务所主任期间，利用职务之便，采用隐瞒不报等手段，贪污诉讼代理费43 000余元。法院认为：陆建中利用职务之便，侵吞公款，数额巨大，其行为已构成贪污罪，且情节严重。陆建中及其辩护人称，其行为不构成贪污罪。经查：原审人民法院认定陆建中在受聘从事公务期间及解聘后，采用隐瞒不报等手段，贪污公款43 000余元的事实清楚，证据确凿；原审认定陆建中收取中国银行常州分行戚墅堰办事处法律咨询服务费50 000元的事实有误，证据不足，不能认定，原判量刑不当。陆建中及其辩护人的部分辩护理由成立，应予采纳。于1995年11月27日判决：被告人陆建中犯贪污罪，判处有期徒刑8年。

申诉：陆建中以自己不构成贪污罪为由提出申诉。

再审判决：1992年12月22日，常州市天宁区编制委员会同意成立常州市天元律师事务所，其性质为全民事业单位。1993年2月3日，江苏省司法厅批准成立常州市第五律师事务所（即原天元律师事务所）。1993年3月1日，常州市天宁区司法局聘任原审被告人陆建中为该所主任。该所设立时，由原审被告人陆建中自筹资金、自行解决办公场所、办公用品。该所在运作过程中，实行独立核算，自负盈亏。常州市天宁区司法局作为主管部门未对该所实行全民事业单位管理。1994年3月18日陆建中离任时，未将诉讼代理费43 000余元列入移交。法院认为：根据陆建中所在原常州市第五律师事务所的投资、核算等具体情况，原常州市第五律师事务所在陆建中任职期间名为全民事业单位，但实为个体性质，故陆建中不具备贪污罪的主体资格，对其以贪污罪处罚不当。于2000年8月16日作出再审判决：原审被告人陆建中无罪。

[研习]

在陆建中实施涉案行为时，常州市第五律师事务所的产权性质为何？律所收取的委托诉讼代理费、法律服务费应当归谁所有？陆建中可否构成贪污罪？

案例五：周爱武、周晓贪污案[1]

[案情]

周爱武、周晓均在任某街道社区服务中心工作人员时，共同负责居家养老（助残）服务券（以下简称服务券）的申领、发放工作。2012年至2014年间，经周爱武提议，二被告人共同利用职务便利，虚报养老（助残）人数申领服务券，然后按照实有人数发放，从中截留面值共计916 900元的服务券据为己有。后由周爱武将其中面值814 573元的服务券交付服务商兑换成现金，并分给周晓部分现金。未兑换现金的服务券102 327元，起获后已退回朝阳区社区服务中心。

[诉讼]

判决：贪污罪，数额巨大，自首，主动退缴违法所得。从轻处罚。尚未兑现部分，属于犯罪未遂，应以既遂部分的数额确定刑罚。判周爱武有期徒刑4年、罚金30万元；周晓有期徒刑3年，罚金20万元。

[研习]

1. 二被告人贪污的"服务券"是否属于"特定款物"？
2. 如何计算本案犯罪金额？

四、贪污罪非法占有目的

案例一：彭国军贪污、挪用公款案[2]

[案情]

1997年1月，彭国军利用其担任陕西省人民警察学校财务科出纳员的职务之便，先后将其管理的学校所收的学生被服装费、代办费、教材费等共计860 950.94万元，挪归个人使用未归还。1998年7月2日至1999年12月13日，彭国军利用职务上的便利，先后5次使用伪造的现金交款单入账，制造自己经手的款项已上交本单位在中国农业银行西安市支行长安结算部账户的假象，将本单位现金共计221.027 5万元骗出归个人使用。又先后42次从本单位农业银行长安县支行结算部账户上提取现金共计3 860 032.45元不记账归个人使用，并于1999年12月13日私自将该账户销户。在此期间，彭国军为掩盖事实，以虚假的银行对账单欺骗单位，通过转账归还12万元；用虚假现金支票存根记收入7笔共归还单位现金27.8万元；个人支付单位费用

---

[1] 北京市朝阳区人民法院臧德胜撰稿，最高人民法院刑二庭王晓东审编："周爱武、周晓贪污案——贪污特定款物的司法认定以及新旧法选择适用时罚金刑的判处"【第1139号】，载《刑事审判参考》总第106集。

[2] 最高人民法院刑二庭钟宣撰稿，白富忠审编："彭国军贪污、挪用公款案——如何认定以挪用公款手段实施的贪污犯罪？"【第236号】，载《刑事审判参考》总第31集。

360 942.01 元。案发时，尚有 5 311 365.44 元未归还。

1999 年 7 月，彭国军将本单位朱宣交来用于冲抵原借款的 8000 余元发票和 4000 余元现金不入账，并将其中的 4000 余元现金占为己有。

1999 年 8 月 20 日至 1999 年 12 月 15 日，彭国军先后将陕西省人民警察学校学员白志军等人交纳的捐资助学款、代办费、住宿费、学费等共计 23.445 万元，收取后未上财务账，占为己有。

1999 年 9 月 17 日，彭国军收取本单位王或 3505 元报销单据入账，但未冲抵王或原 3000 元借款账，又支现金 3505 元，将 505 元给王或后，剩余 3000 元占为己有。

2000 年 1 月 11 日至 2000 年 6 月 12 日，彭国军先后将单位门面房租金收入 9 笔，共计 90 360 元现金收取后未上财务账，占为己有。

2000 年 3 月，彭国军利用职务上的便利，将本单位李鹏暂存在财务科由其保管的党费 381 281 元，挪归其个人使用未归还。

2000 年 7 月 10 日前，彭国军先后将其保管的库存现金 162 818.64 元挪归个人使用未归还。

2000 年 7 月初，陕西省人民警察学校让彭国军从中国农业银行西安市支行长安结算部账户将 500 万元转出另作他用。彭国军自知该账户已销户，且无款可还，其罪行即将败露，便将自己赌博输掉大量公款的事实告知姚晓旭（同案被告人，已判刑）。7 月 7 日，彭国军利用为单位提取现金之机多开了一张现金支票，提取现金 9.9 万元；7 月 10 日，彭国军趁单位让其提取公款发放教职工课时费和暑假奖金之机，从银行账户提取公款 20 万元现金。当晚，彭国军携上述 2 笔公款同姚晓旭潜逃。

被告人彭国军将 6 969 757.79 元公款中的大部分用于赌博，或者借给他人使用，除追回现金 264 218.92 元、赃物折价 43 798 元外，其余 6 661 740.87 元均已无法追回。

[诉讼]

一审判决：其行为符合《最高人民法院关于审理挪用公款案件具体应用法律若干问题的解释》第 6 条的规定，应对全部挪用公款数额以贪污罪定罪处罚。遂于 2001 年 11 月 14 日判决：被告人彭国军犯贪污罪，判处死刑，剥夺政治权利终身，并处没收财产 5 万元。

上诉：彭国军上诉主要理由：只能对其携款潜逃的部分定贪污罪，潜逃时未携带的挪用数额应认定为挪用公款罪。

二审裁定：彭国军身为国有事业单位的财务人员，属国家工作人员，其利用职务上的便利，采用制作虚假现金交款单、开具大头小尾现金支票、支出收入不入账、直接动用库存现金等手段，先后挪用大量公款用于借给他人使用和个人进行赌博活动，在未归还的情况下携款潜逃，其行为已构成贪污罪，贪污数额特别巨大，尚有 660 余万元无法追回，情节特别严重，应依法严惩，驳回上诉，维持原判，并依法报送最高人民法院复核。

死刑复核：最高人民法院认为：彭国军身为国有事业单位的财务人员，其利用职务上的便利，采取制作假现金交款单和假对账单、收款不入账、直接侵吞等手段将本单位公款 5 942 175.44 元占为己有的行为已构成贪污罪，贪污数额特别巨大，且贪污的公款大部分用于赌博，并携款潜逃，情节特别严重，应依法惩处；此外，彭国军将其负责保管的公款 1 027 582.39 元挪归个人使用未归还，其行为亦构成挪用公款罪，亦应依法惩处。一审判决、二审裁定认定的事实清楚，证据确实、充分，审判程序合法，但部分事实定性不准。于 2002 年 12 月 9 日判决：被告人彭国军犯贪污罪，判处死刑，剥夺政治权利终身，并处没收财产 5 万元；犯挪用公款罪，判处无期徒刑，剥夺政治权利终身。决定执行死刑，剥夺政治权利终身，并处没收财产 5 万元。

[研习]

1. 本案彭国军挪用、贪污账目笔数甚多，每次行为外观上基本相似，如何判断哪些属于挪用公款不能归还，哪些属于贪污？

2. 在本案中，彭国军挪用、贪污之后导致账目不平，为了掩盖其犯罪事实不被暴露，曾多次被迫归还部分款项，对于这些归还的款项如何认定和处理？

3. 在最后一次犯罪中，彭国军因罪行暴露，提取公款 29.9 万元携款潜逃，对此行为如何定性？是否将之前所有挪用的数额也一并认定为贪污罪，还是数额并罚？

4. 根据本案所述已知案情，姚晓旭可否构成挪用公款、贪污罪的共同犯罪？对其行为如何认定？

案例二：刘某挪用公款案[1]

[案情]

某市烟草公司是国有独资经营企业。1999 年 9 月 2 日，该公司聘任农民刘某担任分公司副经理并全面主持该分公司工作，可获得相应提成工资。1999 年 9 月 2 日至 2001 年 2 月，刘某利用职务便利采取每月压款的手段拖欠烟款（用后一月烟款交前一月烟款），将销售香烟得款用于归还个人欠款等，共拖欠该公司烟款 60.263 万元。在市烟草公司的催要下，刘某于 2001 年 1 月 8 日向市烟草公司出具了欠条，承认上述欠款，并保证在 1 月 19 日下午还清，但到时未归还，刘某谎称客户路途远一时难以收回。3 月 1 日，市烟草公司作出决定免去刘某副经理职务，调回市烟草公司负责追款。3 月 18 日，刘某向公司写出还款计划，称 4 月 15 日前全部还清，但到期未能归还。

---

〔1〕 最高人民法院刑二庭康瑛撰稿，最高人民法院刑二庭万永海审编："刘某挪用公款案——国有公司长期聘用的管理人员是国有公司中从事公务的人员还是受国有公司委托管理、经营国有财产的人员？"【第 406 号】，载《刑事审判参考》总第 51 集。

[诉讼]

起诉：检方以贪污罪提起公诉。

辩护：被告人辩称：起诉书指控刘某贪污的款项中绝大部分是刘某低价销售香烟造成的亏损，只有6万元用于归还刘某的个人欠款，对低价销售造成的亏损不应认定为贪污。而且刘某还曾向某市烟草公司出具了欠条，制订了还款计划，承诺还款，不具有将公款据为己有的故意，不应认定为贪污。

一审判决：刘某系国有公司中从事公务的人员，利用职务上的便利，挪用国有资金60万余元归个人使用，数额巨大不退还，其行为已构成挪用公款罪，依法应予惩处。人民检察院指控被告人刘某利用职务便利占用公款的事实清楚，证据确实、充分，应予认定，但认定占为己有而非占用的证据尚不充分，且指控罪名有误。判决：刘某犯挪用公款罪，判处有期徒刑12年。

抗诉：一审判决确有错误，刘某先后多次截留卷烟销售款60余万元，据为己有。被公司发现后编造虚假理由，欺骗某市烟草公司，掩盖侵吞公款的事实。刘某主观上具有非法占有公共财物的故意，客观上实施了侵吞公共财物的行为，其行为已构成贪污罪。上级人民检察院出庭支持抗诉的意见为：一审判决对被抗诉人刘某的犯罪事实定性不准，适用法律不当，量刑畸轻，应予依法纠正。被抗诉人刘某所犯贪污罪事实清楚，证据确实、充分，足以认定。建议二审法院对本案依法予以改判。

辩护：公诉机关指控刘某犯贪污罪，事实不清、证据不足，指控罪名不成立。刘某挪用销售款的行为应认定为挪用公款罪。刘某挪用6万元销售款的事实清楚，其余50余万元证据不足。

二审裁定：刘某在受聘担任某市烟草有限公司分公司副经理期间，利用职务便利，以每月压款的手段将销售所得烟款截留归个人使用，并对烟草公司谎称因客户住所远，交通不便，资金一时难以收回，在烟草公司追讨的情况下，刘某承认欠款并向公司写出还款计划，刘某虽有欺骗公司行为，但该行为只能拖延还款期限，且公司财务账未平，现有证据不能证实刘某将公款占为己有，在法院审理期间，检察机关亦未提交新的证据，故检察机关所提抗诉意见，法院不予采纳。原审被告人刘某受国有公司长期聘用，在管理、经营国有财产过程中，利用职务上的便利，挪用国有资金归个人使用，且数额巨大不退还，其行为已构成挪用公款罪……驳回抗诉，维持原判。

[研习]

1. 刘某的档案中不具有干部身份，其系国有公司聘用的管理人员，可否认定为国家工作人员？

2. 如刘某属受国有公司委托管理、经营国有财产的人员，其应当认定为何罪？为何法院不将其认定为此类人员？

3. 如何认定刘某对于公款是否具有非法占有目的？

案例三：顾荣忠挪用公款、贪污案[1]

[案情]

顾荣忠原系江苏省铁路实业有限公司（以下简称铁实公司，国有全资公司）投资管理科科长，江苏省铁成投资管理有限公司（以下简称铁成公司，铁实公司参股公司）总经理。

1997年11月20日至1998年2月25日，顾荣忠利用担任铁实公司（系国有公司）投资管理科科长的职务便利，擅自将铁实公司的10 000股江南重工、20 000股东风电仪、18 500股虹桥机场股票在江苏省租赁有限公司中山北路证券营业部卖出，得款575 261.92元。顾荣忠将上述股款用于个人买卖股票，进行营利活动。1998年5月20日至1998年6月1日，顾荣忠又购买上述擅自卖出的同种、同量股票，并于1998年6月2日归还铁实公司。

1999年9月，顾荣忠经铁实公司董事长张伯端提名，由铁成公司（铁实公司参股的非国有公司）的董事会聘任，时任铁成公司总经理。华勤投资有限公司（以下简称华勤公司）总经理张斌找到顾荣忠，要求将铁成公司持有的"同仁铝业"股票"转仓"给华勤公司。双方约定以股市交易价在上海证券公司交易，但实际按每股18元结算。"同仁铝业"股票的股市交易价与议定的每股18元实际结算价间的差额款由华勤公司另行支付。1999年9月16日，铁成公司将2 582 821股"同仁铝业"股票通过股市交易转给华勤公司。顾荣忠提供给张斌2个股票账户（A178275159、A13248830），要求张斌将差额款在上述2个股票账户中买入国债和"宁城老窖"股票。1999年9月16日，华勤公司在A178275159股票账户中买入4 986 240元国债；同年9月22日，华勤公司在A13248830股票账户中买入84 000股"宁城老窖"股票，市值计1 041 512.2元。上述款项被顾荣忠非法占有。

案发后，司法机关扣押顾荣忠赃款及非法所得合计16 252 144元，西安旅游股票456 711股。

[诉讼]

起诉：挪用公款罪、受贿罪。

辩护：①铁实公司不是刑法意义上的国有公司，顾荣忠不是国家机关工作人员，也不应以国家工作人员论，不具有挪用公款罪的主体资格；顾荣忠挪用的是股票，不是刑法意义上的公款和特定款物，不符合挪用公款罪的构成要件；挪用的股票在案发前已全部归还，没有给公司造成损失，情节显著轻微。②铁成公司不是国有公司，顾荣忠被聘用为总经理，不属于国家工作人员，不具有受贿罪的主体资格；证

---

[1] 南京市中级人民法院刑二庭贺凌云、最高人民法院刑三庭魏海欢撰稿，最高人民法院刑三庭王新英审编："顾荣忠挪用公款、贪污案——由国有公司负责人口头提名、非国有公司聘任的管理人员能否以国家工作人员论？"【第446号】，载《刑事审判参考》总第56集。

人证实华勤公司给付的差价款是给铁成公司的，不能认定顾荣忠收受了华勤公司的财物；顾荣忠代表公司卖股票是铁成公司的正常行为，不是擅自行为，没有损害公司利益；顾的行为没有为华勤公司谋取利益；华勤公司给付的差价款不是铁成公司的合法财物。

一审判决：①铁实公司系全资国有公司，顾荣忠在该公司任投资管理科科长，属于在国有公司中从事公务的人员，以国家工作人员论，符合挪用公款罪的犯罪主体要件。②顾荣忠擅自将公司股票卖出，并将得款用于个人炒股，其挪用的是股票售出后的公款，将该公款用于个人买卖股票的营利活动，并非挪用股票，卖出公司股票的行为是为其后的挪用公款制造条件。顾荣忠的行为符合挪用公款罪的构成要件。故对上述辩护意见，不予采纳。③关于顾荣忠任非国有公司铁成公司总经理的身份。经查，现有证据中虽无书面文件直接证实顾的总经理职务是否为国有公司委派，但证人沈金法、张伯端的证言和铁成公司董事会决议证实，顾荣忠担任总经理是经铁成公司董事长沈金法委托国有公司铁实公司董事长张伯端提名（口头提名），由董事会聘任的。因此，顾荣忠任铁成公司总经理是受铁实公司的委派，代表国有公司在非国有公司中从事公务，应当以国家工作人员论，其身份符合贪污罪的主体要件。故顾荣忠及其辩护人关于顾不是国家工作人员的辩护意见，不予采纳。④公诉机关指控顾荣忠将涉案的国债和股票非法占为己有的事实清楚，但认定顾荣忠构成受贿罪定性不当。经查，证人张斌、林斌的证言均可证实差价补偿款是给铁成公司的，且该证言与顾荣忠的当庭辩解相一致，应当认定上述款项是华勤公司支付给铁成公司的差价款。顾荣忠及其辩护人关于差价款是给公司的辩护意见予以采纳。顾荣忠将公司财产非法占为己有，其行为构成贪污罪。

顾荣忠身为国家工作人员，利用职务便利，挪用公款归个人使用，进行营利活动且情节严重；非法侵吞公司财物，其行为已构成挪用公款罪、贪污罪。检察院指控顾荣忠犯挪用公款罪事实清楚，定性准确；指控顾荣忠犯受贿罪，事实清楚，但定性不当。顾荣忠应构成贪污罪，判处无期徒刑，剥夺政治权利终身，没收个人全部财产；犯挪用公款罪，判处有期徒刑7年；决定执行无期徒刑，剥夺政治权利终身，没收个人全部财产。

抗诉：一审判决将价值600余万元的国债、股票的补偿款，认定为华勤公司给铁成公司的事实有误，顾荣忠构成受贿罪，一审判决认定顾荣忠构成贪污罪，属适用法律不当。

上诉：顾荣忠的上诉理由及其辩护人的辩护理由与其一审时提出的辩护意见基本一致。

二审裁定：驳回抗诉、上诉，维持原判。

[研习]

1. 关于第一项事实：

（1）铁实公司投资管理科科长是不是国家工作人员？

（2）其挪用的是股票，还是出售股票后所得的价款？股票可否成为挪用公款罪的对象？

（3）卖出和还回的股票数量虽然相同，但如果卖出股票和还回股票时股票价格还存在价差，对此价差顾荣忠未归还公司，其行为如何定性？

2. 关于第二项事实：

（1）铁成公司总经理职位本身是不是国家工作人员？顾荣忠的任命是由铁实公司董事长张伯端提名（口头提名），由铁成公司董事会聘任，他是否属于国有公司委派到非国有公司从事公务的人员？

（2）顾荣忠将差价款占为己有的行为应定性为贪污罪还是受贿罪？两罪如何区分？

案例四：陈超龙以虚假手段掩盖挪用公款不能归还的真相案[1]

[案情]

陈超龙，原系中国建设银行广东省罗定市支行广海办事处负责人。1994年4月至1994年12月，陈超龙先后收到有关公司和个人储户存入广海办事处的委托贷款共计75.5万元，全部不入账，归其个人使用。为掩盖犯罪，又采用偷支储户存款等方法，用公款归还了其中的73万元，到案发时止，尚有储户谭某存入的委托贷款2.5万元未归还。由于陈超龙偷支储户存款，致广海办事处的库存现金与账面不符。陈超龙为了达到账款相符，隐瞒其侵占公款的罪行，于1995年11月至1995年12月，指使梁甲、梁乙、陈某3人与广海办事处签订了共计55万元的虚假贷款合同并入账，从而侵占公款55万元。

1994年10月18日，陈超龙收到贷款户范某归还广海办事处的贷款10万元后，既不交回单位，也没有入账，私自将10万元投入股市买卖股票，占为己有。

综上所述，陈超龙挪用公款73万元，贪污公款67.5万元，将公款用于赌博、经营客车营运、投入股市买卖股票、购买家具以及装修住房等非法、营利、享乐活动并花光。破案后，陈超龙退出赃款110 200.42元，尚有564 799.58元无法归还。

[诉讼]

起诉：挪用公款罪、贪污罪。

一审判决：陈超龙在任中国建设银行罗定市支行广海办事处负责人期间，利用职务上和工作上的便利，采取收款不入账、签订虚假贷款合同等手段，将委托贷款户交来的委托贷款、贷款户归还的贷款及库存现金挪用73万元，侵吞67.5万元，数额均特别巨大，其行为已分别构成挪用公款罪、贪污罪，应实行数罪并罚。犯罪情

---

[1] 李祥民撰稿，王玉琦审编："陈超龙挪用公款案——以假贷款合同掩盖挪用公款的行为如何定罪？"【第55号】，载《刑事审判参考》总第7集。

节特别严重,应依法严惩。陈超龙犯贪污罪,判处死刑,剥夺政治权利终身;犯挪用公款罪,判处有期徒刑 10 年;决定执行死刑,剥夺政治权利终身。

上诉:陈超龙上诉称:原判认定贪污与事实不符。由于动用委托贷款 75.5 万元,长期不能返还,就采用偷支储户存款的方法应付返还,使得广海办事处库存现金出现亏空 55 万元;因为 1995 年底要搞平衡,搞假合同作虚假贷款 55 万元以填平亏空;这实际是用后次挪用公款偿还前次挪用的公款,挪用公款数额应是 55 万元,连同范某的贷款 10 万元,共挪用公款 65 万元。

二审判决:陈超龙利用职务之便,将单位和个人的委托贷款、借款 75.5 万元及贷款户范某归还广海办事处的贷款 10 万元,全部不入账。将上述共计 85.5 万元用于经营汽车运输、赌博、炒股以及购买房子、家具等。贷款期满后,陈超龙采用自制取款凭条偷支储户存款(73 万元)的手段归还委托贷款或借款,至 1996 年 1 月 2 日止,尚有 12.5 万元没有归还。陈超龙由于长期偷支储户存款用于归还单位和个人的委托贷款或借款,使广海办事处库存现金与账面不符,账面大于实有款数 55 万元。为了达到账款相符,掩盖其挪用公款及应付支行的检查,于 1995 年 11 月至 1995 年 12 月,指使梁甲、梁乙、陈某与广海办事处签订假贷款合同,办理假贷款 55 万元手续并入账,冲减库存现金,增加贷款余额,从而侵吞公款 55 万元。

上诉人陈超龙挪用公款 85.5 万元,贪污公款 55 万元。其中挪用的公款已归还 73 万元,未归还 12.5 万元。未归还部分不再以贪污论处,应列为挪用公款数额。因此,贪污公款数额应为 55 万元。挪用公款、贪污数额均特别巨大,应依法严惩。于 1998 年 8 月 13 日裁定驳回上诉,维持原判。报请最高人民法院核准死刑判决。

复核:最高人民法院经复核认为:陈超龙身为国有银行干部,利用职务上的便利,挪用公款归个人使用,其行为构成挪用公款罪。挪用公款数额巨大,案发后不能归还,给国家造成重大经济损失,应依法惩处。一审判决、二审裁定认定的事实清楚,证据确实充分,审判程序合法。但是陈超龙签订 55 万元的假贷款合同以冲减库存现金的行为,实际上是其挪用公款行为的一部分。其签订假贷款合同的目的,是为了在年终财务检查时掩盖挪用公款的事实,最终无法使账面平衡,不能实现侵吞的目的。因此,认定陈超龙挪用这部分公款的行为为贪污罪,定性不准。据此于 1999 年 12 月 10 日判决:撤销二审刑事裁定和一审刑事判决中对陈超龙犯贪污罪的定罪量刑部分;陈超龙犯挪用公款罪,判处无期徒刑,剥夺政治权利终身。

[研习]

1. 本案基本事实是什么?
2. 挪用公款罪与贪污罪的区别为何?如何区分挪用公款不能退还与贪污罪?
3. 能否认为:只要行为人做假账或者平账,就一概可认定其具有非法占有(所有)的目的,可认定为贪污罪?在司法实务中,做假账与非法占有目的关系如何?在本案中,行为人是否具有非法占有的目的?
4. 陈超龙挪用公款的数额如何认定?

第三节 挪用公款罪

一、挪用公款归个人使用

案例一：张威同被控挪用公款案[1]

[案情]

张威同原系甘肃省酒泉市肃州区西峰乡新村村委会主任。2002年8月底，酒泉三正世纪学校董事长王宗红以该校资金紧张为由，向张威同提出想从张威同所在的新村村委会贷款200万元，月息为0.8%，张威同在未与村委会其他成员商议的情况下，安排村委会文书兼出纳柴景荣将村里的征地补偿款共210万元分别于2002年9月2日、10月11日、10月21日3次借给三正世纪学校使用，约定月利息为0.8%。2002年10月，王宗红再次找张威同提出向新村村委会借款600万元，包括前面已经借出的210万元，张威同便于2002年10月30日召集村委会委员会议就是否给三正学校借款进行讨论，张威同未将此前已经借款给三正学校210万元向会议说明，会上大家一致同意借款给三正学校600万元，会后新村村委会与三正学校签订了600万元的贷款合同，约定月利息0.6%，2003年9月30日归还。合同签订后，新村村委会实际只给三正学校借款531.5万元，包括开会研究之前借给三正学校的210万元。2003年9月24日三正学校归还220万元，案发时尚未归还的311.5万元，通过司法程序大部分已经追回。

[诉讼]

起诉：挪用公款罪。

辩护：张威同辩称不构成挪用公款罪，理由是：①张威同不是"其他依法从事公务的人员"；②向三正世纪学校借款是经村委会决定的集体行为，绝非张威同利用职务之便的个人行为；③三正世纪学校不是个人，也不是私营企业，而是带有公益性质的、具有社会事业法人资格的全日制学校，新村村委会及张威同没有将款项借给"个人"或"私人"使用；④三正世纪学校借款后既非营利，也未进行非法活动；⑤张威同有为集体谋利之心，并无挪用公款的犯罪故意；⑥张威同在本案中未谋取任何个人物质利益和非物质利益。

一审判决：张威同作为新村村委会主任，在协助政府从事土地征用补偿费用的

---

[1] 最高人民法院刑二庭郭彦东撰稿，最高人民法院刑二庭裴显鼎审编："张威同挪用公款案——个人决定以单位名义将公款借给其他单位使用，没有谋取个人利益的不构成挪用公款罪"【第502号】，载《刑事审判参考》总第63集。

管理工作中，超越职权范围，在未经村委会集体讨论的情况下，以个人名义将公款210万元挪给他人使用，数额巨大，情节严重，其行为构成挪用公款罪。案发后，被告人挪用的大部分款项已经追回，可酌情从轻处罚。张威同犯挪用公款罪，判处有期徒刑8年。

上诉：张威同上诉称，向三正世纪学校借款210万元，村委会已事后追认，是集体行为，对该借款其本人并未盈利，请求宣告无罪。

二审判决：原判认定上诉人张威同利用村委会职务的便利，个人决定向酒泉三正世纪学校借款210万元的事实清楚，但原判将该款认定为"以个人名义将公款挪给他人使用"不当，导致对上诉人定罪及适用法律有误。对于上诉人张威同所提的上诉理由，经查，上诉人张威同在未经村委会讨论的情况下出借公款，但并不是以个人名义进行的；后在与三正世纪学校履行600万元贷款合同时，已实际包含了210万元，且张威同没有谋取个人利益，故上诉人张威同的上诉理由应予采纳。上诉人张威同无罪。

[研习]

1. "挪用公款归个人使用"包括哪些情形？

2. 对于第一次借款行为：

（1）如单独评价，是否属于"挪用公款归个人使用"？

（2）如张威同实施了"挪用公款归个人使用"的行为，事后村委会的追认有无出罪的效力？

3. 第二次借款行为是否属于"挪用公款归个人使用"？

4. 本案中，张威同系村委会主任，为何检察院指控以及一审法院认定其构成挪用公款罪，而不是挪用资金罪？保管村里征地补偿款的事务是否属于协助政府从事公务？

案例二：张文中挪用资金再审无罪案[1]

[案情]

1. 原审法院认定的事实和判决结果：1997年3月，被告人张文中与泰康公司董事长陈某1商定挪用泰康公司的4000万元资金申购新股谋利。后张文中指使张某1从泰康公司转出4000万元，具体负责申购新股。张文中、陈某1又与中国国际期货有限公司（以下简称中期公司）董事长田某1商定，通过中期公司所兼管的河南省国际信托投资公司（以下简称河南国投公司）的途径转款，以掩盖挪用情节，炒股所得盈利由张、田、陈三人按3∶3∶4的比例分配。其间，中国人民银行检查，三人

---

[1] 节选自最高人民法院（2018）最高法刑再3号刑事判决书（张文中诈骗、单位行贿、挪用资金案）。

遂于1997年7月通过河南国投公司,又从泰康公司转出5000万元用于归还前次挪用款项。1997年8月19日,张某1归还泰康公司4000万元,同年9月3日和9日又分两次归还了5000万元。其间,炒股共盈利1000余万元。

一审判决犯挪用资金罪,判处有期徒刑1年。二审维持原判。

2. 最高人民法院再审事实:1997年3月,原审被告人张文中与泰康公司董事长陈某1、中期公司董事长田某1商定,用泰康公司的4000万元资金申购新股谋利。同年3月27日,泰康公司的4000万元资金转至物美集团关联公司卡斯特投资咨询中心在国泰证券公司北京方庄营业部开设的股票账户,张某1根据张文中的安排具体负责申购新股。为规避风险,泰康公司计财部与卡斯特投资咨询中心签订了委托投资国债协议及抵押合同。同年7月,因中国人民银行检查,张文中、陈某1与田某1商定,再从泰康公司转出5000万元至中期公司所兼管的河南国投公司。河南国投公司将4000万元转至卡斯特投资咨询中心账户,用于向泰康公司归还前次4000万元款项。同年8月19日,卡斯特投资咨询中心归还了泰康公司4000万元。同年9月3日、9日,卡斯特投资咨询中心和河南国投公司又分2次共归还泰康公司5000万元。

[研习]

1. 最高人民法院判决无罪的理由是什么?
2. 再审无罪理由中称:涉案三笔资金仍是"在单位之间流转",意味着什么?

案例三:歹进学被控挪用公款案[1]

[案情]

2000年1月至2000年7月,歹进学利用担任新郑市农业机械供应公司(以下简称农机公司)经理的职务之便,多次指使出纳刘阳将公司的建房集资款挪用到自己办的个体企业新郑市金华机械厂(以下简称金华机械厂)使用,数额达38.71万元。后歹进学虽然将款退还,但他利用职务之便挪用巨额公款归个人进行营利活动的行为,已构成挪用公款罪。

[诉讼]

起诉:挪用公款罪。

辩护:歹进学辩称不构成挪用公款罪,理由是:金华机械厂是农机公司的下属集体股份制企业,他不知道金华机械厂是个体性质的,办厂营业执照的经手人是马新喜;该厂使用建房集资款是企业内部资金调配,是借用,不是挪用。歹进学的辩护人为歹进学作无罪辩护。主要理由是:歹进学主观上没有挪用公款的故意,客观

---

[1] 最高人民法院刑二庭牛克乾撰稿,最高人民法院刑二庭裴显鼎审编:"歹进学挪用公款案——工商营业执照上标明的企业性质与企业的实际性质不一致时如何确定企业性质?"【第326号】,载《刑事审判参考》总第42集。

上没有实施公款私用的行为。使用建房集资款不是为了个人的盈利，金华机械厂是由农机公司统一出资，利润是谁出资、谁分红，不属于个体企业；金华机械厂是农机公司的下属单位，申办金华机械厂营业执照时有伪造现象，与事实不符，金华机械厂名为个体，实为集体企业；歹进学在自己承包的企业内部调配资金，不属于挪用。

一审判决：农机公司系国有企业。1999年5月16日，歹进学与新郑市农机局签订了一份承包农机公司的"承包经营责任书"。同年5月26日，新郑市农机局正式任命歹进学为农机公司的承包人和经理，具有法定代表人资格。1999年6月7日，歹进学开办了金华机械厂。同年6月16日，农机公司与金华机械厂签订了一份"关于组建河南省新郑市金华机械厂的协议"，约定农机公司为了安排下岗职工，减少失业人员，愿将修整完好的场地600平方米、厂房300平方米供给金华机械厂使用，使用期为5年，金华机械厂必须安排农机公司3人以上职工上班，使用期满后，必须保证厂房完好无损，农机公司不承担金华机械厂的任何债权债务。1999年底，农机公司开始对旧房改造，成立了建房指挥部，歹进学任指挥长，马新喜任副指挥长，刘阳任会计（其同时兼任金华机械厂现金出纳），共收建房集资款60余万元。2000年1月26日至2000年7月11日，歹进学让刘阳先后15次从建房指挥部借用现金38.71万元入金华机械厂账内，用于购车和购材料，其中，购桑塔纳轿车和农用汽车共花去22.5万多元，入金华机械厂固定资产账。案发前，此款已全部退还。

另查，金华机械厂营业执照记载：负责人为歹进学，经济性质为个体（个人经营），资金数额为10万元，经营范围是农业机械、配件，经营方式为自产自销。建立金华机械厂之初，农机公司向金华机械厂提供集资款2万元，歹进学集资5.5万元，其他农机公司职工集资3.7万元，计11.2万元。

歹进学利用担任农机公司经理职务之便，挪用公款数额巨大，进行营利活动，其行为已构成挪用公款罪。歹进学能够全部退还所挪用的公款，可酌情予以从轻处罚。于2001年4月5日判决：歹进学犯挪用公款罪，判处有期徒刑5年。

上诉：歹进学及其辩护人上诉提出，原判认定金华机械厂属歹进学个人所有的私营企业确有错误，该厂实际系农机公司的下属企业，歹进学将农机公司公款挪至金华机械厂使用的行为，不构成犯罪。检察院出庭检察员认为，金华机械厂的性质应以工商营业执照的登记为准，故歹进学的行为构成犯罪。

二审判决：1999年5月，歹进学通过竞争方式担任了农机公司（国有性质）经理职务。该公司当时负债高达63.8万元，职工2年未领到工资，公司濒临倒闭。为扭转该公司单纯从事农机产品的销售和严重亏损的局面，歹进学经与农机公司其他领导研究并在本公司职工大会上提出决定成立金华机械厂。为达到逃避公司外债的目的，歹进学同农机公司党委书记马新喜（同时兼任公司副经理及办公室主任）商量并向公司的上级主管单位新郑市农机局领导刘辉、乔根顺等人汇报，将金华机械厂的工商营业执照办成由其本人负责的个体性质的企业，并由歹进学、马新喜二人办理金华机械厂的工商营业执照，负责人为歹进学，马新喜、王国选（农机公司工会主席）、董乐平（农机公司副经理）为金华机械厂雇工。金华机械厂资金由公司职工集资，歹进学本人集资5000元，农机公司本身亦集资2万元，厂房设在农机公司院内。该厂两任厂长分别由马新喜、董乐平担任，会计、出纳分别由农机公司职工曹甲申、刘阳担任，该厂职工由农机公司下岗职工组成，且金华机械厂的有关事宜在农机公司内部会议一并作出安排，并将该厂的生产经营状况反映到农机公司的财务报表中向税务部门呈报。经营中，歹进学将其个人所有的价值6.18万元皮卡车一辆入该厂固定资产账，后该车替农机公司抵债。1999年底，歹进学同其他职工一样，按集资的10%从机械厂领取红息500元。2000年1月至2000年7月，歹进学将农机公司公款38.71万元挪至金华机械厂使用，用于购车及生产资料，其中，购桑塔纳轿车及农用汽车共花去22.5213万元，入该厂固定资产账，该两辆车车主分别为刘阳、马新喜。

歹进学身为国有公司经理，在任职期间将本公司387 100元挪至新郑金华机械厂使用的事实清楚，证据充分。歹进学虽以个人名义注册登记金华机械厂，但卷宗大量证据反映，成立金华机械厂是经农机公司集体研究决定并向上级主管领导汇报同意的，并非歹进学个人决定。且从该厂的资金来源、职工组成、生产场地、利润分配、管理经营方式及挪用款项用途等方面的证据材料看，均不能证明金华机械厂为歹进学个人所有。故一审判决认定金华机械厂属个体性质的证据不足。歹进学的行为不符合刑法规定的挪用公款罪的构成要件。歹进学及其辩护人的辩解理由成立，予以采纳；郑州市人民检察院认为应以工商营业执照为依据认定新郑金华机械厂属私营企业的意见不予采纳。于2001年10月30日判决：上诉人歹进学无罪。

[研习]

1. 金华机械厂属个体私营企业，还是属农机公司下属企业？刑法认定企业产权性质的标准为何？是以工商营业执照上标明的企业性质为准，还是需考虑企业的实际性质？工商营业执照上标明的企业性质与企业的实际性质不一致时，如何确定企业性质？

2. 挪用公款给国有、集体所有制的企业使用，可否构成挪用公款罪？挪用公款给本单位全资、控股、参股公司使用，可否构成挪用公款罪？挪用公款给本单位下属企业（部门）使用，可否构成挪用公款罪？本案是否构成挪用公款罪？

二、挪用公款的用途

案例：刘国林、蔡文学、何志平挪用公款用于公司验资注册使用仅一天案[1]

[案情]

刘国林系私营业主；何志平系农业银行南溪县支行大观营业所会计；蔡文学系农业银行南溪县支行大观营业所出纳。

2003年1月7日，刘国林为注册成立宜宾正雄化工有限公司验资，找到何志平要求帮忙。何志平即私自为其办理了一个298 540元的虚假存折交给刘国林，刘国林赶到南溪县鼎盛会计师事务所进行验资未果。当日13时许，刘国林再次到大观营业所，告诉何志平注册公司验资需将钱汇到工商局指定的账户上验一下，要求何志平为其个人账户存入24万元用于个人注册公司验资。何志平则称要空存现金，必须有出纳的许可。刘国林立即找到出纳被告人蔡文学，要求蔡文学帮忙，并一再承诺：保证当天将24万元资金转回大观营业所。蔡文学表示同意。被告人何志平、蔡文学随即在刘国林个人账户上办理了空存现金24万元的业务，该账户余额为266 760.38元。操作柜员：何志平；审核：蔡文学。办理此业务后，何志平将刘国林该账户的存折和密码留下，并告诉他当天只能取出1万元现金，下班银行计算机关机之前将钱拿回来。刘国林随即持该账户的储蓄卡到农行南溪支行龙腾营业所办理转账26万元到鼎盛会计师事务所在龙腾营业所的账户上用于验资。2003年1月8日，南溪县鼎盛会计师事务所以"转出验资款"的用途，将上款转给宜宾正雄化工有限公司的预设账户，公司收到款后又将此款以"归还借款"的用途，转至刘国林的储蓄账户。何志平得到被告人刘国林的告知后，持刘国林的存折和密码在大观营业所将空存的24万元划账，归还了1月7日的空库款。未发生现金交易。

以上行为，造成大观营业所空库现金24万元一天。案发后，农业银行南溪县支行对此进行了调查，并于2003年12月2日对蔡文学、何志平作出解除劳动关系的处理。2005年1月15日，被告人何志平得知检察院对其立案侦查后主动投案自首。

[诉讼]

起诉：挪用公款罪。

一审判决：何志平、蔡文学原系国有金融机构的工作人员，经与刘国林共谋后，利用职务之便将银行资金转入被告人刘国林的个人账户，供其注册公司验资的行为已构成挪用公款罪。刘国林参与和指使何志平、蔡文学挪用并取得公款用于验资，应以挪用公款罪的共犯定罪处罚。检察机关指控的罪名成立，本院依法予以支持。

---

[1] 最高人民法院中国应用法学研究所编：《人民法院案例选》2007年第3辑（总第61辑），人民法院出版社2007年版。最高人民法院[2005]刑复字第201号刑事裁定书。

辩护人提出三被告人没有挪用公款的故意，将银行资金转给被告人刘国林验资仅起证明作用，系骗取验资证明，故不属挪用公款，其辩护意见与事实不符，本院不予采纳。何志平得知检察机关对其立案侦查后，主动投案并如实供述犯罪事实，应认定为自首。可依法从轻或减轻处罚。公诉机关提出介于三被告人挪用公款的时间较短，未给国家造成经济损失，且犯罪后认罪态度好，希望酌定从轻处罚的公诉意见符合事实和法律规定，应予以支持和肯定。三被告人挪用公款时间短，主观恶性不大，且未造成严重后果，犯罪后均具有悔罪表现，适用缓刑确实不致再危害社会，可对其减轻处罚，适用缓刑。判决：刘国林犯挪用公款罪，判处有期徒刑 3 年，缓刑 4 年；何志平犯挪用公款罪，判处有期徒刑 2 年，缓刑 3 年；被告人蔡文学犯挪用公款罪，判处有期徒刑 3 年，缓刑 4 年。

复核：本判决在法定刑期以下判处刑罚，逐级报请最高人民法院并获得核准。

[研习]

1. 将公款挪用给他人成立公司验资注册是否属于挪用公款进行营利活动？挪用公款进行营利活动如何理解，是否需要客观上实际获利，还是主观上营利即可？是要求挪用人有营利目的，还是知晓使用人用于营利即可？

2.（1）在本案中，银行工作人员在指定账户中空存资金并设定返还时间，并未将实体资金出借，为何也认定为挪用公款？

（2）对于第一次何志平私自办理虚假存折的行为，应当如何认定？可否构成挪用公款罪？

3. 刘国林并非国家工作人员，为何也构成挪用公款罪？

4. 对于本案，适用《刑法》第 63 条第 2 款特殊减轻的理由为何？

三、挪用公款罪的对象

案例：王正言挪用公款案[1]

[案情]

1993 年 10 月至 1998 年 1 月，王正言任上海机械进出口集团实业公司（以下简称实业公司）出口材料部经理，负责经营有色金属、黑色金属等原材料业务。

1995 年 11 月，经单位领导同意，王正言将实业公司 99.235 吨电解铜出借给上海市有色金属铜带分公司（以下简称铜带分公司）使用，1997 年 4 月借铜合同履行完毕。但这批铜仍置放在铜带分公司。

---

[1] 上海市静安区人民法院孙炜、上海市第二中级人民法院郑焯琼撰稿，裴显鼎审编："王正言挪用公款案——以使用变价款为目的挪用公物的行为是否构成挪用公款罪？"【第 75 号】，载《刑事审判参考》总第 10 集。

1995年初，王正言经人介绍认识了南京市金属材料总公司（以下简称南京总公司）兰州公司（以下简称兰州公司）个人承包经营者邱耀南，至同年8月，由王正言经手，实业公司与兰州公司2次发生购销业务。在履约过程中，兰州公司违约，欠实业公司货款180万元。实业公司领导于1996年专门责成王正言和单位职工孙志高向邱耀南追讨，经多次催讨未果。不久，邱耀南去向不明。同年底，王正言和孙志高至南京总公司，要求确认兰州公司的债务。负责接待的人员告知兰州公司名义上挂靠在南京总公司，实际上是邱耀南个人承包经营，债权债务应由兰州公司自行负责。

为了找到邱耀南，王正言于1997年5月在南京通过他人认识了邱的朋友胡一信，同时，又认识了胡的朋友姚永康。胡、姚分别系南京情侣服饰设计中心和扬子江资源经济开发总公司的个人承包者，当时均发生经营资金短缺的困难。王正言通过胡与在外地的邱耀南通了电话，邱耀南要王正言想办法替他先向实业公司归还100万元的货款，并答应在同年7、8月间归还王正言垫付的钱款。为了减轻未追回货款的压力，王正言产生了将铜带分公司归还本单位的近100吨电解铜变价后替邱还债的意图。王正言同胡、姚策划，由扬子江公司出面将置放在铜带分公司的电解铜借用变价，变价后，其中40吨电解铜的变价款由王正言用于为邱归还所欠实业公司的部分货款，其余变价款归姚、胡在经营活动中使用。

1997年5月12日，王正言按照与姚、胡的策划，在南京擅自以实业公司出口材料部的名义与扬子江公司签订了出借电解铜100吨的协议。至同月底，王正言与姚、胡一起将99.235吨电解铜分4次予以变卖，得款226.975 309万元，用于替邱归还所欠实业公司的部分货款和姚、胡的经营活动。

至案发时止，王正言归还了124万元，尚有102万元未予归还。

[诉讼]
起诉：挪用公款罪。
一审判决：王正言系国家工作人员，利用职务之便，擅自挪用公款归个人用于营利活动，情节严重，且至今未予归还的数额巨大，严重侵犯国有企业的资金使用权，损害了国家工作人员理应遵守的廉政制度，其行为已构成挪用公款罪。于1999年12月21日判决：王正言犯挪用公款罪，判处有期徒刑13年。
上诉：宣判后，王正言不服并提起上诉。
二审裁定：驳回上诉，维持原判。
[研习]
1. 相关司法解释对挪用一般非特定公物的行为性质是如何规定的？
2. 本案挪用的对象是电解铜，还是电解铜出卖后的价款？可否构成挪用公款罪？
3. 本案被告人为了追债，将本单位电解铜出售后，以部分价款替债务人向本单位还债，已归还本单位的数额可否不计入挪用数额之中？此情节可否成为责任减免事由？

四、挪用公款罪的罪数和共犯

案例一：鞠胤文因挪用公款索取、收受贿赂案[1]

[案情]

鞠胤文原系中国建设银行敦化市支行会计科副科长，辛培凌原系敦化市鑫汇制衣有限责任公司总经理。

1. 敦化东光制衣有限责任公司系中外合资企业，国有资产份额占50%，辛培凌在任该公司总经理期间，决定开发商品楼，因缺少资金，便找到中国建设银行吉林省敦化支行会计科副科长鞠胤文帮助解决资金。鞠胤文于1999年5月10日擅自将本单位60万元转至敦化市动迁办账户上，供敦化东光制衣有限责任公司作为动迁费使用。鞠胤文告诉辛培凌此款是其向朋友借的。同年5月27日，该公司存入上述账户60万元，鞠胤文将此款归还建行。鞠胤文收受辛培凌送的现金3万元，又向辛培凌索要现金1万元。

2. 1999年6月1日，由于中方退股，原敦化东光制衣有限责任公司变更为外商独资的敦化市鑫汇制衣有限责任公司，系私有企业，辛培凌任总经理。其因公司开发商品楼缺少资金，便又找鞠胤文帮助解决资金，并向鞠胤文许诺送给鞠胤文一个商品楼门市房，鞠胤文利用职务之便，于同年6月16日，擅自将本单位50万元转至辛培凌提供的在中国银行敦化支行开户的敦化市志鑫劳务有限责任公司账户上，供敦化市鑫汇制衣有限责任公司开发商品楼使用。至案发时，辛培凌没有送给鞠胤文商品楼门市房。

3. 1999年11月末，辛培凌个人为购买原敦化市服装厂房屋及附属设施，便找到鞠胤文，鞠胤文提出其管理的资金有一部分账外款，可以挪用一下，辛培凌建议挪用并许诺，购房后，如能卖掉盈利，与鞠胤文平分，如继续经营，则算鞠胤文一个股份。1999年12月2日，鞠胤文利用职务之便，擅自挪用银行资金160万元，转至辛培凌提供的在中国工商银行敦化市支行开户的敦化市手工业联社账户上，供辛培凌个人购买厂房使用。2000年1月份，辛培凌因鞠胤文挪用公款为其使用，便以过春节为名，送给鞠胤文3万元现金。2000年末，鞠胤文找到辛培凌，以挪用的160万元需要利息为借口，向辛培凌索取现金5万元，辛培凌明知鞠胤文实质是向其索取好处费，而付给鞠胤文现金5万元。

鞠胤文所得贿赂款12万元，被其挥霍。案发后，鞠胤文主动交代挪用公款的犯罪事实，已追缴鞠胤文赃款600元、纪念币50元。检察机关已扣押辛培凌和敦化市

---

[1] 最高人民法院刑二庭牛克乾撰稿，最高人民法院刑二庭裴显鼎审编："鞠胤文挪用公款、受贿案——因挪用公款索取、收受贿赂或者行贿构成犯罪的，是择一重处还是两罪并罚？"【第385号】，载《刑事审判参考》总第48集。

鑫汇制衣有限责任公司的房屋，价值452.709万元（部分房产抵押贷款）。辛培凌和敦化市鑫汇制衣有限责任公司同意用上述房产归还占用的公款。检察机关已冻结敦化市鑫汇制衣有限责任公司银行存款1266.07元。

[诉讼]

一审判决：鞠胤文身为国有金融机构工作人员，利用职务之便，擅自为私营企业挪用银行资金50万元，与使用人共谋，挪用银行资金160万元，用于营利活动，数额巨大，其行为已构成挪用公款罪。其利用职务之便，为他人谋取利益，非法收受他人现金6万元，索取他人现金6万元，其行为已构成受贿罪。辛培凌与挪用人共谋，参与挪用银行资金160万元，用于营利活动，数额巨大，其行为已构成挪用公款罪。辛培凌为谋取不正当利益，给予国家工作人员现金3万元，在获得不正当利益后，因被索取而给予国家工作人员现金5万元，其行为已构成行贿罪。辛培凌辩解其不知道银行的账外资金就是国家的资金。本院认为，所谓公款，是指国家所有的以及劳动群众集体所有的款项，故其对同类客体的不同对象之间的误解，对其刑事责任不发生影响。于2001年12月25日判决：鞠胤文犯挪用公款罪，判处有期徒刑6年；犯受贿罪，判处有期徒刑10年；数罪并罚，决定执行有期徒刑14年。辛培凌犯挪用公款罪，判处有期徒刑5年6个月；犯行贿罪，判处有期徒刑4年；数罪并罚，决定执行有期徒刑8年。

上诉：鞠胤文提出上诉，请求依法认定其受贿罪自首的法定情节、揭发同案犯共同犯罪事实和案发前已退还全部受贿款的事实，要求对受贿犯罪给予减轻处罚。辛培凌上诉称，其在主观上没有挪用公款的犯罪故意，客观上没有与鞠胤文共同实施挪用公款的犯罪行为。案发前，鞠胤文已还12万元，上诉人之行为不构成行贿罪。辛培凌的辩护人认为，辛培凌是在鞠胤文欺骗及合法谎言形式的掩盖下使用的银行资金，其于2001年5月27日、28日在日记中记录了主观上没有挪用公款的故意，请求二审法院作出公正的判决。

二审裁定：在二审审理期间其提供的证人邵奎华、于风龙均不能证实鞠胤文在案发前已归还受贿款，故不支持其在案发前已归还12万元的事实。辛培凌上诉辩称，在主观上没有挪用公款的犯罪故意，客观上没有实施挪用公款的行为的辩解意见，本院认为，虽然辛培凌不供述其借款是公款，但同案犯鞠胤文证实借给160万元时告诉其此款出自银行账外款，并且案发前已经知道此款系公款，但一直未还此款，其行为与鞠胤文共同构成犯罪。关于其上诉辩称其行为不构成行贿罪的意见，本院认为，辛培凌获得不正当利益后，给予鞠胤文3万元现金，又因被鞠胤文勒索而给其5万元现金之行为，足以构成行贿罪。虽然辩解称案发前已收回此款，但无证据证明此款确实已归还，故不支持其辩解意见。关于辛培凌的辩护人提出的辛培凌是在受鞠胤文欺骗及合法谎言形式的掩盖下使用的银行资金，其主观上没有挪用公款的故意的辩护意见，本院认为，辛培凌在检察院侦查阶段供述其挪用公款的犯罪事实，其供述的挪用公款犯罪事实与鞠胤文供述相吻合，鞠胤文证实共同挪用公款的犯罪事实，辛培凌供述其与鞠胤文约定短时期挪用此款，但案发前一直未归还其挪用的公款 160 万元，其行为与鞠胤文共同构成了挪用公款罪。案发后所提供的辛培凌的日记不能作为证据使用，所写内容也证明不了上诉人案发前无共同挪用公款的故意，故对其辩护意见不予支持。裁定驳回上诉，维持原判。

[研习]

1. 对于第一项事实：
（1）鞠胤文是否构成挪用公款罪？辛培凌是否构成挪用公款罪的共犯？为什么？
（2）鞠胤文是否构成受贿罪？辛培凌是否构成行贿罪？为什么？
（3）此款项使用 17 天后在案发前即归还建行，是否仍然认定为挪用公款罪而计入挪用数额？

2. 对于第二项事实：
（1）鞠胤文是否构成挪用公款罪？辛培凌是否构成挪用公款罪的共犯？为什么？
（2）鞠胤文是否构成受贿罪？辛培凌是否构成行贿罪？为什么？犯罪形态为何？

3. 对于第三项事实：
（1）鞠胤文是否构成挪用公款罪？辛培凌是否构成挪用公款罪的共犯？为什么？
（2）鞠胤文是否构成受贿罪？辛培凌是否构成行贿罪？为什么？
（3）辛培凌辩解其不知道银行的账外资金就是国家的资金，是否影响挪用共同故意、行贿故意的成立？

4. （1）鞠胤文、辛培凌挪用公款罪的数额是多少？为何法院未将鞠胤文实施的第 1 项挪用款项计入数额？对此如何评价？
（2）鞠胤文受贿罪的数额是多少？辛培凌行贿罪的数额是多少？
（3）是否需数罪并罚？

案例二：赵春荣、张娜被控构成挪用公款罪共犯案[1]

[案情]

赵春荣原系北京市海淀区副食品购销公司业务员。张娜，原系北京归嘉酒业开发有限公司业务主管。

事实一：赵春荣于 1997 年 4 月、9 月在任北京市海淀区副食品购销公司业务员期间，伙同张娜，利用职务之便，挪用单位货款 39 万元进行营利活动。后被查获归案，赃款已追缴。

事实二：赵春荣于 1997 年 7 月至 1998 年 4 月，利用职务之便挪用单位货款 13 万余元，归个人使用。挪用款除追缴赃物价值约 4.2 万余元外，尚有挪用款 8.8 万元未能返还。

---

[1] 北京市第一中级人民法院（2000）一中刑终字第 01920 号刑事裁定书。

[诉讼]

一审判决：赵春荣于 1994 年 10 月被北京市海淀区副食品购销公司招用为全民合同制业务员。张娜系北京归嘉酒业开发有限公司聘任的业务主管。二人由工作关系相识，后发展为恋爱关系。1997 年 4 月至 1998 年 4 月，赵春荣利用担任北京市海淀区副食品购销公司业务员的职务之便，多次将从外单位结回的货款及公安机关发还其单位的公款共计 539 853.09 元挪作他用。赵春荣将 14.98 万余元用于个人购置二手汽车、美的空调、牡丹牌 64cm 彩电等挥霍；将 39 万元交给张娜用于个人炒股票、向北京归嘉酒业开发有限公司集资等。1998 年 5 月 14 日，赵春荣被抓获；同年 11 月 27 日，张娜被抓获。案发后，赵春荣所购汽车一辆（交易价 31 755 元）已发还被害单位；张娜退还赃款 30 万元（已发还），扣押赵春荣美的牌空调 1 台、牡丹牌 64cm 彩色电视机 1 台，扣押张娜集资单位北京归嘉酒业开发有限公司中华纯粮液酒 1324 瓶（每瓶作价 68 元）。判决：赵春荣犯挪用公款罪，判处有期徒刑 7 年。张娜无罪。

抗诉：检方认为，一审判决对赵春荣量刑畸轻，适用法律不当；张娜的行为已构成挪用公款的共犯，应与赵春荣共同处罚，一审法院对其宣告无罪，认定事实错误。提请法院依法改判。

二审裁定：检察院抗诉提出张娜的行为构成挪用公款的共犯，原判对其宣告无罪错误的意见，经查，《最高人民法院关于审理挪用公款案件具体应用法律若干问题的解释》第 8 条明确规定："挪用公款给他人使用，使用人与挪用人共谋，指使或者参与策划取得挪用款的，以挪用公款罪的共犯定罪处罚。"在一审、二审庭审中，公诉机关、抗诉机关没有提供张娜与赵春荣共谋挪用公款的证据，亦未提供张娜指使、参与、策划取得挪用款的证据。除赵春荣的供述外，无其他证据予以佐证，故一审法院对张娜的判决并无不当。驳回抗诉，维持原判。

[研习]

在本案中，赵春荣挪用公款 53 万余元后，给张娜 39 万元用于个人炒股票、集资，张娜可否构成挪用公款罪的共犯？是否只要客观上使用了挪用的公款，或者明知是挪用的公款而使用，就一律构成挪用公款罪的共犯？

第四节　私分国有资产罪

案例一：张金康、夏琴私分财政专项拨款案[1]

[案情]

上海市医疗保险事务管理中心（以下称医保管理中心）系上海市医疗保险局所属的国有事业单位，经费来源为国家财政全额拨款。张金康系医保管理中心主任；夏琴系医保管理中心办公室主任。

2001年12月至2003年4月，医保管理中心领导班子经讨论，由张金康决定、夏琴具体操办，将国家财政专项拨款的邮电通讯费和资料速递费结余部分以快递费、速递费、邮寄费等名义，从上海市邮政局静安电信服务处、上海宝山泗塘邮电支局先后套购邮政电子消费卡价值213 000元，套取现金97 560元并用于购买超市代币券，相应发票予以入账。随后，二被告人将其中价值243 800元的邮政电子消费卡和超市代币券以单位福利名义，定期分发给医保管理中心的全体员工，张金康及夏琴各分得面值14 100元和10 500元的消费卡及代币券。另外，张金康在已经享受单位每月给予180元通讯费的前提下，让夏琴用邮政电子消费卡为其支付移动电话通讯费5800余元。

2002年2月，由张金康决定、夏琴具体操办，将国家财政专项拨款的业务招待费以会务费名义从本市申康宾馆套现1.5万元，以"2001年度特别奖励"的名义发放给医保管理中心部分人员，其中张金康分得1000元，夏琴分得5000元。

2003年7月，张金康、夏琴向中共上海市卫生局纪委如实交代了上述犯罪事实，并归还全部赃款。

[诉讼]

起诉：私分国有资产罪。

辩护：夏琴的辩护人提出，张金康的移动电话主要用于工作，故夏琴为其支付移动电话通讯费的行为性质不属于私分国有资产；张、夏二人发放"2001年度特别奖励"的行为系违反财经纪律，不应认定为私分国有资产犯罪；夏琴参与私分的出发点是为了提高员工福利，且客观上私分金额仅20余万元，属犯罪情节显著轻微，不应追究其刑事责任。

审判：医保管理中心作为国有事业单位，违反国家财政经费必须专项使用的规

---

[1] 上海市高级人民法院刑二庭朱妙、上海市静安区人民法院征伟杰撰稿，白富忠审编："张金康、夏琴私分国有资产案——如何区分变相集体私分国有资产犯罪与违反财经纪律超标准、超范围发放奖金、福利等行为的界限？"【第293号】，载《刑事审判参考》总第37集。

定,以虚假名义套取专项经费后以单位名义变相私分,数额达 20 余万元,其行为已构成犯罪;张金康、夏琴作为该中心实施上述犯罪直接负责的主管人员和直接责任人员,应当承担私分国有资产罪的刑事责任。张金康在已经领取单位通讯费且没有向上级领导申请并获得批准的情况下,决定由夏琴具体操作,用已经套购并准备分发的邮政电子消费卡报销移动电话通讯费,该行为亦属整体的私分国有资产行为的组成部分。张金康、夏琴以"2001 年度特别奖励"的名义把从专项经费中套取的现金分发给部分员工,因系在单位内部的一定范围内分发,同样可以认定私分国有资产的性质,而不仅仅是违反财经纪律,故被告人夏琴的辩护人的辩护意见不予采纳。鉴于张金康、夏琴均有自首情节,且退赔了全部赃款,犯罪情节较轻,均可依法从轻处理。判决:张金康犯私分国有资产罪,判处罚金 2 万元;夏琴犯私分国有资产罪,判处罚金 1.5 万元。

[研习]

1. 私分国有资产罪的犯罪对象是什么?构成犯罪的原理是什么?为何单位内部员工分发福利会构成犯罪?本罪是单位犯罪还是自然人犯罪?应当如何处罚?

2. 本案中为医保管理中心员工私分的钱款为国家财政专项拨款的邮电通讯费、资料速递费结余部分和业务招待费,这部分钱款拨付给医保管理中心之后,是归国家所有,还是归医保管理中心所有?如果医保管理中心员工没有私分,而是用于其他非指定的公用用途,其行为如何定性?

3. 变相集体私分国有资产犯罪与违反财经纪律超标准、超范围发放奖金、福利等行为的界限是什么?

案例二:杨代芳等人以公款购房后私分案[1]

[案情]

杨代芳原系太白县交通局局长兼太白县姜眉公路建设协调领导小组办公室主任。2000 年 6 月 6 日,中共太白县委办公室和县政府办公室成立了"太白县姜眉公路建设协调领导小组",组长由时任太白县县委副书记、县长的杨瑞霞兼任,领导小组成员由太白县交通局、土地局、计经局、财政局、林业局、水利局等有关政府部门领导组成。领导小组下设办公室,时任太白县交通局局长的被告人杨代芳任协调办主任,太白县财政局干部乔拥军和土地局干部谢正平任该办副主任(均另案处理)。

同年 8 月,杨代芳与乔拥军、谢正平在得知太白县广电局有 5 套在建的职工集资住宅单元房向外出售时,三人商议以协调办的名义购买这 5 套房。后杨代芳指使协调办出纳向金菊于同年 9 月 25 日、10 月 25 日、11 月 20 日三次从协调办账户上向县

---

[1] 陕西省高级人民法院刑二庭马红梅、最高人民法院刑二庭刘一撰稿:"杨代芳贪污、受贿案——私分国有资产与共同贪污的区分?"【第 313 号】,载《刑事审判参考》总第 39 集。

广电局各转款10万元,共30万元作为购房首付款,广电局给协调办开具了"购房集资款"的收款收据。2001年6月,在广电局催要购房款的情况下,杨代芳又与乔、谢二人商议,指使向金菊将协调办在姜眉公路征地拆迁补偿费中以虚构补偿人和补偿项目、签订虚假补偿协议方式套出的84 015元中的5万元再次付给县广电局作为购房付款,广电局开具了5万元收据。同年11月,为了应付财务审计,杨代芳与乔、谢商议,以与广电局签订虚假广电杆线迁改协议的形式,支付广电局广电杆线修复款的名义将30万元的集资购房款做账处理。后与广电局签订广电杆线再次迁改协议,并将该虚假协议的签订日期提前为2000年9月15日,由广电局给协调办出具了3张各10万元的"姜眉公路广电线路修复款收款收据",换回原开具的30万元的集资购房款的收款收据。后该收据由杨代芳报太白县姜眉公路建设协调领导小组副组长、太白县人民政府副县长官志宏签字核报后,杨代芳交协调办出纳向金菊做账处理。同年底,杨代芳与乔、谢商议,将5套住房除每人1套外,其余2套分给太白县交通局纪检委书记苟周珂和向金菊各1套,并具体确定了房屋。2002年2月,广电局催交剩余房款,杨代芳经与乔拥军、谢正平商议,明确了已付35万元购房款的各自份额,杨代芳、乔拥军、谢正军、向金菊为7.75万元,苟周珂4万元。后在房屋交付前,5人分别缴了余款。同年4月,5人与广电局补签了《出售集资房的协议》,并出具由广电局盖章的个人向广电局交纳全部集资购房款的收款收据,向房屋管理机关申请办理房屋产权登记,领取了个人房屋产权证。

[诉讼]

起诉:贪污罪。

辩护:关于贪污罪的罪名指控不当,应以私分国有资产罪定罪处罚;有自首、立功情节,认罪态度好且退还全部赃款,请求减轻处罚。

一审判决:杨代芳身为太白县姜眉公路建设协调领导小组办公室直接负责的主管人员,违反国家规定,以单位名义将国有资产集体变相私分给个人,数额较大,其行为已构成私分国有资产罪。公诉机关指控杨代芳犯贪污罪罪名不当。鉴于杨代芳有自首、立功情节,并且全部退赃,认罪态度好,应减轻处罚。判决:杨代芳犯私分国有资产罪,判处有期徒刑1年,并处罚金1万元。

抗诉:检方以杨代芳利用职务之便与他人共谋,采取伪造虚假补偿协议套取国家建设资金予以侵吞的行为构成贪污罪,有关私分国有资产罪判决部分定罪错误,适用法律不当为由,向陕西省高级人民法院提出抗诉。

杨代芳及其辩护人提出:原审判决认定杨代芳犯私分国有资产罪的定罪并无不妥,要求二审法院维持原判。

二审判决:杨代芳身为国家工作人员,伙同他人,利用其管理国家建设专项资金职务上的便利,采取虚构事实的方法,将国家公路建设专项资金用于为自己和少数人谋取私利,非法占有国家公路建设资金,其行为构成贪污罪。且贪污数额巨大,情节严重,依法应予严惩。对于抗诉机关提出的意见和杨代芳及其辩护人提出的理由和意见，经查：①协调办只是太白县委、县政府为姜眉公路建设而成立的协调领导小组的内设办事机构，其虽代表政府管理着国家用于征地、拆迁、安置的国有资产，但其只是在姜眉公路建设领导小组领导下开展工作，它的一切活动应以姜眉公路建设领导小组的名义进行，其不能直接支配所管理的国有资金。协调办人员均抽调于县政府各职能部门，没有独立的财政拨款和经费预算，其人员工资待遇由原单位负责，不能因其受委托代表政府行使职能而将其扩大或上升为独立的国家机关。协调办与私分国有资产罪主体要件不符。②杨代芳等人在作案过程中采取虚构事实，虚列支出，以正常支出名义骗得主管领导同意，将购房款在协调办账目上以拆迁补偿费用核报，从而使该笔非法支出在单位账目上得以合法支出反映，符合贪污罪客观方面的特征。③杨代芳等人主要是为给自己和少数人购买住房，且杨代芳等人在分房后隐瞒协调办支出大部分购房款的事实，捏造其个人全部出资的事实，向房屋管理部门办了个人房屋所有权证，具有非法占有公共财物的主观故意。故抗诉机关的抗诉意见正确，应予采纳；杨代芳及其辩护人的理由和意见不能成立，不予采纳。鉴于杨代芳有自首、立功情节，且能全部退赃，认罪态度好，可从轻处罚。一审判决认定杨代芳犯私分国有资产罪定罪、量刑不当，应予更正。判决：杨代芳犯贪污罪，判处有期徒刑11年，并处罚金1万元。

[研习]

1. 如何区分贪污罪的共同犯罪与私分国有资产罪？
2. （1）本案中，协调办是协调领导小组的内设办事机构，可否成为单位犯罪的单位主体？其有无独立的资金核算能力？
（2）购房及付款是否集体研究决定？
（3）房屋有无分配给全部员工或大部分员工？由此分析，被告人的行为是构成贪污罪还是私分国有资产罪？
3. 如果本案中协调办有独立资金核算能力，且员工总计为6人，在领导的统筹之下，其中5人分得房屋，本案应当如何定罪？
4. 本案的犯罪对象是购房款还是房屋？是既遂还是未遂？

案例三：徐华、罗永德在国有企业改制过程中隐瞒资产真实情况造成巨额国有资产流失案[1]

[案情]

被告人徐华，男，原系路桥燃料公司经理。被告人罗永德，原系路桥燃料公司

---

[1] 浙江省台州市路桥区人民法院叶福生撰稿，高贵君审编："徐华、罗永德贪污案——在国有企业改制过程中隐瞒资产真实情况造成巨额国有资产流失的行为如何处理？"【第124号】，载《刑事审判参考》总第19集。

党支部书记。路桥燃料公司原系国有企业。1998年,路桥燃料公司进行产权制度改革,在资产评估过程中,被告人徐华明知公司的应付款账户中有3笔共计47.435738万元系上几年虚设,而未向评估人员作出说明,隐瞒该款项的真实情况,从而使评估人员将该3笔款项作为应付款评估并予以确认。同年12月,路桥区政府路政发(1998)147号文件同意路桥燃料公司产权制度改革实施方案。此后,路桥燃料公司在21名职工中平均配股。2000年4月,被告人罗永德从徐华处得知公司资产评估中存在虚报负债的情况。同年6月,二被告人在部分职工得知内情、要求私分的情况下,商定开职工大会,经讨论并确定虚报负债部分用于冲减企业亏损或上缴国有资产管理部门。6月30日,路桥燃料有限公司股东大会选举产生董事会,董事长为徐华、副董事长为罗永德。尔后,二被告人和应文伟等5人收购了其他16名股东的全部股份,并于2000年8月17日正式成立路桥燃料有限公司。

自2000年4月份以来,罗永德明知公司资产评估中存在虚报负债的情况,而未向有关部门报告并继续同徐华一起到有关部门办理企业改制的后继手续。2000年9月7日,路桥燃料有限公司向路桥区财政局交清路桥燃料公司国有资产购买款465.3969万元。随后,被告人徐华、罗永德等人积极办理公司产权转移手续。案发时,手续尚在办理之中。案发以后,路桥燃料有限公司于2000年11月28日将47.435738万元上缴给路桥区财政局国资科。

[诉讼]

起诉:贪污罪。

一审判决:徐华身为国有公司工作人员,为达到非法占有的目的,在国有企业改制的资产评估中,对公司虚设负债款不作说明,从而骗取评估人员的确认;被告人罗永德明知该公司在资产评估中存在着虚报负债的情况,而积极与徐华一起到有关部门办理企业改制后继手续,造成国有资产即将转移。被告人徐华、罗永德的行为均已构成贪污罪(未遂)。在共同犯罪中,被告人徐华起主要作用,系主犯;被告人罗永德起次要、辅助作用,系从犯。被告人徐华、罗永德系贪污未遂,依法予以减轻处罚。被告人罗永德认罪态度好,具有一定的悔罪表现,符合适用缓刑的条件。于2001年3月28日判决:被告人徐华犯贪污罪(未遂),判处有期徒刑3年,并处没收财产3万元;被告人罗永德犯贪污罪(未遂),判处有期徒刑1年,缓刑1年,并处没收财产1万元。

上诉及二审:徐华以"原判量刑畸重"为由提出上诉。其辩护人辩称,徐华在国有资产评估后是民事法律关系的一方当事人,不是国有资产管理者,没有贪污故意;评估结论中隐瞒的47万余元已在职工大会上宣布,没有实施秘密占有的行为;徐华的行为不构成贪污罪。台州市中级人民法院经审理裁定驳回上诉,维持原判。

[研习]

1. 在国有企业改制中隐瞒资产真实情况,并造成巨额国有资产潜在流失的行为,可能涉嫌哪些犯罪?可否构成贪污罪?

2. 在本案中，被隐瞒的国有资产实际上平均分配给了全部 21 名职工，而非仅有二被告人分得；并且评估结论中隐瞒的 47 万余元已在职工大会上宣布，没有秘密实施，法院为何仍认定其构成贪污罪？对此认定如何评价？

3. 如认定为贪污罪，二被告人并无积极的共谋行为，为何认定其有共同故意，从而构成共同犯罪？实际分得隐瞒资产的其他 16 名股东是否构成故意犯罪？

4. 如认定为贪污罪，二被告人的犯罪数额是多少？是全部隐瞒资产，还是二人实际获得的全部隐瞒资产的 2/21？对其他 16 名股东分得的 19/21 是否追缴返还？

5. 贪污罪的既遂标准为何？本案法院认定为贪污罪未遂的依据为何？

案例四：刘忠伟等人集体决定以国有资产分发给承租集团成员案[1]

[案情]

刘忠伟于 1994 年被无锡市石油化学工业局任命为惠山农药厂厂长及其下属惠丰化工厂厂长，两企业均为全民所有制企业法人。

自 1995 年起，惠山农药厂经上级批准实行"公有民营"，刘忠伟作为经营者与出租方无锡市石油化学工业局分别签订了两轮"公有民营"合同，经营期限为 1995 年 1 月 1 日至 2000 年 12 月 31 日。合同主要内容为：①承租经营者每年向出租方缴纳租赁费 30 万元；②承租方向出租方缴纳风险抵押金 10 万元，经营期内达不到增值指标的，以承租经营者缴纳的风险抵押金抵补，直至补完为止；③承租经营者的收入分为工资性收入和经营性收入，工资性收入为职工当年实得平均工资，经营性收入为税后利润中分得的 30% 部分，经出租方核准后兑现。

合同签订后，惠山农药厂内部每年均组成"公有民营"承租集团，刘忠伟等厂级领导及部分部门负责人 10 余人为承租集团成员，共同承担经营责任。在惠山农药厂实行"公有民营"期间，无锡市石油化学工业局根据惠山农药厂的经营状况，每年核定企业经营者（承租集团）的经营性收入，由惠山农药厂发放给承租集团成员。1995 年至 1999 年的核定总额为 9.9611 万元。1995 年 1 月至 2000 年 5 月，惠山农药厂从财务账上发放承租集团 1995 至 1999 年度的经营性收入总额为 100.038 007 万元，已超额发放 6.076 907 万元。

惠山农药厂（员工总数数百人）将旧设备回收款、氧气费收入等存入财务账外另设的小金库。自 1995 年 8 月至 2000 年 2 月，经被告人刘忠伟提议，与惠山农药厂的其他负责人共同决定，从小金库中支出资金以预发"承租集团奖金"等名义，在账外先后 17 次给承租集团成员（13 人左右）发放奖金，发放奖金合计 34.11 万元。其中，刘忠伟个人分得 3.98 万元。1996 年 6 月，被告人刘忠伟伙同许增福（已死

---

[1] 江苏省无锡市中级人民法院金飚、陈靖宇撰稿，高贵君审编："刘忠伟私分国有资产案——集体私分国有资产行为与共同贪污行为如何区分？"【第 125 号】，载《刑事审判参考》总第 19 集。

亡）等人，通过虚开发票将本单位公款结算给业务单位，再从业务单位提取现金的手法，套取本单位公款10万元，以预发"承租集团奖金"名义分发给承租集团所有成员，刘忠伟个人分得1.55万元。

[诉讼]

起诉：贪污罪。

一审判决：刘忠伟身为国家工作人员，利用职务便利，单独或伙同他人侵吞、骗取本单位公款，已分别构成贪污罪。被告人刘忠伟在共同贪污犯罪中提出犯意并决定侵吞数额，起主要作用，系主犯，按照其所参与的全部犯罪处罚。刘忠伟在案发前退还部分赃款，案发后退缴了全部赃款，酌情予以从轻处罚。于2000年12月13日判决如下：被告人刘忠伟犯贪污罪（与其他几项贪污行为累计数额），判处有期徒刑12年，剥夺政治权利3年，并处没收财产1万元。

上诉：刘忠伟上诉称：原判定性有误，侵吞公款不成立。

二审判决：惠山农药厂系国有企业，刘忠伟作为该厂直接负责的主管人员，违反国家规定，以单位名义将国有资产集体私分给个人，数额较大，其行为已构成私分国有资产罪。刘忠伟私分国有资产的犯罪行为有部分虽发生在1997年9月30日前，但根据《刑法》第12条第1款的规定，1997年《刑法》处罚较轻的，适用该法。

关于原审判决对上诉人刘忠伟违反国家规定，以单位名义将国有资产集体私分给个人这一行为认定为贪污。经查，惠山农药厂系国有企业，其经过厂领导讨论决定，违反有关规定，在上级核定的奖金数额之外，又以单位名义从小金库中支出资金，账外发放"承租集团奖金"，将国有资产集体私分给个人，其发放范围是承租集团的所有成员，系一定规模、一定范围内的所有人，刘忠伟及其他厂领导仅分得一小部分，上述特征符合私分国有资产罪的特征，构成私分国有资产罪。原审判决对该项事实以贪污罪定性不当，应予纠正。上诉人及其辩护人提出对违规发放奖金以贪污定性错误的意见予以采纳。于2001年2月8日判决：刘忠伟犯私分国有资产罪，判处有期徒刑3年，并处罚金1万元。

[研习]

1. 本案的争议焦点为何？认定难点是什么？
2. 你对二审判决结论如何评价？

第五节 受贿罪、利用影响力受贿罪、巨额财产来源不明罪

一、受贿行为：利用职务上便利

案例一：毋保良受贿案[1]

[案情]

2003年至2012年间，毋保良利用担任萧县人民政府副县长、县长，中共萧县县委副书记、书记等职务便利，在工程项目、征地拆迁、干部调整等方面为他人谋取利益，非法收受他人财物，共计1869.2万元、美元4.2万元、购物卡6.4万元以及价值3.5万元的手表一块。

2006年12月至2012年2月间，毋保良累计23次将现金1790余万元及美元、购物卡、手表等物品交存到萧县招商局、县委办，知情范围极其有限，款物的使用、支配由毋保良决定、控制。后1100余万元用于公务支出，400余万元用于退还他人、为退休领导违规配车及招待费用等，尚有余款280余万元及购物卡、物品等。2012年年初，毋保良在与其有关联的他人遭查处、办案机关已初步掌握其涉嫌受贿犯罪线索后，始退还部分款项，并向县委班子通报、向上级领导报告收受他人1600余万元及交存情况。

1. 毋保良收受吴秀芝、周长青900万元的事实。周长青就其欲与吴秀芝共同开发萧县老火车站地块，通过毋保良的秘书向毋提出请托，并承诺按照净利润的20%给予回报，毋保良同意后通过秘书向周长青透露涉案土地的拍卖标底，致使该地块的最终出让价格仅高于底价200万元。此外，毋保良在加大拆迁力度、证照办理以及周长青承接其他工程等方面，均给予积极帮助，先后3次、每次300万元，共收受吴秀芝、周长青给予的900万元。

2. 毋保良收受邢华、王建乐夫妇28万元的事实。邢华系萧县原教育局长，因无证游医参与学生体检事件被免职，毋保良应邢华、王建乐夫妇之请托，收受其28万元。在三常委小范围酝酿干部人选时罔顾其他两位异议，坚持并实际安排邢华担任体育局长，承诺调整王建乐任萧县人民医院院长。

---

[1] 安徽省高级人民法院陈华舒撰稿，最高人民法院刑二庭刘为波审编："毋保良受贿案——赃款、赃物用于公务支出，是否影响受贿罪的认定；为请托人谋取利益前多次收受请托人财物，数额较大的，如何认定受贿数额；索取、收受下属或者被管理人员的财物价值较大的，能否视为承诺谋取利益"【第1149号】，载《刑事审判参考》总第106集。

[诉讼]

起诉：受贿罪。

辩护：毋保良具有自首情节；上交到萧县招商局、县委办的1790余万元应从受贿数额中扣除；部分金额系节日收受的礼金或人情往来，无具体请托事项，不应以受贿论处。

一审判决：受贿罪。共收现金1869.2万元、美元4.2万元、购物卡6.4万元以及价值3.5万元的手表一块。

上诉：判处无期徒刑明显过重。其他上诉理由与一审辩护意见同。

二审裁定：裁定驳回上诉，维持原判。

[研习]

收受财物交存于国有单位，后大部分用于公务支出的，是否为受贿？

案例二：徐放鸣受贿案[1]

[案情]

徐放鸣原系财政部金融司司长。

1. 1997年6月至7月间，中国农业发展银行（以下简称农发行）向财政部申请增加汽车租赁额度，被告人徐放鸣先后利用担任财政部商贸金融司副司长、国债金融司副司长并主管该项工作的职务便利，接受韩冰的请托，向农发行的相关领导推荐由中电租公司承揽该业务，使中电租公司得到了标的为4.36亿元的汽车租赁业务，为此，韩冰以诚奥达公司的名义从中电租公司获取中介费700余万元。1998年间，农发行深圳市分行申请购置办公用房，被告人徐放鸣利用主管该项工作的职务便利，接受韩冰的请托，向农发行的相关领导推荐购买韩冰介绍的房产，使韩冰从中获取中介费280万元。为感谢徐放鸣提供的上述帮助，韩冰于2002年初，在民族饭店附近一停车场内送给徐放鸣20万元；以为徐放鸣之子提供留学费用为名，于2002年7月至2002年9月，分3次给予徐放鸣美元共计10.8万元，折合人民币89万余元。共计折合人民币109万余元。

2. 1999年至2001年，被告人徐放鸣利用其先后担任财政部国债金融司副司长、金融司司长，主管金融工作的职务便利，接受刘敏的请托，为其所在企业谋取了利益。具体情况为：徐放鸣作为财政部金融司的主要负责人，在与刘敏等人所属的公司的往来业务中，拥有对相关业务进行审批的决定权。因此，刘敏为使其所属企业能够长期拥有该业务，送与徐放鸣钱款，徐放鸣在明知刘敏所请托事项的前提下，仍收受刘敏所给予的财物。在审批该业务的过程中，徐放鸣没有提出过反对意见，

---

[1] 国家法官学院、中国人民大学法学院编：《中国审判案例要览（2007年刑事审判案例卷）》，人民法院出版社、中国人民大学出版社2008年版，第466页。

在逐级呈报的审批手续上签了字，审批手续在徐放鸣签字之后经副部长、部长的签字确认最后生效。刘敏所在的公司在此之前就一直承揽财政部的该项业务，按常理徐放鸣也应该会在审批手续上签字。1999 年 6 月、1999 年 8 月、2000 年 8 月，刘敏以为徐放鸣之子提供出国费用的名义，先后 3 次将美元共计 12.8 万元（折合人民币105 万余元）转入徐放鸣指定的境外账户中。

[诉讼]
起诉：受贿罪。

辩护：徐放鸣没有利用职务便利为韩冰、刘敏所在的公司谋取利益，收受钱款与其职务行为无关；韩冰给予徐放鸣的美元 10.8 万元与刘敏给予徐放鸣而暂存在韩冰账户中的美元 12.8 万元，存在同一的可能性。徐放鸣的行为不构成受贿罪。

一审判决：被告人徐放鸣身为国家工作人员，利用职务上的便利，非法收受他人财物，数额特别巨大，为他人谋取利益，其行为已构成受贿罪，依法应予惩处。判决：被告人徐放鸣犯受贿罪，判处无期徒刑，剥夺政治权利终身，并处没收个人全部财产。

上诉：徐放鸣上诉称：韩冰给予其的美元是出自先前刘敏给其而暂存在韩冰处的美元，其在韩冰证实向其行贿 5 万美元的情况下主动坦白收受韩冰的贿赂款为 10 万美元，一审判决量刑过重，请求法院鉴于其积极退赃对其从轻处罚。辩护人辩护意见：一审判决认定的事实不清，证据不确实、充分，徐放鸣没有利用职务便利为刘敏所在的企业谋取利益；韩冰给予徐放鸣的 10.8 万美元和 20 万元是刘敏给予徐放鸣而暂存在韩冰账户中的。

二审判决：鉴于徐放鸣的犯罪后果没有给国家造成特别严重的损失，在侦查期间已经追缴部分受贿款项，在本院审理期间，徐放鸣的亲属又积极代为退缴全部剩余受贿款项，且认罪态度较好等本案具体情节，可对其再予从轻处罚，依法予以改判徐放鸣犯受贿罪，判处有期徒刑 13 年。

[研习]
1.（1）受贿罪成立条件中的"利用职务上的便利"为何意？
（2）对于第一项犯罪事实，徐放鸣只是向农发行的相关领导推荐韩冰的业务，似与职务便利无关，应如何认定和理解？

2.（1）受贿罪成立条件中的"为他人谋取利益"是客观要素还是主观要素，如何理解和认定？
（2）对于第二项犯罪事实，徐放鸣只是对符合条件的刘敏的审批手续上签了字，如何分析"为他人谋取利益"？

3. 韩冰、刘敏是否构成行贿罪？

案例三：潘玉梅、陈宁受贿案[1]

[案情]

1. 2003年8月至9月间，潘玉梅、陈宁分别利用担任江苏省南京市栖霞区迈皋桥街道工委书记、迈皋桥办事处主任的职务便利，为南京某房地产开发有限公司总经理陈某在迈皋桥创业园区低价获取100亩土地等提供帮助，并于9月3日分别以其亲属名义与陈某共同注册成立南京多贺工贸有限责任公司（简称多贺公司），以"开发"上述土地。潘玉梅、陈宁既未实际出资，也未参与该公司经营管理。2004年6月，陈某以多贺公司的名义将该公司及其土地转让给南京某体育用品有限公司，潘玉梅、陈宁以参与利润分配名义，分别收受陈某给予的480万元。2007年3月，陈宁因潘玉梅被调查，在美国出差期间安排其驾驶员退给陈某80万元。案发后，潘玉梅、陈宁所得赃款及赃款收益均被依法追缴。

2. 2004年2月至2004年10月，潘玉梅、陈宁分别利用担任迈皋桥街道工委书记、迈皋桥办事处主任的职务之便，为南京某置业发展有限公司在迈皋桥创业园购买土地提供帮助，并先后4次各收受该公司总经理吴某某给予的50万元。

3. 2004年上半年，潘玉梅利用担任迈皋桥街道工委书记的职务便利，为南京某发展有限公司受让金桥大厦项目减免100万元费用提供帮助，并在购买对方开发的一处房产时接受该公司总经理许某某为其支付的房屋差价款和相关税费61万余元（房价含税费121.0817万元，潘支付60万元）。2006年4月，潘玉梅因检察机关从许某某的公司账上已掌握其购房仅支付部分款项的情况而补还给许某某55万元。

4. 2000年春节前至2006年12月，潘玉梅利用职务便利，先后收受迈皋桥办事处一党支部书记兼南京某商贸有限责任公司总经理高某某201万元人民币和49万美元、浙江某房地产集团南京置业有限公司范某某1万美元。2002年~2005年，被告人陈宁利用职务便利，先后收受迈皋桥办事处一党支部书记高某某21万元、迈皋桥办事处副主任刘某8万元。

综上，潘玉梅收受贿赂792万余元人民币、50万美元（折合人民币398.1234万元），共计收受贿赂1190.2万余元；被告人陈宁收受贿赂559万元。

[诉讼]

一审判决：潘玉梅犯受贿罪，判处死刑，缓期2年执行，剥夺政治权利终身，并处没收个人全部财产；陈宁犯受贿罪，判处无期徒刑，剥夺政治权利终身，并处没收个人全部财产。

上诉：潘玉梅、陈宁及其辩护人提出：二被告人与陈某共同开办多贺公司开发土地获取"利润"480万元不应认定为受贿；潘玉梅没有为许某某实际谋取利益。潘

---

[1] 最高人民法院第一批指导性案例第3号"潘玉梅、陈宁受贿案"，最高人民法院审判委员会2011年12月20日发布。

玉梅购买许某某的房产不应认定为受贿；在案发前已将房产差价款给付了许某某。

二审裁定：驳回上诉，维持原判，并核准一审以受贿罪判处潘玉梅死刑，缓期2年执行，剥夺政治权利终身，并处没收个人全部财产的刑事判决。理由如下：

1. 多贺公司开发土地获取"利润"480万元不应认定为受贿的辩护意见。经查，潘玉梅时任迈皋桥街道工委书记，陈宁时任迈皋桥街道办事处主任，对迈皋桥创业园区的招商工作、土地转让负有领导或协调职责，二人分别利用各自职务便利，为陈某低价取得创业园区的土地等提供了帮助，属于利用职务上的便利为他人谋取利益；在此期间，潘玉梅、陈宁与陈某商议合作成立多贺公司用于开发上述土地，公司注册资金全部来源于陈某，潘玉梅、陈宁既未实际出资，也未参与公司的经营管理。因此，潘玉梅、陈宁利用职务便利为陈某谋取利益，以与陈某合办公司开发该土地的名义而分别获取的480万元，并非所谓的公司利润，而是利用职务便利使陈某低价获取土地并转卖后获利的一部分，体现了受贿罪权钱交易的本质，属于以合办公司为名的变相受贿，应以受贿论处。

2. 关于潘玉梅没有为许某某实际谋取利益的辩护意见。经查，请托人许某某向潘玉梅行贿时，要求在受让金桥大厦项目中减免100万元的费用，潘玉梅明知许某某有请托事项而收受贿赂；虽然该请托事项没有实现，但"为他人谋取利益"包括承诺、实施和实现不同阶段的行为，只要具有其中一项，就属于为他人谋取利益。承诺"为他人谋取利益"，可以从为他人谋取利益的明示或默示的意思表示予以认定。潘玉梅明知他人有请托事项而收受其财物，应视为承诺为他人谋取利益，至于是否已实际为他人谋取利益或谋取到利益，只是受贿的情节问题，不影响受贿的认定。

3. 关于潘玉梅购买许某某的房产不应认定为受贿的辩护意见。经查，潘玉梅购买的房产，市场价格含税费共计应为121万余元，潘玉梅仅支付60万元，明显低于该房产交易时当地市场价格。潘玉梅利用职务之便为请托人谋取利益，以明显低于市场的价格向请托人购买房产的行为，是以形式上支付一定数额的价款来掩盖其受贿权钱交易本质的一种手段，应以受贿论处，受贿数额按照涉案房产交易时当地市场价格与实际支付价格的差额计算。

4. 关于潘玉梅购买许某某开发的房产，在案发前已将房产差价款给付了许某某，不应认定为受贿的辩护意见。经查，2006年4月，潘玉梅在案发前将购买许某某开发房产的差价款中的55万元补给许某某，相距2004年上半年其低价购房有近2年时间，没有及时补还巨额差价；潘玉梅的补还行为，是由于许某某因其他案件被检察机关找去谈话，检察机关从许某某的公司账上已掌握潘玉梅购房仅支付部分款项的情况后，出于掩盖罪行目的而采取的退赃行为。因此，潘玉梅为掩饰犯罪而补还房屋差价款，不影响对其受贿罪的认定。

[研习]

1. 司法解释规定的"变相受贿"包括哪些情形？
2. 对于本案第一项事实，在民商法上表面上完全合法，为何法院认定其为以合办公司为名的变相受贿？受贿数额如何认定？

3. 对于本案第三项事实，房产买卖双方表面上平等自愿，为何法院认定其为交易形式的变相受贿？受贿数额如何认定？

二、利用职务上的影响力

案例一：李仕廉、王文卓收钱"捞人"案[1]

[案情]

王文卓原系海口市人民检察院监所检察科科长。李仕廉原系海口市委统战部民主党派管理处副主任。

1. 犯罪嫌疑人曾翠因涉嫌诈骗被海口市公安局逮捕。同年10月某日，在曾翠妻子李秀兰的请托下，李仕廉找到王文卓，要求其帮助疏通关系，将曾翠取保候审，并称曾翠的亲属将给好处费。王文卓为此多次向时任海口市公安局预审科科长的王公天（另案处理）说情。10月下旬某日，李秀兰及曾翠的朋友梁军，按照李仕廉的要求，将2万元交给正在琼海市参加会议的王文卓。曾翠被取保候审后，王文卓送给王公天6000元，分给李仕廉5000元，余款9000元被王文卓据为己有。

2. 犯罪嫌疑人黎良琼因涉嫌诈骗被海口市公安局逮捕。李仕廉因而要求王文卓疏通关系，将黎良琼取保候审，并许诺将给好处费。王文卓遂找海口市公安局的刘永汉（已判刑）说情，刘永汉同意为黎良琼办理取保候审后，李仕廉便要求黎良琼的妻子陈楚贞提供2万元的"活动费"，并由其转交给王文卓，王文卓将该款交给刘永汉后，黎良琼被批准取保候审。当天，李仕廉又从陈楚贞处取得5万元，交给王文卓4万元，王文卓将其中的3万元交给刘永汉，余款1万元据为己有。

3. 1997年7月，犯罪嫌疑人魏学纹因涉嫌受贿被海口市人民检察院逮捕。受魏学纹亲属的请托，李仕廉要求王文卓疏通关系，将魏学纹取保候审，并先后3次交给王文卓3.5万元，王文卓未将该款用于行贿而据为己有。

4. 1999年12月7日，犯罪嫌疑人林德因涉嫌走私普通货物而被海口海关走私犯罪侦查分局提请批准逮捕。为使林德不被批准逮捕，海口市委统战部司机宋平受林德的朋友潘家培之托，找李仕廉帮忙，李仕廉通过王德民（已判刑）找时任海口市人民检察院副检察长的王德伟（已判刑）说情，后李仕廉从宋平处取得3万元，并送给王德伟2万元。王德伟收受贿赂后，对林德作出了不批准逮捕的决定，致使林德逍遥法外。

5. 2000年1月，因涉嫌包庇和行贿而被拘留的犯罪嫌疑人陈浩生和曹德才及其家属，为使陈浩生、曹德才能取保候审或不被批准逮捕，分别通过范起明（另案处

---

[1] 海南省高级人民法院（2001）琼刑终字第35号刑事裁定书。

理）疏通关系，并交给范起明31万元。范起明找李仕廉帮忙，李仕廉请王德民找王德伟说情，后李仕廉从范起明处取得12万元，分给王德民1万元，并通过王德民分2次送给王德伟8万元。同年2月中旬，由于陈浩生未被取保候审，应其亲属要求，王德民向王德伟索回4万元交给范起明。

[诉讼]

起诉：王文卓犯受贿罪、行贿罪，李仕廉犯行贿罪。

一审判决：王文卓、李仕廉为帮助他人谋取不正当利益，代请托人向国家工作人员行贿，其行为均已构成行贿罪。王文卓身为海口市人民检察院监所检察科科长，利用其职权和地位形成的便利条件，通过检察机关和公安机关的国家工作人员，为请托人谋取不正当利益，其行为又构成受贿罪。于2000年12月25日判决：王文卓犯受贿罪，判处有期徒刑5年；犯行贿罪，判处有期徒刑1年；决定合并执行有期徒刑5年。李仕廉犯行贿罪，判处有期徒刑3年。

上诉：王文卓辩称，检察机关驻监所检察，与公安机关没有隶属关系和工作制约关系，取保候审也不是监所检察的职权范围，因此，其作为驻监所检察科科长，不具备利用本人职权、地位形成的便利条件，其行为不构成受贿罪；在曾翠案件中送给王公天1万元，而不是原判认定的6000元；其在被纪检监察机关"两规"之后，能如实坦白交待事实，属自首行为，应从轻处罚。

二审裁定：关于上诉人（原审被告人）王文卓的上诉理由，经查，人民检察院驻监所检察，是代表人民检察院行使法律监督职责，正是由于这种特殊的工作性质，使监所检察与有关执法机关形成了一定的影响和制约关系。王文卓作为人民检察院驻监所检察科的科长，为犯罪嫌疑人取保候审或不批准逮捕而向有关执法机关疏通关系，正是利用了其职权和地位形成的便利条件，其收受请托人的财物，已构成受贿罪。王文卓是在纪检监察机关掌握其涉嫌行贿、受贿的事实后，主动坦白交待事实的，其行为不能认定为自首。至于王文卓是否送给王公天1万元，由于王公天否认，而王文卓不能提供王公天收受1万元的证据，因此，证据不足。王文卓的上诉理由不能成立。驳回上诉，维持原判。

[研习]

1. 对于本案第一项事实：

（1）王公天的行为构成何罪？

（2）王文卓构成何罪，是行贿罪共犯、介绍贿赂罪，还是斡旋型的受贿罪？三罪有何区别？

（3）李仕廉构成何罪？是行贿罪的共犯，还是介绍贿赂罪？两罪有何区别？其本人亦收受和获取钱财，该行为如何认定？可否构成斡旋型的受贿罪？

（4）李秀兰、梁军是否构成行贿罪？

2. 对于本案第三项事实：

（1）王文卓没有帮助疏通关系行贿，而且将转交给其行贿所有款项据为己有，其行为是构成斡旋型的受贿罪、诈骗罪、还是侵占罪？是犯罪既遂还是未遂？

（2）李仕廉、魏学纹的行为如何定性？

案例二：王小石斡旋型受贿案[1]

[案情]

王小石，原为中国证券监督管理委员会发行监管部发审委工作处助理调研员。林碧，原为北京华章投资管理有限公司执行总裁。

2002年3月至2002年9月，王小石利用担任中国证券监督管理委员会（以下简称证监会）发行监管部发审委工作处助理调研员的便利条件，通过时任东北证券有限责任公司（以下简称东北证券公司）工作人员的林碧介绍，接受福建凤竹纺织科技股份有限公司（以下简称凤竹公司）的请托，通过证监会发行监管部其他工作人员职务上的行为，为凤竹公司在申请首次发行股票的过程中谋取不正当利益，为此王小石收受请托人通过林碧给予的贿赂款72.6万元。

[证据]

1. 证人陈澄清（凤竹公司董事长）的证言证明：2002年初，凤竹公司经过林碧联系，由东北证券公司做凤竹公司上市的主承销商和上市推荐人。2002年3月至4月间，凤竹公司支付给林碧140万元，因为凤竹公司在获得东北证券公司上市通道的事情上欠林碧人情，一方面还了他的人情，另一方面可以让林碧为公司上市审批去做一些工作。在凤竹公司上市申请报到证监会审批的时间里，林碧介绍其与在深交所工作的一个姓王的人见了面，其介绍了凤竹公司的基本情况，听林宇说这个人以前在证监会总部工作。

2. 证人林宇（原凤竹公司副总经理）的证言证明：2002年初，凤竹公司经林碧介绍与东北证券公司签订了承销协议，确定由东北证券公司作凤竹公司上市的主承销商及上市推荐人。林碧曾多次表示在证监会有熟人，可为凤竹公司上市审批的事情帮忙。为了能够尽快、顺利地获得审核批准，其向公司建议托林碧去疏通证监会人员关系，林碧提出要150万元，后凤竹公司分2次将140万元打到了林碧提供的账号内。在凤竹公司上市申请报到证监会时，林碧带其与公司的董事长陈澄清到深圳见了王小石，介绍了凤竹公司的基本情况。见王小石之前，林碧介绍王是由证监会派到深交所工作的，是证监会发审委工作处的副处长。

3. 证人楼坚（原证监会发行监管部审核二处副处长）的证言证明：2002年，王小石曾带着凤竹公司的一个副董事长请其吃过一顿饭，目的就是希望在审核该公司申报上市的材料上尽快一点。其未因王小石的请托违反规定进行安排。

---

[1] 最高人民法院中国应用法学研究所编：《人民法院案例选》2007年第1辑（总第59辑），人民法院出版社2007年版。

4. 证人齐蕾（曾任证监会发行监管部审核一处预审员）的证言证明：2002年3月至4月间，其接手凤竹公司上市申报材料法律部分的审核。王小石通过证监会的其他同事介绍，请其与凤竹公司的董事长陈澄清一起吃过饭，王小石、陈澄清托其尽快办理，有法律问题及时沟通。之后王小石对凤竹公司在法律方面的问题曾向其询问过几次。

5. 被告人王小石的供述证明：2002年，林碧让其帮助凤竹公司沟通股票发行一事，说企业可以给60万元。其帮助引见了楼坚、齐蕾和凤竹公司的老板吃了饭。后将王威的账号告诉了林碧，林碧转来72.6万元。

6. 被告人林碧的供述证明：2002年3月，凤竹公司上市材料递交证监会后，让其帮助找人疏通负责审核的人员，以达到顺利、尽快上市的目的，并愿为此付出140万元。其与陈澄清、林宇一起见了王小石，王表示可以帮忙。2002年3月至4月间，凤竹公司支付其140万元，由其转给王小石72.6万元，其余款项在东方纵横公司的经营和公关活动中使用了。

[诉讼]

起诉：王小石犯受贿罪、林碧犯受贿罪。

辩护：王小石辩称：其没有与林碧共谋收取凤竹公司140万元，也没有伙分140万元；其没有利用过职务便利为他人谋利。被告人王小石的辩护人的辩护意见为：王小石没有利用职权或地位形成的便利条件为他人谋利；其未通过其他国家工作人员职务上的行为为请托人谋取不正当利益；林碧与王小石不构成共同犯罪。被告人林碧在开庭审理中辩解称：其是帮助企业做项目的，做公关工作是其分内工作。被告人林碧的辩护人的辩护意见为：因王小石构成受贿罪的证据尚不充分，故缺乏林碧构成受贿的前提，二人不构成共犯，林碧的行为符合介绍贿赂的特征。

一审判决：王小石身为国家工作人员，利用本人职权或地位形成的便利条件，通过其他国家工作人员职务上的行为，为请托人谋取不正当利益，收受请托人通过他人给予的贿赂款72.6万元，其行为已构成受贿罪，且受贿数额巨大，依法应予惩处。林碧在凤竹公司申请上市过程中，帮助凤竹公司向王小石介绍贿赂，情节严重，其行为已构成介绍贿赂罪。被告人林碧的辩护人关于林碧将凤竹公司的钱款送到王小石处，属介绍贿赂的辩护意见，本院予以采纳。判决：被告人王小石犯受贿罪，判处有期徒刑13年，并处没收个人财产12万元。被告人林碧犯公司人员受贿罪，判处有期徒刑9年，并处没收个人财产10万元；犯介绍贿赂罪，判处有期徒刑1年6个月，决定执行有期徒刑10年，并处没收个人财产10万元。

上诉：王小石称其没有利用职权或地位形成的便利条件，通过其他国家工作人员职务上的行为，为请托人谋取不正当利益。其辩护人的辩护意见为：王小石不构成斡旋型受贿罪。

二审裁定：王小石身为国家证券监督管理机构的工作人员，对凤竹公司申请上市发行股票的正当程序已经知悉，但其接受发行股票申请单位的请托后，不遵循正当申报程序，而是利用本人的职权及地位形成的便利条件，采用"吃请送礼"的手段，介绍参与审核和核准股票发行申请的人员与申请单位私下接触，为请托人谋取不正当利益，其从中收受请托人巨额钱财的行为已构成受贿罪，故王小石的上诉理由及其辩护人的辩护意见缺乏事实和法律依据，不予采纳。上诉人王小石身为国家工作人员，利用本人职权或地位形成的便利条件，通过其他国家工作人员职务上的行为，为请托人谋取不正当利益，收受请托人通过他人给予的巨额贿赂，其行为已构成受贿罪，依法应予惩处。遂裁定：驳回上诉，维持原判。

[研习]

1. 在本案中，王小石收受了钱财，为请托人谋利也进行了一些活动，但并未为请托人实际谋取到不正当利益，是否符合"为他人谋取不正当利益"的条件？

2. 何谓"谋取不正当利益"？凤竹公司谋取的不正当利益具体指何事？

3. 王小石系国家证券监督管理机构的工作人员，为何法院认定其为斡旋型受贿罪，而不是直接受贿？

4. 林碧是构成受贿罪共犯，还是介绍贿赂罪？受贿罪共犯与介绍贿赂罪有哪些区别？

5. 凤竹公司的行为如何定性？

三、利用影响力受贿罪与受贿罪的区分

案例一：黎杨利用影响力受贿案[1]

[案情]

2007年10月，黎杨调入萍乡市国土资源局，担任局长刘某的司机。2008年9月27日，萍乡市蓝波湾花园酒店有限公司（以下简称蓝波湾酒店）因违法用地被萍乡市国土资源局行政处罚罚款1 177 060元。蓝波湾酒店负责人邓某找到黎杨帮忙。在多次见面后，黎杨表示会尽力帮忙，邓某等人提出拿10万元给黎杨，黎杨表示接受。黎杨找到萍乡市国土资源局局长刘某，称蓝波湾酒店找了其叔叔在省纪委工作的战友，请求市国土资源局减少对蓝波湾酒店的罚款。后黎杨又对蓝波湾酒店称，他找了自己某亲戚。2009年6月26日，萍乡市国土局以蓝波湾酒店违法用地罚款390 797元。2010年1月12日，黎杨到萍乡市安源区人民检察院投案。同年2月2日，黎杨在上海将10万元退回给邓某。

[诉讼]

起诉：利用影响力受贿罪。

审判：黎杨通过与其关系密切的国家工作人员职务上的行为，为请托人谋取不

---

[1] 江西省萍乡市安源区人民法院（2010）安刑初字第209号刑事判决书。

正当利益，收受请托人财物，其行为已构成利用影响力受贿罪；但有自首情节，且已全部退清赃款，可对其从轻处罚。判决：被告人黎杨犯利用影响力受贿罪，判处有期徒刑1年10个月，缓刑2年，并处罚金5万元。

[研习]

1. 本案中，黎杨是领导的司机，是否属于"关系密切"的人？利用影响力受贿罪的主体"关系密切的人"的具体含义为何？

2. （1）本案中，国土资源局局长刘某减少对蓝波湾酒店的罚款，与黎杨的说情行为有无因果关系？

（2）如刘某误信黎杨的说辞，认为确有上级领导托黎杨带话打招呼，黎杨的行为如何认定？如刘某不信黎杨的说辞，知其说谎，但看在黎杨是其司机的面子上帮忙，黎杨的行为如何认定？

（3）如何认定利用影响力受贿罪中的"通过"该国家人员职务上的行为？

（4）刘某后在国土资源局集体会议上只是提出减少罚款的建议，决策系经集体研究作出，刘某有无为蓝波湾酒店谋取不正当利益？

3. 蓝波湾酒店请托事务是否属于"不正当利益"？

4. 如果本案中查明刘某减少对蓝波湾酒店的罚款确实违反规定，对刘某应当如何处理？如果查明刘某减少对蓝波湾酒店的罚款存在法规依据，对于刘某、黎杨应当如何定性？

5. 在本案中，法院为何不认定黎杨构成介绍贿赂罪、行贿罪的帮助犯或滥用职权罪的教唆犯？

案例二：陆某通过其情人职务上的行为收取贿赂案[1]

[案情]

陆某，女，原为某市某区信访局局长，之前历任该区新城管委会办公室主任、发展和改革局副局长。同案行为人刘某（另案处理），男，原系某市某区人民政府副区长、中共某区新城工委书记。陆某与刘某之间系不正当男女关系（情人关系）。

2009年年底至2010年5月，陆某利用其担任某市某区新城管委会办公室主任及某市某区发展和改革局副局长这一职权、地位形成的便利条件，通过刘某担任某市某区人民政府副区长、中共某区新城工委书记并全面负责某区新城建设的职务上的行为，使不具备投标资格的某区森林地面工程有限公司，通过挂靠有资质的企业参与某区新城4个建设工程的投标并中标，为该公司谋取不正当利益，先后4次收受该

---

[1] 江苏省苏州市平江区人民法院刘扬撰稿，最高人民法院刑二庭逄锦温审编："陆某受贿案——国家工作人员通过其情人职务上的行为收取贿赂，为他人谋取不正当利益的行为，如何定性？"【第754号】，载《刑事审判参考》总第84集。

公司法定代表人薛某所送的现金合计70万元。

2009年年底至2010年5月,陆某又利用自己职权形成的便利条件,通过刘某职务上的行为,使某市建设管理咨询有限公司违规承接了某区新城建设项目编标业务,为该公司谋取不正当利益,先后2次收受该公司董事长陈某所送的现金合计15万元。

2010年春节前,陆某以同样的手段,使不具备投标资格的某市市政工程有限公司,通过挂靠有资质的企业参与某区道路及排水工程的投标并中标,为该公司谋取不正当利益,收受该公司董事长薛某所送的现金1万元。

2011年1月10日,证人陈某在接受调查时交代向陆某行贿的事实,陆某在同月10日、11日分别接受某市人民检察院和某市某区人民检察院调查时均否认有收受他人贿赂的行为,某市某区人民检察院于同月12日将陆某抓获归案。案发后,陆某退出赃款86万元。

[诉讼]

起诉:受贿罪。

辩护:陆某的辩护人提出:①陆某构成利用影响力受贿罪,而非受贿罪;②陆某有自首情节;③陆某具有自愿认罪、退赔赃款、初犯等酌定从轻处罚情节。

一审判决:《刑法》第388条规定的"利用本人职权或者地位形成的便利条件",是指行为人与被其利用的国家工作人员之间在职务上没有制约关系,但是行为人利用了本人职权或者地位产生的影响。本案被告人陆某先后担任某区新城管委会办公室主任、发展和改革局副局长,与时任某区人民政府副区长、某区新城工委书记的刘某在职务上没有制约关系,但有工作联系,且陆某的职权和地位对刘某职务上的行为能够产生一定的影响,因此,对于陆某通过刘某职务上的行为,为请托人谋取不正当利益并收受请托人财物的行为,应以受贿论处。陆某及其辩护人提出的相关辩护意见不能成立。陆某利用其担任某区新城管委会办公室主任、发展和改革局副局长的便利条件,通过其他国家工作人员职务上的行为,为请托人谋取不正当利益,收受请托人的财物合计86万元,其行为构成受贿罪,依法应判处10年以上有期徒刑或者无期徒刑,可以并处没收财产。公诉机关的指控成立。陆某及其辩护人分别提出的自首、立功情节的意见,无事实依据,不能成立。陆某归案后退出全部赃款,当庭自愿认罪,有悔罪表现,可酌情从轻处罚,辩护人提出的酌情从轻处罚的意见可予采纳。判决:陆某犯受贿罪,判处有期徒刑10年6个月,并处没收财产10万元。

上诉及二审:陆某提出上诉,二审法院裁定驳回上诉,维持原判。

[研习]

1. 如何区分利用影响力受贿罪与斡旋型受贿罪?两罪之间是何关系?

2. 陆某是刘某的下属,在工作上存在联系,下属利用上级的职务便利,是否符合斡旋型受贿罪中的"利用本人职权或者地位形成的便利条件"?陆某是否符合斡旋型受贿罪的构成要件?

3. 陆某与刘某有不正当的男女关系，刘某在为请托人谋取不正当利益时，是否考虑了这种特殊关系？不正当的男女关系是否属于利用影响力受贿罪的主体"关系密切的人"？陆某是否符合利用影响力受贿罪的构成要件？

4. 综合以上分析，对于陆某的行为如何定性？

5. 如刘某知情陆某收钱事，对于刘某如何定性？如刘某确实不知陆某收钱，或者没有证据证明其知此事，对于刘某如何定性？

6. 行贿的单位和个人是否可能构成单位行贿罪、行贿罪？

案例三：蒋勇、唐薇受贿案[1]

[案情]

蒋勇，男，原系重庆市规划局局长。唐薇，女，重庆久源商品信息咨询有限公司、重庆嘉汇置业顾问有限公司及重庆瑜然房地产开发有限公司法定代表人。被告人唐薇系蒋勇的情妇。

2002年上半年，蒋勇、唐薇确立情人关系后，共谋由唐薇出面为开发商办理规划手续和规划调整业务并收受钱财，利用蒋勇担任重庆市规划局领导的职务之便协调关系，解决调规问题。2004年11月，唐薇在蒋勇的帮助下成立重庆嘉汇置业顾问有限公司，取得丙级城市规划资质等级。为了让该公司顺利开展代办规划业务，蒋勇要求下属市规划局用地处原处长陈明关照唐薇的业务，陈明表示同意。

1. 2004~2007年，重庆长安房地产开发有限公司薛松、重庆市锦天集团卢志红、重庆金鹏物业（集团）有限公司戴相超、重庆市沙坪坝区覃家岗塑料制品有限公司徐光荣、重庆三木实业有限公司范奉琴、重庆佰富实业有限公司李云旗、重庆天龙房地产开发有限公司叶炳均、中国四联仪器仪表集团有限公司卿玉玲、四川省成都市华瑞实业有限公司刘聚臻、重庆市沙坪坝联芳园区管委会徐生明为相关项目规划事宜，请托唐薇到市规划局协调关系，唐薇接受请托后告知蒋勇，蒋勇利用自己的职务行为或安排下属予以关照，以及蒋勇接受重庆鲁能开发（集团）有限公司孙瑜有关项目规划事宜的请托，通过唐薇共收受687.3016万元。

2. 2004~2005年，重庆艺洲生态农业发展有限公司张华荣、重庆金鹏物业（集团）有限公司戴相超、重庆才宇房地产开发有限公司李坚、重庆都市房屋开发有限公司周祖刚、重庆华辰物业发展有限公司林锋、重庆市卢山房地产开发有限公司王大贤，为相关项目规划事宜，请托唐薇到市规划局协调关系，陈明利用职务上的便利予以关照，唐薇共收受273.84万元。

---

[1] 重庆市高级人民法院刑二庭袁胜强、陈霞撰稿，最高人民法院刑五庭王勇审编："蒋勇、唐薇受贿案——如何认定国家工作人员与特定关系人的共同受贿行为？"【第585号】，载《刑事审判参考》总第70集。

3. 2005年7月，蒋勇、唐薇商议后成立重庆瑜然房地产开发有限公司，并在蒋勇的帮助下取得房地产开发资质。后蒋勇向唐薇提出将位于重庆市江北区花果小区一地块性质由绿化用地调整为居住用地后，供该公司进行房地产开发。唐薇找到重庆市利丰达房地产开发公司柏昌福，提议合作开发。2006年5月，唐薇与柏昌福签订合同，约定唐薇出资100万元，柏昌福出资1900万元；唐薇负责该地块的取得、地块性质调整等，柏昌福负责项目资金的筹措、项目建设和销售策划；项目利润分配由唐薇占49%，柏昌福占51%。后唐薇为调整该项目规划事宜找到蒋勇，蒋勇利用职务之便协调相关单位和职能部门，办理了相关规划手续。至2008年12月，该项目完成一期工程，净利润为1486.1253万元，扣除实际投入的本金折合股份，唐薇应当分得利润653.8951万元。

以上，蒋勇、唐薇共同收受1615.0367万元。此外，蒋勇另外个人受贿181.2517万元。蒋勇、唐薇共同受贿赃款由唐薇保管，并主要用于购买房产、汽车，投资股票、房地产等。蒋勇将个人受贿赃款用于个人或家庭消费。案发后，蒋勇亲属为其退出赃款70万元，检察机关从唐薇处追回赃款979.378909万元，二者共计1049.378909万元。检察机关还从唐薇处查扣其用赃款购置的部分房产。

[诉讼]

起诉：蒋勇、唐薇犯受贿罪。

辩护：蒋勇、唐薇提出，归案后如实供述全部罪行，退出大部分赃款，认罪态度好，请求从轻处罚。辩护人的辩护意见主要是：①唐薇直接联系调规业务并收受费用，蒋勇不知情，二人没有共谋和共同行为，未共同占有钱财，不构成共同受贿；②蒋勇对唐薇利用陈明职务便利办理调规业务不知情，未利用蒋勇本人的职务便利，不构成共同受贿；③柏昌福未请托蒋勇为"瑜然星座"项目提供帮助，蒋勇未持有干股，唐薇有实际投入，约定的利润分配比例系双方自愿，不是对蒋勇的感谢；④"瑜然星座"项目的利润尚未分配，应认定为犯罪未遂。

判决：蒋勇身为国家工作人员，利用职务上的便利，为他人谋取利益，单独或伙同被告人唐薇非法收受他人财物共计折合1796.2884万元；唐薇伙同蒋勇共同收受贿赂1615.0367万元，二人的行为均已构成受贿罪，且情节特别严重。鉴于二人归案后能如实供述自己的全部罪行，且能积极退出大部分赃款，具有悔罪表现，可依法予以从轻处罚。公诉机关指控的基本事实和罪名成立。蒋勇、唐薇的其他辩解及其辩护人提出的其他辩护意见均不能成立，不予采纳。判决：蒋勇犯受贿罪，判处死刑，缓期2年执行，剥夺政治权利终身，并处没收个人全部财产；被告人唐薇犯受贿罪，判处有期徒刑15年。

[研习]

司法解释参考2007年《最高人民法院、最高人民检察院关于办理受贿刑事案件适用法律若干问题的意见》（以下简称《意见》）第7条规定："国家工作人员利用职务上的便利为请托人谋取利益，授意请托人以本意见所列形式，将有关财物给予特定关系人的，以受贿论处。特定关系人与国家工作人员通谋，共同实施前款行为的，对特定关系人以受贿罪的共犯论处。特定关系人以外的其他人与国家工作人员通谋，由国家工作人员利用职务上的便利为请托人谋取利益，收受请托人财物后双方共同占有的，以受贿罪的共犯论处。"

1. 利用影响力受贿罪与受贿罪共犯的区分要点是什么？
2. 在本案中，唐薇系蒋勇的情妇，是否属于受贿罪共犯的"特定关系人"？《意见》所称"特定关系人"指何意？是否属于利用影响力受贿罪中的"关系密切的人"，刑法所称"关系密切的人"指何意？
3. 唐薇收受钱财时，与蒋勇是否存在共谋？依据为何？唐薇行为应当认定为何罪？
4. 本案第 2 项事实中，唐薇收受钱财后，没有利用蒋勇的职权，而是利用了下属市规划局用地处原处长陈明的职权，陈明、唐薇、蒋勇的行为如何定性？蒋勇是否涉嫌斡旋型受贿罪？

案例四：罗菲受贿案[1]

[案情]

罗菲，女，1981 年出生，原系中国铁路文工团歌舞团歌唱演员。张曙光，原铁道部运输局局长，系罗菲的情夫。

1. 2007 年上半年，经张曙光同意，罗菲接受杨建宇在北京香格里拉饭店停车场给予的 30 万元，用于购买宝马 X3 轿车一辆，并于购车后告诉了张曙光。
2. 2007 年 12 月，罗菲在香港旅游期间，接受杨建宇出资港币 30 万元帮助其在香港购买迪威特手表一块，并在回北京后告诉了张曙光。
3. 2008 年 5 月至 2011 年 1 月间，经张曙光同意，罗菲接受杨建宇的安排，到华车（北京）交通装备有限公司担任宣传总监，在实际未为该公司工作的情况下，在该公司领取 31 个月工资，共计 49.6 万元。
4. 2010 年 10 月，经张曙光同意，罗菲接受杨建宇出资 50 万元在北京励骏酒店一层商场帮助其购买瑞驰迈迪手表一块。

综上，罗菲多次收受杨建宇给予的 157.686 万元的财物，并征得张曙光同意或者于事后告知张曙光。

[诉讼]

起诉：掩饰隐瞒犯罪所得罪，后变更起诉罪名：受贿罪。

辩护：罗菲辩称，没有帮助杨建宇从张曙光（已判刑）处获得利益，其行为不

---

[1] 最高人民法院刑二庭康瑛撰稿，最高人民法院刑二庭韩维中审编："罗菲受贿案——如何认定特定关系人是否成立受贿罪共犯？"【第 1143 号】，载《刑事审判参考》总第 106 集。

构成受贿罪。其辩护人提出以下辩护意见：罗菲对杨建宇直接向张曙光请托的事项及张曙光实际为杨建宇提供帮助的事项不知情，主观上没有与张曙光就利用张曙光的职务便利为杨建宇谋利的问题形成通谋，客观上没有向张曙光转达请托，没有与张曙光相互配合实施利用张曙光的职务便利为杨建宇谋取利益的行为，罗菲的行为不构成受贿罪。

判决：被告人罗菲明知杨建宇给予其财物是为讨好其情夫张曙光，以获得张曙光利用担任铁道部运输局局长的职务便利提供帮助，仍收受杨建宇给予的财物并于事前征得张曙光同意或者事后告知了张曙光，张曙光亦接受杨建宇的请托利用职务便利为杨建宇提供了帮助，据此应认定罗菲具有与张曙光共同受贿的故意，参与实施了共同受贿行为，其行为符合《关于办理受贿刑事案件适用法律若干问题的意见》第7条、第11条的规定，应认定为与张曙光构成共同受贿，对其应当按受贿罪的共犯定罪处罚。

[研习]

1. 检察机关为何最初以掩饰隐瞒犯罪所得罪起诉？
2. 检察机关为何变更起诉罪名为受贿罪？

案例五：朱渭平受贿案[1]

[案情]

1. 朱渭平利用职务上的便利，为吴某某收购上海某酒店式公寓项目提供融资帮助，吴某某在该项目成功收购后，将该项目中一套价值1400余万元的房产过户至朱渭平实际控制的公司名下并代缴了买方应缴税费。因该公司办理年检等手续均由吴某某代办，后吴某某在经营资金周转困难时，将该房产抵押以获取贷款供自己经营使用，案发后吴某某还清上述贷款并解除该房产的抵押。

2. 朱渭平的妻子金某和刘某存在业务交往相识。刘某得知金某系朱渭平的妻子后，请金某让朱渭平向相关人员打招呼，帮助自己承接土石方工程。金某应要求让朱渭平为刘某承接土石方工程向相关人员打招呼。之后刘某送给金某价值12.5万元的500克金条，金某将金条带回家后告知朱渭平，朱渭平因担心刘某不可靠，遂让金某退还该金条，但金某并未退还，此后朱渭平发现金某未退还金条，未再继续要求金某退还。

（其他受贿犯罪事实略）

---

[1] 南京市人民检察院黄勇、余枫霜撰稿，最高人民法院刑二庭尚晓阳审编："朱朱渭平受贿案——国家工作人员对特定关系人收受他人财物事后知情且未退还，如何判定其是否具有受贿故意；国家工作人员收受请托人所送房产，后请托人又将该房产用于抵押贷款的，是受贿既遂还是未遂？"【第1145号】，载《刑事审判参考》总第106集。

[诉讼]
判决：受贿罪，共计 2000 余万元，判处 15 年有期徒刑，并处没收财产 200 万元。

[研习]
1. 朱渭平对其妻子收受的 500 克金条是否成立受贿罪？
2. 对妻子收受 500 克金条，如果朱渭平不知道的，如何定性？
3. 收受请托人所送房产，后请托人又将该房产用于抵押贷款的，是受贿既遂还是未遂？

四、受贿罪的对象：贿赂

案例：阎怀民、钱玉芳以单位的名义向有关单位索要"赞助款"并占为己有案[1]

[案情]
1. 1996 年 1 月，阎怀民利用担任江苏省体改委副主任、江苏省市场协会（体改委下设机构）理事长的职务便利，以市场协会投资需要为由，向其下属的苏州商品交易所（以下简称苏交所）索要 80 万元的"赞助"。由于苏交所是市场协会的会员，且阎怀民作为体改委的领导及市场协会的理事长，对苏交所多次给予关照，故苏交所按阎怀民的要求为市场协会办理了 80 万元的付款转账手续。该款汇入阎怀民、钱玉芳私设的账户后，钱玉芳按照阎怀民的要求提现，并交给阎 50 万元现金及 9.990 4 万元国库券。其后，因群众举报，江苏省纪委对此事进行调查。阎怀民经与钱玉芳及钱的丈夫谷平（另案处理）共谋，由钱玉芳、谷平伪造了虚假的投资协议及账目凭证，钱玉芳并向江苏省纪委调查人员提供了虚假证言，以掩盖阎怀民非法索取 80 万元的犯罪事实。
2. 1998 年间，阎怀民利用职务便利，收受苏交所装修好的位于苏州市桐泾路锦绣新苑 5 幢的住宅一套，价值 38.81 万元。
3. 1996 年 11 月至 1998 年 12 月，阎怀民利用职务便利，先后 17 次将本人及家庭成员的各类消费发票拿到苏交所报销，金额共计 4.862 81 万元。

[诉讼]
起诉：阎怀民犯受贿罪、滥用职权罪，钱玉芳犯受贿罪。

---

[1] 江苏省高级人民法院刑二庭高军撰稿，最高人民法院刑二庭韩维中审编："阎怀民、钱玉芳贪污、受贿案——国家工作人员利用职务上的便利以单位的名义向有关单位索要'赞助款'并占为己有的行为是索贿还是贪污？"【第334号】，载《刑事审判参考》总第42集。

一审判决：阎怀民利用职务上的便利，索取和非法收受他人财物，共计价值123.67281万元，为他人谋取利益，其行为已构成受贿罪。钱玉芳明知阎怀民非法索取他人财物占为己有而伪造证据，提供虚假证言，意图掩盖阎怀民的犯罪事实，其行为已构成包庇罪。公诉机关指控阎怀民犯受贿罪，罪名成立，但指控阎怀民犯滥用职权罪、被告人钱玉芳犯受贿罪，证据不足，不予采纳。于2003年11月18日判决：阎怀民犯受贿罪，判处无期徒刑，剥夺政治权利终身，没收个人全部财产；钱玉芳犯包庇罪，判处有期徒刑2年6个月。

上诉：一审宣判后阎怀民不服上诉。

二审庭审：阎怀民辩护人当庭发表的主要辩护意见为：原判决认定阎怀民以市场协会名义向苏交所所借80万元系利用职务之便的索贿行为定性有误；认定阎怀民利用职务之便收受苏交所一套住宅的事实，因阎尚未取得该房产证，故认定其构成受贿罪的证据不足。

出庭检察员当庭发表意见为：一审判决对阎怀民接受一套房子及在苏交所报销发票事实部分认定受贿的定性正确，但对阎从苏交所索要的80万元认定为阎怀民受贿定性错误，认定钱玉芳构成包庇罪亦属定性错误，并导致对钱玉芳量刑畸轻，阎怀民伙同钱玉芳私分本应入市场协会账的80万元应认定为贪污共同犯罪，原判对部分事实定性错误，应对本案以事实不清、证据不足为由发回重审。

二审判决：经查：1996年1月，上诉人阎怀民以市场协会需投资为由，向苏交所索要80万元。阎怀民、钱玉芳为方便该款的取得，商议开设市场协会的银行临时账户。经阎向钱提供市场协会相关证件，由钱办理了开户事宜。后钱玉芳持阎怀民提供的市场协会介绍信直接到苏交所办理了该80万元转至市场协会上述临时账户的手续。该款到账后，钱玉芳按阎怀民的要求提现并交给阎50万元及以9.9904万元购买的面值为10万元的国库券一张，余款20.0096万元被钱个人取得。苏交所事后要市场协会就以上80万元出具手续，阎怀民遂向体改委工会要了空白收据一张并加盖市场协会公章，经钱玉芳以借款为由填写内容后直接交苏交所入账。因群众举报，在江苏省纪委对此事进行调查时，阎怀民经与钱玉芳及钱的丈夫谷平（另案处理）共谋，由钱玉芳、谷平伪造了市场协会与其他单位的投资协议及财务凭证，钱玉芳还向江苏省纪委调查人员提供了虚假证言，以掩盖其伙同阎怀民非法占有80万元的犯罪事实。

上诉人以市场协会名义向苏交所索要80万元赞助款后，虽应苏交所的要求以市场协会名义出具的系借款手续，但根据阎向苏交所虚构要款事由，"借"款主体为单位，阎、钱二人另开账户秘密私分，至案发前数年未还，苏交所亦从未催要，得知有关部门查处后，阎、钱二人共谋伪造证据等事实，应当认定阎在取得该款时没有归还的意图，具有个人占有性质。阎与钱在得知有关部门查处后，以不成对价之货物向苏交所抵"债"的行为，系在上述犯罪既遂后，为掩盖其犯罪事实之行为，不能改变原犯罪行为的性质。上诉人阎怀民对原判认定其索要80万元事实的辩解不能成立，不予采纳。

上诉人阎怀民以单位名义向苏交所要款，以其法定代表人的职权开设账户，并将苏交所汇至其单位账户中的款项与他人秘密私分的行为，缺乏索贿行为中被索贿人对索贿人行为性质的认知和向索贿人付款之行为指向的目的特征，故不属受贿罪的性质，原判对此节事实的定性不当，出庭检察员、上诉人阎怀民及其辩护人就此节事实之定性提出的意见和辩解均成立，予以采纳。

原审被告人钱玉芳为顺利取得苏交所赞助市场协会的款项，利用上诉人阎怀民的职务之便，伙同阎实施了开设市场协会账户，持市场协会介绍信至苏交所办理 80 万元转账手续，提现后与阎怀民私分，填写阎怀民交付的空白单位收据后交给苏交所充账，向有关部门作假证明等。其虽曾辩解其所得本案之款项已用于市场协会出资的昊宇公司之经营活动，但由于其与阎系秘密取得市场协会公款，即使其将该款项已用于昊宇公司，在市场协会和昊宇公司分别未作相应账务反映的情况下，市场协会作为昊宇公司出资单位之一，对该款项仍然没有出资单位应有的主张权利、取得收益的依据，显然其辩解不能改变市场协会公款被其个人实际控制支配的状态。据此，原判对钱玉芳犯罪事实和性质的认定不当，出庭检察员提出原判对原审被告人钱玉芳以包庇罪定性不当的意见与事实和法律相符，予以采纳。

在上诉人阎怀民的职权对苏交所具有制约关系的情形下，阎怀民之子仅在苏交所之下属单位短暂工作，苏交所以其子名义购买房产并耗资装修，并在其子离开苏交所后以为其子发工资的名义冲抵购房费用，案发前，阎的家人一直在该处住宅内居住等事实表明：以阎之子名义购房，以阎本人的名义向苏交所出具虚假借条的行为，均系规避违法事实的行为，应当认定该房产的取得系阎怀民接受苏交所财物的受贿行为。尽管案发前上述住房之产权证尚存放于苏交所，但根据房屋产权以房产管理机关登记为准的规定，房屋产权证持有人与所有人不一致不影响房屋的权属性质，亦不影响阎怀民此节受贿行为的既遂形态。故上诉人阎怀民及其辩护人以未实际取得产权证为由，对原判认定阎此节受贿的事实及定性提出异议，与事实和法律不符，不能成立，不予采纳。

上诉人阎怀民利用职务便利，伙同原审被告人钱玉芳共同非法占有苏交所赞助市场协会 80 万元的行为，已构成贪污罪，且数额巨大，属共同犯罪。上诉人阎怀民利用职务便利，非法收受他人财物计价值 43.672 81 万元，并为他人谋取利益，其行为已构成受贿罪，且数额巨大。于 2004 年 12 月 16 日判决：上诉人（原审被告人）阎怀民犯贪污罪，判处有期徒刑 14 年，没收财产 15 万元；犯受贿罪，判处有期徒刑 12 年，没收财产 10 万元。决定执行有期徒刑 18 年，没收财产 25 万元。原审被告人钱玉芳犯贪污罪，判处有期徒刑 2 年 6 个月。

[研习]

1. 对于阎怀民、钱玉芳所涉第一项犯罪事实，一审法院与二审法院认定的事实有何不同？为何会使阎怀民、钱玉芳二人罪名认定有所不同？受贿罪与贪污罪有何区别？

2. 对于阎怀民所涉第二项犯罪事实,依照二审法院认定的事实,苏交所以阎怀民儿子的名义购买房产并耗资装修,并在其子离开苏交所后以为其子发工资的名义冲抵购房费用,并且案发时房之产权证尚存放于苏交所。为何法院认定阎怀民构成受贿罪,并且是受贿罪既遂?

3. 上述案件中,苏交所可否构成单位行贿罪?阎怀民的儿子可否构成受贿罪的共犯?

第六节 行贿罪

案例一:某置业有限公司、某投资发展有限公司单位行贿案[1]

[案情]

2005年1月8日,郁某所控制的某投资有限公司受让一块土地,在孙某的帮助协调下,该区国资办决定在降低该地块容积率的基础上降低土地转让价,同意郁某只交纳1.188亿元的补差价,为郁某顺利取得该土地节省了应付的巨额资金。2005年下半年,郁某通过股权转让等方式,将该地块以总价4.25亿元转让给该置业有限公司法定代表人贺某,低买高卖,获利颇丰。

2005年5月,郁某控制的投资发展公司欲收购上海某区区属的某国有企业。安排下属周某找到孙某请求孙某给予帮助,由郁某控制的该投资发展有限公司独家参与竞拍,后在孙某的帮助协调下,原定参加竞拍的该资产管理有限公司退出竞标。2005年5月,郁某所控制的某投资发展有限公司顺利中标。

孙某利用职务便利替涉案公司解决上述事项,郁某通过本人或他人向孙某行贿。其中2004年5月的某天,郁某邀请孙某夫妇到著名画家陈某的画室,挑选陈某所作的两幅油画(总计鉴定价值220万元),后经周某联系将两幅油画送至孙某家中。案发后,这两幅油画被收缴。2004年秋天郁某又花100余万元购买一幅著名画家吴某所作的国画(经鉴定价值80万元),并在邀请孙某夫妇到自己家中做客时亲手送给孙某。2005年夏,孙某通过北京某拍卖行将该画拍卖,得款91.92万元。2006年7月,郁某再次通过周某将著名画家谢草所作的一幅国画(鉴定价值,73.7万元)送给孙某,2006年7月,孙某将该画退还给周某保存,后被收缴。

[诉讼]

判决:被告单位上海某置业有限公司、上海某投资发展有限公司均犯单位行贿

---

[1] 刘志伟、刘炯:"论单位行贿与个人行贿的合理界分——析某置业有限公司、某投资发展有限公司单位行贿案",载彭东主编:《刑事司法指南》2011年第2集(总第46集),法律出版社2011年版,第211页。

罪,各判处罚金 200 万元;判处郁某有期徒刑 2 年,缓刑 3 年。

[研习]
1. 单位行贿罪与行贿罪定罪量刑标准有何差别?
2. 本案具备单位行贿罪的要件吗?

案例二:欧阳施生贪污、行贿罪案[1]

[案情]

大冶市人民法院(2009)冶刑初字第 197 号刑事判决认定:

1. 欧阳施生在装卸运输公司改制中隐瞒资产情况。装卸运输公司从属大冶市交通局,属集体所有制企业,注册资本 119.8 万元。1999 年 12 月,大冶市交通局任命欧阳施生为装卸运输公司经理兼法定代表人。2000 年,大冶市交通局根据大冶市人民政府的会议精神,对装卸运输公司进行改制。2000 年 8 月,黄某与被告人欧阳施生协商,议定由欧阳施生受让装卸运输公司。同年 10 月 14 日,装卸运输公司职代会通过欧阳施生为企业受让人。10 月 18 日,装卸运输公司申请资产评估。11 月 7 日,黄石市正信会计师事务有限责任公司对装卸运输公司作出资产评估报告,确认装卸运输公司净资产评估值 2 133 072.36 元。11 月 16 日,装卸运输公司向大冶市财政局申请核销资产。12 月 14 日,大冶市财政局对装卸运输公司的相关账务进行转增核销,在资产评估的基础上,经转资和核销,确定装卸运输公司净资产为 296.6 万元。2001 年 3 月 29 日,经工商登记,欧阳施生将装卸运输公司注册变更为大冶市装卸储运有限责任公司(以下简称储运公司)。

欧阳施生在接受大冶市纪委调查了解情况时,如实交待司法机关尚未掌握的在企业改制中利用职务便利隐匿资产 6 起共计 1 001 545.82 元的事实。案发后,储运公司退清非法所得款。

2. 行贿部分。2000 年 9 月 30 日,装卸运输公司在改制中,被告人欧阳施生在黄某的帮助下,采取收入不入账、隐匿财产等手段,获取不正当利益,并将装卸运输公司变更为自己控股下的储运公司。事后,黄某利用职务之便,以帮助过欧阳施生在企业改制获取利益为由,多次要求欧阳施生给予其钱财,欧阳施生先后 7 次从装卸储运公司财务账中取出现金向黄某行贿计 44 万元。事后,欧阳施生用其他支出方式将此款在公司财务中销账。欧阳施生在接受大冶市纪委调查了解情况时,如实交待司法机关尚未掌握的上述行贿事实。

[诉讼]

一审判决:①不成立贪污罪。理由:欧阳施生等人对账目采取多列债务方式,最终受益人是新成立的储运公司,而储运公司是 2 人以上的有限责任公司,属法人

---

[1] 湖北省高级人民法院(2011)鄂刑监一抗字第 1 号再审刑事判决书。

单位，因此，本案贪污的主体是单位，不符合贪污罪的主体要件。同时，在客观方面，被告人欧阳施生隐瞒上述账目只是属于账务上的处理，本人没有从公司的收益中获得个人利益。因此，被告人欧阳施生的行为不符合贪污罪的构成要件，不以犯罪定性。②单位受贿罪。理由：欧阳施生行贿的目的是为了储运公司的利益，行贿的钱来源于公司，收益人是储运公司，欧阳施生并没有在公司的利益中谋取个人利益。因此，欧阳施生为了公司的利益而实施的行贿行为，符合单位行贿罪的犯罪构成要件，应当以单位行贿罪定性。判决欧阳施生犯单位行贿罪，免予刑事处罚。

抗诉：欧阳施生行贿的目的是为个人谋取不正当利益，而非改制后的企业，故其行为依法应构成贪污罪和行贿罪。原判认定欧阳施生隐瞒资产的行为，最终受益人是新企业，从而不符合贪污罪的主体构成要件，欧阳施生行贿没有谋取个人利益，属于单位行贿罪错误。

二审裁定：驳回抗诉，维持原判。

省检察院抗诉：

（1）欧阳施生隐匿资产的行为构成贪污罪。①本案的主体为欧阳施生个人，而非单位，符合贪污罪的构成要件。②客观方面，欧阳施生实施了以非法占有为目的利用职务之便隐匿资产的行为。

（2）欧阳施生为谋取个人不正当利益，向他人行贿的行为构成行贿罪，而非单位行贿罪。

省高级人民法院再审判决：本院再审查明，抗辩双方对欧阳施生在企业改制中隐匿资产6起共计1 001 545.82元和向大冶市交通局副局长黄某行贿的事实和证据均无异议。

再审法院认为：欧阳施生个人身份不是国家工作人员，从1982年招工为大冶市交通局下属运输公司工人，一直是企业职工身份，被委派到集体企业担任经理，但该集体企业不是国有资产，也没有国有资产成分，可以认为是单纯在集体企业从事相应的管理工作，不应视为"从事公务"。由于欧阳施生本身不是国家工作人员，不宜将其认定为属于我国《刑法》第93条第2款规定的"受委派从事公务的人员"，故欧阳施生贪污的主体不适格。

改制后新成立的装卸储运公司，虽然工商登记是2人以上的有限责任公司，欧阳施生个人持股99%，陈某某持股1%，2006年陈某某所持的1%又以书面形式转让给欧阳施生之子欧某某。该公司形式要件是有限公司，但其实质为个人公司，欧阳施生对新公司具有完全所有权和支配权。因此，欧阳施生隐瞒资产的行为，表面上最终受益人是新企业，实质上是他个人达到了少出资的目的，受益人是他个人。同理，欧阳施生向黄某行贿的目的是为了谋取个人利益，虽然行贿款出自新公司，但应属于个人行贿，而不是单位行贿，原一、二审判决、裁定的论点错误，应予纠正。检察机关的此抗诉理由成立。

欧阳施生在企业改制中虽然不是改制组成员，但身为经理，其对该公司的资产及账目仍有控制权,其不仅没有如实向改制组报送真实账目资料,而是弄虚作假、隐瞒资产,欺骗改制组,达到个人少出资购买的目的,实际上将原企业的部分资产予以侵占,其行为构成职务侵占罪。

单位行贿罪是指单位为了谋取不正当利益而给予国家工作人员财物,或者违反国家规定,给予国家工作人员以回扣、手续费,情节严重的行为。本案行贿、受贿的实质是欧阳施生个人在受让公司中谋取了不正当利益,来回报黄某在其受让公司时给予的关照,并非是改制后的储运公司回报或欧阳施生代表储运公司回报黄某。因黄某在装卸运输公司改制中的违法行为致使欧阳施生获得不正当利益 1 001 545.82元,故欧阳施生先后 7 次向黄某行贿计 44 万元的行为,依法应构成行贿罪,而不是单位行贿罪。

被告人欧阳施生……系自首。……经本院审判委员会讨论决定,判决欧阳施生犯职务侵占罪,判刑 2 年,并处没收财产 20 万元;犯行贿罪,判刑 2 年;两罪并罚,决定执行有期徒刑 3 年,缓刑 5 年,并处没收财产 20 万元。

[研习]

1. 认定被告人构成职务侵占罪的依据是什么?
2. 为何认定为行贿罪?

案例三:张文中、物美集团单位行贿再审无罪案[1]

[案情]

1. 一审、二审认定的事实和判处的刑罚:2002 年,在被告单位物美集团收购中国国际旅行社总社(以下简称国旅总社)持有的泰康人寿保险股份有限公司(以下简称泰康公司)5000 万股股份过程中,被告人张文中向国旅总社总经理办公室主任赵某提出让其提供帮助,并承诺给其一笔好处费。在赵某的积极协调、帮助下,2002 年底,物美集团以其关联公司和康友联公司的名义顺利收购了国旅总社持有的5000 万股泰康公司股份。张文中遂指派张某 1 给付赵某 30 万元。2003 年 1 月至 2004年 2 月间,张某 1 通过物美集团的关联公司卡斯特经济评价中心以报销费用的方式向赵某支付了 30 万元。

2002 年,在被告单位物美集团收购广东粤财信托投资公司(以下简称粤财公司)持有的泰康公司 5000 万股股份过程中,被告人张文中向粤财公司总经理梁某承诺事成之后给予梁某个人 500 万元好处费。2003 年底,物美集团以其关联公司华美现代流通发展有限公司(以下简称华美公司)的名义收购了粤财公司持有的 5000 万股泰康公司股份,张文中遂指使张某 1 通过北京敬业和康投资咨询中心(以下简称敬业

---

[1] 节选自最高人民法院(2018)最高法刑再 3 号刑事判决书(张文中诈骗、单位行贿、挪用资金案)。

和康中心）向梁某支付 500 万元。

一审法院认定张文中犯单位行贿罪，判处有期徒刑 3 年。

2. 最高人民法院再审认定的事实：2002 年，原审被告人张文中获悉国旅总社欲转让所持有的 5000 万股泰康公司股份，即通过国旅总社总经理办公室主任赵某（另案处理）向国旅总社负责人明确表达了原审被告单位物美集团收购该股份的意向。张文中请赵某提供帮助，并表示事成后不会亏待赵。物美集团与国旅总社经多次谈判就收购股份达成一致。2002 年 6 月 26 日，物美集团以其关联公司和康友联公司的名义与国旅总社签订了股权转让协议。根据张文中的安排，2003 年 1 月至 2004 年 2 月间，张某 1 通过物美集团的关联公司卡斯特经济评价中心以报销费用的方式分 3 次向赵某支付了 30 万元。

2002 年，粤财公司为缓解经营困难，决定转让所持有的 5000 万股泰康公司股份。泰康公司董事长陈某 1 将这一信息告知原审被告人张文中并建议其收购，张文中表示同意。为促成股权转让，陈某 1 向粤财公司总经理梁某提出，股权转让后给梁 500 万元好处费，并向张文中提出此要求，张文中表示接受。梁某的校友李某 3（广州市华艺广告有限公司和广州市华艺文化有限公司董事长）应陈某 1、张文中要求，为帮助原审被告单位物美集团收购股份，也找梁某做工作。之后，物美集团提出以每股 1.35 元的价格受让粤财公司持有的泰康公司股份，梁某没有同意。经梁某提议，粤财公司按规定委托广州产权交易所挂牌转让，挂牌价为每股 1.45 元。在无人摘牌的情况下，粤财公司与物美集团经多次谈判，最终以每股 1.4 元的价格达成一致。2003 年 3 月 20 日，物美集团以其关联公司华美公司的名义与粤财公司签订了股权转让协议。数月后，李某 3 在梁某不知情的情况下，通过陈某 1 向张文中索要 500 万元。张文中应陈某 1 的要求，安排张某 1 将 500 万元汇至李某 3 的公司账户。梁某事后得知，明确表示与其无关，并拒绝接受该笔款项，该款一直被李某 3 的公司占有。

[研习]

最高人民法院再审判决无罪的理由是什么？

第七节　拓展案例

案例一：刘宇涉嫌受贿案

[案情]

刘宇是 B 县交通局局长。2014 年 2 月，在刘宇的关照下，恒通路桥公司承接了 B 县城南路改建工程第 5、6 标段建设项目。恒通路桥公司总经理苏云向刘宇提出，按照利润的 50% 给刘宇"感谢费"，并称自己在外省开设的一个混凝土搅拌公司现在效益很好，问刘宇是否愿意将这笔钱投放到混凝土搅拌公司，刘宇表示同意，2015年底，工程竣工结算，恒通路桥公司获得利润1000万元，苏云将其中的400万元投入混凝土搅拌公司用于扩大生产规模。2016年3月，苏云在C区承建的工程项目施工过程中发生事故，在接受公安机关调查时供出刘宇。经查，刘宇未在苏云开设的混凝土搅拌公司中分得利润。

[研习]

刘宇是否构成受贿罪？理由是什么？

案例二：某高速路"收黑放黑"案[1]

[案情]

被告人杨某，S省煤炭运销集团金焦高速路煤焦管理站（以下简称"金焦煤站"）站长；被告人何某、崔某、张某，金焦煤站副站长；被告人靳某等8人，金焦煤站职工。

2007年12月至2010年5月，被告人杨某在担任金焦煤站站长期间，明知出省口煤站严禁"收黑放黑"（收黑钱、放黑车）的情况下，沿袭以往金焦煤站"老规矩"，安排被告人靳某等8人担任指挥岗班长，利用检查可疑车辆、查验补征煤炭可持续发展基金等费用的职务便利，采取不开票据、少收费用的方式，私放部分无票拉煤车辆从收费站过站，帮助拉煤车户逃避部分费用的缴纳（车户逃避缴纳的费用平均占应缴纳总额的20%）。作为副站长的被告人何某、崔某、张某，每人每月各值班10天，在各自的值班期间对指挥岗人员实施相关的"收黑放黑"行为予以默许，共收取费用达1400万元。所收全部款项依据一定比例在内部进行瓜分，瓜分的方式是：作为站长的被告人杨某每天均有所得，约占当日收费总额的20%；作为副站长的被告人何某、崔某、张某，仅在各自值班日有所得，约占当日收费总额的15%；作为普通职工的其他被告人，仅在自己担任指挥岗人员的当日分得。另外，负责对出省车户车辆煤炭过磅称重的磅房职工，值班当天也有一定款项分得。最终，各被告人个人分得的款项从30万到280万不等。

[研习]

本案应当如何定性处理？

---

[1] 梁宾、肖中华："收受财物的属性是区分受贿罪与私分国有资产罪的关键"，载《中国检察官》2014年第4期。

案例三：B 市张院长向 A 市李副院长打招呼案[1]

[案情]

2009 年，某建设公司因担保合同纠纷一审败诉，上诉至 A 市中级人民法院，该建设公司负责人吴某通过关系找到 B 市中级人民法院院长张某请求帮忙，张某看过一审判决后，觉得判决理由比较牵强，遂向 A 市中级人民法院副院长李某打招呼要求关注。李某刚好分管民庭，遂要求审判长将该案提交市委会讨论，后该院判决某建设公司不承担担保责任。后来，高级人民法院再审该案，但维持二审判决。其间，吴某为表示感谢，送给张某价值 10 万元的购物卡。

[研习]

张院长是否为请托人"谋取不正当利益"？

案例四：张守刚职务侵占案[2]

[案情]

一审判决认定事实：2008 年年底，被告人张守刚用刘兵的名义注册成立哈尔滨丰联商务信息咨询有限公司（以下简称丰联公司），后在江苏常熟农村商业银行（以下简称常熟农商银行）开设了丙类债券托管账。2009 年 4 月至 2010 年 12 月间，被告人张守刚利用在中融国际信托有限公司（以下简称中融信托公司）固定收益部任总经理助理，从事银行间债券交易业务的职务便利，在掌握债券配置需求和市场资源的情况下，在债券交易中设计交易流程、增加交易环节、控制交易价格，操纵中融信托公司与丰联公司开展 162 笔债券交易，将中融信托公司应得利益共计人民币 1.45 亿余元非法占为己有。涉案账户及赃物已扣、冻结。

一审判决被告人张守刚犯职务侵占罪，判处有期徒刑 12 年，并处没收部分个人财产。

[诉讼]

抗诉：涉案 2.07 亿余元均系中融托公司遭受的损失，一审法院将其中 30% 从张守刚犯罪数额中予以扣除，作为张守刚个人财产进行处置，侵害了中融信托公司的财产利益，且影响对张守刚的量刑及赃物处理，建议二审法院依法予以改判。

支持抗诉：上级检察院支持抗诉意见，另提出：张守刚与中融信托公司之间系雇佣而非承包关系，中融信托公司与丰联公司之间不存在合作关系，张守刚利用职务便利，通过利益输送侵占中融信托公司应得利益，其行为已构成职务侵占罪。

---

[1] 徐敏："斡旋受贿中'不正当利益'的界定"，载《中国检察官》2016 年 5 月下（总第 244 期）。

[2] 北京市第二中级人民法院（2015）二中刑抗终字第 515 号刑事判决书。

上诉：中融信托公司实行绩效考核制，将部门收益 30% 作为可分配奖励，证明中融信托公司实行内部承包机制，张守刚与中融信托公司之间系承包关系；中融信托公司与丰联公司合作从事银行间债券买断式回购交易，中融信托公司为丰联公司代持债券，丰联公司从中分得风险溢价款；涉案低价卖出交易部分交易审批单标注"代持"，证明中融信托公司为丰联公司代持证券，且明知交易风险合作方存在；闭环交易部分交易审批单上标注"冲回""预留利润"，证明中融信托公司预留部分利润给风险投资方，丰联公司在交易亏损时启动预留资金承担风险；天正华【2013】审鉴字第 12 号会计司法鉴定意见书明确载明丰联公司通过与中航证券有限公司、吉林信托有限责任公司进行亏损交易，为中融信托公司补亏；中融信托公司与丰联公司之间的债券交易须经过中融信托公司审批，张守刚无自主决定权；张守刚在债券市场上赚取 2.07 亿余元，主要取决于张守刚个人能力，该利润具有人身依附性。综上，张守刚不具有非法占有中融信托公司财产的主观故意和客观行为，一审法院认定张守刚犯职务侵占罪事实不清、证据不足，建议二审法院改判张守刚无罪或将本案发回重审。

二审判决：上诉人（原审被告人）……将中融信托公司应得利益共计 2.07 亿余元输送至丰联公司，后个人予以非法占有。判决如下：①驳回上诉；②撤销北京市西城区人民法院（2014）西刑初字第 232 号刑事判决；③上诉人张守刚犯职务侵占罪，判处有期徒刑 13 年；④继续追缴上诉人张守刚的违法所得发还中融国际信托有限公司。

[研习]
1. 本案被告人侵占的对象是什么？
2. 认定成立职务侵占罪的主要理由是什么？
3. 抗诉的理由是什么？
4. 在财产判项上，一审判决与二审判决有何差别？

第五章

破坏社会主义市场经济秩序罪

知识概要

《刑法》分则第三章"破坏社会主义市场经济秩序罪"是指违反国家经济管理法规,破坏社会主义市场经济秩序,严重危害国民经济的行为。本章共计108个罪名,分为生产、销售伪劣商品罪,走私罪,妨害对公司、企业的管理秩序罪,破坏金融管理秩序罪,金融诈骗罪,危害税收征管罪,侵犯知识产权罪,扰乱市场秩序罪八节。本章的重点和难点有:①生产、销售假药罪,生产、销售有毒、有害食品罪等罪名的成立条件;生产、销售伪劣产品罪(第140条)与该节其他罪名之间的法条竞合关系及处理(依照处罚较重的规定处罚)。②走私行为的认定;走私普通货物、物品罪(第153条)与该节其他走私特种物品犯罪之间的区别和联系。③金融诈骗犯罪中"非法占有目的"的认定;集资诈骗罪与非法吸收公众存款罪的区别;贷款诈骗罪与骗取贷款罪的区别。④非法经营罪的法定行为形式等。为了便于集中讲解,本章中的金融诈骗罪、合同诈骗罪挪入侵犯财产犯罪与诈骗罪编在一起;职务侵占罪、挪用资金罪与贪污贿赂罪编在一起;洗钱罪与掩饰隐瞒犯罪所得罪编在一起。

第一节 生产、销售伪劣商品罪

案例一:三鹿公司生产三聚氰胺奶粉案[1]

[案情]

被告单位石家庄三鹿集团股份有限公司(以下称三鹿集团);被告人:田文华,原系三鹿集团董事长、总经理;王玉良,原系三鹿集团副总经理;杭志奇,原系三鹿集团副总经理;吴聚生,原系三鹿集团原奶事业部总经理。

2007年12月以来,三鹿集团陆续收到消费者投诉,反映有部分婴幼儿食用该集团生产的婴幼儿系列奶粉后尿液中出现红色沉淀物等症状。2008年5月17日,三鹿

---

[1] 《中华人民共和国最高人民检察院公报》2009年第4号,总第111号,第25~28页。

集团客户服务部书面向被告人田文华、王玉良等集团领导班子成员通报此类投诉的有关情况。为查明原因，三鹿集团于2008年5月20日成立了由王玉良负责的技术攻关小组。通过技术小组排查，确认该集团所生产的婴幼儿系列奶粉中的"非乳蛋白态氮"含量是国内外同类产品的1.5～6倍，怀疑其奶粉中含有三聚氰胺。2008年7月24日，三鹿集团将其生产的16个批次婴幼儿系列奶粉送河北出入境检验检疫局检验检疫技术中心检测是否含有三聚氰胺。2008年8月1日，河北出入境检验检疫局检验检疫技术中心出具检测报告：送检的16个批次奶粉样品中，15个批次检出三聚氰胺。至2008年8月1日，全国已有众多婴幼儿因食用三鹿婴幼儿奶粉出现泌尿系统结石等严重疾患，部分患儿住院手术治疗，多人死亡。

2008年8月1日下午5时许，王玉良将河北出入境检验检疫局检验检疫技术中心的检测结果向田文华进行了汇报。田文华随即召开集团经营班子扩大会进行商议，王玉良就婴幼儿奶粉中检测出三聚氰胺及三聚氰胺系化工原料、非食品添加剂，不允许在奶粉中添加的情况作了说明。会议决定：暂时封存仓库产品，暂时停止产品出库；王玉良负责对库存产品、留存样品及原奶、原辅料进行三聚氰胺含量的检测；杭志奇加强日常生产工作的管理，特别是对原奶收购环节的管理；以返货形式换回市场上含有三聚氰胺的三鹿牌婴幼儿奶粉。三鹿集团在明知其婴幼儿系列奶粉中含有三聚氰胺的情况下，并没有停止奶粉的生产、销售。在对该集团成品库库存产品、样品库留样产品三聚氰胺含量进行检测后，2008年8月13日，田文华、王玉良召开集团经营班子扩大会，会议决定：①库存产品三聚氰胺含量10mg/kg以下的可以出厂销售，三聚氰胺含量10mg/kg以上的暂时封存，由王玉良具体负责实施；②调集三聚氰胺含量20mg/g左右的产品换回三聚氰胺含量更大的产品，并逐步将含三聚氰胺的产品通过调换撤出市场。会后，王玉良召集有关人员开会，宣布对经检测三聚氰胺含量在10mg/kg以下的产品准予检测部门出具放行通知单，即准许销售出厂。2008年9月12日，三鹿集团被政府勒令停止生产和销售。经检测和审计，2008年8月2日至2008年9月12日，被告单位三鹿集团共生产含有三聚氰胺婴幼儿奶粉72余批次，总量904.2432吨；销售含有三聚氰胺婴幼儿奶粉69个批次，总量813.737吨，销售金额47 560 800元。

2008年8月3日，杭志奇经田文华同意，根据2008年8月1日集团经营班子扩大会议决议，找到吴聚生，通报了该集团奶粉中含"非乳蛋白态氮"的情况，要求吴聚生加强奶源管理，并指示对于加工三厂拒收的含"非乳蛋白态氮"超标的原奶，转送到其他加工厂以保证奶源。8月4日在原奶经营部晨会上，吴聚生根据杭志奇的指示，向原奶经营部有关管理人员提出，各奶户送往加工三厂用于奶粉生产的原奶如被拒收，可以将这些原奶调剂到行唐配送中心、新乐闵镇配送中心，再由这两个配送中心向三鹿集团下属的其他企业配送。会后，因"非乳蛋白态氮"检测不合格而被加工三厂拒收的原奶共7车29.806吨，先后被转往行唐配送中心、新乐闵镇配送中心。行唐配送中心、新乐闵镇配送中心先后向保定三鹿、加工二厂、三鹿乐时奶制品公司配送原奶共计180.89吨。这些原奶与其他原奶混合后进入了加工程序，分别生产了原味酸奶、益生菌酸奶、草莓酸酸乳等含有三聚氰胺的液态奶。经对其中12个批次液态奶检测，均含有三聚氰胺（含量最高为199mg/kg，最低为24mg/kg），共269.440 62吨，并已经全部销售，销售金额合计1 814 022.98元。

被告单位三鹿集团生产的含有三聚氰胺的婴幼儿奶粉等奶制品流入全国市场后，对广大消费者特别是婴幼儿的身体健康、生命安全造成了严重损害。国家投入巨额资金用于患病婴幼儿的检查和医疗救治，众多奶制品企业和奶农的正常生产、经营受到重大影响，经济损失巨大。

[诉讼]

起诉：被告单位和被告人犯生产、销售伪劣产品罪。

一审判决：被告单位石家庄三鹿集团股份有限公司，被告人田文华、王玉良明知其生产的三鹿牌婴幼儿奶粉中含有三聚氰胺，且明知三聚氰胺是对人体有害的非食品原料，仍不停止含有三聚氰胺的婴幼儿奶粉的生产、销售；被告单位石家庄三鹿集团股份有限公司，被告人田文华、杭志奇、吴聚生明知其收购的原奶中含有三聚氰胺，且明知三聚氰胺是对人体有毒、有害的非食品原料，仍将原奶调配到本集团下属企业生产、销售含三聚氰胺的液态奶。被告单位及各被告人的行为均已构成生产、销售有毒食品罪。同时，其行为又符合生产、销售伪劣产品罪的构成要件，依法应当依照处罚较重的规定定罪处罚。因现有证据不足以证实被告单位及各被告人在2008年8月1日得知其产品中含有三聚氰胺以后，继续生产、销售的奶制品流入市场造成了危害结果，故应以生产、销售伪劣产品罪对被告单位及各被告人定罪处罚。

田文华作为三鹿集团董事长、法定代表人，在三鹿集团单位犯罪活动中起组织、指挥作用，系直接负责的主管人员，应按照其组织、指挥的全部犯罪处罚。王玉良作为三鹿集团的副总裁，安排将含有三聚氰胺的婴幼儿奶粉出厂销售，系直接负责的主管人员，应按照其参与的犯罪处罚。被告人杭志奇作为三鹿集团副总裁，安排其他人员将含三聚氰胺的原奶调配到其他企业生产、销售液态奶，系直接负责的主管人员，应按照其参与的犯罪处罚。被告人吴聚生接受杭志奇的指令，积极协调将含三聚氰胺的原奶调配到三鹿集团下属企业生产液态奶，系直接责任人员。吴聚生在犯罪中起次要作用，系从犯，应减轻处罚。

被告单位石家庄三鹿集团股份有限公司犯生产、销售伪劣产品罪，判处罚金人民币49 374 822元。被告人田文华犯生产、销售伪劣产品罪，判处无期徒刑，剥夺政治权利终身，并处罚金24 687 411元。被告人王玉良犯生产、销售伪劣产品罪，判处有期徒刑15年，并处罚金23 780 400元。被告人杭志奇犯生产、销售伪劣产品罪，判处有期徒刑8年，并处罚金907 011元。被告人吴聚生犯生产、销售伪劣产品罪，判处有期徒刑5年，并处罚金604 674元。

上诉及二审：被告人田文华、王玉良、杭志奇、吴聚生均不服一审判决，向河北省高级人民法院提出上诉。河北省高级人民法院于 2009 年 3 月 15 日，裁定驳回上诉，维持原判。

[研习]（以下问题请依照判决书认定的事实回答）

1. （1）本案检察机关指控和法院判决的被告单位的犯罪行为为何？

（2）对于 2008 年 8 月 1 日之前的行为为何不予以指控？

2. （1）何谓有毒食品？对于人体微毒不致死的食品（如本案成年人饮用的奶品）是否属于有毒食品？

（2）有毒食品与不符合安全标准的食品有何区别？

（3）三鹿集团是否触犯生产、销售有毒食品罪？是否触犯生产、销售伪劣商品罪？

3. 本案应如何宣判罪名？法院为何宣判为生产、销售伪劣商品罪？

案例二：陆勇涉嫌妨害信用卡管理罪、销售假药罪不起诉案[1]

[案情]

1. 公安起诉意见书的案情：2013 年 8 月间，陆勇先后在互联网上以"samchina680406"的名义从"诚信卡源"的淘宝店主郭梓彪（另案处理）手中以 500 元每张的价格购买了 3 张用他人身份信息开设的银行卡。陆勇购买了这 3 张卡以后使用了 1 张户名为夏维雨的农业银行卡用来吸收销售假药的资金。

2012 年间，印度人 Jainsanjay 在江苏省无锡市农业银行开办了 Jainsanjay 和 Jainmadhu 两个账户来吸收贩卖印度药物的涉案资金，在其两个账户无法操控的情况下，从 2013 年 1 月开始，Jainsanjay 与陆勇合伙采用网上发邮件和 QQ 群联系客户等方式在中国国内销售印度某公司生产的"VEENAT100""IMATINIB400""IMATINIB100"等药物，陆勇先后使用云南省普洱市病人罗树春和杨慧英两人的农业银行账户为其收取售药资金。直至 2013 年 8 月陆勇为了逃避打击、周转销售印度药物的资金，从互联网上郭梓彪的"诚信卡源"网店上购买了以夏维雨身份证办理的这张农业银行卡。用于收取印度某公司在中国销售药物的资金。经益阳市食品药品监督管理局证实：陆勇帮印度某公司在中国销售的药物均未经中国进口药品许可销售。

自 2013 年以来，陆勇销售这几种药物的金额达 300 余万元，其间又多次按照 Jainsanjay 的授意将这些钱款汇给浙江省义乌市从事外贸的张金霞账户上。

2. 检察机关不起诉决定书的案情：2002 年，陆勇被查出患有慢粒性白血病，需要长期服用抗癌药品。我国国内对症治疗白血病的正规抗癌药品"格列卫"系列系瑞士进口，每盒需人民币 23 500 元，陆勇曾服用该药品。为了进行同病患者之间的交流，相互传递寻医问药信息，通过增加购同一药品的人数降低药品价格，陆勇从

---

[1] 湖南省沅江市人民检察院不起诉决定书沅检公刑不诉〔2015〕1 号。

2004年4月开始建立了白血病患者病友网络QQ群。

2004年9月，陆勇通过他人从日本购买由印度生产的同类药品，价格每盒约为4000元，服用效果与瑞士进口的"格列卫"相同。之后，陆勇使用药品说明书中提供的联系方式，直接联系到了印度抗癌药物的经销商印度赛诺公司，并开始直接从印度赛诺公司购买抗癌药物。陆勇通过自己服用一段时间后，觉得印度同类药物疗效好、价格便宜，遂通过网络QQ群等方式向病友推荐。网络QQ群的病友也加入到向印度赛诺公司购买该药品的行列。陆勇及病友首先是通过西联汇款等国际汇款方式向印度赛诺公司支付购药款。在此过程中，陆勇还利用其懂英文的特长免费为白血病等癌症患者翻译与印度赛诺公司的往来电子邮件等资料。随着病友间的传播，从印度赛诺公司购买该抗癌药品的国内白血病患者逐渐增多，药品价格逐渐降低，直至每盒为人民币200余元。

由于前述支付购药款方式，既要先把人民币换成美元，又要使用英文，程序繁琐，操作难度大。求药的患者向印度赛诺公司提出了在中国开设账号便于付款的要求。2013年3月，经印度赛诺公司与最早在该公司购药的陆勇商谈，由陆勇在中国国内设立银行账户，接收患者的购药款，并定期将购药款转账到印度赛诺公司指定的户名为张金霞的中国国内银行账户，在陆勇统计好各病友的具体购药数量、告知印度赛诺公司后，再由印度赛诺公司直接将药品邮寄给患者。印度赛诺公司承诺将对提供账号的病友免费供应药品。陆勇在QQ病友群里发布了印度赛诺公司的想法，云南籍白血病患者罗树春即与陆勇联系，愿意提供本人及其妻子杨慧英的银行账号，以换取免费药品。陆勇通过网银U盾使用管理罗树春提供的账号，在病友向该账号支付购药款后，将购药款转至张金霞账户，通知印度赛诺公司向病友寄送药品，免除了购药的病友换汇、翻译等以往的一些繁琐劳动。

在使用罗树春、杨慧英账号支付购药款一段时间后，罗树春听说银行卡的交易额太大，有可能导致被怀疑为洗钱，不愿再提供使用了。2013年8月，陆勇通过淘宝网从郭梓彪处以500元每张的价格购买了3张用他人身份信息开设的银行借记卡，在准备使用时发现有2张因密码无法激活而不能用，仅使用了1张户名为夏维雨的借记卡。陆勇同样通过网银U盾使用管理该账号，将病友购药款转账到印度赛诺公司指定的张金霞账户。

根据在卷证据，被查证属实的共有21名白血病等癌症患者通过陆勇先后提供并管理的罗树春、杨慧英、夏维雨3个银行账户向印度赛诺公司购买了价值约120 000元的十余种抗癌药品。陆勇为病友们提供的帮助全是无偿的。对所购买的10余种抗癌药品，有"VEENAT100""IMATINIB400""IMATINIB100"3种药品经益阳市食品药品监督管理局出具的相关鉴定，系未经我国批准进口的药品。

[处理]

沅江市检察院认为，陆勇的购买和帮助他人购买未经批准进口的抗癌药品的行为，违反了《药品管理法》的相关规定，但陆勇的行为不是销售行为，不符合《刑法》第141条的规定，不构成销售假药罪。陆勇通过淘宝网从郭梓彪处购买3张以他人身份信息开设的借记卡，并使用其中户名为夏维雨的借记卡的行为，违反了金融管理法规，但其目的和用途完全是便于白血病患者支付自服药品而购买抗癌药品的款项，且仅使用1张，情节显著轻微，危害不大，根据《刑法》第13条的规定，不认为是犯罪。据此决定对陆勇不起诉。

[研习]
1. 起诉意见书与不起诉决定书认定的案件事实有何不同？
2. 陆勇的行为为何不构成销售假药罪？
3. 根据司法解释，"明知他人生产销售假药而提供账号的，以共同犯罪论处"。陆勇提供账号的行为是否构成印度赛诺公司销售假药的共犯？
4. 如何评价陆勇购买3张以他人身份信息开设的借记卡并使用的行为？

第二节 走私罪

案例一：程瑞洁等走私废物案[1]

[案情]
程瑞洁接受郭某雇请，从越南走私废电器进境销售，由郭某提供运输工具、资金、组织货源，程瑞洁负责召集船员、管理运输过程中的一切事务。郭某、程瑞洁分别明确告知各被告人，驾驶该船前往越南走私废旧电器入境。程瑞洁走私返航后行至湛江市附近海域时，被海关缉私艇追缉查获。海关缉私部门从其所驾船只中查获11个装满废旧电器等固体废物的集装箱（共计261.3吨），另1个集装箱的废旧电器里混杂了全新电器等一批普通货物重2.53吨，偷逃税款达186万余元。

[诉讼]
起诉：走私废物罪和走私普通货物罪。
判决：走私废物罪。

[研习]
1. 为何起诉走私废物罪和走私普通货物罪，判决仅认定走私废物罪？
2. 如果被告人有走私的故意，但不知道具体为何物的，如何定性？

---

[1] 广东省湛江市中级人民法院袁南利撰稿，最高人民法院刑五庭马岩审编："程瑞洁等走私废物案——走私的废物中混有普通货物的，如何定罪处罚？"【第773号】，载《刑事审判参考》总第86集。

案例二：某木业公司、吴某、王某走私普通货物罪案[1]

[案情]

某木业公司于 2009 年 8 月至 12 月间向海关申领进料加工花旗松原木 7904 立方米，出口成品为胶合板。上述保税货物花旗松原木到港后，某木业公司发现该批货物与合同要求的规格不符，无法用于生产成品出口。吴某、王某遂将该批保税货物花旗松原木卖掉，并通过一般贸易进口的辐射松原木，生产成品出口后向海关报核。经海关计核该批进口的保税货物花旗松原木完税价格 6 613 950 元，偷逃税款 859 813 元。

[裁判]

侦查机关以吴某、王某构成走私普通货物罪向检察机关移送审查起诉。检察机关认为，在适用《刑法》第 154 条时，应主要考察行为人在主观上是否具有偷逃国家税款的故意，客观上是否造成国家税款损失，本案中，吴某、王某的行为情节显著轻微、危害不大，不认为是犯罪，遂对吴某、王某作出不起诉处理。

[研习]

1. 是否构成走私普通货物罪？
2. 是否认为造成税款流失？

第三节 妨害对公司、企业的管理秩序罪

案例：于在青违规不披露重要信息案[2]

[案情]

江苏琼花高科技股份有限公司（以下简称江苏琼花），证券代码为 002002，住所地为扬州市广陵区杭集镇曙光路，控股股东为琼花集团，实际控制人为于在青。2006 年 11 月至 2008 年 11 月间，时任江苏琼花法定代表人、董事长的于在青使用江苏琼花公章，以江苏琼花的名义，为明显不具有清偿能力的控股股东琼花集团等关联方提供 24 笔担保，担保金额共计 16.035 万元，占江苏琼花 2008 年 12 月 31 日经审计的净资产的 101.29%。其中，2007 年 11 月 1 日至 2008 年 10 月 31 日连续 12 个

---

〔1〕 李营、羊桦林："擅自销售保税货物类走私行为的司法认定"，载彭东主编：《刑事司法指南》2012 年第 3 集（总第 51 集），法律出版社 2012 年版。

〔2〕 周庆琳、汤咏梅："于在青违规不披露重要信息案——依法负有披露义务的公司、企业对依法应当披露的重要信息不按规定披露的，对直接负责的主管人员如何处理以及上市公司直接负责的主管人员违规向不具有清偿能力的控股股东提供担保的行为，如何定性？"【第 824 号】，载《刑事审判参考》总第 90 集。

月的担保累计金额为 12.005 万元，占江苏琼花 2008 年 12 月 31 日经审计的净资产的 75.83%。江苏琼花对上述担保事项未按规定履行临时公告披露义务，也未在 2006 年年报、2007 年年报、2008 年半年报中进行披露。截至 2009 年 12 月 31 日，琼花集团、于在青均通过以股抵债或者减持股票款方式向债权人清偿了全部债务，江苏琼花的担保责任已经解除。2009 年 6 月 24 日，于在青主动到公安机关投案，如实供述了全部犯罪事实。

[诉讼]

起诉：犯违规不披露重要信息罪，背信损害上市公司利益罪。

判决：违规不披露重要信息罪，判处拘役 3 个月，缓刑 6 个月，并处罚金 20 万元。

[研习]

1. 为何构成违规不披露重要信息罪？
2. 为何不成立背信损害上市公司利益罪？
3. 为何不处罚单位？

第四节　破坏金融管理秩序罪

案例一：黄光裕等内幕交易、泄露内幕信息案[1]

[案情]

被告人黄光裕，原系国美电器有限公司法定代表人、北京鹏润房地产开发有限公司法定代表人，北京中关村科技发展（控股）股份有限公司董事。被告人杜鹃，原系北京中关村科技发展（控股）股份有限公司监事。被告人许钟民，原系北京中关村科技发展（控股）股份有限公司董事长、总裁。

对于其被控告的内幕交易、泄露内幕信息犯罪事实如下：

1. 2007 年 4 月，中关村上市公司拟与鹏泰公司进行资产置换，黄光裕参与了该项重大资产置换的运作和决策。在该信息公告前，黄光裕决定并指令他人借用龙燕等人的身份证，开立个人股票账户并由其直接控制。2007 年 4 月 27 日至 2007 年 6 月 27 日间，黄光裕累计购入中关村股票 976 万余股，成交额共计 9310 万余元，账面收益 348 万余元。

2. 2007 年 7 月至 8 月间，中关村上市公司拟收购鹏润控股公司全部股权进行重

---

[1] 最高人民法院 2012 年 5 月 22 日发布《关于办理内幕交易、泄露内幕信息刑事案件具体应用法律若干问题的解释》，并公布了黄光裕等内幕交易、泄露内幕信息犯罪和杜兰库、刘乃华内幕交易、泄露内幕信息犯罪等 2 个典型案例。

组。在该信息公告前,黄光裕指使他人以曹楚娟等79人的身份证开立相关个人股票账户,并安排被告人杜鹃协助管理以上股票账户。2007年8月13日至2007年9月28日,黄光裕指使杜薇等人使用上述账户累计购入中关村股票1.04亿余股,成交额共计13.22亿余元,账面收益3.06亿余元。

其间,被告人许钟民明知黄光裕利用上述内幕信息进行中关村股票交易,仍接受黄光裕的指令,指使许伟铭在广东借用他人身份证开立个人股票账户或直接借用他人股票账户,于同年8月13日至9月28日累计购入中关村股票3166万余股,成交额共计4.14亿余元,账面收益9021万余元。

许钟民还将中关村上市公司拟重组的内幕信息故意泄露给其妻李善娟及相怀珠等人。同年9月21日至9月25日,李善娟买入中关村股票12万余股,成交额共计181万余元。

[诉讼]

起诉:黄光裕、杜鹃犯内幕交易罪;许钟民犯内幕交易、泄露内幕信息罪。

一审判决:黄光裕等人作为证券交易内幕信息的知情人员,在涉及对证券交易价格有重大影响的信息尚未公开前,买入该证券,内幕交易成交额及账面收益均特别巨大,情节特别严重,黄光裕与被告人杜鹃、许钟民构成内幕交易罪的共同犯罪,许钟民向他人泄露内幕信息,还构成泄露内幕信息罪,其中黄光裕系主犯,杜鹃、许钟民系从犯。遂判决被告人黄光裕犯内幕交易罪,判处有期徒刑9年,并处罚金6亿元;被告人杜鹃犯内幕交易罪,判处有期徒刑3年6个月,并处罚金2亿元。被告人许钟民犯内幕交易罪、泄露内幕信息罪,判处有期徒刑3年,并处罚金1亿元。

上诉:黄光裕认为自己不构成内幕交易罪,罚金过重,向北京市高级人民法院提出上诉。杜鹃和许钟民亦提出上诉。

二审判决:维持对黄光裕的判决;杜鹃犯内幕交易罪,判处有期徒刑3年,缓期3年执行;维持对许钟民的判决。

[研习]

1.(1)内幕交易、泄露内幕信息罪的犯罪主体为何人?包括哪些类别?

(2)本案被告人黄光裕、杜鹃、许钟民是内幕交易、泄露内幕信息罪的哪类主体?李善娟、相怀珠等人是否是内幕交易、泄露内幕信息罪的犯罪主体?

2.何为内幕信息?本案中的内幕信息指什么?

3.在本案中,如何认定本案中"内幕信息敏感期"?

4.如果本案中被告人黄光裕、杜鹃、许钟民进行内幕交易,但没有获得利益,是否构成本罪?

5.被告人许钟民本人利用内幕进行本人数笔交易,还将内幕信息泄露给他人而使他人进行另外几笔交易,其如何认定罪名?交易金额如何认定?

案例二：马乐利用未公开信息交易案[1]

[案情]

2011年3月9日至2013年5月30日期间，马乐担任博时基金管理有限公司旗下的博时精选股票证券投资经理，全权负责投资基金投资股票市场，掌握了博时精选股票证券投资基金交易的标的股票、交易时间和交易数量等未公开信息。马乐在任职期间利用其掌控的上述未公开信息，从事与该信息相关的证券交易活动，操作自己控制的"金某""严某甲""严某乙"三个股票账户，通过临时购买的不记名神州行电话卡下单，先于（1~5个交易日）、同期或稍晚于（1~2个交易日）其管理的"博时精选"基金账户买卖相同股票76只，累计成交金额10.5亿余元，非法获利18 833 374.74元。2013年7月17日，马乐主动到深圳市公安局投案，且到案之后如实供述其所犯罪行，违法所得从扣押、冻结的财产中全额返还，判处的罚金亦全额缴纳。

[裁判]

一审判决：被告人马乐的行为已构成利用未公开信息交易罪。但《刑法》第180条第4款并未对利用未公开信息交易罪规定"情节特别严重"的情形，因此只能认定马乐的行为属于"情节严重"。判处马乐有期徒刑3年，缓刑5年。

抗诉：被告人马乐的行为应认定为利用未公开信息交易罪"情节特别严重"，依照"情节特别严重"应在3年以上7年以下有期徒刑的量刑档次处罚。一审判决适用法律错误，量刑明显不当，应当依法改判。

二审裁定：驳回抗诉，维持原判。

二审抗诉：广东省人民检察院提请最高人民检察院按照审判监督程序向最高人民法院提出抗诉。最高人民检察院抗诉提出，马乐的行为应当认定为犯罪情节特别严重，对其适用缓刑明显不当，应当依法纠正。

再审：最高人民法院依法组成合议庭对该案直接进行再审，并公开开庭审理了此案，认定原审被告人马乐犯利用未公开信息交易罪，判处有期徒刑3年。（不再适用缓刑）

[研习]

1. 利用未公开交易信息罪的构成要件是什么？
2. 《刑法》第180条第4款的援引法定刑是否包括该条第1款之"情节特别严重"的情形？

---

[1] 最高人民检察院第七批指导性案例"马乐利用未公开信息交易案（检例第24号）"，2016年5月31日发布。

案例三：大乾同公司等逃汇案[1]

[案情]

王志财在经营大乾同公司期间，为赚取人民币定期存款利息（人民币定期存款利率大约在 2.8%~3.3%）与外汇贷款资金成本（外汇贷款利率大约在 1%~3%）之间的利差，虚构转口贸易背景，向银行提供虚假的代理转口合同、购销合同、货物装箱单及货物提单等虚假材料向银行申请外汇贷款，同时，以与外汇贷款金额等额的保证金等为外汇贷款提供担保。其中，保证金存入银行，按国家有关规定，利息按定期存款利率计算。王志财以前述方式办理"进口押汇"，先后从 7 家国内银行获取外汇贷款，金额累计为 2.929 亿余美元（折合人民币 18.188 亿余元），均以转口贸易名义汇入王志财控制的 6 家境外公司开设在境外的银行账户。同时，王志财以大乾同公司名义，以向银行支付人民币保证金等形式为外汇贷款提供担保，银行按定期存款利率对其保证金进行利息结算。王志财控制大乾同公司赚取利息差人民币 320.08 万元。2013 年 3 月，王志财还控制被告单位昊祥公司采取相同手法获利人民币 370 万余元。

[裁判]

判决：被告单位大乾同公司和昊祥公司构成逃汇罪，分别判处罚金 9100 万元、2000 万元。王志财系被告单位直接负责的主管人员，判处有期徒刑 5 年 6 个月。

[研习]

1. 为何应认定本案被告人的行为构成逃汇罪？
2. 本案被告人行为的危害性如何？

第五节 金融诈骗罪

案例一：吴英集资诈骗案[2]

[案情]

吴英（女）系浙江本色控股集团有限公司法定代表人。吴英于 2003 年 8 月在浙江省东阳市开办东阳吴宁贵族美容美体沙龙；于 2005 年 3 月开办东阳吴宁喜来登俱乐部，同年 4 月开办东阳市千足堂理发休闲屋，同年 10 月开办东阳韩品服饰店；于 2006 年 4 月成立东阳市本色商贸有限公司，后注资 5000 万元成立本色控股集团有限

---

[1] 上海市第一中级人民法院（2015）沪一中刑终字第 285 号刑事裁定书。
[2] 浙江省金华市中院（2009）浙金刑二初字第 1 号刑事判决书；浙江省高级人民法院（2010）浙刑二终字第 27 号刑事裁定书。

公司，同年 7 月成立东阳开发区本色汽车美容店、东阳开发区布兰奇洗衣店，同年 8 月先后成立浙江本色广告有限公司、东阳本色洗业管理服务有限公司、浙江本色酒店管理有限公司、东阳本色电脑网络有限公司、东阳本色装饰材料有限公司、东阳本色婚庆服务有限公司，同年 9 月成立东阳本色物流有限公司，同年 10 月组建本色控股集团，子公司为本色广告公司、本色酒店管理公司、本色洗业管理公司、本色电脑网络公司、本色婚庆公司、本色装饰材料公司、本色物流公司等。公司股东工商登记为吴英及其妹吴玲玲，但吴玲玲并未实际出资和参与经营。

自 2005 年 3 月开始，吴英就以合伙或投资等为名，向徐玉兰、俞亚素、唐雅琴、夏瑶琴、竺航飞、赵国夫等人高息集资。至 2006 年 4 月本色集团成立前，吴英已负债 1400 余万元。为能继续集资，吴英用非法集资款先后虚假注册了上述众多公司，成立后大多未实际经营或亏损经营，但吴英采用虚构事实、隐瞒真相、虚假宣传等方法，给社会造成其公司具有雄厚经济实力的假象，以骗取更多的社会资金。

2005 年 5 月至 2007 年 2 月，吴英以高额利息为诱饵，以投资、借款、资金周转等名义，先后从林卫平、杨卫凌、杨志昂、杨卫江、蒋辛幸、周忠红、叶义生、龚益峰、任义勇、毛夏娣、龚卫平等 11 人处非法集资 77 339.5 万元，用于偿还集资款本金、支付高额利息、购买房产、汽车及个人挥霍等，至案发时尚有 38 426.5 万元无法归还。

此外，吴英还用非法集资所得资金购买的房产于 2006 年 11 月至 2007 年 1 月向王香镯、宋国俊、卢小丰、王泽厚、陈庭秀抵押借款共计 6619 万元，案发前已归还 1000 万元，尚欠 5619 万元。因公司装修、进货、发售洗衣卡、洗车卡等，由相关单位和个人向公安机关申报债权总计 2034 万余元。2006 年 10 月，吴英以做珠宝生意为名从方黎波处购进标价为 12 037 万元的珠宝，支付货款 2381 万元，其中大部分珠宝被吴英直接送人或抵押借款。

案发后，公安机关依法查封和冻结了被告人吴英及相关公司和相关人员名下的财产和银行存款，经鉴定，总计价值 17 164 万元。

[诉讼]

起诉：集资诈骗罪。

辩护：吴英提出，其对向本案被害人借钱数额和未归还的数额无异议，但其主观上无非法占有的故意，借的钱也是用于公司的经营活动，并未用于个人挥霍，故认为其行为不构成犯罪。其辩护人提出，吴英主观上无非法占有的目的；在借款过程中没有使用虚构事实等手段骗取他人财物；所涉被害人均属亲戚朋友和熟人，不属"社会公众"，不能以非法集资论；被指控的行为属公司行为，被告人吴英系本色集团有限公司的董事长，所得借款也用于公司活动；被告人吴英系本色集团有限公司的法定代表人，其向本案被害人借款时，有的是以单位的名义，有的虽然以个人名义，但所借款均用于单位的经营活动，根据法律规定，属单位行为；公诉机关指控事实不清、证据不足。故而被告人吴英的行为不构成集资诈骗罪。

一审判决：被告人吴英明知没有归还能力，仍虚构借款用途，以高息为诱饵，大肆向社会公众集资，并对取得的集资款恶意处分和挥霍，造成巨额资金不能返还，足以认定其主观上具有非法占有的故意。故被告人吴英及其辩护人提出被告人吴英的行为属正常的民间借贷、不构成犯罪的意见与本院查明的事实及法律规定不符，不予采纳。

吴英多以个人名义实施非法集资，公司亦用非法资金出资设立；将既无出资也不知内情的吴玲玲挂名为股东，虚假设立，故公司实质上是吴英的个人公司，不具有公司法意义上的实质内涵，不具有承担法律责任的公司人格；且公司财产均系高息集资的资金购置；其设立的公司经营活动极少，在集资过程中出具的借条中有以公司名义的，也无非是吴英为应对出借人的要求，骗取他人的信任，即公司只是吴英犯罪的工具。根据《最高人民法院关于审理单位犯罪具体应用法律有关问题的解释》第2条"个人为进行犯罪活动而设立公司、企业、事业单位的，或者公司、企业、事业单位设立后，以实施犯罪为主要活动的，不以单位犯罪论处"的规定，本案被告人吴英的行为不能以单位犯罪论处。故本院对辩护人提出吴英的行为系单位行为的意见不予采纳。

吴英以非法占有为目的，隐瞒事实真相，虚构资金用途，以高额利息或高额投资回报为诱饵，骗取集资款77 339.5万元，实际集资诈骗38 426.5万元，数额特别巨大，其行为不仅侵犯了他人的财产所有权，而且破坏了国家的金融管理秩序，已构成集资诈骗罪。公诉机关指控的罪名成立，本院予以支持。鉴于被告人吴英集资诈骗数额特别巨大，给国家和人民利益造成了特别重大损失，犯罪情节特别严重，应依法予以严惩。为保护公民的财产不受非法侵犯，维护国家正常的金融管理秩序，于2009年10月29日判决：被告人吴英犯集资诈骗罪，判处死刑，剥夺政治权利终身，并处没收其个人全部财产。

上诉：吴英称其没有非法占有的目的，主观上没有诈骗故意，所借资金大部分用于经营，没有肆意挥霍；客观上没有实施欺诈行为，没有用虚假宣传欺骗债权人；本案债权人不属社会公众，自己也不是向社会非法集资；本色集团合法注册，非为犯罪成立，也不是以犯罪为主要活动，本案是单位借款行为，而非个人行为，要求宣告无罪。吴英的二审辩护人以相同的理由为其辩护，要求宣告吴英无罪。同时又称，吴英即使构成犯罪，也不属犯罪情节特别恶劣、社会危害性极其严重的情形，一审量刑显属不当；吴英检举揭发他人犯罪的行为，构成重大立功。吴英在本院二审开庭审理中又称自己的行为已构成非法吸收公众存款罪。法院二审开庭审理后，被告人吴英又提出书面申请，要求撤回上诉。

二审裁定：吴英以非法占有为目的，采用虚构事实、隐瞒真相、向社会公众作虚假宣传等诈骗方法非法集资，其行为已构成集资诈骗罪。吴英在二审庭审中辩称其仅构成非法吸收公众存款罪，二审辩护人提出吴英的行为不构成犯罪及要求改判无罪的理由，均与查明的事实及法律规定不符，不予采纳。吴英集资诈骗数额特别巨大,并给国家和人民利益造成了特别重大损失,犯罪情节特别严重,应依法予以严惩。二审辩护人要求对吴英从轻改判的理由亦不能成立,不予采纳。吴英在二审庭审之后要求撤回上诉的请求,依法不予准许。于2012年2月6日裁定:驳回上诉,维持原判。并对被告人吴英的死刑判决由本院依法报请最高人民法院核准。

复核:最高人民法院认为,吴英集资诈骗犯罪事实清楚,证据确实、充分,一审判决、二审裁定定性准确,审判程序合法。吴英主观上具有非法占有的目的。吴英在早期高息集资已形成巨额外债的情况下,明知必然无法归还,却使用欺骗手段继续以高息(多为每万元每天 40～50 元,最高年利率超过 180%)不断地从林卫平等人处非法集资。吴英将集资款部分用于偿付欠款和利息,部分用于购买房产、车辆和个人挥霍,还对部分集资款进行随意处置和捐赠。吴英个人购买服装、化妆品、吃喝等花费集资款逾 1000 万元,拥有 4 辆宝马车,还花费 375 万元为自己购买法拉利跑车 1 辆。吴英取得集资款项后,为了炫富,以骗取更多的资金而出手大方,在向杨卫陵等人借款 3300 万元炒期货全部亏损后却谎称盈利,竟另筹资分给杨等"红利"1600 万元,后又陆续从杨处骗得资金 5000 多万元;公司员工外出办事结余 90 万元,主动要其不必上交财务等,最终导致 3.8 亿元集资款无法归还。吴英在集资过程中使用了诈骗手段。为了进行集资,吴英隐瞒其资金均来源于高息集资并负有巨额债务的真相,并通过短时间内注册成立多家公司和签订大量购房合同等进行虚假宣传,为其塑造"亿万富姐"的虚假形象。集资时,其还向被害人编造欲投资收购商铺、烂尾楼和做煤、石油生意等"高回报项目",骗取被害人的信任。吴英非法集资的对象为不特定公众。吴英委托杨某等人为其在社会上寻找"做资金生意"的人,事先并无特定对象,事实上,其非法集资的对象除林卫平等 11 名直接被害人外,还包括向林卫平等人提供资金的一百多名"下线",也包括俞亚素等数十名直接向吴英提供资金因先后归还或以房产等抵押未按诈骗对象认定的人。在集资诈骗的 11 名直接被害人中,除了蒋辛幸、周忠红 2 人在被骗之前认识吴英外,其余都是经中间人介绍而为其集资,并非所谓的"亲友"。林卫平等人向更大范围的公众筹集资金,吴英对此完全清楚。

最高人民法院认为,吴英集资诈骗数额特别巨大,给受害人造成重大损失,同时严重破坏了国家金融管理秩序,危害特别严重,应依法惩处。吴英归案后,如实供述所犯罪行,并供述了其贿赂多名公务人员的事实,综合全案考虑,对吴英判处死刑,可不立即执行。于 2012 年 4 月 20 日裁定不核准被告人吴英死刑,发回浙江省高级人民法院重新审判。

重审判决:以集资诈骗罪判处被告人吴英死刑,缓期 2 年执行,剥夺政治权利终身,并处没收其个人全部财产。

[研习]

1.(1)构成非法集资行为的条件有哪些?
(2)吴英集资的直接对象主要是林卫平等 11 名被害人(另有一百多名"下线"

为林卫平等人提供资金），其行为可否认定为向社会公众即社会不特定对象集资？法院是怎么认定的？

(3) 吴英的行为为何不属于民间借贷或非法吸收公众存款？

(4) 法院是如何认定其有"诈骗"行为的？

2.（1）本案中，吴英对于所集资金（包括已还和未还的）是否具有非法占有目的？法院是如何认定的？

(2) 犯罪数额是全部集资款项还是未还的款项？

3. 本案集资诈骗行为是单位犯罪还是自然人犯罪？

案例二：马汝方等贷款诈骗、赵兰增违法发放贷款、挪用资金案[1]

[案情]

马汝方原系中国明华有限公司法定代表人、总经理。马凤仙，无业。徐光原系中国明华有限公司财务负责人。赵兰增原系中国民生银行北京中关村支行行长。

1. 1997年9月，时任明华公司法定代表人兼总经理的马汝方，在明知明华公司所属子公司硬视兄弟公司、硬视多媒体公司不具备高额贷款和提供担保的条件，在无保证还贷能力的情况下，为获取银行高额贷款，指使明华公司财务负责人徐光采取变造、虚构硬视兄弟公司、硬视多媒体公司的营业执照、财务报表等贷款证明文件的手段，将硬视兄弟公司的注册资金由人民币30万元变造为人民币330万元，将硬视多媒体公司的注册资金由28万美元变造为128万美元，法定代表人由马汝方变造为张爽，并将两公司的财务报表做大，以硬视兄弟公司为借款人，以硬视多媒体公司为保证人，从中国民生银行北京中关村支行骗取贷款人民币500万元。该贷款中的100万元转至明华公司，其余款项均用于明华公司的债务及其他事务。

1997年11月，时任明华有限公司法定代表人兼总经理的马汝方，在明知明华公司无高额贷款及担保能力的情况下，为获取高额贷款，指使该公司的财务负责人徐光使用马凤仙提供的明珠制衣厂、今捷易通公司的营业执照进行变造，将明珠制衣厂的注册资金由人民币40万元变造为人民币1000万元，将今捷易通公司的注册资金由人民币20万元变造为人民币1200万元，并对两单位的财务报表等贷款证明文件进行变造，以明珠制衣厂为借款人、以今捷易通公司为保证人，分两次从中国民生银行北京中关村支行骗取贷款共计人民币800万元。该贷款汇到马汝方等人以明珠制衣厂的名义在中国民生银行北京中关村支行开设的账户上，其中650万余元转至明华公司账上，其余150万余元用于明华公司的债务及其他事务支出。

---

[1] 北京市高级人民法院刑二庭邓刚、康瑛撰稿，白富忠审编："马汝方等贷款诈骗、违法发放贷款、挪用资金案——单位与自然人共同实施贷款诈骗行为的罪名适用？"【第305号】，载《刑事审判参考》总第39集。

1998年1月，时任明华公司法定代表人兼总经理的马汝方，伙同徐光、马凤仙采取变造华视通公司、燕智忠公司的营业执照、财务报表等贷款证明文件的手段，将华视通公司的注册资金由人民币150万元变造为人民币600万元，法定代表人由马汝方变造为马凤仙，将燕智忠公司的注册资金由人民币50万元变造为人民币1000万元，以华视通公司为借款人，以燕智忠公司为保证人，从中国民生银行北京中关村支行骗取贷款计人民币500万元，该贷款大部分被明华公司使用。

综上，马汝方作为明华公司的负责人，分别指使徐光、马凤仙，先后4次从中国民生银行北京中关村支行骗取贷款共计人民币1800万元。其中，马汝方、徐光参与4次，涉案金额达人民币1800万元；马凤仙参与3次，涉案金额达人民币1300万元。上述款项均未用于贷款申请书所列项目，到期后未归还。

在办理上述四笔贷款的过程中，身为中国民生银行北京中关村支行副行长的被告人赵兰增，在主管该行信贷业务中，违反法律、行政法规的规定，先后签发批准向硬视兄弟公司等单位发放贷款，致使1800万元贷款被诈骗。

2. 1997年12月，被告人赵兰增利用担任中国民生银行北京中关村支行副行长职务上的便利，伙同被告人马汝方，擅自挪用该银行的客户存款资金人民币2160万元归明华公司用于经营活动。2000年4月，赵兰增归还该挪用的资金。

2000年6月，被告人赵兰增利用担任中国民生银行北京中关村支行行长职务的便利，采取伪造借款合同、保证合同的手段，挪用该银行向其他单位发放的贷款人民币3000万元归个人使用，至今未退还。

[诉讼]

起诉：马汝方、徐光、马凤仙犯贷款诈骗罪，赵兰增犯违法发放贷款罪，赵兰增单独及伙同被告人马汝方犯挪用资金罪。

辩护：马汝方辩称，其没有指使他人编造虚假材料去贷款，贷款出了问题是由于个别工作人员没有很好地履行手续，其本人也不具备构成挪用资金罪的条件。其辩护人提出：被告人马汝方没有非法占有的目的，中国明华有限公司（以下简称明华公司）未能按约归还贷款，是客观不能归还；马汝方与赵兰增在挪用资金方面没有共谋。赵兰增辩护人提出：指控赵兰增犯违法发放贷款罪欠妥；对贷款过程中所造成的损失，赵兰增虽有不可推卸的责任，但银行监管不严也是主要原因，希望对被告人从轻处罚。

一审判决：马汝方、马凤仙、徐光以非法占有为目的，冒用他人名义，利用虚假的贷款证明文件签订借款合同，为明华公司的利益而骗取银行贷款，三被告人的行为均已构成合同诈骗罪。马汝方与银行工作人员共谋，利用他人的职务便利，挪用资金予以使用，其行为已构成挪用资金罪。赵兰增身为银行工作人员，违反法律、行政法规规定，向关系人以外的其他人发放贷款，且造成特别重大的损失；赵兰增还利用职务上的便利，挪用本单位资金归个人使用或借给其他单位进行经营活动，且挪用资金数额巨大，其行为已分别构成违法发放贷款罪、挪用资金罪。北京市人民检察院第一分院指控被告人马汝方、马凤仙、徐光、赵兰增犯罪的事实清楚，证据确实、充分，指控被告人赵兰增犯违法发放贷款罪、单独及伙同马汝方犯挪用资金罪的罪名成立。唯指控被告人马汝方、马凤仙、徐光犯贷款诈骗罪，因三被告人系为了单位的利益实施诈骗、骗取银行贷款，且犯罪所得主要由单位使用，故应以合同诈骗罪追究该三被告人的刑事责任。被告人马汝方犯合同诈骗罪，判处无期徒刑，剥夺政治权利终身，并处没收个人全部财产；犯挪用资金罪，判处有期徒刑7年，决定执行无期徒刑，剥夺政治权利终身，并处没收个人全部财产。被告人马凤仙犯合同诈骗罪，判处有期徒刑12年，剥夺政治权利3年，并处罚金8万元。被告人徐光犯合同诈骗罪，判处有期徒刑10年，剥夺政治权利2年，并处罚金5万元。被告人赵兰增犯违法发放贷款罪，判处有期徒刑13年，并处罚金20万元；犯挪用资金罪，判处有期徒刑10年，决定执行有期徒刑20年，并处罚金20万元。

上诉：马汝方上诉称：没有指使他人伪造、变造贷款文件诈骗贷款。其辩护人提出：一审判决改变指控罪名，违反程序法的规定；马汝方及其关联企业将贷款主要用于企业经营，且马汝方具有偿贷能力，其行为性质属于民事欺诈而非合同诈骗。马凤仙上诉称：一审判决认定的事实与实际不符。其辩护人提出：明华公司未被判决构成单位犯罪，自然不应判处马凤仙刑罚；马凤仙没有参与贷款诈骗行为，主观上对于明华公司的贷款诈骗不具有明知，故不构成合同诈骗罪的共犯。徐光及其辩护人的上诉、辩护意见称：其有重大立功情节，一审判决量刑过重。

二审裁定：马汝方、马凤仙、徐光以非法占有为目的，冒用他人名义，使用虚假的贷款证明文件签订借款合同，为明华公司的利益而骗取银行贷款，三被告人的行为均已构成合同诈骗罪，且犯罪数额特别巨大。马汝方身为单位犯罪中直接负责的主管人员，马凤仙以个人身份参与共同犯罪，徐光身为单位犯罪中的直接责任人员，均应依法受到惩处。马汝方与银行工作人员共谋，利用他人的职务便利，挪用资金予以使用，其行为已构成挪用资金罪，且挪用资金数额巨大，对其应予依法惩处。原审被告人赵兰增身为银行的工作人员，违反法律、行政法规规定，向关系人以外的其他人发放贷款，并造成特别重大的损失；赵兰增利用职务上的便利单独或伙同他人挪用本单位资金归个人使用或借给其他单位进行营利活动，且挪用资金数额巨大，其行为已分别构成违法发放贷款罪、挪用资金罪，亦应依法惩处。裁定驳回上诉，维持原判。

[研习]

1. 马汝方、马凤仙、徐光三人的行为是单位行为还是自然人行为？

2. 明华公司、马凤仙冒用他人名义，使用虚假的贷款证明文件骗取银行贷款，为何不构成骗取贷款罪？骗取贷款罪与贷款诈骗罪有何区别？其有无非法占有的目的？

3. 三人的行为为何被法院认定为合同诈骗罪，而不是贷款诈骗罪？

4. （1）赵兰增是否知晓贷款人明华公司及马汝方等人有非法占有贷款的目的？

（2）赵兰增与明华公司是否构成共同犯罪？
（3）对赵兰增应当如何定罪？

案例三：肖智敏信用卡诈骗案[1]

[案情]

肖智敏系厦门大学学生。

事实一：2008年4月至2008年6月，肖智敏以其正在中国建设银行社会实践、需要扩充业务量或办理信用卡在商场购物可打折等各种借口，说服各被害人办理中国建设银行信用卡并承诺申领成功后即予销户，或以报考公务员需要充人数等借口骗得各被害人的证件后擅自申请信用卡等方法，非法取得温成浩等62名被害人的62张中国建设银行信用卡并更改持卡人信息，尔后频繁通过取现、消费累计透支187 180.88元。同年6月下旬，因部分被害人发现其名下的信用卡被透支，即要求被告人及时还款，被告人肖智敏乃通过家人将套取的全部款项归还。

事实二：2007年5月至2008年6月，被告人肖智敏还以帮助金鑫等被害人为此前申领的中信银行信用卡办理销卡手续为由，取得被害人的中信银行信用卡，之后更改持卡人信息，通过取现、消费透支，截至案发，累计透支56 282.12元，尚有20 927.11元未归还（均不含利息、滞纳金、手续费等）。

事实三：2008年1月至2008年7月，被告人肖智敏编造借口向何建平等被害人借用招商银行信用卡，随后更改持卡人信息并频繁通过取现、消费透支，截至案发，累计透支43 394.33元，尚有22 094.43元未归还（均不含利息、滞纳金、手续费等）。

2008年7月10日，公安机关根据罗金华等被害人的报案，在厦门大学人文学院的协助下，将被告人肖智敏抓获归案。在本院审理期间，被告人的亲属代被告人向中信银行和招商银行退赔了上述大部分未归还的款项（其中何建平的招商银行信用卡的透支款尚有5128.02元未归还）。

[诉讼]

起诉：信用卡诈骗罪。

辩护：肖智敏辩称：①中信银行、招商银行的银行卡持卡人在被透支的第一时间即知晓银行卡被透支的事实，该部分属于"借卡"使用，且透支后其亦陆续还款，该部分数额不应计入诈骗数额。②其系通过厦门大学人文学院一党委副书记与办案警官约定在人文学院见面，而非被抓获。③其并非将取得的款项用于挥霍。其辩护人的辩护意见为：①被告人用他人的信用卡套现并非以非法占有为目的，且在中国建设银行套取的款项已经归还，依法不构成信用卡诈骗罪。②庭审调查显示，至少

---

[1] 国家法官学院、中国人民大学法学院编：《中国审判案例要览（2010年刑事审判案例卷）》，中国人民大学出版社2011年版，第162页。

部分持卡人知道信用卡的使用人为被告人，或是在被告人使用信用卡后予以追认或默认，该部分行为并非冒用他人信用卡的行为。③被告人有自首情节：被告人归案前即获悉有部分持卡人已经报案并应人文学院一党委副书记的要求前往人文学院与警察见面，应当认定为主动投案。

判决：肖智敏关于"中信银行、招商银行的银行卡持卡人在被透支的第一时间即知晓银行卡被透支"的辩解，经查，各相关被害人均证实被告人或以帮助销户为由骗得各信用卡，或以购买光盘、需借用信用卡支付为借口向持卡人取得信用卡，在取得信用卡后即更改持卡人信息，导致各持卡人无法知晓信用卡被使用、透支的情况；被告人的庭前供述对此亦予供认。可见，被告人系在持卡人不知情的情况下冒用信用卡取现、透支的，"借卡使用"一说不能成立。

被告人及其辩护人关于"被告人系通过厦门大学人文学院一党委副书记与办案警官约定在人文学院见面，而非被抓获"的辩解或辩护意见，经查，公安机关出具的到案经过证明已然证实，系厦门大学党委书记以有事约谈被告人为由通知被告人到人文学院，由等候在该地的警察将被告人带至公安机关；被告人归案后接受讯问的笔录以及相关法律文书亦表明被告人系被拘传到案。被告人的相关辩解与事实不符，不足以采信，所谓"自首情节"不能成立。

对于被告人肖智敏以其正在中国建设银行社会实践、需要扩充业务量或办理信用卡在商场购物可打折等各种借口说服各被害人办理中国建设银行信用卡并承诺申领成功后即予销户，或以报考公务员需要充人数等借口骗得各被害人的证件后擅自申请信用卡等方法，非法取得温成浩等62名被害人的62张中国建设银行信用卡并频繁透支的行为，鉴于其在案发前已经归还所透支的款项，不足以认定其主观上具有非法占有的故意，该部分行为不宜认定为信用卡诈骗罪，对于公诉机关的指控，本院不予支持。但被告人采用欺诈手段非法持有他人信用卡，数量较大，其行为已经构成妨害信用卡管理罪。

被告人冒用他人的中信银行与招商银行信用卡频繁透支，所透支的金额已明显超出其还款能力，其主观上非法占有的故意明显，客观上，截至案发，亦有数额较大的款项（达人民币43 021.54元）未能归还，该部分行为已构成信用卡诈骗罪。公诉机关对该部分指控的罪名成立，予以支持。

被告人犯二罪，应依法数罪并罚。量刑方面，鉴于被告人归案后尚能认罪、悔罪，所造成的大部分损失已经退赔，且年纪尚轻，决定予以从轻处罚。判决肖智敏犯信用卡诈骗罪，判处有期徒刑2年，并处罚金3万元；犯妨害信用卡管理罪，判处有期徒刑1年，并处罚金1万元；数罪并罚，决定执行有期徒刑2年6个月，并处罚金4万元。

[研习]

1. 对于事实一，肖智敏对于信用卡中的资金有无非法占有目的，可否构成信用卡诈骗罪？当以何罪论处？

2. 对于事实二、事实三，肖智敏对于信用卡中的资金有无非法占有目的？其骗取他人信用卡的行为是否构成诈骗罪？理由为何？法院为何以信用卡诈骗罪论处？其行为属于信用卡诈骗行为的哪种行为？

3. 本案一审宣判之前，被告人的亲属已代被告人退赔了上述大部分未归还的款项，对此退赔款项可否不认定构成犯罪数额？

案例四：罗志伟信用卡诈骗案[1]

[案情]

2013年8月，罗志伟通过"掌上汇通""帮付通""盛大盛付通"第三方支付平台对自己的彩票网站账号进行充值时，发现部分彩票网站不用通过网银，只需输入信用卡卡号、密码，使用自己的手机接收验证码，也可以完成账号充值。充值钱款可以通过第三方支付平台以转账方式提现。2014年7月，罗志伟通过互联网购买大量信用卡信息（银行卡卡号、支付密码、开卡人信息、开卡人身份证号）后，在多家彩票网站注册账号，通过前述等第三方支付平台利用获取的信用卡信息对彩票账号进行充值，充值成功后在彩票网站消费。在消费了部分资金后，罗志伟将账户中的余额转账至其个人事先在网上购买的11张开户人为龙某、孙某某等人废弃但尚未注销的银行卡中，后在ATM机上提取上述银行卡账户中的资金。经司法会计鉴定，罗志伟利用这种手法通过彩票网站充值309 915元。被冒用信用卡的持卡人向银行反映被盗刷情况后，银行委托第三方支付平台进行报案处理，第三方支付平台对被盗刷资金先行赔付。

[裁判]

判决：信用卡诈骗罪，有期徒刑6年，并处罚金6万元。

[研习]

1. 本案被告人的行为特点是什么？
2. 本案被告人未现实持有他人信用卡为何能定信用卡诈骗罪？
3. 本案被告人还触犯何罪名？

案例五：陈卫明等非法截获他人手机验证码
侵入他人支付宝账户窃取财物案[2]

[案情]

2013年3月下旬至4月期间，陈卫明策划，由孟鑫制作木马文件有偿提供给陈

---

[1] 北京市朝阳区人民法院（2015）朝刑初字第2号刑事判决书。
[2] 杭州市中级人民法院（2014）浙杭刑终字第781号刑事判决书。

卫明，由林尧剑、梁镇标、李嘉炜随机联系淘宝卖家，以交易为名将伪装成图片的木马病毒发送到对方手机，致使对方接收并安装该木马病毒，用以截获并转移对方手机短信。陈卫明等人使用截获的验证码等手机短信对淘宝卖家的支付宝账户密码进行重新设置操控后，通过信用卡还款、转账、手机充值、QQ币充值等方式窃取账户余额及关联银行卡内的资金。此外，李嘉炜还为陈卫明有偿提供两张银行卡用于转移赃款。严浩荣为上述犯罪活动提供租房、购买作案工具、饮食、日常生活所需等各项后勤保障工作。至案发，上述被告人使用同种手段作案45起，涉案金额达48万余元。

[裁判]

一审判决：盗窃罪，其中最重者陈卫明被判处有期徒刑13年，最轻者严浩荣被判处有期徒刑4年。

[研习]

1. 本案被告人的行为特点是什么？
2. 为什么认定为盗窃罪而不是信用卡诈骗罪？
3. 本案被告人还触犯何罪名？

第六节　危害税收征管罪

案例一：北京匡达制药厂逃税案[1]

[案情]

被告单位：北京匡达制药厂。被告人：法定代表人王璐林。

北京匡达制药厂于1997年9月12日注册成立。1998年2月6日至1998年12月23日，该厂共生产健骨生丸566 600盒。总经理王彦霖指令保管员肖春霞将其中358 313盒登记在药厂正式账上，其余208 287盒采用不登记入库的方法，另做记录，药厂销售科人员可以打白条形式将药品领走。被告人王璐林在任北京匡达制药厂的法定代表人期间，于1998年1月至1999年1月，为北京针灸骨伤学院坏死性骨病医疗中心共打白条领出5123大盒健骨生丸，销售后的金额为人民币4 508 240元（出厂价为每大盒人民币880元），既没有在北京匡达制药厂登记入账，亦未向延庆县国税局申报纳税，致北京匡达制药厂偷逃增值税税款人民币655 043.42元，占同期应纳税款额的52.97%。

---

〔1〕北京市高级人民法院刑二庭康瑛、北京市第一中级人民法院刑二庭周万毅撰稿，白富忠审编："北京匡达制药厂偷税案——如何认定单位犯罪直接负责的主管人员？"【第251号】，载《刑事审判参考》总第33集。

[诉讼]

起诉：被告单位匡达制药厂、被告人王璐林犯偷税罪（2009年2月28日公布并施行的《刑法修正案七》已将偷税罪修改为逃税罪，下文同）。

一审判决：被告单位匡达制药厂及其直接责任人王璐林为企业获取非法利益，违反税收法规，采取生产的产品不入账，用白条出库，收款不入账的手段，通过在"坏死性骨病医疗中心"销售本厂生产的药品，偷逃税款655 043.42元，占同期应纳税额52.97%，破坏了税收征管制度，扰乱了社会市场经济秩序，均已构成偷税罪，应予惩处。在偷税的过程中，任法定代表人兼任坏死性骨病医疗中心主任的王璐林负有直接责任。在追究法人单位的同时，应一并追究直接责任人王璐林的刑事责任。被告单位匡达制药厂犯偷税罪（现罪名为逃税罪），判处罚金140万元。被告人王璐林犯偷税罪（现罪名为逃税罪），判处有期徒刑3年，缓刑3年，并判处罚金70万元。

上诉：匡达制药厂及王璐林均提出上诉。匡达制药厂上诉称，虽然单位构成偷税罪，但不应对单位判处巨额罚金。王璐林上诉提出其行为不构成偷税罪，称其对此事实并不知情。

二审判决：被告单位匡达制药厂为偷逃税款，故意将生产的部分产品隐匿，销售后的收入不入账，偷逃增值税税款655 043.42元，占同期应纳税款额的52.97%，其行为已构成偷税罪，依法应予惩处。被告人王璐林虽为匡达制药厂的法定代表人，但经法庭质证确认的证据证明，匡达制药厂由总经理王彦霖负责，将其中358 313盒登记在药厂正式账上，其余208 287盒采用不登记入库的方法，另做记录，可由药厂销售科人员以打白条形式领走，系王彦霖授意为之，无证据证明王璐林具有决定、批准、授意、指挥企业人员不列或少列收入从而偷税的行为。故认定"王璐林系匡达制药厂偷税犯罪直接负责的主管人员，应追究偷税罪的刑事责任"证据不足，一审法院判决认定匡达制药厂构成偷税罪的证据确实、充分，审判程序合法，但量刑不当，应予改判。被告单位匡达制药厂及其辩护人所提对单位罚金过重、被告人王璐林及其辩护人所提王璐林的行为不构成偷税罪的上诉理由和辩护意见，本院予以采纳。判决：被告单位匡达制药厂犯偷税罪（现罪名为逃税罪），判处罚金70万元；被告人王璐林无罪。

[研习]

1. 本案是单位犯罪还是自然人犯罪？

2. 王璐林作为北京匡达制药厂的法定代表人，其对逃税事实并不知情；逃税系匡达制药厂的总经理王彦霖授意为之，无证据证明王璐林具有决定、批准、授意、指挥企业人员不列或少列收入从而偷税的行为。据此，王璐林、王彦霖是否构成犯罪？

案例二：芦才兴虚开抵扣税款发票案[1]

[案情]

芦才兴系个体运输户。1997年7月至1998年12月，芦才兴以每月支付500元管理费的形式挂靠旭日公司，又以支付车辆租金、风险抵押金的形式承租远航公司，并从上述两公司分别获取了全国联运业货运统一发票（以下简称联运发票）和浙江省宁波市公路集装箱运输专用发票及浙江省公路货运专用发票等运输发票。

芦才兴在以旭日公司名义经营运输业务期间，为少缴应纳税款，先后从自己承租的远航公司以及北仑甬兴托运站等5家运输企业接受虚开的表明营业支出的联运发票、浙江省宁波市公路集装箱运输专用发票及浙江省公路货运专用发票等运输发票共53张，价税合计人民币6 744 563.77元，并将上述发票全部入账，用于冲减其以旭日公司名义经营运输业务的营业额，实际偷逃营业税200 379.25元，城建税14 026.55元，企业所得税333 965.41元，合计偷逃税款548 371.21元，且偷逃税额占其应纳税额的30%以上。

为帮助其他联运企业偷逃税款，芦才兴将旭日公司联运发票的发票联共50张提供给浙江省鄞县古林运输公司江北托运部等5家运输企业，将远航公司浙江省宁波市公路集装箱运输专用发票的发票联3张提供给宁波环洋经贸有限公司用于虚开，虚开的发票联金额总计为4 145 265.32元，存根联或记账联金额为54 395元。以上虚开的运输发票均已被以上接受发票的运输企业用以冲减营业额，实际偷逃营业税122 728.84元，城建税8591.01元，企业所得税204 548.07元，合计偷税税款335 867.92元。

[诉讼]

起诉：虚开用于抵扣税款发票罪。

一审判决：芦才兴在挂靠运输企业经营运输业务期间，违反国家税收法规，故意采用虚假手段，虚增营业开支，冲减营业数额，偷逃应纳税款计548 371.21元，且偷逃税额占应纳税额的30%以上；又提供或虚开运输发票，帮助其他运输企业虚增营业开支，冲减营业数额，偷逃应纳税款，计335 867.92元，其行为已构成偷税罪。公诉机关指控芦才兴犯罪的事实清楚，证据确实、充分，但指控芦才兴的行为构成虚开抵扣税款发票罪的依据不足，指控罪名错误，应予纠正。于2000年4月25日判决：芦才兴犯偷税罪（现罪名为逃税罪），判处有期徒刑6年，并处罚金100万元。

抗诉：检方认为，本案中的运输发票具有抵扣税款的功能，芦才兴虚开了具有抵扣功能的发票，其行为已触犯《中华人民共和国刑法》第205条的规定，构成虚

---

[1] 浙江省高级人民法院干金耀撰稿，任卫华审编："芦才兴虚开抵扣税款发票案——虚开可以用于抵扣税款的发票冲减营业额偷逃税款的行为如何定性？"【第110号】，载《刑事审判参考》总第17集。

开用于抵扣税款发票罪。一审法院因被告人没有将虚开的发票直接用于抵扣税款而认定被告人的行为构成偷税罪（现罪名为逃税罪）的判决不当。

二审裁定：本案中所有用票单位都是运输企业，均不是增值税一般纳税人，无申报抵扣税款资格。因此本案被告人为别人虚开或让别人为自己虚开的发票在运输企业入账后，均不可能被用于抵扣税款。芦才兴主观上明知所虚开的运输发票均不用于抵扣税款，客观上使用虚开发票冲减营业额的方法偷逃应纳税款，其行为符合偷税罪（现罪名为逃税罪）的构成要件，而不符合虚开用于抵扣税款发票罪的构成要件。原审判决定罪和适用法律正确，量刑适当，审判程序合法。遂于 2000 年 12 月 29 日裁定驳回抗诉，维持原判。

[研习]（以下问题根据现行《刑法》回答）

1. 虚开增值税专用发票、用于抵扣税款的发票之后，用于自己抵税而又逃税的，应当如何定罪？

2. 虚开增值税专用发票、用于抵扣税款的发票罪的主体有无限定？本案中用票单位是否属于该主体？

3. 芦才兴应以何罪论处？

第七节　侵犯知识产权罪

案例一：昌达公司侵犯商业秘密案[1]

[案情]

被告单位铁道部第五工程局第一工程处长沙昌达实业公司（以下简称昌达公司）。被告人杨吉钊，原系昌达公司经理，之前曾担任建汉公司副经理。

1996 年 4 月，被告人杨吉钊受聘担任建汉公司副经理，主管建汉公司 IC 卡食堂管理系统的销售工作。在销售活动中，杨吉钊发现该管理系统市场潜力大，经济效益高，有利可图，决定另起炉灶。同年 7 月，杨吉钊离开建汉公司应聘到昌达公司担任经理，并将建汉公司的 IC 卡食堂管理系统确定为昌达公司的龙头产品。由于该系统的核心软件窗口机、写卡机为建汉公司经过硬件三级加密写入 CPU 内，并只有该公司职员刘建汉、陈锋（另案处理）掌握、管理，为获取技术秘密，杨便与昌达公司销售人员沈畸（在逃）多次劝说陈锋来昌达公司工作。陈拒绝后，杨便要求陈利用业余时间为昌达公司提供一年技术服务，并提供 IC 卡食堂管理系统的窗口机、写卡机 CPU 的 EPO 目标程序和主机管理系统的 PRG 和 OBJ 的源程序等软件，昌达公

---

〔1〕 湖南省高级人民法院刑二庭贺小电撰稿，高憬宏审编："昌达公司侵犯商业秘密案——侵犯商业秘密犯罪行为所造成的经济损失数额如何确定？"【第 67 号】，载《刑事审判参考》总第 9 集。

司则支付陈"技术服务费"7万元。陈应允后，昌达公司先后三次付给陈锋7万元，陈依约定将有关系统软件提供给昌达公司。之后，杨吉钊与销售人员沈畸、宋璐（另案处理）在陈锋的协助下，利用自己在建汉公司带来的样机对软件进行解剖、分析，于1996年11月将该管理系统复制成功，随后大肆生产并进行销售。1996年12月至1998年12月，昌达公司先后将复制的产品销往湖北、重庆、广西等10个省、市、自治区的47所大、中专院校，销售金额578.9469万元。其中，1997年10月1日之前非法获利69.1364万元，1997年10月1日之后非法获利257.8227万元，给建汉公司造成了重大经济损失。

[诉讼]

起诉：被告单位昌达公司、杨吉钊犯侵犯商业秘密罪。

辩护：被告单位昌达公司辩称：其合法经营行为不构成侵犯商业秘密罪，亦不应赔偿经济损失。杨吉钊及其辩护人均辩称：建汉公司的IC卡食堂管理系统技术可以从公开渠道获得，建汉公司亦未对其采取保密措施，并非秘密；杨吉钊联系并代表昌达公司与建汉公司员工陈锋签订《关于引进IC卡食堂电脑管理系统全套技术的协议》的行为不具有刑事违法性。故杨吉钊的行为不构成侵犯商业秘密罪。

一审判决：昌达公司、杨吉钊明知建汉公司的IC卡食堂管理系统中存在不为公众所知悉、能为建汉公司带来经济利益、具有实用性并经建汉公司采取保密措施的技术信息、经营信息，这些信息属商业秘密，却采取利诱和其他不正当手段非法获取后，非法复制、生产和销售，给建汉公司造成重大损失，其行为已构成侵犯商业秘密罪。公诉机关指控被告单位昌达公司、杨吉钊犯侵犯商业秘密罪成立。被告单位昌达公司、杨吉钊及其辩护人的辩护意见与庭审查明的事实和有关法律规定不符，不予采纳。被告单位昌达公司和杨吉钊的犯罪行为给建汉公司造成的经济损失应予赔偿，赔偿数额为昌达公司在侵权期间因侵权行为所获得的利润，但由于侵犯商业秘密的行为在《刑法》修订前没有被规定为犯罪，因此，昌达公司实施侵犯商业秘密的犯罪行为给商业秘密权利人建汉公司造成的损失应以1997年10月1日之后造成的损失257.8227万元计算。遂于1999年8月21日判决：被告单位昌达公司犯侵犯商业秘密罪，判处罚金30万元。杨吉钊犯侵犯商业秘密罪，判处有期徒刑1年6个月，并处罚金5万元。

上诉：杨吉钊以一审判决认定事实不清，证据不足，不构成侵犯商业秘密罪，不应承担民事责任为由提出上诉。

二审裁定：杨吉钊、昌达公司故意采取利诱和其他不正当手段获取建汉公司的商业秘密，使用该商业秘密而给建汉公司造成重大损失，其行为均构成侵犯商业秘密罪。昌达公司、杨吉钊对其犯罪行为给建汉公司造成的损失应予赔偿。原审判决认定的事实清楚，证据确实、充分，定罪准确，量刑适当，审判程序合法。上诉人杨吉钊的上诉意见与事实不符，不予采纳。遂驳回上诉，维持原判。

[研习]

1. 侵犯商业秘密罪中的"商业秘密"需具备哪些特征？本案中的"商业秘密"具体指什么？

2. 侵犯商业秘密罪的行为形式有哪些？昌达公司实施的是何种侵犯商业秘密行为？建汉公司员工陈锋是否构成侵犯商业秘密罪？

3. （1）侵犯商业秘密罪是行为犯还是结果犯？其损失如何计算？

（2）如果本案中被告人未自己使用该商业秘密牟利，而是将商业秘密公开，可否认为造成了损失？

案例二：李某侵犯商业秘密案[1]

[案情]

2002年3月至2006年3月，李某在北京博超时代软件有限公司（以下简称博超公司）任技术总监，负责软件开发工作，工作中具有接触DIFOS软件资料的便利条件。在此期间，李某违反博超公司的保密制度及其与博超公司的保密约定，将DIFOS软件的源代码、技术文档、客户数据库等资料进行了拷贝，并存放在自己的IBM笔记本电脑中。2006年7月李某到其女友常某成立的北京惠达时代软件公司（以下简称惠达公司）担任技术总监，后利用其从博超公司拷贝来的上述资料开发电缆敷设软件，并代表惠达公司在市场上进行销售。2006年12月至2007年7月间，惠达公司在市场上低价销售该电缆敷设软件，抢占原属博超公司的固定客户等，造成博超公司经济损失共计111.4384万元。经鉴定，博超公司的DIFOS软件的源代码、技术文档、客户数据库资料，系不为公众所知悉的内容。

[研习]

1. 本案"重大损失"的计算标准是什么？

2. 按照本案的计算标准，下列两种情形是否算作权利人损失：①惠达公司销售给博超公司原客户的销售额17.82万元；②在惠达公司低价竞争下博超公司不得不降价20万元将软件销售给A公司和导致已与B公司达成意向的30万元合同被迫终止。

---

[1] 熊丽、李凯、白云山："侵犯商业秘密案件中'重大损失'如何认定——李某侵犯商业秘密案评析"，载陈国庆主编：《刑事司法指南》2014年第2集（总第58集），法律出版社2014年版，第120页。

案例三：伊特克斯公司、郭书周等侵犯商业秘密案[1]

[案情]

北京米开罗那机电技术有限责任公司（以下简称米开罗那公司）于1996年成立。2003年7月郭书周向该公司应聘网络工程师一职，其后在该公司任网管。2004年1月，郭书周离职，并签订《离职协议》，约定郭书周离开公司后，有义务永远保守公司商业秘密和技术秘密，不得自行利用公司技术或商业信息从事生产经营活动。2006年4月，被害单位米开罗那公司聘请杜开宁任其制造部下属设备厂的经理，负责设备厂的生产、调度及管理工作，并约定杜开宁不得泄露公司机密，也不得将此用于自己开办公司使用，直至退休后3年之内。……米开罗那公司制定的《保密制度》规定：保密信息包括但不限于产品研发的图纸、设计思路、方案和模型、试验结果……

2007年7月，杜开宁从米开罗那公司离职，并于同年底与郭书周联系，表示想去伊特克斯公司工作，并称有米开罗那公司的图纸。不久，双方进行了面谈。2008年3月至4月间，杜开宁向郭书周提供了从米开罗那公司带走的等离子火头及六通阀的图纸。2008年5月，杜开宁到伊特克斯公司工作，协助安排设备的生产。

2008年3月至2008年8月期间，伊特克斯公司向海宁市映宇电子照明有限公司（以下简称海宁映宇公司）、海宁市新晨光源科技有限公司（以下简称海宁新晨公司）等7家单位销售特种灯生产线，包括手套箱、高温炉、等离子排气封接台等，价值为105万元至140万元之间，共计合同金额为792万余元。米开罗那公司原设备厂经理杜开宁利用职务之便窃取公司保密图纸后，提供给伊特克斯公司使用，使米开罗那公司遭受重大损失。

2008年7月3日，侦查人员将杜开宁抓获，当场缴获大量有关汽车氙气灯流水线设备的图纸和U盘一个。2008年7月4日，侦查人员到伊特克斯公司调查取证。根据杜开宁的指认，侦查人员扣押了伊特克斯公司技术人员使用的电脑主机。2008年7月16日，科技部知识产权事务中心（以下简称知产中心）接受公安机关的委托，对上述扣押的杜开宁的有关物品鉴定结论为：……属于非公知技术信息……2008年12月25日，知产中心接受公安机关委托，对伊特克斯公司生产销售的有关汽车金卤灯生产设备和米开罗那公司的相关设备图纸进行比对鉴定，经现场勘测，鉴定结论为：……实质相同。

2010年4月28日，公安机关委托上海公信中南会计师事务所有限公司（以下简称公信事务所）对米开罗那公司因商业秘密被侵犯而受到的损失进行鉴定。司法鉴

---

[1] 上海市第一中级人民法院刘军华、唐震、巩一鸣撰稿："伊特克斯公司、郭书周等侵犯商业秘密案——如何理解和把握侵犯商业秘密刑事案件中'重大损失'的计算依据、方法及对象？"【第1005号】，载《刑事审判参考》总第99集。

定意见认为：权利人因被侵犯商业秘密所造成的损失可以包括：①过去的研制开发成本。②目前的现实利益损失。③将来竞争优势的丧失。对于损失①，由于无法量化和提供资料，故不予计算。对于损失③，由于公安机关对侵权行为及时进行打击，目前没有发现因侵权行为导致商业秘密彻底丧失的具体情形，故不对将来竞争优势的丧失进行预测而作商业秘密彻底丧失的具体情形，故不对将来竞争优势的丧失进行预测而作为实际损失的组成部分，故鉴定主要是针对第二部分损失的认定。由于手套箱设备的价格有差异，故采用权利人提供的被侵权前所生产销售的与侵权产品基本相同配置的4套设备的生产销售资料，取这些设备生产销售的平均利润，最终测算得到权利人被侵权产品的净利润平均为51.99%，单套设备净利润平均为165万元；再基于权利人有足以应对市场上所出现的7套侵权产品的同期生产能力这样一个前提，侵权产品的出现导致本应属于权利人的生产销售数量及利益流失，故被害单位损失以查实的被侵权产品在市场上销售的总数乘以每件产品的净利润所得之积计算，估算7套设备的利润约为1155万元。

[诉讼]

一审判决：真空脱羟炉、等离子火头等是制造汽车金卤灯的重要生产设备，被害单位米开罗那公司的真空脱羟炉、等离子火头的主要尺寸是非公知的技术信息，能够为米开罗那公司带来经济利益；米开罗那公司通过与员工约定保密义务，建立图纸管理制度等，对技术信息采取了一定的保密措施。故涉案真空脱羟炉、等离子火头的相关技术属于被害单位米开罗那公司的商业秘密。被告单位伊特克斯公司及被告人郭书周对于涉案技术信息的合法来源未能提供相应的证据证明，据此可以确定伊特克斯公司使用了米开罗那公司的技术秘密。伊特克斯公司以低价销售侵权产品，抢占了米开罗那公司的市场份额。故以伊特克斯公司的侵权产品的销售数量乘以米开罗那公司被侵权前的产品权前的产品利润计算权利人的经济损失并无不当。据此，浦东新区人民法院以被告单位伊特克斯公司侵犯商业秘密罪，判处罚金400万元；以被告人郭书周侵犯商业秘密罪，判处有期徒刑4年6个月，罚金10万元；以被告人杜开宁侵犯商业秘密罪，判处有期徒刑3年6个月，罚金4万元；违法所得予以追缴。

上诉：伊特克斯公司、郭书周、杜开宁均不服并提起上诉。理由是：①认定商业秘密的理由不能成立。②市场上销售氙气灯生产线的厂家有14家之多，伊特克斯公司的销售数量并不等于米开罗那公司必然销售的数量，以伊特克斯公司销售数量作为米开罗那公司的损失依据不足。③损失部分应当就单独部件单独计算，不能以整体生产线为依据计算，对被害单位损失的审计结果不认可。④原判量刑过重。

在二审审理过程中，伊特克斯公司提交其公司特种灯生产线价值项目评估报告书、安徽省天长市天丽光源石英仪器有限公司与布劳恩惰性气体系统（上海）有限公司（以下简称布劳恩公司）签订的采购合同等证据材料。

二审检察机关出庭意见：一审法院认定被害单位损失以距案发前两三年被害单

位相关产品的利润作为计算依据，有失妥当，建议二审法院重新选择计算方法，对本案涉案金额和被告人的量刑依法裁判。

二审判决：经查，评估报告系由伊特克斯公司委托北京中金浩资产评估有限责任公司（以下简称中金浩公司）评估，中金浩公司具有从事资产评估的资质，采成本法进行评估，主要目的在于确定等离子火头、真空脱羟炉、高空排气台等部件占伊特克斯公司特种灯整条生产线的价值比例。鉴于价值比例相对固定，受市场影响较小，且伊特克斯公司申报的价值比例与评估后确定的价值比差别不大，故予以采纳。

另查明：海宁新晨公司法定代表人徐建章的证言证实，其公司生产的氙气灯流水线设备是从多家单位采购的，其中从伊特克斯公司采购了手套箱设备；海宁映宇公司副总经理陆佰明的证言证实，公司与伊特克斯公司特种灯生产线的合同于2008年3月订立，后因另行采购脱羟炉大炉、冷水机、一端电极定位手套箱等设备，遂于2008年8月补充订立购销合同；米开罗那公司与海宁新光阳光电技术有限公司于2008年4月签订的购销合同、米开罗那公司与杭州拜克光电技术有限公司于2008年4月签订的购销合同显示氙气灯生产线中的手套箱、真空脱羟炉、抽充台及等离子封接等主要设备可以单独计价。

关于被害单位的损失计算，一审法院认定得不够准确，应当予以纠正，具体理由如下：

1. 侦查机关提供的公信事务所司法鉴定意见书表明，被害单位损失以被害单位目前的现实利益损失为依据，且该现实利益建立在涉案氙气灯生产线只能由被害单位或者被告单位生产的推论之上，即涉案的7条生产线不是由被害单位生产销售，就必然由被告单位生产销售，排除了其他同类厂家生产销售的可能。但根据布劳恩公司出具的说明，其公司生产的氙气灯生产线是根据客户的要求定制的。这表明，如果客户要求定制与涉案生产线配置的产线，布劳恩公司也是能够生产的。而海宁新晨公司法定代表人徐建章的证言证实，其公司生产的氙气灯流水线设备是从多家单位采购的。这就意味着，涉案氙气灯生产线存在购买厂家自行组装配置的可能性。鉴于上述证据表明两家公司涉案氙气灯生产线的生产销售并不具有非彼即此的不可替代性，且司法鉴定所依据的生产销售资料为被害单位提供的2005年8月、2005年12月、2006年10月与案外公司签订的销售合同及相关财务凭证，而非目前的现实利益，故辩方提出的伊特克斯公司销售的产品数量并不等于米开罗那公司必然销售数量的意见和检察机关提出的原判有关被害单位损失的计算依据有失妥当的意见具有合理性，应予支持。对公信事务所出具的米开罗那公司损失的司法鉴定意见不予采纳。

2. 根据《技术鉴定报告书》，本案中能够予以保护的米开罗那公司的商业秘密为脱羟炉、等离子火头及抽充台、手套箱等设备的相关技术信息，而非整条氙气灯生产线的相关技术信息。商业秘密的价值应当与其秘密点相对应，在氙气灯生产线中生产的脱羟炉、等离子头及抽充台、手套箱等主要设备能够单独销售并各自定价的情况下，原判依据的公信事务所以被害单位整条生产线设备的利润作为损失计算依据的鉴定意见，缺乏事实基础和法律依据，应当予以纠正。

3. 现有证据无法反映被害单位的损失，故依据检察机关的建议，参照《最高人民法院关于审理专利纠纷案件适用法律问题的若干规定》第20条的规定，以被告单位的非法获利为计算依据。鉴于米开罗那公司与案外公司签订的销售合同及相关财务凭证反映，米开罗那公司涉案氙气灯生产线设备的净利润为51.99%，而通常情况下，随着同类产品市场竞争者的增多，相关产品的利润会有所下降，故被告人郭书周案后供述的伊特克斯公司氙气灯生产线的产品利润为20%具有合理性，予以采信。据此确认，伊特克斯公司共对外销售7条氙气灯生产线，销售金额共计792.46万元，获利158.492万元，其中因非法获取并使用米开罗那公司等离子火头、真空脱羟炉技术秘密而非法获利58.8万元。

被害单位的损失为58.8万元，且鉴于本案予以保护的商业秘密为技术要求的确切组合，其中含有公知技术成分和非公知技术成分，两者亦无法具体区分，故原判量刑过重，应予纠正。据此，二审法院改判上诉单位及两名上诉人定罪免刑。

[研习]

关于"损失额"的计算，二审判决对一审判决做了哪些纠正？

第八节　扰乱市场秩序罪

案例一：李明华非法经营案[1]

[案情]

2009年7月15日至22日，被告人李明华违反国家烟草专卖管理法律法规，未经烟草专卖行政主管部门许可，在仅持有烟草专卖零售许可证而无烟草专卖批发企业许可证的情况下，向苏州市部分烟杂店批发销售其从烟草公司配送渠道外购进的各类卷烟，非法经营数额达1 184 310.50元。2009年7月22日，苏州市烟草专卖局稽查人员在对被告人李明华经营的烨烨烟杂店检查时，查获无任何有效运输手续及购货有效证明的各类卷烟3116.6条。经鉴定，查获的各类卷烟价值240 837.50元。2009年8月25日，被告人李明华经公安机关传唤后至苏州市公安局投案。

[诉讼]

起诉：非法经营罪。

审理：法院经审理认为：被告人李明华持有烟草专卖零售许可证，但多次实施

---

[1] 江苏省苏州市平江区人民法院（2010）平刑二初字第37号刑事判决书。

批发业务，而且从非指定烟草专卖部门进货，刑法及相应司法解释对此并没有明文规定，从刑法的谦抑性和社会相当性来看，亦不宜对"非法经营"做扩大解释；该行为应当属于《烟草专卖法实施条例》第 25 条和第 25 条的"未在许可证规定的经营范围和地域范围内从事烟草制品的批发业务"和"未在当地的烟草专卖批发企业进货"的情形，并按第 57 条和第 60 条的规定予以行政处罚，而不构成刑事犯罪。

撤诉：检察院以案件事实、证据有变化为由，申请撤回起诉。法院裁定允许撤回起诉。

[研习]

有烟草专卖零售许可但超范围和地域经营，是否构成非法经营罪？

案例二：张建军、刘祥伟对非国家工作人员行贿案[1]

[案情]

在 2009 年 11 月 19 日至 30 日，濉溪县国土资源局挂牌出让濉国土挂（2009）023 号地块国有建设用地使用权。安徽通和煤炭检测有限公司法定代表人杨坤（另案处理，已判刑）借用淮北圣火公司名义申请参加该宗土地使用权挂牌出让竞买活动，利华公司、春盛公司、国利公司、金沙公司均报名获得竞买资格。同年 11 月 29 日，杨坤与无业人员张建军商议，以承诺给付补偿金的方式，让其他竞买人放弃竞买。次日，在濉溪县国土局 023 号地块竞买现场，按照杨坤的安排，利华公司、春盛公司均未举牌竞价，金沙公司的邵志潮以 8100 万元的价格举牌竞价一次，杨坤以 8200 万元举牌竞价一次，杨坤的朋友张峰持国利公司皇孝利的号牌以 8300 万元举牌竞价一次，杨坤与皇孝利又分别加价 100 万元各举牌一次，最终杨坤以 8600 万元（保留底价 8500 万元）竞买成功。后张建军、刘祥伟伙同杨坤共付给参与竞买的其他公司相关人员共 840 万元。其间，张建军、刘祥伟采取多报支出等方式，侵拦吞违法所得共计 355 万元。案发后，刘祥伟向公安机关退缴违法所得 130 万元。另查明：被告人张建军于 2010 年 1 月 8 日因本案被羁押于濉溪县看守所期间，多次实施或指使他人殴打同监室在押人员，组织同监室人员绝食，并于开庭前指使他人自杀、袭警，然后由其实施抢救、制止，以骗取立功，严重破坏监管秩序。

[诉讼]

起诉：张建军犯对非国家工作人员行贿罪、串通投标罪、诈骗罪、破坏监管秩序罪；刘祥伟犯对非国家工作人员行贿罪、串通投标罪、诈骗罪。

判决：对非国家工作人员行贿罪。采取行贿方式串通竞买，不符合串通投标罪

---

[1] 安徽省高级人民法院张俊、黄浩撰稿，最高人民法院刑一庭杜国审编："张建军、刘祥伟对非国家工作人员行贿案——在国有建设用地使用权挂牌出让过程中串通竞买的行为应如何定性？"【第 1136 号】，载《刑事审判参考》总第 106 集。

的犯罪构成要件；指控张建军构成诈骗罪的证据不足；张建军虽有破坏监管秩序的行为，但其不属于依法被关押的罪犯，故不构成破坏监管秩序罪。判处张建军犯对非国家工作人员行贿罪，判处有期徒刑 6 年，并处罚金 600 万元；刘祥伟犯对非国家工作人员行贿罪，判处有期徒刑 3 年，缓刑 4 年，并处罚金 50 万元。

[研习]
1. 为何不成立串通投标罪？
2. 张建军为何不成立破坏监管秩序罪？

案例三：王晓丽等传销案[1]

[案情]

2012 年 8 月 21 日，郑永雄等人在珠海横琴新区成立盖网公司，先后推出盖象商城、盖网通终端机（下称网通机）、原始股、基金等多种投资产品。为推销产品，公司制定了招商奖、级差奖、静态奖等奖励模式，其中招商奖的奖励模式为：按照投资额提成 8%（后期为 5%）给推荐人；级差奖的奖励模式为：按照投资额招商专员提成 5%、招商主管提成 10%、招商经理提成 15%、招商总监提成 21%、一级代理提成 27%、二级代理提成 33%、三级代理提成 40%、金级代理提成 43%；静态奖的奖励模式是指静态返利、分红，主要针对网通机，以最低 10 万元价格购买一台网通机，每周返利和每季度分红，2 年返 20 万元（包括 10% 的积分和部分网络维护费）。盖网原始股和基金均没有返利，等盖网公司上市后盖网原始股才能获利，盖网基金可以赎回。

王晓丽成立了临沂盖粉之家（即盖网临沂商务中心，盖网公司规定给予商务中心报单金额 1% 的奖励），后注册成立临沂盖聚网络技术有限公司，由刘士进任公司法人代表，王晓丽招聘被告人赵晋卿为员工。公司成立后，被告人王晓丽全面负责公司事务，联系组织会员参加各种盖网招商、推介会议及宣传活动，向会员讲课。被告人刘士进负责公司后勤工作、行政管理，代表公司接待盖网会员，协助王晓丽组织会员参加各种盖网招商、推介会议及宣传活动。被告人赵晋卿负责公司财务、会员申请注册、为公司组织的会议联系酒店、接待会员，操作会员的返利、奖励。同时，为便于组织会员参加盖网公司组织的各种招商会、推介会、及时下达通知、传达内部文件、更好地发展会员，由被告人王晓丽建立了微信盖网核心群，将刘士进、杨增志、孟祥云、芦庆华、赵晋卿等人列为核心成员。

自始至案发，王晓丽发展的会员层级达十一级，发展的会员人数为 526 人，涉案金额 79 348 000 元；芦庆华发展的会员层级达十级，发展的会员人数为 193 人，涉案金额 23 292 750 元；杨增志发展的会员层级达七级，发展的会员人数为 103 人，涉案

---

[1] 莒南县法院（2017）鲁 1327 刑初 302 号刑事判决书。

金额 17 603 500 元；孟祥云发展的会员层级达六级，发展的会员人数为 90 人，涉案金额 14 968 250 元；梁风发展的会员层级达六级，发展的会员人数为 70 人，涉案金额 8 520 000 元。

王晓丽将收到会员缴纳的资金或会员自己将资金通过银行、天翼电子商务有限公司等第三方支付平台，直接或间接转账至顾天龙、朱春梅、郑永雄、寇南南、杨俊兰、芦庆华、孙玉静等个人账户及盖网公司账户。

[诉讼]

判决：王晓丽、芦庆华、杨增志、孟祥云、梁风、赵晋卿、刘士进等构成组织、领导传销活动罪，判处王晓丽有期徒刑 5 年 6 个月，并处罚金 200 万元……对冻结在案的传销资金 63 195 422.16 元及随案移送的赃物予以追缴或没收，上缴国库。

[研习]

1. 盖网商城的产品之一是：10 万元购买一台"网通机"，每周返利和每季度分红，两年返 20 万元的静态奖，其是否属于非法吸收公众存款行为？
2. 本案"级差奖"是否属于团队计酬模式？

案例四：谈文明等非法经营案[1]

[案情]

被告人信息：谈文明系北京市通广恒泰商贸有限公司法定代表人；刘红利系北京市通广恒泰商贸有限公司经理；沈文忠，无业。

《恶魔的幻影》（又名《传奇 3》）是经新闻出版总署审查批准引进，由中国大百科全书出版社出版、中国广州光通通信发展有限公司运营的网络游戏出版物。自 2004 年 6 月起，谈文明未经授权或许可，组织他人在破译《恶魔的幻影》游戏服务器端与客户端之间经过加密的用于通讯和交换数据的特定通信协议的基础上，研发出"007 传奇 3 外挂"计算机软件。后谈文明等人设立"007 智能外挂网"网站和"闪电外挂门户"网站，上传 007 外挂软件和《恶魔的幻影》动画形象，向游戏消费者进行宣传并提供下载服务，并向游戏消费者零售和向零售商批发销售 007 外挂软件点卡。销售收入汇入名为"王亿梅"的账户。被告人刘红利负责外挂软件销售，被告人沈文忠负责网站日常维护。2005 年 1 月，北京市版权局强行关闭上述网站并将网络服务器查扣之后，谈文明、刘红利、沈文忠另行租用网络服务器，在恢复开通"闪电外挂门户"网站的基础上，先后设立"超人外挂"等网站，继续宣传其陆续研发的"008 传奇 3 外挂"等计算机软件，提供上述软件的下载服务，并使用恢复开通的"闪电外挂门户"网站销售上述两种外挂软件的点卡，销售收入仍汇入名为

---

[1] 北京高院刑二庭罗鹏飞撰稿，最高法刑二庭裴显鼎审编："谈文明等非法经营案——擅自制作网络游戏外挂出售牟利构成犯罪的应当如何适用法律？"【第 473 号】，载《刑事审判参考》总第 60 集。

"王亿梅"的账户。至 2005 年 9 月，谈文明、刘红利、沈文忠通过信息网络等方式经营上述外挂软件的金额达人民币 28 171 875 元。

网络游戏消费者要使用《恶魔的幻影》，在正常情况下，只需通过下载客户端程序后，在互联网上与服务器端连接即可运行游戏；若使用 007 外挂软件、008 外挂软件，则不仅要下载《恶魔的幻影》软件客户端程序，而且要输入《恶魔的幻影》和 007 外挂软件、008 外挂软件所要求的用户名和密码，这样才能最终与《恶魔的幻影》服务器端连接；而若使用超人外挂软件，则无需下载《恶魔的幻影》网络游戏软件客户端程序，就能直接与《恶魔的幻影》服务器端连接，但也必须输入《恶魔的幻影》和超人外挂软件所要求的用户名和密码。使用涉案外挂软件运行《恶魔的幻影》的消费者，要同时向运营商光通公司和外挂经营者谈文明等人付费。

上述涉案系列外挂软件使用了《恶魔的幻影》的地图场景名称等名词；超人外挂程序目录中存在一个与《恶魔的幻影》软件目录相同并反映服务器端 IP 地址的配置文件。《恶魔的幻影》客户端程序在内存中的动态表现形式只有以非加密的形式存在，才能被执行。涉案 007 外挂软件、008 外挂软件在运行时，利用上述条件，能绕过客户端程序经加密的静态文件，直接对《恶魔的幻影》客户端程序在内存中的动态表现形式进行修改，并调用《恶魔的幻影》所使用的大量函数，使 007 外挂软件、008 外挂软件功能添加到《恶魔的幻影》运行过程之中。加载了 007 或 008 外挂软件的《恶魔的幻影》客户端，所发送的对原游戏功能作出修改的数据也可被《恶魔的幻影》服务器端接收和反馈。而使用超人外挂软件的游戏消费者在启动《恶魔的幻影》网络游戏软件后，即使消费者不再亲自操控游戏，该外挂软件也能使处于在线状态的游戏一直进行下去。上述外挂软件的运行，改变了《恶魔的幻影》网络游戏软件设定的游戏规则，使用外挂软件的消费者较之未使用外挂软件的消费者在游戏能力上取得了明显的优势地位，通过外挂软件设置的功能可以更容易和更快地升级或过关，从而造成游戏消费者之间游戏能力明显不平等的局面。

[诉讼]

起诉：谈文明等人犯侵犯著作权罪。

一审判决：谈文明、刘红利、沈文忠以营利为目的，未经批准，开展经营性互联网信息服务，违反国家出版管理规定，利用互联网站开展非法互联网出版活动，出版发行非法互联网出版物，侵害著作权人、出版机构以及游戏消费者的合法权益，扰乱互联网游戏出版经营的正常秩序，情节特别严重，其行为均已构成非法经营罪，依法应予惩处。鉴于谈文明、刘红利、沈文忠在庭审过程中认罪态度较好，对三人均酌情予以从轻处罚。判决：被告人谈文明犯非法经营罪，判处有期徒刑 2 年 6 个月，罚金 5 万元；被告人刘红利犯非法经营罪，判处有期徒刑 2 年，缓刑 3 年，罚金 3 万元；被告人沈文忠犯非法经营罪，判处有期徒刑 1 年 6 个月，罚金 3 万元。

抗诉：①谈文明等三人复制发行《恶魔的幻影》软件的行为构成侵犯著作权罪，原审判决认定事实不当，定性错误。②如果认定为非法经营罪，应当同时认定涉案外挂软件既程序违法又内容违法，应适用《最高人民法院关于审理非法出版物刑事案件具体应用法律若干问题的解释》第11条，而不是第15条，原审判决适用法律不当，量刑畸轻。

二审判决：谈文明、刘红利、沈文忠违反国家规定，利用互联网站出版发行非法出版物，严重危害社会秩序和扰乱市场秩序，其行为均已构成非法经营罪，且犯罪情节特别严重，依法应予惩处。谈文明为共同犯罪的起意人及主要行为人，在共同犯罪中起主要作用，系主犯。刘红利、沈文忠为销售及网络维护人员，在共同犯罪中起次要作用，系从犯，可对二人依法减轻处罚并宣告缓刑。一审法院根据谈文明、刘红利、沈文忠犯罪的事实、性质所作判决定罪准确，但适用法律有误、量刑不当，予以纠正。关于原判适用法律不当的抗诉意见予以采纳。原审被告人谈文明犯非法经营罪，判处有期徒刑6年，罚金50万元；原审被告人刘红利犯非法经营罪，判处有期徒刑3年，缓刑4年，罚金10万元；原审被告人沈文忠犯非法经营罪，判处有期徒刑2年，缓刑3年，罚金10万元。

［研习］
1. 擅自制作网络游戏辅助软件，是否构成侵犯著作权罪？
2. 《刑法》规定的非法经营罪的行为有哪些？本案是否属于非法经营行为？可否构成非法经营罪？

案例五：王丹、沈玮婷非法经营、虚报注册资本案[1]

［案情］

2005年11月，王丹、沈玮婷在广东省深圳市成立了金海岸公司，主要从事电视广告节目制作及电视台广告时段买卖业务。王丹在经营管理金海岸公司的过程中，发现销售炒股软件并为股民提供有偿股票投资咨询可牟取暴利，便产生了开展相关业务的念头。2007年10月，王丹以金海岸公司名义开发了一套"金牛王选股软件"，并办理了著作权登记，权属归公司。2008年4月15日，王丹、沈玮婷出资50万元在深圳注册成立了金牛王公司，王丹担任法定代表人、总经理。金牛王公司成立后，在未获得中国证监会批准，不具备经营证券业务资质的情况下，王丹、沈玮婷等人以销售金牛王炒股软件为名，非法从事证券咨询业务，非法经营额共计4 526 546.20元。

因金牛王公司管理混乱，盈利不多，王丹决定逐步停止该公司营业并到湖南省另立公司继续开展相关业务。2008年10月，王丹找人垫资200万元，注册成立了智盈公司；2009年3月，王丹又找人垫资200万元以陈某某（沈玮婷同母异父之兄）、沈慧某（沈玮婷之兄）的名义注册成立了金诚公司。2008年8月至2009年6月，王

---

［1］ 最高人民法院刑一庭曾宏、湖南省高级人民法院陈健撰稿，最高人民法院刑一庭李勇审编："王丹、沈玮婷非法经营、虚报注册资本案"【第1043号】，载《刑事审判参考》总第101集。

丹聘请若干人员为证券分析师进行股票分析，并以销售金牛王选股软件为名，在未获得中国证监会批准、不具备经营证券业务资质的情况下，开展非法证券咨询活动，其中智盈公司非法经营额计 12 898 691.55 元；金诚公司非法经营额计 15 594 887.47 元。为顺利通过电视台的资格审查，并掩盖自己不具备证券投资咨询资格的真相，王丹等人与有证券投资咨询资格的湖南金证投资咨询顾问有限公司、北京禧达丰公司签订了所谓的"战略合作协议"，以每年支付数十万元的高额投资顾问费为条件，将公司选聘的多名股评分析师的从业资格证书挂靠到这些公司，并借用这些公司的证券咨询资格证明用于自己股评节目的资格审查（虚报注册资本的犯罪事实略）。

[诉讼]

判决：二被告人违反《中华人民共和国证券法》等有关法律规定，未经国家有关主管部门批准，非法经营证券业务，严重扰乱市场秩序，情节特别严重，其行为均已构成非法经营罪。据此，依照《刑法》第 225 条第 3 项，判处王丹犯非法经营罪，判处有期徒刑 12 年，并处罚金 120 万元；……沈玮婷犯非法经营罪，判处有期徒刑 6 年，并处罚金 10 万元。

上诉：金牛王公司、智盈公司、金诚公司是为了销售金牛王智能决策选股软件，在销售软件过程中与有证券咨询资格的金证公司等有合作协议，股评师也系合法挂靠，故不构成非法经营罪。

二审判决：王丹虽然将张军等人的执业资格证挂靠在具备证券投资咨询资格的公司，但是由于张军等人并未在具备证券咨询资格的机构工作，依照相关规定仍然不得从事证券投资咨询业，一审认定王丹属非法经营，法律适用准确，量刑并无不当。原审对沈玮婷量刑过重，改判沈玮婷有期徒刑 4 年 6 个月，并处罚金 60 万元。

[研习]

证券咨询业务是否属于《刑法》第 225 条第 3 项规定的证券业务？

案例六：李彦生、胡文龙非法经营案[1]

[案情]

李彦生于 2012 年 8 月至 2013 年 8 月间，以北京恒通万嘉市场调查中心的名义经营有偿讨债业务。2012 年 8 月，李彦生接受辽宁省大连市人秦某某的委托向山西省太原市人陈某追讨 230 万元欠款，双方签订了《商账授权代理咨询劳务合同》，约定以收回欠款的 20% 作为报酬。随后，李彦生伙同胡文龙驾车随秦某某前往太原市，抵达太原市后，秦某某将陈某约出来商量还钱事宜。秦某某在与陈某商谈时，李彦

---

[1] 郭慧："李彦生、胡文龙非法经营案——如何认定刑法中的'国家规定'，经营有偿讨债业务宜否认定为刑法第 225 条第四项规定的'其他严重扰乱市场秩序的非法经营行为'"【第 1077 号】，载《刑事审判参考》总第 103 集。

生等人在旁向陈某索要欠款,后陈某归还给秦某某50万元,秦某某按合同约定支付给李彦生10万元报酬,李彦生将其中的3000元给了胡文龙。2013年7月30日,李彦生接受山东省青岛市人王某某的委托向其前男友姜某某索要10万元欠款,双方签订了《商账授权代理咨询劳务合同》,约定以收回欠款的40%作为报酬……

[诉讼]

起诉:非法经营罪。理由是:该行为违反"国家规定",即国家经济贸易委员会、公安部、国家工商行政管理局于2000年6月15日联合发布的《关于取缔各类讨债公司严厉打击非法讨债活动的通知》。该"通知"明确指出系"经报请国务院同意"后发布,因此,属于《刑法》第96条规定的"国务院发布的决定和命令"。非法经营有偿讨债业务的行为违反"国家规定"有明确的依据。

后以法律发生变化为由撤回起诉。

[研习]

1. "打击非法讨债的通知"是否属于《刑法》第225条之"国家规定"?
2. 本案被告人的行为是否达到"严重扰乱市场秩序"的程度?

案例七:王力军非法经营案[1]

[案情]

农民王力军没有粮食收购许可证和营业执照,收购附近农户的玉米卖给粮库,一年多时间里收购玉米百余吨、经营额21万余元、获利6千元。

[裁判]

原审:当时的《粮食流通管理条例》第9条规定,从事粮食收购须取得粮食收购资格,并办理经营登记。《粮食收购资格审核管理暂行办法》(于2004年7月19日发布,现已失效)第8条规定:"凡常年收购粮食并以营利为目的,或年收购量达到50吨以上的个体工商户,必须取得粮食收购资格。年收购量低于50吨的个体工商户从事粮食收购活动,无须申请粮食收购资格。"王力军在一年多时间里收购粮食百余吨且没有办理收购许可和营业执照,违反上述"国家规定"的市场准入制度。王力军收购玉米的经营额21万元,达到了经营额5万元以上立案的标准。王力军的行为触犯《刑法》第225条第4项"其他严重扰乱市场秩序的非法经营行为"的规定,构成非法经营罪,判处有期徒刑1年,缓刑2年,并处罚金2万元,收缴非法获利6000元。[2]

再审:原审法院利用本案进行法制宣传,引起公众质疑,继而引起最高人民法

---

[1] 参见内蒙古自治区巴彦淖尔市临河区人民法院(2016)内0802刑初54号刑事判决书、巴彦淖尔市中级人民法院(2017)内08刑再1号刑事判决书。

[2] 内蒙古自治区巴彦淖尔市临河区人民法院(2016)内0802刑初54号刑事判决书。

院的关注,作出再审裁定。法院再审认定:"其行为违反了当时的国家粮食流通管理有关规定,但尚未达到严重扰乱市场秩序的危害程度,不具备与《刑法》第225条规定的非法经营罪相当的社会危害性和刑事处罚的必要性,不构成非法经营罪。"原判适用法律错误、宣告无罪。[1]

[研习]
1. 原判决有罪的依据是什么?
2. 再审宣告无罪的理由是什么?
3. 王力军无证收购粮食是否属于《刑法》第225条第1项的行为类型,即"未经许可经营法律、行政法规规定的专营、专卖物品或者其他限制买卖的物品的"?
4. 适用《刑法》第225条第4项有何要求?
5. 从农民手中收购玉米转卖粮库对粮食的生产、流通、价格有没有不良影响?
6. 本案被告人是否有违法性认识错误?

案例八:宋东亮、陈二永强迫交易、故意伤害案[2]

[案情]
2003年4月5日晚,宋东亮在某停车场内,让人将12箱西兰花放在停放于停车场内的彭文彬的汽车上,欲以每箱60元的价格强行卖给开车到某市场购买蔬菜的彭文彬。在遭到彭文彬的拒绝后,宋东亮即打电话给被告人陈二永,陈二永随即到达上述地点。当彭文彬走来时,陈二永首先上前朝彭文彬的胸部猛踢一脚,随后宋东亮、陈二永和"二旦"(在逃)三人用拳殴打彭文彬。当彭文彬逃到自己的货车旁准备装货离开时,陈二永、宋东亮、"二旦"再次来到彭文彬处,宋东亮上前用手抓住彭文彬并将其拖至两车过道中,继续向其索要以上货物的货款。彭文彬再次拒绝后,陈二永又拳打彭文彬,彭用拳还击,陈二永随即掏出水果刀朝彭的腹部、左肩背部、左臀部连刺4刀。之后,三人逃离现场。经司法鉴定,彭文彬的结肠破裂、腹壁下动脉破裂、腹腔积血,构成重伤。

[诉讼]
起诉:宋东亮、陈二永犯故意伤害罪。
辩护:宋东亮及其辩护人辩称:宋东亮将彭文彬拖至两车过道后,未再对彭进行殴打,也没有其他伤害行为,彭的重伤不是宋东亮所造成;陈二永持刀伤害彭文彬的行为系其个人行为,完全出乎宋东亮的意料,宋东亮的行为不构成故意伤害罪,

---

[1] 内蒙古自治区巴彦淖尔市中级人民法院《刑事判决书》(2017)内08刑再1号刑事判决书。
[2] 上海市高级人民法院黄国民、上海市普陀区人民法院谢燕撰稿,南英审编:"宋东亮、陈二永强迫交易、故意伤害案——在共同强迫交易过程中,一人突然持刀重伤他人,对其他参与共同强迫交易的被告人应如何定罪处罚?"【第278号】,载《刑事审判参考》总第36集。

且其认罪态度较好，要求对其从轻、减轻处罚。陈二永辩称：其未随身携带水果刀，该刀是宋东亮在殴打现场给他的；其辩护人认为水果刀是宋东亮在案发现场给陈二永的，本案由宋东亮引起，建议对陈二永从轻处罚。

审判：宋东亮采用暴力、威胁的方法强迫他人购买其商品，情节严重，其行为已构成强迫交易罪，依法应予处罚。陈二永在参与强迫交易活动的过程中用刀刺伤彭文彬，并造成彭重伤的后果，其行为已构成故意伤害罪。遂判决宋东亮犯强迫交易罪，判处有期徒刑1年6个月，并处罚金1000元；陈二永犯故意伤害罪，判处有期徒刑4年。

一审宣判后，被告人宋东亮、陈二永没有上诉。判决已发生法律效力。

[研习]

1. 强迫交易罪与抢劫罪有何区别？本案宋东亮构成强迫交易罪还是抢劫罪？
2. 强迫交易的过程中致人轻伤、重伤、死亡，应当如何定罪？
3. 本案中，宋东亮指使陈二永对彭文彬实施侵害的故意内容为何？其是否对重伤结果承担责任？对宋东亮、陈二永应如何定罪？

第六章

妨害社会管理秩序罪

知识概要

《刑法》分则第六章"妨害社会管理秩序罪"是指妨害国家对社会的管理活动、违反社会管理法规和公共秩序的危害社会行为,共规定了 125 个罪名,分为扰乱公共秩序罪,妨害司法罪,妨害国(边)境管理罪,妨害文物管理罪,危害公共卫生罪,破坏环境资源保护罪,走私、贩卖、运输、制造毒品罪,组织、强迫、引诱、介绍卖淫罪,制造、贩卖、传播淫秽物品罪共九节罪名。本章的重点和难点有:①聚众斗殴罪的认定及转化犯,寻衅滋事罪的行为形式及其与其他罪名的区别。②妨害司法罪中伪证罪,辩护人、诉讼代理人毁灭证据、伪造证据、妨害作证罪,妨害作证罪,帮助毁灭、伪造证据罪,窝藏、包庇罪,掩饰、隐瞒犯罪所得、犯罪所得收益罪之间的区别和联系。③走私、贩卖、运输、制造毒品罪的认定。④组织卖淫罪中的"卖淫"的理解。本章罪名较多,涉及的具体问题也较为繁多。

第一节 扰乱公共秩序罪

案例一:周洪宝妨害公务案[1]

[案情]

周洪宝在某路口附近的二层简易房内开设了车辆修理部,其一家三口也居住在该修理部内。周洪宝为方便工作,在门前人行道上自行搭建了一个钢架棚。2009 年 8 月底,该市城管大队向周洪宝发出该钢架棚系违章建筑,令其限期自行拆除的通知书。此后,城管大队工作人员几次上门做工作。周洪宝认为其家庭经济困难,妻子智力低下,年幼的儿子需要抚养,车辆修理收入是其家庭唯一的经济来源,城管队

---

[1] 江苏省无锡市中级人民法院徐振华、徐竹芃、孙叶泉撰稿,最高人民法院刑四庭陆建红审编:"周洪宝妨害公务案——以投掷点燃汽油瓶的方式阻碍城管队员依法执行职务的行为,如何定罪处罚?"【第731号】,载《刑事审判参考》总第82集。

员对修理棚的拆除将影响其正常经营，故迟迟不肯拆除。2009年11月24日上午，该市城管大队机动中队、二中队以及新区执法大队共二十余名队员按规定对钢架棚进行强制拆除。为阻止强拆，周洪宝趁人不备跑至修理部二楼，将事先用酒瓶罐装好的汽油点燃扔向正在进行强制拆除的城管队员中间，致使装有汽油的酒瓶砸到棚子支架后碎裂，燃烧的汽油溅开，将正在用乙炔枪进行切割的城管队员周奇伟烧伤，后经鉴定未达到轻伤。

后查明，在案发当时，围观群众已被疏散至警戒线外的安全地带，其他围候在周奇伟半米至一米开外的城管队员均未受到伤害。

[诉讼]

起诉：放火罪。

一审判决：周洪宝为阻止强拆，在现场有易燃易爆乙炔瓶的情况下，向他人投掷点燃的汽油瓶，危及不特定多数人的人身安全，造成一人被烧伤的后果，足以危害公共安全，其行为构成放火罪，对周洪宝判处有期徒刑3年。

上诉：周洪宝称其不构成放火罪。

二审判决：周洪宝向正在强制拆除其违章搭建的修理棚的城管队员投掷点燃的汽油瓶，以阻碍城管队员执行职务，客观上造成一名城管队员受伤的后果。周洪宝实施投掷点燃的汽油瓶的行为，主观上是为了阻碍城管队员实施强制拆除，客观上尚不足以危及公共安全，虽然有致人轻度受伤的危害后果，但以妨害公务罪追究刑事责任更符合罪责刑相适应的原则。综上，原审判决的审判程序合法，认定的事实清楚，证据确实充分，但适用法律不当，遂予以改判：周洪宝犯妨害公务罪，判处有期徒刑1年。

[研习]

1.（1）城管队员对违章建筑进行强制拆除的行为，是否属于国家机关工作人员依法执行职务？周洪宝采用投掷汽油瓶方式予以阻碍，是否属于暴力手段？周洪宝可否构成妨害公务罪？

（2）如果城管队员是违法执行公务，或采取的手段非法，则周洪宝可否构成妨害公务罪？

2.（1）就本案情形而言，周洪宝投掷汽油瓶，是否触犯放火罪？

（2）如果本案中城管队员被烧成重伤，周洪宝的行为如何定性？

（3）如果周洪宝朝人群中投掷杀伤性较大的汽油瓶，阻碍执行公务，周洪宝的行为如何定性？

案例二：李勇故意伤害、汪家伟聚众斗殴案[1]

[案情]

2005年1月25日晚9时许，李勇和薛火平在某电话吧内，与杨建因琐事发生口角，继而发生殴斗。事后，双方都认为吃了亏，于是出于报复的目的，杨建纠集了杨龙、陈伟勋等人主动出厂寻找李勇一方，李勇和薛火平亦纠集了多人持械寻找杨建。当双方在某修理厂门口相遇时，李勇等人见对方人多势众就立即逃离，杨建等人持械追赶，但未果。当晚，李勇和薛火平再次纠集了被告人汪家伟等20人左右，持砍刀、钢管、木棍闯入修理厂二楼宿舍，持械对陈伟勋、杨龙、袁昌旭等人进行殴打，致被害人陈伟勋因被钝器打击头部造成颅脑损伤致中枢神经功能衰竭而死亡，被害人杨龙、袁昌旭受轻微伤。

对于被害人陈伟勋致死原因的相关证据：李勇供认其持刀砍过被害人陈伟勋手腕处一刀，证人赵银峰也证实事后听李勇讲其有一刀砍在对方的手腕处，尸体检验报告证实被害人陈伟勋手腕处确有一处锐器伤，但陈伟勋系被钝器打击头部造成颅脑损伤致中枢神经功能衰竭而死亡，故而陈伟勋的死亡并非李勇直接造成。

[诉讼]

起诉：李勇犯故意伤害罪、汪家伟犯寻衅滋事罪。

辩护：李勇辩称自己没有纠集他人，其辩护人认为李不是寻衅滋事的组织者、指挥者、纠集者，且被害人陈伟勋的死亡并非李勇造成，李勇的行为不构成故意伤害罪，应以寻衅滋事罪对其定罪量刑。汪家伟辩称其没有打过人。

一审判决：李勇为琐事与他人发生争执后，为泄愤，伙同他人共同纠集多人持械聚众斗殴，致1人死亡、2人轻微伤，其行为构成故意伤害罪，应处10年以上有期徒刑、无期徒刑或者死刑。李勇供认其持刀砍过被害人陈伟勋手腕处一刀，证人赵银峰也证实事后听李勇讲其有一刀砍在对方的手腕处，尸体检验报告证实被害人陈伟勋手腕处确有一处锐器伤，但陈伟勋系被钝器打击头部造成颅脑损伤致中枢神经功能衰竭而死亡，故陈死亡并非李勇直接造成。但李勇纠集他人共同持械行凶，应对1人死亡，2人轻微伤的严重后果负责，鉴于其并非直接致被害人死亡的行为人，对其判处死刑，可不立即执行。

汪家伟受人纠集，积极参与持械聚众斗殴，其行为构成聚众斗殴罪，且符合《刑法》第292条第1款第2项"聚众斗殴人数多，规模大，社会影响恶劣"以及第4项"持械聚众斗殴"的情形，应处3年以上10年以下有期徒刑。鉴于本案并无证据证实汪家伟对被害人陈伟勋实施过殴打行为，且被害人陈伟勋的死亡系钝器打击致死，而汪所持凶器是刀，故汪并非共同直接致人死亡的行为人，不适用聚众斗殴

---

[1] 最高人民法院中国应用法学研究所编：《人民法院案例选》2008年第4辑（总第66辑），人民法院出版社2009年版，第17页。

转化犯的规定，仅作为积极参与者，追究其聚众斗殴的刑事责任。起诉书指控汪家伟的行为构成寻衅滋事罪罪名不当，认定其系从犯亦不妥。判决：被告人李勇犯故意伤害罪，判处死刑，缓期2年执行，剥夺政治权利终身。汪家伟犯聚众斗殴罪，判处有期徒刑8年，剥夺政治权利2年。

上诉及二审：被告人不服，提起上诉。上海市高级人民法院裁定驳回上诉，维持原判。

[研习]

1. 聚众斗殴罪的"聚众斗殴"如何理解，是否要求双方均有相互殴斗的意图？本案第二次殴斗情形，是李勇纠集20人左右，至被害人宿舍，寻找被害人进行殴打，只有单向性，可否认定李勇是"聚众斗殴"？

2. 聚众斗殴罪中的"众"要求3人以上，但是要求双方均3人以上，还是要求一方3人以上？如果本案中被殴打一方即陈伟勋一方仅有2人，可否认定李勇是"聚众斗殴"？

3. 为何本案检察机关只追诉李勇、汪家伟，而不追诉其他参加者？

4. 聚众斗殴致人重伤、死亡应当如何定性？

5. 在本案中，客观上造成了聚众斗殴致人重伤、死亡的结果，但不能查明直接加害人，则对于聚众斗殴的各参与人如何定性？

案例三：史兴其诈骗案[1]

[案情]

2010年12月，史兴其购得用于赌博作假的透视扑克牌及隐形眼镜，预谋在赌博中使用。同年12月29日下午，史兴其趁在某县许霞家中赌博的机会，将作假用的透视扑克牌放于许霞家中。次日晚9时许，史兴其又到许霞家中，用该透视扑克牌与张学松、陈平、曹小林一起以打"梭哈"的形式进行赌博。晚上11时许，唐鸣到了赌博现场，曹小林离开，由唐鸣、李荣建参与赌博，史兴其在赌博过程中继续佩戴隐形镜。至赌博结束，史兴其共赢得现金48 000元，其中20 000元出借给唐鸣。

[诉讼]

起诉：诈骗罪。

一审判决：指控史兴其的行为构成诈骗罪，事实不清，证据不足，罪名不能成立。

抗诉：检方认为，一审法院宣告史兴其无罪系证据采信错误导致事实认定错误、适用法律不当，建议依法改判。

---

[1] 赵芳、陈克娥："史兴其诈骗案——利用自己准备的特定赌具控制赌博输赢行为的定性"【第837号】，载《刑事审判参考》2013年第1集（总第91集）。

二审判决：利用隐形眼镜及透视扑克牌诈赌骗取他人钱财，数额较大，其行为构成诈骗罪。……史兴其因犯故意伤害罪被判处有期徒刑3年，缓刑3年6个月，在缓刑考验期间因赌博和本案诈骗行为已被撤销缓刑，决定执行原判刑罚有期徒刑三年。……原审被告人史兴其犯诈骗罪，判处有期徒刑1年2个月，并处罚金1万元，与前罪有期徒刑3年并罚；决定执行有期徒刑3年6个月，并处罚金1万元。

[研习]

利用自己准备的特定赌具控制赌博输赢行为应如何定性？

第二节 妨害司法罪

案例一：俞耀交通肇事后以贿买的方式指使他人冒名顶罪、教唆伪证案[1]

[案情]

2009年10月3日晚，俞耀在无机动车驾驶证的情况下，驾驶轿车沿武义县高速公路驶往武义。当日20时许，行经白溪路口时，与横过公路的邱惠旺驾驶的三轮黄包车相撞，造成车辆损坏、邱惠旺受伤及三轮车上的乘客缪旭花经抢救无效于当日死亡。事故发生后，俞耀及该轿车上的乘客周慧、蒋森火等人逃离了现场。道路交通事故认定书认定，俞耀负事故主要责任，邱惠旺负事故次要责任。

事发当晚，俞耀因无证驾驶害怕承担法律责任，要求雷荣庆为其顶罪，并答应支付给雷40万元，若雷荣庆被判刑坐牢，再支付10万元。商议妥当后，雷荣庆叫来其妻徐惠琴，从俞耀处拿到现金10万余元和20万元的欠条一张，并由徐惠琴带回家中，雷荣庆便前往武义县交警队投案并冒充交通事故的肇事者。第二天，俞耀又唆使蒋森火到武义县交警大队作伪证，并将金团新从丽水叫到武义。周慧、蒋森火、徐惠琴、金团新等人商议后，周慧、蒋森火、金团新三人便一同前往武义县交警队，作了事发当时轿车的驾驶员是雷荣庆的伪证。事后，徐惠琴陆续从俞耀处拿到财物共计36万余元。经查，徐惠琴将其中15万元交到交警大队作为交通事故预付款，5万元支付给被害人缪旭花的家属作为赔偿款。徐惠琴还到武义县交警大队作了雷荣庆发生交通事故的虚假证言。

2009年11月24日，金团新主动到武义县公安局投案。11月30日，周慧主动到武义县公安局投案。

---

[1] 浙江省武义县人民法院李美琴撰稿，最高人民法院刑四庭王志辉审编："俞耀交通肇事案——交通肇事逃逸后以贿买的方式指使他人冒名顶罪、作伪证的行为，如何定性"【第681号】，载《刑事审判参考》总第79集。

[诉讼]

起诉：俞耀犯交通肇事罪、妨害作证罪，雷荣庆、徐惠琴、周慧犯包庇罪，金团新、蒋森火犯伪证罪。

判决：俞耀违反交通运输管理法规，在无机动车驾驶证的情况下，驾驶机动车辆，以致发生交通事故，造成1人死亡；且在肇事后逃逸，负事故的主要责任，其行为构成交通肇事罪。俞耀在事故发生以后以贿买方式指使他人作伪证，其行为还构成妨害作证罪。雷荣庆、徐惠琴、金团新明知他人犯了交通肇事罪，而共同作假证明包庇，三被告人的行为均构成包庇罪。周慧、蒋森火作为证人，对与案件有重要关系的情节故意作虚假证明，意图帮助他人隐匿罪证，两被告人的行为均构成伪证罪。公诉机关指控的事实及罪名成立，本院予以支持。俞耀一人犯数罪，应予数罪并罚。其辩护人提出俞耀在案发后通过徐惠琴已预交20万元，有积极赔偿表现，且庭审中自愿认罪的辩护意见属实，本院予以采信，对俞耀的交通肇事行为酌情从轻处罚。金团新、周慧在案发后主动到公安机关投案，如实供述自己的犯罪事实，系自首，依法可以从轻处罚。雷荣庆、蒋森火、徐惠琴在庭审中自愿认罪，可以酌情从轻处罚。判决：俞耀犯交通肇事罪，判处有期徒刑3年10个月；犯妨害作证罪，判处有期徒刑10个月；数罪并罚，决定执行有期徒刑4年。雷荣庆犯包庇罪，判处有期徒刑8个月。蒋森火犯伪证罪，判处有期徒刑8个月，缓刑1年2个月。徐惠琴犯包庇罪，判处有期徒刑8个月，缓刑1年2个月。周慧犯包庇罪，判处有期徒刑6个月，缓刑1年。金团新犯伪证罪，判处拘役4个月，缓刑8个月。

[研习]

1. 本案发生在武义县交警队调查本案交通肇事案的过程中，该调查过程可否认定为伪证罪所发生的"刑事诉讼中"？

2. 雷荣庆自愿为俞耀顶罪，前往武义县交警队投案并冒充交通事故的肇事者，若其在刑事案件侦查阶段如此陈述，其可否构成伪证罪、诬告陷害罪？其行为如何定性？

3. 周慧、蒋森火、金团新三人，如在刑事案件侦查阶段作虚假证言，其行为如何定性？

4. 徐惠琴收受顶罪的费用、与作伪证的证人商议、假装是肇事者家属交纳赔偿款，并且自己也在刑事案件侦查阶段作了虚假证言，这些行为如何认定？

5. （1）俞耀贿买雷荣庆为其顶罪的行为，单独评价如何定性？

（2）俞耀唆使蒋森火、金团新作伪证的行为，单独评价如何定性？

（3）犯罪人本人作伪证、教唆他人包庇自己、贿买他人为自己作伪证，其行为是否应当数罪并罚？

6. 如何区分包庇罪和伪证罪？同样都是作虚假证言，法院是按什么标准将雷荣庆、徐惠琴、周慧认定为包庇罪，将蒋森火、金团新认定为伪证罪的？如何评价此判决理由？

7. 如果本案发生在交警队进行交通事故的行政调查阶段,事后才发现是交通肇事刑事犯罪,对于各行为人又当如何定性?

案例二:金福祥被盗后夸大被盗数额案[1]

[案情]

1999年10月23日晚,蔡春燕(女,30岁,另案处理)在金福祥家中卧室内,从手包内盗走5000元。案发后,金福祥伙同其妻赵军(已判刑)向公安机关谎报被盗65 200元,并让安叶龙为其作证。2000年6月16日20时许,金福祥被抓获。原审人民法院判决认定上述事实的证据有:证人蔡春燕、王宝龙、安叶龙等人的证言及共犯赵军的供述,公安机关出具的书证。

[诉讼]

起诉:伪证罪。

一审判决:金福祥在其数额较大的钱财被盗后,为图报复,与他人共谋故意捏造数额特别巨大的钱财被盗,向公安机关作虚假告发,意图使他人受到更为严厉的刑事追究,情节严重,其行为已构成诬告陷害罪,应予惩处。判决:被告人金福祥犯诬告陷害罪,判处拘役4个月。

抗诉:①证人不应作狭义理解,应包括被害人在内。且赵军已因伪证罪被判处了刑罚,因此金福祥构成伪证罪。②金福祥不构成诬告陷害罪,因构成诬告陷害罪客观上要求捏造犯罪事实,而本案犯罪事实已存在,金福祥只是夸大了部分情节且金福祥在主观上并非意图使他人受刑事追究,而是加重他人的刑事责任,不符合诬告陷害罪的犯罪构成。③一审对金福祥的同案犯赵军判处有期徒刑1年,缓刑2年。金福祥罪责大于赵军,却只判处拘役4个月,量刑畸轻。北京市人民检察院第一分院的出庭意见是:支持北京市海淀区人民检察院的抗诉。原判认定被告人金福祥犯诬告陷害罪,适用法律不当。金福祥构成伪证罪,且原判对金福祥量刑偏轻。建议二审法院对一审法院不正确的判决予以改判。

二审裁定:金福祥为报复他人,用捏造出的夸大的犯罪事实,向司法机关作虚假告发,意图加重他人的刑事处罚,情节严重,其行为已构成诬告陷害罪,依法应予惩处。北京市海淀区人民检察院和北京市人民检察院第一分院,关于被告人金福祥的行为构成伪证罪,不构成诬告陷害罪的抗诉和出庭意见,均不能成立。因伪证罪是指在刑事诉讼中,证人、鉴定人、记录人、翻译人员对与案件有重要关系的情节,故意作虚假证明、鉴定、记录、翻译,意图陷害他人或隐匿罪证的行为。伪证

---

[1] 最高人民法院刘树德、北京市一中院贾连春撰稿,高贵君审编:"金某伪证案——被害人在向司法机关报案时故意夸大犯罪事实并指使他人作伪证的行为如何定罪?"【第98号】,载《刑事审判参考》总第15集。

罪的主体是特殊主体，即只能是证人、鉴定人、记录人、翻译人员。《中华人民共和国刑事诉讼法》已把证人证言和被害人陈述分别规定为不同的证据种类，金福祥不属于伪证罪的后三种主体亦不属于证人范畴。因此，金福祥不具备伪证罪的主体资格。另外，伪证罪的成立要求是在刑事诉讼中，"刑事诉讼中"是指刑事案件立案后的侦查、起诉、审判阶段，而金福祥的行为是在刑事案件立案前。综上，被告人金福祥的行为从主体及客观行为上，都不符合伪证罪的犯罪构成，不构成伪证罪。诬告陷害罪是指行为人捏造犯罪事实，向国家机关或有关单位作虚假告发，意图使他人受到刑事追究的行为。因此，夸大已有犯罪事实中的部分情节，且该情节足以使他人受到更严厉的刑事惩罚的行为，即属于诬告陷害罪中的捏造事实。被告人金福祥不仅实施了上述行为，而且其主观上有意图使他人受到更重刑事处罚的故意，这种主观故意亦符合诬告陷害罪的主观要件。因此，被告人金福祥的行为符合诬告陷害罪的犯罪构成，构成诬告陷害罪。故对于北京市海淀区人民检察院和北京市人民检察院第一分院关于被告人金福祥的行为构成伪证罪，不构成诬告陷害罪的抗诉和出庭意见，本院均不予采纳。经查，原审人民法院根据被告人金福祥犯罪的事实、性质及对于社会的危害程度，对金福祥裁量决定的刑罚符合法律规定，故对于北京市海淀区人民检察院和北京市人民检察院第一分院关于对被告人金福祥量刑畸轻的抗诉和出庭意见，本院亦不予采纳。驳回抗诉，维持原判。

[研习]

1. 刑法中作为伪证罪主体的"证人"是否能够包括被害人？刑法中"刑事诉讼中"是否可以包括刑事案件立案前的初查阶段？刑法中概念的含义一定要与刑事诉讼法中概念的含义保持一致吗？

2. 诬告陷害罪中的诬告陷害行为，包括将无罪之人陷害为有罪，是否可以包括将罪轻之人陷害为重罪？

3. 如果本案中蔡春燕盗窃金额只有400元，金福祥故意谎报为4000元，可否构成诬告陷害罪？

案例三：被害人闫永辉收受财物改变陈述帮助嫌疑人逃避罪责案[1]

[案情]

2006年5月22日5时至15时许，吴迪伙同李超（均另案处理）在某洗浴中心包房内，采用暴力胁迫、殴打的方式强行轮流与闫永辉发生性关系，随后该两名男子逃离作案现场。闫永辉在洗浴中心立即向公安机关报案称自己被吴迪、李超轮奸，并被抢走戒指一枚和手机一部。次日，北京市公安局朝阳分局民警将吴迪、李超抓

---

[1] 北京市朝阳区人民法院（2009）朝刑初字第2187号刑事判决书；北京市第二中级人民法院（2011）朝刑初字第1286号刑事判决书。

获，后以该二人涉嫌强奸罪、抢劫罪移送至北京市朝阳区人民检察院审查起诉。在审查起诉期间，闫永辉于 2006 年 11 月 22 日到北京市朝阳区人民检察院推翻、否定其在公安机关所作的陈述，改称其与吴迪发生性关系是本人自愿行为，与李超发生性关系则是不自愿行为，后闫永辉去向不明。

经过两次退回公安机关补充侦查后，北京市朝阳区人民检察院以吴迪、李超涉嫌抢劫罪、强奸罪向北京市朝阳区人民法院提起公诉。法院经审理后认为，吴迪犯强奸罪、抢劫罪的证据不充分，建议检察机关对吴迪撤回起诉；认定李超犯抢劫罪、强奸罪，数罪并罚，判处李超有期徒刑 5 年。北京市朝阳区人民检察院对吴迪撤回起诉，并将该案退回公安机关自行处理。吴迪于 2007 年 12 月 12 日被北京市公安局朝阳分局取保候审，1 年后被解除取保候审。

闫永辉对吴迪的指控导致司法机关对吴迪启动刑事诉讼程序，后又因其改变证言而导致吴迪被释放。根据闫永辉在检察机关的陈述，其行为涉嫌构成诬告陷害罪。闫永辉于 2009 年 2 月 18 日被公安机关抓获归案。经讯问，闫永辉承认其在检察机关的陈述是在吴迪父母教唆并支付 10 万元贿赂的情况下提供的虚假陈述。根据此线索，公安机关对吴迪再次展开抓捕工作，吴迪于 2009 年 12 月 10 日向公安机关投案自首。北京市朝阳区人民检察院再次以吴迪涉嫌强奸罪向北京市朝阳区人民法院提起公诉。法院经审理后认为闫永辉与吴迪发生性关系是自愿行为，但是吴迪帮助李超实施了强奸，属共同犯罪中的帮助犯，认定吴迪犯强奸罪（帮助犯），判处其有期徒刑 2 年 6 个月。北京市朝阳区人民检察院以适用法律不当、量刑畸轻为由向北京市第二中级人民法院提出抗诉。二中院改判吴迪犯强奸罪（轮奸），判处有期徒刑 9 年，剥夺政治权利 1 年。吴迪被改判强奸罪（轮奸），证明李超的强奸行为也属于轮奸，李超一审判决属于适用法律错误，量刑畸轻。北京市人民检察院第二分院于 2011 年 7 月 15 日依照审判监督程序向北京市第二中级人民法院提出抗诉。二中院经审理后改判李超犯抢劫罪、强奸罪（轮奸），数罪并罚，判处其有期徒刑 12 年，罚金 3000 元，剥夺政治权利 3 年。

[诉讼]

起诉：闫永辉涉嫌包庇罪。

一审判决：现有证据不能认定闫永辉的行为符合包庇罪的构成要件，公诉机关指控的事实不清，证据不足。我国《刑法》第 310 条规定，包庇罪是指明知是犯罪的人而为其作假证明的行为，而吴迪、李超强奸案在法院审理过程中，检察机关已撤回了对吴迪的指控，随后公安机关因证据不足对吴迪采取了取保候审的措施。在取保候审期满之际，又对吴迪宣布解除取保候审。既然吴迪目前没有被追究刑事责任，也就无法认定被告人闫永辉的行为系为犯罪的人作假证明，于 2009 年 12 月 9 日判决闫永辉无罪。

抗诉：包庇罪中包庇的对象是犯罪的人，不应仅理解为已被追究刑事责任的人，还应当包括有证据证明实施了犯罪的人。

二审裁定：由于在二审审理期间，与本案有关的吴迪犯强奸罪一案判决结果发生了变化，导致本案事实及证据亦发生了重大变化，致使原判认定事实不清，于2011年5月9日作出裁定：撤销原一审判决，发回重审。

重审判决：被告人闫永辉作为吴迪、李超强奸案的被害人，向司法机关作假证明包庇吴迪，导致公诉机关曾一度撤回了对吴迪的指控，其行为干扰了司法机关的正常活动，已构成包庇罪，判处其有期徒刑2年，缓刑2年，并继续追缴被告人闫永辉的犯罪所得10万元，予以没收。

[研习]

1.《刑法》中作为伪证罪主体的"证人"是否能够包括被害人？闫永辉收受财物后改变陈述，是否构成伪证罪？法院为何认定其构成包庇罪？

2. 吴迪父母贿买教唆闫永辉令其改变陈述作虚假陈述，其行为如何认定？可否构成妨害作证罪？

3.（1）在本案中，如果本案只停顿在第一阶段，亦即吴迪被刑拘后又被宣告无罪释放之时，则闫永辉对吴迪的指控导致司法机关对吴迪启动刑事诉讼程序，后又因其改变证言而导致吴迪被释放，其行为是否构成诬告陷害罪？

（2）被害人控告他人之后，他人最终被宣告无罪的，是否不论哪种情形被害人都构成诬告陷害罪？如果不是，符合何种条件才构成诬告陷害罪？

案例四：李敬、邹汉东妨害作证、刘军帮助伪造证据案[1]

[案情]

2000年4月，李敬和杨湛雄等人共同组建广州市警隆散体物料运输有限公司（以下简称警隆公司），李敬任法定代表人，邹汉东作为被告人李敬的丈夫参与警隆公司的购车等经营活动。同月，李敬、邹汉东及杨湛雄以警隆公司的名义，以分期付款的形式向广州斯太尔重型汽车经营部（以下简称斯太尔经营部）购买了19辆重型自卸汽车，首期付款30%，后依合同取得汽车并将车辆登记在警隆公司名下，警隆公司统一经营至2001年3月后分立成三个车队独立经营（以首期出资额为标准，李敬经营12辆货车组建警隆公司一车队、杨湛雄经营7辆货车成立警隆公司二车队、刘惠民自购8辆解放牌汽车挂靠在警隆公司成立三车队，各车队自负盈亏）。警隆公司在首期支付斯太尔经营部车款186万元后，又以1辆本田小汽车作价32万元抵账，警隆公司共欠斯太尔经营部车款4 147 000元。

后因李敬经营的一车队亏损，无力偿还斯太尔经营部的欠款，同案人曹元利（已判刑）和李敬、邹汉东密谋通过虚假的民事诉讼，骗取法院的判决，将警隆公司

---

[1] 国家法官学院、中国人民大学法学院编：《中国审判案例要览（2008年刑事审判案例卷）》，人民法院出版社、中国人民大学出版社2009年版，第410页。

的财产转到他人的名下（实还为自己控制），从而逃避偿还斯太尔经营部的剩余车款。随后，曹元利和李敬伪造5份虚假的警隆公司向魏丹借款400万元的借款协议和相应的收款收据，并由曹元利找其同学魏丹在有关借款协议及起诉状上签名，由李敬在相关借款协议上签名并盖警隆公司的公章。然后曹元利指使被告人刘军（广东三正律师事务所律师助理）作为魏丹的诉讼代理人，并与刘军一同持伪造的借款协议等材料到广东省肇庆市端州区人民法院（以下简称端州区人民法院）提起民事诉讼，并且被告人刘军作为魏丹的诉讼代理人在诉讼中冒充魏丹签名伪造了5份出借地说明并提供给端州区人民法院，导致端州区人民法院于2002年7月29日对相关的(2002)端经初字第427~431号民事诉讼作出了判决，判令警隆公司共归还400万元借款及利息给魏丹。同年9月间，端州区人民法院依判决要求车管所查封警隆公司名下的26辆汽车（其中有11辆属于李敬一车队和7辆属于杨湛雄二车队的斯太尔重型自卸汽车、8辆属于刘惠民三车队的解放汽车；二车队和三车队的车共价值3 484 064元）。同年9月9日，端州区人民法院扣押了警隆公司的12辆斯太尔汽车（其中1辆价值254 560元的粤A45383斯太尔汽车属于杨湛雄二车队，11辆共价值2 800 160元的斯太尔汽车属于李敬一车队）。其后曹元利指使被告人刘军以魏丹名义与李晖（另案处理）以警隆公司的名义于2002年10月16日通过法院签订了1份《执行处理车辆协议书》，将上述扣押的12辆斯太尔汽车以物抵债的形式抵给魏丹，并由被告人刘军将车领回交由曹元利和被告人邹汉东控制。其后，曹元利、被告人邹汉东将上述12辆汽车出租给梁汝林、罗伟权等人使用，从中获取租金。后由于杨湛雄申诉，端州区人民法院于2005年10月26日再审判决撤销(2002)端经初字第427~431号民事判决。警隆公司因没有参加年检于2004年10月14日被吊销营业执照。

[诉讼]

起诉：李敬、邹汉东共同构成合同诈骗罪，刘军构成帮助伪造证据罪。

辩护：李敬认为其行为不构成犯罪。其辩护人认为公诉机关指控李敬犯合同诈骗罪没有事实及法律依据。首先，李敬没有逃匿，且警隆公司向斯太尔经营部购买汽车是用于经营，也是依合同取得汽车，不符合合同诈骗的五种情况；其次，虽然李敬和曹元利一起参与虚假诉讼，但按最高人民检察院及最高人民法院的答复，对伪造证据通过诉讼获取他人财物的，不以诈骗罪处罚。李敬的行为是符合虚假破产罪的构成要件，但是警隆公司及李敬、邹汉东的行为发生在该条法律生效前，故不应以犯罪处罚。

邹汉东认为其行为不构成合同诈骗罪，其事前没有与李敬密谋进行虚假诉讼，且没有收过车租。其辩护人认为公诉机关指控被告人邹汉东犯合同诈骗罪没有事实及法律依据，首先，被告人邹汉东主观上没有非法占有的目的，另外被告人邹汉东没有实施任何合同诈骗的行为，即使有虚假诉讼的行为，被告人邹汉东根据有关司法指导意见，也不构成合同诈骗罪；其次，被告人邹汉东的行为是符合虚假破产罪的构成要件，但是警隆公司及李敬、邹汉东的行为发生在该条法律生效前，故不应以犯罪处罚。

刘军认为其行为不构成犯罪。其辩护人认为被告人刘军无罪,辩称被告人刘军没有故意帮助当事人伪造证据,被告人刘军以魏丹名义写给端州区人民法院的出借地证明没有列入证据,并没有对端州区人民法院的判决造成影响。

一审判决:李敬、邹汉东通过伪造证据骗取法院民事裁判的行为所侵害的主要是人民法院正常的审判活动,不符合诈骗罪的犯罪构成。公诉机关指控李敬、邹汉东的行为构成合同诈骗罪,属适用法律不当,广州市越秀区人民检察院指控的罪名不能成立。李敬、邹汉东及其辩护人的相关辩护意见予以采纳。虽然李敬、邹汉东的行为不构成合同诈骗罪,但他们在此过程中指使他人作伪证,情节严重,其行为共同构成妨害作证罪。被告人刘军结伙帮助当事人伪造证据,情节严重,其行为构成帮助伪造证据罪。公诉机关指控被告人刘军犯帮助伪造证据罪的事实清楚,证据充分,罪名成立。被告人刘军是在同案人曹元利的指挥下参与作案,其在案中起次要作用,是从犯,对从犯应从轻处罚,公诉机关没有认定被告人刘军为从犯有误,经庭审后予以纠正。判决:李敬犯妨害作证罪,判处有期徒刑3年。被告人邹汉东犯妨害作证罪,判处有期徒刑3年。被告人刘军犯帮助伪造证据罪,判处有期徒刑1年6个月。

上诉:刘军不服,提起上诉。

二审判决:原审李敬、邹汉东无视国家法律,指示他人作伪证,情节严重,其行为均已构成妨害作证罪。上诉人刘军伙同他人帮助当事人伪造证据,情节严重,其行为已构成帮助伪造证据罪。上诉人刘军是在同案人曹元利的指使下参与犯罪,其在共同犯罪中仅起次要作用,是从犯,依法应从轻处罚。原审判决认定的事实清楚,证据确实、充分,定罪和适用法律准确,对原审李敬、邹汉东的量刑适当,审判程序合法,应予维持。鉴于上诉人刘军所伪造的证据对端州区人民法院民事判决的结果不起决定性作用及其在共同犯罪中是从犯等法定、酌定从轻处罚情节,对其免于刑事处罚。原审对上诉人刘军判处有期徒刑1年6个月不当,应予纠正。对于上诉人刘军及其辩护人提出的刘军没有主观故意的意见,经查,刘军作为一名法律工作者,在没有委托人明确授权及意思表示的情况下,以委托人的名义出具借款地说明,并冒充委托人的签名,其伪造证据的主观故意明显,故上诉人及辩护人的意见据理不足,不予采纳。判决:维持对原审李敬、邹汉东的定罪、量刑部分及对上诉人刘军的定罪部分。上诉人刘军犯帮助伪造证据罪,免于刑事处罚。

[研习]

1. 魏丹、李晖等人在虚假的民事诉讼中,假称自己为原告人和当事人,虚构不存在的债权债务关系,其行为如何定性?可否构成伪证罪?

2. 李敬、邹汉东、曹元利等人,指使魏丹、李晖等人在虚假的民事诉讼中作虚假证言,其行为如何定性?

3. 刘军作为魏丹的诉讼代理人,在虚假的民事诉讼中冒充魏丹签名伪造了5份出借地说明,并提供给端州区人民法院,其行为如何定性?可否构成诉讼代理人伪造证据罪?

案例五:陈某、欧阳某等掩饰、隐瞒犯罪所得案[1]

[案情]

1. 2012年3月至4月,陈某与黑客"轻工哥""一条枪"在网上相识,明知对方是"挂QQ"的(即利用木马程序非法侵入他人计算机系统窃取QQ号码),仍然于2012年4月至2013年4月间,以每信(1万个QQ号码)1000元的价格多次收购对方提供的QQ号码。随后,陈某将购进的QQ号码,以每信400元至650元不等的价格重复多次销售给他人,违法所得8万余元。

2. 2012年5月至2013年5月间,欧阳某明知上家"VIP小光"等人的QQ号码是盗窃所得,仍然以每信8元至20元不等的价格多次收购对方提供的QQ号码。随后,欧阳某将购进的QQ号码重新整理,以每信10元至20元不等的价格重复多次销售给他人,违法所得5万余元。

[诉讼]

判决:陈某、欧阳某明知他人提供的QQ号码是非法侵入他人计算机信息系统所获取的数据而购买,其行为均已构成掩饰、隐瞒犯罪所得罪。判处陈某有期徒刑4年,并处罚金10万元;欧阳某有期徒刑3年,并处罚金6万元。

[研习]

认定构成掩饰、隐瞒犯罪所得罪的根据是什么?

案例六:贾庆显等掩饰、隐瞒犯罪所得收益案[2]

[案情]

2007年1月以来,刘某、沈某、石某等人(均为不满14周岁的未成年人)在平顶山市新华区西高皇村南侧湛河堤处用钢锯盗割平顶山市网通公司通信电缆后,将通信电缆的皮剥掉,把铜芯卖给在该村收废品的贾庆显、贾连仁父子。经平顶山市价格认证中心鉴定,收购电缆价值为320元。2007年9月1日,公安机关人员接群众举报后,将贾庆显、贾连仁抓获。

---

[1] 曹东方:"陈某、欧阳某等掩饰、隐瞒犯罪所得案——收购他人非法获取的计算机信息系统数据并出售的行为应如何认定?"【第1102号】,载《刑事审判参考》总第104集。
[2] 最高人民法院中国应用法学研究所编:《人民法院案例选》2009年第2辑(总第68辑),中国法制出版社2009年版,第2页。

[诉讼]

河南省平顶山市新华区人民法院认为：贾庆显、贾连仁明知是赃物而予以收购，其行为已构成掩饰、隐瞒犯罪所得收益罪。平顶山市新华区人民检察院指控被告人贾庆显、贾连仁犯掩饰、隐瞒犯罪所得收益罪的罪名成立，予以支持。被告人贾庆显、贾连仁对公诉机关指控其犯掩饰、隐瞒犯罪所得收益罪的事实供认不讳。鉴于案发后被告人贾庆显、贾连仁认罪态度较好，且系初犯，并能积极缴纳罚金，犯罪情节较轻，可酌情从轻处罚。判决：被告人贾庆显犯掩饰、隐瞒犯罪所得收益罪，判处拘役6个月，缓刑6个月，并处罚金1000元。被告人贾连仁犯掩饰、隐瞒犯罪所得收益罪，判处拘役5个月，并处罚金1000元。

宣判后，被告人未上诉，公诉机关未抗诉，判决已生效。

[研习]

1. 刘某、沈某、石某等人实施的行为系何性质，是否构成犯罪？如其已满16周岁，构成何罪？

2. （1）掩饰、隐瞒犯罪所得、犯罪所得收益罪中的"犯罪所得"是为何意？

（2）"犯罪所得"可否包括本案未满14周岁的未成年人的盗窃行为所得？

（3）如果刘某、沈某、石某等人盗窃一般财物价值为320元，则该所得是否为"犯罪所得"？

3. 掩饰、隐瞒犯罪所得、犯罪所得收益罪中的"犯罪所得"与"犯罪所得收益"有何区别？本案被告人贾庆显、贾连仁应定何罪名？

案例七：袁某某信用卡诈骗，张某某掩饰、隐瞒犯罪所得案[1]

[案情]

2012年5月23日11时许，袁某某在城东市场门口处拾得章某某遗失的中国建设银行的银行卡及留有银行卡密码的纸条，随后在自动取款机上分多次共取走银行卡内现金20 000元，回家后交由其妻张某某保管。张某某明知是犯罪所得的赃款，仍将部分钱款用于出借他人及家庭开支，部分存入其个人银行账户内。案发后，张某某主动向公安机关投案，赃款已全部退还给被害人。

[诉讼]

判决：袁某某的行为构成信用卡诈骗罪，判处拘役6个月，缓刑1年，并处罚金2万元。

张某某的行为已构成掩饰、隐瞒犯罪所得罪，因系自首，犯罪情节轻微，不需要判处刑罚，依法免予刑事处罚。

---

[1] 张勤："袁某某信用卡诈骗，张某某掩饰、隐瞒犯罪所得案——'亲亲相隐'情形如何量刑及掩饰、隐瞒犯罪所得、犯罪所得收益罪罪名的适用"【第1095号】，载《刑事审判参考》第104集。

[研习]
1. 为何对张某某免于刑事处罚？
2. 袁某某为何构成信用卡诈骗罪？

案例八：汪照洗钱案[1]

[案情]
汪照于2001年底认识区丽儿（另案处理）后，在明知区丽儿的弟弟区伟能（另案处理）从事毒品犯罪并想将其违法所得转为合法收益的情况下，于2002年8月伙同区丽儿、区伟能到本市黄埔区广东明皓律师事务所，以区伟能、区丽儿的港币520万元（其中大部分为区伟能毒品犯罪所得）购入广州百叶林木业有限公司60%的股权。被告人汪照协助区伟能运送毒资作为股权转让款。在取得公司控股权后，区丽儿、区伟能安排将该公司更名为广州市腾盛木业有限公司，由区丽儿任该公司法定代表人，直接管理财务。被告人汪照挂名出任该公司董事长，除每月领取5000元以上的工资外，区丽儿、区伟能还送给被告人汪照一辆M1320越野奔驰小汽车。之后，腾盛木业有限公司以经营木业为名，采用制造亏损账目的手段，掩饰、隐瞒其违法所得的来源与性质，意图将区伟能的毒品犯罪所得转为合法收益。2003年3月16日，被告人汪照及同案人被公安人员抓获。

[诉讼]
起诉：洗钱罪。
辩护：汪照辩称，不知道区伟能的投资款是毒资，也不清楚区丽儿做虚假报账。其辩护人提出：本案的证据不足，被告人不构成洗钱罪；构成洗钱罪须以被告人对于毒品犯罪的违法所得具有明知为前提，根据被告人的供述，被告人仅仅是基于分析和判断而认为投资款是毒资，所以不能认定被告人具有主观明知，而且只有被告人的供述也不足以认定被告人犯洗钱罪；如本案有同案人，应属共同犯罪，在其他同案人未被认定的情况下不能就此认定被告人构成洗钱罪。
审判：汪照受他人指使，为获得不法利益，明知是他人毒品犯罪的违法所得，仍伙同他人以毒资投资企业经营的方式，掩饰、隐瞒该违法所得的非法性质及来源，其行为妨害了我国的金融管理秩序，已构成洗钱罪。被告人汪照曾因犯罪被判处有期徒刑，刑罚执行完毕后5年内再犯罪，是累犯，本应从重处罚。被告人汪照在共同犯罪中起辅助作用，是从犯，依法应当从轻处罚。被告人汪照的辩解及其辩护人的辩护意见依据不足，本院不予采纳。依照《中华人民共和国刑法》第191条第5项、第65条、第27条之规定，判决如下：被告人汪照犯洗钱罪，判处有期徒刑1年

---

[1] 最高人民法院刑二庭刘一守撰稿，杨万明审编："汪照洗钱案——洗钱罪主观明知要件的理解与认定。"【第286号】，载《刑事审判参考》总第37集。

6个月，并处罚金 275 000 元。

一审宣判后，被告人未上诉，公诉机关亦未抗诉，判决发生法律效力。

[研习]

1. 在本案中，根据被告人汪照的供述，区丽儿并未告诉被告人汪照该笔款项系毒资，被告人仅仅是基于分析和判断而认为投资款是毒资。对此，可否认定被告人对于犯罪对象的性质明知、具有洗钱罪的故意？

2. 本案中区丽儿、区伟能是否构成洗钱罪？

3. 被告人汪照是否触犯掩饰、隐瞒犯罪所得、犯罪所得收益罪，窝藏、转移、隐瞒毒赃罪？如何宣判罪名？

案例九：姜某掩饰、隐瞒犯罪所得案[1]

[案情]

姜某明知是其丈夫黄某乙（已判刑）受贿所得的现金 40 万元、银行卡等物品，而将其藏匿在青岛市城阳区某社区别墅家中。同年 3 月 8 日，黄某乙案发后，姜某将上述 40 万元、银行卡 51 张及黄某乙收受孙某贿赂的港币 10 万元等物品从家中取走，后交给黄某甲（另案处理）。经查，其中 30 张银行卡系黄某乙收受他人贿赂的赃款，共计 32.2 万元。

[诉讼]

判决：姜某明知是他人的受贿犯罪所得而予以窝藏、转移，其行为已构成掩饰、隐瞒犯罪所得罪，且价值 72.2 万元、港币 10 万元，属情节严重，应依法惩处。因其有坦白、积极退赃情节，认罪、悔罪态度好，可对其酌情从轻处罚并适用缓刑。判处姜某有期徒刑 3 年，缓刑 3 年，并处罚金 20 万元。

[研习]

受贿罪是洗钱的上游犯罪，为何不定洗钱罪？

案例十：孙善凯、刘军、朱康盗窃案[2]

[案情]

2013 年 10 月左右，孙善凯在瑞声公司附近的居民区张贴"回收电子元件"的广告。刘军据此联系到孙善凯。孙善凯先后从刘军提供的扬声器、受话器样品（系瑞

---

[1] 曹东方："姜某掩饰、隐瞒犯罪所得案——如何区分掩饰、隐瞒犯罪所得罪与洗钱罪"【第1103号】，载《刑事审判参考》总第104集。

[2] 陆建红、张静："孙善凯、刘军、朱康盗窃案——事先承诺收购指定的特殊产品并在事后低价收购的行为如何定性"【第1100号】，载《刑事审判参考》总第104集。

声公司生产的产品）中指定专门型号收购。确定收购型号后，刘军、朱康于 2012 年 12 月至 2013 年 1 月间，先后在瑞声公司单独或者共同盗窃作案，窃得扬声器、受话器共计价值 146 027 元，均由孙善凯收购。刘军涉案金额为 125 738 元，朱康涉案金额为 36 339 元，孙善凯涉案金额为 146 027 元。

[诉讼]

起诉：盗窃罪。

辩护：孙善凯辩解称其行为性质属于收赃。

一审判决：刘军犯盗窃罪，判处有期徒刑 5 年，并处罚金 2 万元。孙善凯犯盗窃罪，判处有期徒刑 3 年，并处罚金 2 万元。朱康犯盗窃罪，判处有期徒刑 1 年 9 个月，缓刑 2 年，并处罚金 1 万元。理由：刘军、孙善凯盗窃数额巨大，朱康盗窃数额较大。在共同犯罪中，被告人刘军、朱康为盗窃实行犯，起主要作用，系主犯；被告人孙善凯在共同犯罪中起辅助作用，系从犯，依法应当从轻处罚。刘军是累犯，应当从重处罚。

关于孙善凯不是盗窃共犯而是收赃的辩护意见，经查，孙善凯在刘军为其提供瑞声公司的样品时，明知一般人不可能合法拥有本案涉案财物（本案赃物系被害单位瑞声公司根据需求商的要求生产的手机内部零部件，只定向销售，一般人无法大量拥有）的情况下，仍向刘军、朱康指定专门的型号并承诺收购，其行为对刘军、朱康等人的盗窃犯意具有鼓励、支持等强化作用，形成默契的"合作关系"，属事前通谋行为，应以盗窃共犯论处。

上诉：孙善凯以不是盗窃而是收赃为由上诉。

二审裁定：刘军、朱康按照孙善凯确定的型号共同或单独多次盗窃瑞声公司手机扬声器、受话器，带出公司后电话通知孙善凯开车至瑞声公司附近拉货。孙善凯明知刘军、朱康出售给其的手机扬声器、受话器为瑞声公司所有，不可能为刘军、朱康个人合法持有，仍在事前商定收购的型号，事后至瑞声公司围墙外接收赃物，与原审被告人刘军、朱康的盗窃行为属事前预谋，事后辅助，因此系盗窃罪的共犯。故该上诉理由不能成立，不予采纳。裁定驳回上诉，维持原判。

[研习]

为何认定孙善凯的收赃行为构成盗窃罪共犯？

案例十一：侯某某掩饰、隐瞒犯罪所得案[1]

[案情]

2014 年 6 月 15 日 15 时许，侯某某和张某某（另案处理）在某大学校区巡逻时，

---

[1] 陆建红："侯某某掩饰、隐瞒犯罪所得案——保安将巡逻时抓获的盗窃犯罪分子盗窃所得物据为己有的行为如何定性？"【第 1114 号】，载《刑事审判参考》总第 104 集。

将实施盗窃的刘某（另案处理）抓获。在把刘某带往保卫处的途中，侯某某和张某某将刘某盗窃杨某之的一部手机 iPhone5 据为己有，经鉴定该手机价值 3006.67 元。现赃物未起获。次日，侯某某主动向公安机关投案，并如实供述了上述犯罪事实。后侯某某在家属的帮助下赔偿杨某之 7000 元。

[诉讼]

判决：被告人侯某某明知系犯罪所得的赃物仍予以掩饰、隐瞒，其行为已构成掩饰、隐瞒犯罪所得罪，应予惩处。因其系自首且已赔偿失主的相关经济损失，故判处侯某某有期徒刑 6 个月，缓刑 1 年，并处罚金 2000 元。

[研习]

1. 侯某某的行为是否成立掩饰、隐瞒犯罪所得罪？
2. 侯某某的行为是何性质？

案例十二：龙某某拒不执行判决案[1]

[案情]

2006 年 8 月 4 日，北京市朝阳区人民法院作出（2006）朝民初字第 7142 号民事判决，判令龙某某与沈某某连带赔偿罗某某因交通事故致其二级伤残的医疗费、残疾赔偿金、精神损害赔偿金等损失共计 19 万余元。判决生效后于 2007 年进入执行程序。在执行过程中，龙某某曾到执行庭表示给其 1 个月时间，但其逾期未到庭并失去联系。法院将执行通知、财产报告令及传票一并交与龙某某的姐姐代为转交，龙某某承认已收到前述法律文书，但未按要求申报财产，亦未履行生效判决确定的给付义务。在案件执行期间，龙某某名下有轿车，且有一定的经济收入。2016 年 10 月 8 日，龙某某因拒不履行生效判决确定的义务被法院决定司法拘留 15 日。司法拘留后，龙某某仍未履行生效判决确定的给付义务，直至同年 12 月 14 日经法院通知到案被逮捕。

[诉讼]

罗某某自诉：拒不执行判决罪。

辩护：没有财产可供执行，不构成犯罪。

判决：龙某某负有执行义务，有能力执行而拒不执行人民法院生效判决，情节严重，其行为已构成拒不执行判决罪，判处有期徒刑 6 个月。关于其没有财产可供执行的辩解，经查，在生效判决执行期间，龙某某名下有车辆，且有一定的经济收入，自述曾出境旅游、赌博。履行能力的大小不能等同于履行能力的有无，即使其没有能力一次性履行全部给付义务，也可以分次履行或者部分履行，但龙某某无视

---

[1] 付想兵、王向明："龙某某拒不执行判决案——如何理解拒不执行判决、裁定罪中的'有能力执行'？"【第 1204 号】，载《刑事审判参考》总第 110 集。

人民法院的生效判决，既不申报财产也未履行任何给付义务，属于有能力执行而拒不执行生效判决，对该辩解不予采纳。龙某某属于拒不执行支付医疗费用等判决，对其酌予从重处罚。鉴于龙某某经通知到案，到案后对犯罪行为能够如实供述，对其予以从轻处罚。

[研习]
1. 拒不执行判决罪之"有能力执行"应如何认定？
2. 如何认定"有能力执行"的时间节点？

案例十三：何弦、汪顺太非法处置扣押的财产案[1]

[案情]

2011年12月，何弦与其丈夫翁宝祥共同购买黑色丰田锐志轿车一辆，价税合计21万余元，并用该车抵押向银行借款15万元，钟某某为保证人。2013年1月15日，翁宝祥因贩卖毒品被公安人员抓获，该黑色丰田锐志轿车因涉案被扣押。南京银行催还借款，准备起诉保证人钟某某，何弦想要取回被扣押的车辆，便找到其丈夫翁宝祥的狱友汪顺太帮忙。汪顺太答应帮忙找人取回车辆，但汪顺太找的人并没有给出明确答复。

2013年2月22日9时许，何弦、汪顺太来到公安局后院内，在未办理任何返还涉案车辆手续的情况下，用该车另外一把钥匙将停放在涉案车辆车棚内的翁宝祥被扣押的车开走。后二人被公安人员抓获。2013年5月24日，何弦依法将该车领回。

[诉讼]

起诉：盗窃罪。

判决：非法处置扣押的财产罪。判处何弦有期徒刑2年，缓刑2年6个月。汪顺太系累犯，判处有期徒刑2年。

抗诉：同时触犯两个罪名即盗窃罪和非法处置扣押的财产罪，应按照想象竞合犯从一重罪处理，即应定盗窃罪。

二审：维持原判。理由："何弦找汪顺太帮忙拿回车辆，目的是把车交给银行抵债。本案案发时间较短，行为人还没有向公安机关索赔的行为，也缺乏判断行为人是否具有非法占有目的的其他证据，且案发后何弦依法领回了该车辆。因此，认定被告人具有非法占有目的的证据不足，两被告人的行为不构盗窃罪。"[2]

---

[1] 王长河、罗明华："何弦、汪顺太非法处置扣押的财产案——盗取自己被公安机关扣押的车辆应如何定性？"【第1177号】，载《刑事审判参考》总第108集。

[2] 王长河、罗明华："何弦、汪顺太非法处置扣押的财产案——盗取自己被公安机关扣押的车辆应如何定性？"【第1177号】，载《刑事审判参考》总第108集。

[研习]
1. 本判决是否意味着窃取本人所有他人合法占有的财物不成立盗窃罪?
2. 汽车涉毒品犯罪,是否应当作为犯罪工具没收?

案例十四:陈维仁等脱逃案[1]

[案情]
陈维仁于1994年3月7日因赌博被收审,在关押期间,县检察院以其有诈骗行为批准逮捕,关押在宿松县看守所10号监房。县检察院认定的诈骗事实源于陈维仁与他人进行棉花交易拖欠货款的事实,但在陈维仁被关押9个多月期间,县检察院始终没有对其行为提起公诉。

同年12月的一天,同监在押人董峥荣提出挖洞逃跑,陈维仁表示同意并主动说可以把挖洞的工具搞进来。12月18日,陈维仁之妻张萍前来探视,陈密告张萍自己准备逃跑,要张设法将铁锹、钢钎等挖洞工具带进看守所交陈。张萍因害怕而未同意。两天后,张萍和女儿陈琼(15岁)再次探视陈维仁时,陈再次提出要张送工具来,并称不送工具就自杀。张萍只好答应,并随后在铁匠店打了铁锹一把、钢钎一根并购买了电筒、电池、灯泡、蜡烛等物品。12月24日,张萍将上述物品及500元偷偷带进看守所交给陈维仁。次日早饭后,10号监房所有在押人在陈维仁的组织下开始轮班日夜挖洞。其间,陈维仁又收买在押人桂自表,让其购买了4包蜡烛用于挖洞时照明。至12月28日凌晨4时许,挖通了一条6.5米长的地道通向狱外。陈维仁和该监房其他11名在押人通过此地道全部脱逃。陈维仁脱逃后找到张萍,二人分别在湖北、江西、广东等地躲藏,至1995年3月30日在深圳被抓获归案。陈维仁脱逃后还出钱资助过同时脱逃的吴国军、孙木林等罪犯。

在陈维仁脱逃又被捕获后,县检察院就陈维仁在上述经济活动中的行为是否构成犯罪问题进行了调查并请示安庆市人民检察院,安庆市人民检察院经研究后批复:陈维仁脱逃前在经济纠纷中的行为不构成诈骗罪。

[诉讼]
一审判决:检方起诉的陈维仁脱逃、张萍帮助陈维仁等脱逃的事实存在。根据1979年《刑法》第161条"依法被逮捕、关押的犯罪分子脱逃的,除按其原犯罪行判处或者按其原判刑期执行外,加处5年以下有期徒刑或者拘役。以暴力、威胁方法犯前款罪的,处2年以上7年以下有期徒刑"的规定,被告人陈维仁脱逃前的行为,检察机关未予起诉,也未经人民法院判决定罪,因此对陈维仁不能认定为1979年《刑法》第161条规定的"犯罪分子",也就是说,其不具备脱逃犯罪的主体资

---

[1] 天平撰稿,李燕明审编:"陈维仁等脱逃案——无罪被错捕羁押的人伙同他人共同脱逃是否构成脱逃罪?"【第93号】,载《刑事审判参考》总第14集。

格；张萍在陈维仁逼迫下送作案工具，其目的是帮助陈脱逃，故陈维仁、张萍的行为均不构成脱逃罪。依照1979年《刑法》第161条的规定，于1996年10月21日判决如下：被告人陈维仁、张萍无罪。

一审抗诉：检方以一审判决定性不准为由提出抗诉。

二审裁定：陈维仁不具备脱逃罪的主体资格，不构成脱逃罪，而帮助其脱逃的张萍也就不构成犯罪，遂裁定驳回抗诉，维持原判。

二审抗诉：安徽省人民检察院认为，一、二审判决、裁定确有错误，陈维仁的行为构成脱逃罪的共犯和主犯，张萍系共同脱逃犯罪的帮助犯，均构成犯罪，故按照审判监督程序向安徽省高级人民法院提出抗诉。

再审：原一、二审认定的事实清楚，证据确实、充分。关于原审被告人陈维仁脱逃前的行为是否构成犯罪的问题，经查，陈维仁是因赌博行为被收审的，在关押期间，被县检察院以其有诈骗行为批准逮捕。检察机关认定的诈骗事实源于陈维仁与他人进行棉花交易拖欠货款的事实，但在陈维仁被关押9个多月期间，检察机关始终没有对其行为提起公诉。在陈维仁脱逃又被捕获后，县检察院就陈维仁在上述经济活动中的行为是否构成犯罪问题进行了调查并请示安庆市人民检察院，安庆市人民检察院经研究后批复：陈维仁脱逃前在经济纠纷中的行为不构成诈骗罪。关于陈维仁在本案中的作用，经查，此次脱逃的犯意是董峥荣首先提出的，但实施脱逃过程中，陈维仁主动提供工具，甚至以死相威胁要求其妻将工具带进看守所内；在实施中，由陈维仁确定挖洞的方向，隐藏土方的方法，安排、分配施工人员和施工班次以及确定脱逃后的躲藏地，还出钱资助部分逃犯躲藏。因此，陈维仁在此次脱逃犯罪中起重要作用。关于脱逃造成的后果，经查，共11名犯罪嫌疑人脱逃，后捕获5名，自首的2名，仍然在逃的3名。被捕获的和自首的经审判均被判处有期徒刑；在逃的3名犯罪嫌疑人中，涉嫌犯抢劫罪的1名、涉嫌犯故意伤害罪的1名、涉嫌犯销赃罪的1名。

法院认为，陈维仁虽然不具备脱逃罪的主体资格，但其为主积极组织、策划、资助其他人犯共同脱逃，造成与其共同关押的11名犯罪分子全部脱逃的严重后果，其行为构成脱逃罪的共犯，应依法追究刑事责任。鉴于陈维仁作案前系被错误关押等情节，故在量刑时应当对其从轻处罚。原审被告人张萍明知陈维仁准备脱逃，还为其提供工具，对陈维仁等人得以脱逃负有责任，也应认定为脱逃罪的共犯。鉴于张萍是被胁迫参与犯罪的，对其可定罪免刑。遂判决：撤销安庆市中级人民法院刑事裁定书和宿松县人民法院判决书；原审被告人陈维仁犯脱逃罪，判处有期徒刑2年，缓刑3年；原审被告人张萍犯脱逃罪，免于刑事处分。

［研习］

1.（1）1997年《刑法》规定的脱逃罪主体为何？与1979年《刑法》规定的脱逃罪主体有何区别？

（2）本案中陈维仁被错捕羁押，若其单独逃脱，按行为时的刑法（1979年《刑法》）是否构成脱逃罪，按审判时的刑法（1997年《刑法》）是否构成脱逃罪？

2. 陈维仁可否构成董峥荣等人脱逃罪的帮助犯？

第三节 妨害国（边）境管理罪

案例：杨崇贤等人涉嫌运送他人偷越国境罪[1]

[案情]

被告人杨崇贤，台湾省台北市人。被告人汤姆（TOM TUNG），美利坚合众国国籍，持用037190485号美国护照。被告人杨才杰，澳门特别行政区人，持有E-831828号葡萄牙护照。

1999年12月12日9时许，杨崇贤、汤姆、杨才杰等人在北京首都国际机场内，由杨崇贤利用向他人所借的3张首都机场贵宾VIP卡将陈登松（男，25岁，福建省连江市人）、林尚耀（男，28岁，福建省长乐市人）送至该机场候机厅内，后汤姆、杨才杰二人使用各自的护照按登机手续进入国际候机厅。后将各自所办理的前往美利坚合众国、英国的机票、登机牌与陈登松、林尚耀的VIP贵宾卡交换，陈登松乘UA852航班出境到达日本转机时，被日本警方查获，将陈登松于12月13日晚遣返中国北京；林尚耀在当日欲乘CA937航班飞机前往英国时及护送其出境的杨崇贤、汤姆、杨才杰被当场抓获。

[诉讼]

一审判决：杨崇贤、汤姆、杨才杰为牟取非法利益，违反我国出入境管理法规，结伙并积极参与运送他人偷越国境，其行为已构成运送他人偷越国境罪，应依法惩处。故认定杨崇贤犯运送他人偷越国境罪，判处有期徒刑3年，并处罚金30 000元；汤姆犯运送他人偷越国境罪，判处有期徒刑2年，并处罚金20 000元，继续追缴被告人汤姆的非法所得8000元，附加驱逐出境；杨才杰犯运送他人偷越国境罪，判处有期徒刑1年6个月，并处罚金15 000元。

上诉：杨崇贤提出，其没有积极参与犯罪，原判量刑过重。其辩护人认为，杨崇贤是受他人指使协助运送他人偷越国境的行为，没有以营利为目的，其犯罪手段一般，又系初犯，请求二审法院予以从轻处罚。汤姆上诉提出，其因受骗才进行了犯罪行为，不懂中国法律，原判量刑过重。其辩护人认为，汤姆在本案中未起主要作用，应定为从犯，其犯罪主观恶性不深，未造成严重后果，系初犯。杨才杰上诉提出，原判与事实不符。其辩护人认为，一审判决认定杨才杰犯运送他人偷越国境罪的事实不清，证据不足，杨才杰对偷渡一案主观上不明知，客观上没有实施运送

---

[1] 北京市高级人民法院（2000）高刑终字第655号刑事裁定书。

他人偷越国境的行为，原判对其有罪的认定不能成立。

二审裁定：杨崇贤、汤姆、杨才杰为牟取非法利益，违反我国出入境管理法规，结伙并积极参与运送他人偷越国境，其行为已构成运送他人偷越国境罪，依法应予惩处。杨崇贤所提的上诉理由及其辩护人所提的辩护意见、汤姆所提的上诉理由及其指定辩护人所提的辩护意见、杨才杰所提的上诉理由及其辩护人所提的辩护意见均缺乏事实及法律依据，故杨崇贤、汤姆、杨才杰的上诉理由不能成立，应予驳回，其辩护人的意见，本院不予采纳。原审人民法院根据杨崇贤、汤姆、杨才杰犯罪的事实、犯罪的性质、情节和对于社会的危害程度所作的判决，定罪及适用法律正确，量刑适当，审判程序合法，应予维持。驳回上诉，维持原判。

[研习]

1. 陈登松、林尚耀二人的行为如何认定？

2.（1）运送他人偷越国（边）境罪中的"运送"为何种含义？运送他人偷越国（边）境罪、组织他人偷越国（边）境罪、偷越国境罪三罪有何区别？

（2）杨崇贤、汤姆、杨才杰三人的行为如何定性？可否构成组织他人偷越国境罪？可否构成偷越国境罪的帮助犯？或者构成提供虚假的出境证件罪？

（3）一审法院为何认定三人构成运送他人偷越国境罪？如何评价？

第四节 妨害文物管理罪

案例：刘大力、曹振庆、赵殿永等盗掘古文化遗址、倒卖文物、转移赃物案[1]

[案情]

2004年底，刘大力为牟取非法利益，产生盗掘天津市蓟县白塔寺地宫内文物之念，并于同年12月在白塔寺西墙外承租了一间带小院的平房。2005年6月至7月间，刘大力将盗掘白塔寺地宫内文物的想法告知被告人赵学海、赵殿永，赵学海、赵殿永表示同意，而后联系了被告人曹振庆，共同密谋犯罪方案，商定由刘大力、赵殿永出资购置作案工具，曹振庆负责技术指导、组织人员，赵学海提供汽车及白塔寺的相关资料。之后，曹振庆纠集了被告人亓孝军、王安民等数名盗掘人员，赵殿永纠集被告人韩连亚并伙同刘大力一起购置了水泵、鼓风机、铁锹、照明灯等作案工具。随后，亓孝军、王安民伙同其他盗掘人员，在刘大力事先租赁的平房院内先挖竖井，再挖掘由此通向白塔寺地宫的水平地道。挖掘期间，刘大力在现场进行指挥，曹振庆提供技术指导，赵殿永、韩连亚负责送饭并望风，被告人曹伟则多次

---

[1] 该案一审由天津市第一中级人民法院审理，二审由天津市高级人民法院审理。

单独或伙同赵殿永到白塔寺附近探听能否听到挖洞的声音。同年8月上旬，上述被告人从白塔寺地宫内盗出辽代石雕涅槃像、金属舍利塔、佛坐像、白釉瓷立狮、青铜法器、瓷器及水晶玉石、珠子等大量文物，并在刘大力的指挥下，使用赵学海提供的车辆将所盗文物运送到刘大力的亲属家藏匿。为便于变卖，曹振庆提出购买数码相机对上述文物进行拍照。之后，曹伟使用赵殿永购买的数码相机对上述文物进行拍摄。

2005年8月至9月间，被告人刘大力为销赃联系到被告人申小虎、周长安，并经两人介绍将大部分文物卖给一陈姓男子（现在逃），获赃款220万元。各被告人在刘大力的主持下进行分赃，刘大力得赃款60余万元，被告人曹振庆得赃款22万元，被告人赵殿永得赃款31万元，被告人赵学海得赃款23万元，被告人亓孝军得赃款12万元，被告人韩连亚得赃款16万元，被告人申小虎、周长安得赃款10万元，剩余赃款分给其他盗掘人员。分赃后，刘大力将尚未卖出的小件文物藏匿于自己家中。案发后，公安机关将上述被告人抓获归案。周长安归案后，协助公安机关将申小虎抓捕归案。

2006年1月4日下午，被告人刘大力被公安机关抓获后，其妻张海峰明知家中藏有刘大力盗掘所得文物，仍指使被告人邵文强将文物转移。次日凌晨，公安机关将张海峰、邵文强抓获归案。

[诉讼]

起诉：被告人刘大力、曹振庆、赵殿永、赵学海、亓孝军、韩连亚、曹伟、王安民犯盗掘古文化遗址罪，被告人申小虎、周长安犯销售赃物罪（现为掩饰、隐瞒犯罪所得罪），被告人张海峰、邵文强犯转移赃物罪（现为掩饰、隐瞒犯罪所得罪）。

一审判决：刘大力、曹振庆、赵殿永、赵学海、亓孝军、韩连亚、曹伟、王安民为牟取非法利益，违反国家文物保护法规，盗掘列入省级文物保护单位的古文化遗址，并盗窃遗址内的珍贵文物，其行为均已构成盗掘古文化遗址罪，且情节严重；张海峰、邵文强为掩盖刘大力的犯罪行为，明知是刘大力犯罪所得赃物而予以转移，其行为均已构成转移赃物罪（现为掩饰、隐瞒犯罪所得罪）。申小虎、周长安明知涉案文物系赃物而帮助销售，其行为符合销售赃物罪（现为掩饰、隐瞒犯罪所得罪）的主要特征。但鉴于涉案物品系国家禁止买卖的文物，故对申小虎、周长安以倒卖文物罪定罪处罚。申小虎、周长安以牟利为目的，积极联系买主，促成非法文物交易，且非法获利数额较大，其行为构成倒卖文物罪，公诉机关指控申小虎、周长安犯销售赃物罪（现为掩饰、隐瞒犯罪所得罪）不当。

刘大力犯盗掘古文化遗址罪，判处无期徒刑，剥夺政治权利终身，并处罚金60 000元；曹振庆犯盗掘古文化遗址罪，判处有期徒刑13年，剥夺政治权利2年，并处罚金30 000元；赵殿永犯盗掘古文化遗址罪，判处有期徒刑12年，剥夺政治权利2年，并处罚金30 000元；赵学海犯盗掘古文化遗址罪，判处有期徒刑10年，剥夺政治权利2年，并处罚金30 000元；亓孝军犯盗掘古文化遗址罪，判处有期徒刑9

年，并处罚金 10 000 元；韩连亚犯盗掘古文化遗址罪，判处有期徒刑 5 年，并处罚金 8000 元；曹伟犯盗掘古文化遗址罪，判处有期徒刑 3 年，并处罚金 2000 元；王安民犯盗掘古文化遗址罪，判处有期徒刑 3 年，并处罚金 2000 元；申小虎犯倒卖文物罪，判处有期徒刑 3 年，并处罚金 5000 元；周长安犯倒卖文物罪，判处有期徒刑 2 年 6 个月，并处罚金 5000 元，连同前罪所判处的刑罚有期徒刑 3 年，决定执行有期徒刑 5 年，并处罚金 5000 元；张海峰犯转移赃物罪（现为掩饰、隐瞒犯罪所得罪），判处有期徒刑 2 年，缓刑 2 年，并处罚金 1000 元；邵文强犯转移赃物罪（现为掩饰、隐瞒犯罪所得罪），判处有期徒刑 1 年，缓刑 1 年，并处罚金 1000 元。

上诉：曹振庆、赵学海、曹伟、周长安、申小虎不服判决并提起上诉。

二审裁定：上诉人曹振庆、赵学海、曹伟及原审被告人刘大力、赵殿永、亢孝军、韩连亚、王安民违反国家文物保护法规，以非法占有为目的，盗掘列入省级文物保护单位的古文化遗址，破坏古文化遗址，其行为均已构成盗掘古文化遗址罪，且将大部分所盗文物卖出无法追回，给国家造成重大损失，犯罪情节和后果特别严重。上诉人申小虎、周长安以牟利为目的，帮助刘大力等人倒卖国家禁止经营的文物，情节严重，其行为均已构成倒卖文物罪。原审被告人张海峰、邵文强明知是刘大力犯罪所得的赃物仍予以转移，其行为已构成转移赃物罪（现为掩饰、隐瞒犯罪所得罪）。于 2007 年 11 月 1 日裁定：驳回上诉，维持原判。

[研习]（以下问题根据现行刑法作答）

1. 刘大力等人盗掘古文化遗址，盗窃其中的文物，然后予以出售，其三项行为如单独评价应定何罪？这些罪名之间的关系如何？最终宣判的罪名为何？

2. 申小虎、周长安以牟利为目的，介绍刘大力将大部分盗窃所得的文物卖给他人，二人的行为应当如何定性？

3. 张海峰、邵文强明知是盗窃所得文物而转移，二人的行为应当如何定性？

第五节　危害公共卫生罪

案例：周兆钧被控非法行医案[1]

[案情]

1948 年，周兆钧毕业于上海国防医学院（现为第二军医大学），1949 年初至 1950 年 9 月在老家湖南省津市开办诊所。1950～1953 年在湖南省防疫大队从事医疗工作。1953 年 9 月获中央人民政府卫生部颁发的医师证书。1953～1968 年在湖南省

---

[1] 全国人大法工委刑法室副主任黄太云撰稿："周兆钧被控非法行医案——如何正确把握非法行医罪的主体要件？"【第 283 号】，载《刑事审判参考》总第 36 集。

结核病防治所当医师。1969~1979年在湖南省靖县人民医院当医师。1979年在靖县人民医院退休后居住在长沙市大古道巷。1987~1993年，经卫生部门颁发行医执照自办诊所行医。1993年因房屋拆迁及年老原因向长沙市社会医疗管理委员会申请个体诊所停业，并上交了行医执照。1998年10月，长沙市天心区城南路街道办事处县正街居委会出面请周兆钧为居委会开办医疗室，并购进了一些常用药品。但因未能获得天心区卫生局同意，1998年底，医务室停办。1998年底以后，周兆钧在家里为街道居民看病（病人主要以老人为主），不收挂号费，只收取药品费用（自带药品、针剂者不收费）。

2000年3月1日7时许，王建辉（女，65岁）因咳嗽多日，自带青霉素针剂来到周兆钧家里，周兆钧为王建辉做完皮试后，按操作规程为王建辉注射了自带的1支80万单位的青霉素针剂。约十几分钟后，周兆钧发现王建辉有青霉素过敏反应特征，立即为王建辉注射了10毫克"地塞米松"针剂（抗过敏用），见情况没有好转，又为王建辉注射了一支"副肾上腺素"针剂（升血压、抗休克用），并立即叫邻居李某某通知王建辉的大女儿杨美群来到周兆钧家。杨美群见状立即拨打"110""120"电话。9时15分，王建辉被送到湖南省人民医院抢救，9时32分，王建辉因呼吸循环衰竭而死亡。法医鉴定：王建辉因注射青霉素引起过敏性休克而急性死亡。以上事实，有法医鉴定结论、证人证言等证据予以证实。被告人周兆钧亦供认，足以认定。

[诉讼]
一审判决：周兆钧无视国家有关医生执业行医的管理规定，在未取得《医疗机构执业许可证》的情况下，非法行医，并造成就诊人死亡的结果，其行为已构成非法行医罪，应依法予以处罚。对附带民事诉讼原告人杨美群等的经济损失，亦应予以赔偿。遂判决：周兆钧犯非法行医罪，判处其有期徒刑10年，并处罚金1000元。

上诉：周兆钧以其行为不构成犯罪为由上诉至长沙市中级人民法院。

二审判决：周兆钧在未取得医疗执业资格的情况下非法行医，且造成他人死亡的后果，其行为已构成非法行医罪。周兆钧因其行为而给原审附带民事诉讼原告人造成的经济损失，应当承担民事赔偿责任。对周兆钧提出的其行为不构成犯罪的上诉理由，经查，上诉人周兆钧虽然从事医师工作三十余年，获得医师资格证书，并曾于1987年至1993年期间合法行医，但自1998年底至案发日，上诉人周兆钧在未取得《医疗机构执业许可证》的情况下擅自行医，是非法行医行为，故对其上诉理由不予采纳。原审审判程序合法，定罪准确，民事赔偿判决合理。原审判决适用《刑法》第336条并无不当。但考虑到上诉人周兆钧为被害人王建辉注射青霉素针剂，没有违反医疗操作规程，王建辉因注射青霉素过敏而死亡，其死亡具有一定的特殊性，综合考虑本案的具体情节及社会危害性，对周兆钧可在法定刑以下判处刑罚，原审对上诉人周兆钧判处10年有期徒刑，量刑过重。据此，依照（原）《刑事诉讼法》第189条第2项和《刑法》第336条第1款、第63条第2款之规定，判决上诉人周兆钧犯非法行医罪，判处有期徒刑2年，宣告缓刑3年，并处罚金1000元。根据《刑法》第63条第2款的规定层报最高人民法院核准。

湖南省高级人民法院经审查同意报请最高人民法院核准。

最高人民法院认为：周兆钧于1953年获中央人民政府卫生部颁发的医师证书，已具备了医师从业资格，并多年从事医疗活动，具有一定的医学知识和医疗技术。周兆钧自湖南省靖县人民医院退休后，从1998年10月起从事医疗活动，虽未经注册，未取得《医疗机构执业许可证》，但不属于《刑法》第336条规定的未取得医生执业资格的人。周兆钧给被害人王建辉注射青霉素针剂，没有违反技术操作规范，王建辉因青霉素过敏而死亡系意外事件，周兆钧不应承担刑事责任。一、二审判决定性不准，适用法律不当。依照《刑法》第16条的规定，判决如下：宣告被告人周兆钧无罪。

[研习]

1. 根据当前司法解释的规定，非法行医罪的主体为何？按照前述司法解释，本案中周兆钧是否取得医生执业资格？是否取得《医疗机构执业许可证》？是否属于非法行医罪的主体？

2. 周兆钧的行医行为与被害人王建辉的死亡结果之间是否存在刑法上的因果关系？

3. （1）如何评价四级法院的审判结论？
（2）如何依照《刑法》将周兆钧的行为出罪？

第六节　破坏环境资源保护罪

案例：李波盗挖城市行道树案[1]

[案情]

2010年8月至9月的一天，李波在未经管理部门批准许可的情况下，对从事苗圃生意的王夫兴（另案处理）谎称其已与交通局的领导打好招呼，可以处理某社区路段两侧的香樟树，并让王帮忙卖掉其中10棵。王夫兴遂联系到买家某苗圃场经营者周建东。2010年9月20日，周建东安排人员至上述路段挖走香樟树共计10棵，其中胸径40厘米的1棵、38厘米的2棵、28厘米的7棵，林木蓄积量共计5.1475立

---

[1] 江苏省无锡市中级人民法院孙炜、范莉撰稿，最高人民法院刑二庭苗有水审编："李波盗伐林木案——以出售为目的，盗挖价值数额较大的行道树的行为，如何定性？"【第785号】，载《刑事审判参考》总第86集。

方米，价值共计35 496元。

当日，李波在上述挖树现场偶遇从事苗圃生意的陆文贤，陆得知李波系得到相关领导同意后而处理香樟树，即向李波提出购买部分香樟树，李波表示同意。陆文贤又与范建民、王吾兵商定将上述路段的香樟树卖与范、王二人。2010年9月22日，范建民、王吾兵各自带领工人在上述路段挖树时被公安人员当场查获。案发时，范建民、王吾兵已开挖香樟树17棵，其中胸径30厘米的2棵、29厘米的6棵、28厘米的3棵、27厘米的5棵、26厘米的1棵，上述林木蓄积量共计6.901立方米，价值共计53 250元。案发后，王夫兴退赔被害单位3.2万元。

[诉讼]

起诉：李波犯盗伐林木罪。

判决：李波以非法占有为目的，通过欺骗方式利用他人盗挖国家所有的行道树，其行为构成盗窃罪。公诉机关指控李波犯盗伐林木罪的事实清楚，证据确实充分，但指控的罪名不当，应予改正。李波在实施其中一次犯罪过程中因意志以外的原因而未得逞，系犯罪未遂，可以比照既遂犯从轻、减轻处罚。李波归案后认罪态度较好，可酌情从轻处罚。判决：被告人李波犯盗窃罪，判处有期徒刑4年，并处罚金5000元。

[研习]

1. 盗伐林木罪中的犯罪对象"林木"指何意？本案行为对象城市中的行道树，是否属于"林木"？

2. 盗伐林木罪中的行为"盗伐"为何意？本案中的"盗挖"行为是否属于"盗伐"行为？

3. 盗伐林木罪和盗窃罪有何区别和联系？本案中被告人李波构成何罪？

4. 本案中，王夫兴、陆文贤、范建民、王吾兵等人的行为如何定性？其与被告人李波之间为何种关系？

第七节　走私、贩卖、运输、制造毒品罪

案例一：彭佳升贩卖、运输毒品案[1]

[案情]

事实一：2007年6月15日，彭佳升接受杜润龙（"龙哥"）、王贺生（均在逃

―――――――

〔1〕 最高人民法院刑三庭张滨生、段凰撰稿，最高人民法院刑三庭罗国良审编："彭佳升贩卖、运输毒品案——因运输毒品被抓获后又如实供述司法机关未掌握的贩卖毒品罪行不构成自首"【第593号】，载《刑事审判参考》总第71集。

的雇请，同意从广东省广州市运送冰毒和底粉（咖啡因）至河南省制作"麻古"，彭佳升收取了报酬 16 000 元。之后，彭佳升租来一辆轿车，将 6 包冰毒和 13 袋底粉藏入车尾箱内，并雇其朋友黄某某帮忙开车。同年 6 月 20 日 10 时，当彭佳升等人驾车驶至京珠高速公路湖南省境内羊楼司收费站时，被公安民警拦截检查，当场从车尾箱内查获 6 包甲基苯丙胺，净重 6000 克；咖啡因 13 包，净重 37 000 克。经鉴定，甲基苯丙胺的含量分别为：52.86%、57.76%、58.31%、59.80%、62.79%、64.23%。

事实二：2007 年 4 月 7 日及 6 月中旬，彭佳升先后两次在广东省广州市从谢伟荣（绰号"阿水"，另案处理）处购买毒品 K 粉（氯胺酮）共计 2800 克，分别卖给湖南省长沙市的"阿勇"（在逃）等人，获利 7000 元。

[诉讼]

起诉：贩卖、运输毒品罪。

辩护：彭佳升的辩护人的辩护意见为，彭佳升运输毒品是受他人指使，是从犯；彭佳升在被采取强制措施后主动向公安机关交代了自己贩卖毒品的事实，有自首情节，请求对其从轻处罚。

一审判决：彭佳升违反国家毒品管理法规，为获取非法利益，贩卖氯胺酮 2800 克，运输甲基苯丙胺 6000 克、咖啡因 37 000 克的行为构成贩卖、运输毒品罪。其贩卖、运输毒品数量巨大，应依法惩处。彭佳升在杜润龙支付报酬后，自行租车、邀约他人帮忙开车运输毒品，从其犯意的形成到行为的实施，均由其独立完成，不受杜润龙的支配、控制，故不属从犯。彭佳升在被采取强制措施后，虽如实供述了司法机关尚未掌握的其贩卖毒品的事实，但与司法机关已掌握的其运输毒品的事实属同种罪行，不属于自首。判决如下：被告人彭佳升犯贩卖、运输毒品罪，判处死刑，剥夺政治权利终身，并处没收个人全部财产。

上诉：彭佳升及其辩护人辩称彭佳升在运输毒品罪中系从犯，在贩卖毒品中有自首情节；检举了同案人谢伟荣，有立功情节。

二审及死刑复核：彭佳升没有协助公安机关抓获谢伟荣的行为，不构成立功。裁定驳回上诉，维持原判，并依法报请最高人民法院核准。最高人民法院依法作出核准被告人彭佳升死刑的裁定。

[研习]

1. 对于事实一，彭佳升受他人雇请，运输毒品，为何不认定为贩卖毒品罪的共同犯罪？

2. 对于事实一、事实二，彭佳升运输、贩卖不同种类的毒品，可否数罪并罚？犯罪数额如何计算？

3. 彭佳升在因运输毒品被采取强制措施后主动向公安机关交代了自己贩卖毒品的事实，可否构成自首？

案例二：刘继芳贩卖毒品案[1]

[一审认定案情]

事实一：刘继芳于 2012 年 9 月中旬和 10 月 10 日前后，在其住处先后两次销售甲基苯丙胺 0.3 克、0.5 克给杨淑双，共获款 650 元。

事实二：刘继芳于 2012 年 10 月 24 日 10 时许，在某灯具市场门口附近，销售白色晶体 1 包给潘海波，获款 400 元。侦查机关当场抓获刘继芳，并查获其贩卖给潘海波的甲基苯丙胺 0.5 克。案发后，侦查机关从刘继芳暂住处缴获净重共计 1 克的灰色粉末包、白色晶体 1 包，均检出甲基苯丙胺成分。刘继芳到案后如实供述了司法机关尚未掌握的其向杨淑双贩卖毒品的事实。

[诉讼]

起诉：贩卖毒品罪。

辩护：刘继芳只是帮助杨淑双代购毒品，且未牟利，不应以贩卖毒品罪定罪处罚；刘继芳最后一次贩卖毒品是特情引诱导致的，且毒品未流入社会；刘继芳系初犯，到案后认罪态度较好。

一审判决：……关于刘继芳及其辩护人所提的刘继芳只是为杨淑双代购毒品的辩解、辩护意见，经查，目前没有确实充分的证据证实刘继芳的行为系代购，也无法证实刘继芳未从中牟利，现有证据仅证实刘继芳与杨淑双进行了毒品与现金的交易，应当认定其行为构成贩卖毒品罪。关于辩护人所提刘继芳第三次犯罪系特情引诱、刘继芳系初犯及认罪态度好等辩护意见，予以采纳，在量刑时予以从轻处罚。刘继芳多次贩卖甲基苯丙胺不满 10 克，构成贩卖毒品罪，且属情节严重，判处有期徒刑 3 年，并处罚金 7000 元。

上诉：不以牟利为目的为杨淑双代购两次毒品的行为不应认定为贩卖毒品罪；刘继芳贩卖给潘海波的毒品本系用于自己吸食，潘海波被侦查机关抓获后充当特情引诱刘继芳犯罪，证实刘继芳此次贩卖毒品的相关证据属于非法证据，不应被采信。

[二审认定案情]

事实一：刘继芳与杨淑双共同租住在青岛市杭州路 199 号 601 号，二人均吸食毒品。2012 年 9 月中旬和 10 月 10 日前后，刘继芳应杨淑双要求，两次分别以 300 元和 350 元的价格从他人处购买 0.3 克、0.5 克甲基苯丙胺给杨淑双用于吸食。

事实二：2012 年 10 月 23 日 9 时许，公安人员查获涉嫌吸毒违法嫌疑人潘海波。潘海波供述其曾在一名"大姐"（刘继芳）处吸过毒。侦查机关认为刘继芳有贩卖毒品嫌疑。潘海波主动要求配合侦查机关抓获刘继芳。同月 24 日，潘海波与刘继芳约

---

[1] 刘世明、丛日新、牛传勇："刘继芳贩卖毒品案——为吸食者代购少量毒品的行为如何定性以及特情引诱情节对毒品犯罪案件的定罪量刑是否具有影响？"【第 1014 号】，载《刑事审判参考》总第 99 集。

定在某灯具市场进行毒品交易。二人在约定地点见面后,潘海波以 400 元的价格从刘继芳手中购买毒品一包,交易后二人被当场抓获。侦查机关扣押刘继芳贩卖给潘海波的甲基苯丙胺 0.5 克,从刘继芳租住处查获甲基苯丙胺 1 克。

二审判决:刘继芳的行为构成贩卖毒品罪,其被查获的毒品应当认定为贩卖数量。刘继芳贩卖毒品给潘海波的行为,因存在犯意引诱,可以酌情从轻处罚,刘继芳为杨淑双两次代购用以吸食的毒品的行为,因现无证据证实其从中牟利,故不应认定其构成贩卖。原审判决对该两次代购毒品行为认定为贩卖,进而认定刘继芳贩卖毒品情节严重,系适用法律错误,予以纠正。……该起犯罪确实存在犯意引诱,但不影响刘继芳贩卖毒品罪的成立,仅可以作为量刑情节考虑。判处有期徒刑 1 年,罚金 3000 元。

[研习]
1. 一审与二审认定的案件事实有何不同?
2. 为何对事实一中的"两次销售"二审认定不构成犯罪?
3. "特情引诱"是否排除成立贩卖毒品罪?

第八节 组织、强迫、引诱、容留、介绍卖淫罪

案例一:李宁组织同性卖淫案[1]

[案情]

李宁系南京耀身公关礼仪服务中心、南京"正麒"演艺吧业主。2003 年 1 月至 2003 年 8 月,被告人李宁为营利,在与刘超、冷成宝等人预谋后,采取张贴广告、登报的方式招聘男青年做"公关人员",并制定了《公关人员管理制度》。《公关人员管理制度》规定:"公关人员"台费每次 80 元,包间费每人 50 元(由客人付),包房过夜费每人 100 元;最低出场费每人 200 元,客人将"公关人员"带离工作场地超过 30 分钟,"公关人员"可索要出场费并交纳 80 元;客人投诉某"公关人员"超过 3 次,除对该人员罚款外,还应立即除名;"公关人员"上岗前需交纳管理费 200 元和身份证原件,上岗后需交纳押金 300 元;符合管理规定,离店时押金全部退还;离店需提前 15 天书面申请,否则不退押金;"公关人员"上岗前须经检查、培训,服务前自备用具;必须服从领导,外出 30 分钟必须向经理请假,经经理或管理人员同意后方可外出,违者罚款 80 元;出场后,次日下午 2 点前必须报到,每天下

---

[1] 江苏省高级人民法院刑一庭薛剑祥、郁习顶、最高人民法院刑一庭周加海撰稿,南英审编:"李宁组织卖淫案——组织男性从事同性性交易,是否构成组织卖淫罪?"【第 303 号】,载《刑事审判参考》总第 38 集。

午2点、晚7点、夜3点点名,点名不到罚款80元;等等。李宁指使刘超、冷成宝对"公关先生"进行管理,并在其经营的"金麒麟""廊桥""正麒"酒吧内将多名"公关先生"多次介绍给男性顾客,由男性顾客将"公关人员"带至南京市"新富城"大酒店等处从事同性卖淫活动。

[诉讼]

起诉:组织卖淫罪。

辩护:李宁辩称其行为不构成犯罪。其辩护人提出,《刑法》及相关司法解释对同性之间的性交易是否构成卖淫未作明文规定,而根据有关辞典的解释,卖淫是指"妇女出卖肉体"的行为。因此,组织男性从事同性卖淫活动的,不属于组织"卖淫",不危害社会公共秩序和良好风尚。依照罪刑法定原则,李宁的行为不构成犯罪。

一审判决:李宁以营利为目的,招募、控制多人从事卖淫活动,其行为已构成组织卖淫罪,依法应予严惩。李宁关于其行为不构成犯罪的辩解,其辩护人关于卖淫不包括男性之间的性交易的辩护意见不能成立。根据我国《刑法》规定,组织卖淫罪是指以招募、雇佣、引诱、容留等手段,控制、管理多人从事卖淫的行为。组织他人卖淫中的"他人",主要是指女性,也包括男性。被告人李宁以营利为目的,组织"公关人员"从事金钱与性的交易活动,虽然该交易在同性之间进行,但该行为亦属于卖淫行为,亦妨害了社会治安管理秩序,破坏了良好的社会风尚,故李宁的行为符合组织卖淫罪的构成条件。于2004年2月17日判决如下:被告人李宁犯组织卖淫罪,判处有期徒刑8年,罚金60 000元。

上诉:李宁以组织同性卖淫不构成犯罪、量刑过重为由提出上诉。

二审裁定:驳回上诉,维持原判。

[研习]

1.(1)组织卖淫罪中的"卖淫"系指何意?是否包括同性之间的性交易?

(2)组织他人卖淫中的"他人"是否包括男性?

2. 组织卖淫罪中的"组织"行为如何界定?其与介绍卖淫罪中的"介绍"有何区别?本案李宁是构成组织卖淫罪还是介绍卖淫罪?

案例二:吴祥海介绍卖淫案[1]

[案情]

吴祥海曾数次前往本市"宝都发廊",知道该发廊内从事卖淫嫖娼活动。"宝都发廊"业主林爱桃向吴祥海提出今后放心带朋友去玩。2005年1月4日凌晨0时许,

---

[1] 上海市高级人民法院刑一庭程敬文、徐伟、孟猛撰稿:"吴祥海介绍卖淫案——介绍卖淫罪与介绍嫖娼行为的区别?"【第376号】,载《刑事审判参考》总第47集。

吴祥海在长宁公安分局某派出所值班办公期间，接到其同学夏可宏（原系卢湾分局一民警，另行处理）的电话，让吴介绍嫖娼场所，吴同意。吴祥海驾车将夏、李带至"宝都发廊"，吴示意发廊业主林爱桃为夏可宏、李善伟两人安排小姐。在林的安排下，发廊服务员许某、展某分别与夏可宏、李善伟在发廊内进行了卖淫活动。

[诉讼]

判决：吴祥海的行为构成介绍卖淫罪，判处有期徒刑10个月，并处罚金2000元。

[研习]

介绍卖淫罪与介绍嫖娼行为的区别何在？

案例三：张桂方、冯晓明组织卖淫案[1]

[案情]

1. 2011年3月至2012年7月期间，张桂方、冯晓明租用广州市某出租屋作为卖淫场所，由同案人彭定军、"小胖"负责拉客及收取嫖资，该场所有王某、张某、王某玉等10名妇女，以每次100元的价格进行卖淫活动，从中谋取非法利益。

2. 2012年10月至2013年1月期间，张桂方伙同他人租用了广州市某出租房作为卖淫场所，有胡某、杨某某、陈某某等3名妇女，以每次130元的价格进行卖淫活动，从中谋取非法利益。

[诉讼]

起诉：组织卖淫罪。

辩护：不构成组织卖淫罪，仅构成介绍卖淫罪。

一审判决：张桂芳犯组织卖淫罪，且情节严重，判处有期徒刑11年，并处罚金5万元。冯晓明犯组织卖淫罪，判处有期徒刑10年，并处罚金3万元。

上诉：一审认定"情节严重"不当。

二审判决：一审认定"情节严重"并据此量刑不当。改判张桂芳有期徒刑11年，并处罚金4万元。改判冯晓明有期徒刑5年，并处罚金3万元。

[研习]

为何认定组织卖淫罪？

---

[1] 最高人民法院刑四庭杨华、广东省高级人民法院吴海涛、周晶撰稿，最高人民法院刑四庭陆建红审编："张桂方、冯晓明组织卖淫案——如何区分与认定组织卖淫罪与引诱、容留、介绍卖淫以及如何认定组织卖淫罪的'情节严重'？"【第1054号】，载《刑事审判参考》总第101集。

第九节　制作、贩卖、传播淫秽物品罪

案例一：方惠茹传播淫秽物品牟利案[1]

[案情]

方惠茹于 2006 年下半年在网上注册了两个 QQ 号，网名分别为"水水""晴一儿"。注册后，方惠茹即将这两个 QQ 号挂于 QQ 聊天室大厅的"E 网情深"聊天室下的"E 夜激情"室内，聊天中以发信息的形式告知"好友"进行色情聊天，以招揽网友进行裸聊，从中牟利。之后，方惠茹又在这两个 QQ 号的"个人资料""介绍说明"栏内加入了"加我请注明网银支付宝，试看 5 元（我裸体 2 分钟，同时证明我是真人），满意后支付 50 元服务 30 分钟，特殊的加钱。绝对真人，有良好的信誉，欢迎付费男士"的个人说明。在裸聊时，方惠茹根据对方的实际情况先将以其丈夫王华佗名义开户的银行账号或自己在支付宝网站申请的支付宝账号告知对方，待核实对方已将钱汇入后，即根据对方的要求以及汇入资金的数额通过视频提供不同的裸聊内容。自 2006 年 11 月 1 日至 2007 年 5 月 14 日，方惠茹裸聊范围达二十余个省份，裸聊的对象有三百余人，其用于裸聊收费的银行账号以及支付宝账号共汇入裸聊资金 1054 次，计 24 973.03 元。

[诉讼]

起诉：传播淫秽物品牟利罪。

审判：方惠茹以牟利为目的，利用互联网传播淫秽电子信息，其行为构成传播淫秽物品牟利罪，公诉机关指控的罪名成立。方惠茹利用淫秽电子信息收取其他费用，违法所得在 10 000 元以上，但未达到情节严重所规定标准的 5 倍以上，故不属于情节严重。方惠茹归案后认罪态度较好并退出违法所得，可以酌情从轻处罚。根据方惠茹的犯罪情节及悔罪表现，适用缓刑确实不致再危害社会，可对其宣告缓刑。依照《刑法》第 363 条、第 64 条和《最高人民法院、最高人民检察院关于办理利用互联网、移动通讯终端、声讯台制作、复制、出版、贩卖、传播淫秽电子信息刑事案件具体应用法律若干问题的解释（一）》第 1 条第 1 款第 6 项之规定，判决：被告人方惠茹犯传播淫秽物品牟利罪，判处有期徒刑 6 个月，缓刑 1 年，并处罚金 5000 元。

一审宣判后，被告人方惠茹没有上诉，公诉机关亦未提出抗诉，判决发生法律效力。

---

[1] 浙江省高级人民法院聂昭伟撰稿，最高人民法院刑五庭张明审编："方惠茹传播淫秽物品牟利案——以牟利为目的与多人进行网络视频裸聊的行为如何定罪？"【第 641 号】，载《刑事审判参考》总第 75 集。

[研习]

1. 依照当前的司法解释，本案可否认定为传播淫秽物品牟利罪？

2. （1）传播淫秽物品牟利罪中的"淫秽物品"如何界定？与多人进行网络视频裸聊，传播的是什么，是否属于"淫秽物品"？

（2）对于本案定罪所依据的《最高人民法院、最高人民检察院关于办理利用互联网、移动通讯终端、声讯台制作、复制、出版、贩卖、传播淫秽电子信息刑事案件具体应用法律若干问题的解释（一）》第1条第1款第6项将"贩卖淫秽物品"解释为"利用淫秽电子信息收取广告费、会员注册费或者其他费用"，你如何评价？是扩张解释还是类推解释？

案例二：何肃黄、杨柯传播淫秽物品牟利案[1]

[案情]

1999年7月至1999年11月，何肃黄利用杨柯为其提供和自己申请的互联网免费主页空间，在商丘信息港建立酷美女国际乐园、在武汉建立"酷美女"、在四川青衣江建立色情艺廊、在安阳信息港建立"六库全书"四个色情网站。被告人杨柯在商丘信息港和国外的服务器上建立色情写真图库和全球色情引擎两个色情网站，二被告人共在上述网站中刊载淫秽图片7200余幅、淫秽小说94篇、淫秽小电影2部，并共同对上述网站进行维修、更新。为了牟取非法利益，二被告人利用上述色情网站为国外公司做广告，先后收到汇款519.28美元（未兑付）。

[诉讼]

起诉：传播淫秽物品牟利罪。

审判：何肃黄、杨柯以牟利为目的，在互联网上传播淫秽物品，情节严重，其行为已构成传播淫秽物品牟利罪。检察机关指控的罪名成立。鉴于二被告人的认罪态度较好，确有悔罪表现，可从轻处罚，于2000年9月4日判决如下：被告人何肃黄犯传播淫秽物品牟利罪，判处有期徒刑3年，缓刑4年，并处罚金10 000元；被告人杨柯犯传播淫秽物品牟利罪，判处有期徒刑3年，缓刑4年，并处罚金10 000元。

宣判后，二被告人没有上诉，检察机关没有抗诉，判决发生法律效力。

[研习]

1. 在互联网上刊载淫秽图片、小说、电影的行为，可否认定为"传播"？
2. 如何理解传播淫秽物品牟利罪中的"牟利"要素？

---

[1] 河南省高级人民法院刑二庭贾剑敏撰稿，高憬宏审编："何肃黄、杨柯传播淫秽物品牟利案——在互联网上刊载淫秽图片、小说、电影的行为如何定性？"【第123号】，载《刑事审判参考》总第19集。

第七章

渎职罪

知识概要

《刑法》分则第九章"渎职罪"是指国家机关工作人员利用职务上的便利,滥用职权、玩忽职守、徇私舞弊,妨害国家机关的正常活动,致使国家和人民的利益遭受重大损失的行为,共规定了37个罪名。其中,第397条规定的滥用职权罪、玩忽职守罪2个罪名是一般法条,第398条至第419条规定的35个罪名是特别法条。本章的重点和难点有:①滥用职权罪与玩忽职守罪的区分。②徇私枉法罪等司法人员滥用职权犯罪的构成要件及认定,以及与其他犯罪的区别。③《刑法》第397条规定的滥用职权罪、玩忽职守罪两个一般法条与本章其他特别法条的法条竞合关系的处理。④受贿后又实施本章之罪的罪数形态。

第一节 滥用职权罪、玩忽职守罪

案例一:周根强、朱江华非国家工作人员受贿案[1]

[一审查明案情]

上海南外滩集团房产前期开发有限公司(以下简称前期公司)系国有公司。2007年8月至2008年1月间,前期公司受上海市市政工程管理处委托,负责本市西藏路道路改建工程2期一标段所涉周边房屋的拆迁工作。周根强、朱江华分别受前期公司委托,担任该标段动迁项目的总经理和经理。其间,周根强、朱江华二人在明知后客堂、底层中客堂、底层灶间及底层前客堂均处于空户状态,动迁安置补偿款应归"南房集团"所有,接受"北门物业"总经理陈某1、办公室负责人丁某某(均已另案处理)的请托,共同利用审批审核动迁安置费用等职务便利,按照陈某1、

---

[1] 上海市第二中级人民法院陈姣莹、朱婷婷、宋文健撰稿,最高人民法院刑二庭刘晓虎审编:"周根强、朱江华非国家工作人员受贿案——行政管理职权转委托情形受托方的滥用职权及收受财物行为如何认定?"【第1207号】,载《刑事审判参考》总第111集。

丁某某提供的涉案房屋虚假占用材料，违规审批内容虚假的拆迁安置签报、居民动迁安置用款申请表等相关材料，使陈某1、丁某某等人冒领涉案房屋的拆迁补偿款得以成功，导致国家财产计1 384 130元遭受损失。

周根强、朱江华利用上述职务便利，在违规审批之前分别收受陈某1、丁某某给予的"好处费"各10 000元。事成之后，陈某1、丁某某又将198 000元按周根强要求，转入朱江华个人账户。2012年因陈某1等人侵吞国家财产被群众举报，在陈某1等人的催讨下，退还170 000元，余28 000元被朱江华花用。

在审理中，周根强、朱江华分别退还非法所得10 000元和38 000元。

一审判决：周根强滥用职权罪，判处有期徒刑1年6个月，受贿罪，判处有期徒刑3年，并处罚金20万元，决定执行有期徒刑3年6个月，并处罚金20万元；朱江华滥用职权罪，判处有期徒刑1年3个月，受贿罪，判处有期徒刑3年，并处罚金22万元，决定执行有期徒刑3年3个月，并处罚金22万元。

上诉：不具有国家工作人员的身份；未接受国家机关委托，不具有滥用职权罪的主体资格。

[二审查明案情]

前期公司与周根强、朱江华所在的更强公司签订《委托实施拆迁劳务协议》、《委托动拆迁劳务费结算协议》，委托更强公司以前期公司动迁二部的名义实施西藏路道路拆迁的具体工作，并支付劳务费用。后上诉人周根强、朱江华受前期公司负责人口头任命，分别以前期公司动迁二部总经理、经理的名义，具体负责动拆迁工作，工作内容包括实地两清摸底工作，了解居民、单位、个体户的户数、人口、住房面积汇总情况，一户一表登记工作，安排人员与动迁户协商，代表前期公司签订《拆迁补偿安置协议》，审核拆迁安置签报、核发房屋拆迁补偿安置结算费用。黄浦区动迁指挥部将动迁款分成安置费和劳务费两部分下拨到前期公司，被动迁户的安置费根据周根强、朱江华提供的清册，二人在安置审批表上签字后，由前期公司审核后直接支付到具体动迁户的专用存折里。

二审判决：周根强、朱江华共同利用审批审核动迁安置费用等职务便利，为陈某1、丁某某违规审批，使其成功冒领涉案房屋的拆迁补偿款，并事先各自收受陈、丁给予的"好处费"1万元，事后又共同收受19.8万元。周根强犯非国家工作人员受贿罪，判处有期徒刑1年6个月。朱江华犯非国家工作人员受贿罪，判处有期徒刑1年6个月。

[研习]

1. 一审案情与二审案情有何不同？
2. 为何认定二被告人不是滥用职权罪、受贿罪的主体？

案例二：许宗强徇私不履行职责案（福建长乐拉丁酒吧火灾案）[1]

[案情]

许宗强原任某社区责任民警。2008年6月间，许宗强在一次例行检查中发现其责任区内的拉丁酒吧未取得消防的批准文件而先行开业，且存在诸多的安全隐患。许宗强在稍作例行询问、通知郑明来进行报备后即离开，未作其他处理。不久，许宗强在其单位附近的路边收受郑明来贿送的2000元。此后，许宗强还多次到拉丁酒吧免单消费。2008年年底大检查中，许宗强因担心拉丁酒吧被查处，于是电话通报郑明来，透露当晚公安机关将进行检查行动的讯息。2009年1月31日深夜，拉丁酒吧在营业中因消费者燃放的烟花引燃顶棚的易燃材料而发生火灾，造成15人死亡、24人受伤，还直接造成财产损失346 500元。2009年2月1日凌晨，许宗强在办公室伪造8份"拉丁酒吧检查记录"和2份"责令限期整改（重大）治安隐患通知书"，企图逃避罪责。案发后，许宗强退出赃款2000元。

[诉讼]

起诉：滥用职权罪。

辩护：许宗强的辩护人的辩护意见是：①拉丁酒吧依法属于消防重点单位，属于消防部门的管辖范围，公安派出所及被告人许宗强对其没有法定的消防监管职责，拉丁酒吧非法开业并持续经营与许宗强的职责没有法律上的关联。②被告人许宗强在本案中已经全面履行了段警的相关职责，起诉书指控被告人许宗强"未作任何处理"严重背离事实。火灾的实际发生与许宗强的行为之间没有法律上的因果关系。③被告人许宗强收受郑明来2000元及免单消费的事实与被指控的滥用职权罪无关。④被告人许宗强事先电话通知拉丁酒吧消防监督检查的行为是认真履行职务的行为，不能认定为"通风报信"，更不应认定为犯罪行为。希望对被告人许宗强作出无罪判决。

一审判决：证人郑明来证实他送钱给许宗强后，城关派出所就再没到拉丁酒吧检查，证人李俊坚、高国雄均证实未看到许宗强到拉丁酒吧检查，证人郑荣证实他从没有和许宗强一起到拉丁酒吧检查，更没有在对拉丁酒吧检查的记录上签字，上述证人证言与被告人许宗强在侦查阶段的供述相互印证，并有公诉机关提供的8份"检查记录存根"佐证，被告人许宗强在庭审中关于8份"拉丁酒吧检查记录"不是其伪造的辩解不成立。证人林宜强证实许宗强未向他报告或请示要向拉丁酒吧发出责令限期整改（重大）治安隐患通知书，而在"1·31"火灾发生后，他才在许宗强给的责令限期整改（重大）治安隐患通知书存根联批准栏上签字，该证言与被告人许宗强在侦查阶段的供述相互印证，并有公诉机关提供的2份"责令限期整改（重

---

[1] 国家法官学院、中国人民大学法学院编：《中国审判案例要览（2010年刑事审判案例卷）》，中国人民大学出版社2011年版，第373页。

大）治安隐患通知书"佐证，被告人许宗强在庭审中关于2份"责令限期整改（重大）治安隐患通知书"不是其伪造的辩解亦不成立。

拉丁酒吧是以营利为目的，向公众开放，具有娱乐功能的餐饮场所，属于公安部《公共娱乐场所消防安全管理规定》第2条第3项所指的公共娱乐场所，故公安机关应按照娱乐场所的相关规定对拉丁酒吧进行监管。根据公安部《公安派出所执法执勤工作规范》的规定，责任区工作由责任区民警专职担任，责任区工作包括安全防范、治安管理等，开展安全防范工作应当做到对安全防范工作进行检查，及时发现和消除安全隐患等。开展责任区治安管理工作应当做到开展经常性的安全检查，对治安秩序混乱和存在安全隐患的，及时提出警告和整改意见，并记录在案，督促整改等。被告人许宗强身为拉丁酒吧所在航华社区的责任民警，在2008年6月底到拉丁酒吧检查时，就已发现该酒吧在未取得《消防安全检查意见书》的情况下擅自开业，存在安全隐患，其既不依照《公安派出所执法执勤工作规范》第36条第4项的规定及时提出警告和整改意见，并记录在案，督促整改，也不依照《公安派出所执法执勤工作规范》第78条第7项的规定列出隐患内容，通知有关部门并报告上级公安机关，却因收受贿赂向监管对象通风报信，使本应被取缔的拉丁酒吧在长时间内非法经营，以致发生重大火灾，其行为已构成滥用职权罪，且情节特别严重。辩护人于宁杰、柯松江关于被告人许宗强已全面履行了段警的相关职责及希望对被告人许宗强作出无罪判决的辩护意见不成立，本院不予采纳。遂判决：许宗强犯滥用职权罪，判处有期徒刑3年。

上诉：一审判决后，被告人上诉，上诉理由与一审辩护意见相同。

二审裁定：于2009年11月24日裁定驳回上诉，维持原判。

［研习］

1. 检察院和法院认定许宗强实施的滥用职权行为具体指何？该事务是否属于其职责范围，其行为是否违背其职责？该行为属于作为行为还是不作为？

2. 本案造成重大损失的直接原因是拉丁酒吧的消防设施不合格，因而导致火灾，对此消防部门也未尽到消防监管职责，能否以此排除许宗强的行为与损失结果之间的因果关系？

3. 许宗强对违背职责的行为所持心态是故意还是过失？对于重大损失结果所持心态是故意还是过失？其行为是构成玩忽职守罪还是滥用职权罪？玩忽职守罪与滥用职权罪如何区分？

4. 受贿后又实施滥用职权罪应当如何处理？

案例三：郑筱萸受贿、玩忽职守案[1]

[案情]

郑筱萸于1997年6月至2006年12月期间，利用其担任国家医药管理局局长、国家药品监督管理局（以下简称国家药监局）局长和国家食品药品监督管理局局长的职务便利，犯有受贿罪；担任国家药监局、国家食品药品监督管理局局长期间，在统一换发药品批准文号专项工作（以下简称专项工作）中，犯有玩忽职守罪。具体犯罪事实如下：

1. 受贿事实。1997年6月至2006年12月，被告人郑筱萸利用担任国家医药管理局、国家药品监督管理局（以下简称国家药监局）、国家食品药品监督管理局局长的职务便利，接受请托，为双鸽集团有限公司（以下简称双鸽集团）、浙江康裕制药有限公司（以下简称康裕公司）等8家企业谋取利益，直接或者通过其妻刘耐雪、其子郑海榕非法收受上述企业给予的巨额财物（具体事实略）。

2. 玩忽职守事实。被告人郑筱萸在担任国家药监局局长、国家食品药品监督管理局局长，直接分管药品注册司工作期间，在专项工作中，不认真履行职责，失职渎职，造成严重后果。

（1）郑筱萸应当预见而未能预见专项工作的重要性和如果处置不当可能造成的严重后果，违背重大事项请示报告制度和民主决策程序，草率决定并启动了专项工作。2000年10月，国家药监局为整顿药品市场，发布了《药品包装、标签和说明书管理规定（暂行）》（现已失效），即国家药监局第23号局令（以下简称23号局令）。因2001年12月1日即将实施的修订后的《药品管理法》规定药品必须符合国家标准，将取消药品的地方标准。为配合该法的实施，2001年3月1日，国家药监局药品注册司请示郑筱萸，把贯彻23号局令与专项工作结合起来，并提出总体工作方案。郑筱萸没有认识到该项工作的重要性、复杂性，违反有关规定，在没有深入调查研究、没有认真听取有关部门和地方药品监督管理部门的意见、没有经过集体研究决定、没有向国务院请示报告的情况下，于2001年4月10日草率签发了国药监注〔2001〕187号《关于贯彻实施23号局令，统一药品批准文号工作的通知》（现已失效，以下简称187号文件），启动了涉及全国范围的专项工作。

（2）郑筱萸不认真履行职责，对专项工作疏于职守、领导不力，审查把关不严。郑筱萸没有将专项工作作为国家药监局的重要工作来组织、领导和实施，仅安排药品注册司一名副司长担任专项工作领导小组组长，成员大多临时抽调且更换频繁。由于前期工作部署不周，导致无法在限定时间内完成任务。为此，郑筱萸在没有认真审核的情况下，又于2001年12月31日草率签发了国药监注〔2001〕582号《关于做好统一换发药品批准文号工作的通知》（以下简称582号文件），将187号文件

---

[1] 最高人民法院（2007）刑二复字第52972818号刑事裁定书。

明确规定的"专项小组对上报材料进行汇总与复核"改为"企业申报时可以提供的有关材料可为复印件,由省级药监部门重点审核其原生产批件和原始档案,专项小组仅对上报的资料进行形式审核,并对原始档案进行抽查核对",从而降低了审核把关标准,削弱了对下的监管力度,致使大量不符合国家标准的药品获得批准文号。

(3) 郑筱萸不正确履行职责,草率同意给违规审批的药品换发了药品批准文号,在专项工作后期,郑筱萸不正确履行监管职责,对违反国务院、卫生部以及国家药监局有关规定获得批准文号的药品,于2003年3月25日签批同意仅以《药品生产质量管理规范》(GMP)为标准,给其中绝大部分药品换发了国家标准文号。

郑筱萸的上述玩忽职守行为,致使国家和人民的利益遭受重大损失:①导致药品监管失控。2006年,经国家食品药品监督管理局对部分省市药品生产企业进行抽查,发现有大量的药品批准文号系在统一换发药品批准文号期间以造假获得,现已被注销。②增大了人民群众的用药风险。在清查中已发现经郑筱萸批准换发了批准文号的个别药品已被确定以假药论处。③严重损害了国家机关的公信力,造成了恶劣的社会影响,为了消除隐患,国家食品药品监督管理局已于2006年9月决定对全部已经换发的药品批准文号进行全面重新清理。

[诉讼]

起诉:受贿罪、玩忽职守罪。

辩护:郑筱萸对公诉机关指控其犯受贿罪予以供认,对指控其犯玩忽职守罪辩称:①国家药监局领导班子成员中无人提议将专项工作列入该局的工作重点,他当时认为该工作就是注册司的一项工作。②582号文件虽然对187号文件规定的审查方式进行了修改,但要求省药监局把关,并规定药品文号审批后上网公示,实际上并没有降低审查标准。③其同意以生产质量管理规范认证为标准,批准给地方违规审批的药品换发文号,是因为药品的质量有保证,且注册司报称如果不予换发文号,不利于企业的发展和职工的稳定。

辩护人提出如下辩护意见:①专项工作未经国家药监局集体确定为该局工作重点,故无须经该局领导班子集体研究并上报国务院,郑筱萸启动该项工作并非草率。②修订后的《药品管理法》的实施迫使专项工作要在不足一年的时间内完成,人员紧缺,且没有先例可循。582号文件已经要求省级药监局对所申报药品原始批件的真实性进行审查,国家药监局审核通过后,还要在网上公布,增加了监督渠道,并没有降低审查标准。对于专项工作中出现大量通过造假方式获取文号的现象,应查明并追究造假者的相关责任,与郑筱萸的行为无关。③药品生产质量管理规范认证是对药品生产企业的高标准要求,郑筱萸以此为标准对违规审批的药品换发文号并无不妥。④国家药监局近年来工作成绩突出,郑筱萸长期以来勤奋工作。

一审判决:2000年10月,国家药监局发布了23号局令,决定在全国范围内统一药品的包装、标签、说明书。2001年12月1日,修订后的《药品管理法》实施,为规范市场,统一标准,保证用药安全,取消了药品的地方标准。国家药监局药品注册司遂向郑筱萸请示，拟将统一药品的包装、标签、说明书与专项工作结合起来进行。郑筱萸作为长期从事国家药品监管工作的主要领导，明知专项工作涉及对全国范围内药品标准的审查，与人民群众的生命健康关系密切、关乎民生和社会稳定及政府管理能力，应当将专项工作列为国家药监局的一项重要工作，应当预见一旦专项工作处置失当将会造成严重后果，但其却将这一重要工作当作该局注册司的一项常规工作来对待，严重违反国家药监局《国家药品监督管理局工作规则（试行）》中关于"国家药监局工作中的重大问题，须经局党组会议、局务会议研究讨论决定"，"工作中的重要情况或重大问题，及时向党中央、国务院请示、报告，对重要工作和重大问题，必须在深入调查研究、认真听取和充分尊重有关部门和地方意见的基础上，提出切实可行的意见和建议，经国务院批准后部署实施，并加强监督检查"的规定，没有向国务院请示，没有召开局党组会议、局务会议研究，没有调研，没有听取有关部门和地方的意见，草率签发了187号文件，启动了专项工作，并将这一全局性的重要工作交由注册司一个部门来承担，仅指定一名副司长担任专项工作领导小组组长，负责此项工作，具体成员大多临时抽调、更换频繁。

由于郑筱萸忽视专项工作的重要性，没有核算工作量，部署不周，致使投入的人员严重不足，无法在既定时间内完成工作。被告人郑筱萸本应意识到问题的严重性，应及时向国务院汇报情况，与局领导班子研究应对措施，但其却不正确履行职责，擅自同意并签发了注册司上报的582号文件。该文件将187号文件中规定的"专项小组对上报材料进行汇总与复核"改为"企业申报时可以提供的有关材料可为复印件，由省级药监部门重点审核其原生产批件和原始档案，专项小组仅对上报的资料进行形式审核，并对原始档案进行抽查核对"，削弱了国家药监局的监管力度，由此降低了对药品的审核标准，致使大量不符合国家标准的药品通过原始资料造假等方式获得了批准文号。

在专项工作中发现了一批原违规审批的药品文号，依法应予撤销，注册司在专项工作后期针对这批药品向郑筱萸书面请示，提出拟以相关企业是否已经通过或正在申请通过药品生产质量管理规范认证为标准，决定是否同意换发文号。郑筱萸明知该意见违反有关行政法规，却签批同意，致使大量依法应予撤销的药品获得了批准文号，得以继续生产、销售和使用。

郑筱萸的上述行为严重削弱了国家对药品的监管，使国家药监局对药品市场的管理、监督流于形式，致使大量不应换发文号或应予撤销批准文号的药品获得了文号，为药品生产中的造假提供了可乘之机。2006年，经国家食品药品监督管理局对少部分药品生产企业进行抽查，发现有大量已被批准换发的药品文号系以造假获得、文号被注销，6种药品被确认为假药。国家食品药品监督管理局为消除隐患，于2006年9月起对已经换发的药品批准文号进行全面清理，为此耗费了大量的人力、财力。郑筱萸上述玩忽职守行为，导致国家药品管理失序，增大了人民群众的用药风险，损害了国家机关依法行政的形象，致使国家和人民的利益遭受重大损失，造成了恶劣的社会影响。

被告人郑筱萸身为国家工作人员，利用职务便利，为他人谋取利益，收受他人财物，其行为已构成受贿罪；其对涉及国计民生的药品安全监管工作严重不负责任，不认真履行职责，致使国家和人民的利益遭受重大损失，其行为已构成玩忽职守罪。于2007年5月19日判决：被告人郑筱萸犯受贿罪，判处死刑，剥夺政治权利终身，并处没收个人全部财产；犯玩忽职守罪，判处有期徒刑7年，决定执行死刑，剥夺政治权利终身，并处没收个人全部财产。

上诉及二审：郑筱萸不服，提出上诉。北京市高级人民法院经公开开庭审理，于2007年6月22日裁定驳回上诉，维持原判，并依法报送最高人民法院核准。最高人民法院于2007年7月7日复核予以核准。

[研习]

1. 刑法中规定的玩忽职守的行为包括哪些？一审法院认定的郑筱萸玩忽职守的行为具体体现为哪些？违反哪些规章制度？

2. 司法解释规定的玩忽职守的重大损失结果包括哪些？一审法院认定郑筱萸玩忽职守行为造成的重大结果为何？

案例四：翁余生被控滥用职权案[1]

[案情]

翁余生于2002年9月开始，担任龙岩市公安局雁石派出所指导员，分管民用爆炸物品的管理工作。2003年4月至2004年4月间，龙岩市新罗区雁石东南村三角塘煤矿业主袁庆鸿（另案处理）、雁石北山当心仑石灰石矿业主张日滨（另案处理）以生产所需火工材料不足为由，多次向雁石派出所提交增补火工的申请报告。被告人翁余生在没有进行调查核实的情况下，违反规定，超越其审批民用爆物品的权限，多次擅自将雁石火工仓库内其他许可使用民用爆物品企业结余的火工材料，违规审批给袁庆鸿、张日滨使用，其中批给袁庆鸿4次共计100套火工材料（每套配50发电雷管）、批给张日滨3次共计90套火工材料，之后又没有对袁庆鸿、张日滨是否合法使用火工材料进行跟踪监督管理，以致袁庆鸿转卖6次计36套火工材料给雁石大吉村林坑三矿雁吉井业主林凯燕，张日滨转借两次计6套火工材料给雁吉井业主王昌荣。林凯燕、王昌荣将非法获得的火工材料用于其无证煤窑雁吉井的生产。2004年4月初，雁吉井因没有火工材料而停止生产，至4月8日，雁吉井获得袁庆鸿转卖的8套火工材料，又有了必备的生产资料，得以继续非法进行生产。2004年4月14日，雁吉井在非法生产过程中发生火灾，导致在井下生产的许弟元等11个民工

---

[1] 最高人民法院中国应用法学研究所编：《人民法院案例选》2005年第4辑（总第54辑），人民法院出版社2005年版。

中毒死亡。事后查明：雁吉井得以维持非法生产采矿的火工材料的来源是多渠道的，仅有一部分来源于被告人翁余生滥用职权而批出的火工材料。

[诉讼]

起诉：滥用职权罪。

辩护：翁余生辩称，对火工材料的调查是煤管站的职责，其是业主因生产需要提出申请才将库内火工材料调剂给有证的业主使用，在调剂过程中，所里领导、专管员、企管站、火工库管理者从未表示异议，而且其前任的分管民用爆炸物品的所领导都是这样操作的，自己也就认为合理，不知是超越其职权，没有犯罪的故意；在日常使用过程中没有发现有转借行为，因工作繁忙，人少，未对袁庆鸿等跟踪管理。其辩护人提出的辩护意见：①4月14日雁吉井所用的火工材料是汤鸿斌转卖的计划内指标的火工材料。②绝大多数火工材料不是来源于合法矿井库内调剂的火工材料，而是转卖、转借的，库内调剂火工材料绝大部分确需矿井自身需要，库内调剂火工材料与转卖、转借火工材料给他人之间没有必然的因果关系。③在对库内调剂火工材料的审批权限无明确规定的情况下，被告人沿用雁石派出所前任领导的做法——审批库内调剂火工材料，且审批时间长达一年多，派出所所长、火工材料专管员、企管站、火工库管理者等均未提出反对意见，反而执行，故认为被告人当时对所内无权库内调剂火工材料确实不知道，主观上不具有故意。④当时被告人与袁庆鸿、张日滨签订责任书，明确要求不得转卖、转借。对袁庆鸿、张日滨非法转卖、转借火工材料不具有主观故意。"4·14"事故不是被告人库内调剂火工材料审批时主观追求的目的和期望的后果。⑤关闭非法矿井不是派出所的职责，被告人的库内调剂火工材料与"4·14"事故之间没有任何必然的因果关系。⑥监管是一种职责、义务，不是权利，不存在滥用职权之说，被告人是所领导，不可能事事亲力亲为，亲自跟踪涉爆单位的火工使用情况，负有管理的职责是经办人即专管员，但火工材料应由企管站负责管理。实际上，雁石派出所已对火工材料尽了其应尽的监管责任，如日常巡查、上缴检查、签订责任书、审核日供应量、采用保安上缴配送与管理措施。⑦被告人的认罪态度较好。

一审判决：翁余生在担任龙岩市公安局雁石派出所指导员期间，徇私越权审批火工材料给合法煤洞使用，合法煤洞的业主将火工材料转卖或转借给非法煤洞使用，但造成"4·14"特大事故的原因不是雁吉井在生产时使用火工材料引发的，而是由于雁吉井业主及管理人员严重不负责任，造成空压机过热引起火灾，被困井下矿工无法及时逃离，且雁吉井得以维持非法生产采矿的火工材料的来源是多渠道的，仅有一部分来源于被告人翁余生滥用职权所批出的火工材料，况且被告人翁余生并非直接批给雁吉井，而是批给有权使用火工材料的矿井即有证矿，尔后被倒卖、转借至当事矿井，因此被告人翁余生滥用职权的行为与雁吉井事故、特别是造成11名民工的死亡没有必然的因果关系，故认为被告人翁余生的行为不符合滥用职权罪的构成要件。被告人翁余生提出的辩解与所查事实不符，不予采纳。辩护人提出的第5

点辩护意见,理由充分,予以采纳;其他意见,理由不充分,不予采纳。宣告被告人翁余生无罪。

[研习]

1. 本案中,翁余生是否实施了滥用职权行为?该行为导致的直接结果是什么?间接结果是什么?

2.(1)雁吉井发生火灾的原因为何?
(2)翁余生的行为与火灾结果有无因果关系?
(3)如果本案中雁吉井发生火灾是因其在生产中违规使用翁余生批出的火工材料导致,翁余生的行为与火灾结果有无因果关系?

3. 翁余生可否构成滥用职权罪?滥用职权罪有无未遂形态?

案例五:龚晓被控玩忽职守案[1]

[案情]

1995年10月,被告人龚晓毕业于重庆医科大学后被分配至四川省黔江地区公安处交通警察支队工作。1996年9月,黔江地区公安处交通警察支队安排具有医学专业知识的被告人龚晓到其下属的黔江地区车辆管理所从事驾驶员体检工作,直至2000年3月。

1998年12月,黔江地区车管所下辖的彭水县村民蒋明凡持有的驾驶证有效期届满后(蒋明凡于1994年5月申请办理准驾B型车辆的正式驾驶证),向彭水县公安局交通警察大队申请换证。彭水县公安局交通警察大队对蒋明凡的申请进行初审后,将其报送给黔江地区车辆管理所审验换证。1999年3月22日,时在黔江地区车辆管理所负责驾驶员体检工作的被告人龚晓收到蒋明凡的《机动车驾驶证申请表》后,在既未对蒋明凡进行体检,也未要求蒋明凡到指定的医院体检的情况下,违反规定自行在其《机动车驾驶证申请表》上的"视力"栏中填写上"5.2",在"有无妨碍驾驶疾病及生理缺陷"栏中填上"无",致使自1995年左眼视力即已失明的蒋明凡换领了准驾B型车辆的驾驶证。此后,在2000年、2001年及2002年的年度审验中(交警大队其他警察经办审验),蒋明凡都通过了彭水县公安局交通警察大队的年度审验。

2002年8月20日,蒋明凡驾驶一辆中型客车违章超载30人(核载19座)从长滩乡驶向彭水县城,途中客车翻覆,造成乘客26人死亡、4人受伤和车辆报废的特大交通事故,蒋明凡本人也在此次事故中死亡。事故发生后,经彭水县公安局交通警察大队调查,认定驾驶员蒋明凡违反《中华人民共和国道路交通管理条例》(现已

---

[1] 重庆市第四中级人民法院于天敏、王飞撰稿,裴显鼎审编:"龚晓玩忽职守案——渎职犯罪的因果关系判断?"【第294号】,载《刑事审判参考》总第37集。

失效）第26条第9项"在患有妨碍安全行车的疾病或过度疲劳时，不准驾驶车辆"的规定和第33条第1项"不准超过行驶证上核定的载人数"的规定，对此次事故负全部责任，乘客不负事故责任。

[诉讼]

起诉：玩忽职守罪。

一审判决：龚晓在蒋明凡申请换证时，未能正确履行职责，致使蒋明凡驾驶证的换证手续得以办理，但其效力仅及于当年，此后年审均在彭水县交警大队办理，且现有证据不能确定发生车祸的具体原因，被告人龚晓的行为不构成玩忽职守罪，判决被告人龚晓无罪。

抗诉：判决认定被告人龚晓的失职行为与蒋明凡所驾车辆发生的交通事故之间没有刑法上的因果关系有误，被告人龚晓构成玩忽职守罪。

二审裁定：根据《机动车驾驶证管理办法》（现已失效）的规定，在对驾驶员审验时及驾驶员申请换领驾驶证时，黔江地区车辆管理所均负有对驾驶员进行体检的义务。驾驶员蒋明凡在申请换证时，被告人龚晓未履行对其身体进行检查的职责，其玩忽职守行为客观存在，但其失职行为与"8·20"特大交通事故之间不存在刑法上的因果关系，因此，不能认定被告人龚晓的玩忽职守行为已致使公共财产、国家和人民利益遭受重大损失，进而，不能认定其行为已构成玩忽职守罪。据此，裁定驳回抗诉，维持原判。

[研习]

1. 本案龚晓有无实施玩忽职守行为？

2. （1）为何法院认定龚晓的失职行为与交通事故之间不存在刑法上的因果关系？

（2）如果本案中客车肇事发生在1999年，事故原因仍与前述案情相同，则龚晓的失职行为与交通事故之间是否存在刑法上的因果关系？

案例六：姜顺祥被控玩忽职守案[1]

[检察机关指控案情]

姜顺祥原系达川地区冶金煤炭工业局副局长，1993年3月至1994年4月期间兼任原达川地区冶金煤炭工业总公司三亚天星实业公司总经理。

1993年3月，姜顺祥在明知资金不足的情况下，超出三亚天星公司经营范围搞房地产开发。为了逃避国家规定的有关建筑费用及税金，被告人姜顺祥未按建房程序向有关管理部门申报建房手续，并以私人名义违法与三亚市居民唐育秋、邢英诒、

---

[1] 国家法官学院、中国人民大学法学院编：《中国审判案例要览（2001年刑事审判案例卷）》，中国人民大学出版社2002年版。

林延照等人签订了征购、使用土地面积为5144.61平方米的建房合同，决定修建面积达5000余平方米的A、B两栋楼房。两栋楼于1993年4月动工，因资金不足，三亚天星公司无力续建，于1995年7月停工。因无合法建房手续，无法转让他人，从而给公司造成直接经济损失238.309 59万元，资金利息损失288.854 081万元。

[诉讼]

起诉：玩忽职守罪。

辩护：姜顺祥辩解称：在三亚建房，已向地区冶金煤炭工业总局党委书记李自育电话请示，并回达川向总局领导当面汇报，是经局领导决策同意的。其辩护人辩护称：①固定资产房屋应当先确权后，再由国有资产局评估，而天星公司在三亚所建房屋还未确权就评估出售，不符合法律规定。②被告人姜顺祥对外以私人名义公开与他人联营建房，对内以天星公司名义建房，其目的是少办手续，少花钱，主观动机并不是想给单位造成经济损失，只是方法不对，是工作失误，与玩忽职守犯罪应当区别开来。

[一审查明案情]

1992年，原达县地委、行署决定把原达县地区冶金煤炭工业局作为试点改革单位，转为经济实体与财政脱钩。为此，达县地区冶金煤炭工业局成立了达县地区冶金工业总公司和煤炭工业总公司。同年8月，地区冶金煤炭工业局领导与地经委、地煤炭工业局等部门有关人员到海南省海口市、三亚市进行了实地考察，认为海口、三亚房地产前景很好，决定在三亚市成立一个公司搞房地产开发。1993年2月，经冶金煤炭工业局党委决定，成立了三亚天星实业公司及达县天星分公司，并任命该局党委副书记姜顺祥为三亚天星实业公司总经理，该局原财务科副科长邱林祥为副总经理兼会计。同时明确该公司为全民所有制企业，具有独立的法人资格，自主经营，自负盈亏及注册资本100万元和经营钢材、水泥兼营工民用建筑等项目，承包上交年利润资金。

1993年3月22日，被告人姜顺祥带领该公司工作人员及划拨资金和5台中巴车赴海南三亚组建天星实业公司，并在三亚市工商行政管理局进行了企业法人及注册资本登记，办理了营业执照，确定经营性质、经营方式和范围，但工民用建筑项目未得到核准。天星公司在海南三亚先后经营中巴车出租和机场土石方运输项目，后因竞争激烈，效益较差，于是停止经营。为使该公司继续发展，被告人姜顺祥和副总经理邱林祥找到当时达县地委、行署驻海南三亚办事处主任刘仁忠汇报天星公司的组建情况和业务开展及资金近况，望得到指导。刘仁忠提出在海南三亚什么东西都不好做，只有做房地产开发还可以，并将自己已经经营且有效益的房地产开发项目给被告人姜顺祥及邱林祥作了介绍，并提出联建。姜顺祥将天星公司在三亚开展工作及与刘仁忠联建房屋的情况，通过电话向冶金煤炭工业局党委书记李自育作了汇报。1993年4月6日，姜顺祥、邱林祥和刘仁忠与该地居民唐育秋签订了房屋转让协议书，以71万元购买了唐育秋的212平方米的房屋。姜顺祥与刘仁忠二人也签订联建房屋协议书，约定购房款71万元，天星公司与刘仁忠各付30.5万元。1993年4月14日，被告人姜顺祥和刘仁忠又与当地村民邢英诒、邢福安签订了联营建房合同，将二人401.19平方米的住房拆建。尔后不久，被告人姜顺祥返回达川，在1993年4月26日的局党委会上，将天星公司同刘仁忠在三亚建房开发的情况作了汇报，得到了局党委的认可。1993年5月5日，邱林祥请示姜顺祥同意，又与当地村民林延照签订联建房屋合同书，约定购宅基地209.55平方米。在联建房屋开发中，天星公司副总经理岳林祥和刘仁忠为少花钱、多办事，采取对外以私人的名义建房，而没有以天星实业公司名义去国土、城建等有关部门办理过户、报建等手续。1993年5月20日，岳林祥、刘仁忠和邢英诒、邢福安、林延照为甲方与乙方福建省第五建筑公司三亚第四工程处签订了建筑工程施工合同书，并于同月28日动工修建A栋楼，于同年6月14日动工修建B栋楼。1993年7月29日，副总经理岳林祥返回冶金煤炭工业局，再次将在三亚房地产开发进展的情况向局领导作了汇报，得到局党委的大力支持。三亚天星实业公司通过冶金煤炭工业局先后在原达川地区农行、达川市工行、达县城市信用社和本局下属的其他公司贷款、借款共计410余万元投入了三亚房地产开发项目。

1993年10月，因中央压缩房地产开发投资，紧缩银根，冻结银行贷款，冶金煤炭工业局贷不到款，三亚房产开发于1993年12月被迫停工。冶金煤炭工业局党委就天星公司三亚房地产开发贷不到款而停工所造成的损失问题作过多次研究。1994年3月3日，冶金煤炭工业局党委书记李自育提出："三亚房产还是要办下去。"1995年3月16日，局办公会议指出："三亚房产开发是集体决定的，要积极采取措施，想办法解决这个问题，党委要承担责任。"1995年6月25日，福建省建筑工程公司第四工程处以房建停工给施工单位造成经济损失为由，向三亚市中级人民法院起诉，三亚市中级人民法院于1995年12月1日判决三亚天星实业公司赔偿该建筑工程公司经济损失62万元。1998年2月25日，三亚市村民邢英诒、邢福安起诉三亚天星实业公司联建违约，经法院判决天星实业公司赔偿费用60万元。在审理中，三亚市城郊人民法院于1997年9月19日委托三亚市会计师事务所对A、B两栋未完工楼房进行评估，A栋楼评估价为79万元；B栋楼评估价为229万元。

一审判决：三亚天星实业公司在海南省三亚市投资建房是冶金煤炭工业局集体决定的投资开发项目，因所建B栋房尚未完全处理，其经济损失究竟是多少不能确定。根据国务院办公厅1999年7月14日转发海南省人民政府、国家建设部等有关部门处置海南省积压房地产试点方案的通知，以及四川省人民政府办公厅、原达川地区行署办公室对处置海南省积压房地产发出的紧急通知精神，说明海南省房地产问题，是当时具有普遍性的问题。因此造成的损失，是因政策调整，紧缩银根贷不到款等客观原因造成的。被告人姜顺祥对此无法预料，也无力挽救，其责任不应由姜顺祥个人来承担，其行为不构成玩忽职守罪。被告人姜顺祥及其辩护人提出，姜顺祥在三亚建房是集体行为，在建房中未完善手续及工程停工所造成的损失是政策调整等原因造成的,姜顺祥的行为不构成犯罪的辩护理由成立,予以采纳。于2000年5月21日判决:姜顺祥无罪。

[研习]
1. 法院认为姜顺祥不构成玩忽职守罪的理由为何?最主要的理由为何?
2. 在经济投资中,是否只要因政策调整而导致损失,都不能认定为犯罪?

第二节 司法工作人员渎职罪

一、徇私枉法罪

案例:杨有才徇私枉法案[1]

[案情]

杨有才原系某企业保卫科的工作人员,自1997年5月起借调到郑州矿区公安分局工作。1998年10月,杨有才在郑州市公安局郑州矿区分局治安科工作期间,参与查办铁东海、王凯、付松召、杨宝荣、郭俊锋等奸淫幼女一案,并同治安科的杨文罡等人一起对付松召进行了传唤。1998年11月,杨有才接受了为付松召说情的周朝尘(受付松召亲属之托)等人之请,在新密市新县城吃饭、洗澡,后又接受了周朝尘两次交给他的2700元钱,即放弃了对犯罪嫌疑人付松召的进一步查找抓捕,亦未向治安科负责人汇报付松召的情况,致使付松召长期逍遥法外。

1999年12月,杨有才在郑州市公安局郑州矿区分局刑侦大队工作期间,于12月9日下午到郑州矿区人民检察院拿取对犯罪嫌疑人王凯、郭俊锋的批准逮捕决定书。其因害怕王凯、郭俊锋归案后供出付松召,从而导致自己收受周朝尘财物的事情败露,于12月10日打电话通知杨文罡,让杨文罡通知王凯、郭俊锋二人"注意躲躲"。

2000年1月4日,犯罪嫌疑人王凯被逮捕归案后,杨有才参与押送其到郑州矿区拘留所,下车后趁无人之机,杨有才交待王凯"不要乱说"。1月7日,杨有才与刑侦大队干警赵建忠、杨朝阳一同去北京将郭俊锋抓获后,当晚杨有才在吃饭途中趁无人之机告诉郭俊锋"现在就你们四个,别再多说"。1月8日,杨有才在看守郭俊锋去厕所时,又告诉郭俊锋"王凯也被抓起来,说多了没啥好处"。2月29日,杨有才同赵建忠一同提审郭俊锋时,又趁看守其去厕所之机告诉郭俊锋"别乱说话,现在就你们四个"。由于杨有才的指使,王凯、郭俊锋在侦查及审查起诉阶段均未供

---

[1] 河南郑州矿区法院蔡智玉撰稿,杜伟夫审编:"杨有才帮助犯罪分子逃避处罚案——参与案件侦查工作的公安机关借用人员是否属于司法工作人员?"【第129号】,载《刑事审判参考》总第20集。

述付松召参与共同犯罪的情况，而同案的犯罪嫌疑人铁东海、杨宝荣又不知付松召的姓名，以致付松召成为"不知姓名的人"，直至2000年8月17日付松召到检察机关自首。

［诉讼］

起诉：帮助犯罪分子逃避处罚罪。

辩护：杨有才辩称：没有打电话通知杨文罡让王凯、郭俊锋躲藏，只是说了二人被批准逮捕的事；没有主动告诫王凯、郭俊锋二人不要供出付松召，只是二人问时说"少说好"；对起诉书指控的其他事实无异议。其辩护人辩称：杨有才不是郑州市公安局郑州矿区分局正式干警，不负有查禁犯罪活动的职责，不构成帮助犯罪分子逃避处罚罪。

一审判决：杨有才在郑州市公安局郑州矿区分局借用期间，受指派办理铁东海等奸淫幼女一案，参与传唤、抓捕、审讯等工作，具有侦查职责，是司法工作人员。杨有才在办理案件过程中，对付松召进行传唤后，明知付松召为犯罪嫌疑人，在接受他人宴请及财物后，即放弃了对付松召的抓捕，亦未向治安科领导汇报，致使付松召1年10个月不能归案。后杨有才为使自己收受财物之事不暴露，又向该案两名犯罪嫌疑人通报被批准逮捕的消息，并在二人归案后指使二人做虚伪供述，致使二人在侦查及审查起诉阶段一直不供述付松召参与共同犯罪的事实，付松召在该案侦查及审查起诉中一直成为"不知姓名的人"，未受到追诉。杨有才为个人私利而包庇犯罪嫌疑人，不使其受到追诉，其行为已构成徇私枉法罪，依法应予惩处。郑州矿区人民检察院指控被告人的犯罪事实成立，予以支持；指控被告人犯帮助犯罪分子逃避处罚罪的罪名不当，不予采纳。杨有才辩称没有向王凯、郭俊锋通风报信及告诫二人"别乱说"，经查与事实不符，对其辩解不予支持；其辩护人辩称被告人的行为不构成帮助犯罪分子逃避处罚罪的理由成立，予以采纳。于2000年12月4日判决：杨有才犯徇私枉法罪，判处有期徒刑4年。

上诉：杨有才上诉称：其本人在郑州市公安局矿区分局工作期间，是一名未被正式录用的借用人员，不能称得上是司法工作人员；其本人并没有告诉郭俊锋、王凯二人不要供出付松召这个人；原判决认定的事实不清，证据不足，定性不准。

二审裁定：杨有才在郑州市公安局郑州矿区分局借用期间，受指派办理铁东海等奸淫幼女一案，参与了传唤、抓捕、审讯等工作，依照有关法律及立法精神，应视为司法工作人员。其为个人私利而包庇犯罪嫌疑人，不使其受到追诉，有证人证言、书证、物证照片及被告人供述等证据在卷为证。原判认定事实清楚，证据充分，定性准确，量刑适当。杨有才上诉称自己不是司法工作人员的理由不能成立；上诉称没有指使王凯、郭俊锋做虚伪供述，经查与事实不符，其理由不能成立；上诉称原判认定事实不清、证据不充分、定性不准的理由不能成立，本院均不予采纳。于2001年3月8日裁定驳回上诉，维持原判。

[研习]

1. 杨有才原系某企业保卫科工作人员，后借调到公安局工作，未被正式录用，是否可认定为司法工作人员？
2. 杨有才实施的三次行为，如单独评价，分别如何定性？整体评价应当如何定性？
3. 徇私枉法罪与帮助犯罪分子逃避处罚罪有何区别、有何关系？
4. 如何区分徇私枉法罪与包庇罪？

二、民事、行政枉法裁判罪

案例：莫兆军判错案导致被告人自杀案[1]

[案情]

莫兆军原为四会市人民法院审判员。2001年9月3日，原告李兆兴持借款借据、国有土地使用证、购房合同等证据向广东省四会市人民法院提起诉讼。该借条的内容为："今借李兆兴现金1万元整（10 000元）作购房之用（张妙金与陈超新购入住房一套），现定于今年8月底还清，逾期不还，将收回住房。此致借款人张妙金、其父张坤石、其母陆群芳、其妹张小娇，2001年5月1日。"李兆兴诉称张妙金等四人未能按期还款，请求法院判令他们归还借款和利息并承担诉讼费用。四会市人民法院经审查认为，原告的起诉符合法律规定的条件，依法决定立案，并确定适用简易程序审理，排定由该院民庭审判员莫兆军独任审判，书记员梁志均担任记录员；案件编号为（2001）四民初字第645号，开庭日期为2001年9月27日上午。同月7日，四会市人民法院向被告张妙金、张坤石、陆群芳、张小娇送达了原告李兆兴的起诉状副本，以及答辩、举证通知书，应诉通知书，开庭传票。

2001年9月27日上午，莫兆军依照法律规定的民事诉讼简易程序审理了原告李兆兴诉被告张坤石、陆群芳、张小娇、张妙金借款纠纷案。原、被告双方均到庭参加诉讼。莫兆军在庭审的过程中，依照法律规定进行了法庭调查、质证、辩论和调解。经调查，原、被告双方确认借条上"张坤石、陆群芳、张小娇"的签名均为其三人本人所签，但签订借据时张妙金不在现场，其签名为张小娇代签。被告张小娇辩称，借条是因2001年4月26日其装有房产证的手袋被一个名叫冯志雄的人抢走，其后冯志雄带原告李兆兴到张家胁迫其一家人签订的，实际上不存在向原告借款的事实，事发后张氏一家均没有报案。当天的庭审因被告一方表示不同意调解而结束。

庭审后，莫兆军根据法庭上被告张小娇的辩解和提供的冯志雄的联系电话，通知冯志雄到四会市人民法院接受调查，冯志雄对张小娇提出的借条由来予以否认。

---

[1] 广东省高级人民法院（2004）粤高法刑二终字第24号刑事裁定书。

2001年9月28日，被告张妙金、张小娇到四会市人民法院找到该院的副院长徐权谦反映情况，并提交了答辩状，后徐权谦向莫兆军询问情况，并将其签批有"转莫庭长审阅"的答辩状交给了莫兆军。

2001年9月29日，四会市人民法院作出（2001）四民初字第645号民事判决，判令被告张坤石、陆群芳、张小娇于判决生效后10日内还清原告李兆兴的借款1万元及利息，并互负连带清还欠款责任；被告张妙金不负还款责任。同年10月12日，判决书送达双方当事人。原告李兆兴表示没有意见，被告一方认为判决不正确，表示将提出上诉。但直至上诉期限届满，被告一方始终没有提交上诉状和交纳诉讼费用，该民事判决发生法律效力。

2001年11月8日，李兆兴向四会市人民法院申请执行。该院依程序于同月13日向被告张坤石等人送达了执行通知书，责令其在同月20日前履行判决。同月14日中午，被告张坤石、陆群芳夫妇在四会市人民法院围墙外服毒自杀。

2001年12月5日下午，中共四会市委政法委书记吴瑞芳与张坤石、陆群芳的家属张水荣、张继荣、张妙金、张小娇四人签订《协议书》，由中共四会市委政法委补偿张水荣、张继荣、张妙金、张小娇等家属23万元，《协议书》由吴瑞芳（无加盖任何单位公章）、张水荣、张继荣、张妙金、张小娇分别签名确认。该款由四会市人民法院先行垫付。

张坤石、陆群芳自杀后，四会市公安机关进行侦查，查明李兆兴起诉时所持的"借条"确是李兆兴伙同冯志雄劫取张小娇携带的"国有土地使用证"后持凶器闯入张氏一家的住宅，胁迫张坤石、陆群芳、张小娇写下的。

[诉讼]

起诉：玩忽职守罪。

一审判决：莫兆军对当事人张坤石夫妇自杀这一超出正常的后果不可能预见，主观上没有过失的罪过；其在案件审理中履行了一名法官的基本职责，没有不履行或不正确履行工作职责，致使公共财产、国家和人民利益遭受重大损失的玩忽职守行为，且张坤石夫妇自杀死亡的后果与莫兆军履行职务行为之间没有刑法上的因果关系。因此，莫兆军的行为不符合玩忽职守罪的构成要件。于2003年12月4日判决：莫兆军的行为不构成犯罪。

抗诉：①莫兆军在审理李兆兴诉张妙金、张坤石、陆群芳、张小娇借款纠纷一案中，有严重不负责任、不正确履行职责的玩忽职守行为。②莫兆军的玩忽职守行为与造成重大损失之间具有刑法上的因果关系。原判认为张坤石夫妇的自杀是意外事件完全错误。

广东省人民检察院支持抗诉认为：①莫兆军违反法律规定，草率下判，在客观方面实施了玩忽职守行为。原判认为莫兆军是按照民事诉讼"谁主张、谁举证"的原则履行职务的，但这只是针对一般民事案件的规定，当民事案件涉及刑事犯罪时，应当遵循例外的法律规定，即《刑事诉讼法》和《最高人民法院关于在审理经济纠纷案件中涉及经济犯罪嫌疑若干问题的规定》。②莫兆军应当预见自己的行为可能发生危害社会的结果，但因为疏忽大意而没有预见，主观上是疏忽大意的过失，不属于意外事件。莫兆军在法院工作时间长达16年，其工作经验应当预见当事人在被抢劫、被迫的情况下写下借条但法庭却草率下判、不能给其主持正义后，只能以死抗争的结果。③莫兆军的行为致使公共财产、国家和人民利益遭受重大损失。张坤石夫妇的自杀造成了恶劣的社会影响，23万元的赔偿本身不能弥补上述影响，而且无论出于何种性质、通过什么程序支付、由谁支付，国家均因此而付出了23万元。因此，莫兆军的渎职行为与上述严重后果存在必然的联系。综上，肇庆市人民检察院抗诉和广东省人民检察院支持抗诉均请求本院撤销原判，作出莫兆军有罪的判决。

莫兆军自行辩护提出：①在审理该民事案件中，其作为主审法官，完全是依照民诉法规定的程序，按照"谁主张、谁举证"的原则作出判决，已经完全正确地履行了工作职责，不存在玩忽职守的行为。②其本人的职务行为与张坤石夫妇自杀的后果没有刑法上的因果关系，张氏夫妇自杀完全是意外事件。法官在办案中通过证据推定法律事实，但由于各种客观原因，不能完全排除所认定的法律事实与客观事实相反的可能性，法律赋予当事人很多救济措施，就是为了防止错案的发生。本案当事人不循法律赋予的途径主张权利而选择自杀，是任何人都难以预见和阻止的。

莫兆军的辩护人提出：①莫兆军没有玩忽职守行为。②莫兆军在客观上不存在玩忽职守行为，其与后发生的"严重后果"没有刑法上的因果关系，两被告是在服判并放弃了所有法律赋予的权利后自杀的，其责任不能加在主审法官莫兆军身上。③该民事案件事后虽被证实判决结果与客观事实不符，但根据最高人民法院和广东省高级人民法院的规定，"出现新证据而改变裁判"的情形不属于追究错案责任的范围。综上，请求本院驳回抗诉，维持原判。

二审裁定：莫兆军作为司法工作人员，在民事诉讼中依照法定程序履行独任法官的职责，按照民事诉讼证据规则认定案件事实并作出判决，没有出现不负责任或不正确履行职责的玩忽职守行为，客观上出现的当事人自杀的结果与其职务行为之间没有刑法上的必然因果关系，其行为不构成玩忽职守罪。原审法院根据已经查明的事实、证据和法律规定，作出莫兆军无罪的判决，事实清楚，证据确实、充分，适用法律准确，审判程序合法。检察机关抗诉指控莫兆军犯玩忽职守罪的理由不成立。经本院审判委员会讨论决定，驳回抗诉，维持原判。

[研习]

1. 对于本案，莫兆军在民事诉讼中判案错误，为何检察院未指控其触犯民事、行政枉法裁判罪？民事、行政枉法裁判罪与玩忽职守罪有何区别？

2. 造成本案民事诉讼被告人自杀的原因为何？莫兆军的错判行为与之有无刑法上的因果关系？

3. 检察机关将补偿张水荣等家属23万元作为莫兆军判案错误的损失后果，此认定有无道理？

4. 造成该民事诉讼错判的原因为何？莫兆军对于判案错误有无过失？对于民事诉讼被告人的自杀有无过失？

5. 莫兆军的行为应当如何定性？

三、其他与司法相关的渎职罪

案例一：吴鹏辉等私放在押人员案[1]

[案情]

吴鹏辉系龙岩监狱狱警、龙岩监狱医院副教导员；叶火兴系龙岩监狱医院狱医、见习警察；罗文其系龙岩监狱狱警。

1. 2005年1月，被告人罗文其在执行罪犯张祖潮外诊治疗监管任务时，违反规定，擅自非法同意张祖潮离开监控范围自行回家，致使后者脱管失控。

2. 在罪犯张祖潮于2005年4月18日至2005年4月30日在龙岩市第二医院住院治疗期间，被告人吴鹏辉多次擅自将张祖潮带离指定的监控范围，其本人两次留宿在张祖潮为其开的宾馆房间内，且擅自非法同意张祖潮自行回家，造成张祖潮长时间脱管失控。

3. 罪犯张祖潮于2005年5月13日至2005年5月16日在龙岩市第二医院住院治疗期间，实施了以下行为：①被告人罗文其在负责执行5月13日8时至5月14日8时对张祖潮的监管任务时，违反规定，擅自将张祖潮带出监控范围，与张祖潮一起外出吃饭、娱乐，并于5月14日凌晨擅自非法同意张祖潮自行回家睡觉，致使张祖潮脱管失控。②被告人叶火兴在负责执行5月14日8时至5月15日8时对张祖潮执行外诊住院治疗监管任务时，于5月14日上午发现张祖潮不在监管地点，但其并未与上一班民警罗文其交接班，亦未将此情况向有关领导报告，而是离开监管地点，外出办私事，放任张祖潮脱离监管，直至当天下午6时许，张祖潮才返回监管地点。随后，被告人叶火兴违反规定，擅自非法将张祖潮带出监控范围，与张祖潮一起外出吃饭、修车、访亲会友、出入酒店。当晚由张祖潮及其朋友开车送被告人叶火兴回家，被告人叶火兴擅自非法同意张祖潮自行回家睡觉，致使张祖潮脱管失控。5月15日凌晨，张祖潮在娱乐场所结伙将他人打成轻伤。③在被告人吴鹏辉负责执行5月15日8时至5月16日8时对张祖潮的监管任务的期间，被告人吴鹏辉未按规定交接班，也未到龙岩市第二医院对张祖潮执行监管任务，24小时脱岗，并擅自非法同意张祖潮自行回家睡觉，造成张祖潮长时间脱管失控。

以上，罪犯张祖潮脱离监管之后均归监。

---

[1] 最高人民法院中国应用法学研究所编：《人民法院案例选》2007年第3辑（总第61辑），人民法院出版社2007年版。

4. 另被告人吴鹏辉在任龙岩监狱医院副教导员主管罪犯改造工作期间,于 2005 年 2 月、4 月两次对该医院罪犯张祖潮报请减刑,并在龙岩监狱通过对张祖潮呈报减刑的会议后,在没有核实的情况下,在张祖潮家庭经济困难的证明上签署"情况属实"的意见并加盖龙岩监狱医院公章后上报。

[诉讼]

起诉:吴鹏辉犯私放在押人员罪、徇私舞弊减刑罪,叶火兴、罗文其犯私放在押人员罪。

辩护:吴鹏辉的辩护人认为:私放在押人员罪中的"私放"是指私自释放,主观方面"私放"的目的是使在押人员彻底、永远逃避追诉和刑罚,而不是暂时脱离监管,因此被告人吴鹏辉擅自同意罪犯张祖潮回家睡觉的行为不是"私放",其行为不构成私放在押人员罪;被告人吴鹏辉不存在捏造事实、伪造材料、隐瞒真实情况等行为,其行为亦不构成徇私舞弊减刑罪。

叶火兴辩称:自己主观上没有私自放走在押人员使在押人员逃避刑罚的目的,客观上罪犯张祖潮也没有脱逃的故意,事实上罪犯张祖潮也没有脱逃;自己是见习警察,不能单独执行职务,没有执法权;让罪犯张祖潮晚上回家睡觉,在前面负责的上级警察也是这样做的,他打电话问过,且他本人刚到监狱工作,职业是医生,对监管工作不熟悉,认为这样做是惯例,是准假制度问题,故其行为不构成私放在押人员罪。叶火兴的辩护人认为:被告人叶火兴既未被监管机关正式录用,也未被监管机关聘用受委托履行监管职责,因而不具有司法工作人员的身份,不符合私放在押人员罪的犯罪主体;被告人吴鹏辉指派被告人叶火兴执行监管任务的行为无效,因被告人叶火兴是见习警察,不具备警察身份,不能执行警察职务,更不能单独执行监管任务;让罪犯张祖潮回家睡觉,是前任执行人员示范的,被告人叶火兴没有私放在押人员的主观故意;罪犯张祖潮仅是超越了规定的活动区域,被告人叶火兴让其回家睡觉的行为是擅自准假的行为,属违规行为,不符合私放在押人员罪的客观表现,故被告人叶火兴不构成私放在押人员罪。

罗文其对起诉书指控中的 2005 年 1 月的事实有异议,认为当初是医院教导员吴鹏辉有明确的指示,可以让张祖潮回家拿衣服,其余无异议。罗文其的辩护人认为:2005 年 1 月是吴鹏辉指示被告人罗文其可以让张祖潮回家拿衣服,而非起诉指控的是被告人罗文其"擅自"非法同意罪犯张祖潮离开监控范围自行回家;2005 年 5 月 14 日上午,罪犯张祖潮又回到过龙岩市第二医院,而非起诉指控的罪犯张祖潮"直到当天下午 6 时才返回监管地点";被告人罗文其是按领导的意思让罪犯张祖潮回家拿衣服或违反规定让罪犯张祖潮回家睡觉,主观上仍是希望罪犯张祖潮归监,其不具有私放在押人员的故意;《刑法》第 400 条的立法本意中的两款主要是区分故意与过失,若罪犯张祖潮脱离监管不回来并造成严重后果才构成第 2 款规定的过失致使在押人员脱逃罪,况且本案并没有脱逃的法律后果,故本案也不构成过失致使在押人员脱逃罪,若按照公诉机关认为脱离监管就是私放的观点的话,那么《刑法》第

400条就没有必要设置第2款；被告人罗文其的行为不符合最高人民检察院对该罪的立案标准；即使被告人罗文其的行为是私放，但脱离时间较短，能如期回归，在没有造成其他严重后果的情况下，情节显著轻微，危害不大，也不应认为是犯罪。

一审判决：吴鹏辉、叶火兴、罗文其身为监狱司法工作人员，在执行罪犯外诊、住院治疗监管任务时违反规定，擅自非法同意所监管的罪犯离开监控范围自行回家，其行为均已构成私放在押人员罪。公诉机关指控的该罪名成立，予以采纳。由于被告人吴鹏辉在罪犯张祖潮减刑呈报的过程中没有隐瞒事实真相、捏造事实、伪造材料，其行为不构成徇私舞弊减刑罪，故公诉机关指控的此项罪名不成立，不予采纳。被告人吴鹏辉及其辩护人提出的被告人吴鹏辉的行为不构成徇私舞弊减刑罪的辩解和辩护意见，理由成立，予以采纳；其余辩解及辩护意见以及其他被告人及其辩护人提出的辩解和辩护意见或与所查事实不符，或理由不成立，不予采纳。三被告人归案后尚能如实供述案件事实，可酌情予以从轻处罚。判决：被告人叶火兴犯私放在押人员罪，判处有期徒刑2年6个月；判决被告人吴鹏辉犯私放在押人员罪，判处有期徒刑1年6个月；判决被告人罗文其犯私放在押人员罪，判处拘役6个月，缓刑6个月。

抗诉：吴鹏辉具有徇私行为并有隐瞒事实真相，捏造事实，伪造材料，违法为不符合减刑条件的罪犯呈报减刑的舞弊行为，其行为应构成徇私舞弊减刑罪。龙岩市人民检察院支持抗诉。三被告人均对私放在押人员罪部分提出上诉，认为他们的行为不构成犯罪。

二审裁定：上诉人吴鹏辉、叶火兴、罗文其身为监狱司法工作人员，在执行监管任务时违反规定，擅自非法同意所监管的罪犯离开监控范围自行回家，导致罪犯失去监控又实施犯罪，其行为均已构成私放在押人员罪。检察机关提出吴鹏辉构成徇私舞弊减刑罪的抗诉意见不能成立，不予支持。裁定驳回抗诉、上诉，维持原判。

[研习]

1. 被告人叶火兴作为见习期未满的见习警察，是否属于私放在押人员罪的主体——司法工作人员？

2. "私放"的含义是什么？是永久释放使在押人员彻底、永远逃避监管，还是包括暂时释放脱离监管？本案中，被告人暂时释放罪犯张祖潮，之后均归监，是否属于私放？被告人也明知张祖潮会归监，是否具有私放故意？

3. 叶火兴辩解称其职业是医生，对监管工作不熟悉，误认为这样做是个惯例，是准假制度，辩解称没有故意，其辩理理由是否成立？

4. 罗文其辩解称其行为是受医院教导员吴鹏辉的明确指示，是按领导的意思行事，其辩解理由是否成立？

5. 对于涉案第4项事实，吴鹏辉的行为是否构成徇私舞弊减刑罪？

案例二：李刚、张鹏被控帮助犯罪分子逃避处罚案[1]

[案情]

李刚系江苏省通州市人民法院执行庭助理审判员，张鹏系江苏省南通市某广告有限公司总经理。

2000年9月，被告人李刚得知帮助其妻子调动工作的张树人因涉嫌经济犯罪被南通市人民检察院立案侦查，羁押在南通市看守所后，便想去看望张树人。2000年12月，被告人李刚向自己承办的一执行案件中的被执行人王德进打听其在南通市看守所有无熟人，并向王德进表明自己想去看一下张树人的想法。王德进随后与南通市公安局戒毒所教导员王锦泉取得联系，约好2001年1月4日上午到南通市看守所。此后，被告人李刚以办案为由，从通州市人民法院刑庭拿了两张盖有院印的空白提审证，并与王德进商定，以王德进被执行案中，张树人是"知情人"为由"提审"张树人。2001年1月3日下午，被告人李刚将次日上午去看守所见张树人的事告诉了被告人张鹏（张树人之子），并叫张鹏用车子于4日上午接他一起去看守所。

2011年1月4日上午9时许，被告人李刚、张鹏和王德进三人，由王锦泉带进南通市看守所，由李刚填写了一份"提审"张树人的提审证，并在提审人栏内写上"李刚、徐国新"的名字。办好"提审"张树人的手续后，在南通市看守所第三提审室，被告人李刚、张鹏和王德进与张树人见了面。张树人告诉被告人李刚、张鹏其挪用公款110万元，私分公款20万元等案情，并将自己准备翻供、辩解的理由告诉了被告人李刚、张鹏。李刚对张树人说："挪用公款的主体是国家工作人员，你已退休，主体不合格。挪用公款罪一要有挪用行为，二要挪用的是公款，如果你是承包的，除上交部分外全部是你的，挪用的就不是公款，就不构成挪用公款罪，即使挪用的是公款，只要是经领导同意的或者当时没有请示，事后经领导追认的，也不承担责任。现在你能不能想办法补救一下。"张树人听后即对被告人张鹏讲："你去找一下老校长，请他出来挑挑担子。"张鹏答应去办。在"提审"过程中，张树人还将预先写好的一张涉及有关案情的纸条给了张鹏。李刚为预防有关部门的追查，还伪造了一份"提审"张树人的笔录，叫张树人签字，并在1月5日，又找到王德进伪造了一份谈话笔录。

[诉讼]

起诉：李刚、张鹏犯帮助犯罪分子逃避处罚罪。

审判：如东县人民检察院指控被告人李刚，为徇私情，擅自使用通州市人民法院的提审证与被告人张鹏一同"提审"检察机关正在侦查的在押犯罪嫌疑人张树人

---

[1] 江苏省如东县人民法院林鸿、王小荣撰稿，李燕明审编："李刚等帮助犯罪分子逃避处罚案——执行法官能否成为帮助犯罪分子逃避处罚罪的主体？"【第186号】，载《刑事审判参考》总第26集。

的事实清楚，证据确实充分，予以认定。但如东县人民检察院指控被告人李刚、张鹏犯帮助犯罪分子逃避处罚罪，定性不当。上述二被告人的行为符合帮助伪造证据罪的构成要件，构成帮助伪造证据罪，且系共同犯罪。判决：被告人李刚犯帮助伪造证据罪，判处有期徒刑1年；被告人张鹏犯帮助伪造证据罪，判处有期徒刑11个月。

一审宣判后，上述两被告人没有上诉，公诉机关也未提出抗诉，判决已发生法律效力。

[研习]

1.（1）对帮助犯罪分子逃避处罚罪的主体"有查禁犯罪活动职责的国家机关工作人员"如何理解，包括哪些？

（2）本案被告人李刚系法院执行庭助理审判员，并不负责刑事案件的审理，也不具体负责张树人涉嫌经济犯罪案，其是否属于帮助犯罪分子逃避处罚罪的主体？

（3）如果李刚是具体负责审理张树人案的法官，其在本案中的行为是否可构成帮助犯罪分子逃避处罚罪？

（4）什么情况下，李刚才构成帮助犯罪分子逃避处罚罪？

2. 本案被告人李刚的行为哪些违法、可涉嫌何罪？

案例三：倪庆元徇私舞弊不移交刑事案件案[1]

[案情]

1998年6月初，倪庆元在李埠口派出所担任所长，接到本辖区村民举报，本乡苑寨行政村的苑小强、苑留才、陈海西、苑志民4人有扒窃嫌疑。6月10日晚，倪庆元组织本所干警对4人进行抓捕未获。当晚，从苑小强家搜出火腿肠9根，洗衣粉3袋，鸭蛋360个等物品，从陈海西家搜出火腿肠十几根。经询问得知，苑留才让本村村民苑乃军销售过鸭蛋，后从苑乃军处提取钱款340元。之后，倪庆元又组织人对苑小强等4人进行多次抓捕未获。这时，李埠口乡分管政法工作的副乡长苑海金，原派出所治安队员苑顺成，原李埠口乡广播站工作人员苑本毅分别找到倪庆元为苑小强等4人说情，倪庆元碍于情面，在未向局领导汇报的情况下，私自决定对4人作退赃处理。6月27日至7月18日，苑小强等4人的家属先后向李埠口派出所交纳退钱款共计1万元，倪庆元明确向苑海金等3名说情人表示，对苑小强等4人盗窃火腿肠一事不再追究。此后，倪庆元对此事没再立案，也未对4人进行抓捕，甚至再见到这几个人后也没有安排人员抓捕。7月底，商水县刑警队的李晓伟到李埠口乡检查工作时，倪庆元就此事作了简单汇报。1998年11月，县公安局刑警队组织人员对周

---

[1] 国家法官学院、中国人民大学法学院编：《中国审判案例要览（2003年刑事审判案例卷）》，人民法院出版社、中国人民大学出版社2004年版。

项路上的车匪路霸集中治理时,倪庆元向刑警队介绍了苑小强等人的情况,并配合刑警队于 1998 年 12 月 18 日将苑留才抓获。其间,苑留才又参与扒窃作案 16 起,价值数万元,在当地造成极坏的社会影响。倪庆元组织人从苑小强家中搜出的物品被本所人员私分,收缴的 1 万元退钱款在本所开支殆尽。

[诉讼]
起诉:倪庆元犯徇私枉法罪。
辩护:倪庆元辩称,由于当时没有抓到人,案件事实无法查清,无法立案,也没向局领导汇报。后由于苑海金等人说情,我让 4 人的家属交纳押金 1 万元,并让他们通知 4 人来所投案,这些钱派出所入了账,也开支了。后我向刑警队的李晓伟作了汇报,不应追究我的刑事责任。其辩护人认为,倪庆元的行为不构成犯罪。他对 4 人作退赃处理时,并不明知 4 人已构成犯罪,主观上没有包庇的故意,既没有传送证据、隐匿证据,也没有毁灭证据;客观上没接受请客送礼,不存在徇私利,按苑海金等说情人的要求处理案件是接受行政命令,不是徇私情。
一审判决:倪庆元作为派出所所长,其主要职责就是管理本辖区的行政治安案件,属行政执法人员,为照顾私人关系,对依法应当移交司法机关追究刑事责任的案件不移交,私自作退赃款处理,以致犯罪分子继续犯罪,危害社会,情节严重,其行为已构成徇私舞弊不移交刑事案件罪,应依法惩处。判决:倪庆元犯徇私舞弊不移交刑事案件罪,判处有期徒刑 3 年,缓刑 3 年。
抗诉:①商水县人民法院的判决适用法律错误,倪庆元的行为构成《刑法》第 399 条的徇私枉法罪;②对倪庆元的量刑畸轻。
二审辩护:倪庆元的行为不构成徇私枉法罪,没有犯意,没有徇私利,事后向李晓伟汇报过,李晓伟没提异议等于默认,不应追究倪庆元的刑事责任。
二审裁定:驳回抗拆,维持原判。

[研习]
1. 从犯罪构成上看,徇私舞弊不移交刑事案件罪与徇私枉法罪的区别为何?
2. 本案中,被告人倪庆元是派出所所长,其到底是行政执法人员,还是司法工作人员?其是构成徇私枉法罪还是徇私舞弊不移交刑事案件罪?
3. 如何理解徇私舞弊不移交刑事案件罪中的"徇私"?
4. 若本案被告人倪庆元因法律素质不高,确实未意识到苑小强等人的行为是犯罪行为,误认为是违法行为而予以行政处罚了事,可否构成徇私舞弊不移交刑事案件罪?其行为如何认定?

第三节 其他罪名

案例一：于萍被控故意泄露国家秘密案[1]

[案情]

2000年8月21日，某律师事务所律师于萍、助理律师卢鑫接受涉嫌贪污犯罪的马明刚之妻朱克荣的委托，担任马明刚案的一审辩护人。2000年11月1日，沁阳市人民检察院以贪污罪对马明刚提起公诉，并向沁阳市人民法院移送了该案主要证据的复印件6本，共计421页。同年11月3日，朱克荣得知该案已到法院后，即告诉于萍。当日下午，于萍即安排卢鑫前来沁阳，并与马明刚的亲属朱克荣、马峰、马明魁等人一同来到沁阳市人民法院立案庭。卢鑫依照规定办理了有关手续后，将检察机关移送到法院的马明刚贪污案的主要证据卷宗材料全部借出，并予以复印。复印后，朱克荣向卢鑫提出看一看复印的案卷材料，卢鑫没同意，答复要请示于萍同意。随后，马明魁用手机拨通了于萍的电话，向于萍提出要看复印材料，于萍表示同意，让马明魁把手机电话交给卢鑫，并在电话中交待卢鑫把复印材料留下。卢鑫按照于萍的安排将复印的案卷材料留下后返回焦作。当晚，朱克荣等人对起诉书及案卷材料进行了研究。次日，马峰到焦作给卢鑫归还了复印的案卷材料。朱克荣根据案卷材料反映的情况，对所涉及的证人逐一进行联系，并做了相应工作。同年11月8日、10日，马明刚贪污案的有关证人张云田、吕学旗、侯清刚等人在于萍来沁阳调查、取证时，均出具了虚假证明。

2000年11月11日，于萍到沁阳调查、取证后返回焦作时，因未能取到王全胜（案卷材料所涉及的证人）的证明，又将复印的案卷材料留下给朱克荣。11月13日，朱克荣找到王全胜，让王全胜阅读了马明刚的供述，王全胜根据马明刚的供述出具了虚假证明。

2000年11月15日，在马明刚贪污案公开开庭审理时，于萍出具了有关证人的虚假证言及证明材料后，检察机关两次提出延期审理建议，决定对马明刚案补充侦查。

经河南省国家保密局、河南省焦作市国家保密局鉴定，于萍让马明刚家属所看的马明刚贪污案的案卷材料均属机密级国家秘密。

[诉讼]

起诉：故意泄露国家秘密罪。

---

[1] "河南省沁阳市人民检察院诉于萍故意泄露国家秘密案"，载最高人民法院办公厅编：《中华人民共和国最高人民法院公报（2004年卷）》，人民法院出版社2005年版，第33~36页。

辩护：于萍辩称：她在 11 月 11 日没有将复印的案卷材料交给朱克荣，卢鑫将复印的案卷材料留给朱克荣是误解了她的意思。此外，卢鑫从法院复印的案卷材料未标明属于国家秘密，因此自己的行为不构成犯罪。于萍的辩护人认为：①鉴定机关仅根据检察机关的有关规定，认定卢鑫所复印的卷宗材料属于国家秘密，理由不充分。检察机关的案卷材料在诉讼阶段，应属于法院诉讼文书材料，不属于国家秘密。②本案证人主要是卢鑫、朱克荣、马明魁等人。卢鑫虽已另案处理，但仍应属同案人员，他对事实的陈述不能排除有推卸责任的可能性；朱克荣、马峰、马明魁虽然当时在场，但不可能听到于萍在电话中所讲的内容，故以上证言均不应采信。③于萍是否把案卷材料交给朱克荣，虽有朱克荣的证言，但系孤证，不能证明事实存在。④马明刚案有关证人的证言是否属于虚假作证，无法证实。两次延期审理是因检察机关证据不足需要补充侦查所致，于萍没有扰乱正常诉讼活动的行为。综上，于萍没有故意泄露国家秘密的事实，应宣告无罪。

一审判决：于萍身为国家机关工作人员，在接受刑事被告人家属委托担任辩护人期间，依照其特有的律师身份、职权，在知悉检察机关追查刑事犯罪的秘密材料后，将知悉的国家秘密泄露给不该知悉此秘密的刑事被告人家属，使刑事被告人的家属有条件找证人作虚假证明。由于于萍泄露了大量的案卷材料，严重扰乱了正常的诉讼活动，情节严重，其行为已构成故意泄露国家秘密罪。检察机关指控于萍犯故意泄露国家秘密罪的事实清楚，证据充分，罪名准确，应予确认。该案证人卢鑫、朱克荣、马明魁、马峰等人的证言与书证、物证相互印证一致，于萍辩称其没有泄露或指使他人泄露国家秘密行为的辩解，不能成立。由于于萍的故意泄密行为，造成马明刚贪污案在法庭调查时出现大量虚假证据，导致检察机关两次申请延期审理，并重新补充侦查，严重干扰了正常的诉讼活动，且情节严重。于萍的辩护人辩称于萍的行为不属情节严重，显然与本案事实不符，故不予采纳。2001 年 4 月 19 日判决：被告人于萍犯故意泄露国家秘密罪，判处有期徒刑 1 年。

上诉：于萍称，她没有让卢鑫把案卷材料复印件交给当事人亲属，也没有将案卷材料交给朱克荣；卢鑫复印的案卷材料既无任何单位标明系国家秘密，也无任何人用任何形式告知其是国家秘密，检察机关以事后鉴定说明案卷材料属机密级国家秘密的理由不充分，不能作为证据使用。请求撤销原判，改判其无罪。于萍的辩护人辩称：①于萍的行为尚未达到情节严重的程度。检察机关在马明刚贪污案中两次提出延期审理，是因其指控证据不足，需要补充侦查，并非因于萍出具的证人证言与检察机关出示的证人证言相矛盾而造成。因此，于萍的行为并未扰乱和影响正常的诉讼活动。②于萍并非国家机关工作人员。一审判决中把于萍认定为国家机关工作人员，并以此适用《刑法》第 398 条第 1 款作为量刑的依据，是适用法律不当。③于萍不具有泄露国家秘密的主观故意。在马明刚贪污案的整个诉讼过程中，无人告诉过于萍有关马明刚贪污案卷中的口供和证言是国家秘密，不准泄露给他人，有关机关也未在案件的卷宗中标明口供和证言材料属于什么密级。④焦作市国家保密局的鉴定不能作为本案的定案依据。因为此鉴定的主要依据是最高人民检察院制定的《检察工作中国家秘密及其密级具体范围的规定》及其附件《确定检察诉讼文书密级和保密期限的规定》，而这两个规定是检察机关用以规范内部保密工作的秘密级文件，对外部人员不具有约束力。一审法院依据该鉴定认定于萍构成故意泄露国家秘密罪，缺乏法律依据。

二审判决：于萍让马明刚亲属查阅的案卷材料，是其履行律师职责时，通过合法手续，在法院从马明刚贪污案的案卷中复印的。这些材料，虽然在检察机关的保密规定中被规定为机密级国家秘密，但当案件进入审判阶段后，审判机关没有将检察机关随案移送的证据材料规定为国家秘密。于萍不是国家机关工作人员，也不属于检察机关保密规定中所指的国家秘密知悉人员。作为刑事被告人的辩护人，于萍没有将法院同意其复印的案件证据材料当作国家秘密加以保守的义务。检察机关在移送的案卷上，没有标明密级；在整个诉讼活动过程中，没有人告知于萍，马明刚贪污案的案卷材料是国家秘密，不得泄露给马明刚的亲属，故也无法证实于萍明知这些材料是国家秘密而故意泄露。因此，于萍在担任辩护人期间，将通过合法手续获取的案卷材料让当事人亲属查阅，不构成故意泄露国家秘密罪。遂改判于萍无罪。

[研习]

1. 刑事诉讼中的案卷材料是否属于国家秘密？
2. 律师是否属于国家机关工作人员，其在办案中对涉案卷宗进行保管，是否属于国家秘密知悉人员，对案件证据材料有无保密义务？
3. 本案中，于萍将案卷材料让当事人亲属查阅，其行为性质如何认定？本案中，朱克荣的行为如何认定？

案例二：高晓云等徇私舞弊不征、少征税款、受贿案[1]

[案情]

2005年6月至2006年，高晓云在上海市浦东新区地方税务局第四税务所二手房交易市场征收组工作期间，利用其负责受理、审核二手房的交易资料，核定应纳税款等职务之便，授意他人修改或自己帮助他人修改相关的房产交易资料，违规为卖房人办理免征、减征税款的手续，致使国家税款损失达144万余元。其中，高晓云与房屋中介人员丁红合伙采用上述手法，致使国家税款损失达45万余元。高晓云从中收受客户所送贿赂款45 500元。

[诉讼]

一审判决：高晓云身为国家税务机关工作人员，为徇私情，单独及伙同被告人

---

[1] 国家法官学院、中国人民大学法学院编：《中国审判案例要览（2008年刑事审判案例卷）》，人民法院出版社、中国人民大学出版社2009年版，第512页。

丁红，利用职务之便，违反国家税收法规，伪造材料、弄虚作假，不征、少征应征税款，致使国家税收遭受特别重大损失，两人的行为均已构成徇私舞弊不征、少征税款罪。高晓云非法收受他人钱款共计 45 500 元，为他人谋取利益，其行为又构成受贿罪。高晓云系主犯，丁红系从犯。高晓云在受贿罪中具有自首情节。判决：高晓云犯徇私舞弊不征、少征税款罪，判处有期徒刑 5 年 6 个月，犯受贿罪，判处有期徒刑 1 年，决定执行有期徒刑 6 年；丁红犯徇私舞弊不征、少征税款罪，判处有期徒刑 2 年。

上诉：高晓云的辩护人提出：高所犯两罪应择一重罪处罚，且原判量刑过重。

二审裁定：上诉人高晓云有收受他人贿赂、授意他人修改或者自己帮助他人修改相关房产交易资料，徇私舞弊不征、少征税款等数个犯罪行为，不但侵犯了国家工作人员职务行为的廉洁性，也损害了国家税收征收管理制度；从犯罪构成要件上来看，属于有两个犯意、实施两个犯罪行为，侵害两个犯罪客体之情形，符合受贿罪和徇私舞弊不征、少征税款罪两个犯罪的构成要件，且两罪之间不成立法条竞合关系。驳回上诉，维持原判。

[研习]

1.（1）就涉税行为而言，本案中，高晓云构成何罪？故意逃税的卖房人客户构成何罪？可否成立共同犯罪？

（2）就贿赂行为而言，本案中，高晓云构成何罪？故意逃税的卖房人客户构成何罪？可否成立共同犯罪？

（3）实施行为的对向人的罪名是否必须相同？为什么？

2. 丁红没有税务人员身份，可否构成徇私舞弊不征、少征税款罪？就本案情况而言，如何评价法院将丁红认定为该罪的共犯？

3. 受贿后又徇私舞弊不征、少征税款，如何认定罪数？

第八章

危害国家安全罪、危害国防利益罪、军人违反职责罪

第一节 危害国家安全罪

知识概要

《刑法》分则第一章"危害国家安全罪"是指故意危害中华人民共和国国家安全的行为，共规定了12个罪名。其中，为境外窃取、刺探、收买、非法提供国家秘密、情报罪以及关联"涉密"犯罪，是本章的重点和难点。刑法中的"涉密"犯罪包括：《刑法》分则第一章的为境外窃取、刺探、收买、非法提供国家秘密、情报罪（第111条）、间谍罪（第110条），分则第六章的非法获取国家秘密罪（第282条第1款）、非法持有国家绝密、机密文件、资料、物品罪（第282条第2款），分则第九章的故意泄露国家秘密罪、过失泄露国家秘密罪（第398条），分则第十章的非法获取军事秘密罪（第431条第1款）、为境外窃取、刺探、收买、非法提供军事秘密罪（第431条第2款）、故意泄露军事秘密罪、过失泄露军事秘密罪（第432条），这些罪名的构成要件各有不同，有些罪名之间存在法条竞合关系，应当从主体（身份）、行为形式上予以细致区分。此外，煽动分裂国家罪、煽动颠覆国家政权罪这些煽动型的犯罪，资助危害国家安全犯罪活动罪、资敌罪这些资助型的犯罪，以及叛逃罪，也是本章的重点罪名。

一、为境外窃取、刺探、收买、非法提供国家秘密、情报罪以及关联"涉密"犯罪

案例一：吴士深、马涛为香港报社记者提供国家秘密案[1]

[案情]

吴士深原系新华通讯社国内新闻编辑部编辑。马涛原系中国健康教育研究所

---

[1] 最高人民法院中国应用法学研究所编：《人民法院案例选》1994年第1辑（总第7辑），人民法院出版社1994年版，第61页。

《中国健康教育通讯》杂志社编辑，吴士深之妻。

1992年3月，吴士深与前来北京采访七届人大五次会议新闻的香港《快报》记者梁慧珉相识。梁慧珉为了获取中共十四大的报告稿，唆使吴士深进行搜集。同年10月4日上午，吴士深利用工作之便，将本单位有关人员在内部传阅的江泽民总书记《在中国共产党第十四次全国代表大会上的报告》送审稿（绝密级）私自复印一份，携带回家。当日下午，吴士深指使被告人马涛按事先约定的地点将该"报告"非法提供给梁慧珉。尔后，梁慧珉使用私自安装的传真机将此"报告"全文传回香港《快报》报社。10月5日，香港《快报》全文刊登了这个"报告"。10月21日，梁慧珉与吴士深、马涛在约定地点见面，梁慧珉付给吴士深人民币外汇兑换券5000元。案发后，吴士深、马涛的认罪态度较好，所得的赃款已被查获。

上述事实，有证人闵凡路、吴锦才、彭川平等人的证言，梁慧珉的认罪书，密级鉴定结论以及起获的赃款在案证实，吴士深、马涛分别对其主要犯罪事实也供认不讳。

[诉讼]

起诉：吴士深、马涛犯为境外人员非法提供国家秘密罪。

一审判决：吴士深、马涛身为国家工作人员，为谋私利，违反国家保密法规，为境外人员非法提供国家核心机密，危害国家安全，二被告人的行为均已构成为境外人员非法提供国家秘密罪，其犯罪性质恶劣，情节、后果特别严重。吴士深是本案的策划者，系主犯，应依法从重处罚。马涛在共同犯罪中情节较轻，系从犯，且能认罪悔罪，应比照主犯减轻处罚。该院依照《全国人大常委会关于惩治泄露国家秘密犯罪的补充规定》（现已失效）、《刑法》（1979年《刑法》）第53条第1款、第52条、第22条第1款、第23条、第24条、第60条的规定，于1993年8月30日判决如下：被告人吴士深犯为境外人员非法提供国家秘密罪，判处无期徒刑，剥夺政治权利终身。被告人马涛犯为境外人员非法提供国家秘密罪，判处有期徒刑6年，剥夺政治权利1年。查获的赃款予以没收。

上诉：吴士深、马涛分别以原判认定犯罪情节特别严重无事实依据、没有体现坦白从宽政策为理由，提出上诉，要求从轻处罚。

二审裁定：驳回上诉，维持原判。

[研习]（以下问题请依据1997年《刑法》分析）

1.（1）为境外窃取、刺探、收买、非法提供国家秘密、情报罪中的"境外"指何意？港澳台地区是否属于"境外"？本案中，被告人为香港报社记者提供，是否属于为"境外"提供？

（2）国家秘密如何认定？本案中，内部传阅的领导人送审稿是否属于国家秘密？

2.（1）成立为境外窃取、刺探、收买、非法提供国家秘密、情报罪中的故意，需行为人主观上认识到哪些要素？

（2）本案中，如吴士深未认识到梁慧珉的境外人员身份，误认为其为境内人员，是否具有本罪的故意？应当如何定罪？

3. 本案被告人吴士深是否属于国家秘密的合法知悉者？为何其不构成故意泄露国家秘密罪？为何不构成间谍罪？境外窃取、刺探、收买、非法提供国家秘密、情报罪，故意泄露国家秘密罪以及间谍罪之间有何区别和联系？

案例二：王冠都间谍案[1]

[案情]

1996年3月，王冠都在我国台湾地区加入台湾间谍组织"国防部军事情报局"，并于1996年5月至1997年5月，分别以中美合资苏州中化药品工业有限公司营销专员、台湾巨昱实业有限公司大陆地区总经理的身份多次由台湾潜入境内，接受"军事情报局"的派遣任务，搜集我方军事、科技情报。其中：

1. 1996年5月，王冠都至安徽省某军用机场，拍摄某型飞机在飞行中的照片；1996年7月，王冠都通过唐某（原南海舰队某舰副机电长）的关系，进入某部军港，参观了某型导弹驱逐舰，并在重要部位拍照；嗣后，王冠都又约唐某前往青岛市，并指使唐某拍摄停泊在某军港的军舰。1996年8月，王冠都至南京某大学，通过郇某（该校科技部秘书）获取内部刊物《××技术》合订本及1995年《航空科研设计论文集》，并复印了《××技术》合订本。

2. 1996年8月，王冠都在西安市，在潘某（《军工报》记者）、高某（《陕西日报》记者）的陪同下，进入解放军空军某学院，拍摄了军用飞机的照片。次日，王冠都在潘某、高某等人协助下，以新华社记者的身份进入某飞行试验研究院机场，询问了某型飞机改装空中加油机的情况，并对该军用机场进行了拍照；当日，王冠都还到该院某试飞团企图了解该团试飞加油机等情况，遭拒绝。同年10月，王冠都在潘、高等人的陪同下，再次去空军某学院套问某型飞机改装空中加油机等情况，并拍摄了军用飞机照片。

3. 1997年5月8日上午，王冠都乘船对黄浦江沿岸的军港码头及22艘多种型号的军用舰船进行拍摄。

上述王冠都搜集的我方军事、科技情报，除1997年5月8日所拍摄的29张被截获外，其余大部分已由被告人带回台湾上交"国防部军事情报局"。另外，王冠都在搜集情报中于1996年4月结识海军某部大校军官杨某，认为杨某任职的部门有供其获取情报的重要价值，逐渐与杨某密切联系，并向"军事情报局报告"，建议策反杨某。1996年5月，王冠都在境内活动期间，多次通过密码广播接收台湾"军事情报局"布置的"搜集中共南京某大学之飞行器××技术中心目前工作成果、进度及实

---

[1] 国家法官学院、中国人民大学法学院编：《中国审判案例要览（1998年刑事审判案例卷）》，中国人民大学出版社1999年版。

际运用情况""搜集中共飞机制造厂对某型飞机改装空中加油机试飞情形""策反杨某的时机尚未成熟，不宜派员会面，请继续对其进行考核，待能产生情报资料后，再议"等派遣任务。

［诉讼］
起诉：间谍罪。
辩护：王冠都辩称，自己到空军某军事工程学院机场参观飞机是买门票进入的；在空军某试飞团没有要求提供有关资料；定位仪不是用于间谍活动的设备。同时王冠都还认为，自己归案后能如实交代自己的作案情况，认罪态度好，有悔罪表现，恳请法院能从轻判处。王冠都的辩护人认为，被告人犯罪情节轻微，归案后认罪态度较好，建议从轻处罚。
判决：王冠都参加间谍组织并接受派遣任务，积极为其刺探、提供我方军事、科技情报，其行为已构成间谍罪，且大部分情报已被带回台湾交给间谍组织，对国家安全造成一定危害，其犯罪情节不属较轻。王冠都虽无法定从轻处罚情节，但鉴于其在归案后坦白交代犯罪事实，认罪态度较好，并有一定的悔罪表现，决定酌情从轻处罚。于1997年11月24日判决：王冠都犯间谍罪，判处有期徒刑11年，剥夺政治权利3年。

［研习］
1.（1）间谍罪的主体是否要求是本国公民或内地人员，外国人、境外人员可否构成间谍罪？如本案中王冠都已经获得台湾居民身份，可否构成间谍罪？
（2）"间谍组织"应如何确定？
2. 本案中，王冠都辩称其本人搜集的很多情报都是通过合法手段（如买门票）进入参观而搜集的，依照此情节可否认定其不构成间谍罪？间谍罪中的搜集情节是否都必须采用非法手段？
3. 王冠都除参加间谍组织外，还实施了非法获取国家秘密，为境外窃取、刺探、收买、非法提供国家秘密、情报的行为，为何不数罪并罚？间谍罪与这些罪名是何种关系？
4. 上述第2项事实中，王冠都对潘某（《军工报》记者，军人）、高某（《陕西日报》记者）谎称自己是新华社记者，骗取二人的信任，在二人的帮助下获准进入涉密单位刺探国家军事秘密，对于潘某、高某的行为应如何认定？

案例三：林建东故意泄露国家秘密、受贿案[1]

[案情]

林建东原系司法部监察局监察二室主任。

1. 2007年7月，为了能让已连续两年参加国家司法考试都未能通过的女儿石某丹顺利通过当年的司法考试，深圳某单位的石某夫妇找到老朋友林建东帮忙。同年7月25日至8月9日，林建东参加国家司法考试命题工作，在现场监督时，获取了存放试卷密码箱的密码，后用该密码打开了自己负责监管的密码箱，摘抄了2007年国家司法考试试卷（校对稿和过程稿）1~4卷的大部分试题和答案。同年9月初，林建东到深圳出差，在一家酒店内，采用自己口述并由石某丹记录的方式，将获取的司法考试1~4卷的试题和答案泄露给了石某丹。

之后，石某丹又将这些试题和答案给了自己以前的男朋友李某亮，李某亮又给了专门从事考试作弊活动的于树泉。于树泉在考试前将这些资料用QQ等方式传递给了宁波、金华、唐山、临汾、北京等地的22名考生，从中非法获利10万余元。

2. 2007年8月，准备参加当年全国司法考试的江苏一个基层法院书记员张某经人介绍结识了林建东。同年9月8日晚，林建东在深圳某酒店内将包括"社会主义法治理念"论述题等在内的2007年司法考试主观题和部分客观题泄露给了张某。事后，为表示感谢，张某将1万元存入林建东的牡丹卡内，并打电话告诉了林建东。9月12日左右，在张某的要求下，林建东再次将获取的行政法试题和答案通过传真泄露给了张某。

3. 同年9月12日下午，林建东向江苏省某法律服务所主任王某泄露了包括"社会主义法治理念"论述题等在内的2007年司法考试主观题和部分客观题的内容。王某顺利通过司法考试后，为表示感谢，于当年12月31日专程到北京送给林建东3万元。

[诉讼]

起诉：故意泄露国家秘密罪、受贿罪。

判决：林建东犯故意泄露国家秘密罪，判处有期徒刑5年；犯受贿罪，判处有期徒刑1年6个月，两罪并罚，决定执行有期徒刑5年6个月。

[研习]

1. 故意泄露国家秘密罪的主体如何界定？是否包括非国家机关工作人员？其与非法获取国家秘密罪有何区别？

2. 本案中，林建东构成何罪？

3. 对于第1项事实中的石某丹、李某亮，第2项事实中的书记员张某，第3项

---

[1] 央视网："泄露司法考试试题答案 司法部一官员获刑五年"，网址：http://news.cctv.com/china/20090225/104907.shtml

事实中的法律服务所主任王某：

（1）如其被动知悉了林建东主动泄露的试题和答案，之后又泄露给他人，其行为应当如何定性？

（2）如其主动向林建东以金钱购买试题和答案，要求其泄露，其行为应当如何定性？

（3）于树泉主动向李某亮购买试题和答案，之后又转卖泄露给考生，其行为如何定性？

4. 对于第1项事实中，主动向于树泉购买试题和答案的22名考生，其行为如何定性？

二、其他危害国家安全犯罪

案例一：王立军叛逃案[1]

[案情]

王立军原系重庆市副市长、公安局局长。

2011年11月15日，英国公民尼尔·伍德被发现在其入住的重庆市一酒店房间内死亡。王立军身为重庆市公安局局长，在明知薄谷开来有杀害尼尔·伍德的重大嫌疑，且已掌握重要证据的情况下，为徇私情，指派与其本人及薄谷开来关系密切的副局长郭维国负责该案，向办案人员隐瞒薄谷开来向其讲述投毒杀害尼尔·伍德的情况及掌握的录音证据，对郭维国等人违背事实作出尼尔·伍德系酒后猝死的结论予以认可，将记录薄谷开来作案当晚到过现场的监控录像硬盘交给薄谷开来处置，以使薄谷开来不受刑事追诉。

后王立军与薄谷开来产生矛盾并不断激化，王立军遂要求重庆市公安局有关人员重新调取、整理及妥善保管尼尔·伍德死亡案的证据，并提供了薄谷开来向其讲述投毒杀害尼尔·伍德的录音资料。2012年2月7日，王立军向国家有关部门反映了薄谷开来涉嫌故意杀害尼尔·伍德的情况并提供了相关证据材料。经公安机关依法复查，侦破了薄谷开来故意杀人案。

2012年2月初，王立军的职务被宣布调整，身边多名工作人员被非法审查，王立军感到自身的处境危险，遂于2月6日14时31分私自进入美国驻成都总领事馆，请求美方提供庇护，并提出政治避难申请。后经有关方面劝导，王立军于2月7日23时35分自动离开美国驻成都总领事馆。

2010年1月至2012年2月，王立军在担任重庆市公安局局长期间，违反国家有关法律规定，授意该局有关工作人员，不履行合法审批手续，先后对多人使用技术

---

[1] "王立军徇私枉法、叛逃、滥用职权、受贿案一审宣判"，载《光明日报》2012年9月25日，第2版。

侦查措施，严重侵犯了公民的合法权益，破坏了社会主义法制。

2008年9月至2009年11月，王立军先后接受大连实德集团有限公司董事长徐明和大连世源贸易有限公司法定代表人于俊世的请托，利用担任重庆市公安局常务副局长、局长的职务便利，指令重庆市公安局办案人员释放4名涉案羁押人员。其间，王立军收受徐明出资285万余元购买的住房两套，接受于俊世为其租住的别墅支付租金20万元。案发后，受贿财物绝大部分被追缴。

王立军到案后揭发了他人重大违法犯罪线索，为有关案件的查办发挥了重要作用。

[诉讼]

判决：王立军身为重庆市公安局局长，明知他人有故意杀人重大嫌疑，徇私枉法，故意包庇使其不受追诉，其行为已构成徇私枉法罪，且情节特别严重；王立军作为国家机关工作人员，在履行公务期间，擅离岗位，叛逃外国驻华使领馆，其行为已构成叛逃罪，且情节严重；王立军滥用职权，非法对多人使用技术侦查措施，严重侵犯了公民的合法权益，破坏了社会主义法制，其行为已构成滥用职权罪；王立军作为国家工作人员，利用职务上的便利，为他人谋取利益，非法收受他人财物，其行为已构成受贿罪，其收受贿赂后为请托人谋取不正当利益，情节恶劣。王立军后来要求重庆市公安局有关人员对薄谷开来涉嫌故意杀人案重建档案、调查补证、保留物证，向国家有关部门反映薄谷开来涉嫌故意杀人的问题，并提供有关证据材料，积极协助复查，对公安机关侦破该案起了重要作用，对其所犯徇私枉法罪可酌情从轻处罚。王立军作为掌握国家秘密的国家工作人员叛逃境外，依法应从重处罚；王立军犯叛逃罪后自动投案，并如实供述其叛逃的主要犯罪事实，属自首，可依法减轻处罚。王立军揭发他人重大违法犯罪线索，为有关案件的查办发挥了重要作用，有重大立功表现，可依法减轻处罚。据此，根据王立军犯罪的事实、性质、情节、对社会的危害程度及王立军当庭认罪、悔罪的表现，成都市中级人民法院于2012年9月24日判决：被告人王立军犯徇私枉法罪，判处有期徒刑7年；犯叛逃罪，判处有期徒刑2年，剥夺政治权利1年；犯滥用职权罪，判处有期徒刑2年；犯受贿罪，判处有期徒刑9年。数罪并罚，决定执行有期徒刑15年，剥夺政治权利1年。

[研习]

1. 案发当时王立军职务被宣布调整并被宣布"休假式疗养"，其叛逃是否符合叛逃罪的主体和"履行公务期间"的要求？

2. 构成叛逃罪，是否要求叛逃之后实施危害国家安全的行为？本案被告人王立军叛逃只请求外国提供庇护和政治避难，没有具体实施危害国家安全的行为，可否构成本罪？

3. 叛逃行为中的"叛逃境外或者在境外叛逃"中的"境外"如何理解？本案中，王立军叛逃进入的美国驻成都总领事馆，是否属于"境外"？其犯罪是既遂还是未遂？

案例二：罗让旦真、泽戈煽动分裂国家案[1]

[案情]

罗让旦真（又名彭晓源）系阿坝县藏文中学教师，又系阿坝县格尔登寺院和尚。泽戈，初识藏文，农民。

1993年4月，泽戈携带其父母的骨灰前往拉萨朝拜，后又经西藏樟木口岸取道尼泊尔前往印度朝拜达赖喇嘛，并接受了达赖的"摩顶"。1993年，罗让旦真在哇尔玛小学任教期间认识了泽戈。1996年，罗让旦真在泽戈处借阅了从境外带回的书籍《神的旨意》《达赖喇嘛国外访谈录》，并将书中宣扬藏独、分裂祖国的有关内容摘抄下来，后罗让旦真利用其任教的阿坝藏文中学油印考试试卷的机会，将其摘抄的部分宣扬藏独的言论刻制成蜡纸，油印成20余册，分别向格尔登寺院和尚党真、华尔丹、托美等人散发，要求他们散发并以诵经的形式天天念，以祈求实现达赖分裂国家的心愿。1997年，罗让旦真又从泽戈处借来《教诲论集》《未来政治》《不准供养修丹神》等书籍阅读，其中均有涉及民族分裂、藏族独立实现后的政治环境等反动内容。1998年，泽戈又将境外书籍《我的家乡、我的人民》送到罗让旦真住处借给其阅读。此外，罗让旦真还将泽戈给予的有关雪山狮子旗的解释摘抄后，自制剪贴了两幅雪山狮子旗。

[诉讼]

起诉：罗让旦真、泽戈犯煽动分裂国家罪。

一审判决：四川省阿坝藏族羌族自治州中级人民法院于1999年4月16日判决：被告人罗让旦真犯煽动分裂国家罪，判处有期徒刑5年，剥夺政治权利2年；被告人泽戈犯煽动分裂国家罪，判处有期徒刑4年，剥夺政治权利2年。

上诉：泽戈称：因系文盲，不知《我的家乡、我的人民》一书中有反动内容，只知书中有达赖的照片，就将尼泊尔商人送的这些书带回了国，后在罗让旦真的请求下将书借给了罗让旦真，没有故意向罗让旦真灌输分裂国家、民族的思想，且只借过这一本书。

二审判决：泽戈将有关达赖喇嘛和西藏独立的书籍借给罗让旦真阅看，导致罗让旦真犯罪的结果。但鉴于没有充分的证据证明泽戈具有煽动分裂国家的故意，故对其诉称"没有煽动分裂国家的故意"的理由应予采纳，原判对泽戈定罪的证据不足。原判认定事实和对罗让旦真的定罪量刑正确，审判程序合法，但对泽戈适用法律错误。遂于2000年6月12日判决如下：维持阿坝藏族羌族自治州中级人民法院（1999）阿中法刑初字第12号刑事判决的第1项，即：被告人罗让旦真犯煽动分裂国家罪，判处有期徒刑5年，剥夺政治权利3年。撤销阿坝藏族羌族自治州中级人民

---

[1] 四川省高级人民法院（1999）川刑一终字第341号刑事判决书。

法院（1999）阿中法刑初字第12号刑事判决的第2项，即：泽戈犯煽动分裂国家罪，判处有期徒刑4年，剥夺政治权利3年。上诉人（原审被告人）泽戈无罪。

[研习]

1.（1）如何认定煽动分裂国家罪中的"煽动"行为，其具体表现形式有哪些？在刑法中，思想不能犯罪，言辞可否犯罪？言辞可否被认定为行为？

（2）本案罗让旦真油印分裂国家的材料予以散发，其行为是否属于"煽动"行为？罗让旦真的犯罪是否既遂？煽动型犯罪有无未遂形态？如果本案中罗让旦真印刷出来后未予以散发即被查获，犯罪是既遂、未遂还是预备？

2.（1）煽动分裂国家罪中的故意如何理解？本案中，二审法院为何认为泽戈无罪？

（2）如果泽戈知书中有分裂国家的内容，在罗让旦真请求借阅时给罗让旦真个人阅读，但不知其会予以散布，能否构成煽动分裂国家罪？

第二节 危害国防利益罪

知识概要

《刑法》分则第七章"危害国防利益罪"是指违反国防法律、法规，危害国防利益，依法应受刑罚处罚的行为，共规定了23个罪名。本章罪名在司法实务中并不多见，主要涉及的是冒充军人招摇撞骗罪与诈骗罪的关系、与抢劫罪的区别等。以下选取一个案例予以说明。

案例：谭飞等冒充军人招摇撞骗、抢劫案[1]

[案情]

2006年5月间，谭飞、宋伟、朱丽华、王云龙伙同同案人袁朝刚（另案处理）经密谋以后，分别购买作案工具迷彩色三菱吉普车、假军车牌照、假军服、头盔、警棍以及证件等物，伪装成军队纠察人员，以查假军车为名骗取和抢劫公民财物。有证据证明的犯罪为如下三宗：

1. 2006年5月7日凌晨2时许，谭飞、宋伟、朱丽华、王云龙、同案人袁朝刚伪装成军队纠察人员，驾驶上述假军车，窜至佛山市南海区里和公路佛山一环桥底，以检查假军车为名，采取持警棍威胁方式取得被害人何某某现金400元以及诺基亚

---

[1] 最高人民法院中国应用法学研究所编：《人民法院案例选》2007年第4辑（总第62辑），人民法院出版社2008年版。

牌 2100 型手提移动电话机 1 台（经鉴定，物品价值 341.60 元）。

2. 2006 年 5 月 8 日凌晨 2 时许，谭飞、宋伟、朱丽华、王云龙、同案人袁朝刚驾驶上述假军车窜至佛山市南海区广和大桥收费站出口处，以上述方式取得被害人周某某的波导牌 VS9 型手提移动电话机 1 台（经鉴定，物品价值 770.62 元）。

3. 2006 年 5 月 12 日凌晨 3 时许，谭飞、宋伟、朱丽华、王云龙、同案人袁朝刚驾驶上述假军车窜至广州市萝岗区开创大道与宏远路交汇处附近，冒充军队纠察人员对被害人索要财物未得逞后，采取强行搜身的方式取得被害人王某某的现金 924 元、诺基亚牌 3210 型手提移动电话以及摩托罗拉牌 C157 型手提移动电话机各 1 台（经鉴定，物品共价值 683 元）。随后，四被告人被公安人员人赃并获。

[诉讼]

起诉：谭飞、宋伟、朱丽华、王云龙涉嫌抢劫罪。

判决：谭飞、宋伟、朱丽华、王云龙伙同他人采取冒充军队纠察人员以查处假冒军车的名义非法获取财物，损害了公民的人身权利、财产权利和武装部队的威信。其中，被告人谭飞、宋伟、朱丽华、王云龙于 2006 年 5 月 12 日冒充军队纠察人员对被害人索要财物未得逞后，采取强行搜查的暴力手段非法取得财物，其行为均已构成抢劫罪。由于被告人于 2006 年 5 月 7 日和 2006 年 5 月 8 日冒充军队纠查人员对被害人实施"罚款"的过程中，并未采取明显的暴力或胁迫手段，其行为主要表现为冒充军队纠察人员的身份骗取财物，因此，其行为均构成冒充军人招摇撞骗罪。依法应对四被告人判处抢劫罪和冒充军人招摇撞骗罪数罪并罚。

[研习]

1. 在非法获取他人财物时，如何区分冒充军人招摇撞骗和冒充军人抢劫？
2. 本案是否应当数罪并罚？

第三节 军人违反职责罪

知识概要

《刑法》分则第十章"军人违反职责罪"是指军人违反职责，危害国家军事利益，依照法律应当受刑罚处罚的行为，共规定有 31 个罪名。本章的犯罪主体为军人，系属军职犯罪，通常由特定的军事法庭进行审理，一般法院对于案件没有管辖权。以下选取一个案例予以说明。

案例：某边防战士胡某军人携枪潜逃境外案[1]

[案情]

某日凌晨 5 时，某边防战士胡某因欠钱太多，无颜面对即将来队看望他的父母，便趁站岗之机携带执勤用的 81 式半自动步枪一支和私藏的 21 发子弹逃离连队，进入他国境内，后来在企图越境回国时被邻国边防人员抓获。经过交涉，他国将其本人及枪、弹一并交还我方。

[研习]

对于胡某的行为性质，应如何认定？其可能触犯哪些罪名？

---

[1] "某边防战士胡某军人携枪潜逃境外的定罪案例分析"，载法律快车网：http://www.lawtime.cn/info/xingfa/junrenwfzzz/20070426/33053.html。

参考结论

第一章 侵犯公民人身权利、民主权利罪

第一节 故意杀人罪、过失致人死亡罪、故意伤害罪

一、致人死伤案件的认定 • 基础案例

案例一：甲男用水果刀攻击乙女致轻微伤案

1. 具有。甲男出于泄愤报复动机和因为自控能力弱的性格，持刀攻击乙女足以损害人体健康（造成人体组织破坏或功能损害），具有殴打或伤害性质。

2. 因为甲男殴打或故意伤害行为没有造成"轻伤"结果。基于治安处罚法与刑法二元结构，殴打或伤害他人没有造成"轻伤"以上结果的，不适用《刑法》处罚，适用《治安处罚法》第43条规定："殴打他人的，或者故意伤害他人身体的，处5日以上10日以下拘留……"如果造成了轻伤结果，则甲男的行为构成故意伤害罪。

3. 不可以。因为我国司法惯例以"轻伤"为故意伤害罪构成要件。故意殴打或伤害他人身体没有造成轻伤结果（未遂）的，不追究刑事责任。其利在于：①划一道"硬杠杠"，清晰界分人身伤害行为治安处罚与刑事处罚的界限；②约束公安机关移送起诉的裁量权。其弊在于：因为这道"硬杠杠"，有时不得不放过恶劣的殴打行为、严重伤害未遂行为。作为补救，随意殴打他人或持凶器殴打他人等情节恶劣的，即使没有造成轻伤结果，也可以《刑法》第293条寻衅滋事罪定罪处罚。

4. 不能，因为：①甲男作案工具是杀伤力不大的水果刀；②作案地点在乙女工作场所，且是工作时间，周围有很多人；③作案过程是先责问后持刀攻击，不是突袭方式；④形成的伤势仅仅是轻微伤，说明攻击部位力度不足以致命。综上，根据甲男以水果刀、在白天、人员密集的工作场所、以非突袭方式、攻击的力度部位不致命等判断，甲男的行为客观上不是足以剥夺生命的杀人行为。

案例二：甲男推搡乙女致摔倒致右侧三踝骨折、距骨撕脱骨折达到轻伤一级案

1. 甲男供述始终一致，是在将乙女推出房门时致乙女摔倒。而乙女供述不一致或有含糊之处，因此应当采信甲男供述。另，乙女"右上身"被推，伤在"右脚"距骨（脚后跟位置），应是扭伤或右脚绊到门框门槛所致，并非因遭到猛推而摔伤。乙女喊脚疼后甲男立即向乙女道歉并为其揉脚，似无出于恼怒而主动攻击乙女的迹象。

2. 不足以认定甲男的行为构成故意伤害罪。车浩教授在研讨本案时指出，应当

区分"殴打型"和"非殴打型"。殴打型的，故意伤害明显，造成轻伤结果的可认定故意伤害罪。"非殴打型"的，行为本身不具有故意伤害特征，也没有显示出故意伤害他人恶意的，即使造成轻伤结果的，也不宜认定为故意伤害罪。

案例三：杨春驾车致阻拦人死亡案

不具有。因为开车送水属于日常生活行为，杨春没有放任伤害后果发生的现实动因，具有"轻信"危害后果不会发生的现实条件，具有避免危害结果发生的意愿。综上所述，本案事实不足以证明被告人有致被害人死伤的故意。

案例四：张润博轻微互殴中致人倒地磕碰死亡案

1.《刑法》第234条之"故意伤害致人死亡"，是故意伤害行为"过失致人死亡"，把过失致人死亡作为故意伤害罪结果加重犯。指控故意伤害致人死亡，包含过失致人死亡。如果不是过失致人死亡，就应当定故意杀人罪了。

2. 有四点理由：其一，故意犯罪的成立不仅要求有故意行为存在，行为人还要对行为的危害后果有认知或预见（结果加重犯则要对加重结果有所认知或预见）。其二，构成故意伤害（致人死亡）罪的行为，应当在客观上具有高度的致害危险性。其三，对轻微暴力致人死亡行为以过失致人死亡罪定罪处罚，有助于贯彻罪刑相当原则。其四，对轻微暴力致人死亡行为以过失致人死亡罪定罪处罚，更符合公众的一般判断。[1]

3. 以往这类案件，有的判过失致人死亡，有的判故意伤害罪（致人死亡），极不统一。类似本案的情况，以判故意伤害致人死亡的居多，法定最低刑10年以上。若判处10年以上有期徒刑，明显偏重，有违公平感，不如以过失致人死亡罪定罪处罚合情合理。但如何在法理上寻求根据，成为困惑实务界已久的问题。本案评析从法理上进行了阐述。在与此指导案例同期的《刑事审判参考》实务研讨部分，刊载了"轻微暴力致人死亡案件研究"一文，[2]以八个案件为例进行了更为全面、深入的阐述，为今后类似案例的处理提供了可供遵循的依据。

我们认为，故意伤害罪致人死亡，因其法定最低刑为10年以上，因此令行为人对致人死亡的结果承担故意伤害结果加重犯的责任，应当要求行为人对造成致人死亡结果具有"严重过失"。百姓因琐事发生纠纷、厮打致人死亡，如果该厮打行为在常人看来不足以致人死伤，行为人当时也难以料到会致人死亡的，则被告人对致人死亡没有严重过失，不应当令被告人对该死亡结果承担故意伤害罪结果加重犯的罪责。

案例五：都某实施一般殴打导致特异体质被害人死亡案

1. 理由有四：①被告人都某的行为与被害人的死亡结果之间具有刑法上的因果

---

[1] 最高人民法院刑二庭于同志撰稿、康瑛审编："张润博过失致人死亡案——轻微暴力致人死亡案件如何定性？"【第1080号】，载《刑事审判参考》总第103集。

[2] 黄祥青："轻微暴力致人死亡案件件研究"，载《刑事审判参考》总第103集。

关系，虽然被害人的特异体质是其死亡的内在原因，但不可否认的是，正是因为被告人的暴力行为导致被害人的身体产生应激反应，促发病变心脏骤停而死亡，并非被害人自身原因促发死亡。因此，被告人的行为是被害人死亡结果发生的必要条件，二者具有刑法上的因果关系。②被告人都某没有造成他人身体器官损伤的主观故意。行为人只具有一般殴打的意图，并无伤害的故意。③被告人都某对其行为导致被害人死亡的结果存在疏忽大意的过失，应当预见到用拳头击打他人头部可能造成他人受伤或者死亡的风险。④认定被告人的行为构成过失致人死亡罪，更符合公众的一般心理预期。在一般争执和殴打致人死亡案件中，被告人的行为并未直接造成被害人轻伤以上的后果，而是因被害人原有病症发作等复杂因素导致死亡，因果关系方面具有"多因一果"的特征，死亡结果具有某种程度的偶发性，对此种情形以过失致人死亡罪定罪处罚更能获得社会认同。[1]

2. 没有。都某与被害人厮打的行为并未直接造成轻伤以上的结果。该厮打促发被害人病变心脏骤停而死亡，一般难以预见。本案中只是在厮打可能造成人身伤害、偶然可能导致死亡的意义上讲，被告人对死亡结果不存在严重过失，不应当令其承担故意伤害致死的罪责。

案例六：季忠兵掷香蕉水桶致易燃液体泼洒烧死人案

1. 一审把案情研判为被告人将"香蕉水"泼洒致被害人烧死，二审则研判为被告人将装香蕉水的罐状"桶"甩向被害人，因此导致结论不同：一审：用易燃液体泼洒被害人致烧死，是"火攻"；二审：将罐状桶甩向被害人是"桶攻"。

2. "桶攻"物理力作用于人体通常不至于致人死伤，达不到伤害程度，易燃液体泼洒出来并被锅炉火焰引燃烧死被桶攻人，客观具有伤害、伤人能量，但尚不足以认定本案被告人有意利用火攻，或放任烧死被害人。因此，二人争执厮打过程中，一方顺手抄到香蕉水桶甩向对方，致易燃物泼洒出并被锅炉火引燃致人烧死，是过失致人死亡。一审认定"火攻"且火烧被害人致死，具有故意杀人、伤害性质。

3. 根据生活常理，二人在争执厮打过程中，只是顺手抄起身边的物体甩向对方，不可能细想。行为人应当预见桶中液体可能泼洒出来，但很难预见被锅炉中火焰引着起火烧死人。被告人本人也被烧着送医院救治，可印证被告人本人没有料到会着火。

案例七：蒋勇、李刚过失致人死亡案

1. 被告人李刚认识到自己扳开双手的行为会导致被害人跌落，但由于车行缓慢，并不知晓被害人跌落后会死亡或伤害。蒋勇认识到被害人抓在护栏上时自己仍然开车不停车可能会使被害人跌落，但由于车行缓慢，并不知晓被害人跌落后会死亡或伤害。二被告人都认识到了被害人必然跌落或可能跌落，但并未认识到被害人跌落

---

[1] 江苏省高级人民法院叶巍、陈亚鸣撰稿，最高人民法院刑三庭罗国良审编："都某过失致人死亡案"【第1079号】，载《刑事审判参考》总第103集。

会导致死伤。

2. 根据客观推断主观的原理，本案认定为过失的依据在于：①车速缓慢，造成被害人死亡或伤害的概率很小，对此行为人也知晓；②被害人是因被汽车右后轮碾死，而非在高速行驶的汽车上跌落摔死，印证了从汽车上推下一般情况下不至于致人死伤的主观认知；③行为人对于汽车会碾上被害人并无认识。但一般公众能够认识到被害人可能被碾上的可能性。故而，行为人属没有认识而应当认识，系属疏忽大意的过失。杀人的故意、伤害的故意需行为人明知死亡、伤害的结果，本案中行为人既不明知死亡结果也不知伤害结果，故无杀人、伤害的故意。

案例八：罗靖掌推他人致后脑撞门致死案

1. 在客观层面，杀人行为指非法自然提前结束他人生命的行为，亦即，在社会公众看来，该行为在行为当时能够致人死亡或者具有致人死亡危险性。故意伤害行为是指损害他人身体使他人身体或器官功能受损或丧失的行为（功能丧失说），亦即，在社会公众看来，该行为在行为当时能够导致人体功能受损，但不至于致人死亡。而过失致死行为，在行为当时看来不至于致人死亡，也不至于致人体功能受损，但最终结果却是致人死亡。在司法实践中，通常结合行为人实施行为当时的行为力度、打击部位、使用工具等具体行为状况予以综合判断，以区分杀人行为、伤害行为、过失致死行为。在本案中，拳击他人面部通常不至于致人死亡，但可否致人受伤呢？如一般力度可致人受伤，则应当认定为故意伤害行为；如一般力度不太可能致人受伤，则连故意伤害行为都不是。本案只推了一下、打了一下，理应不会致人伤害，故不宜认定为故意伤害行为。推倒他人通常不至于致人死亡，也不至于致人受伤，但本案中的结果是致人死亡，单独评价该行为应当认定为过失致人死亡的行为。但是，本案中，拳击他人面部、推倒他人应当认为是一个行为中的两个不同动作，应当整体认定为一个行为。

2. 本案中被害人的死因，是生前后枕部与钝性物体碰撞及撞后倒地导致脑挫伤、蛛网膜下腔出血所致，其口唇、下颌部及额下损伤系伤后倒地形成，即倒地导致身亡，而被害人的倒地是因行为人的推的行为造成的，因此，行为人推倒他人的行为（伤害行为的组成部分）与被害人的死亡结果之间具有因果关系。

3. 对于行为人的主观心态，可分为对死亡结果的主观心态和对伤害结果的主观心态。对于被害人的死亡结果，行为人没有预见到；但一般公众会预见到推人可以导致他人倒地死亡，行为人作为一般智商之人，也应对此有所预见，其应当预见而未预见，对于死亡结果具有疏忽大意的过失。对于伤害结果，一般人根据本案力度难以认识伤害结果，故其对伤害结果也不具有故意。从而，行为人对伤害结果不具有故意，对死亡结果具有过失，不应以故意伤害罪（致人死亡）论处，而宜认定为过失致人死亡。

案例九：赵金兴故意伤害致死案

1. 检察机关抗诉意见：赵金兴具有杀人故意的依据有三：①尸体检验鉴定和现

场勘查结果与赵金兴口供不符，口供不足采信；②行凶后将不知生死的被害人藏匿，对死亡结果具有放任故意；③案发后欺骗被害人家属并潜逃，说明其主观恶性大。北京市高级人民法院认为赵金兴具有伤害故意的依据为：①赵金兴的口供应予以采信，本案事实是赵金兴与被害人撕打的过程中持棍打被害人头部一下，没有证据证明其有杀人故意；②被害人被击打后即死亡，没有证据证明抛弃后才死；③故意是对行为人行为当时心态的认定。本案的争议焦点实际上是事实认定：被告人是持钝器猛击被害人头部，被害人未死却将其藏匿致死，还是持棍打了被害人头部一下致被害人死亡。

2. 启示：对于行为人故意具体内容进行认定，需以经证据证实的相关事实作为依据；法院判决对于案情事实认定部分的措辞需有所讲究，关键情节的措辞不同，法律认定的结论也会有所不同。

案例十：王兴佰、韩涛、王永央故意伤害案

1. 对于实行犯韩涛而言，其虽持刀刺人，但刺击部位为非致命的腿部，据此客观事实，判决书推断其对于伤害具有故意，对于死亡没有故意只有过失，构成故意伤害罪（致人死亡）。本案的争点在于：被告人王兴佰的教唆故意内容是殴打、伤害还是杀害？被告人王永央不制止韩涛是否对死亡结果负责？与上一案件的不同之处在于：在确定教唆内容时，上案主要考察公众对"教训"的理解，本案有具体案情即分发铁管的客观事实作为判断依据。此外，本案也涉及共犯人是否对加重结果承担责任的问题。

2. 王兴佰构成故意伤害罪（致人死亡）；韩涛构成故意杀人罪；王永央构成故意杀人罪，对死亡结果承担不作为犯的责任。

案例十一：郭春故意杀人案

1. 本判决理由指出：郭春的关于动机的供述与其客观行为相吻合，系其真实意思的流露，且与证人证言及书证等证据相互印证，充分证实了郭春故意杀人的犯罪主观故意。"姚么妹的受伤部位均在头、面部等人体的要害部位，且从姚的伤势程度来看，也足以证实郭春行凶时用力之猛，欲置姚于死地的心态。故郭春的客观行为反映出其主观上具有非法剥夺他人生命的故意，而非故意伤害他人身体的故意。"[1]

2. 是未遂。郭春故意杀人行为已实施终了，被害人生死不明，此时成立中止必须"自动防止犯罪结果发生"。郭春没有"自动防止犯罪结果发生"的努力，即使自己停止犯罪行为，即使死亡结果没有发生，也不成立犯罪中止。

案例十二：宋有福、许朝相故意杀人案

1. 直接故意是有目的的故意，间接故意是无目的的故意，二者的共同点在于行为人都认识到行为会导致结果，不同点在于对于结果有无追求目的；此外，间接故

---

[1] 北京市第一中级人民法院王雪枫撰稿，最高人民法院刑五庭马岩审编："郭春故意杀人案"【第961号】，载《刑事审判参考》总第97集。

意在认识因素层面不能认识到行为必然导致结果，否则认定为直接故意，而只能认识到行为很有可能造成结果（具有造成结果的大概率可能性）。在本案中，许朝相一时冲动，不计后果朝被害人胸部猛刺一剑，其对自己的行为具有极大危险、很有可能导致被害人死亡结果具有认识，而仍实施该行为，对于死亡结果具有放任的意志；但结合案情，其并无杀害被害人的预谋和目的，故认定其具有杀人的间接故意是妥当的。当然，如果其是朝心脏等致命部位猛刺，则应认为其对造成死亡结果的必然性具有认识，应当认定其具有杀人的直接故意。杀人故意与伤害故意的区分在于故意认识内容中结果内容不同，本案中，可认为许朝相对于伤害结果具有直接故意（认识到行为必然导致伤害结果），而对死亡结果具有间接故意（认识到行为很可能但并不必然导致死亡结果而放任），由于客观上已造成死亡结果，故以高度的故意即杀人故意认定。

2. 共同犯罪中，共犯人只对共同故意范围的结果承担故意责任，对于共同故意范围之外其他共犯人造成的结果，不承担故意责任，但有可能承担过失责任。在本案中，宋有福、许朝相、李艳坤的共同故意是"报复""教训"宋起锋，必须先确定"报复""教训"的具体内容是否包括故意杀人，才能认定宋有福、李艳坤是否对许朝相造成的死亡结果承担故意责任。就一般社会公众看来，"教训"一般可以包括伤害，不能包括杀害，如此理解的话，只有许朝相构成故意杀人罪，宋有福、李艳坤应以故意伤害罪（致人死亡）论处。可能是因三人之前都约定好持剑行凶，故法院才认为三人对被害人的死亡结果都具有间接故意。

案例十三：陈卫国、余建华故意杀人案

1. 按一般社会公众的理解，"教训"的含义最大限度包容伤害，而不能包容杀害。在没有证据证明余建华指使"教训"的具体内容为杀害时，应当将其理解为只能包容伤害，故余建华教唆故意的内容为伤害。二审判决认定其对死亡结果不具故意的理据为：其不知情陈卫国持凶器的事实，没有证据证明其对死亡结果具有故意。陈卫国对被害人死亡的结果具有故意，依据是客观上陈卫国持尖刀朝被害人致命部位左胸部刺击，即采用致死手段进行打击，据此推断其对死亡结果明知具有故意。实行过限指实行犯的行为超出共同故意的范围，本案中，陈卫国致被害人死亡，超出共同故意即伤害故意范围，对于教唆犯余建华而言系过限行为，余建华对此结果不承担故意责任。二人在故意伤害罪的范围内成立共同犯罪。

2. 余建华对被害人的死亡结果具有过失，其事实上虽未预见到被害人的死亡结果，但教唆他人对被害人实施伤害，一般公众都能预见到伤害可能致死。余建华对于死亡结果虽未预见，但具有预见义务，具有过失，可认定为故意伤害罪（致人死亡）。

案例十四：王乾坤故意杀人案

1. 差别不大，都是因个人恩怨约架、邀人助阵，打斗中被邀约助阵人使用致命工具、打击致命部位致人死亡。

2. 二人都是斗殴案件的起因（引起者）、教唆行为，所受处罚差别很大。原因是：陈卫国案中，余建华对同案犯陈卫国致人死亡的结果承担故意伤害致死的罪责，法定刑为 10 年以上有期徒刑。而本案定聚众斗殴，葛磊对同案犯王乾坤致人死亡的结果不承担罪责，仅在聚众斗殴限度内承担罪责，所以处罚轻。由此启示：群殴命案，定性故意伤害罪，适用共同犯罪责任原则，即一部行为全部责任，全体共犯人都要对死亡结果承担罪责；定性聚众斗殴罪，只有致人死亡的直接责任人对死亡结果承担罪责，其他同案犯仅承担聚众斗殴罪责。

3. 王乾坤聚众斗殴中致一死二伤，虽然仅以故意杀人罪一罪处罚。但适用死刑时，应独立评价其故意杀人罪是否应当适用死刑。不应当把二伤结果作为考虑故意杀人罪适用死刑的因素。因为如果对一死二伤分别定罪处罚，数罪并罚，那么致二人轻伤的行为单独以故意伤害罪定罪处罚，当然不能作为故意杀人罪的量刑因素。

4. 王乾坤显然没有杀人的直接故意，所以对致人伤害的结果一般不成立故意杀人罪未遂。

案例十五：王宇航寻衅滋事案

因为王宇航被认定为寻衅滋事罪，不构成故意伤害罪的共犯。对同案犯故意伤害致人死亡结果不承担罪责。

案例十六：钟平过失致人死亡案

1. 过失（疏忽大意的过失）与意外事件的区别在于：行为人是否具有预见义务，亦即，是否应当预见危险的存在和结果的发生。在冰面上开车可能落水，一般社会公众均能预见，行为人具有正常智力，也应当能够预见。其应当预见而未预见，对被害人落水及死亡结果具有过失。

2. 被害人同意他人的实施危险行为，对自己落水也负有一定过错。根据过错分担原则，如被害人对结果具有重大过错，行为人对结果只有部分过错，则行为人不承担刑事责任；如被害人对结果具有部分过错，行为人对结果具有重大过错，则行为人需承担刑事责任。

3. 如被害人落水后未死亡，钟平能够救助而故意不救助导致其死亡，不作为行为与死亡结果之间具有因果关系，其可构成故意杀人罪（不作为犯）。由于本案没有证据证明被害人落水后并未死亡是后来因不救助导致死亡的，即无法证明不救助行为与死亡结果之间的因果关系，不能认定为不作为的故意杀人罪。

案例十七：刘旭被控过失致人死亡案

1. 按刑法上因果关系的一般认定规则，本案中，刘旭的推搡行为与踢打行为，与被害人的特殊体质结合，造成了被害人的死亡，应当认定行为与结果之间具有刑法上的因果关系。刑法上对过失行为的认定，往往采用由果及因的认定，如结果出现，则反向考察行为人有无实施过失行为，再考察结果与行为之间是否具有因果关系。按此认定方式，本案中，刘旭的行为当属过失致死行为。

2. 法院认为刘旭主观上对死亡结果不能预料，欠缺主观上的过错而不构成犯罪。

亦即，有危害行为造成危害结果，但不符合主观要件，而不构成犯罪。评价是：该认定符合犯罪认定的一般规则。但有以下两个问题需讨论：①因果关系的认定标准。判决也从因果关系上进行了论证，实际上涉及刑法上因果关系认定标准对犯罪认定的影响问题，按条件说，有因果关系而无过错；按主观因果关系说，无因果关系不用考虑过错。②过失的认定。有人会认为，推老人会导致死亡，一般人都会有所预见，因此行为人有过失。但有人会认为，如果老人是因推倒而摔死，则行为人有过失；本案实际上是心脏病死亡，故行为人无过失。由此，过失的认定，有时也应考虑一般人认识的具体因果流程。

案例十八：穆志祥过失致人死亡案

1. 穆志祥的违规行为为：私自对车辆改造致使车辆高度超过规定高度200cm以上35cm达到235cm。与死亡结果的关系是：当超高车辆驶至距地面垂直高度分别为228cm的火线下时，车顶碰触裸线导致被害人触电身亡。如果车辆不超高，就不会接触电线导致死亡，故私改车辆是造成死亡的条件之一。但是，造成死亡还有另一条件，即李学明套户接线时火线对地距离不符合安全标准，如其符合安全标准距地250cm以上，也不会导致被害人触电身亡。此二条件中，接火线不符合安全标准对造成死亡的作用更为直接，应当认定其与死亡结果之间具有刑法上的因果关系。

2. 按照"先客观后主观"的判断逻辑，穆志祥虽有违规行为，但其违规行为与死亡结果无刑法上的因果关系，因过失犯都须具备结果才能成立，故穆志祥不构成过失致人死亡罪。对于穆志祥对死亡结果的心态本无需判断。即使要予以判断，其判断内容也是：其是否应当预见到超高的车辆会碰上违规拉设的电线而导致死亡结果，对此，一般司机基于信赖原则不能预见，其也无预见义务，故亦无过错。

二、拓展案例

案例一：张静玩"危险游戏"致人死亡案

涉及间接故意与过于自信过失的区分。如果被告人相信死亡结果不会发生，或许认定为过失致人死亡较合适。

案例二：刘祖枝帮助"自杀"案

1. 根据刑法基本原理，故意杀人罪中的杀人行为指杀害他人即他杀，故而自杀行为不是我国刑法中的构成要件行为；根据共犯从属性原理，单纯帮助自杀的行为也不能成立帮助犯，我国也未在《刑法》中规定帮助自杀罪，故而，如刘祖枝仅只是帮助被害人自杀，其因未实施杀人行为，也不成立帮助犯，不能构成犯罪。根据法院判决书的认定，刘祖枝除了实施为被害人提供"敌敌畏"帮助自杀的行为之外，还涉嫌实施了刺激被害人令其坚定自杀意愿的行为，法院认为被害人自杀"是在双方发生争吵时冲动所为"。判决书暗含的意思是：刘祖枝坚定了无行动能力人的自杀意愿，言下之意，涉嫌构成间接正犯（利用被害人自害的间接正犯）。然而，间接正犯的成立要求行为人与被害人具有支配、操纵关系，亦即，要求被害人对于生死没有认识能力或者没有意志选择自由，本案中，被害人虽患重病长年卧床，丧失行动能力，但并未丧失对生死的认知能力，也未丧失意志自由。刘祖枝与被害人的争吵虽是引发被害人自杀的一个肇因，但对于具有自决能力的人而言，自杀到底还是自杀者本人的意愿，故而，不能认为刘祖枝对于被害人的自杀行为有支配、操纵关系，不属间接正犯。并且，其在与被害人争吵当时，并非明知争吵会导致自杀而实施争吵使被害人自杀，亦即，争吵行为时无杀人故意。故而，也不能依据争吵行为对其定罪。

2. 刘祖枝与被害人系夫妻关系，基于婚姻关系负有救助被害人即制止被害人自杀的积极义务，其能制止自杀而不制止，反而提供工具供其自杀，并且，当时场景下，其制止行为对于被害人的生死具有决定作用，主观上对于死亡结果具有故意，其可构成不作为的故意杀人罪。即使其未提供"敌敌畏"，仅是看到被害人自杀服毒而不制止，其也可构成不作为的故意杀人罪。

案例三：张某与恋人"相约自杀"案

1. 对于出于自杀者本人意愿真诚的相约自杀：①行为人参与自杀并对自杀者实施了杀害，其具有杀人实行行为，应当认为是故意杀人既遂；②行为人仅提供自杀用的工具或者其他条件，行为人没有杀人行为，应当认为无罪。行为人欺骗他人与自己"相约自杀"：①如自杀者因行为人的欺骗而对于重大法益关系产生认识错误而自杀，或者产生重大的动机错误，可认为行为人对于自杀者有支配、控制，行为人可成立间接正犯（设圈套诱人自杀）；②非重大事项、无关紧要事项的欺骗，行为人不构成犯罪。并且，所有教唆、促使、鼓励、帮助他人自杀的案件，都可构成犯罪。

2. 结合本案案情来看，本次相约自杀的意愿确是由张玉龙给赵伟珍写信提出的，但赵伟珍具有认识能力和自主能力，张玉龙提出自杀时确系真心，而非欺骗赵伟珍置其于死地，赵伟珍受张玉龙的要约产生自杀意愿时认识上并无重大错误，张玉龙的行为不属欺骗他人自杀，也不能成立间接正犯。并且，在最后赵伟珍服药之前，张玉龙已告诉其真相，此后赵伟珍还自杀，此时只能认为自杀意愿是由赵伟珍自主决定。张玉龙不能因要约赵伟珍自杀而构成犯罪。但是，由于张玉龙的要约是导致赵伟珍自杀的原因之一，其与风险产生具有因果关系，因先前行为而产生救助义务，其不予救助，可构成不作为犯罪。此外，其阻止他人对被害人抢救，如果当时抢救可得活，阻止行为对被害人死亡具有决定作用，则还有可能构成作为形式的故意杀人罪。二审法院认定张玉龙的危害行为不是要约自杀行为，而是不救助行为；对于阻止行为，二审法院是将其作为推断主观上具有故意的依据，也未认定为危害行为，可能是因当时抢救被害人未必能活。

3. 一审法院、二审法院认定案情事实产生差异，主要是因张玉龙主观上具有抛弃赵伟珍的动机。一审法院据此动机由主观到客观，认为张玉龙的行为是设圈套诱人自杀的杀人行为；而二审法院则详细考查了前因后果，认为张玉龙虽有抛弃赵伟珍的念头，但认为二人确属相约自杀。一审法院依据主观恶性认为客观上的行为具有危害，认定逻辑是错误的。

案例四：于欢防卫过当致人死伤案

1. 二审判决认定于欢的行为具有防卫性质，属于防卫过当，应当减轻处罚。

2. 虽然学说上认为，行为人在防卫时出于防卫故意（保护合法利益不受侵害的）反击不法侵害，不应当被评价为犯罪故意，只是在故意防卫中造成了不应有的损害，对该损害应当评价为过失。但司法实务中通常认定为故意伤害罪（致人死亡），而不是过失致人死亡罪。认定为故意杀人罪的情形较为少见。

案例五：王长友假想防卫过失致人死亡案

1. 王长友认为二被害人欲图袭击自己才予以反击，故系对袭击行为防卫的防卫，而不是对非法侵入住宅行为的防卫。如认为其是对非法侵入住宅行为的防卫，则可能使行为认定为假想防卫、事后防卫、防卫过当。如是对袭击行为的防卫，则为假想防卫、防卫过当。不法侵害正在进行时才能防卫，开始时间应以造成紧迫危险为界限（直接面临说），在疑似袭击者向其走来马上要开始袭击时，可以认为不法侵害正在进行，符合防卫的时间条件。

2. "犯罪故意"的成立需行为人认识到自己行为的社会性质（是危害行为）。亦即，成立"犯罪故意"，需认识到自己行为不是正当化行为。在假想防卫中，行为人误认为自己的行为是正当行为，尽管其对物理结果（死亡）有故意，但其对法益侵害结果（危害结果）没有故意，故不属"犯罪故意"。在应当预见对方是合法行为、自己是危害行为，而事实上没有预见时，即对客观上的法益侵害结果具有犯罪过失。对于防卫，是应当避免过当结果而未能避免，故一般亦对过当结果具有过失；当然，如明知结果过当仍然追求，则对过当结果具有故意。

案例六：过失导致手枪被他人用于自杀案

1. 不构成犯罪。理由是自杀不为罪，因此帮助自杀也不为罪。

2. S女死亡结果是由S女故意造成的，因此不能越过S女故意行为追溯被告人的过失行为。[1][尽管被告人放枪行为与S女死亡有条件关系，但是因为S女故意造成自己死亡的行为中断了被告人放枪行为与S女死亡结果的因果关系（因果关系中断）]。

案例七：K、J二被告人不希望却认可勒死被害人M案

1. "认真对待理论"，"认为只要行为人对于结果发生的可能性是认真对待的，且仍然继续实施行为，就成立间接故意。藉此之见，在本案中即成立故意。因为行为人认识到了用皮带勒脖子对生命有危险，但仍使用这种手段。仅当行为人'相信'不会死时，亦即他认为死亡结果不会产生时，才可以说是'不认真对待'的，进而排除故意的成立。根据认真对待理论，'希望'被害人能幸存，并无法将故意排除出去（按照'认可'理论大概可以）。因为对死亡结果之可能性的认真对待完全可以和

---

[1]【德】克劳斯·罗克辛著，何庆仁、蔡桂生译：《德国最高法院判例·刑法总论》，中国人民大学出版社2012年版，第10页。

希望结果不发生同时存在"。[1]

2. 相信死亡结果不发生。

第二节 强奸罪，强制猥亵、侮辱妇女罪，猥亵儿童罪

案例一：被告人尾随妇女至女厕便坑隔门外窥视时被发现案

1. 没有。强奸是暴力、胁迫以及其方法违背妇女意志的性交。嫌疑人没有对妇女人身实施暴力、胁迫行为，只是尾随、窥伺。

2. 不够客观。尤其是使用"欲对杨蔚梅实施强奸"的表述，预判嫌疑人有"强奸"意图。

3. 应当这样表述：2014年12月29日晚9时许，犯罪嫌疑人李玉波在某公共厕所外，见事主杨蔚梅打着电话进入女厕所，遂尾随进入女厕所。杨蔚梅进了厕所最里侧的一个小间内并关上门，站立继续打电话；李玉波则站在该小间门外。其间约数秒钟，杨蔚梅发现门外有人影，便把门推开，发现站立的李玉波，惊慌中对他说："你要干嘛？"然后李玉波就跑出了女厕所。审讯时嫌疑人供述："因为长时间没有和妻子性交，我有了和那个女子强行发生性关系的想法。"

4. 如果嫌疑人承认：想那个女子发生性关系，大体可以认为有强奸意图。因为女子在寒冬夜晚在女厕想必是不愿意与陌生人发生性关系的。厕所隔间门开后与被害人打个照面即逃离，其实际行动不足以证实有"暴力、胁迫强制"性交的意思。大体只能认定为强奸罪中止。

5. 不能认定，只是治安违法行为。

案例二：申文军强制猥亵妇女案

1. 一般认为：强奸罪未遂与强制猥亵妇女罪客观表现一样，行为人实施的都是强制性的非性交猥亵行为。主观故意不同和目的不同，强制猥亵妇女故意不以实施性交为目的，强奸故意以实施性交为目的。但事实上，可以认为强制猥亵妇女罪与强奸罪是基本法与补充法的法条竞合关系：不能查明行为人有奸的意图构成强奸罪时，就认定为强制猥亵妇女罪。

2. 如依行为人侦查期间陈述，其实施猥亵行为时"有了性冲动"，应当认定其有发生性关系的意图。行为人的实际心理很可能是这样的：先强行亲吻，赌一下被害人是否同意；在被害人不同意的情况下，不再实施奸的行为。也就是：先强制试探，以图求奸；求奸不成，遂予放手。由此，可认为行为人在实施猥亵行为时，对于强制持不确定故意心态；有奸的意图，但没有强行奸淫的意图。

3. 认定为强奸罪中止（有损害的中止）。有人认为，是强奸罪中止与强制猥亵妇女罪既遂的想象竞合，因强奸罪中止未造成损害会免除处罚，因此择一重罪应宣

----

[1]【德】克劳斯·罗克辛著，何庆仁、蔡桂生译：《德国最高法院判例·刑法总论》，中国人民大学出版社2012年版，第15页。

判强制猥亵妇女罪既遂。我们认为，应为有损害的中止，应减轻处罚。此外，强制猥亵妇女罪与强奸罪是基本法与补充法的法条竞合关系，一如故意杀人未遂造成重伤结果一样，都应以基本法认定。这是一个法律问题。

4. 因行为人侦查期间陈述与庭审期间不同，依照客观事实又无法合理推断行为人实施行为时的故意内容，故法院认为证明强奸故意的证据不足。法院是以证据不足而未认定强奸，将其视为一个事实问题。

案例三：甲男涉嫌利用妇女醉酒强奸乙女案

1. ①乙女醉酒。②当晚报警告发。表明乙女事后不愿意，可能被人利用醉酒性侵。

2. ①监控视频显示乙女上厕所过程，表明其虽然醉酒但是有一定的自理能力；知道会与甲男同居一室，没有离去或要求独住；②乙女与甲男有搂抱等亲昵行为；③管理员听到甲男乙女刚进房间时二人有交谈，表明：发生性关系时能说话却没有发出任何反对声音。

3. 妇女因为醉酒丧失辨认控制自己行为的能力，以至于不能够自我防卫性侵犯。同时，妇女的表现不能令被告人以为其神志清醒或也需要性行为。

案例四：夏培初骗奸案

1. 在法律层面上，法院认为夏培初采用"其他手段"，妇女虽因误认而未反抗，夏培初也未实施"暴力、胁迫"手段，但本质上违背妇女意志，系属强奸。在事实认定方面，法院根据被告人与被害人的关系、被害人无卖淫可能、被害人发现后即刻报案，排除通奸、嫖娼等自愿性行为可能，从而认定强奸。

2. 暴力、胁迫、其他手段是强奸行为中"强"的形式，其中，"其他手段"是兜底性规定；违背妇女意志是"强"的实质。由此，有暴力、胁迫，但如不违背妇女意志，就不属强奸。而违背妇女意志，虽不属暴力、胁迫，但也可认定为其他手段。

3. 因被害人对发生性关系对象产生误认，系对重大法益关系的误认，承诺无效。有性承诺则使行为不再违背妇女意志，不再是"强奸"，因此，在强奸罪中，有无性承诺是认定行为属于强奸行为与否、是否符合行为要素的标准。

案例五：孟某等强奸案

1. "本案被害人无明示反抗行为和反抗意思表示的情形不能推定为默示的同意。五被告人明知被害人处于认知能力减弱的醉酒状态，利用被害人不知反抗、不能亦不敢反抗的状态，与被害人发生性关系，其行为已违背被害妇女意志。法院依法以强奸罪追究五被告人的刑事责任，定性是准确的。"[1]

---

[1] 湖北省高级人民法院郑娟，湖北省武汉市中级人民法院李济森撰稿，最高人民法院刑二庭苗有水审编，"孟某等强奸案——被害人无明显反抗行为或意思表示时，如何认定强奸罪中的'违背妇女意志'？"【第1061号】，载《刑事审判参考》总第102集。

2. 似乎也不能这样推断。"即使'同意'被认为是一个明确的概念,仍然存在法律应如何处理女性沉默的问题。法律的责任是立足于让男性获得肯定的许可,还是让女性对此进行否定?不可避免的是,这是一个法院和立法机关很大程度上没能解决的政策问题。"[1]

3. ①当日报警。报案及时,往往是证明违背意志的重要根据。尤其是无索财、陷害、挽回名誉等动机时,有很强证明力。②事中、事后哭泣,显示不愿意。③呕吐不止,需搀扶行走,神情呆滞,表明因饮酒过量辨认控制能力降低,自我防护能力降低。合理解释被害人性行为时为何没有明显反抗行为。④妇女前述②和③的表现,五被告人无视或不顾忌,应知违背妇女意志。

4. 本案判决没有引用《刑法》第 23 条,可见没有认定未遂。对从犯多某从轻处罚仍判处 10 年,似乎令多某也承担轮奸罪责。

案例六:蔡某、马某某、田某某涉嫌强奸案

1. 利用赵某某醉酒状态。

2. 被害人虽然饮酒但并未因此丧失辨认控制能力,对性行为仍能做出有效同意。

3. ①过程中有自拍,可看到被害人当时的状况,不像烂醉的样子;互留联系方式,双方之间也不像刚发生过暴力强奸的表现。②时隔一月之后才报案,不符合被害人遭到性侵之后的通常反应(报案),且没有合理解释。

案例七:卓智成等强奸案

1.(1)妇女在暴力、胁迫下性交,同样违背妇女意志,具有强奸性质。卓智成知道妇女在他人逼迫下不得不"同意"与自己性交,卓智成与强迫妇女性交的人构成强奸罪共犯。

(2)卓智成与幼女发生性交,是《刑法》第 236 条之奸淫幼女行为,具有强奸性质。根据《关于依法惩治性侵害未成年人犯罪的意见》第 20 条的规定,"以金钱财物等方式引诱幼女与自己发生性关系的,以强奸罪论处"。本案的被害妇女和幼女均不是在卖淫过程中与卓智成发生性交的。因此,不是强迫卖淫罪和嫖宿幼女罪。[2]

2. 不成立。卓智成要他人物色未成年少女特别是处女,而其中二被害人范某、刘某实际是幼女,且与同龄人相仿,足以认定具有奸淫幼女的故意。

案例八:张烨、施嘉卫等强奸、强制猥亵妇女案

1. 一审、二审法院判决援引的是《刑法》第 236 条第 1 款(强奸罪基本犯),没有认定为轮奸。理由是:只有一人奸淫得逞。

2. 不能成立中止,共同犯罪中一人既遂全体既遂,并且强奸罪不是所谓亲自实

---

[1]【美】约书亚·德雷斯勒著,王秀梅等译:《美国刑法精解》,北京大学出版社 2009 年版,第 532 页。

[2]《刑法修正案九》删除嫖宿幼女罪后,与幼女发生性交,一律以强奸罪定罪处罚。

施才能既遂的犯罪。

3. 强奸未遂后又实施强制猥亵，是另起犯意，有两个实行行为，应当两罪并罚。强奸之前的猥亵，可认为是吸收犯，重行为吸收轻行为。

案例九：谭荣财等强迫他人对妇女实施奸淫案

1. 蒙某某在生命受到现实威胁的情况下，被迫与他人性交的行为，系紧急避险行为，不构成犯罪。

2. 二人系强奸罪的间接正犯。

3. 被告人谭荣财、罗进东构成抢劫罪、强奸罪、强制猥亵妇女罪、盗窃罪。应当数罪并罚。

案例十：王晓鹏强制猥亵妇女、猥亵儿童案

1. ①对学生性器官和身体敏感部位进行了抚摸、查看、按压等。②这种部位的触摸明显超越了医疗职责和医疗规范。被告人是尿检项目医生，工作职责是检验尿液成分、出具化验单，没有触摸身体检查的职责和必要。③作为职业医生，违反医疗规范，超越职责范围，对女学生身体敏感部位和性器官进行抚摸、查看，具有猥亵的故意。

2. 不仅不排斥，而且是构成犯罪的重要根据。不符合医疗规范地触摸患者性部位，说明不是出于诊疗目的或需要触摸患者性部位，因而具有猥亵的嫌疑。相反，如果符合医疗规范，则难以判断是医疗需要还是猥亵。

3. 足以认定。因为一般患者接受医生的身体检查，都认为是出于诊疗需要，如果医生非因诊疗需要对患者性器官、身体进行具有性意味的抚摸，都是违背妇女意志的。本案中，学生对于本案被告人的性侵行为，不知道也不敢拒绝。

案例十一：福富一猥亵儿童，黄日成引诱、介绍卖淫案

1. 儿童无承诺能力，对性的承诺无效。

2. 卖淫指金钱与性的交易，既可以发生在异性之间，也可发生在同性之间，成年人、未成年人均可卖淫；既可以性交为内容，也可以其他性服务为内容。故本案男童向男性提供性服务，属卖淫。介绍者知情性交易内容，属于介绍卖淫。介绍行为本来就是一种帮助行为，帮助行为独立规定为正犯行为之后，不再以帮助犯论处。故而，介绍男童、女童提供性服务的，都只认定为介绍卖淫罪，而不再以猥亵儿童罪、奸淫幼女型的强奸罪共犯论处。

第三节 绑架罪、非法拘禁罪

案例一：郑师武致幻挟持他人非法拘禁案

1. 法院判决理由：郑师武因吸毒患"精神活性物质（甲基苯丙胺）所致精神障碍"，作案时无辨认能力并产生幻觉，其持刀挟持李文珍的绑架犯罪目的不具有客观真实性，故郑师武的行为不构成绑架罪，依法只构成非法拘禁罪。

2. 不阻却刑事责任。其道理与醉酒的人犯罪应当负刑事责任相同（原因上的自

由行为)。

案例二：贾斌非法拘禁案

1. 是否非法勒索财物或是否存在财产纠纷。如果存在财产纠纷，就是索债型绑架，以非法拘禁论。

2. ①存在债权债务关系或财产纠纷；②索要的钱财与财产纠纷的数额关联；③实施人与被害人相识。前述三点决定了索债型绑架的危害性小于普通的绑架罪。转化犯，是指一犯罪行为已经符合基本罪的犯罪构成，但因发生了更为严重的犯罪事实，刑法分则条文规定的将其作为另一重罪处理的情形。具体到非法拘禁罪的转化犯，应考虑行为人的故意是否超出了伤害被害人身体健康，从而逼其还款这一范畴。如果超出，则可能转化为故意杀人罪、故意伤害罪。

3. 纯属司法习惯，为索债绑架人质，不论老少都是定非法拘禁罪。法理上，本案中的3岁幼童没有按照自己意志行动的自由可言，不存在对其自由的侵害，只是对儿童被监护权的侵害，符合拐骗儿童的特征。

案例三：田磊等为索取债务而劫持他人致人死亡案

1. 注射"冬眠灵"是为了使被害人昏睡，不是为了致死，故对死亡结果是过失。

2. 转化犯成立要求对死亡结果是故意。"使用暴力"指拘禁行为之外的暴力。

3. 非法拘禁罪、故意杀人罪（不作为犯），两罪并罚。

案例四：章浩、王敏绑架、非法拘禁罪案

1. 章浩、章娟构成绑架罪，王敏构成非法拘禁罪。章浩、王敏在非法拘禁罪的范围内成立共同犯罪，共用非法拘禁行为。章浩、章娟在绑架罪的范围内成立共同犯罪，共用敲诈勒索行为。王敏系承继的共犯。

2. 章浩、王敏、章娟三人均为犯罪既遂。王敏实施的非法拘禁罪已控制住人身；章浩实施的绑架罪也亦控制住人身。章娟系承继的共犯，原则上本应只对加入之后的与自己行为有因果关系的结果承担责任，但一审判决为其回溯性地增加了对共犯全部行为承担责任的义务，从而使其一旦加入就不可能中止，因前行为人已然既遂，这种理解存在问题。

案例五：王星明、吴一非骗走外甥女后勒索案

1. 应从公众立场判断行为人有无控制被害人。从公众立场上来看，本案行为人在被害人不知情的情况下已控制住被害人，应认定为绑架行为。

2. 绑架罪侵害被绑人的人身权利，包括生命、健康、自由、性，但不包括名誉、财产。不给钱就关起来，威胁限制他人自由，也是将他人作为人质勒赎（换取人身自由）。

3. 如能趁机暗中控制，也可构成绑架罪。但如根本没有控制的意图，只是投机骗人，则应定敲诈勒索罪。

案例六：李新朵绑架案

1. 因刑法规定，为索取债务（包括非法债务）而扣押、控制他人构成非法拘禁

罪，故而，两罪的关键区分在于行为人主观上是否具有索债目的。使自己的财产增加，而不是取回自认为应得的债款，不能认为是索债目的。本案二人自愿发生性关系后，根本就不存在补偿损失的问题，要求"补偿费"是一种无理要求，不能认定为债务纠纷。

2. 就本案来看，绑架罪的判罚不一定重于非法拘禁罪。

案例七：雷小飞等非法拘禁案

1. 行为人主观上没有勒赎目的（非法占有目的），不能认定为绑架罪。二者的区分在于客观上有没有债务纠纷，更重要的是行为人主观上有无索债目的。

2. 仍然认定为非法拘禁罪。二审法院仍认为行为人的主观目的为索债，而不是勒赎。

3. 雷小飞构成非法拘禁罪，吴、尹构成绑架罪。

4. 分歧主要在于三点：索要的数额是 25 万美金还是 15 万美金；被告人主观上估算的债务数额是 40 万还是 70 万；讨债费是否计入主观债务数额之中。一审判决认为债务数额是 40 万，索要的数额是 25 万美金。认为索要钱款数额超过其所主张的债务数额且悬殊太大，因此不是索债目的而是勒赎目的。二审判决认为债务数额是 70 万，索要的数额是 15 万美金，将给付吴立群、尹春良的讨债费（5 万美金）也计入主观估计的债务数额之中，认为索要钱款数额超过其所主张的债务数额并太多，因此不是索债目的而是勒赎目的。

案例八：叶清益绑架案

1. 此扣押殴打不是为了追讨既存的债务，而是为了生成债权债务关系，因此不属"为索取债务而扣押、拘禁他人"，不构成非法拘禁罪。

2. 一审法院关注的是拿钱换人的后半段行为，认为其行为还恐吓到被害人的家人；二审法院关注的是威逼写下赔偿自愿书的前半段行为，认为之后让其家人拿钱只是实现赔偿自愿书的后续兑现行为。区别在于：主要利用对扣押对象的威胁、要挟而非当场的取得财物，系敲诈勒索罪；主要利用对扣押对象之外第三人对被扣押人安危的担忧而取得财物，系绑架罪。

案例九：王高伟等截访案

1. 越级上访人员虽违反相关上访规定，但依法不会受到限制人身自由的处罚，故而相关机关和人员没有为截访而拘禁的合法权力，可构成非法拘禁罪。根据司法解释，司法工作人员对明知无辜的人进行拘禁构成非法拘禁罪，而不是滥用职权罪。以此推理，行政机关等人员如此行为也构成非法拘禁罪。执行法令行为的成立条件要求法令内容至少不能在表面上违法，明知法令违法仍然执行，不阻却违法性。

2. 可以构成教唆犯。但需有证据可证明其教唆内容中包含有非法拘禁。

第四节 拐卖妇女、儿童罪，收买被拐卖的妇女、儿童罪，拐骗儿童罪

案例一：武亚军、关倩倩拐卖儿童案

1. 根据最高人民法院、最高人民检察院、公安部、司法部 2010 年联合发布的

《关于依法惩治拐卖妇女儿童犯罪的意见》第16、17条,以非法获利为目的,出卖亲生子女的,应当以拐卖妇女、儿童罪论处;不是出于非法获利目的,而是迫于生活困难,或者受重男轻女思想影响,私自将没有独立生活能力的子女送给他人抚养,包括收取少量"营养费""感谢费"的,属于民间送养行为,不能以拐卖妇女、儿童罪论处。对私自送养导致子女身心健康受到严重损害,或者具有其他恶劣情节,符合遗弃罪特征的,可以遗弃罪论处;情节显著轻微危害不大的,可由公安机关依法予以行政处罚。根据《刑法》第240条第2款,贩卖也是拐卖的实行行为之一。

2. 根据前述《意见》第17条,明知对方不具有抚养目的,或者根本不考虑对方是否具有抚养目的,为收取钱财将子女"送"给他人的;为收取明显不属于"营养费""感谢费"的巨额钱财将子女"送"给他人的,都认为是具有非法获利目的。

3. 家庭生活困难;婴儿的爷爷报警后,公安机关将婴儿成功解救,没有造成严重的社会危害后果;婴儿幼小,迫切需要得到亲生父母的哺育照料。

4. 可以构成犯罪。如有实施收买、贩卖、接送、中转行为者,即为正犯,其他行为人系帮助犯。但应区别对待,以非法获利为目的者需严惩,出于邻里、亲朋私情仅是介绍的,应从宽甚至免除、不以犯罪论处。不可适用"特别减轻"条款。

案例二:王锡龙"送养"亲生婴儿收取辛苦费案

最高人民法院、最高人民检察院、公安部、司法部《关于依法惩治拐卖妇女儿童犯罪的意见》第17条第2款第3项规定,"为收取明显不属于'营养费''感谢费'的巨额钱财将子女'送'给他人的"属于出卖亲生子女。同时该条第3款规定:"不是出于非法获利目的,而是迫于生活困难,或者受重男轻女思想影响,私自将没有独立生活能力的子女送给他人抚养,包括收取少量'营养费''感谢费'的,属于民间送养行为,不能以拐卖妇女、儿童罪论处。……"

从情理上讲,本案中,一方有收养需要、是诚意收养人;一方是婴儿亲生父母、在意收养人的条件,具有送养收养基本特征,原则上不应当按照拐卖妇女儿童罪定罪处罚。因为这种行为明显与法定罪定刑5年以上的重罪评价不相称。双方皆大欢喜,没有实质损害。35 000元是否属于"巨额钱财"存在争议。故司法机关作柔性处理,符合情理。为了维护人不可以当商品买卖的规范,处以5年以上重刑,似无必要。

案例三:受智障女母亲之托为智障女介绍婚姻收费案

对于莫丝婷母亲欧小妮,广西壮族自治区藤县公安局作出警告的行政处罚。依据是最高人民法院、最高人民检察院、公安部、司法部《关于依法惩治拐卖妇女儿童犯罪的意见》第17条第3款的规定,不是出于非法获利目的,而是迫于生活困难,私自将没有独立生活能力的子女送给他人抚养,包括收取少量"感谢费"的,属于民间送养行为,不能以拐卖妇女罪论处。情节显著轻微危害不大的,可以由公安机关依法予以行政处罚。

对于查振权等人定性存在分歧。安徽当地司法实务中一般以拐卖妇女罪论处。

但本案有二个特殊情况：其一，查振权在当地工商局依法登记成立振权婚姻中介所从事介绍婚姻业务，可以收取一定的婚姻介绍费；其二，受被害人母亲委托。因而存在分歧。

案例四：胡从方拐骗儿童案

1. 关于偷盗婴幼儿的行为，《刑法》明文规定的有：第239条第2款，以勒索财物为目的偷盗婴幼儿的，构成绑架罪；第240条第6项，以出卖为目的，偷盗婴幼儿的，构成拐卖儿童罪。刑法规定的拐骗儿童罪在字面上并未写偷盗婴幼儿的情形，但该行为符合使未成年人脱离家庭或监护人的罪状，可构成拐骗儿童罪。因婴幼儿无行为能力，故不能构成非法拘禁罪。

2. 仍可构成拐骗儿童罪，医院也属监护人。

3. 可以构成遗弃罪，因先前行为而产生扶养义务。

第五节　本章其他罪名

案例一：刘志庚、苑景武等故意伤害致人死亡案

1. 不构成刑讯逼供罪。因发生在治安案件中，未发生在刑事诉讼中。

2. 同意第五种观点，认定刘志庚等5名被告人属于非法拘禁罪转化为故意伤害（致人死亡）罪的情形，应当依照故意伤害（致人死亡）罪一罪定罪处罚。

案例二：乔燕琴、李海婴等故意伤害案（孙志刚案）

1. 乔燕琴、李海婴等人均构成虐待被监管人罪。根据《刑法》第248条第2款，乔燕琴指使被监管人殴打其他被监管人，其有身份，系间接正犯；李海婴系间接正犯的帮助犯。

2. 转化犯并非全然以结果论，出现死亡结果一律认定为故意杀人罪。本案能够查明行为人对伤害是故意，对死亡是过失，故认定为故意伤害罪（致人死亡）。

案例三：韦思国等被控诬告陷害案

二者的区别在于行为人主观上有无诬告陷害故意。明知举报事实不实而诬告陷害，主观上相信举报事实属实即使客观上不属实也应属检举失实。在本案中，二被告根据林××提供的情况（工程结算额为69万元，实际支付额是28.8万元，差额41万元）举报贪污41万元的问题，不是凭空捏造，因此属于举报失实。不能因为检举人在有关调查结论出来后仍然上告，并不断举报，带有要"告倒"某人的强烈动机，就认定其构成诬告陷害罪。

案例四：蔡晓青侮辱案

1. 认定的关键在于：①微博散布之"穿花花衣服的是小偷"等言语及配图在客观上是否虚假；②在主观上是否故意捏造。徐某是否真的偷衣服了，无法证实，因此而损害他人名誉，不利结果应由被告人承担，因此应当认为散布之徐某偷衣服事实为虚假。不过徐某认为是真的，其主观上没有捏造事实的故意，虽具备诽谤罪客观要件但不具备诽谤罪的主观要件，因此不成立诽谤罪。

2. 二审判决指出：被告人将徐某是小偷的信息上传到其新浪微博上并鼓动网友"人肉搜索"，"利用网络侮辱他人，造成的影响大，范围广，并造成了被害死亡的严重后果，属于严重危害社会秩序"，公诉并无不当。

3. 一般不构成侮辱罪。理由是：①犯罪人应当承受因罪行暴露所产生的名誉损失，因此法院公告审理被告人的刑事案件、检察机关指名道姓公诉被告人罪行，不成立侮辱罪。②商店监控拍摄到盗窃活动，以在网络上发布求网民人肉搜索方式寻获盗窃犯，方法并无明显失当。

案例五：周彩萍等"捉奸"侮辱他人案

1. 在以往一般认为强制猥亵妇女罪的构成要求行为人有满足性刺激的内心倾向或动机（倾向犯），日本刑法判例观点亦是如此，按此说，本案不构成强制猥亵妇女罪，只构成侮辱罪。本案判决亦采此观点。现在有学者认为强制猥亵妇女罪不是倾向犯（动机犯），按此说，本案一行为同时损害名誉权与性羞耻观，既触犯强制猥亵妇女罪又触犯侮辱罪，是两罪的想象竞合，择一重罪应认定为强制猥亵妇女罪。

2. 本案中，非法拘禁虽未达24小时，但具有侮辱行为，达到非法拘禁罪的追诉标准。

3. ①如同时触犯侮辱罪与非法拘禁罪：如系非法拘禁中有侮辱，则因《刑法》第238条规定非法拘禁罪有侮辱情节的从重处罚，两罪是包容竞合关系，按非法拘禁罪论处；如系用非法拘禁手段侮辱，因刑法未规定侮辱手段可包括拘禁，故两罪是牵连犯，因两罪法定刑一样，按目的行为非法拘禁罪论处。②如同时强制猥亵妇女罪与非法拘禁罪：如系用非法拘禁的手段强制猥亵，因强制手段本身包含非法拘禁，故两罪是包容竞合关系，按强制猥亵妇女罪论处；如在非法拘禁的过程中临时起意强制猥亵，则应数罪并罚。

案例六：赵明虐待案

1. 法院认为二人事实上如同夫妻一样组建家庭共同生活，虽然没有建立法律上的婚姻关系（登记结婚），但已具备事实上的婚姻关系。亦即，认为刑法中对家庭成员的认定，不是必须符合婚姻家庭法中的法律形式。在本案行为发生时，因社会观念中还存在事实婚姻也是婚姻形式的观念，属于扩大解释。在当前，这种解释是一种不利于被告人的类推解释。

2. 虐待致人自杀的情况，如受虐人对于生死有认识能力，意志未受强制，应当认为死亡与虐待行为之间不存在刑法上的因果关系，不属虐待致人死亡。应属虐待罪的基本犯。本案不应由检察机关提起公诉，应由被害人家庭提起自诉。

案例七：蔡世祥虐待、故意伤害案

1. "虐待致人死亡"指虐待中过失致人死亡，不包括故意伤害致人死亡。

2. 对故意伤害之前的长期虐待行为认定为虐待罪，系基本犯，不属"虐待致人死亡"，告诉才处理；对故意伤害行为认定为故意伤害罪。

案例八：肖某过失致人死亡案

1. 仅从"故意施加的暴力体罚外观"看，或许会认为是故意伤害性质。以往太多的判决仅根据被告人"故意打致死"的外观认定故意伤害罪,以至于判决貌似法律正确而实际背离常识常理。本案的指导意义在于:研判案情必须尊重情理。"家长打孩子"是社会认容的常见管教方式。依人之常情不会有伤害恶意,除非有恶意虐待等特别情形,不评价为故意伤害行为。

2. "虐待",指虐待恶意支配下进行经常或连续的折磨、摧残家庭成员身心健康的行为。常常是"无端"的打骂。本案被告人的行为显然不符合虐待的特征。

案例九:万道龙将新生女婴遗弃林地案

1. 意欲将女婴送到深山水库区人迹罕至之处,避免被人发现抱走。虽然实际上弃于某林地,也是因为被告人认为足够偏僻不会被人发现。

2. 符合遗弃罪特征。只是该遗弃行为,在剥夺生命故意支配下、采取弃于深山野林足以致女婴死亡的方式,与作为方式剥夺生命相当,应当认定为故意杀人罪,是不真正的不作为犯。

第二章　危害公共安全罪

第一节　危害"公共安全"的认定

一、放火、爆炸、投放危险物质罪

案例一:陈美娟投放危险物质案

1. "公共安全"指不特定或者多数人的生命、健康安全以及公众生活的平稳与安宁。

(1)"不特定":侵害后果规模较大、无法预料和控制。犯罪行为可能侵犯的对象和可能造成的结果事先无法确定,行为人对此既无法具体预料也难以实际控制,行为造成的危险或者侵害结果可能随时扩大或增加。

(2)"多数人":具有公众性与社会性,难以用具体数字表述,行为使较多的人(即使是特定的多数人)感受到生命、健康受到威胁。

(3)单纯的财产安全不属于公共安全,"使公私财产遭受重大损失",是以危害不特定或者多数人的生命、身体安全为前提的。是否危害公共安全,一般需根据行为的手段方式的严重程度、结果或可能造成结果的规模、行为发生地点是否具有公众性等因素予以判断。

2.(1)就陈美娟投毒的地点来看,危害结果应当仅限于陆兰英及其家人,实际结果也只是造成了陆兰英及其外孙女二人中毒;就其意图而言,也只是针对特定个人。行为造成的危险并非难以控制,仅局限于特定对象。不宜认定为危害到了公共安全。将其行为认定为以投毒为手段的故意杀人行为,更为恰当。

(2)法院可能认为,其手段是投放危险物质,就应定投放危险物质罪;或者认为,投毒后的丝瓜可能会被陆兰英全家人食用,或者被用于招待不特定的客人,因此认为对象具有多数性和不特定性,系危害公共安全。这种理解对于公共安全范围的理解可能存在偏差，并且与一般常理判断不符。

3. 从刑法理论上讲，可以认为陈美娟主观上对于杀人具有直接故意，对于公共安全具有间接故意，结果造成危害公共安全的结果，应当以投放危险物质罪论处。

4. 根据"条件说"，如果没有陈美娟投毒便不会有陆兰英死亡，陈美娟投毒行为与死亡结果之间具有条件关系。主要问题在于其中介入了被害人本身所患糖尿病高渗性昏迷低钾血症的特殊体质因素，以及医院诊断不当的因素，需考虑介入因素是否中断因果关系链的问题。首先，特殊体质因素不会中断因果关系。其次，对于医院诊断不当的介入因素，因在临床医学中，糖尿病高渗性昏迷低钾血症系疑难症状，与糖尿病和高血压症很难区分，医院诊断不当并不存在重大过错，故而该介入因素也不中断因果关系。陈美娟的行为与陆兰英的死亡结果之间具有刑法上的因果关系，陈美娟系犯罪既遂（如按法院认定的投放危险物质罪，则为实害犯）。

案例二：林木春为防盗窃在柚子果实中注入农药案

1. 因林木春的果园经常被偷，对此林木春也予以明知，其在5粒柚子果里注入农药，被不特定人员偷走食用或分食的可能性极大，足以危害不特定人的生命安全。其行为可以认定为投放危险物质的行为。

2. （1）支持林木春对死亡结果只具有过失的事实依据有：其投毒后将投毒情况告诉了同村的一些妇女；发现注毒柚果已经落果在地并发生腐败，可能认为他人不会捡食。

（2）认为其具有故意的理据有：告诉了一些妇女，不能保证所有人都知情并杜绝偷食；投毒系高度危险行为，投毒者对毒物负极大的避免义务。

（3）认为其具有故意（间接故意）的理据更为充分一些。

（4）林木春构成投放危险物质罪（1997年《刑法》）。

3. "陈美娟投放危险物质案"中，在通常情况下，毒丝瓜只可能被陆兰英及其家人食用，危害结果仅限于陆兰英及其家人；在本案中，因有不特定人偷食果园的事实前提存在，危害结果可危及不特定公众。

案例三：陈素华在他人院宅内水井中投毒案

1. （1）本案中，陈素华在实施行为时，主观意图可能确实是想让林家的水井不能饮用，或者想杀害林家的人。其投毒行为客观上可能使林家家人中毒死亡。

（2）行为是否危害公共安全，应当以客观行为为基准进行判断。

2. 危害到特定范围内的特定多数人安全，是否属"公共安全"：如果特定范围内的"特定多数人"人数并未达到众多（公众）的程度，即未危害公共安全；如特定范围内的"特定多数人"人数达到了众多（公众）的程度，则可认定为危害公共安全。本案中，"特定多数人"仅限于林家家人，未达到众多（公众）的程度，不宜认定为危害了公共安全。

3. 陈素华在投毒时，其主观目的是毁财；但其认识到了行为是投毒，对于可致人死亡当然可以认识；但对于林家以外的不特定公众的死亡，不能认识。故而，其有毁财的故意、杀害林家家人的杀人故意（可能是间接故意），没有危害公共安全的故意。

4. 故意杀人罪（未遂）。与故意毁坏财物罪想象竞合（甚至可以认为存在吸收关系）。

案例四：古计明、方振华投放危险物质案

以投放危险物质方式危害不特定多人生命健康，成立投放危险物质罪。虽然也具备故意伤害罪的要件，但按照完整法优先于局部法适用的法条竞合规则，以投放危险物质罪定罪处罚。

案例五：及长龙烧毁蔬菜棚案

1. 因为不危及公共安全，不成立放火罪。

2. 破坏生产设备情节恶劣，构成破坏生产经营罪。因破坏生产经营罪中的手段行为可包容故意毁坏财物，故不再另行宣判故意毁坏财物罪。

案例六：为讨输掉赌资到网吧以汽油浇身欲自焚案

1. 汽油是危险品，携带到楼宇室内且泼洒于外，还是有一定危险性的。但本案二被告人没有放火意图（故意）和点火行动，且没有起火。其携带和泼洒量不大，且泼洒在自己身上，出于自保不至于放任起火。因此不足以认定构成放火罪。

2. 向店家讨还自己玩赌博机输掉的钱财，事出有因、范围限于自己输掉的钱财，不认为具有非法占有的目的。

案例七：黄声党、黄家祯祭祖导致火灾案

1. 对于点火行为是故意，对于火灾结果是过失。故意、过失一般是对结果的心态。

2. 该推断是正确的。可以。以间接证据以推理方式证明案情。

3. （1）因火灾原因即燃放鞭炮是二人共同完成的，故可构成共同过失犯罪。

（2）因不属共同行为，无法以共同过失认定。因具体因果关系无法查明，只能按疑罪从无的原则，认为证明二人构成失火罪证据不足。但二人需承担民事责任。

二、以其他危险方法危害公共安全罪

案例一：郑小教以危险方法危害公共安全案

1. 要点是：是否"足以危害公共安全"。以危险方法危害公共安全罪的认定要点：足以危害"不特定多人"的生命、健康安全。

2. 针对一审判决理由，判旨评析人指出："本案中，首先，案发现场道路并非被告人家庭所有或单独使用，而只是由于特殊的地理位置，被告人家庭使用的频率较高，但这并不能排斥他人行走或使用，故案发现场并不属于封闭的场所；其次，即使案发现场属于封闭的场所，但由于郑小教驾车冲撞的行为危害到'不特定多数人'

的健康、生命安全,其行为就具有了危害公共安全的性质。"[1]

值得注意,本案判旨评析人观点:①公共安全不等于公共场所安全。②在相对封闭的场所发生了多数人的损害后果,也有可能属于侵犯公共安全的行为。

3. 难以推断被告人有希望造成死亡结果的杀人直接故意。本案只造成了轻伤结果,也难以认定被告人具有放任死亡结果的间接故意。

4. 辩护人主张故意伤害罪,因为故意伤害罪(轻伤)法定刑为3年以下有期徒刑,最轻。也有理由:客观上只造成了轻伤结果,主观上不足以认定杀人故意。

5. 答:不符合罪刑相适应原则,不合理。我国司法对于同种罪通常排斥数罪并罚,虽不合理,但囿于强大的司法惯性,在近几年内仍难以改变。

案例二:张健飞持刀无差别杀人案

对不特定公众实施无目的杀伤,达到较大规模,确可认为是危害公共安全。但持刀见人就砍的行为,因一次只能杀死杀伤一个人,不足以造成大规模、不可控制的危害,不属"危险方法"。张健飞的行为不能构成以危险方法危害公共安全罪,应当以故意杀人罪、故意伤害罪论处。

案例三:司机陆某某、乘客张某某互殴导致交通事故案

1. (1)交通肇事罪的主体既包括车辆驾驶者,亦包括行人、乘坐车辆的乘客。因为我国刑法分则并未限定交通肇事罪的主体,本罪主体即是一般主体,所有具有刑事责任能力的人都可以构成本罪。因此,乘客如违反交通运输管理法规,导致重大交通事故,也可构成本罪。

(2)张某某在车辆行驶过程中殴打驾驶员,严重干扰驾驶,违反交通运输管理法规。

2. 本案的因果关系链是:乘客张某某打司机,司机陆某某离开驾驶座位对打,汽车失控发生事故。按条件说,乘客张某某的殴打行为系事故的条件,在考虑介入因素是否中断因果时,主要考察乘客张某某打司机导致司机陆某某的对打行为的概率,由于一般人会出于本能反抗,故概率较高,不中断因果关系。另外,因司机陆某某作为司机也有高度克制义务,故其也有较大责任。从责任分担(客观归责)上说,因乘客张某某与司机陆某某对于事故的责任系同等责任,或者责任程度无法区别,故都应对结果承担刑事责任,都与结果具有刑法上的因果关系。

3. 乘客张某某对于事故系所持主观心态为过失,未曾想到司机陆某某会过激反应,但应当预见。司机陆某某对于事故所持主观心态为故意,作为司机,完全可以预见离开驾驶座位对打汽车会失控,极大可能造成事故。

4. 张某某犯交通肇事罪,陆某某犯以危险方法危害公共安全罪。

---

[1] 衢州市中级人民法院熊娟撰稿,最高人民法院刑四庭陆建红审编:"郑小教以危险方法危害公共安全案——如何理解以危险方法危害公共安全罪中的'不特定多数人'"【第1072号】,载《刑事审判参考》总第103集。

案例四：曾巩义、陈月容非法狩猎案

1. 判旨评析人指出："在林场私设电网捕猎野生动物的行为虽已危及公共安全，仅造成一人轻微伤，未达到过失以危险方法危害公共安全罪所要求的致人重伤、死亡的入罪标准"，不成立该罪。

我们认为，本案电网虽然能威胁到不特定人，但不会致"多人"死伤，不具有致死伤"多人"性。不具有公共危险性。

2. 要点在于，是否具有《刑法》第104条之以危险方法危害公共安全罪的故意？第104条"故意"指：对"自己实施《刑法》第104条客观要素"明知。第104条客观要素"足以危害公共安全"的具体内容："使用第104条列举（放火、爆炸、决水、投放危险物质）之外的危险方法、具有致不特定多人重伤、死亡危险。"本案被告人知道电网能电死动物，也能知道会电死人，所以对电人致死伤可能性（电人致死伤危险性）是有认识的。只是因为：其一，为电击动物而设置电网，不想也不愿意电到人，排除危害公共安全的直接故意。其二，在野生动物出没而人迹罕至的山区，电人致死伤的概率极低，从地点和电网的情况电死伤"多人"的概率为零，因此也不具放任致不特定"多人"死伤（危害公共安全）的间接故意。

3. 被告人从1998年至2003年间在禁猎区使用以"非人为直接操作并危害人畜安全的狩猎装置"的方式进行狩猎，已达到《最高人民法院关于审理破坏野生动物资源刑事案件具体应用法律若干问题的解释》第6条"情节严重"的标准，构成非法狩猎罪。

案例五：叶润生开车撞人案

叶润生的行为虽造成4人伤亡，但侵害对象是特定明确的对象个人，损害范畴是特定的，限定在一定范围之内可以预见和控制。因此，其行为不危害公共安全，不构成以危险方法危害公共安全罪，而应构成故意杀人罪。

三、破坏交通工具、交通设备和公用电信设施罪

案例一：李常安爆毁轿车案

1. 停放在车库里的汽车，处于停车待用状态，属于正在使用中的交通工具。李常安的行为导致汽车毁损，但导致的不是汽车运行以后毁坏危害交通运输安全，不具有危害公共安全的性质，故不能认定为破坏交通工具罪。

2. 其爆炸对象是车库里的特定汽车，不会危及不特定多数人的人身安全，从爆炸威力和效果综合分析，不具有危害公共安全的性质，故不成立爆炸罪。应当构成故意毁坏财物罪。

案例二：李正林盗窃火车部件案

1. （1）属于破坏正在使用的交通工具。

（2）达到具体危险程度，是构成破坏交通工具罪危险犯既遂的条件。破坏交通工具罪危险犯也有未遂形态。

（3）相关证据证明，其破坏程度会使行车安全程度削弱，不足以危及行车安全。

其可构成破坏交通工具罪的未遂。

2. 被告人李正林构成盗窃罪。停留在其辖区车辆段内的火车并不归其占有,故不构成职务侵占罪。系想象竞合犯,应当以破坏交通工具罪的未遂和盗窃罪的既遂择一重罪处断。

3. 相关证明的基本含义是:火车有很多组制动阀,破坏其中小部分制动阀,未达到一定比率,不足以使其翻车。

案例三:郝林喜、黄国祥破坏公用电信设施案

根据《关于依法办理非法生产销售使用"伪基站"设备案件的意见》(2014),非法使用"伪基站"设备干扰公用电信网络信号,危害公共安全的,以破坏公用电信设施罪追究刑事责任;同时构成虚假广告罪、非法获取公民个人信息罪、破坏计算机信息系统罪、扰乱无线电通讯管理秩序罪的,依照处罚较重的规定追究刑事责任。

案例四:叶朝红等盗窃引发火灾案

1. 偷东西当然不希望货物被烧毁,故对火灾结果系反对态度,不能认定为直接故意或间接故意,而是过失。亦即,对于放火行为是故意实施的,但对于火灾结果,是因没有预料到系可燃物而造成的,系过失。

2. 有先前行为引起的作为义务,不扑救系不作为行为。对于火灾结果系故意。单独评价此行为可构成不作为的放火罪。

第二节 交通肇事罪、危险驾驶罪

案例一:王某交通肇事后逃逸责任认定案

1. 王某驾车与李某追尾有条件关系,如果没有王某驾驶货车缓慢行驶该处,李某便不会在该处撞车身亡。但是,王某驾驶行为与交通事故死伤结果没有刑法意义上的因果关系。《刑法》第133条规定:"违反交通运输管理法规,因而发生重大事故,致人重伤、死亡……"是"违章因而"致死伤,王某驾驶室超过核载人数的违章行为与事故结果不具有《刑法》第133条意义上的因果关系,或王某的驾车行为不符合《刑法》第133条的违章因而发生事故的客观要件。

2. (1) 客观归属:事故死伤结果不能归责于王某的驾驶行为。王某没有违章行为,在交通运输中没有制造不被允许的风险,不构成犯罪。或其驾驶座超员的违章行为没有在《刑法》第133条构成要件范围内实现构成要件结果,即其违章不是发生重大伤亡事故的原因,因而不构成《刑法》第133条交通肇事罪。

(2) 信赖原则:本人遵章驾车除有显然例外情形也有理由信赖他人遵章驾车。本案王某章驾车通常不因对方违章行为造成事故承担责任,或被判定为过失。

(3) 危险分配:人们享受到高效交通的便利,应当忍受、担当一定的交通风险。交通参与各方都应当遵守交通规则、信赖原则。以维护交通规则、提高道路交通效率。违反交通规则、破坏信赖的一方在交通事故中即使受损,也应当自担风险、自

负责任。不能令遵守交通规章、信赖原则一方承担责任。

3. 于法有据。《道路交通安全法实施条例》第92条规定:"发生交通事故后当事人逃逸的,逃逸的当事人承担全部责任。但是,有证据证明对方当事人也有过错的,可以减轻责任。"据此,交警管理部门出具《事故责任认定书》认定:王某逃逸负事故全部责任,对方有明显可减轻责任的过错,王某负事故主要责任。如果按照该《事故责任认定书》,王某负主要责任,则王某构成犯罪且是肇事后逃逸加重犯。

这涉及事故责任认定书的地位。"交通事故责任认定书只是一个证据,法院不是当然地予以采信。"1992年12月1日最高人民法院和公安部发布的《关于处理道路交通事故案件有关问题的通知》第4条规定:"人民法院审理交通肇事刑事案件时,经审查认为公安机关所作出的责任认定、伤残鉴定确属不妥,则不予采信,以人民法院审理认定的案件事实作为定案的依据。"[1]也有观点主张:《事故责任认定书》只是行政管理责任认定,不等于刑事责任认定。法院应根据刑法所规定的交通肇事罪的构成要件进行实质的分析判断。

实际状况仍是按照《道路交通安全法实施条例》第92条认定逃逸责任,不考虑实质。

案例二:安徽省颍上县人民检察院诉龚德田交通肇事案

1. "离开事故现场"构成"肇事后逃逸"。逃逸的负事故全责。对方当事人有过错(无证驾驶),减轻逃逸者责任。龚德田负事故主要责任。

2. 不是根据行为时被告人有违章行为,不是根据被告人因违章行为致人死亡,不是根据被告人对致人死亡有过失心理,而是活着的事故当事人"离开了有一人死亡的事故现场"!

3. 背离了传统刑法观。经典刑法原理,构成犯罪必须:①客观有违法行为造成危害结果;②主观对行为造成危害结果有故意或过失心态。而且坚守主观心理与客观行为同时性原则。而本案定罪根据是"活着的事故当事人离开了有一人死亡的事故现场"(逃逸)!定罪似乎脱离传统意义的犯罪事实。

4. 体现了功能主义刑法观。促使人们遵守交通规则,促使人们承担在发生交通事故后遵守交通法规的义务和责任。这对于维护交通运输安全、妥善处理交通事故具有巨大的作用。中国进入汽车时代难以拒绝维护交通规范的需求。

5. 逃逸作为入罪评价后,再作为加重情节评价,同一事实被双重评价,违反禁止重复评价原则。不过,如果不考虑被告人逃逸因素也足以认定其负事故全责或主责,那么逃逸仍应当作为加重情节评价。或者如果因被告人逃逸导致事故责任不能

---

[1] 张军等主编:《刑事审判实务教程》(全国预备法官培训系列教材),中国法制出版社2013年版,第408页。

查清，也应当将逃逸作为加重情节评价。[1]

案例三：王某甲驾车致一人重伤后逃逸案

不成立。见《审理交通肇事刑事案件的解释》第2条。

案例四：赵双江故意杀人、赵文齐交通肇事案

1. 本案乘车人赵双江将昏迷肇事人带离事故现场，其救助义务显然更重，比指使肇事人逃逸更恶劣，如果足以认定被害人因得不到救助而死亡，赵双江符合"乘车人指使肇事人逃逸"条件，构成交通肇事罪逃逸致人死亡。

2. 有两个路径：其一，《审理交通肇事刑事案件的解释》第6条："行为人在交通肇事后为逃避法律追究，将被害人带离事故现场后隐藏或者遗弃，致使被害人无法得到救助而死亡或者严重残疾的，应当分别依照《刑法》第232条、第234条第2款的规定，以故意杀人罪或者故意伤害罪定罪处罚。"不过，对赵双江适用这一规定存在疑问：①赵双江是乘车人，不是交通肇事人。②被害人是否有救助生还可能性？如果被害人当场死亡或注定死亡则其"遗弃或隐藏"行为与死亡没有因果关系，不成立故意杀人罪。其二，直接适用《刑法》第232条认定不作为故意杀人行为。赵双江具有保证人地位，假如赵双江履行作为义务积极施救，被害人有生还可能，其不作为行为具有可罚性。假如赵双江履行作为义务积极施救，被害人没有生还可能，或者是否可能生还不明，其不作为行为是否具有可罚性？值得研讨。

案例五：邵大平交通肇事案

1. 这个问题也可以抽象为：前车事故致被害人受伤后逃逸，后车二次事故致被害人死亡的，如何认定责任？

（1）前车肇事后"逃逸"负事故全责，如果被害人有过错，可减轻其责任，负事故主责。

（2）被害人受伤未死，遭后车碰撞死于事故（二次碰撞中死亡），应当认定前车是肇事后"逃逸致人死亡"。因前车肇事后逃逸使受伤被害人处于危险境地，伤者通常倒卧于道路上，很可能遭到路过车辆的碰撞发生二次事故。如果被害人因伤滞留于路面，发生二次事故几乎是不可避免的。如果真的发生二次事故且被害人死于二次事故，属于多因一果，不中断前车逃逸行为与被害人死亡的因果关系。因为前车肇事后逃逸，被害人受伤未死，之后不论被害人因得不到救助而死亡，还是因遭路过车辆碰撞、碾压而死亡，这两种情形与前车逃逸行为具有等价的因果关系。

2. 不以逃逸前的交通肇事行为构成交通肇事罪为必要条件，邵大平的行为应认定为"因逃逸致人死亡"。[2]

---

[1] 最高人民法院公报2017年第6期："安徽省颍上县人民检察院诉龚德田交通肇事案"，一审案号：（2014）颍刑初字第00473号。

[2] 衢州市中级人民法院殷一村、周永敏、开化县人民法院毛曼谕撰稿，最高人民法院刑四庭陆建红审编："邵大平交通肇事案——交通肇事撞伤他人后逃离现场，致被害人被后续车辆碾压致死的如何定性？"【第1118号】，载《刑事审判参考》总第105集。

3. 前车仅成立交通肇事致人死亡，不成立"逃逸致人死亡"。因为不符合"为逃避法律责任"而逃跑。

4. 第二次事故的责任应当从事发道路的照明情况、途经该地的其他车辆是否采取规避措施等方面具体分析。就本案而言，鉴于受伤被害人于夜晚以卧或坐的姿态滞留于路面，遭到后车碰撞，被害人方有过错，导致后车难以发现或难以及时避让。因此，可以认为后车没有责任或者负事故对等责任。因被害人于夜晚滞留路面是由前车造成的，因此被害人责任应当归于前车。故本案判决第二次事故中前车与后车是对等责任。后车不构成犯罪。前车按照第一次事故负逃逸致人死亡的责任。

5. ①前车成立交通肇事致人死亡。因为不能证实被害人死亡与逃逸行为的因果关系，前车不成立"逃逸致人死亡"。另，如果前车致死成立交通肇事致人死亡；如果后车致死，前车成立逃逸致人死亡。前车还是后车致死存疑，利益归被告人，前车成立较轻的交通肇事致人死亡。②因为不能确认被害人死于后车，根据"疑罪从无"原则，后车不构成交通肇事罪。

案例六：宋良虎、殷海军小区里撞人后抛弃被害人致死案

1. （1）因居民小区内不属交通运输管理法规管理的范围，而交通肇事罪的成立前提是违反交通管理法规。故在小区里过失将人撞伤，不属违反交通管理法规的行为，不能构成交通肇事罪。应当以过失致人重伤罪论处。

（2）被告人殷海军没有实施过失行为，对此不负责任。

2. 宋良虎因先行行为产生救助义务，其将被害人抛弃，系不作为行为；对于其对被害人死亡持有间接故意甚至直接故意心态，应当认定为故意杀人罪。殷海军系其共犯。

3. 不中断因果关系。因吴培英当时生命垂危，即使救治，死亡概率也极高，且延误行为无重大过错。

4. 直接认定为故意杀人罪一罪。后面的高度行为吸收了之前的轻度行为。

案例七：陈全安被控交通肇事案

1. （1）从事实层面判断，在追尾碰撞事故中，陈全安即使有违反交通运输法规的行为（如违规停车），也不应负有主要责任。逃逸行为发生在后，当然是导致追尾碰撞事故的原因。

（2）交警部门认定陈全安负事故的主要责任的依据，在于其事故发生后逃逸，故依行政法的形式规定，认定其负主要责任。

（3）刑事责任应当坚持实质判断和事实判断，行政责任则有可能是形式判断和法律强制规定判断，二者并不相同。故而，在认定行为人对交通事故是否负刑事责任时，不能一概援引交警部门的认定结论，而应重新以实质标准进行判断。

2. 被告人陈全安不构成交通肇事罪。理由是：其实施的违规停车行为，虽是违反交通运输管理法规的行为，但该违规行为对追尾碰撞事故的造成所起作用较小，按过失犯罪中的责任分担原则，责任程度未达到承担刑事责任的程度。根据《最高

人民法院关于审理交通肇事刑事案件具体应用法律若干问题的解释》第2条第1款第1项的规定：交通肇事致死亡1人或者重伤3人以上，负事故全部或者主要责任的，才构成交通肇事罪。其并不负主要责任以上的责任，故不构成犯罪。

3. 依照《道路交通安全法》第70条之规定，在道路上发生交通事故，车辆驾驶人应当立即停车，保护现场；造成人身伤亡的，车辆驾驶人应当立即抢救受伤人员，并迅速报告执勤的交通警察或者公安机关交通管理部门。其中，"造成人身伤亡的"包括有责任一方和无责任一方。这也就是说，无论事故是谁造成的，车辆驾驶人都有救助义务。本案中，陈全安虽不是事故主要责任人，但其仍对受伤者负有法律上的救助义务，发生事故后逃逸如不救助系不作为行为，由于导致死亡结果，可能涉嫌不作为的过失致人死亡罪。

案例八：钱竹平交通肇事案

1.（1）根据《最高人民法院关于审理交通肇事刑事案件具体应用法律若干问题的解释》第3条的规定，"逃逸"指在发生交通事故后，为逃避法律追究而逃跑的行为。暗含的意思，行为人在逃逸时应当明知发生的交通事故，并且目的是为了逃避法律追究。

（2）本案中，钱竹平二次离开现场时知道发生了交通事故，但误认为被害人伤情非常轻微，没有逃避法律追究的意图，不属"逃逸"。

2.（1）违反交规致一人死亡，构成交通肇事罪。因其二次离开现场的行为均不属"逃逸"，故而既不是"因逃逸致人死亡"，也不是"交通运输肇事后逃逸"，而是交通肇事罪的基本犯，应处3年以下有期徒刑。

（2）属"交通运输肇事后逃逸"。

案例九：冯广山交通肇事案

1.（1）根据《最高人民法院关于审理交通肇事刑事案件具体应用法律若干问题的解释》第5条的规定，"因逃逸致人死亡"是指行为人在交通肇事后为逃避法律追究而逃跑，致使被害人因得不到救助而死亡的情形。亦即，逃逸行为与死亡结果之间需具有因果关系。

（2）本案中，冯广山有逃逸行为，并且被害人也死亡。但被害人系得到及时救治但伤重而死亡，亦即，即使冯广山不逃逸及时救治，被害人也不可能存活下来。由此，死亡非因逃逸而使被害人因得不到救助而造成，没有因果关系，不属"因逃逸致人死亡"。

2. 此种理解错误。"因逃逸致人死亡"的实质实际上是不作为过失致人死亡行为，亦即不救治导致死亡。本案情形可认为是两起交通肇事，前一起致人伤害后逃逸，后一起致人死亡后逃逸。认定为"交通运输肇事后逃逸"。

案例十：韩正连交通肇事后藏匿被害人致其死亡案

1.（1）《最高人民法院关于审理交通肇事刑事案件具体应用法律若干问题的解释》第6条规定：行为人在交通肇事后为了逃避法律追究，将被害人带离事故现场后隐藏或者遗弃，致使被害人无法得到救助而死亡或者严重残疾的，应当分别以故意杀人罪或者故意伤害罪定罪处罚。该规定的基本原理是：不作为的间接故意杀人或故意伤害是提示性规定，需符合故意杀人罪或故意伤害罪的构成要件。

（2）本案中，韩正连醉酒后违章驾车，致被害人重伤，构成交通肇事罪；其后隐藏致人死亡，构成故意杀人罪，符合此规定。

如能查明徐寿花撞倒后重伤，则应当以交通肇事罪（逃逸）、故意杀人罪两罪并罚。司法解释对于故意杀人、故意伤害罪的规定，仅针对藏匿致死行为，没有转化犯的问题。

2. 交通肇事罪，系"交通运输肇事后逃逸"。
3. 故意杀人罪，系不作为的间接故意杀人。

案例十一：倪庆国交通肇事后逃逸案

1. 因构成此故意杀人罪，需客观上是遗弃导致了死亡，行为人对于死亡结果具有故意。在客观上，现无证据可证明被害人在被遗弃前确实没有死亡、被害人的死亡是因被遗弃而导致；并且在主观上，现有证据可证明倪庆国遗弃被害人是在误认为被害人已死亡的主观状态下作出的，对于死亡结果没有故意。无法查证故意杀人罪的客观方面，而行为人又不符合其主观方面，故不能认定为故意杀人罪。

2. 因无证据证明被害人在被遗弃前确实没有死亡、被害人的死亡是因被遗弃而导致，故也不属于"因逃逸致人死亡"，只属于"交通运输肇事后逃逸"。

3. 如果有证据证明被害人在被遗弃前确实没有死亡，被害人的死亡是因被遗弃无法得到救助而造成，单独评价此遗弃行为应当认定为过失致人死亡罪。整案来看，因抢救途中遗弃也属逃逸，故而应当认定为交通肇事罪，属"因逃逸致人死亡"。

4. 因前行为是酒后驾车致人重伤后逃逸，构成交通肇事罪，属"交通运输肇事后逃逸"；后行为系过失致人死亡罪。应当数罪并罚。

案例十二：李中海故意杀人案

"逃逸致死"属于立法"打包"作加重犯处理不问故意过失。据此本案简明以交通肇事罪逃逸致死处理即可，似无必要论以故意杀人罪。

案例十三：林某危险驾驶案

本指导案例评析人指出：①"目前，对于超标电动自行车是否属于机动车，相关行政法规并未作出明确规定。"因此，不能随意扩大解释。②"将超标电动自行车作为机动车进行规定和管理存在较多困难。"③"公众普遍认为超标电动自行车不属于机动车，此类醉酒驾驶或者追逐竞驶的行为人往往不具有相关违法性认识。"

案例十四：唐浩彬危险驾驶案

根据《刑法》第 13 条，情节显著轻微、危害不大的不认为犯罪。醉驾是否一律定罪判刑？一度存在分歧。本指导案例明确：醉驾案同样可适用《刑法》第 13 条"但书"出罪。

案例十五：杜军交通肇事案

1. 不成立。本案判决指出："被告人杜军具有 14 年驾龄，肇事时天色已晚，且是阴雨天气，能见度较低，且肇事后杜军立即采取刹车措施，并拨打报警电话，由此体现出其未对危害后果持希望或者放任态度，不能认定其行为构成以危险方法危害公共安全罪。"

2. 区分要点在于是否足以认定对致人死伤具有故意。本案评析人指出："行为人发生二次或者二次以上冲撞的，对其行为造成的后果持放任态度的可能性大（在惊慌失措情形下为避免后果发生二次碰撞的除外），倾向认定为以危险方法危害公共安全罪。而仅发生一次冲撞、造成严重后果的，行为人对其造成的后果持反对、否定的可能性大，故倾向认定为交通肇事罪。"[1]

案例十六：孙福成以危险方法危害公共安全案

判决理由："在发生追尾交通事故后，孙福成仍置不特定多数人的生命、财产安全不顾，继续驾车行驶，在较长的行驶路途中多次撞上同向车道正常行驶的机动车，最终造成一人死亡、多人受伤以及公私财产遭受重大损失的严重后果，其行为构成以危险方法危害公共安全罪。"[2]

一次碰撞后又再次或多次碰撞造成严重死伤结果的，通常认为对后续碰撞致死伤的结果具有危害公共安全的间接故意。

案例十七：梁应金等交通肇事案（合江特大沉船案）

1. 造成沉船事故的原因由重到轻有：周守金不具资格而冒雾超载航行，迷失方向后指挥操作失误；梁如兵操舵错误；梁应金使该船违章作业、长期超载；石萍未限制人数造成严重超载。这些行为人系共同过失犯罪。其中，周守金、梁如兵、石萍的责任系直接过失，梁应金系监督过失。

2. 根据《最高人民法院关于审理交通肇事刑事案件具体应用法律若干问题的解释》第 7 条规定，单位主管人员、机动车辆所有人或者机动车辆承包人指使、强令他人违章驾驶造成重大交通事故，以交通肇事罪定罪处罚。被告人梁应金的行为，完全符合交通肇事罪的构成要件，应当以交通肇事罪追究其刑事责任。

案例十八：谢忠德危险驾驶案

1. 根据《刑法》第 133 条之一的规定，在道路上驾驶机动车追逐竞驶，情节恶劣的，或者在道路上醉酒驾驶机动车的，处拘役，并处罚金。

2. （1）关于交通运输管理法规规定的"道路"的范围，2011 年修正的《道路交通安全法》第 119 条第 1 项作了明确界定："'道路'，是指公路、城市道路和虽在单位管辖范围但允许社会机动车通行的地方，包括广场、公共停车场等用于公众通

---

[1] 最高人民法院刑四庭杨华撰稿，陆建红审编："杜军交通肇事案——对酒后驾驶造成重大伤亡的案件，如何区分交通肇事罪与以危险方法危害公共安全罪？"【第 909 号】，载《刑事审判参考》总第 94 集。

[2] 江苏省扬州市中级人民法院尹晓撰稿，最高人民法院刑五庭马岩审编："孙福成以危险方法危害公共安全案——对醉酒驾驶机动车构成以危险方法危害公共安全罪的处罚，如何贯彻体现宽严相济刑事政策？"【第 913 号】，载《刑事审判参考》总第 94 集。

行的场所。"其中,"公路""城市道路"的具体范围,根据 1999 年最高人民法院、公安部联合发布的《关于处理道路交通事故案件有关问题的通知》第 2 条的规定,"公路是指《中华人民共和国公路管理条例》规定的,经公路主管部门验收认定的城间、城乡间、乡间能行驶汽车的公共道路(包括国道、省道、县道和乡道)"。将城市街道、胡同、国道、省道、县道和乡道以外的发生地排除在危险驾驶的发生地范围之外。本案农村的乡间小道,不属乡道,不属交通运输管理法规规定的"道路"。

(2) 危险驾驶罪罪状中的"道路",指具有"公共性"的道路,亦即可通车、通人,人流、车流众多的道路。其范围比交通运输管理法规规定的道路范围要宽泛。

(3) 并非所有乡间小道或者可通车的道路,都属危险驾驶罪罪状中的"道路"。对于行驶的机动车数量较多、明显具有公路化特征、具有一定规模和较强公共性的农村道路,可认定为危险驾驶罪罪状中的"道路"。

3. 我国《道路交通安全法》第 119 条第 3 项规定:"机动车是指以动力装置驱动或者牵引,上道路行驶的供人员乘用或者用于运送物品以及进行工程专项作业的轮式车辆。"在本罪中,认定"机动车"最突出的问题是:对有动力装置驱动且设计最高时速、空车质量、外形尺寸接近或等同于机动车的电动自行车等交通工具(以下简称超标车),是否属于机动车?因国家既未对超标车的法律属性作出明确规定,又未对之按照机动车进行管理,在此情况下要求普通公众认识到超标车属于机动车,既不现实,也不妥当。因此,目前醉驾超标车或者驾驶超标车追逐竞驶的行为人普遍不具有构成危险驾驶罪所需的违法性认识。如对这种行为追究刑事责任,便违背了主客观相统一的定罪原则。"机动车辆"包括摩托车。谢忠德可构成危险驾驶罪。

4. 两罪有部分重叠之处。当在交通运输管理法规规定的"道路"上危险驾驶,例如醉酒驾驶造成重大伤亡事故,可认定为交通肇事罪,此时,交通肇事罪可认为是危险驾驶罪的结果加重犯。刑法规定,构成危险驾驶罪,同时构成其他犯罪的,依照处罚较重的规定定罪处罚。过失致人重伤罪。不认定为交通肇事罪。

案例十九:孙伟铭醉酒驾车连续冲撞致多人伤亡案

1. (1) 第一次追尾事故,其行为属于过失的危害公共安全,亦即交通肇事行为,因未造成重大伤亡,不认定为交通肇事罪。同时,由于案发时刑法中还没有危险驾驶罪,其不能构成犯罪。

(2) 对于第二次连续冲撞致多人伤亡的行为,其在不具备正常驾驶能力和严重醉酒的状态下,驾车行驶于车辆密集的城市道路上,以超过限速 2 倍以上的速度行驶,越过道路上禁止超越的黄色双实线,对于公共安全具有极大危险。且一次行为可以造成众多不特定公众的重大伤亡,属于"危险方法",构成以危险方法危害公共安全罪。

(3) 刑法中危险方法危害公共安全罪中的"危险方法",是指与爆炸、放火、投放危险物质相当的,一次行为可以造成不可控或大规模人员伤亡的方法。并非所有开车撞人的行为都是"危险方法",但开车撞向大量人群,或者极易导致交通事的开车撞人行为，可认定为"危险方法"。

2.（1）系间接故意。孙伟铭严重醉酒，不具备正常驾驶能力，且严重违规，车辆密集的城市道路上超速逆向驾驶，极易造成事故。一般人都能够认识到其行为很可能发生交通事故，危害公共交通安全，孙伟铭作为心智健全的人，也能够认识到其行为的高度危险性。且未采取任何可以避免的有效措施。

（2）因其主观上是故意。过失以危险方法危险公共安全罪、交通肇事罪，行为人主观上对于结果是过失，交通肇事罪是过失以危险方法危险公共安全罪的特别罪名。

案例二十：黎景全以危险方法危害公共安全案

1. 主要区别在于行为人对于危害结果的心态，对危害结果具有过失，系交通肇事罪；对危害结果具有故意，系以危险方法危害公共安全罪。

2. 第一次撞人系过失，因只致一人轻伤，后逃逸，系交通肇事行为，但未造成重大损失结果，不认定为交通肇事罪。后一行为对于公众生命具有间接故意，构成以危险方法危害公共安全罪。

3. 被告人系生理性醉酒，刑法规定，（生理性）醉酒的人，应当承担刑事责任。暗含的意思是：如自陷醉态，无论行为时事实上有无辩识能力，均需承担刑事责任。

第三节 涉枪涉爆类犯罪

案例一：朱香海、王作明等非法买卖枪支案

1. 单独犯罪与自然人犯罪区分关键在于犯罪所得归谁所有，为谁谋取利益。本案属于单位犯罪，理由：当阳水产公司曾合法经营猎枪，朱香海是以当阳水产公司的名义购买的猎枪，且现有证据不能证明朱香海将犯罪所得据为己有。单位负责人员个人决定，以单位名义实施，没有证据证实犯罪所得归个人占有的，应当认定为单位犯罪。

2.《刑法》第126条规定的违规制造、销售枪支罪，指依法被指定、确定的枪支制造企业、销售企业，违反枪支管理规定，而制造、销售枪支。亦即，具有合法销售枪支资格的企业，违反规定销售枪支，构成违规销售枪支罪。本案中，当阳市水产供销公司曾经具有合法经营猎枪的资格，实施此行为时已没有此资格，故而不构成违规销售枪支罪，而构成非法买卖枪支罪。

3. 不构成盗窃国家机关公文、印章罪，因该公文为作废公文，该印章并实体印章，附着在作废公文上已无效用。

案例二：赵春华非法持有枪支案

1. 非法持有枪支罪故意的内容：①对所持气枪是"枪支"明知。关键在于这是什么意义的"枪支"？如果这"枪支"指能打死打伤人的军警配用或猎人打猎用的枪支，那么被告人肯定不知道所持气枪是这样的枪支。如果说这"枪支"包含气枪，那么被告人知道这是气枪当然知道这是"枪支"。因为对"枪支"理解不一，所以从事实认识上很难判断。②对持枪行为的非法性有认识。这是关键,即被告人对于自己持有该气枪是否被法律禁止或者是否为法律所允许。休闲游乐场所往往有气枪射击游戏摊,本案被告人还是花钱从他人手里接手气枪射击游戏摊经营,辩称对于所持气枪行为的非法性没有认识,是可以接受的。据此可以减轻责任。如果达到不可能认识到的程度,可以免除责任。

2. 关键看对刑事违法性、社会危害性如何理解。如果被告人所持气枪事实上没有致人死伤的危险,就不具有刑事意义的社会危害性,只是违反枪支管理秩序的行为,具有行政违法性。

3.《最高人民法院、最高人民检察院关于涉以压缩气体为动力的枪支、气枪铅弹刑事案件定罪量刑问题的批复》(法释〔2018〕8号)及其理解与适用。[1]

案例三:非遗传人杨凤申非法制造爆炸物案

1.《刑法》第125条:"……情节严重的,处10年以上有期徒刑、无期徒刑或者死刑。"

2. 足以阻却非法性。理由如下:①既然是省许可之非遗项目,烟火制作、燃放是该项目的基本内容,应当认为获得许可,具有合法性。无需另行向有关部门(公安机关)申请制作许可。②既然非遗项目传承至今,足以表明其安全性。

3. 可以认为被告人不可能认识到行为的非法性,阻却责任。

案例四:天宝石材厂非法制造、买卖爆炸物案

1. 关于《刑法》第125条非法制造、买卖爆炸物罪之"爆炸物"范围的理解。被告人刘天宝称多孔硝铵是1992年才开始生产和推广的一种新科技成果,而《民用爆炸物品安全管理条例》是1984年制定的,因此不属于该条例所称铵油炸药的范围,被告人高守荣称,《民用爆炸物品安全管理条例》中也没有"多孔硝铵掺和柴油"这种爆炸物名称,故主张不是《刑法》第125条意义上的爆炸物。法院认为"多孔硝铵掺和柴油"就属于《民用爆炸物品安全管理条例》中所称铵油炸药,属于硝酸铵类混合炸药范围,故认定被告人在不具有公安机关颁发的《爆炸物品销售许可证》的情况下,将多孔铵油炸药2700公斤出售给他人,属于非法出售爆炸物行为。

评价:二审判决认定"川化厂直接销售的(多孔硝铵)就是炸药",此认定存在错误。从有关规定看,多孔硝铵是一种危险化学品和制造炸药的重要原料,因为极容易将其配制成炸药所以应加强管理,化工厂也是将其作为炸药原料销售,但有关法规的确没有将其纳入爆炸物管理条例和爆炸物名录中,因此,断定多孔硝铵就是炸药不符合法律规定。

---

〔1〕 最高人民法院研究室刑事处:"《最高人民法院、最高人民检察院关于涉以压缩气体为动力的枪支、气枪铅弹刑事案件定罪量刑问题的批复》的理解与适用",载《人民法院报》2018年3月29日,第3版。

2. "非法制造"在本案中是指违反规定，未经国家有关主管部门的许可，私自制造爆炸物的行为。被告人购买多孔硝铵，然后掺和燃油配制成炸药用于矿山爆破，是否属于非法制造爆炸物？控方认为属于。辩方认为，一方面，公安厅明确同意推广使用多孔硝铵，并强调加强销售渠道的管理，但如何加强对销售、购买等渠道的管理并无明确的规定，也未对川化厂大规模生产的多孔硝铵进行禁产禁销，所以本案中被告人的使用方式是合法的；另一方面，多孔硝铵掺和柴油并非《公安部关于印发爆炸物品名称的通知》所列的铵油炸药，既然没有规定，则不构成犯罪。一审法院认为，多孔硝铵本不属于爆炸物，被告人购进后掺燃料油药即具备炸药（铵油炸药）性质，所以属于制造爆炸物行为。且因被告人没有制造许可，故属于非法制造爆炸物。二审法院认为，可以断定川化厂直接销售的多孔硝铵就是炸药，既然被告人购进的多孔硝铵原本就是炸药，此后掺和燃油使用就不属于非法制造爆炸物行为。在准确地将多孔硝铵的性质认定为炸药的基础上，前述诸多观点中，二审法院的观点更为合理。

3. 本案的焦点在于行为非法性问题。非法制造、买卖爆炸物罪需具有"非法性"条件，即没有制造或销售爆炸物的许可而从事制造、买卖爆炸物。被告单位天全县天宝石材厂办理有购买、储存、使用爆炸物品许可证，其购买、储存爆炸物行为不具有非法性；但没有制造和销售爆炸物许可，因此其如果从事制造、销售爆炸物活动，具有非法性。

本案中的"爆炸物"涉及三个概念：①多孔硝铵；②多孔硝铵掺和燃油的混合物；③铵油炸药。被告人有两种行为涉嫌犯罪：①制造行为。没有获得许可而在多孔硝铵中掺和燃油形成具有爆炸性的混合物（铵油炸药）。②买卖行为。没有获得许可而将多孔硝铵掺和燃油的混合物出售给他人。如果如被告方所辩称的多孔硝铵不是炸药，那么其没有许可在多孔硝铵中掺和燃油形成具有爆炸性的混合物（铵油炸药）的行为就属于非法制造爆炸物；如果承认多孔硝铵是炸药，则其没有许可将多孔硝铵掺和燃油的混合物出售给他人的行为无疑具有非法出售爆炸物性质。因被告人只具有购买、储存、使用爆炸物品许可证，其购买、储存、使用爆炸物是合法的，但没有资格制造和销售爆炸物品。

4. 本案属于单位犯罪。天宝石材厂具有法人资格，且以单位名义实施非法买卖爆炸物行为，构成单位犯非法买卖爆炸物罪。应对对单位判处罚金，对直接负责的主管人员刘天宝、直接责任人员高守荣处以刑罚。

第四节　重大责任事故类犯罪

案例一：上海静安区高楼火灾案

1. 两罪的主要区别在于：是否限定在生产作业的过程中发生。重大责任事故罪发生在生产作业中，本案系在生产作业中发生火灾，应当认定为重大责任事故罪。

2. 本案发生火灾的最直接原因是：电焊工吴国略及电焊辅助工王永亮在无灭火

器及接火盆的情况下违规进行电焊作业。间接原因包括：教师公寓节能改造工程被拆分并违规再行分包、承包者不具备相关资质、工程在未进行项目申报且未取得施工许可证及方案审批的情况下仓促开工、擅自对搭设脚手架和喷涂外墙保温材料实行交叉施工。重大责任事故罪是自然人犯罪，按照过推失责任大小承担责任。电焊工吴国略及电焊辅助工王永亮受安排进行作业，过失责任较小。

案例二：沈志明、曾小芳等危险物品肇事案

1. （1）烟花爆竹虽属爆炸性物品，但其本质上是娱乐性用品，不是刑法意义上的"爆炸物"。但其中的黑火药，则属"爆炸物"。

（2）这涉及"非法生产"与"违规生产"的界限，关键在于有无许可。如果获得行政许可，生产（烟花爆竹等）爆炸物，属于合法生产，无论如何不构成非法制造爆炸物罪。本案鞭炮厂持有爆炸物品安全生产许可证及相关证照，缴纳税收和管理费，属于有许可生产，即合法生产（制造）。"非法生产"与"违规生产"虽然都"违法"，但是性质根本不同，需要明确区分。如果非法即无许可制造（生产）、贩卖、运输、储存枪支、弹药、爆炸物，是一种极为严重的犯罪。相反，如果是有许可（合法）制造（生产）、贩卖、运输、储存枪支、弹药、爆炸物，但违反了有关管理规章，属于性质较轻的犯罪。

2. 本案不符合非法制造爆炸物罪中的"非法"，故不构成此罪。危险物品肇事罪、重大责任事故罪、过失爆炸罪、过失致人死亡罪，这几罪之间具有法条竞合关系，危险物品肇事罪与重大责任事故罪之间是特殊法与一般法的法条竞合关系，此两罪的结果都可包容过失爆炸、过失致人死亡。本案发生在生产作业之中，故不以过失爆炸罪、过失致人死亡罪定罪，而认定为重大责任事故类犯罪。本案的生产作业是生产爆炸物的危险作业，故而以特殊的重大责任事故类犯罪即危险物品肇事罪认定。是单位犯罪。

3. 黄伟、何金义构成窝藏罪；彭丽、黄志不构成犯罪。黄伟、何金义明知是犯罪的人而提供资金、处所让其逃跑、躲藏，构成窝藏罪。彭丽与犯罪人通电话、知道其下落而拒不说出，尚属于"知情不举"，不属于"作假证明"包庇，不构成包庇罪。包庇罪不包括"拒不说出"的行为形式。黄志不构成包庇罪。黄志隐匿涉案单位税务证及账簿，但因为该税务证及账簿在本案中不属于罪证的范围，所以也不能认定此行为是隐匿罪证的包庇行为。故彭丽、黄志无罪。

第三章　侵犯财产罪

第一节　抢劫罪、抢夺罪

一、《刑法》第263条之抢劫罪

案例一：被告人阮传贵强奸、抢劫案

1. 构成抢劫罪。抢劫罪的暴力、胁迫行为，在社会一般观念上足以抑制对方反抗、取走财物的方式，即使因对方异常强悍而没有起到抑制效果的，仍认为是抢劫行为。此外，使用外观上看一般不足以抑制对方反抗的方式，比如本案的阮传贵只是借口需要治伤、伸手索要，但因为对方异常弱小，或者其他特别的原因而实际起到抑制反抗作用的，也应当认定为抢劫行为。本案就是这种特殊情形，阮传贵挟先前对赵某呛水、掐脖、强奸、强制口交、劫持的暴力威势，此时提出钱财要求，具有抢劫的故意且足以迫使赵某交出财物。

只是阮传贵按需治伤索财200元，没有洗劫赵某携带全部财物这点，与一般的抢劫意思有所不同。这不影响阮传贵迫使赵某交付200元行为具有暴力胁迫性质。

2. 强奸未遂。第一现场因赵某扭动没有奸入，就已经构成强奸未遂。之后强制口交，且将被害人带离欲继续奸淫，没有放弃犯罪。因此离开第一现场已经告一段落归于未遂。此外，迫使口交行为成立强制猥亵罪既遂。

案例二：邹代明抢劫案

1. 限制他人人身继而取得财物，可认为是抢劫行为。抢劫行为的实质是用强制力切断被害人对财物的控制，包括各种能够使被害人不知抗拒或丧失抗拒能力的手段，抢劫行为可以包括拘禁行为。判定行为人所实施的劫财手段，是否属于抢劫行为，关键是看该手段是否已使被害人丧失了控制自己财物的能力、丧失了抗拒他人劫取自己财物的意志自由和行动自由。因诈骗罪的构成要求被骗人对于财物有处分行为，本案中，被害人没有处分行为，不属诈骗。

2. 认定为抢夺罪。仅利用既有的被害人自陷困境，不能认为实施了抢劫的行为。

案例三：陈桂清抢劫案

1. 犯罪的主观方面，欲图索财对象和方法不同。犯罪的客观方面，索财对象不同。抢劫罪的行为一般具有当场性；绑架罪的行为以杀害、伤害等方式向被绑架人的亲属或其他人发出威胁，索取赎金或提出其他非法要求，一般不具有当场性。最关键区分在于行为人实施暴力时主观方面欲图索财的对象和方法的不同。

2. 在客观上，陈桂清等未实际实施利用第三人对被绑架者安危和忧虑而索财的行为，也无证据证明其主观上有此意图。其目的应当认定为"意图向被绑者本人要钱"即抢劫故意。应当认定为抢劫罪。

3. 应当认定为绑架罪。绑架罪的构成要件中，勒赎只是主观目的，不必一定有客观行为。

案例四：侯吉辉、匡家荣、何德权抢劫案

1. 两审认定事实差别在于：①何德权有无事前共谋。②侯吉辉有无阻止匡家荣捅人。依照一审认定事实，何德权构成抢劫罪共犯，应对被害人死亡承担刑事责任，系抢劫罪（致人死亡）。

2. 在明知他人抢劫的情况下，于暴力行为结束后参与共同搜取被害人财物的行为，系承继的共犯，其罪名认定以抢劫罪的共同犯罪定罪，但其责任只对加入以后与自己行为有因果关系的结果承担责任。故何德权构成抢劫罪，对取财结果承担责任，但不对死亡结果承担刑事责任。是犯罪既遂，但不属抢劫罪（致人死亡），只属基本犯。因其又系从犯，需比照基本犯的主犯从宽量刑。

3. 知情不举不是共犯；未参加抢和劫的行为，不是共犯；只构成帮助毁灭证据罪。

案例五：王元帅、邵文喜抢劫、故意杀人案

1. 抢劫之后为灭口而杀人，应当以抢劫罪和故意杀人罪，数罪并罚。
2. 邵文喜所犯故意杀人罪，是犯罪中止。王元帅对于此罪是犯罪未遂。

（六）秦红抢劫案

不是。判决理由："秦红是在征得被害人同意后进入其家中，在被害人家中休息时，趁被害人外出之机实施的盗窃行为，根据《关于审理抢劫、抢夺刑事案件适用法律若干问题的意见》的规定，无证据证明秦红进入被害人家中的目的具有非法性，本着有利于被告人的原则，其行为不宜认定为'入户抢劫'，故该指控不予支持。"[1]

案例七：郭建良抢劫案

"'抢劫致人死亡'的主观内容既包括故意杀害被害人，又包括过失致被害人死亡。……'抢劫致人死亡'，既可以解释为抢劫行为造成被害人死亡，也可以解释为因抢劫而招致被害人死亡。……根据本案的具体情况，被害人所实施的呼救行为属于通常情况下一般人都会实施的行为，或者说是在案发当时被害人不得不实施的行为，该介入行为并非异常行为，不能中断抢劫行为与被害人死亡结果之间的因果关系。因此，被害人的死亡与郭建良的抢劫行为之间仍然存在因果关系，应当认定郭建良具有'抢劫致人死亡'的情节。"[2]

案例八：王志国、肖建美抢劫案

1. 《关于审理抢劫案指导意见》："认定'冒充军警人员抢劫'，要注重对行为人是否穿着军警制服、携带枪支、是否出示军警证件等情节进行综合审查，判断是否足以使他人误以为是军警人员。对于行为人仅穿着类似军警的服装或仅以言语宣称系军警人员但未携带枪支、也未出示军警证件而实施抢劫的，要结合抢劫地点、时间、暴力或威胁的具体情形，依照常人判断标准，确定是否认定为'冒充军警人员抢劫'。军警人员利用自身的真实身份实施抢劫的，不认定为'冒充军警人员抢劫'，应依法从重处罚。"

2. 量刑偏重。

案例九：赵吉寿被控抢劫案

1. 客观上是抢劫他人占有财物的行为。赵吉寿对化肥当然有占有（所有）目

---

[1] 最高人民法院刑四庭张剑撰稿、陆建红审编："韦猛抢劫案——被允许入户后临时起意盗窃，被发现后当场使用暴力的，能否认定'入户抢劫'？"【第1180号】，载《刑事审判参考》总第109集。

[2] 最高人民法院刑四庭罗勋、杨华撰稿，最高人民法院刑四庭陆建红审编："郭建良抢劫案——'抢劫致人死亡'的司法认定"【第1183号】，载《刑事审判参考》总第109集。

的，只不过他认为强抢化肥用以抵石棉的行为是实现债务的正当方式，故主观上误认为此占有合法，不具非法占有目的。如认为非法占有目的是否必须包括财产增加或获利的因素，则赵吉寿主观上无非法占有目的。法院再审认为赵吉寿不构成抢劫罪的理由即是认为其主观上无非法占有目的。

2. （1）符合抢劫罪构成要件，但系自救行为。

（2）符合抢劫罪构成要件，具有自救性质，但手段非法；不具违法性认识可能性，故而无责任。

3. 以非法手段即故意伤害罪论处。

4. 没有。

案例十：李俊伟故意伤害、抢劫案

1. 没有。没有。故意伤害罪，盗窃罪。数罪并罚。

2. 故意伤害罪，抢劫罪。数罪并罚。

二、转化型抢劫

案例一：杨飞飞、徐某抢劫案

1. 抢劫罪的既遂标准是轻伤或取财结果之一。转化型抢劫是抢劫罪的一种行为形式，既未遂标准与前述标准相同。只不过，需暴力行为实施完毕后予以判断。

2. （1）盗窃罪未遂。

（2）盗窃罪既遂；抢劫罪未遂。

案例二：张运堂抢劫、李均平盗窃案

1. 不转化，转化型抢劫要求行为人对暴力是故意，并且具有法定三种目的；其他共犯对于暴力没有故意，不转化。

2. 张进良、张运堂构成抢劫罪，李均平的盗窃行为未达盗窃罪数额，不构成犯罪。

3. 张运堂有实施暴力的概括故意，对重伤结果承担故意责任，构成转化型抢劫罪（致人重伤）；李均平对重伤既不承担故意责任，也不承担过失责任。

案例三：董小春被控抢劫案

1. 转化型抢劫中对暴力有程度要求，需达到与普通抢劫一样的压制被害人反抗的程度。逃跑时的仅是推搡、冲撞，暴力程度不大的，不转化。

2. 盗窃罪与过失致人死亡罪。盗窃罪。判断暴力程度原则上应采客观标准，但有证据证明行为人对严重暴力没有故意时，不认为转化型抢劫。

案例四：尹林军、任文军盗窃案

符合司法解释。《关于审理抢劫刑事案件适用法律若干问题的指导意见》（2016）指出："对于以摆脱的方式逃脱抓捕，暴力强度较小，未造成轻伤以上后果的，可不认定为'使用暴力'，不以抢劫罪论处。"

案例五：贺喜民抢劫案

1. 可以是未遂，有实行行为，不可以是预备。

2. "当场"指与前行盗窃、诈骗、抢夺罪在时空上没有明显间隔。本案的特殊性在于：两次盗窃公安人员均已发现并始终监视控制，客观上未脱离控制视野，应认定为"当场"，对两次盗窃应视为一个盗窃行为，都转化为抢劫罪。如果本案案情是：贺喜民在麦当劳快餐厅盗窃结束未被发现，转战距离较远的肯德基快餐厅行窃时被发现而实施暴力，则前一行为构成盗窃罪，后一行为构成抢劫罪，数罪并罚。

3. 转化型抢劫的暴力对象可以是执行职务的公安人员。只要被告人认识到是抓捕人员，无论其是否认识到是公安人员，都可认为其实施暴力有抗拒抓捕之目的。误将非抓捕人员认作抓捕人员，为抗拒抓捕实施暴力，也转化为抢劫罪，因暴力的目的仅限于主观。

案例六：翟光强等抢劫案

1. 胡丛建、孟祥友以非法占有为目的，在盗窃被害人王吉春货车油箱内柴油的过程中，因被发现，为抗拒抓捕而当场使用暴力，致一人轻微伤，劫得财物价值1358元，其行为已构成抢劫罪。被告人孟祥友被被害人抓获后，胡丛建纠集被告人翟光强、贾森、张帅、井中岩前来共同劫夺孟祥友，并致被害人王吉春死亡，……被告人翟光强、贾森、张帅、井中岩明知胡丛建、孟祥友系盗窃、抢劫犯罪分子，事先与胡丛建虽无盗窃、抢劫犯罪的通谋，但得知孟祥友因盗窃行为被发现与被害人打斗的过程中被抓获后，仍支持胡丛建实施抗拒抓捕行为，持斧子去劫夺孟祥友，与被告人胡丛建形成解救孟祥友、抗拒抓捕的共同犯罪故意，被告人翟光强等人劫夺孟祥友的行为与被告人胡丛建、孟祥友先前的转化抢劫犯罪行为是一个连续的整体，系事前无通谋的共同犯罪。因此被告人胡丛建、孟祥友与被告人翟光强、贾森、张帅、井中岩的行为均构成抢劫罪。

2. 被告人胡丛建、翟光强、贾森、张帅、井中岩在共同实施抢劫犯罪过程中，致被害人王吉春颅脑损伤死亡，上述被告人均应对王吉春死亡承担刑事责任，被告人孟祥友因人身受到控制，对王吉春的死亡结果不应承担刑事责任。[1]

案例七：赵晓波、白海波盗窃后殴打更夫案

第一，实施暴力的"当场"是指犯罪分子实施犯罪的现场；在现场发现犯罪分子逃离后随即追赶的过程，也视为现场的延伸。本案暴力不在盗窃现场（第10工组所在地），而是在工组外面3公里处。更夫牛有才实施的也不是发现盗窃后的追赶抓捕。其是在工组外面发现有人开车上山，怀疑是来偷东西的，即停在路边记下车号。记车号的目的是：一旦发现工组丢了东西，就将此车作为怀疑对象，而不是在现场发现盗窃分子逃离后随即进行追捕。

第二，两被告人虽然对牛有才实施暴力的目的，但不是法定三种目的。

---

[1] 最高人民法院刑四庭章晓瑜、河北省高级人民法院曹永校撰稿，最高人民法院刑四庭陆建红审编："翟光强等抢劫案——在他人实施盗窃为抗拒抓捕当场使用暴力的犯罪过程中加入其中的行为如何定性？"【1187号】，载《刑事审判参考》总第109集。

第三，两被告人虽然对牛有才实施了暴力，但只是踢了一脚，打了一耳光，暴力程度并不严重。

案例八：杨辉、石磊等破坏电力设备案

1. 从抢劫罪的实质上讲，是通过对财物物主、管理人、代管人压制反抗，切断其对财物的控制，继而取财；当其他人意图抓捕时，获得财物临时代管人的身份，对有抓捕意图的他人实施暴力，也可转化为抢劫罪。但对无抓捕意图的他人实施暴力，则不能构成抢劫罪。

2. 盗剪正在使用中电缆，一行为同时触犯盗窃罪和破坏电力设备罪，是想象竞合。

3. 有两种：①前一行为盗剪同时触犯盗窃罪和破坏电力设备罪，先择一重罪处断。如果重罪是盗窃罪，则与后一暴力行为结合，转化为抢劫罪；如果重罪是破坏电力设备罪，则认定为破坏电力设备罪、故意伤害罪，两罪数罪并罚。②前一行为盗剪同时触犯盗窃罪和破坏电力设备罪，先将盗窃罪与后一暴力行为结合，转化为抢劫罪。然后认为抢劫罪与破坏电力设备罪是想象竞合，在抢劫罪与破坏电力设备罪中择一重罪处断。笔者赞同后一种思维顺序。

三、抢夺罪及其与抢劫罪的区分

案例一：郭学周故意伤害、抢夺案

本案不符合《最高人民法院关于审理抢劫、抢夺刑事案件适用法律若干问题的意见》第8条规定的"行为人实施伤害、强奸等犯罪行为，在被害人未失去知觉，利用被害人不能反抗、不敢反抗的处境，临时起意劫取他人财物的，应以此前所实施的具体犯罪与抢劫罪实行数罪并罚"。因此规定是一种助势抢劫，亦即在实施其他人身暴力犯罪的过程中，临时起意劫夺财物。只有在之前的人身暴力行为对之后的取财行为仍存在影响，并且行为人取财确实借助了这种暴力影响的情况下，才能将行为人的行为认定为抢劫。由此，该条规定的抢劫肯定要求被害人在被取财时仍在现场并受到人身暴力威胁。否则，还是应以抢夺论处。在本案中，行为人郭学周先前的暴力伤害行为，因被害人逃离现场而已告中断；行为人折返现场后将摩托车开走之时，被害人不再受到暴力威胁。之前的伤害行为与之后的取财行为在时间和空间上不具有延续性，不能据此认定为抢劫罪。

案例二：王平安强奸、抢夺案

因为乘人之危抓起被害人的传呼机就跑，与利用被害人不能反抗、不敢反抗的处境，存在显著区别。本案中的被告人并不符合司法解释中"利用被害人不能反抗、不敢反抗的处境，临时起意劫取他人财物"的条件，一方面，被害人并未陷入"不能反抗、不敢反抗"的状态；另一方面，被告人仅是事后发现传呼机，遂抢夺财物并逃跑，并未实施暴力、胁迫手段。

案例三：王跃军、张晓勇抢劫、盗窃案

1. 根据《最高人民法院关于审理抢劫、抢夺刑事案件适用法律若干问题的意见》第 11 条的规定：对于驾驶机动车、非机动车（以下简称"驾驶车辆"）夺取他人财物的，一般以抢夺罪从重处罚。但具有下列情形之一，应当以抢劫罪定罪处罚：①驾驶车辆，逼挤、撞击或强行逼倒他人以排除他人反抗，乘机夺取财物的；②驾驶车辆强抢财物时，因被害人不放手而采取强拉硬拽方法劫取财物的；③行为人明知其驾驶车辆强行夺取他人财物的手段会造成他人伤亡的后果，仍然强行夺取并放任造成财物持有人轻伤以上后果的。这也就是说，飞车抢夺不是有意侵害人身的，以抢夺罪从重处罚；以飞车为手段侵害人身继而夺财物，以抢劫罪定罪处罚。

2. 本案的认定关键在于行为人对被害人死亡结果所持的心态，是间接故意，还是过失，还是为了取得财物而直接故意。本案一审、二审认为二行为人对于被害人的死亡具有间接故意，结合案情来看，该认定是正确的；二审法院认为二行为人构成抢劫罪，属抢劫致人死亡，该认定结论也是正确的。在《最高人民法院关于审理抢劫、抢夺刑事案件适用法律若干问题的意见》颁布后，可直接依据该解释第 11 条第 3 项的规定，认为本案属"行为人明知其驾驶车辆强行夺取他人财物的手段会造成他人伤亡的后果，仍然强行夺取并放任造成财物持有人轻伤以上后果的"的情况，认定二行为人构成抢劫罪，属抢劫致人死亡（间接故意致人死亡）。

案例四：曾贤勇携带斧头抢夺案

1. 本案中的斧头属为了实施犯罪而携带其他器械（用法上的凶器）。对行为人携带此器械是否是为了犯罪，采推断方法判断：如果行为人犯罪时虽随身携带，但确有证据证明不是为了实施犯罪准备的，即不认定为凶器；否则为凶器。本案中，可推断被告人曾贤勇携带斧头系为实施抢夺而特别准备：一则斧头不属随身携带品，无缘无故将斧头携带于身不合常理；二则被告人未能就其随身携带斧头作出合理解释。一、二审判决认定曾贤勇携带斧头的目的就是为了能够顺利实施抢劫，以抢劫罪对曾贤勇定性是正确的。

2. 抢劫银行或者其他金融机构，是指抢劫银行或者其他金融机构的经营资金、有价证券和客户的资金等。本案资金系正在银行等待办理业务的客户持有，不在金融机构控制之下，不属抢劫银行或者其他金融机构。

3. 抢劫罪以造成轻伤或取财结果之一为既遂。本案曾贤勇已将钱款抢到手，虽未跑出厅外，但应当认为已被控制住。

四、抢劫与寻衅滋事罪的区分

案例一：霍某某等强拿硬要财物案

1. 通常认为，抢劫罪与寻衅滋事罪区分主要体现在行为人犯罪动机上。在寻衅滋事罪中，行为人系出于不健康的目的，或故意找茬，或无事生非，扰乱社会公共秩序。行为人实施寻衅滋事罪中规定的强拿硬要财物行为，都带有一种寻求精神刺激的动机，针对的对象是数额或价值较小的财产，而且不只是一次而是多次，从中反映出来的主要特征在于行为人是出于一种无聊的心理态度。抢劫罪中，行为人犯罪动机和主观故意十分明确，就是要非法占有公私财物，行为人为达到非法占有的目的不惜采取暴力、胁迫或者其他手段，置受害人于不敢反抗、不能反抗的境地。抢劫行为与寻衅滋事行为的区分在于：抢劫行为对人身的威胁程度较高，寻衅滋事行为对人身的威胁程度较小。

2. 本案的认定难点在于：行为人实施的行为客观上属强拿硬要的行为，且公然违背被害人意志索要钱财，也有取财的故意和目的，也有类似威胁的言辞。并且，行为人在取得财物过程中未遭遇旅客反抗，从而也无明显的、实质的压制反抗行为，使得抢劫罪还是寻衅滋事罪的认定界限相当模糊。认定关键在于：行为人实施"我们杀过人、坐过牢""如不给钱，有你好看""把你的行李扔下去"的喊话行为是否属于对人身的威胁，其行为是否属于"无形的"暴力威胁，是否会转化为实际暴力？我们认为，威胁程度较低，不宜认定为抢劫罪，宜以寻衅滋事罪论处。

案例二：李某甲等寻衅滋事案

1. 是的。

2. 校园霸凌现象，被害对象为特定在校学生，财物数量不大，主要依靠霸凌手段。被告人也是在校学生，如果是未成年，根据《关于审理未成年人刑事案件具体适用法律若干问题的解释》第8条，不认为抢劫罪，如果情节恶劣的，以寻衅滋事罪定罪处罚。

案例三：亢红昌抢夺案

1. 亢红昌实施的对人暴力的目的不是取财，故不能认定为抢劫行为中的"抢"的行为。

2. 本案应当区分为前后两个行为分别评定。前行为系寻衅滋事，后行为构成抢夺罪。

第二节　敲诈勒索罪

一、威胁、恐吓、要挟的手段

案例一：熊志华等人捉奸之后索取财物案

1. （1）行为人主观目的不同。如果行为人以索债为目的而扣押、拘禁他人，则仅构成非法拘禁罪，行为人主观目的是为索债，而不具有非法占有他人财物的目的。

（2）本案中，通奸不能产生债权债务关系，行为人的目的不能认定为索债目的。

（3）殴打责问张某某如何解决此事，其中就有给钱的选择项。

2. 实现勒索目的的行为方式不同。敲诈勒索罪是对被勒索人本人实施威胁或要挟，迫使其给付数额较大的财物或财产性利益；而绑架勒索罪，则是通过劫持被绑架人，控制被绑架人的人身自由，然后被绑架人的亲友或者其他相关第三人给付财物。本案虽是第三人送来钱款，但熊志华等人的主观意图仍是逼迫张某某自己筹钱，是向其本人要钱，而不是利用第三人对其人身的担忧而向第三人勒赎，不认定为绑架罪。

3. （1）敲诈勒索罪和抢劫罪的区别：①手段不同，敲诈勒索的手段是威胁要挟，其中的要挟包括对被害人实施当场暴力威胁以外的其他要挟手段，如揭发隐私。在当场取财时，若采要挟手段，则为敲诈勒索罪。②当场性不同，如对被害人实施当场暴力威胁，而当场取财，则为抢劫；如事后取财，则为敲诈勒索罪。

（2）本案熊志华等人对被害人威胁的内容当场暴力，亦当场取财，系抢劫罪。

（3）敲诈勒索罪。

（4）敲诈勒索罪。

（5）认为逼迫的结果是写下欠条，不是现款；认为虽有殴打，但主要还是利用被害人害怕事后揭发通奸隐私的心理。

案例二：张舒娟将被害人哄骗至外地继而向家属索财案

1. 区别关键在于有无实际的绑架行为，即是真绑架还是假绑架。即行为人客观上对于被害人的人身有无实际的绑架、控制。如没有实际绑架、控制的行为，是"假绑架"，应当认定为敲诈勒索罪。本案中的难点在于：张舒娟对被害人人身自由的控制行为是否达到了绑架罪所要求的严重程度。

2. 本案中，戴磊已12周岁，具有独立行为能力，能自由出入宾馆，能给家里打电话，没有被张舒娟无形控制。如其年幼，或欠缺自主行动能力，倒是可以认定为有形控制，则本案可以认定为绑架罪。

3. 这是一个由证据推断事实的问题。不能排除张舒娟有先无形控制后有形控制的意图，但当前没有证据可以证明，故而疑罪从轻。

4. 假绑架，敲诈勒索罪。

案例三：孙吉勇威胁他人打欠条案

1. 第一次威胁包含有当场实施暴力的内容，但没有当场取财，而只是取得欠条，不是抢劫而是敲诈勒索。第二次威胁即发短信威胁没有当场实施暴力的内容，不是抢劫。

2. 本案的犯罪对象是现款，欠条是债权凭证，不是财物本身。如当场获取钱物，应定抢劫罪。

3. 取得财物即为既遂。

案例四：李书辉等殴打被害人并胁迫交财案

1. 区分关键在于胁迫要钱的手段，到底是不给钱就打，还是不给钱就到派出所报案并通知其妻子。本案中使用暴力没有对被害人造成伤害，而使其内心产生恐惧心理，主要是以揭露隐私为手段的当场胁迫行为，应以敲诈勒索罪论处。

2. 如是经鞠尊洲因害怕揭发隐私"表面上同意"而取财，则无论当场取财还是写下欠条，都是敲诈勒索罪。

二、非法占有目的

案例一：王明雨被控敲诈勒索案

检察院控告王明雨犯有敲诈勒索罪的理由，可能是王明雨以检举他人犯罪为由向他人要钱，将检举行为与要钱联系起来，类似敲诈勒索。法院认定无罪的理由是没有非法占有目的，以胁迫方式索取并未超出自己产权的财产的，不构成敲诈勒索罪。

案例二：夏某理被控敲诈勒索案

1. 理由为：因经济纠纷的存在，认定非法占有目的证据不足。是以证明行为人主观目的证据不足为由判决无罪。亦即承认：客观上被告人获得25万或8万元"赔偿"没有法律依据，是非法所得；亦承认被告人实施的要挟举报存在违规、违法行为而要钱的手段是非法的。

2. 不能认为只要存在经济纠纷，就一律认定主观上无非法占有目的，从而无罪。例如，当明知索赔事项与经济纠纷没有关联、索赔没有任何依据时，亦即以存以此纠纷为借口索取彼项"赔偿"，还是认定为具有非法占有目的。本案只是因对赔偿数额产生争议，才认定无非法占有目的。

案例三：梁小红故意杀人案

1. 没有勒索目的，应当认定为故意杀人罪。

2. （1）敲诈勒索罪（假绑架）与诈骗罪的想象竞合。

（2）其系为转移公安机关侦查视线而写敲诈信，无真实的勒索目的，不能认定为敲诈勒索罪或诈骗罪。

3. 杀人既遂。虽存在认识错误，但属概括故意，后继的抛尸行为导致死亡结果，不影响既遂的成立。

案例四：薛××敲诈勒索、寻衅滋事案

似乎是认为敲诈勒索罪不成立，可考虑是否成立寻衅滋事罪。

案例五：廖举旺等敲诈勒索案

1. 廖举旺等四被告人的行为不构成敲诈勒索罪。理由是：四被告人的行为系因农村征地中对土地补偿费不满而引发的纠纷，被告人系作为村民主张自己的民事权利，不具有非法占有目的。其一，认为补偿过低；其二，认为被多占土地。存在主张民事权利的根据，且通过诉讼主张过。至于补偿是否过低、土地是否多占？属于民事权利主体各方需要争讼的问题。

2. 回避矛盾。

三、抢劫罪与敲诈勒索罪本质特征的认定问题

案例一：王某等四人敲诈勒索案

参见案例二"明某等抢劫案"的解答。

案例二：明某等抢劫案

法院改判适当。理由有所不同。我认为案一和案二，关键差异点不在暴力程度和是否当场上，因为都当场使用了足以压制对方取财的暴力，从手段上都符合抢劫罪的条件。

本小节两个案件的区别在于：①起因上，案一事出有因，且是财物纠纷，发生索财之事，因果一致；案二是故意构陷的"仙人跳"，卖淫嫖娼钱款两清，不存在财

物的纠纷，所以于法无据。②索要钱财的依据上，案一以怀疑被盗音像价值"为据、为限"，而案二没有索财依据和限度，随身携带财物洗劫一空，仍不满足。③从双方相识程度上，案一被害人知道被告人的身份、住址等根底，而案二的被害人不知道被告人的根底。这点很重要，制约了暴力侵害的程度。以上三点，案二足以构成抢劫罪，而案一事出有因、以纠纷的财物为据为限、双方知道根底制约侵害程度，即使达到了抢劫的暴力程度也不宜定抢劫罪。还有一个潜台词不能不考虑：万一案一被告人怀疑被害人弄丢了音响是真的呢？判抢劫岂不太过分？！

另，案二被告人事后继续要 6000 元，如果凭借捏着被害人嫖娼一事，索要财物，可以单独评价为敲诈勒索罪；如果凭借拿着被害人一些私人用品如 U 盘、手机作交换，则可以不单独评价为敲诈勒索罪。无论如何，后续索财行为不影响前面行为的抢劫性质。

第三节　盗窃罪

一、盗窃的客观要件：盗窃行为、行为对象、结果

案例一：孔庆涛盗用他人股票账户资金高买低抛获利案

1. （1）本案犯罪对象是股票。
（2）数额应以被抛售的股票在被抛售时市场价格计算。
（3）是犯罪预备。
（4）对抛售又买回的股票系盗用行为，对获利数额认定为盗窃所得。
（5）对掌握账户里的股票，以更改密码时的市场价格，认定为盗窃罪。
2. 在受害单位毫不知情的情况下，以所有权人自居进行处分，秘密地非法转移占有。
3. 以盗窃罪定罪处罚。

案例二：程稚瀚盗窃案

1. （1）犯罪对象是充值卡密码及账号结合所代表的充值卡价值。法院认为：充值卡的明文密码及与之相对应的密码共同代表着一定金额的电信服务，该密码本身具有一定的财产价值，属于财物范畴，能够作为盗窃罪的对象。
（2）是犯罪未遂。
（3）是犯罪未遂。
2. 在北京移动公司不知情的情况下，将其一定金额的电信服务秘密窃取。
3. 亦为盗窃罪。

案例三：赵宏铃等盗窃案

1. "根据《刑法》第 287 条之规定，凡是利用计算机来实施金融诈骗、盗窃、贪污、挪用公款、窃取国家秘密或者其他犯罪的，应当直接认定为金融诈骗罪、盗窃罪、贪污罪、挪用公款罪等，而不能认定为相关的计算机犯罪，故对各被告人应

当以盗窃罪论处。"[1]

2. 公司的门票收益。

3. 因为没有利用职务上便利。赵宏铃虽是公司员工，但没有进入检票系统的权限。

案例四：马文翔通过互联网破解中欣银宝通卡密码消费案

应当定盗窃罪。因为涉案中欣卡卡号与 MD5 值与中欣商城发行实体卡上的卡号和密码具有对应关系，属于以无体物形式出现的有价支付凭证，因此是刑法所保护的财产。

案例五：孟动、何立康盗窃案

本案中的 Q 币和游戏点卡具有财产属性，价值能够即时兑现，可以成为盗窃的对象。并非一切"虚拟财产"都能成为盗窃罪等财产犯罪的对象，只有能被认定为财物，才能成为对象。本案盗窃的数额，即 Q 币和游戏点卡本身的价值，以通常的市场交易价格认定即可。也就是说，计价依据有以下四种：①运营商腾讯公司和网易公司在线销售价格；②玩家之间的离线交易价格；③被害单位与运营商腾讯公司和网易公司的合同价；④被告人销赃价格。以第三种为计价基础为妥。

案例六：周洲非法获取计算机信息系统数据案

1. 网络虚拟财产是指以电磁形式存在于网络空间中的、具有使用价值和交换价值的、可人为控制的财产性利益，是对客观现实财产的模拟再现。它主要包括两点：①长时间虚拟生活中形成的人物形象，这点是不能转换到现实生活中的虚拟财产；②是狭义的数字化、非物化的财产形式，它包括网络游戏、电子邮件、网络寻呼等一系列信息类产品。

2. "财物"是否包含网络货币如 Q 币、游戏点卡、游戏装备等网络虚拟财产？学说存在争议。最高人民法院研究室新近立场："网络虚拟财产"不是盗窃罪对象。"对于盗窃虚拟财产的行为，如确需刑法规制，可以按照非法获取计算机信息系统数据等计算机犯罪定罪处罚，不应按盗窃罪处理。主要考虑：其一，虚拟财产与金钱财物等有形财产、电力燃气等无形财产存在明显差别，将其解释为盗窃罪的犯罪对象公私财物，超出了司法解释的权限。其二，虚拟财产的法律属性是计算机信息系统数据，对于非法获取计算机信息系统数据的行为当然可以适用非法获取计算机信息系统罪定罪量刑。其三，对盗窃网络虚拟财产的行为适用盗窃罪会带来一系列棘手问题，特别是盗窃数额的认定，目前缺乏能够被普遍接受的计算方式。而《关于办理危害计算机信息系统安全刑事案件应用法律若干问题的解释》对非法获取计算机信息系统数据罪明确了具体定罪量刑标准，适用该罪名可以罚当其罪，实现罪责

---

[1] 浙江省高级人民法院聂昭伟撰稿，最高人民法院刑二庭刘为波审编："赵宏铃等盗窃案——非法侵入景点检售票系统修改门票数据获取门票收益的行为如何定性？"【第 1202 号】，载《刑事审判参考》总第 110 集。

刑相适应。其四，从境外刑事立法和司法来看，鲜有将盗窃网络虚拟财产的行为以盗窃罪论处。特别值得关注的是，我国台湾地区1997年修改'刑法'时，在第323条将'电磁记录'增设为动产的范围，对窃取电磁记录的行为适用盗窃罪，但是2003年修正'刑法'时，将'电磁记录'又从动产的范围内删除，实际上是否定了1997年的修正，对窃取电磁记录的行为规定适用专门的获取计算机信息系统数据等计算机犯罪。其背后的理论和实践根基，概因将虚拟财产归入传统意义上的财物存在问题。"[1]此后虚拟财产作为财物而认定侵犯财产的犯罪就鲜见，实务中也开始意见趋于统一。不过，其"虚拟财产"范围掌握较广，包括游戏装备等虚拟物，也包括"Q币"、"金豆"、比特币等网络"钱币"。未来网络空间存在的财富无可限量，一概把广义的虚拟财产排除在盗窃罪范围外，是否足以应对？最近就有盗窃100枚比特币交易价值达200余万元的案件，适用非法获取数据罪法定最高刑为7年，是否足以达到罪刑相适应？

欧陆刑法恪守盗窃对象是"动产"，排斥虚拟财产是盗窃对象。

案例七：陆惠忠、刘敏非法处置扣押的财产案

1. 盗窃罪的对象是"公私财物"，解释为他人占有的财物。本人所有被他人合法占有的财物，相对于本人而言，也是他人占有的财物，能够成为盗窃罪的对象。

2. 无非法占有目的。不具有非法占有目的的理由如下：①被告人是因得知拍卖汽车将使价格大大降低，才去盗窃汽车的。被告人陆惠忠和刘敏在得知他们的汽车被人民法院扣押后，即商量由刘敏到法院了解情况。刘敏听法官介绍说，如届时不以其他财产来履行债务的话，法院将拍卖扣押的汽车，以8折起拍，如无人竞拍，则再以8折往下降价拍卖，直至有人竞拍为止。刘敏认为如此一来，10万元买来的汽车，拍卖价将会大大低于这个价格，非常不划算。于是她就唆使陆惠忠去把汽车偷偷开回。陆惠忠亦认为，可以将该车自己出卖后再来偿还债务。②在事发后，法院没有向他们询问车的情况，公安机关经排查后找到陆惠忠，陆即向公安机关如实供述了罪行，去法院偷车的目的如被告人供述，是使自己的汽车不被法院强制拍卖而物值受损。③行为人没有向司法机关索赔的行为，也缺乏判断行为人是否有非法占有目的的其他证据。如其事后索赔，可推认其有非法占有目的。

3. 因主观上无非法占有目的，不能认定为盗窃罪。

案例八：梁建强、孙伟勇将质押车辆盗回案

1. 在梁建强等人从薛春强处将车盗回之前，汽车的所有权归弓寿喜，占有权归薛春强。在民法上，质押合同有效与否，并不影响薛春强对汽车的占有。本案所涉汽车可以成为盗窃罪的对象，系他人占有的财物。

2. 如认为犯罪对象是汽车，则认定为盗窃罪，数额以汽车价格计。如认为犯罪

---

[1] 胡云腾、周加海、周海洋："《关于办理盗窃刑事案件适用法律若干问题的解释》的理解与适用"，载《人民司法》2014年第15期。

对象是72 000元钱，则认为是诈骗罪，数额以72 000元钱计。结合全案情况来看，因被告人在借款时就有占有款项的非法占有目的，犯罪对象认定为72 000元钱为宜。而对于汽车，一直认为只是道具归自己所有，故而没有非法占有目的。

3. 借款合同合法，对于占有钱款系合法转移占有，不认定为诈骗罪。对于汽车构成盗窃罪。

4. 对弓寿喜构成诈骗罪（汽车）。对薛春强构成诈骗罪（72 000元钱）。

案例九：申宇盗窃案

理论依据：控制说、失控说。一审、二审法院均采控制说，只不过，一审法院认为在被告人控制范围内即为其控制，二审法院认为在库房内物主仍有部分控制，行为人没有完全控制。

案例十：甲盗窃数额特别巨大未遂案

主要是谋求"未遂"法定减轻处罚的情节，以便裁量公正的刑罚。

二、盗窃的主观要件：故意，非法占有目的

案例一：吴向东故意杀人案、破坏易燃易爆设备罪（北京三环新城小区煤气爆炸案）

1. 不构成盗窃罪，因无非法占有目的，触犯故意毁坏财物罪。

2. 吴向东触犯故意杀人罪、破坏易燃易爆设备罪、故意毁坏财物罪，应当三罪并罚。法院可能认为，因故意毁坏财物罪系故意杀人后的毁灭、伪造证据行为，认为是事后不可罚行为。

案例二：曹根富盗窃案

1. 对汽车有盗窃故意，但无非法占有目的。

2. 根据2013年4月4日施行的《最高人民法院、最高人民检察院关于办理盗窃刑事案件适用法律若干问题的解释》第10条，偷开他人机动车的，按照下列规定处理：①偷开机动车，导致车辆丢失的，以盗窃罪定罪处罚；②为盗窃其他财物，偷开机动车作为犯罪工具使用后非法占有车辆，或者将车辆遗弃导致丢失的，被盗车辆的价值计入盗窃数额；③为实施其他犯罪，偷开机动车作为犯罪工具使用后非法占有车辆，或者将车辆遗弃导致丢失的，以盗窃罪和其他犯罪数罪并罚；将车辆送回未造成丢失的，按照其所实施的其他犯罪从重处罚。不能认定，一方面，行为人的目的是盗窃车轮胎，伺机变卖，后欲将该车返回时被抓获，故认定其盗窃汽车的证据不足；另一方面，行为人亦未实施其他犯罪并将该汽车作为交通工具、逃跑工具。

案例三：杨光炎盗窃案

1. 没有非法占有目的，不构成盗窃罪。是一种不合法的自救行为。

2.（1）盗窃罪和敲诈勒索罪，系牵连犯，择一重罪处断。

（2）盗窃罪和敲诈勒索罪，数罪并罚。

三、盗窃数额较大、多次盗窃、入户盗窃、携带凶器盗窃、扒窃

案例一：沈某某盗窃案

1. 盗窃罪的数额要素，是客观要素。盗窃故意的成立，并不要求行为人认识到财物数额较大，只需行为人认识到对象是他人占有的财物。数额加重犯纯粹以客观结果论，并不要求行为人主观上认识到财物数额特别巨大。法院的认定误解了故意认识的必要要素，也未弄清楚数额加重犯的构成原理。当然，其欲对被告人从轻发落的心理情有可原。

2. "天价葡萄案"通过进行第二次鉴定，以葡萄价值而非特种种子价值为估价标准，认定所盗物品未达到数额较大，从而未认定为犯罪。与"天价葡萄案"相比，本案对涉案财物（手表）的鉴定标准、鉴定结论均不存在错误之处。

3. 应当认为行为人有盗窃故意，且有非法占有目的，只不过有不可避免的违法性认识错误（一般人都会认为物品价值不是特别巨大），可以以一般人对物品价值的估计为下限，认定行为人责任大小。

案例二："巫建福盗窃案"

"巫建福的行为构成盗窃罪。理由是：巫建福'入户盗窃'钥匙的目的是盗窃'户'外的摩托车，两者系一行为的两个阶段。车钥匙作为控制和使用摩托车的载体，'入户盗窃'车钥匙的行为在整个盗窃行为起决定性作用，故巫建福在户外窃取摩托车的价值应计入'入户盗窃'数额，整体行为属'入户盗窃'。"〔1〕

案例三：麦麦提依明·苏力坦盗窃案

1. 根据《关于办理盗窃刑事案件适用法律若干问题的解释》第3条第4款，在公共场所或者公共交通工具上盗窃他人随身携带的财物的，应当认定为"扒窃"。本案是否扒窃，关键在于对前述《解释》"随身携带财物"的掌握。目前最高人民法院研究室撰文倾向于"贴身"携带，本案中放置于自行车脚踏板上的挎包，不具有贴身性，因此，倾向于认为不是扒窃。

2. 已拿到手上，但当场被抓获，系既遂。

案例四：张某入户盗窃未遂案

最高人民法院研究室答复是：成立盗窃罪未遂。即扒窃、携带凶器盗窃、入户盗窃相对于普通盗窃不以"数额较大"为要件，这不影响既遂未遂的认定。前述特殊盗窃数额不够较大，未遂的，是否追究刑事责任？酌情掌握。

四、拓展案例：盗窃与职务侵占罪界分

案例一：林通职务侵占案

法院判决认为林通利用了职务上的便利窃取库款。

---

〔1〕 浙江省衢州市中级人民法院殷一村、浙江省江山市人民法院徐升撰稿，最高人民法院刑四庭陆建红审编："巫建福盗窃案——利用入户盗窃所得车钥匙在户外窃取摩托车的行为，是否属于'入户盗窃'？"【第1175号】，载《刑事审判参考》总第108集。

案例二：贺豫松职务侵占案

第一种定性为盗窃罪：贺豫松没有利用职务的便利，其从事的搬运工作属于纯劳务性工作，不具有主管、管理、经手本单位财物的职权，因此也不能认定其是利用职务之便窃取本单位的财物，只能以盗窃罪定罪。

第二种定性为职务侵占罪：贺豫松利用了职务上的便利，其在铁路公司内担任的职务是搬运工，从事搬运工作，在搬运货物过程中窃取本单位的财物，其行为符合职务侵占罪的构成要件。

实务中对于"利用工作上的便利"是否应排除在职务侵占罪之外，各地存在适用不一致的现象。本案法院认为不应排除，理由如下：根据1995年2月28日通过的《全国人民代表大会常务委员会关于惩治违反公司法的犯罪的决定》（以下简称《决定》）第10条，"公司和其他企业的董事、监事、职工利用职务或者工作上的便利，侵占本公司、企业财物，数额较大的，构成侵占罪"，这是职务侵占罪的前身。虽然《决定》第10条用了"利用职务或者工作上的便利"表述，现行《刑法》第271条第1款则表述为"利用职务上的便利"，但这并不能得出现行《刑法》改变了该构成要件，将"利用工作上的便利"排除在职务侵占罪之外。现行《刑法》没有沿用《决定》第10条的表述，仅仅是出于刑法用语简洁的考虑，并无改变本罪构成要件的意图，即"利用职务上的便利"理应包括"利用工作上的便利"。基于此，职务侵占罪中的"利用职务上的便利"可理解为单位人员利用主管、管理、经手单位财物的便利条件。……所谓经手，应是指因工作需要在一定时间内控制单位的财物，包括因工作需要合法持有单位财物的便利，而不包括因工作关系熟悉作案环境、容易接近单位财物等方便条件。……认定是否利用了职务上的便利，主要看该便利条件是否直接为其工作职责内容所包括。

本案中，被告人贺豫松系火车站行包房装卸工，其在车站行包房的职责是根据行李员方向清单进行清点与接车，对列车所卸入库的货物装卸办理交接手续等，其对中转的货物具有一定的管理权和经手权。被告人贺豫松的盗窃行为，就是利用其当班管理、经手这些财物的职务之便，在自己负责的中转货物的库区对其管理、经手的货物实施"掏芯"手段将财物非法占为己有，完全可以认定为利用了职务上的便利而窃取单位财产，从而构成职务侵占罪。

案例三：快递公司人员内外勾结窃取经管包裹案

一般是定职务侵占罪。

案例四：雒彬彬担任游戏客服时窃取游戏金锭案

1. 典型的虚拟财产。

2. 都是数据（电磁记录）形式的财产性利益，似乎没有差别。（微信钱包中的）"零钱"对应现实的财产，其他的有使用、交换价值，只是不直接对应。

3. 如果认为"金锭"（虚拟财物）不是财物，则不成立盗窃罪和职务侵占罪以及其他侵犯财产的犯罪，只能认定为非法获取数据罪。如果认为"金锭"是财物，则可定盗窃罪或职务侵占罪，定哪罪关键看是否利用"职务上的便利"。

第四节　诈骗罪

一、基础案例：骗取财物行为和非法占有目的

案例一：罗小兵诈骗案

1. ①借款的理由：重庆做工程需要资金是虚构。②借款的用途：个人挥霍，而不是可保值增值的用途。借款理由与借款用途二者不一致。

2. ①被告人本已欠下巨额债务，没有偿还能力；②却借取230余万元用于非经营性偿债、消费、赌博，没有归还的可能性；③204.31万元无法归还。总之，区分行为人"借款不还"的性质，应充分考虑行为人借钱时的主观故意、有无偿还能力以及对所借款项的使用情况等综合因素。

案例二：小贷公司负债累累借款还高利贷案

1. 没有。①首先看《借款合同》借款理由和用途是否一致。没有约定，只能看实际情况：X小贷公司借入1300万元巨款，通常用于公司经营。X小贷公司做贷款生意，借进借出是其经营活动，因此借款还高利贷是用于公司经营。借款理由与借款用途一致，也是岳某某应知能知的，没有欺骗。②其次看质押担保是否真实。裘某某持有X小贷公司30%股权质押担保，同时X小贷公司连带担保责任。二者都是真实的，裘某某持有该股权、X小贷公司存在。该股权是否值6000万元？尚不清楚。算上没有收回的债权，或许账面上有这样的价值。

2. X小贷公司已负债累累，还借款且不能偿还。但这不足以认定构成诈骗罪。小贷公司借1300万元用于还因为经营欠下的高利贷，期望继续经营，寻求转机，乃常有之事。另，放高利贷者乃业内人士，有一定的风险意识和承担风险能力。

案例三：王先杰诈骗案

1. "王先杰要求被害人垫资的真实目的并非注册成新的公司，也根本没有打算归还被害人的垫资款，而是意图通过人民法院的公权力，冻结上述款项，用于偿还其个人债务，应认定其具有非法占有目的。"[1]

2. 本案中，法院只是冻结相应款项，涉案财物尚处于国家公权力控制之下，被害人只是暂时失去了处分权，并未实际遭受财产损害。

案例四：翁士喜被诉合同诈骗、判决非法经营案

1. 不构成。翁士喜隐瞒商铺无合法审批手续的真相，与商户签订合同收取租金。假如告知商户没有审批手续，商户便不会与其签约、交付租金，其获得租金具有欺骗性。不过，该欺骗尚未达到刑事犯罪的程度。因为翁士喜收取租金是以提供商铺

---

[1] 江苏省无锡市中级人民法院范莉、王星光撰稿，最高人民法院刑四庭陆建红审编："王先杰诈骗案——民事纠纷与公权力混合型诈骗案件中若干情节的认定"【第1065号】，载《刑事审判参考》总第102集。

为对价。他投入大量资金搭建商铺、组建经营班子,足见其有提供商铺的行动和诚意,意在出租商铺获利,而不是骗取租金非法占有。收取租金后也无隐匿、转移财产或者逃匿行为。被政府相关部门查处后,退还剩余资金并积极退赔商户损失。其主观目的是提供对价(出租商铺)"经营"获利,而不具有非法占有商户所交纳租金的目的,不具备合同诈骗罪骗取财物非法占有的特征。

2. 案例评析人指出:被告人未经许可擅自开工建售收取租金的行为构成非法经营罪。被告人违反了"关于从事经营性活动的许可性规定。根据《建筑法》第7条、第8条的规定,建筑工程开工前,……申请领取施工许可证"。被告人没有获得许可开工建设"违反国家规定",且严重扰乱了市场秩序,达到"情节严重"。

案例五:钢浓公司、武建钢骗取贷款、诈骗案

1. "具体可从以下三个方面来把握:一是行为人借款前的资产负债情况,有无还款能力;二是行为人实际借款用途有无保值增值可能;三是行为人是否有隐匿财产、恶意转移财产、逃跑等逃避还款义务的行为。上述情节可以从客观方面反映行为人有无还款意愿和还款可能。"〔1〕

2. 本案中被告人:①借款前无还款能力,负有大量外债;②虚构借款用途,实际借款用途无增值保值可能;③逾期后拒不归还。

3. ①贷款之前,略有亏损,需要引进流动资金改善经营状况。②获取贷款后的款项用途,主要用于生产经营,未见挪作他用情况。亏损与还原铁行情不好有关。③款项到期后的还款意愿和实际还款效果。

案例六:梁保权、梁博艺信用卡诈骗案

1. 对此,《最高人民法院、最高人民检察院关于办理妨害信用卡管理刑事案件具体应用法律若干问题的解释》第6条第2款列举了6种情形,可供参考。另根据司法经验,认定时应重点考察三点:①申领行为;②透支钱款的行为;③还款行为。本案二被告人:①申领信用卡信息真实;②钱款主要用于企业经营,而非挥霍、奢侈消费,透支钱款数额与其生活、经营水平相称;③还款行为方面,停卡后曾还款4万元,银行十余次电话催收二被告人均能接听电话、均表示愿意归还欠款,且到银行协商还款事宜。以上足以说明二被告人没有非法占有目的。

2. 应当扣除。《最高人民法院、最高人民检察院关于办理妨害信用卡管理刑事案件具体应用法律若干问题的解释》第6条第4款规定,恶意透支的数额,持卡人拒不归还的数额或者尚未归还的数额,不包括复利、滞纳金、手续费等发卡银行收取的费用。

案例七:马军贷款诈骗案

马军实施了数个诈骗行为:对房屋产权所有人及管理人的诈骗行为和对银行的

---

〔1〕 湖北省高级人民法院郑娟、邓海兵撰稿,最高人民法院刑四庭陆建红审编,"钢浓公司、武建钢骗取贷款、诈骗案"【第1208号】,载《刑事审判参考》总第111集。

诈骗行为，对其中任何一个行为单独进行评价，均能认定其构成犯罪，而且符合不同的犯罪构成，即马军骗取房屋产权的行为符合诈骗罪的规定，指使任伟对银行实施的诈骗行为符合贷款诈骗罪的规定。从整体情况来看，贷款诈骗罪的法定刑要高于诈骗罪的法定刑，因此，本案应当择一重罪即贷款诈骗罪认定。

案例八：刘志刚冒充博士骗取安家费案

1. 刘志刚实施了虚构身份的诈骗行为。诈骗罪的犯罪对象是财物。刘志刚虚构身份直接骗取的工作。虚构身份只是骗取工作，而未骗取钱财的，不能认定为诈骗罪。

2. 已付出劳务，被害人无损失，系民事欺诈，但不构成诈骗罪。

3. 构成诈骗罪。

4. 不构成诈骗罪。项目评审注重项目内容，不注重身份。

5. 有诈骗不一定是诈骗罪，只有骗财才是诈骗罪。虚构事实的，要看虚构事实对被骗人转移交付有无重大影响。

6. 职务侵占罪。

（九）甲某涉嫌合同诈骗案

本案承办人意见[1]：

1. 关于嫌疑人是否有骗取行为。嫌疑人在与被害人签订合同时，具有一定的履约能力，嫌疑人及被害人均证实二人以前有过类似合作，且嫌疑人签订合同用的是真实姓名、真实公司，客观上并不具有欺骗行为。如果嫌疑人在签订合同之时并无真正履约的想法，欺骗对方签订合同，收受货款后占为己有的，亦成立诈骗犯罪。

本案中，嫌疑人甲某在签订合同时是否具有真诚履约的想法，根据嫌疑人自己供述，其确想履约，但一方面嫌疑人供述向大中电器订货，但其自己却无法提供订货的订单、缴款凭证，大中电器亦无法查询当年订单，作为一般商业人员，留存订单、缴款凭证是常识，且其并非为自己向大中电器订货，而是为了乙某进货，留存单据更是应有的行为，故其未留存任何单据的行为，与一般行为习惯不符；另一方面，其收取货款后，仅为被害人乙某安装了9台电视，其余款项甲某自供用于其他生意，但无法提供合同、对方名称等，仅有十五支队可以证实与甲某有业务往来，但亦无法证实2009年是否有业务，其辩解无法采信；况且，在签订合同之前，2007年甲某已经欠王东旭的借款14万元一直未还，在签订合同之后，2009年12月17日甲某从刘中华处购买美的空调，支付了5万元后，剩余8万余元一直未给付，这些事实可以证实甲某案发前经济情况较差、经济信用不良。

综合上述证据及其他相关事实，承办人倾向认定甲某签订合同之初并无全部履约的想法，其隐瞒了内心真实想法，具有欺骗行为。

---

[1] 案件来源：北京市丰台区人民检察院公诉案件审查报告"甲某涉嫌合同诈骗案"，承办人：北京市丰台区人民检察院刘亮、温建康。

2. 关于嫌疑人是否具有将货款占为己有的目的。嫌疑人辩称自己将货款挪用于其他业务，意图结款后再履行合同或退还货款，如按照此辩解，难以认定其具有非法占有货款的主观目的。

但结合案件事实，一方面，在被害人要求安装电视，嫌疑人明知自己无力继续履行合同的情况下，嫌疑人自供将给付大中电器的10万元定金取回6万余元（扣除了9台电视货款），并继续挪用于其他业务，在明知无法履行合同的情况下，当然应当将合同剩余款项退还给被害人，而甲某并未如此处理。另一方面，甲某在被害人要求退款时，用错误密码的支票推脱，后又更改电话号码逃匿，这些后续的行为可以体现甲某将货款占为己有的目的，且甲某虽然辩称自己一直想有了钱就还给被害人，但从2010年10月其改变电话，导致被害人无法找到自己，至2014年2月18日，甲某在海淀区住宿时被民警查获，长达3年多的时间内，甲某从未联系过被害人表示要还款，其作为一个成年人，在3年多的时间内，分文未进行偿还，这与一般想要还钱的人行为相悖，故承办人认为其所谓想还钱的辩解无法成立。最后，甲某辩称自己2010年3月在河北廊坊被骗价值43万元的货物，导致无法偿还货款，但其表示自己由于无法提供材料，故并未报案，其称在廊坊一个派出所报警未被受理，民警经调查，该情况无法核实。承办人认为，在自己身欠外债的情况下，被骗巨额财产，而并不积极报警寻求帮助，不向债主说明情况以取得谅解，这并不符合一般常情常理，其辩解难以采信。

综上，承办人认为，虽然甲某进行了辩解，但从其行为考察，倾向认定甲某主观上具有非法占有货款的目的。

3. 本案的法条适用。承办人认为，综合本案案情，可以认定甲某行为符合《刑法》第224条第4项"收受对方当事人给付的货物、货款、预付款或者担保财产后逃匿"之规定。

4. 关于本案的诉讼风险。本案存在的主要问题是，甲某的辩解无法进行进一步的核实。甲某在签订合同之时，确实具有一定的履约能力，也部分履行了合同，其辩解的货款挪用于其他工程，并提出有十五支队的项目，经核实其确与十五支队有过合作，虽然暂时无法查清是否在案发前后有过工程，但其辩解部分可以得到证实。因此，对于嫌疑人甲某签订合同时并不具有真实履约想法的事实，仅通过其他证据予以推定，并非确证，存在一定诉讼风险。另外，嫌疑人已经全额还款，承办人多次拨打被害人电话进行取证，但被害人均不接电话，后续取证工作预计难以进行。

综上，承办人认为：犯罪嫌疑人甲某的行为触犯了《刑法》第224条之规定，构成了合同诈骗罪，依法应当判处3年以上10年以下有期徒刑，但本案存在一定的诉讼风险，建议起诉，不改变强制措施。

案例十：张文中诈骗再审无罪案

最高人民法院判决无罪的理由如下：[1]

1. 物美集团作为民营企业具有申报国债技改项目的资格，其以诚通公司下属企业名义申报，并未使负责审批的主管部门产生错误认识。

（1）相关政策性文件并未禁止民营企业参与申报国债技改贴息项目，且身为民营企业的物美集团于2002年申报国债技改项目，符合国家当时的国债技改贴息政策。原判认定物美集团作为民营企业不属于国债技改贴息资金支持范围，所依据的是原国家经贸委、原国家发展计划委、财政部、中国人民银行于1999年制定的《国家重点技术改造项目管理办法》《国家重点技术改造项目国债专项资金管理办法》等政策性文件，但上述文件均未明确禁止民营企业申报国家重点技改项目以获得国债技改贴息资金支持。2001年12月，我国正式加入了世界贸易组织，由于国有企业三年改革与脱困目标基本实现，国家调整了国债技改项目的投向和重点，在规定的范围、专题内，进一步明确了对各种所有制企业实行同等待遇，同时将物流配送中心建设、连锁企业信息化建设列入了国债贴息项目予以重点支持。原国家经贸委投资与规划司于2002年2月27日下发的《关于组织申报2002年国债技术改造项目的通知》附件《2002年国债技术改造分行业投资重点》，国务院办公厅于2002年9月27日转发的原国务院体改办、原国家经贸委《关于促进连锁经营发展的若干意见》，以及原国家经贸委于2002年10月16日印发执行的《"十五"商品流通行业结构调整规划纲要》等，对此均有明确规定。2002年物美集团申报国债技改项目时，国家对民营企业的政策已发生变化，国债技改贴息政策已有所调整，物美集团所申报的物流项目和信息化项目属于国债技改贴息资金重点支持的项目范围。物美集团作为国内大型流通企业，积极申报以获取国债技改贴息资金对其物流和信息化建设的支持，符合当时国家经济发展形势和产业政策的要求。

（2）有证据证实，民营企业当时具有申报国债技改贴息项目的资格。①一审期间，辩护人提交的中国新闻网2001年11月16日报道"中国国债技改贴息将对各所有制一视同仁"载明，时任原国家经贸委负责人公开表示，从2002年起，改革国债技改贴息办法，对各种所有制企业均实行同等待遇。②证人门某证实，2002年国家没有禁止国债技改贴息资金支持民营流通企业的规定，当时的第七、八、九批国家重点技术改造国债贴息项目中，确实有民营企业得到支持并拿到贴息。③辩护人提交的《2003年第二批国债专项资金国家重点技术改造项目投资计划表》和相关企业工商注册登记材料证实，在与物美集团同时获批的企业中，还有数家民营企业获得了国债技改贴息资金。④再审期间，证人甘某出具的《关于2002年国债技术改造项目相关情况的说明》证实，从2001年开始，部分民营企业进入国债技改贴息计划；证人黄某1出庭作证称，第八批国债技改贴息对企业的所有制性质没有限制性要求。

---

[1] 最高人民法院（2018）最高法刑再3号刑事判决书。

上述证据足以证实 2002 年民营企业具有申报国债技改贴息项目的资格。

（3）物美集团通过诚通公司以真实企业名称申报国债技改项目，没有隐瞒其民营企业性质，也未使负责审批的主管部门产生错误认识。①经查，根据财政部《关于同意中国诚通控股公司财务关系单列的通知》及附件《中国诚通控股公司所属成员单位名单》，物美集团确实不是诚通公司在财政部立户的所属成员单位，但物美集团以诚通公司下属企业名义申报国债技改贴息项目，获得了诚通公司同意，且物美集团在申报材料企业基本情况表中填报的是"北京物美综合超市有限公司"（后经原国家经贸委投资与规划司审批同意，项目承担单位调整为物美集团），其以企业真实名称申报，并未隐瞒。②证人黄某 1 的证言及原国内贸易部《关于确定全国第一批连锁经营定点联系企业的函》证实，物美集团是原国内贸易部及原国家经贸委贸易市场局的定点联系企业；证人李某 2 证实，在物美集团申报过程中，其曾听过张文中、张伟春等人的汇报，并考察了物美的超市和物流基地，参与了审批，经审查认为符合国债项目安排原则。可见，作为审批部门的原国家经贸委对物美集团的企业性质是清楚的。张文中、张伟春将物美集团以诚通公司下属企业名义申报国债技改项目，并未使原国家经贸委负责审批工作的相关人员对其企业性质产生错误认识。

2. 物美集团申报的物流项目和信息化项目并非虚构。

（1）物流项目并非虚构，项目获批后未按计划实施及未能贷款系客观原因所致，且已异地实施。①物流项目本身并非虚构。2002 年 4 月 18 日，物美集团在申报之后，与北京市通州区政府签署的《合作协议书》证实，物美集团积极参与通州区物流产业园区的建设，通州区政府将提供政策和资源支持，协助物美集团在通州建立大型现代化的物流中心；2002 年 9 月，清华大学环境影响评价室出具的《北京市环保局建设项目环境影响评价报告表》证实，该室受物美集团委托，对其在通州区物流产业园区的物流项目进行了环境评估。可见，物美集团申报的物流项目并非虚构。②物流项目未能获得贷款和未按计划实施有其客观原因，且已异地实施。证人王某 1、吴某 1、于某 1、李某 5、许某、张某 2、袁某、王某 2 等人的证言证实：物美集团在北京市通州区的物流项目起初因"非典"推迟，后来在土地出让方式方面，通州区物流产业园区要求购买，而物美集团原计划是租赁土地，因投资成本太高，双方未能达成一致。后物美集团在北京市百子湾等地建了物流中心。证人于某 1 在侦查阶段还证实，因无法提供用地及开工手续，在北京市通州区的物流项目不能取得银行贷款，后按要求办理异地实施项目的变更手续，但因故最终未能落实。可见，物美集团所申报的物流项目没能按计划在原址实施，未能申请到贷款，系因"非典"疫情及通州区物流产业园区土地由租改卖等客观原因造成。③物美集团报送的物流项目《可行性研究报告》虽有不实之处，但不足以否定该项目的可行性和真实性。物流项目《可行性研究报告》、北京市通州区规划局出具的规划意见书及证明等书证，证人张某 1、于某 2、孟某、李某 6、张某 2、刘某 2、张某 4 等人的证言，以及原审被告人张伟春的供述等证据证实：物美集团在联系编制物流项目《可行性研究报告》过程中，副总裁张某1等人到物流项目所在地北京市通州区物流产业园区考察并要求出具相关土地证明，通州区规划局出具了盖有该局规划管理专用章的规划意见书，同意物美集团在通州区物流产业园区规划建设商业项目，物美集团在规划意见书后附加了拟建项目地理位置图、平面布置图，而非规范的土地地形图。上述规划意见书和附图虽不规范、不具有法定效力，但不能据此否定整个项目的可行性和真实性。

（2）原判认定物美集团申报虚假信息化项目，依据不足。①物美集团申报的信息化项目主要内容包括：通过改造各业态店铺和总部计算机硬件以及对其软件系统升级改造，建立快速适应市场变化的经营组织及管理模式和运作方式，实施和完善网络支撑系统、现代物流系统、供需链管理系统、电子商务应用系统及经营决策支持系统等。经查，物美集团日常经营中在这些方面已有大量的资金投入。原判因物美集团将以信息化项目名义申请获得的贷款用于公司日常经营，即得出信息化项目完全没有实施的结论，依据不足。②物美集团虽然采用签订虚假合同等手段申请信息化项目贷款，但并不能据此认定信息化项目是虚假的。国家发放国债技改贴息的目的在于支持企业的技术改造项目，而物美集团申报的项目经相关部门审核属于政策支持范围。根据申报流程，物美集团申请银行贷款时，其国债技改贴息项目的申报已经获得审批通过。物美集团在此后采用签订虚假合同等手段申请信息化项目贷款，虽然违规，但并非是为骗取贴息资金而实施的诈骗行为，也不能据此得出信息化项目是虚构的结论。

3. 物美集团违规使用3190万元国债技改贴息资金不属于诈骗行为。物美集团在获得3190万元国债技改贴息资金后，将该款用于偿还公司其他贷款，但在财务账目上一直将其列为"应付人民政府款项"，并未采用欺骗手段予以隐瞒、侵吞，且物美集团具有随时归还该笔资金的能力。因此，物美集团的行为虽然违反了《国家重点技术改造项目国债专项资金管理办法》中关于国债专项资金应专款专用的规定，属于违规行为，但不应认定为非法占有贴息资金的诈骗行为。

综上，原审被告人张文中、张伟春及其辩护人所提物美集团作为民营企业有资格申报2002年国债技改贴息项目，张文中、张伟春没有实施骗取国债技改贴息资金行为，没有诈骗故意，不构成诈骗罪的辩解和辩护意见成立；最高人民检察院出庭检察员所提张文中、张伟春的行为不构成诈骗罪的意见成立，本院予以采纳。

二、拓展案例：诈骗与盗窃、职务侵占罪、侵占罪的区别

案例一：丁晓君诈骗案

"被害人基于被骗在将手机等财物交给被告人时，并不能认为其已经处分了财物，因为从一般的社会观念来看，被害人仍然占有财物，属于占有弛缓。此时，如果被告人携带财物秘密逃走的，宜认定为盗窃罪；如果被告人公然携带财物逃走的，可以认定为抢夺罪；如果被告人采用暴力手段使被害人不敢或者不能反抗后离开的，可以认定为抢劫罪；只有在被害人明知被告人携带财物离开却不反对或者明确

表示同意的情况下,才可以认定被告人的行为构成诈骗罪。本案中,被告人将财物带离现场时,被害人之所以没有表示反对或者采取积极措施保持对财物的占有,而是默认、同意被告人完全取得对财物的占有,其'自愿'处分财物是基于被告人欺骗所致,符合诈骗罪的本质特征,故二审改判定性是正确的。"[1]

案例二:孙莹等假借手机盗窃案

盗窃罪是以非法占有为目的,秘密窃取数额较大公私财物的行为;而诈骗罪是以非法占有为目的,用虚构事实或者隐瞒真相的方法,骗取数额较大公私财物的行为。诈骗罪与盗窃罪的关键区别在于:受骗人是否基于认识错误处分了财物,也就是说,是否将财物转移给行为人占有和支配,倘若被害人自愿处分了财物,则构成诈骗罪;倘若被害人没有处分财物,则构成盗窃罪。具体到本案:受骗人没有将手机转移给被告人支配和控制的意思。受骗人将手机交给被告人,只是让他暂时使用,等接听或者呼叫结束,就要当场归还。在当时的情况下,虽然手机已交由被告人使用,但是被害人仍然没有丧失对手机的支配和控制,被告人并没有占有手机,其取得手机的支配与控制完全是后来的秘密逃离行为所致。借手机"使用一下"意味着在很短的时间内用后即还,被告人不可能因假借行为而取得对手机的支配和控制,所以,本案不应定性为诈骗。

案例三:葛玉友等诈骗案

"被害人对所处分的财物需要达到何种认识程度,方能成立'处分行为'?我们认为,被害人至少需要认识到所处分财物的种类、名称等外观物理特征,即知道自己是在对什么东西进行处分,当被害人对自己所处分财物的上述物理外观存在认识时,尽管由于行为人的欺骗行为而对财物的质量、价格等内在属性产生了错误认识,仍然不影响处分意识的成立,成立诈骗罪;反之,如果行为人直接针对财物本身采取秘密欺骗手段,使受骗者对所转移财产的外观物理特征亦没有认识,即不知道自己处分的是何种财物,甚至不知道已经处分了自己的财物。由于不存在处分意识,故不成立诈骗罪,而应当以盗窃罪论处。"[2]

由上述观点可知,本指导案例在掌握被害人处分意识上,采取较为宽缓的立场。

案例四:陈平以假换真盗窃金项链案

诈骗罪的本质是骗取他人处分(交付),亦即转移占有,由被骗人占有转归行为人占有支配。本案中,行为人伪装购买金项链,对售货员有欺骗行为,但售货员只是受骗而将金项链交由被告人在近旁挑选,而非交由被告人占有支配。当金项链转

---

[1] 上海市第一中级人民法院刑二庭任素贤、秦现锋撰稿,最高人民法院刑二庭刘为波审编:"丁晓君诈骗案——以借用为名取得信任后非法占有他人财物行为的定性?"【第1174号】,载《刑事审判参考》总第108集。

[2] 浙江省高级人民法院刑三庭聂昭伟撰稿,最高人民法院刑二庭叶晓颖审编:"葛玉友等诈骗案——在买卖过程中,行为人采取秘密的欺骗手段,致使被害人对所处分财物的真实重量产生错误认识,并进而处分财物的行为如何定性?"【第1048号】,载《刑事审判参考》总第101集。

至行为人手上时，由于管理人近在咫尺，仍在售货员的占有支配范围之内。行为人取得财物的方式实际上是"暗中调包"，即暗中以假换真，被害人实际上并不知道，故有秘密性，应属于盗窃罪。

案例五：朱影以驱鬼为由骗拿钱财案

诈骗罪的核心内容是骗取处分，亦即骗取受骗人对财物转移占有、支配。受骗人是否具有将财产转移给行为人或第三者支配或控制的行为和意思，是区分二罪的关键。在盗窃罪中，被害人既没有处分财物的意识，也没有处分财物的行为。本案中，被害人暂时交付财物的目的是让被告人利用财物"施法驱鬼"，虽然形式上财物已经交付被告人实际持有，不在被害人手中，但仍在被害人法律意义上的控制范围内。被害人暂时交付财物而没有转移财物控制权，不能认定为具有处分财物的意思和行为。对被害人来说，被告人乘被害人不备调包取走财物，被害人当时不知情、事后才知道。行为人实施了"施法驱鬼"的欺骗行为，但没有欺骗被害人转移占有。被告人取得财物的支配与控制完全是后来的调包秘密窃取行为所致，故为盗窃罪。

案例六：冉禹"捡包诈骗"案

1. 行为人冉禹与其同伙实施了虚构事实欺骗行为。
2. 事主只是暂时将钱递给冉禹的同伙检查，没有转移占有。没有被害人的处分行为，不能认定为诈骗罪。
3. 本案取财的关键手段为在将检查完的钱递还给事主时，趁事主不注意而调包，将真的钱款在事主不知情的情况下秘密拿走。应当认定为盗窃罪。

案例七：张东友骗卖备用铁路大桥案

1. 系表见代理。如开平法院劳服公司主张有效，应当认定有效。
2. 如开平法院劳服公司主张合同有效，则本案的受害人是铁路运输企业（铁一局），犯罪对象为铁路大桥。
3. 诈骗罪。没有共同故意，不构成共同犯罪。
4. 盗窃罪。系欺骗利用开平法院劳服公司盗窃铁路运输企业的铁路大桥，为间接正犯。开平法院劳服公司相关人员无故意，不构成共同犯罪，系张东友支配利用的工具。
5. 不触犯破坏交通设施罪。破坏交通设施罪的对象是正在使用中的交通设施。本案中的桥梁是备用的，不属于正在使用中的交通设施。触犯故意毁坏财物罪，属于想象竞合犯。

案例八：李品华等人开车碰瓷骗钱案

1. 在外观形式上虽符合交管法规的规定，但实质上并不符合。因交管法规规定的是过失造成的事故赔偿，李品华等人故意制造事实，被害人无过失，本不应赔偿。
2. 因取得钱财是利用被害人的认识错误，而非利用其恐惧心理。也不构成敲诈勒索，找交警和向法院起诉，均无威胁损害被害人权益的内容。
3. 可以触犯此罪。有论者认为，开车时故意碰擦前方车辆，危害结果很小，没有危及公共安全。但如放在车辆密集、高速行驶这样的环境中，应当认为足以危害公共安全。故而，系以危险方法危害公共安全罪和诈骗罪的牵连犯。

案例九：何起明等抢走财物后哄骗被害人不追赶案

1. 取财（转移占有）关键手段为之前的抢夺行为。抢夺罪。

2. 与法院观点相反的意见认为，该行为不能成为构成诈骗罪的理由。虽然何起明与其同伙在非法占有摩托车前隐瞒真相，在占有摩托车后又虚构事实，对被害人进行欺骗使之产生错觉，在摩托车被开走后不再追赶，但从何起明及其同伙占有宋某摩托车的方式来看，并非宋某上当受骗后"自愿"将摩托车交给陈二，在此真正起着关键作用的是公然抢夺，何起明与其同伙借此完成了对宋某摩托车的非法占有。至于何起明在陈二夺车已完成之后虚构事实，对被害人虽然有欺骗性质，但不同于诈骗罪中行为人为了获取财物而实施的欺骗行为，其仅是为了拖延时间以便陈二逃离现场，而不再是骗取财物。

何起明通过欺骗稳住宋某的行为，定性为诈骗更为妥当。虽然陈二与何起明占有被害人的摩托车时不是由被害人自愿交出，似不符合诈骗罪中被害人因受骗上当"自愿地"交出财物这一典型特征，但是被害人宋某没有呼喊、追赶和报警，不是因为其不能或者不敢呼喊、追赶和报警，而是由于何起明虚构事实，并且仍与宋某待在一起，没有逃跑，宋某完全有理由相信何起明所言的真实性。因此，实际上默认了陈二对摩托车的占有。也就是说，被害人宋某丧失摩托车，实际上是因其受骗上当而"自愿"交出，是诈骗的另一种表现形式。

案例十：杨涛诈骗案

二审裁定理由：①杨涛与被害人签订购房合同的目的是骗取被害人的财物并用于赌博及个人消费，与民事活动中的表见代理具有本质的区别。②杨涛实际侵占的是被害人汇入其个人银行账户的钱款，而非已经进入统建公司资金账户的财物或其他依法属于统建公司的财物。[1]

案例十一：程剑捡拾存折后猜配存折密码非法提取他人存款案

1. （1）存折不是现金，是财产凭证，本身不是财物。捡到存折不意味着占有、控制存折上的钱款。钱款仍归银行占有。因其捡到存折并非捡到现金，故不认定为侵占罪。

（2）现金支票相当于现金。侵占罪。

2. （1）钱款仍归银行占有。

（2）虚构身份骗取信任取款，被骗人是银行，被害人是朱卫祖。

（3）仍然认定为诈骗罪。

---

[1] 湖北省高级人民法院郑娟、湖北省武汉市中级人民法院李济森撰稿，最高人民法院刑四庭陆建红审编："杨涛诈骗案——单位职员虚构公司业务、骗取财物的如何定性？"【第1218号】，载《刑事审判参考》总第111集。

（4）盗窃罪。直接窃取朱卫祖账户里的钱款。

案例十二：二维码替换案

二维码案应当定性为诈骗。理由：

（1）案情研判：被告人将商家向顾客收款的二维码暗中调换（覆盖）为自己的二维码，获取顾客支付给商家的购物款。顾客付款时操作：扫码，进入该二维码界面，输入购物款金额，最后确认支付。该款本应当进入商家收款账户，因为二维码被暗中调换（覆盖），实际扫描了被告人的二维码，结果进入到被告人的账户，被其非法占有。后续可能的结局：①顾客付款后携所购物品离去，商家没有收到顾客支付的购物款，蒙受损失。②商家发现没有收到顾客支付的购物款，与顾客起纠纷，发现二维码被替换的真相。

（2）法律评价：被告人非法获取的财物，是顾客支付给商家的"购物款"。该购物款是"顾客占有的财物"如微信钱包中的零钱或绑定银行卡中的现金（或称财产性数据）。该"购物款"是基于"顾客的处分"从顾客占有下转移为被告人占有。其"占有的转移"完全是基于（其占有者）顾客的处分意思。顾客处分内容与其认识内容一致，即向商家指定或张贴于特定位置的二维码进行扫描支付一定数额的购物款。顾客因为错误的认识而对占有的财物（或财产性利益）做出了错误的处分。该错误认识产生于对微信二维码的错误认识，将实际上是被告人的二维码认为是商家收款的二维码，从而操作付款。

综上，被告人通过暗中将自己的二维码替换商家收款二维码，使顾客误认为该二维码是商家收款二维码，将自己的财物支付（处分）到被告人的账户，被告人因而非法占有了顾客的财物。被告人非法占有他人财物的行为完全符合《刑法》第266条骗取他人财物的构成要件。

第五节 侵占罪

一、侵占罪的对象

案例一：出租车司机王严侵占乘客遗忘物案

1. 乘客遗忘在出租车内的物品，对于乘客而言属遗忘物，是侵占罪的对象；另一方面，出租车司机捡拾到后有保管义务，也可认定为基于无因管理而代为保管的他人财物。刑法中的遗忘物与民法上的遗失物大体上没有区别，但刑法中的遗忘物范围更广，还包括民法上的漂流物等。

2. 侵占罪属于告诉才处理的案件，应当由被害人自诉。将由人民法院直接受理的侵占他人遗忘物案作为公诉案件审判，不符合我国法律规定。检察院提起公诉、人民法院予以受理，在程序上完全错误。

案例二：阮玉玲被控盗窃案

本案的事实是汪某将手机遗忘在填写单据的桌子上，而银行是一个公共场所，并不属于汪某的私人空间，在这种情况下，财物已完全脱离财物所有人或监管人占有。被告人阮玉玲从桌子上拾取汪某丢失的手机的行为并不违法，是合法的持有，未采用秘密手段窃取财物，所以行为不构成盗窃罪。被告人的行为是侵占行为，但事后又退还了财物，自诉人未提起自诉，故不构成侵占罪。

案例三：王仁根盗窃他人埋藏财物案

本案财物虽埋藏在地下，但由于埋藏在被害人屋内的地下，系被害人控制范围内，不属于失去控制、占有的物品，不能成为侵占罪的对象。将他人占有的财物秘密窃取，构成盗窃罪。

案例四：杨飞侵占委托加工财物案

1. 侵占罪的对象要求是本人代为保管的他人财物，本案中，行为人盗卖的财物并非其本人代为保管的他人财物，而是其父母代为保管的他人财物。归其父母及其家庭合法占有的财物，不能认定为归其本人合法占有。亦即，相对于行为人而言，是他人（其父母）合法占有的财物，而非其本人合法占有的财物。因此，行为人是从财物代管人处盗窃财物，而非从本人处侵占财物。

2. 作为侵占罪的对象，财物的所有权应当归于物主，而不归于占有人。假定的问题是：如果本案中盗卖行为的实施者是被告人的父母，亦即代为保管者本人盗卖加工承揽物的，可否构成侵占罪？这就需要根据民法的确权规则确定对象物的所有权归属，例如本案裁判理由中讨论的第一种加工承揽方式即包料包工型的加工承揽，按民法原理，产品在交付之前所有权应归加工承揽人，如承揽人拒不交付产品，不涉及侵犯他人财物所有权的问题，当然不能构成犯罪，只属民事违约。而第二种加工承揽方式即来件加工或来料加工，在交付之前来件、来料的所有权一般认定为归委托人所有；如添附的劳力价值较低，且无例外约定，产品的所有权也归委托人所有。在这种情况下，如承揽人拒不交付产品，就有可能构成侵占罪。当然，此时侵占的数额应为委托方之前交付的来件、来料的价值，而不包括添附在产品上的加工劳力价值。此外，这里还涉及特定物与种类物的问题。对于特定物或者已经特定化的种类物，委托保管人只需实施消耗、处分行为，就能侵害财物的所有权，其行为即可被认定为侵占行为。而对于种类物，由于其具有可替代性，单纯对其进行消耗、处分，尚不足以被认定为侵占行为，只有消耗、处分之后不予以补充或拒不退还，才可能涉嫌侵占罪。

3. 本案中，行为人盗卖其父亲代为保管的他人财物，应当认为盗窃行为；尽管根据《最高人民法院关于审理盗窃案件具体应用法律若干问题的解释》的规定，"偷拿自己家的财物或者近亲属的财物，一般可不按犯罪处理"，可以对行为人免除刑事责任，但其仍需承担民事赔偿责任。

二、侵占罪与盗窃罪的区分：客观对象和主观故意

案例一：于江涉嫌侵占案

就该物所处的状态而言，在被行为人拿走时，置于距离物主 3 米外的储蓄所小桌上。尽管物主一时忘拿，但财物距离物主如此之近，如其一时想起，必然可随时

寻获。从而,不能认定该财物已经失去物主的占有。行为人趁物主看管财物不注意,而将物主占有的财物转归自己占有,是典型的盗窃行为,应当认定为盗窃罪,而不是侵占罪。此外,应当注意的是,该财物根本就未失去物主的占有,故也不能认定为归储蓄所临时代管占有。

案例二:罗忠兰盗窃案

1. 置于包厢里的财物,当顾客在包厢里时,应认定归顾客占有;即使是顾客结账离开包厢里之后,也应认定归经营者占有。现顾客临时在外打电话,应当认为财物归顾客占有。从而,该财物不能认定为遗忘物,行为人的行为构成盗窃罪。

2. 不是。物主遗忘在某场所的财物,须"双重失控",亦即既失去物主的占有,又没有临时代管人占有,才能成为刑法中的遗忘物。物主遗忘后被认为有临时代管人的场所,须具有空间上的封闭性和使用上的独占性的特征,且该场所经营者负有保管义务。

案例三:左洪林盗窃案

该3300元现金放在物主吴凡上衣左侧里兜内,物主只是暂时离去,距离财物不远,仍能占有、控制,属于物主占有物,而不属委托保管物。物主吴凡在公共场所请陌生人托付看管,按生活经验仅含有"照看下、不让别人碰"的意思,同时也没有"允许被托付照看人(左洪林)碰"的意思,仅仅是情谊照看,不是信任委托关系,不属于委托保管物。物主吴凡"去去就回来",其放置于汽车座椅上的书包和衣服仍属其占有、控制,也非遗忘物。故而被告人构成盗窃罪。

案例四:深圳机场女工梁丽"捡"走旅客黄金案

1.(1)归物主占有,属他人占有的财物。
(2)如果王某已离开机场,黄金首饰也不归机场占有,属遗忘物。

2.(1)侵占故意。误将他人占有物认为遗忘物,属抽象的认识错误,应当以侵占罪论处。
(2)盗窃故意。应当以盗窃罪论处。

3.(1)具有非法占有目的。
(2)不具有非法占有目的。

三、侵占罪与职务侵占罪的区分

案例一:孟庆胜侵占案

认定的关键在于行为人是基于职务便利占有单位财物,还是基于其他原因而占有,非法所有的行为是否利用了职务便利。本案中,行为人合法占有的单位电脑,是向单位借来的。亦即,是基于个人与单位之间的民事借用关系而合法占有,而不是基于个人在单位的职权或职务而占有。因此,行为人在合法占有该财物之后,又产生非法所有的意图继而非法所有的,不能认为是利用了职务上的便利,而只能认为是利用了民事借用关系的便利。故行为人构成侵占罪,而不构成职务侵占罪。

案例二:胡朕诈骗案

1. 下单利用了职务便利,此步系为进一步犯罪做了前期准备;但取财的关键手段是提货，而提货并未利用职务便利，只是利用了熟人关系。骗取财物行为虽与其工作存在一定的关联，但未利用职务上的便利。不构成职务侵占罪，应以诈骗罪论处。

2. "利用职务上便利"应当指利用单位委托其"保管"单位财物的职务之便，此受托"保管"之责应当与侵占罪的相同，委托人（单位）对受托保管人有请求返还权，即受托保管人不仅依单位职责有妥善保管该财物的义务，且依职责承担返还额度责任，发生损坏、丢失的，有财务或账目上的依据可追究其失职或赔偿等责任。如果单位工作人员不具有这种职务上的保管责任，仅仅利用其在单位工作而具有的使用劳动工具、加工零件、装配产品、搬运货物等经手、过手单位财物的便利，或者利用在单位工作熟悉环境、出入方便等便利，窃取单位财物的，不属于利用职务上便利，应定性盗窃而非职务侵占。综上所述，工作上的便利（而非职务便利）与利用职务上的便利存在本质上的区别，利用非职权、职务范围内的关系而取财，不能认定为职务侵占罪。

第六节 故意毁坏财物罪、破坏生产经营罪

案例一：孙静故意毁坏财物案

1. 本案的犯罪对象是牛奶。本案在形式上存在购奶合同，但合同系虚假合同，孙静起初就未曾想过真的支付购奶款购买牛奶，故合同无效。牛奶不归孙静所有，而归乳品公司所有。案发后乳品公司应要求赔偿牛奶（市场价或成本价）。

2. "毁坏"包括两种：一种是使公私财物完全丧失价值和效用；另一种是使公私财物部分丧失价值和效用。如果对本罪予以实质解释，则"毁坏"应采用"效用侵害说"，包括物理毁坏或贬损、功能毁坏或贬损、使用可能性丧失或贬损等。孙静的行为属毁坏。

3. 职务侵占罪中的非法占有目的包括排除他人占有转归自己占有的意思和利用的意思，本案行为人主观上无利用意思，应为毁坏故意，而非非法占有目的。不构成职务侵占罪，构成故意毁坏财物罪。

4. 应为"故意毁坏财物罪"。

案例二：刘俊破坏生产经营案

1. 破坏生产经营罪，限于采取"毁坏机器设备""残害耕畜"或者以其他方法。此"其他方法"，按照同类解释规则应当是与"毁坏机器设备""残害耕畜"性质相同的方法。刘俊低价促销给公司造成损失不符合前述破坏方式。

2. 故意毁坏财物罪之"毁坏"指造成财物的毁损或价值贬损。刘俊违反公司底价销售电脑，并未造成所售电脑的毁损或价值贬损。

案例三：朱建勇故意毁坏财物案

根据对故意毁坏财物罪之"毁坏"有不同理解，会有不同的结论。如果限于对财物施加有形力造成物质毁损或者造成财物效用丧失、降低，那么，朱建勇的行为

不构成"毁坏"。因为炒股只是造成股票账户中股票种类数量变化和市值的变化，没有物质毁坏也没有效用损害。如果认为，不以非法占有为目的，故意造成他人财产损失达到刑事可罚程度的，就是故意毁坏财物罪规制的范围，那么，本案可以适用故意毁坏财物罪。

案例四：刘某反向恶意刷单案

《刑法》第276条破坏生产经营罪之罪状为："由于泄愤报复或者其他个人目的，毁坏机器设备、残害耕畜或者以其他方法破坏生产经营的。"根据同类解释规则，该"其他方法"应当是与"毁坏机器设备、残害耕畜"性质相同的破坏方法，能涵盖降低网店被消费者检索几率的方法吗？这是本案定性引起争论之处。不同学者对本条适用扩张还是限缩的取向不同而有不同结论。

第四章 贪污贿赂罪等

第一节 贪污贿赂罪的主体：国家工作人员

案例一：卫建峰受贿案

1. 是。《刑法》第93条规定："国有公、企业、事业单位、人民团体中从事公务的人员和国家机关、国有公司、企业、事业单位委派到非国有公司、企业、事业单位、社会团体从事公务的人员，以及其他依照法律从事公务的人吊。以国家工作人员论。"

本案涉及三个公司：①中国铁道建筑总公司，属于国有公司，或国家出资公司企业中的国有独资·全资公司。②中国铁建股份有限公司，上市公司，国家持股61.33%，社会公众持股36.69%，是国家出资企业中的国有控股公司，或非国有公司。③中铁二十五局集团，中国铁建股份有限公司全资子公司，属于国有控股公司的全资子公司。卫建峰是国有公司铁路建筑总公司委派到国有控股公司（非国有公司）的分支机构从事公务的人员。

2. 原则上不是国家工作人员。但是符合2010年《关于办理国家出资企业中职务犯罪案件具体应用法律若干问题的意见》第6条第2款规定的，是国家工作人员。

案例二：章国钧受贿案

是。2010年《关于办理国家出资企业中职务犯罪案件具体应用法律若干问题的意见》第6条第2款规定："经国家出资企业中负有管理、监督国有资产职责的组织批准或者研究决定，代表其在国有控股、参股公司及其分支机构中从事组织、领导、监督、经营、管理工作的人员，应当认定为国家工作人员。"据此，认定国家参股企业中的国家工作人员，需要具备两个条件[1]：

---

[1] 张宁、桑爱红："国家出资企业人员职务犯罪有关问题的认定——国家出资企业人员职务犯罪研讨会综述"，载《人民法院报》2013年1月23日，第6版。

（1）委派主体："负有管理、监督国有资产职责的组织"，除国资管理机构、（纯）国有单位外，主要是上级或者本级国家出资企业内部的党委、党政联席会。国家出资企业中的董事会、监事会不能认定是适格的委派主体。

（2）委派职责："从事公务"。首先是管理性的事务，而不是一般的技术性、业务性的活动。

章国钧经交通银行湖州分行党委研究决定，符合上述委派主体条件。先后担任新天地支行的业务管理经理、行长助理的职务，其工作内容符合委派职责条件从事公务。

案例三：李培光贪污、挪用公款案

1. 因为李培光不具有国家工作人员身份。二审判决指出："李培光所在中铁三局四公司系国有资本控股公司中铁三局的全资子公司，属于国家出资企业，李培光系该公司合同制员工，只有技术职称，没有行政级别，其担任 X 项目部一分部财务主任是经过公司人力资源部提名，主管总会计师同意报公司总经理聘任的，未经公司党委或者党政联席会讨论、批准或者任命，故其不具有国家工作人员身份。"[1]

2. 第一项事实已经"平账"，表明客观上不需要归还、主观上不想还，具有非法占有目的。第二项事实把账外资金归个人理财从事营利活动，因账外资金也有记账，李培光没有使用假发票、合用等平账，不足以认定具有非法占有目的。

3. 职务侵占罪成立自首。《刑法》第 67 第 2 款："被采取强制措施的犯罪嫌疑人、被告人和正在服刑的罪犯如实供述司法机关还未掌握的本人其他罪行的，以自首论。"此其他罪行，根据司法解释指"不同种罪行"。挪用资金罪不具有自首情节。

案例四：宋涛非国家工作人员受贿案

1. 是。因为集团高层领导"列入上级领导部门管理范围"，其"上级领导部门"是政府或国有公司，是受委派到非国有（国有控股）上港集团从事公务。

2. 不是。宋涛是由"国有控股公司"上港集团依照公司章程、由集团总裁任命的，不符合《关于办理国家出资企业中职务犯罪案件具体应用法律若干问题的意见》第 6 条第 2 款的 2 个要件：①形式要件——负有管理、监督国有资产职责的组织批准或者研究决定；②实质要件——代表其从事管理工作。

3. "宋涛在上港集团监管部门找其谈话期间，主动供述……"受贿罪行，属于因形迹可疑经盘查主动交代，视为自动投案，如实供述的，成立自首。

案例五：赵玉生、张书安职务侵占案

1. 要点是：是否"协助政府从事行政管理事务"。

2. "主要是指协助政府开展核准、测算以及向土地征用受损方发放补偿费用等

---

[1] 最高人民法院刑二庭康瑛撰稿，最高人民法院刑二庭叶晓颖审编："李培光贪污、挪用公款案——如何审查认定国家出资企业中国家工作人员的身份？"【第 1016 号】，载《刑事审判参考》总第 99 集。

管理活动，在协助政府从事此类行政管理工作过程中利用职务便利侵吞财物的方式主要有：在协助清点、丈量、测算、确认、统计土地、登记地上附着物时虚构补偿项目或多报土地面积、地上附着物数及青苗补偿亩数；在协助统计、登记、向上报送以及核实、发放补偿款时将政府拨付的补偿款不入村集体账目；征地时设立名目，用补偿款给村干部发奖金，并以此名义套取补偿款；等等。如果村民小组组长在协助政府从事上述公务活动过程中，利用职务便利，弄虚作假、虚报冒领套取超额土地补偿款，则应构成贪污罪。……相比之下……村民小组组长在管理村集体事务过程中侵吞集体财产的，因其行为不属于协助政府从事特定公务，故不构成贪污罪，而应构成职务侵占罪。"[1]

案例六：高世银非国家工作人员受贿案

经村民代表会议决定，在村集体土地上自行修建道路，属于村民自治范围内的事务，高世银不属于"其他依照法律从事公务的人员"。

案例七：杨志华收受贿赂案

1. 利用担任村党支部书记、村民委员会主任、村经济合作社社长的职务便利受贿，构成非国家工作人员受贿罪。青园大酒店虽处于筹建期间还未注册取得营业执照，但刑法并非将公司、企业限定为取得营业执照的公司、企业。杨志华作为村办企业青园大酒店筹建组负责人，实际履行了青园大酒店的经营管理权，应当认定为企业工作人员。利用其担任青园大酒店筹建组负责人的职务便利受贿，构成非国家工作人员受贿罪。

2. 法院认为所涉事务没有利用其职务。按认定事实描述，调解达忆公司与青园村村民之间的矛盾，不属于利用其职务。但将青园村的10余万元资金拆借给达忆公司，显属利用了职务，亦涉嫌非国家工作人员受贿罪。

案例八：朱洪岩盗卖国有资产案

1. 根据《最高人民检察院关于人民检察院直接受理立案侦查案件立案标准的规定（试行）》《全国法院审理经济犯罪案件工作座谈会纪要》的规定，"受委托管理、经营国有财产"，是指因承包、租赁、临时聘用等管理、经营国有财产。在本案中，朱洪岩与国有企业的破产清算组签订租赁合同，租赁经营国有企业，属受委托管理、经营国有财产的人员。

2. 其所盗卖的机器的所有权归泗阳县食品总公司肉联厂，使用权归朱洪岩；属国有企业资产，系公共财物。生产出来的产品，系种类物，根据租赁合同和民商法，其所有权归租赁人，买卖产品系正常经营活动。

3. 朱洪岩写信给泗阳县反贪局供述自己盗卖机器事实，应当认定为自首。尽管

---

[1] 最高人民法院刑三庭韩景慧、郑州市中级人民法院郭宝安撰稿，最高人民法院刑三庭罗国良审编："赵玉生、张书安职务侵占案——村民小组组长将集体土地征用补偿费据为己有的行为应如何定性？"【第1138号】，载《刑事审判参考》总第106集。

1998 年《最高人民法院关于处理自首和立功具体应用法律若干问题的解释》规定的是："犯罪嫌疑人因病、伤或者为了减轻犯罪后果，委托他人先代为投案，或者先以信电投案的……应当视为自动投案。"但是，此规定的含义并不是："先以信电投案"，必须是"因病、伤或者为了减轻犯罪后果"为前提，才属自动投案；而是：先以信电投案，比如是"因病、伤或者为了减轻犯罪后果"的原因，或者其他原因，或者没有原因，都应属自动投案。对此，2010 年《最高人民法院关于处理自首和立功若干具体问题的意见》规定："犯罪嫌疑人具有以下情形之一的，也应当视为自动投案：①犯罪后主动报案，虽未表明自己是作案人，但没有逃离现场，在司法机关询问时交代自己罪行的；……⑤其他符合立法本意，应当视为自动投案的情形。"本案显然符合前述规定，应当认定为自首。

案例九：黄明惠截留侵吞代征税款案

1. （1）系行政委托而非民事委托。如认定为民事委托，则可涉嫌侵占罪。

（2）是以税务分局名义对外收款，是税务局的委托人。其不是基于法定义务而代扣代缴税款，不属于税法上的扣缴义务人，而是税款代征人。因为，根据《税收征收管理法》第 4 条的规定，扣缴义务人是指"法律、行政法规规定负有代扣代缴、代收代缴义务的单位和个人"，对于法律、行政法规没有规定负有代扣、代售义务的单位和个人，税务机关不得要求其履行代扣、代收税款义务。而税款代征人，是税务机关依照《税收征收管理法实施细则》第 44 条的规定，根据有利于税收控管和方便纳税的原则，按照国家有关规定委托有关单位和人员代征零星分散和异地缴纳的税收，并发给委托代征证书，受委托单位和人员按照代征证书的要求，以税务机关的名义依法征收税款，纳税人不得拒绝；纳税人拒绝的，受托代征单位和个人应当及时报告税务机关。税款代征与代扣代缴不同，代扣代缴的税款未上交税务机关前，仍然是税务机关征税的对象。因购销站和黄明惠主体不符合，不构成逃税罪。

（3）税款代征人向纳税对象代征税款后，纳税人即已履行纳税义务，税款系税务分局所有，系公共财产，而非单位款项。对黄明惠行为性质的影响是：税款所有权的归属，是判断黄明惠能否构成贪污罪的前提条件之一。具体而言，黄明惠构成贪污罪，应以税款属于公共财产为前提。

2. （1）有管理税款的职责。

（2）税款是国家公款，管理公款即是从事公务。

（3）构成贪污罪。

3. （1）购销站受税务分局行政委托代征税款，在代征税款时代征税款是行政委托组织，黄明惠帮助代征和管理款项，其为"在受国家机关委托代表国家机关行使职权的组织中从事公务的人员"。

（2）国家工作人员的本质是从事公务。本案中，黄明惠管理公款，即是从事公务。并不要求行为人人事档案上记载有特定职务、身份。

4. （1）是个人行为。因其行为系个人决定，且无法人资格的私营企业，应当认定为自然人犯罪。

（2）仍为个人行为，系个人决定，仍构成贪污罪。非法占有可为其他个人或单位占有。

第二节 贪污罪

一、利用职务上的便利

案例：杨延虎等贪污案

1. 贪污罪中的"利用职务上的便利"，是指利用职务上主管、管理、经手公共财物的权力及方便条件，既包括利用本人职务上主管、管理公共财物的职务便利，也包括利用职务上有隶属关系的其他国家工作人员的职务便利。能够认为被告人杨延虎"利用职务上的便利"。因为其利用了职务上有隶属关系的其他国家工作人员的职务便利。

2. 土地使用权具有财产性利益，属于《刑法》第382条第1款规定中的"公共财物"，可以成为贪污的对象。

3. 系共犯，无需具备身份。

4. 如明知或可能知道虚假证明是用于贪污的，可认定为贪污罪的共犯。如确实不知道虚假证明的用途，难以认定为犯罪。提供虚假证明文件罪的主体需为中介组织人员。

5. 如明知杨延虎贪污，可认定为贪污罪的共犯。如不知，误认为不符合条件因人情关系而实施，则涉及滥用职权类犯罪。

二、侵吞、窃取、骗取或者其他手段

案例一：王雪龙挪用公款、贪污案

1. 不是神牛公司"小金库"性质。"《中国共产党中央纪律检查委员会关于设立'小金库'和使用'小金库'款项违纪行为适用（中国共产党纪律处分条例）若干问题的解释》中将'小金库'定义为'违反法律法规及其他有关规定，应列入而未列入符合规定的单位账簿的各项资金（含有价证券）及其形成的资产'。""认定'小金库'性质的公司，应当从其设置的知情面、设置的目的、公司的管理、经费的使用及受益方等方面进行综合考量。""①从公司设立知情面来看，……单位的决策管理层应当对该公司的设立知情，而绝非仅个别领导知情。……②从公司设置目的来看，单位设立'小金库'一般用于安置单位违规收费、罚款、摊派的资金、以会议费等名义套取的资金、虚列支出转出的资金等，以便单位逃避监管违规发放工资、福利、接待等，也不排除部分资金用于弥补正常公务支出的差额……③从公司管理来看，'小金库'及'小金库'性质公司的管理同样应体现单位意志，在'小金库'资金的收入、支出，或者'小金库'性质公司的人、财物管理等方面都应体现出单位的集体决策。……④从经费的使用及受益方来看，'小金库'或者'小金库'性质公司中的资金由设立其的单位支配、使用,受益方也是设立该'小金库'的单位。"[1] 具有上述特点的"小金库"的设立、使用,属于违纪或违反财务规章行为。本案通阳公司、厚缘公司不具有上述小金库特点,并非"小金库"性质的公司,王雪龙利用职务便利将昊桑公司支付给神牛公司的服务费通过上述其个人控制的公司进行截留,并个人套现消费使用,其行为是贪污罪。

2. 不扣除。《最高人民法院、最高人民检察院关于办理贪污贿赂刑事案件适用法律若干问题的解释》第16条第1款规定:"国家工作人员出于贪污、受贿的故意,非法占有公共财物、收受他人财物之后,将赃款赃物用于单位公务支出或者社会捐赠的,不影响贪污罪、受贿罪的认定。但量刑时可以酌情考虑。"

案例二:祝贵财等贪污案

在万商大厦与真正客户"中复电讯公司"商定租赁价格后(比如年租金300万元),先由"恒威佳信公司"与万商大厦以较低价格签订租赁合同(比如年租金265万元),之后以事先商定的价格转租"中复电讯公司",赚取中间差价归四被告人所有。"恒威佳信公司"是四被告人增设的中间环节,所获"转租"收入实为万商大厦应得租金收入。这种虚增中间交易环节截留本单位应得收入的行为,是非法占有本单位财物。

案例三:赵明贪污、挪用公款案

二审改判理由:"赵明利用管理本单位资金使用的便利条件,擅自提取备用金或以现金支票提取单位存款,进行赌博非法活动,其行为已构成挪用公款罪。对于赵明所提其没有非法占有公款故意,其行为属于挪用公款性质的上诉理由,经查,赵明以'虚列支出'形式掩盖公款的真实去向,但其所列支出与提取款项存根票据不存在一一对应关系,故仅能掩盖账面总体差额,其提取公款行为有账可查;虚列支出的收款单位与赵明所在单位常有业务往来,虚列支出项目在工程结算时无法核销,故无法达到侵吞公款目的;被告人具有陆续归还公款行为,因此被告人'虚列支出'的行为不能证明被告人主观故意发生转化,与采取虚假发票平账、销毁有关账目且无归还行为的转化型贪污犯罪不属同一性质。"[2]

案例四:邯郸农行管库员任晓峰、马向景等盗取金库巨款案

1. 利用职务便利盗窃自己管理财物的行为是贪污行为,应当认定为贪污罪。

2. 第1项事实构成挪用公款罪,数额为20万。第2项事实构成贪污罪,数额为3295.605万元。第3项事实构成贪污罪,数额为1800万元。

---

[1] 上海市第二中级人民法院王宗光、夏稷栋、关敬杨撰稿,最高人民法院刑二庭康瑛审编:"王雪龙挪用公款、贪污案——如何认定'小金库'性质公司及公务性支出能否从贪污数额中扣除?"【第1142号】,载《刑事审判参考》总第106集。

[2] 天津市高级人民法院熊灿、白云飞撰稿,最高人民法院刑二庭逄锦温审编:"赵明贪污、挪用公款案——对采取虚列支出手段实施平账行为的认定及上诉不加刑原则在数罪并罚中的理解与适用"【第1088号】,载《刑事审判参考》总第103集。

3. 对携带余款认定为贪污罪,对挪用的款项定挪用公款罪。本案法院认为,任晓峰、马向景挪用时的想法是:中了奖就还,没中奖就跑,对于挪占款项具有附条件的故意,应当以客观行为认定。

4. 窝藏罪的行为是明知犯罪人而藏匿;向公安人员作假证明还构成包庇罪,这里的"假证明"指证明犯罪人未犯罪的证明,本案中,说假话是隐瞒马向景到过其住处的事实,是窝藏行为的部分内容。

三、贪污罪对象"公共财产"

案例一:于继红套取单位房屋案

1.(1)不动产可以成为贪污罪的对象,不能成为挪用公款罪的对象;不能成为盗窃罪、抢劫罪对象,但可以成为诈骗罪、侵占罪、敲诈勒索罪对象。理由是:与行为性质有关,盗窃、抢劫行为需当场即刻切断原所有权人对财产的所有,不动产无法移动,不能当场实现此结果。而对于诈骗、侵占、敲诈勒索行为,无此要求,行为人完全可以通过上述手段,实现对他人所有的不动产的事实上的占有,以及以产权变更登记的形式实现法律上的占有。

(2)于继红虽尚未办理私有产权证,但事实上已经据为己有,是犯罪既遂。产权登记是民商法对权属认定的形式上的规定,刑法注重实质,只要有证据证明行为人确实控制、占有,即可认定为既遂。本案中,如非案发,于继红办理产权登记已无任何障碍。

(3)由于挪用公款罪的对象是公款和特定款物,不包括挪占公物,故不对房屋构成挪用公款罪,而是对租金构成贪污罪。

(4)因其套取商企房之后,在账面上已无法反映商企房归房管所所有的事实,故推断其有侵吞而不是占用房屋的主观意图。

2. 事实不清。无法查明检察院指控其套取的住宅房是否是其母买拆迁户的,故只以能够查明的虚添拆迁面积17平方米的行为定罪。

案例二:石镜寰侵吞学校管理、使用的学生讲义费案

1. "讲义费"是基于上级主管部门的规定收取、管理、使用的,其性质是学生私人财产,但由学校依特定用途管理、使用。根据《刑法》第91条第2款的规定,在国家机关、国有公司、企业、集体企业和人民团体管理、使用或者运输中的私人财产,以公共财产论。其中也应包括事业单位管理、使用或者运输中的私人财产。此属对"人民团体"的扩大解释。因该笔财物如损失,学校需承担赔偿责任,故可认定为北京市第五中学的"本单位财物"。可成为贪污罪的对象。

2. 从学校领取支票的行为不构成犯罪。将支票兑换为现金的行为,依其故意不同可定不同罪名,若欲以挪占为目的,系挪用公款罪;系欲以非法所有为目的,系贪污罪。法院根据常理推断其为非法所有目的,故认定为贪污罪。

案例三:王自成等人私分企业收入案

检察院和一审法院依照注册性质,将霞西林工商公司认定为集体经济组织,从

而公司款项属于公款,由此认定被告人构成贪污罪。而二审法院根据企业的资金来源、经营管理形式和民事责任承担,认定霞西林工商公司实为个人合伙公司,合伙人私分合伙企业收入,不构成任何犯罪。此判例说明:审理集体经济组织工作人员的贪污案件,必须认真查明该经济组织的所有制性质,看它是否真正属于集体经济组织。而认定一个企业的性质,不能只看其领取的营业执照注明的是集体或是个体,也不能只看这个企业的经理是否由政府来任命,主要应当从该企业的资金来源、经营管理形式和民事责任的承担三个方面来认定。就本案而言,被告人所在的霞西林工商公司,既没有乡政府的投资,又没有靠集体积累筹办,根据有关的法律、法规规定,这类企业不属于集体经济性质。从经营管理形式上看,这个公司实际上是以王自成为主的几人自主经营,自负盈亏。从民事责任承担方面来看,霞西乡政府只向公司提取管理费和获取部分利润,不对公司承担任何义务。因此,王自成等人兴办的霞西林工商公司是名为集体、实为个人合伙性质的经济组织,王自成等人所分的公司盈利款,属于合伙人的合法收入。企业的性质决定了王自成等人不具备贪污罪的主体身份,他们所分的盈利款也不是公共财产,其行为不构成贪污罪。安徽省高级人民法院判决宣告他们无罪,是正确的。

案例四:陆建中将诉讼代理费据为己有被控贪污案

常州市第五律师事务所,名义上的主管部门为常州市天宁区司法局,但从资金、办公场所、办公用品、运营上看,均由陆建中个人投资设立和运营。律所名义上性质为全民事业单位,但实际上为个人企业。律所收取的委托诉讼代理费、法律服务费实际也应归律所及律师个人所有,故而,陆建中将个人企业的收入占有的,不构成贪污罪。

案例五:周爱武、周晓贪污案

1.《最高人民法院、最高人民检察院关于办理贪污贿赂刑事案件适用法律若干问题的解释》中规定的"特定款物"指"救灾、抢险、防汛、优抚、扶贫、移民、救济、防疫、社会捐助等特定款物"。按照同类解释方法,"服务券"属于"特定款物"。不过,二被告人贪污的服务券来自"虚报人数"部分,而非克扣自服务对象(老人残疾人),没有侵害服务对象的受救济权益,不是贪污特定款物。服务券由财政款购置,二被告人贪污虚报服务券,属于贪污非特定款物。

2. 以贪污服务券面值确定犯罪金额,即贪污 916 900 元。其中 814 573 元服务券交付服务商兑换成现金部分,是既遂数额。102 327 元未兑换部分是未遂。按照既遂金额适用刑罚。

四、贪污罪非法占有目的

案例一:彭国军贪污、挪用公款案

1. 在理论上区分贪污罪与挪用公款罪的要点在于判断行为人主观上有无非法占有目的。在司法实践中,如无其他更为确切的证据,基本上根据行为人客观上对于账目的处理方式来推断其主观心态。贪污罪必然尽其所能掩盖、隐匿公款的真实去向,尽量在有关账目上不留痕迹，如平账、销赃；挪用公款只是临时性地使用公款，故而账上能反映款项去处。由此：①行为人采取弄虚作假的手段，使自己占有公款的事实在账目上难以发现，如使用虚假发票、对账单等会计凭证的，使其占用的公款已难以在单位财务账目上反映出来的，一般也可推断主观上有非法占有的目的，认定为贪污。②行为人销毁有关账目的，掩饰公款去向、试图隐匿公款的，一般也可推断主观上有非法占有的目的，认定为贪污。③行为人截取收入不入账的，如无相反证据证明，一般也可推断主观上有非法占有的目的，认定为贪污。④没有掩饰、隐匿行为，也没有在有关账目上做假，只是其负责的款项发生了短款现象，认定贪污证据不足，以挪用公款定罪。

2. 行为人案发前有归还公款的行为，一般被认为是其主观上有归还公款的意愿，没有非法占有的目的。但是，不能凡有归还行为就一概不能以贪污论。本案中，当单位发生用款事项而账上实际资金已不足支付时，为了不暴露其犯罪事实，彭国军不得已自己支付了单位的部分用款，这不是为减少给国家造成的损失而归还的行为，而是为了使其犯罪行为不被发现的一种掩盖行为。是被迫归还，而不是主动、自觉归还。不能依据归还行为认定其没有非法占有的目的。如能查明其确有非法占有目的，理论上可以认为其是贪污犯罪既遂之后的悔罪行为。当然，出于证据证明确实充分方面的考虑，案发之前已归还的部分一般不应再计算到贪污的数额之中。

3. 《最高人民法院关于审理挪用公款案件具体应用法律若干问题的解释》第6条规定，携带挪用的公款潜逃的，依照贪污罪定罪处罚。应对其携带的部分公款以贪污罪定罪，本案最后一次犯罪的29.9万元认定为贪污罪。但对于已经挪用但未携带的部分公款，认为应仍以挪用公款定罪，不计入贪污数额。本案中既有挪用，又有贪污，应当各计数额，数罪并罚。

4. 根据本案所述已知案情，姚晓旭仅是知情不举，没有共同故意和共同行为，不能构成挪用公款、贪污罪的共同犯罪。如其知彭国军犯罪仍然窝藏、包庇，认定为窝藏罪、包庇罪；如其知系赃款而消费，认定为掩饰、隐瞒犯罪所得罪。

案例二：刘某挪用公款案

1. 国有公司长期聘用的管理人员，档案中虽无干部身份，但其职务系管理、运营国有资产，属国有公司中从事公务的人员，是国家工作人员。

2. 如刘某属受国有公司委托管理、经营国有财产的人员，其应当认定挪用资金罪。受国有公司委托管理、经营国有财产的人员，指的是与国有单位签订承包、租赁、临时聘用合同而管理、经营国有财产的人员，本案中，刘某系长期聘用而非临时聘用，故法院认定为国家工作人员。

3. 刘某承认欠款并向公司写出还款计划，没有非法占有的目的。

案例三：顾荣忠挪用公款、贪污案

1. （1）是国家工作人员。

（2）挪用的是出售股票后所得的价款。股票也可成为挪用公款罪的对象。

（3）还成立贪污罪。

2.（1）铁成公司总经理职位本身不是国家工作人员，因铁成公司不是国有公司。顾荣忠属于国家公司委派到非国有公司从事公务的人员，因张伯端在铁成公司中代表的是铁实公司，而非其个人。

（2）贪污罪与受贿罪的区分关键在于：涉案款项在为被告人据为己有之前，应然权属情况如何，是对方单位的财物，还是本单位的财物。在本案中，差价款是华勤公司支付给铁成公司的，而不是支付给顾荣忠个人的。应然所有权应归铁成公司所有，因此顾荣忠将差价款占为己有的行为 应定性为贪污罪。

案例四：陈超龙以虚假手段掩盖挪用公款不能归还的真相案

1. ①挪用委托贷款、借款和范某还款共85.5万元用于个人经营；②挪用储户存款73万元归还，尚余12.5万未还；③用虚假的55万元的贷款合同掩盖挪用的储户73万元存款。

2. 挪用公款罪与贪污罪的区别主要在于：行为人主观上是否具有非法占有（所有）目的。挪用公款罪侵犯公款使用权，而不侵犯所有权，因此要求行为人主观上是挪用的故意，而不是非法所有的目的；而贪污侵犯公款所有权，要求行为人主观上具有非法占有的目的。

3. 对于行为人主观目的认定，在司法实务中采用推断方法，即根据客观行为结合常理推断行为人主观目的的具体内容。一般情况下，可以根据行为人有无弄虚作假、冲平账目的行为判断其主观上对于挪占公款有无非法占有目的。如果有弄虚作假、冲平账目，掩盖公款踪迹的行为，通常认为具有永远非法占有的意图；相反，如果没有弄虚作假、冲平账目，掩盖公款踪迹的行为，则认为只是暂时挪用。但是，这只是一般的推断规则。如有证据证明行为人确无非法占有目的，即使销账平账，也应当以事实认定。而不能一律认为只要做假账、平账，就有非法占有目的。在本案中，陈超龙虽然用假贷款合同掩盖其挪用存款的亏空，使账面平衡。但是由于假贷款合同的存在，仍然使这笔存款的去向有据可查。仍然属于挂账而不是销账。不能认定其具有非法占有目的。

4. 陈超龙的挪用属于"拆东墙补西墙"的挪用，应当以案发时尚未归还的数额认定。最初先后挪用委托贷款73万元、客户归还贷款10万元进行营利活动，因为亏损而无法归还，导致后来挪用55万元储户存款弥补。应当根据最后尚未归还的数额认定犯罪数额，而不应重复计算。

第三节　挪用公款罪

一、挪用公款归个人使用

案例一：张威同被控挪用公款案

1. 根据《全国人民代表大会常务委员会关于〈中华人民共和国刑法〉第384条第1款的解释》，"挪用公款归个人使用"包括三种情形：①将公款供本人、亲友或者其他自然人使用的；②以个人名义将公款供其他单位使用的；③个人决定以单位名义将公款供其他单位使用，谋取个人利益的。

2.（1）系个人决定以单位名义借出，未谋取个人利益，故不属"挪用公款归个人使用"。

（2）根据被害人承诺的原理，在结果发生之前作出的承诺有效。因此，如挪用是为了消费和日常使用（本案中挪用收取的利息归村委员、未归个人，不属营利），则在未超过3个月时，村委会作出追认是有效的。

3. 属集体决定将公款出借给其他单位使用，不属"挪用公款归个人使用"。

4. 因为检察院根据《全国人民代表大会常务委员会关于〈中华人民共和国刑法〉第93条第2款的解释》，如果村民委员会等村基层组织人员协助人民政府从事法定的7种行政管理工作，则属于"其他依照法律从事公务的人员"，应认定为国家工作人员，故符合挪用公款罪而非挪用资金罪的主体要件。保管和发放村里征地补偿款的事务，属于协助政府从事公务。

案例二：张文中挪用资金再审无罪案

1. 最高人民法院评判无罪的理由如下：原判认定张文中伙同他人共谋挪用泰康公司4000万元资金申购新股谋利，后又用5000万元过账还款予以掩盖的事实清楚，证据确实。但认定张文中伙同陈某1、田某1挪用泰康公司资金归个人使用、为个人谋利的事实不清、证据不足。

（1）在案书证显示，涉案资金均系在单位之间流转，反映的是单位之间的资金往来，无充分证据证实归个人使用。

第一，相关转账支票、进账单、存取款凭单、记账凭证、资金往来发票等书证证实：涉案4000万元资金于1997年3月27日由泰康公司划转至卡斯特投资咨询中心在北京证券交易中心开设的账户，后转至国泰证券公司北京方庄营业部卡斯特投资咨询中心股票交易账户。同年8月19日，涉案4000万元资金又由国泰证券公司北京方庄营业部卡斯特投资咨询中心股票交易账户，通过北京证券登记有限公司、卡斯特投资咨询中心转回泰康公司。涉案资金始终在单位之间的账上流转。

第二，在案的委托投资国债协议、抵押合同，也系泰康公司与卡斯特投资咨询中心两个单位之间签订，客观上成为泰康公司将4000万元借给卡斯特投资咨询中心的凭据。中国人民银行对泰康公司进行检查，发现该笔4000万元资金违规后，要求泰康公司尽快终止合同。泰康公司经总裁室研究决定，向卡斯特投资咨询中心出具了《关于终止委托国债投资协议致卡斯特投资咨询中心的函》，该行为亦是单位之间的行为。

第三，为掩盖4000万元资金的违规行为，泰康公司又转出5000万元资金，经河南国投公司过账，用以归还先前挪用的4000万元。该笔资金仍是在单位之间流转。

（2）无充分证据证实挪用资金为个人谋利。

第一，原审被告人张文中及证人陈某1、田某1虽在侦查阶段承认，挪用资金申购新股的盈利由三人按比例分配，但张文中在审查起诉阶段、陈某 1 在一审阶段均推翻原供证，称申购新股是为了各自公司的利益，并非为个人谋利。供证前后不一。

第二，原判认定张文中等人挪用泰康公司的 4000 万元资金申购新股共盈利 1000 余万元与在案书证不符。国泰证券公司北京方庄营业部客户存取款凭单显示，卡斯特投资咨询中心于 1997 年 8 月 19 日支取第一笔 4000 万元时，余额为 9335 元，同年 9 月 3 日支取第二笔 4000 万元时，余额为 423 万余元。由于缺乏卡斯特投资咨询中心股票账户交易记录等证据，上述余额是否为申购新股所得盈利不清，且即便是盈利，也与原判认定的盈利数额存在较大出入。

第三，因无卡斯特投资咨询中心股票账户交易记录等证据在案，该账户上的具体交易情况及资金流向均不清楚，无证据证实张文中等人占有了申购新股所得盈利。

综上，原审被告人张文中及其辩护人所提张文中的行为不属于挪用资金归个人使用，不构成挪用资金罪的辩解和辩护意见成立，本院予以采纳。最高人民检察院出庭检察员所提张文中从泰康公司挪用 4000 万元炒股为个人谋利构成挪用资金罪，但已过追诉期限的意见不能成立，本院不予采纳。

2. 意味着还需要具备"个人决定"和"谋取个人利益"的条件，才能认定"归个人使用"。

案例三：歹进学被控挪用公款案

1. 刑法认定企业产权性质时，不仅需参考工商营业执照，还需实际考察企业的成立过程、资金来源、利润分配、管理经营方式等因素。刑法追究实质，而不追求形式。工商营业执照上标明的企业性质与企业的实际性质不一致的，应当以实际性质认定。本案金华机械厂名为个体，实际上是农机公司集体研究决定设立的，是为了达到逃避公司外债的目的而以个体名义出现，该厂的生产经营状况反映到农机公司的财务报表中向税务部门呈报，在经济上并不独立，故应认定为农机公司的下属企业。

2. 因"挪用公款归个人使用"的情形中包括：以个人名义将公款供其他单位使用的；个人决定以单位名义将公款供其他单位使用，谋取个人利益的。因此，挪用公款给名为个体、实为集体的企业使用，挪用公款给本单位全资、控股、参股公司使用，如符合个人名义挪用，或个人决定以单位名义挪用谋取个人利益的，都有可能构成挪用公款罪。也就是说，挪用给其他单位使用中的"其他单位"，不限制性质以及与本单位的资产关系，只要具备独立经济实体的地位即可。但是，如果该企业的实质是本单位下属部门，挪用给其实际上相当于资金在本单位流转，不属挪用公款供"其他单位"使用，不构成"挪用公款归个人使用"。如果该企业系独立经济实体，则属"其他单位"，但挪用已得到本单位领导同意，则不属以"个人名义"或"个人决定以单位名义"，而是集体研究拆借资金，违反金融管理秩序，但不构成挪用公款罪。本案宜按最后一种情形理解。

二、挪用公款的用途

案例：刘国林、蔡文学、何志平挪用公款用于公司验资注册使用仅一天案

1. 挪用公款进行营利活动是从主观目的上进行定位的，因此在挪用时有营利的目的，或者知晓使用人用于营利即可，营利指经营获利，至于客观上是否实际获利，挪用人本人是否获利，在所不论。成立公司是为了营利目的，挪用公款用于成立公司验资注册，亦是为营利而使用。为此，最高人民法院在《全国法院审理经济犯罪案件工作座谈会纪要》中明确，"申报注册资本是为进行生产经营活动做准备，属于成立公司、企业进行营利活动的组成部分。因此，挪用公款归个人用于公司、企业注册资本验资证明的，应当认定为挪用公款进行营利活动"。

2. （1）空存资金的行为虽未将实体资金出借，但根据票据的无因性原则，银行对该笔资金负有绝对责任。银行转账也是转钱，故而属挪用公款。

（2）第一次何志平私自办理虚假存折，因该存折不能实际兑现，资金并未转出，故不构成挪用公款罪，其行为可能涉嫌违规出具金融票证罪，甚至伪造金融票证罪（载体真实、内容虚假的无形伪造）；但因主体非中介组织人员，不能构成提供虚假证明文件罪。

3. 刘国林系共犯，无需特定身份。

4. 挪用公款的时间仅有一天，未给国家造成经济损失，且认罪态度较好。在挪用公款数额巨大法定刑幅度里量刑畸重。

三、挪用公款罪的对象

案例：王正言挪用公款案

1. 《最高人民检察院关于国家工作人员挪用非特定公物能否定罪的请示的批复》规定，《刑法》第384条规定的挪用公款罪中未包括挪用非特定公物归个人使用的行为，对该行为不以挪用公款罪论处。如构成其他犯罪的，依照《刑法》的相关规定定罪处罚。故而，挪用非特定公物的，不构成挪用公款罪。

2. 本案挪用的对象是电解铜出卖后的价款，可构成挪用公款罪。

3. 将本单位资金借给债务人向本单位还债，实际上是对债务所欠本单位债务进行变相展期，该部分数额（40吨电解铜的变价款，约100万），不宜计入挪用公款的数额中。挪借给胡一信、姚永康的款项，确实符合挪用公款罪的构成要件，但挪用目的也是为了给单位讨债，动机并不恶劣，据此应当对王正言的责任进行减免。

四、挪用公款罪的罪数和共犯

案例一：鞠胤文因挪用公款索取、收受贿赂案

1. 对于第一项事实：

（1）鞠胤文构成挪用公款罪；辛培凌不构成挪用公款罪的共犯。因鞠胤文对辛培凌谎称款项是其向朋友借的，辛培凌没有挪用的故意，也未实施教唆、策划、帮助、参与挪用的行为。

（2）鞠胤文构成受贿罪，辛培凌不构成行贿罪。鞠胤文本人知晓是为了给他谋

取利益而收受钱财，但辛培凌给予财物是为了感谢借款，并不知晓有权钱交易的内容，无行贿故意。

（3）此项系挪用归他人营利之用，只需数额较大即构成犯罪，即使未超过3个月，也构成挪用公款罪。根据《最高人民法院关于审理挪用公款案件具体应用法律若干问题的解释》第2条第1款第2项的规定，挪用公款数额较大，归个人进行营利活动的，构成挪用公款罪，不受挪用时间和是否归还的限制。在案发前部分或者全部归还本息的，可以从轻处罚；情节轻微的，可以免除处罚。

2. 对于第二项事实：

（1）鞠胤文构成挪用公款罪，辛培凌不构成挪用公款罪的共犯。因无证据可证明辛培凌有实施挪用的共同行为。

（2）鞠胤文构成受贿罪，理论上系犯罪预备。辛培凌不构成行贿罪，因无行贿故意。

3. 对于第三项事实：

（1）鞠胤文构成挪用公款罪，辛培凌构成挪用公款罪的共犯。辛培凌在鞠胤文实施挪用行为之前，已知晓资金系银行账外款，对挪用有策划教唆，有共同故意、共同行为。

（2）鞠胤文构成受贿罪，辛培凌构成行贿罪。对于权钱交易事，二人均知情。

（3）银行账外资金是否属于国家资金，是违法性认识的问题，对于事实认识没有错误，不影响故意的成立。因一般人均能认识到银行账外资金属银行所有，属于国家资金，故其违法认识错误亦属具有认识可能性的违法性认识错误，可减轻责任不能免除责任。

4. （1）鞠胤文挪用公款罪的数额由三项事实中的数额累加，即60万+50万+160万=270万。辛培凌参与实施挪用公款罪的数额是第三项事实，即160万。法院未将鞠胤文实施的第一项挪用款项计入数额，可能认为其属"拆东墙补西墙"的挪用，以案发时未还的实际数额认定。根据《最高人民法院关于审理挪用公款案件具体应用法律若干问题的解释》第4条的规定，多次挪用公款不还，挪用公款数额累计计算；多次挪用公款，并以后次挪用的公款归还前次挪用的公款，挪用公款数额以案发时未还的实际数额认定。本案的情况既不属于多次均不还，又不属于"拆东墙补西墙"。数额是否累加，认定就有疑难。

（2）鞠胤文受贿罪的数额是3次累加，为12万；辛培凌行贿数额为第3次即8万元。

（3）鞠胤文以挪用公款罪270万、受贿罪12万数罪并罚；辛培凌以挪用公款罪160万、行贿罪8万数罪并罚。

案例二：赵春荣、张娜被控构成挪用公款罪共犯案

根据《最高人民法院关于审理挪用公款案件具体应用法律若干问题的解释》第8条的规定，挪用公款给他人使用，使用人与挪用人共谋，指使或者参与策划取得挪

用款的，以挪用公款罪的共犯定罪处罚。亦即，构成挪用公款罪的共犯也需符合共同犯罪的基本原理，有共同故意、共同行为，单纯只是客观上使用了挪用的公款，或者明知是挪用的公款而使用，在事前、事中没有共同故意，没有实施挪用的共同行为，不能成立共同犯罪。本案中，因公诉机关、抗诉机关没有提供张娜与赵春荣共谋挪用公款的证据，亦未提供张娜指使、参与、策划取得挪用款的证据，故张娜不构成挪用公款罪的共犯。如明知他人挪用而不制止，是单纯的知情不举，不构成犯罪；不知是挪用的公款而使用，没有犯罪故意，不构成犯罪；明知是挪用的公款而使用，构成掩饰、隐瞒犯罪所有罪；明知是挪用的公款而掩饰其来源，是洗钱罪。

第四节　私分国有资产罪

案例一：张金康、夏琴私分财政专项拨款案

1. 私分国有资产罪的犯罪对象是国有资产，即归国家所有而非归小集体所有的资产。国有资产归国家全民所有，国有单位将其私分给员工个人所有，即侵犯国家财产所有权。但这种犯罪是单位集体实施，而非个人单独实施，故不能认定为贪污罪。本罪是单位犯罪，只处罚直接负责的主管人员和直接责任人员。

2. 钱款拨付给医保管理中心之后，所有权仍归国家，医保管理中心享有使用权，使用不完需将结余退还国家。如果用于其他公用用途，是违反财经纪律专款专用的违纪行为，不是犯罪。

3. 要看行为对象的权属为何。单位创收归本单位所有的财产，超标分发给员工，是违纪；国家拨付或单位收取的归国家所有的财产，分发给员工是私分国有资产。

案例二：杨代芳等人以公款购房后私分案

1. ①实施主体方面。私分国有资产罪是单位犯罪，贪污罪则是自然人犯罪。②行为方式方面。私分国有资产罪一般表现为本单位领导集体研究决定并由单位统一组织实施，尽管往往需要采取一定的欺骗手段以逃避有关部门的监管，但就本单位内部而言是相对公开的，因而具有较大程度和较大范围的公开性；贪污罪表现为行为人利用职务便利，以侵吞、窃取、骗取等不为人所知或者他人不知实情的方式实施，除了行为人或者共同行为人之外，其他人并不知情，因而具有相当的秘密性和隐蔽性。③受益人员的数量、构成方面。私分国有资产属于集体私分行为，表现为单位多数员工甚至所有员工均实际分取了财物，在受益人员的数量上具有多数性特征，而且，一般不以某一特定层面为限，在受益人员的构成上具有广泛性特征。在私分国有资产行为当中，决策和具体执行的人员可以不是实际受益人，但是，实际受益人员不能仅仅局限在决策和具体执行等少数人员。

2.（1）按本案的情况来看，协调办调拨资金需经协调领导小组领导签字，无独立的资金核算能力，不能认定为单位。

（2）是协调办内部决定，但不是协调领导小组决定。

（3）本案中受益人员有5人，但协调办内部实际分取财物的人员仅为协调办主任、副主任及出纳等作出决定和具体执行的 4 人。构成贪污罪。

3. 私分国有资产罪。

4. 犯罪对象是购房款，是犯罪既遂。

案例三：徐华、罗永德在国有企业改制过程中隐瞒资产真实情况造成巨额国有资产流失案

1. 共同贪污中，相对于本单位员工而言，行为一般具有秘密性，只有部分人知晓；所获利益私分给单位内部小部分人；犯罪主体是自然人，个人商量决定。私分国有资产的行为对于本单位员工一般具有公开性；所获利益分给单位大部分员工或全部员工；犯罪主体为单位，需通过单位议事程序集体决定。在国有企业改制中隐瞒资产真实情况，并造成巨额国有资产潜在流失的行为，应当根据资本流失的具体情况，认定为不同的犯罪。可能涉嫌国有公司人员滥用职权罪（国有资产损失，但谁都没得到），私分国有资产罪（集体决定，分给大部分员工），贪污罪（个人决定，分给少部分人）。

2. 法院认定构成贪污罪的理由是：①单位全部职工虽然知情隐瞒资产情况，并达成冲减企业亏损或上缴的决议，但是二被告之后实际上并未按此决议执行，欺骗了员工；并且，国有资产管理部门并不知情，因此私分无论对于员工还是国有资产管理部门都具有秘密性。②最重要的，认为本案行为系个人行为而非单位行为，因其与职工大会意愿相违背。因此，即使被隐瞒的国有资产实际上平均分配给了全部 21 名职工，也认为是二被告人擅自私分，而非集体私分，不符合私分国有资产罪单位犯罪的特征。

3. 二被告人可构成共同犯罪。认定共同故意时，不需要证明客观上共犯之间有积极的共谋行为。本案中，虽然没有证据证明二被告人曾经商量过要占有该 47 万余元资产，但二被告人在隐瞒真相的前提下于 2000 年 9 月 7 日缴清国资款，并共同积极办理资产转移手续，此共同行为足以表明其有非法占有的共同故意。实际分得隐瞒资产的其他 16 名股东，对此情况并不知情，也没有参与，不构成故意犯罪。

4. 贪污罪的犯罪数额是全部隐瞒资产，即 47.435 738 万元。其他 16 名股东分得的 19/21，系二被告人贪污之后处分转让给其他股东的，对这些股东而言属不当得利，需返还。

5. 贪污罪的既遂标准是控制说（取得说）。本案贪污资产产权尚未转移，认为没有控制，故为未遂。

案例四：刘忠伟等人集体决定以国有资产分发给承租集团成员案

1. 本案的争议焦点是：刘忠伟等人集体决定以预发"承租集团奖金"等名义，将国有资产 34.11 万元分发给承租集团成员（13 人左右），是构成集体贪污，还是私分国有资产。认定的难点为：分发的范围并非单位全体员工或多数人"大圈子"，而是承租集团范围内"小圈子"，这像集体贪污；可作出决定又是以单位名义集体作出的，却貌似单位主体。由此，导致对于集体贪污和私分国有资产的区分需有最关键

要素的判断：到底是以主体决定，还是以资产分发范围决定？

2. 二审判决采用了"主体决定说"，对于承租集团范围内"小圈子"解释为"一定规模、一定范围内的所有人"有些牵强。事实上，根据《最高人民法院关于审理单位犯罪案件具体应用法律有关问题的解释》第3条的解释，盗用单位名义实施犯罪，违法所得由实施犯罪的个人私分的，依照《刑法》有关自然人犯罪的规定定罪处罚。因此，对于集体贪污和私分国有资产的区分，关键因素应是分发范围，而不是主体。本案认定为集体贪污为宜。由此也可避免国有企业领导班子肆无忌惮将本单位资产分发给领导班子成员，而使员工和单位受损的情况。

第五节 受贿罪、利用影响力受贿罪、巨额财产来源不明罪

一、受贿行为：利用职务上便利

案例一：毋保良受贿案

关键看是否符合2007年《最高人民法院、最高人民检察院关于办理受贿刑事案件适用法律若干问题的意见》第9条第1款的规定："国家工作人员收受请托人财物后及时退还或者上交的，不是受贿。"该规定有两要点：①"收受财物"之时没有受贿的意思，如请托人送的茶叶中藏现金，或近亲属收受请托人财物，"收受后"才发现。②及时退还或上交。上交指交给廉政部门。而本案的情况不符合前述规定。一审判决理由指出："毋保良为掩饰受贿犯罪，采取边退边收的方式混淆视听、逃避打击，将部分款物交存于招商局、县委办，是犯罪既遂后对赃款的处置"，是受贿性质，计入受贿金额。

案例二：徐放鸣受贿案

1. （1）根据《全国法院审理经济犯罪案件工作座谈会纪要》的规定，"利用职务上的便利"，既包括利用本人职务上主管、负责、承办某项公共事务的职权，也包括利用职务上有隶属、制约关系的其他国家工作人员的职权。

（2）对于第1项犯罪事实，因农发行申请增加汽车租赁额度、申请购置办公用房业务都是徐放鸣主管的业务，其借机向农发行领导"推荐"韩冰承揽该业务，对于农发行领导而言存在如不接受"推荐"就不给你审批的挟制性。由此，徐放鸣主管该业务而形成的职权、地位，对于农发行领导的决定具有影响、制约关系，也属"利用职务上的便利"。收受钱款与其职务行为有关。

2. （1）根据《最高人民法院、最高人民检察院关于办理贪污贿赂刑事案件适用法律若干问题的解释》，"为他人谋取利益"是指：①实际或者承诺为他人谋取利益的；②明知他人有具体请托事项的；③履职时未被请托，但事后基于该履职事由收受他人财物的。此外，国家工作人员索取、收受具有上下级关系的下属或者具有行政管理关系的被管理人员的财物价值3万元以上，可能影响职权行使的，视为承诺为他人谋取利益。根据《全国法院审理经济犯罪案件工作座谈会纪要》的规定，明知他人有具体请托事项而收受财物的，应视为承诺为他人谋取利益。

（2）徐放鸣收受了刘敏给予的贿赂款，虽未实施其他积极主动的行为帮助刘敏所在的公司，但审批放行本身就是有利于刘敏承揽业务的行为。"为他人谋取利益"包括不正当利益和正当利益，本案中，刘敏完全符合条件，系为其谋取正当利益。

3. 行贿罪的构成须为了谋取不正当利益。韩冰谋取的是不正当利益，涉嫌行贿罪；刘敏谋取的是正当利益，不构成行贿罪。

案例三：潘玉梅、陈宁受贿案

1. 根据《关于办理受贿刑事案件适用法律若干问题的意见》，"变相受贿"包括交易形式的受贿、收受干股形式的受贿、以开办公司等合作投资名义的受贿、托理财型受贿、赌博型受贿、挂名领薪型受贿、名借实给（汽车、房产）型受贿等多种形式。

2. 因潘玉梅、陈宁既未实际出资，也未参与该公司经营管理，却分得高额"利润"，显然此"利润"的取得与其职权便利有关，符合权钱交易的受贿罪实质。受贿数额应当以实际分得的"利润"计算。

3. 因其之所以能够以明显低于市场的价格向请托人购买房产，是因其作出了利用职务之便为请托人谋取利益的许诺，符合权钱交易的受贿罪实质。受贿数额应当以差价认定。

二、利用职务上的影响力

案例一：李仕廉、王文卓收钱"捞人"案

1. 对于本案第一项事实：

（1）王公天的行为触犯受贿罪、徇私枉法罪（如曾翠不符合取保候审条件），应当择一重罪处断。

（2）王文卓构成斡旋型的受贿罪。如行为人构成斡旋型的受贿罪，就不构成行贿罪共犯、介绍贿赂罪。区别在于行为人能够帮请托人"打招呼"成功，起主要作用的原因是行为人利用了其本人对其他国家工作人员职位上的影响和制约关系，还是纯粹出于"人情"。由此，需要判断王文卓担任的海口市人民检察院监所检察科科长的职务与王公天担任的海口市公安局预审科科长的职务之间，有无制约、影响关系。在法律上，检察院负有监督司法工作人员职权行为之职责，故二职务之间应当认为有制约、影响关系，王文卓构成斡旋型的受贿罪。

（3）李仕廉代请托人向国家工作人员行贿，其行为构成行贿罪。介绍贿赂罪是居中介绍，具有居间中立性，本案是李仕廉拿着行贿人李秀兰的钱去帮助找受贿对方，偏向于行贿方，故为行贿罪。介绍贿赂罪与行贿罪共犯的区别在于：看行为人是否经手了贿赂物。如果行为人居间介绍，贿赂物在行贿人和受贿人之间授受，是介绍贿赂。行为人代行贿人将贿赂物转交国家工作人员的，是行贿共犯。因为转交贿赂物成为行贿的必要环节，参与完成了行贿行为。其本人收受和获取钱财的行为，是帮人行贿所获的"好处费"，因其职务与王文卓、王公天的职务之间并无制约、影响关系，并且其并未直接通过王公天而是通过王文卓再通过王公天（斡旋之斡旋）

办事，故不构成斡旋型的受贿罪。

（4）李秀兰、梁军构成行贿罪。

2. 对于本案第三项事实：

（1）既然斡旋型的受贿罪也是受贿罪，其中为请托人"谋取不正当利益"的要素，也应与受贿罪"为他人谋取利益"的要素一样，以许诺为准；故而，王文卓基于本人的职权地位而客观上对李仕廉作出了"谋取不正当利益"的许诺，即可认为其具备了为请托人"谋取不正当利益"的要素，即使其主观上根本没有谋利意图也是如此。如果请托人已指明钱款系给其"辛苦费"，则已构成斡旋型的受贿罪的既遂。如果请托人指明钱款系给其他国家工作人员的，则王文卓应当构成侵占罪。

（2）李仕廉、魏学纹的行为，如给予王文卓的钱款是专门给王文卓的，则已构成行贿罪的既遂。如是欲图通过王文卓给予其他国家工作人员的，则是行贿罪的预备。

案例二：王小石斡旋型受贿案

1. 受贿罪中的为请托人谋取利益、为请托人谋取不正当利益虽是客观构成要素，但只需国家工作人员许诺即可，无需有实际谋利行为，也无需谋取得了不正当利益。该许诺既可以采取明示方式，也可以采取暗示方式。在本案中，虽无证据证明王小石给予了请托人以谋取利益的许诺；但其已经接受钱财并联系审核员出来吃饭，已经实施了为请托人谋取不正当利益的行为，当然属于"为他人谋取不正当利益"。

2. "谋取不正当利益"是指谋取违反法律、法规、国家政策和国务院各部门规章规定的利益，以及要求国家工作人员或者有关单位提供违反法律、法规、国家政策和国务院各部门规章规定的帮助或者便利条件。《最高人民法院、最高人民检察院关于办理行贿刑事案件具体应用法律若干问题的解释》还规定，违背公平、公正原则，在经济、组织人事管理等活动中，谋取竞争优势的，应当认定为"谋取不正当利益"。在本案中，凤竹公司请托对股票发行尽快办理，系请托违反程序办事，属"谋取不正当利益"。

3. 因王小石系发行监管部发审委工作处助理调研员，凤竹公司请托事务为发行监管部审核、核准部门职责，不属王小石职权范围之内的事务，故法院认定其系利用职权或地位形成的便利条件，通过其他国家工作人员职务上的行为，为请托人谋取不正当利益，即斡旋型受贿罪。

4. 受贿罪共犯与介绍贿赂罪的区别在于：受贿罪共犯偏向于国家工作人员，是利用国家工作人员职权帮其收受贿赂；介绍贿赂罪是在行贿人与受贿人之间穿针引线。本案中林碧的行为具有居间性质，认定为介绍贿赂罪为妥。

5. 凤竹公司的行为涉嫌单位行贿罪。

三、利用影响力受贿罪与受贿罪的区分

案例一：黎杨利用影响力受贿案

1. 利用影响力受贿罪的主体"关系密切的人"，指的是与国家工作人员人身关系（人情关系）密切的人，包括近亲属、朋友、战友等。只要基于亲情、感情关系而能够对国家工作人员施加影响的人，都可认为是"关系密切的人"。

2.（1）刘某减少对蓝波湾酒店的罚款，与黎杨的说情行为存在一定关联。

（2）如黎杨纯粹是拿上级领导来骗刘某，则黎杨可涉嫌滥用职权罪的间接正犯（非亲手犯）。如刘某是考虑其与黎杨"关系密切"而作出职务决定，则黎杨构成利用影响力受贿罪。就本案而言，如黎杨说谎的内容仍与本人有关，"其叔叔在省纪委工作的战友"通过黎杨本人给刘某说情打招呼，故而无论刘某是否真的相信此说辞，关键都还是看黎杨的面子，因此认定为利用影响力受贿罪。

（3）"通过"的意思是利用本人与国家人员人情"关系密切"而对其职务行为施加影响。

（4）是刘某提出减少罚款的建议，或者表决时不予以反对，违反规定和程序，即使是集体通过，也属谋取不正当利益。

3. 无理由和合法依据而要求减少罚款，并通过非正当程序，系属"不正当利益"。

4. 因刘某并未收受贿赂，如对蓝波湾酒店的罚款确实违反规定，则刘某涉嫌滥用职权罪；如符合规定，刘某不构成犯罪，但黎杨仍构成利用影响力受贿罪。

5. 因刘某并未收受贿赂，邓某给予的钱款即是给予黎杨的，而非让其送与他人，故而，黎杨不构成介绍贿赂罪、行贿罪的帮助犯。而黎杨已构成利用影响力受贿罪，就不再构成滥用职权罪的教唆犯。

案例二：陆某通过其情人职务上的行为收取贿赂案

1. 通说认为，利用影响力受贿罪是"关系密切的人"通过亲属、友情、同乡等人情关系对国家工作人员施加影响，而斡旋型受贿罪是国家工作人员通过本人职务的地位对其他国家工作人施加影响、制约。简言之，一个是因情而动，一个是因势而动。但是，就立法原理来看，应当认为斡旋型受贿罪处罚的是行为人本人职务地位的不廉洁，是基本法；而利用影响力受贿罪是补充法和兜底性规定，处罚的是行为人利用非职权关系对他人的影响。因此，如行为人既符合利用影响力受贿罪的构成要件又符合斡旋型受贿罪的要件，亦即，对其他国家工作人员施加影响时，既有职权关系又有人情关系，应当优先适用斡旋型受贿罪。

2. 符合斡旋型受贿罪的构成要件。"利用本人职权或者地位形成的便利条件"，既可以是同级同事之间，也可以是上下级之间、下上级之间。下属利用上级的职务便利，虽没有制约，但存在影响。

3. 不正当的男女关系即情人关系，系利用影响力受贿罪的主体"关系密切的人"。本案中，不能排除陆某通过"枕边风"影响刘某，进而通过刘某职务上的行为为请托人谋取不正当利益。故而陆某也符合利用影响力受贿罪的构成要件。

4. 陆某既符合利用影响力受贿罪的构成要件，又符合斡旋型受贿罪的要件，陆某对刘某施加影响时，既通过职权关系又有人情关系。但因斡旋型受贿罪与利用影响力受贿罪是基本法与补充法的关系，故而应当优先适用基本法认定其为斡旋型受贿罪。

5. 如刘某对陆某收钱之事知情，刘某应当认定为受贿罪的共犯。如其不知情，定渎职类犯罪。

6. 可以构成。为了谋取不正当利益，向斡旋型受贿罪的主体行贿，也可构成单位行贿罪、行贿罪。

案例三：蒋勇、唐薇受贿案

1. 两罪的区分要点（对于为请托人谋取不正当利益"特定关系人"收受钱财的情况）在于：国家工作人员对"特定关系人"收受贿赂是否知情，二人对于受贿是否存在共谋。有共谋即为受贿罪的共犯，无共谋则为利用影响力受贿罪。

2. 根据《关于办理受贿刑事案件适用法律若干问题的意见》第11条的规定，"特定关系人"，是指与国家工作人员有近亲属、情妇（夫）以及其他共同利益关系的人。核心是具有（财产）共同利益关系的人。利用影响力受贿罪中的"关系密切的人"，指的是人身关系（人情关系）密切的人。本案中，唐薇既属"特定关系人"，又属"关系密切的人"。

3. 就案情来看，蒋勇帮助唐薇成立重庆嘉汇置业顾问有限公司，并利用自己的职务行为或安排下属予以关照，可以推断二人对于受贿事有共谋。有共谋即为受贿罪的共犯。

4. 蒋勇系重庆市规划局局长，陈明系市规划局用地处处长，二人之间是职务上的隶属关系，并且作为局长的蒋勇也直接经营所涉事务，因此，陈明相当于跑腿的。蒋勇系直接利用本人职权的直接受贿罪，而非利用他人职权的斡旋型受贿罪。故而，蒋勇、唐薇构成受贿罪的共同犯罪，陈明因不知情受贿事构成渎职类犯罪。

案例四：罗菲受贿案

1. 根据2003年《全国法院审理经济犯罪案件工作座谈会纪要》，特定关系人向国家工作人员代为转达请托事项是成立受贿罪共犯的条件。罗菲收受杨建宇给予的财物，并没有向张曙光转达杨建宇请托事项。不能认定受贿罪共犯，只能认定为掩饰隐瞒犯罪所得罪。

2. 后检察院变更起诉罪名为受贿罪（共犯），是根据《关于办理受贿刑事案件适用法律若干问题的意见》第7条："国家工作人员利用职务上的便利为请托人谋取利益，授意请托人以本意见所列形式，将有关财物给予特定关系人的，以受贿论处。特定关系人与国家工作人员通谋，共同实施前款行为的，对特定关系人以受贿罪的共犯论处。""从'通谋'的内容上看，特定关系人与国家工作人员不仅对收受请托人财物具有共同意思沟通，而且对由国家工作人员利用职务便利为请托人谋利具有共同意思联络。需要指出的是，对于特定关系人没有事先与国家工作人员通谋，仅是在请托人给予国家工作人员财物时在场的，一般不宜认定为受贿罪共犯。"[1]

案例五：朱渭平受贿案

1. 成立受贿罪。《最高人民法院、最高人民检察院关于办理贪污贿赂刑事案件适用法律若干问题的解释》第 16 条第 2 款规定："特定关系人索取、收受他人财物，国家工作人员知道后未退还或者上交的，应当认定国家工作人员具有受贿故意。"

2. 对金某收受该金条，金某构成利用影响力受贿罪；朱渭平不成立受贿罪。

3. 应当认定构成受贿的既遂。"因为朱渭平通过吴某某将该套房产转移至自己实际控制的公司名下，受贿已经既遂。"[2]

四、受贿罪的对象：贿赂

案例：阎怀民、钱玉芳以单位的名义向有关单位索要"赞助款"并占为己有案

1. 对于阎怀民、钱玉芳所涉第一项犯罪事实：

一审法院认定的事实是：阎怀民以个人名义向苏交所索贿；款项汇入私设的账户后，钱玉芳按照阎怀民的要求提现。由此认定阎怀民系索贿型的受贿罪，钱玉芳是在索贿完毕后才知情并帮助隐瞒系包庇罪。

二审法院认定的事实是：阎怀民以市场协会单位名义向苏交所索要投资，之后钱玉芳按阎怀民的要求从市场协会临时账户提现将款项给阎怀民。由此认定阎怀民构成贪污罪，钱玉芳构成贪污罪共犯。

受贿罪与贪污罪的区别在于：犯罪对象在转移占有之前权属不同。钱款原属对方单位所有，是对方给予行为人个人的贿赂，则属受贿罪。钱款如属对方单位给与本单位，则本单位所有的财产，行为人个人据为己有的，应当认定为贪污罪。本案中，阎怀民以市场协会单位名义向苏交所索要投资，苏交所钱款给予的对象是市场协会单位，而不是阎怀民个人，故而应当认定为贪污罪，而不是受贿罪。

对于钱玉芳而言，其参与了将市场协会账上资金提现转归个人所有的贪污过程，应认定为贪污罪的共犯。

2. 阎怀民之子仅在苏交所之下属单位短暂工作，给付其房产的价值远远高于其应得报酬，系"挂名领薪"。主要还是因为阎怀民职权的关系给予。房产证虽尚未给予阎怀民，但房产管理机关已作登记，房屋权属已归阎怀民及其之子所有。故为既遂。

3. 苏交所是为了谋取不正当利益而给予阎怀民财物，可构成单位行贿罪。阎怀

---

[1] 最高人民法院刑二庭康瑛撰稿，最高人民法院刑二庭韩维中审编："罗菲受贿案——如何认定特定关系人是否成立受贿罪共犯?"【第1143号】，载《刑事审判参考》总第106集。

[2] 南京市人民检察院黄勇、余枫霜撰稿，最高人民法院刑二庭尚晓阳审编："朱朱渭平受贿案——国家工作人员对特定关系人收受他人财物事后知情且未退还，如何判定其是否具有受贿故意；国家工作人员收受请托人所送房产，后请托人又将该套房产用于抵押贷款的，是受贿既遂还是未遂?"【第1145号】，载《刑事审判参考》总第106集。

民的儿子如知情并积极配合，可构成受贿罪的共犯。

第六节　行贿罪

案例一：某置业有限公司、某投资发展有限公司单位行贿案

1. 行贿罪数额较大标准 3 万元或者一万元，法定最高刑无期徒刑；单位行贿罪数额较大标准是 20 万元，法定最高刑是 7 年有期徒刑。

2. 单位行贿罪的主体是单位，具有两个要点：一是单位利益；二是单位名义。单位名义通常由①单位意志决定；②单位工作人员依职权、按照单位财务制度实施；③单位出资且有单位记账证明。

案例二：欧阳施生贪污、行贿罪案

1. 《最高人民法院、最高人民检察院关于办理国家出资企业中职务犯罪案件具体应用法律若干问题的意见》（2010.11）规定："国家工作人员或者受国家机关、国有公司、企业、事业单位、人民团体委托管理、经营国有财产的人员利用职务上的便利，在国家出资企业改制过程中故意通过低估资产、隐瞒债权、虚设债务、虚构产权交易等方式隐匿公司、企业财产，转为本人持有股份的改制后公司、企业所有，应当依法追究刑事责任的，依照《刑法》第 382 条、第 383 条的规定，以贪污罪定罪处罚。……第 1 款规定以外的人员实施该款行为的，依照《刑法》第 271 条的规定，以职务侵占罪定罪处罚；第 1 款规定以外的人员与第 1 款规定的人员共同实施该款行为的，以贪污罪的共犯论处。"

2. 认定谋取个人利益而非单位利益。

案例三：张文中、物美集团单位行贿再审无罪案

最高人民法院再审综合评判如下[1]：

1. 物美集团实施了给予赵某 30 万元和向李某 3 公司支付 500 万元的行为。原审被告人及其辩护人、原审被告单位诉讼代表人提出，给予赵某 30 万元和李某 3 公司 500 万元并非物美集团支付，经查与事实不符。

（1）和康友联公司、华美公司、卡斯特经济评价中心、敬业和康中心等均为物美集团的关联公司，由物美集团直接控制。司法会计鉴定意见、物美集团关联公司关系图表、物美集团出具的情况说明，证人张某 1、王某 1、许某、张某 5 等人的证言，以及原审被告人张文中的供述等证据证实：张文中在物美集团注册资本中的投资比例为 61.78%，且为和康友联公司、华美公司、卡斯特经济评价中心、敬业和康中心等企业的控股股东；物美集团与上述关联公司的资金由财务部在集团内部统一调度；这些关联公司的财务、记账工作均由物美集团财务人员负责兼职管理，并受物美集团主管财务的副总裁张某 1 直接领导。

（2）以关联公司名义收购股权的行为由物美集团董事会决定，费用由物美集团

---

[1]　最高人民法院（2018）最高法刑再 3 号刑事判决书。

筹措，股权收购费等费用的支付均由张某1根据原审被告人张文中的安排，亲自或指派集团的财务人员操办。物美集团出具的情况说明、泰康公司章程、转账支票、记账凭证等书证，证人陈某1、张某1、赵某、李某7、梁某、韩某等人的证言，以及张文中的供述等证据证实：国旅总社、粤财公司转让所持泰康公司股权时，是物美集团与国旅总社、粤财公司进行谈判并达成收购意向。因物美集团已持有一定比例泰康公司股份，为不违反泰康公司章程关于单一股东持股不允许超过10%的规定，物美集团董事会遂决定以其关联公司和康友联公司、华美公司的名义分别与国旅总社、粤财公司签订股权转让协议；收购款由物美集团内部调度给和康友联公司、华美公司支付。物美集团给予赵某的30万元和向李某3公司支付的500万元，分别由物美集团关联公司卡斯特经济评价中心、敬业和康中心支付，其中的500万元系物美集团转至敬业和康中心。

2. 物美集团支付给赵某30万元好处费的行为，依法不构成单位行贿罪。在案的转账支票、赵某报销会议费及装修材料费的发票等书证，证人赵某、张某1、陈某1、孙某、黄某2、田某2、潘某、刘某3、刘某4等人的证言及原审被告人张文中在侦查阶段的供述等证据相互印证，足以证实物美集团支付给赵某的30万元系好处费而非劳务报酬。张文中的辩护人再审期间向法庭提交新证据，用以证明赵某自2003年4月至2008年作为泰康公司监事、董事为物美集团的关联公司和康友联公司、华美公司提供了劳务。经查，物美集团给付赵某30万元的时间与赵某担任泰康公司监事、董事提供劳务的时间并不相符，二者之间缺乏关联性。

根据《刑法》第393条的规定，单位为谋取不正当利益而行贿，或者违反国家规定，给予国家工作人员以回扣、手续费，情节严重的，构成单位行贿罪。物美集团给予赵某30万元好处费，属于违反国家规定，在经济活动中账外给予国家工作人员手续费的情形。但根据国旅总社转让所持泰康公司股权情况、会议纪要、股权转让分析报告、股权转让协议等书证，证人赵某、李某7等人的证言以及原审被告人张文中的供述等证据，本起事实具有以下情节：①国旅总社为缓解资金紧张意欲转让所持泰康公司股份，经泰康公司董事长陈某1沟通联系，物美集团决定收购并与国旅总社多次谈判后就股权转让达成一致，其间没有第三方参与股权收购，不存在排斥其他买家、取得竞争优势的情形，双方的交易没有违背公平原则。②在没有第三方参与、双方自愿达成收购意向的情况下，物美集团承诺给予好处费并非为谋取不正当利益。③国旅总社将其所持泰康公司股份转让给物美集团以及具体的转让价格等，均系国旅总社党政领导班子联席会议多次讨论研究决定，双方最终成交价格也在国旅总社预先确定的价格范围内，物美集团没有获得不正当利益，国旅总社的利益亦未受到损害。④赵某作为国旅总社总经理办公室主任，其在股权交易过程中仅起到沟通联络作用，没有为物美集团谋取不正当利益。综合考虑上述情况，可以认定物美集团的行为尚不属于情节严重，依法不构成单位行贿罪。

3. 物美集团向李某3公司支付500万元的行为，依法不构成单位行贿罪。

（1）在粤财公司意欲转让股份的情况下，陈某1向梁某提出由物美集团收购，并让张文中给梁500万元好处费，后又向张文中提出该要求。因此，股权转让前，给梁某好处费系陈某1提出，张文中只是被动接受了陈某1的要求。

（2）在案证据证实，梁某并没有同意物美集团提出的受让价格，且提议按高于该价格挂牌转让；物美集团与粤财公司最终的股权交易价格，是在粤财公司挂牌转让未果的情况下，经多次谈判而确定的，且高于物美集团提出的受让价格。因此，梁某在股权转让过程中没有为物美集团提供帮助，物美集团也没有因此获取任何不正当利益。

（3）在案证据证实，签订股权转让协议后，物美集团并没有向梁某支付500万元好处费，梁某也未提及此事。直至数月后，在梁某并不知情的情况下，李某3通过陈某1向张文中索要该500万元，张文中才安排张某1将款汇至李某3公司的账户。梁某事后得知，明确表示与其无关，并拒绝接受该笔款项。该款一直被李某3的公司占有。因此，股权转让后，物美集团支付500万元系被李某3索要，并没有为谋取不正当利益而行贿的主观故意。

综上，原审被告人张文中及其辩护人、原审被告单位物美集团诉讼代表人所提30万元系给赵某的劳务报酬、物美集团不是收购股份及支付款项主体的辩解及辩护意见，与再审查明的事实不符，本院不予采纳。最高人民检察院出庭检察员所提30万元系物美集团给予赵某的好处费，物美集团是收购泰康公司股份主体的意见成立，本院予以采纳。检辩双方所提物美集团、张文中的行为不构成单位行贿罪的意见成立，本院予以采纳。

第七节 拓展案例

案例一：刘宇涉嫌受贿案

刘宇是否构成受贿罪，存在争议。即使构成受贿罪，也仅属于犯罪预备。因为本案属于期约贿赂，既没有实际发生财物的给予与收受，又没有法律意义上的权益的授予与接受。

案例二：某高速路"收黑放黑"案

本案在认定过程中，存在受贿罪与私分国有资产罪两种不同意见，后者更为妥当。理由如下：

第一，各被告人之所以不成立受贿罪，正是因为他们获取或者分取的不是车户送予个人或者单位的"好处费"、用于换取工作人员放行的"贿赂"款，而是国有资产。详言之，有以下几点根据：①涉案款项实际上是车户在不要票据的前提下，获得一定减免后交纳的煤炭可持续发展基金等费用。从应然的归属上，这些款项属于车户应当缴纳的费用（在缴纳后性质由车户个人财物转变为国有资产），也属于金焦煤站工作人员收取后应当上交国库的财物（不过最后被各被告人私分了）。②本案中收取无票拉煤车户款项,在长达数年的时间里,都有一个基本标准,即按照应收费用总额的80%左右收取,而不是车户随意给、煤站随意收,煤站并不是车户交多交少都放行,这鲜明地体现了作为应交纳"费用"而非贿赂款的特征。③无票车户在交纳涉案款项后,民事上应该被免除了再次交纳相应费用的义务,在有关部门及人员再次查验时可以行使抗辩权,甚至可以举报金焦煤站不给票收费的行为。④虽然这些费用在被收取后没有统一存入或放置于"小金库"、没有登记在册,甚至在形式上没有一度被单位控制,但其只要在实质上属于国有的资产即可(在国有企业转制过程中,行为人利用职务上的便利将国有企业应收账款予以隐匿、不予评估而占为己有的,也应认定为贪污罪,其中的应收账款就属于国有单位没有实际控制的国有资产)。

第二,本案被告人杨某12人所实施的行为,在主客观上均表现为私分国有资产的整体行为,即各被告人作为单位意志支配下的责任人员,将收取的款项按照一定比例几乎全部予以瓜分,而非各被告人个人收受贿赂的共同犯罪。从对所收费用进行瓜分的形式和范围来看,瓜分款项在金焦煤站内部几乎是公开的(至少是半公开的);分取人员不仅包括站长、副站长,也包括工作一线的指挥岗值班组员等普通职工,还包括同为外勤岗的磅房职工,从而使分取行为体现了"利益均沾"的特点。

第三,单位受贿罪是国家机关等国有单位实施的索贿、受贿行为,体现的是单位整体的意志。本案中,各被告人减免车户缴纳费用并将收取的款项加以瓜分,无疑体现的是单位犯罪的意志。但由于车户缴纳的部分款项并不是车户"送予"的"好处费""贿赂款",因而本案的定性不宜为单位受贿罪。[1]

案例三:B市张院长向A市李副院长打招呼案

就本案而言,张某为请托人谋取了不正当利益,应以斡旋受贿定罪量刑。理由是:"行贿人吴某为获得对自己有利的判决结果而请托受贿人张某,其目的在于获得不确定利益。而张某违反关于法官不得干预他人办案的法律、行业规范和政策规定,并通过其他法院领导的干预行为,使行贿人不确定利益最终实现。故应认定受贿人张某为行贿人提供了违法性帮助,为行贿人谋取不正当利益,构成斡旋受贿。"[2]

案例四:张守刚职务侵占案

1. 被告人任职单位应得收益。

2. ①被告人与公司是雇佣关系,而非合作关系,符合单位工作人员的身份条件;②使用公司提供的办公条件和交易平台,凭借中融信托公司的资质和信用,从事债权交易的收益应当归于单位;③通过增加交易环节,归属于中融信托公司且可确定的利益输送至丰联公司,后予以个人占有。

---

〔1〕 梁宾、肖中华:"收受财物的属性是区分受贿罪与私分国有资产罪的关键",载《中国检察官》2014年第4期。

〔2〕 徐敏:"斡旋受贿中'不正当利益'的界定",《中国检察官》2016年5月下(总第244期)。

3. 一审判决根据公司与被告人约定收益的30%提成从犯罪金额中扣除，认定犯罪金额为1.45亿元，检察机关认为不应当扣除，故而抗诉。二审判决犯罪金额为2.07亿元，支持了抗诉意见。并据此改判有期徒刑13年。

4. 一审判决：并处没收部分个人财产。二审判决：续追缴上诉人张守刚的违法所得发还中融公司。

第五章 破坏社会主义市场经济秩序罪

第一节 生产、销售伪劣商品罪

案例一：三鹿公司生产三聚氰胺奶粉案

1.（1）检察机关指控和法院判决的被告单位的犯罪行为是：2008年8月1日以后，明知婴幼儿奶粉有毒仍然继续生产、销售；2008年8月1日以后，仍将有毒原奶调配到下属企业，生产、销售含三聚氰胺的液态奶。

（2）因司法机关认为，2008年8月1日系三鹿管理层"明知"其产品含有三聚氰胺之日。其对于8月1日之前奶品是否有毒并不明知，没有生产、销售有毒食品罪或生产、销售伪劣商品罪的故意。因本节之罪无过失犯，故不指控。

2.（1）有毒食品即食品中含有对人体有毒、有害的非食品原料的食品，对于人体微毒的食品也属于有毒食品。

（2）不符合安全标准的食品是不符合规定的安全标准，尽管食用其对人体也可能有害，但其中并不含有对人体有毒、有害的非食品原料。

（3）三鹿集团明知有毒仍然生产，符合生产、销售有毒食品罪，销售金额超过5万元，也符合生产、销售伪劣商品罪。

3. 因同时符合生产、销售有毒食品罪与生产、销售伪劣商品罪，应按处罚较重的犯罪处罚。比较两罪的法定最高刑档次：犯生产、销售有毒食品罪，致人死亡或者有其他特别严重情节的，处10年以上有期徒刑、无期徒刑或者死刑，并处罚金或者没收财产。犯生产、销售伪劣产品罪，销售金额200万元以上的，处15年有期徒刑或者无期徒刑，并处罚金或者没收财产。但是，犯生产、销售有毒食品罪，适用最高档法定刑时，要求有证据证明客观上发生了"致人死亡或者有其他特别严重情节"，法院认为，没有证据证明2008年8月1日之后该批毒奶流入市场造成的危害结果为何，亦即不能证明"致人死亡或者有其他特别严重情节"的结果，故而认定为生产、销售有毒食品罪时，不能适用法定最高刑档次；而有证据证明销售金额达到200万元以上，故而认定为生产、销售伪劣商品罪时，能够适用法定最高刑档次。从而以生产、销售伪劣商品罪认定，量刑更重。对于2008年8月1日之前发生的毒奶后果，因不是本案指控行为引起，故不认定为本罪后果。

案例二：陆勇涉嫌妨害信用卡管理罪、销售假药罪不起诉案

1. 起诉意见书直接使用"销售""贩卖"的评价性概念，而对事实经过叙述比

较简略。不起诉决定书则对事实经过作了比较具体的叙述。使用"购买""推荐""支付""转账"等中性词语。

2. 不是销售行为。"销售是以货币为媒介的商品交换过程中卖方的业务活动,是卖出商品的行为,卖方寻求的是商品的价值,而买方寻求的则是商品的使用价值。全面系统分析该案的全部事实,陆勇的行为是买方行为,并且是白血病患者群体购买药品整体行为中的组成行为,寻求的是印度赛诺公司抗癌药品的使用价值。"[1]

3. 不构成。构成共犯"应是陆勇基于帮助印度赛诺公司销售假药而为印度赛诺公司提供账号,而本案,购买印度赛诺公司抗癌药品的行为是白血病患者群体求药的集体行为,陆勇代表的是买方而不是卖方,印度赛诺公司就设立账号与陆勇的商谈是卖方与买方之间的洽谈,陆勇作为买方的代表自始至终在为买方提供服务"。[2]

4. 该行为是购买以虚假的身份证明骗领的信用卡的行为。但情节显著轻微,危害不大,根据《刑法》第 13 条的规定,不认为是犯罪。

第二节　走私罪

案例一：程瑞洁等走私废物案

1. 本案被告人受郭某雇请走私,只知道运输的物品为废旧电器(废物),不知道郭某在其中混有全新电器(普通货物、物品),不具备走私普通货物、物品罪的故意。其中普通货物逃税额 186 万余元作为量刑从重因素。

2. 根据司法解释,应根据实际查获的物品定性。如果有数种物品(如普通货物和废物)的,或者普通货物中藏匿淫秽物品的,数罪并罚。但是确属被蒙骗不知情的除外。

案例二：某木业公司、吴某、王某走私普通货物罪案

1. 不构成。《刑法》第 154 条"未经海关批准擅自倒卖保税货物"构成走私普通货物罪,应当主观上有偷逃国家税款故意、客观上有造成国家税款损失。《最高人民法院、最高人民检察院、海关总署关于办理走私刑事案件适用法律若干问题的意见》第 10 条规定:"……有证据证明因不可抗力原因导致保税货物脱离海关监管,经营人无法办理正常手续骗取海关核销的,不认定为走私犯罪。"

2. 不认为。国家对加工贸易的整个过程进行保税监管,从整体上考察,国家所能征收到的税款为零。擅自销售保税货物仅仅是整体加工贸易过程的部分行为,不能以部分行为产生的向国家缴纳税款的义务,就从整体上认为企业在完成加工贸易过程中使国家税款遭受损失。如果行为人擅自销售保税货物确有客观原因,后又真

---

[1] 湖南省沅江市人民检察院:《对陆勇决定不起诉的释法说理书》。
[2] 湖南省沅江市人民检察院:《对陆勇决定不起诉的释法说理书》。

实完成了加工贸易手续,则不应当认定国家税款遭受损失。[1]本案检察机关作不诉处理。

第三节 妨害对公司、企业的管理秩序罪

案例:于在青违规不披露重要信息案

1. 根据《最高人民检察院、公安部关于公安机关管辖的刑事案件立案追诉标准的规定(二)》第6条(《刑法》第161条)的规定"违规不披露重要信息涉嫌下列情形之一的,应予立案追诉:……④未按照规定披露的重大诉讼、仲裁、担保、关联交易或者其他重大事项所涉及的数额或者连续12个月的累计数额占净资产50%以上的。"本案未按规定披露担保信息占江苏琼花2008年12月31日经审计的净资产的75.83%,达到立案追诉标准。

2. 根据《最高人民检察院、公安部关于公安机关管辖的刑事案件立案追诉标准的规定(二)》第18条(《刑法》第169条之一)的规定,"背信损害上市公司利益,涉嫌下列情形之一的,应予立案追诉:……④为明显不具有清偿能力的单位或者个人提供担保,或者无正当理由为其他单位或者个人提供担保,致使上市公司直接经济损失数额在150万元以上的。"本案被告人违规担保的风险在公安机关立案前已全部化解,未给江苏琼花造成实际损失,不符合追诉条件。

3. 违规不披露重要信息罪是单位犯罪,但是仅处罚责任人,不处罚单位。因为有时单位也是被害人。

第四节 破坏金融管理秩序罪

案例一:黄光裕等内幕交易、泄露内幕信息案

1. (1)内幕交易、泄露内幕信息罪的犯罪主体为知情人员,包括合法知情人和非法知情人。合法知情人主要是指由于持有发行人的证券,或者在发行人或者与发行人有密切联系的公司中担任董事、监事、高级管理人员,或者由于其会员地位、管理地位、监督地位和职业地位,或者作为雇员、专业顾问履行职务,能够接受或者获得内幕信息的人员。非法知情人,即以非法手段获取证券、期货交易内幕信息的人员。

(2)被告人黄光裕、杜鹃、许钟民是合法知情人;李善娟、相怀珠等人是非法知情人。

2. 所谓内幕信息,根据《中华人民共和国证券法》第75条的规定,是指证券交易活动中,涉及公司的经营、财务或者对该公司证券的市场价格有重大影响的尚未公开的信息。本案中的内幕信息指中关村上市公司拟与鹏泰公司进行资产置换的

---

[1] 李营、羊桦林:"擅自销售保税货物类走私行为的司法认定",载彭东主编:《刑事司法指南》2012年第3集(总第51集),法律出版社2012年版。

消息。

3. 根据《最高人民法院、最高人民检察院关于办理内幕交易、泄露内幕信息刑事案件具体应用法律若干问题的解释》第 5 条的规定,"内幕信息敏感期"是指内幕信息自形成至公开的期间。《证券法》第 67 条第 2 款所列"重大事件"的发生时间,第 75 条规定的"计划""方案"以及《期货交易管理条例》(2007 年第 85 条第 11 项规定的"政策""决定"等的形成时间,应当认定为内幕信息的形成之时。影响内幕信息形成的动议、筹划、决策或者执行人员,其动议、筹划、决策或者执行初始时间,应当认定为内幕信息的形成之时。内幕信息的公开,是指内幕信息在国务院证券、期货监督管理机构指定的报刊、网站等媒体上披露。

4. 仍然构成本罪。本罪的构成无需获得利益,只需交易达到一定的数额即可。

5. 许钟民犯内幕交易、泄露内幕信息罪,不并罚。交易金额累计计算。

案例二:马乐利用未公开信息交易案

1.《刑法》第 180 条第 4 款规定:"证券交易所、期货交易所、证券公司、期货经纪公司、基金管理公司、商业银行、保险公司等金融机构的从业人员以及有关监管部门或者行业协会的工作人员,利用因职务便利获取的内幕信息以外的其他未公开的信息,违反规定,从事与该信息相关的证券、期货交易活动,或者明示、暗示他人从事相关交易活动,情节严重的,依照第 1 款的规定处罚。"

2. 应当是对该条第 1 款全部法定刑的引用,即利用未公开信息交易罪应有"情节严重""情节特别严重"两种情形和两个量刑档次。援引法定刑是指对某一犯罪并不规定独立的法定刑,而是援引其他犯罪的法定刑作为该犯罪的法定刑。目的是避免法条文字表述重复。

案例三:大乾同公司等逃汇案

1. 为赚取存贷利率差而虚构转口贸易进行跨境资金流动,虽然其主观意图只是为了流动套利,最终外汇资金也流回了国内,但在追求营利目的的过程中,客观上将外汇资金一度转移至境外,该期间外汇资金脱离了国家监管,其实质属于逃汇行为,违反了《外汇管理条例》关于经常项目外汇收支应当具有真实、合法的交易基础的规定。

2. 在跨境贸易融资时,编造虚假的转口贸易,实现跨境资金流入流出,不但虚增了贸易数据,也加大了跨境资金异常流动的风险。因此,对于虚构贸易背景实施逃汇等犯罪行为应予以惩治。

第五节 金融诈骗罪

案例一:吴英集资诈骗案

1.(1)根据《最高人民法院关于审理非法集资刑事案件具体应用法律若干问题的解释》第 1 条的规定,非法集资行为指的是:未经有关部门依法批准或者借用合法经营的形式吸收资金;通过媒体、推介会、传单、手机短信等途径向社会公开宣传;承诺在一定期限内以货币、实物、股权等方式还本付息或者给付回报;向社会公众即社会不特定对象吸收资金。

(2) 最高院的复核意见认为:11 名直接被害人有 9 人不认识吴英,系经中间人介绍而集资;"下线"有一百多名。故为向社会公众即社会不特定对象集资。

(3) 由于存在诈骗,故不属民间借资,而是非法集资。

(4) 法院认为,其编造资金用途、隐瞒非法占有目的,故为诈骗。

2. (1) 具有非法占有目的,指对明知不能归还的款项、挥霍的款项具有非法占有目的。法院认定其具有非法占有目的的依据为:明知巨额外债必然无法归还,继续高息集资;肆意挥霍和处置集资款项。

(2) 犯罪数额是未还的款项。

3. 系自然人犯罪,系属公司设立后以实施犯罪为主要活动的、个人为进行犯罪活动而设立公司的情形。

案例二:马汝方等贷款诈骗、赵兰增违法发放贷款、挪用资金案

1. 马汝方、马凤仙、徐光三人系为明华公司的利益而骗取银行贷款,且犯罪所得主要由单位使用,其中,马汝方是单位犯罪中直接负责的主管人员,徐光身为单位犯罪中的直接责任人员,二人是因明华公司单位犯罪而承担责任;马凤仙以个人身份参与,与明华公司构成共同犯罪。

2. 骗取贷款罪与贷款诈骗罪的区别在于:行为人对于所贷款项有无非法占有目的。本案单位和个人在贷款时知贷款款项无法归还,具有非法占有目的,系贷款诈骗行为,故本案中的明华公司、马凤仙构成贷款诈骗罪,而非骗取贷款罪。

3. 单位贷款诈骗的,构成合同诈骗罪。因贷款诈骗罪的主体不能是单位。

4. (1) 赵兰增不知晓贷款人马汝方等人有非法占有贷款的目的。

(2) 因无共同故意,不构成共同犯罪。

(3) 对其应当认定为违法发放贷款罪。

案例三:肖智敏信用卡诈骗案

1. 对于事实一,肖智敏对于信用卡中的资金无非法占有目的,不能构成信用卡诈骗罪。应当以妨害信用卡管理罪论处。

2. 对于事实二、事实三,因所透支的金额已明显超出其还款能力,可推断其主观上具有非法占有目的。因信用卡本身是财产凭证而不是财产本身,故骗取他人信用卡的行为不能构成诈骗罪。对其应以骗取他人信用卡之用冒用他人信用卡的行为,认定为信用卡诈骗罪。

3. 因行为人在冒用时已有非法占有目的,故一审宣判之前的退赔数额仍计入犯罪数额,但可作为量刑情节考虑。

案例四:罗志伟信用卡诈骗案

1. 购买他人信用卡信息,在互联网、通讯终端使用(盗刷他人信用卡)。

2. 《刑法》第 196 条规定,"冒用他人信用卡的",是信用卡诈骗行为之一。《最

高人民法院、最高人民检察院关于办理妨害信用卡管理刑事案件具体应用法律若干问题的解释》第 5 条规定,"窃取、收买、骗取或者以其他非法方式获取他人信用卡信息资料,并通过互联网、通讯终端等使用的"是"冒用他人信用卡"行为之一。通过网络平台、联网通讯终端等输入他人信用卡信息后使用信用卡的行为,与真实持有他人实体信用卡并使用的行为在实质上完全相同,未经权利人同意,均属于冒用他人信用卡的行为。未现实持有他人信用卡不阻却信用卡诈骗罪。

3. 《刑法》第 177 条之一规定的,窃取、收买、非法提供信用卡信息罪。但与使用该信息进行信用卡诈骗罪形成典型的手段行为与目的行为的牵连,不数罪并罚。

案例五:陈卫明等非法截获他人手机验证码侵入他人支付宝账户窃取财物案

1. 用欺骗手段将木马病毒植入他人手机,截获他人手机验证码后修改他人支付宝等第三方支付平台账号密码,之后使用他人账户资金或者将他人账户关联银行卡内的资金转出使用。

2. 被告人非法获取他人手机验证码并修改他人支付宝等第三方支付平台账号密码,使用他人账户内的钱款,是违背他人意思非法获取他人占有的财物,是盗窃。《非金融机构支付服务管理办法》规定,(支付宝等)第三方支付平台是一种支付工具。在第三方支付平台和银行卡关联模式之下,银行并无义务对第三方支付平台账户进行审核。只要用户在使用第三方支付平台时其账号密码一致,就可以支配第三方支付平台账户内的资金。银行不能也无需核对。

因为不是使用他人"信用卡信息",而是使用截获的"手机验证码、篡改的密码"非法使用他人支付宝等第三方支付平台账户中的财物或绑定的银行卡。

3. 《刑法》第 285 条之非法侵入计算机信息系统罪、非法获取计算机信息系统数据罪。孟鑫制作木马文件有偿提供给他人的行为触犯提供侵入、非法控制计算机信息系统程序、工具罪。因为与其盗窃行为有牵连关系或者有竞合关系,所以不数罪并罚。

第六节　危害税收征管罪

案例一:北京匡达制药厂逃税案

1. 单位犯罪。

2. 在单位犯罪中,未参与策划、组织、实施单位犯罪行为的单位法定代表人,不应以直接负责的主管人员被追究刑事责任。故而,王璐林不构成犯罪,王彦霖构成犯罪。

案例二:芦才兴虚开抵扣税款发票案

1. 属牵连犯,应当以虚开增值税专用发票、用于抵扣税款的发票罪与逃税罪择一重罪处断。

2. 在虚开增值税专用发票、用于抵扣税款的发票罪中,暗含的主体是用票单位必须具有抵扣税款的资格。根据我国有关税收法规的规定,由于"抵扣税款"只发生在增值税的纳税环节，所以，只有在我国境内销售货物或者提供加工、修理修配劳务以及进口货物的单位或者个人，才有抵扣税款的资格，其虚开可以用于抵扣税款的发票，可以构成虚开抵扣税款发票罪。非增值税纳税义务人由于不存在抵扣税款问题，其为自己虚开或者让他人为自己虚开可以用于抵扣税款的发票，不能以虚开抵扣税款发票罪定罪处罚；只有为增值税纳税人虚开或者介绍他人为增值税纳税人虚开可以用于抵扣税款的发票的，才能以虚开抵扣税款发票定罪处罚。

本案中，被告人芦才兴所挂靠和承租的企业，以及接受芦才兴虚开运输发票的企业，均为交通运输企业，依照有关税收法规的规定，不是增值税的纳税义务人，其虚开的发票不能作为申报抵扣税款的依据，其为自己虚开和为其他交通运输企业虚开可以用于抵扣税款的运输发票，在客观上因无申报抵扣税款的资格，既没有也不可能用于抵扣税款；芦才兴在主观上是为了少缴应纳税款，而不是为了抵扣税款，因此不能对被告人芦才兴以虚开抵扣税款发票罪定罪处罚，检察机关指控的罪名不能成立。

3. 本案中，被告人芦才兴以个体运输户的名义挂靠旭日公司和承租远航公司后，依法成为纳税义务人，为了少缴应纳税款，采取了虚开交通运输发票以虚增营业开支、冲减营业数额的方式，进行虚假的纳税申报，共偷逃税款54万余元，且偷逃税额占其应纳税额的30%上，其行为应构成逃税罪。

第七节 侵犯知识产权罪

案例一：昌达公司侵犯商业秘密案

1. 根据《刑法》第219条第3款的规定，商业秘密，是指不为公众所知悉，能为权利人带来经济利益，具有实用性并经权利人采取保密措施的技术信息和经营信息。根据这一规定，商业秘密具有秘密性、经济利益性、实用性、保密性、信息性五个基本特征。本案中的"商业秘密"指IC卡食堂管理系统的窗口机、写卡机CPU的EPO目标程序和主机管理系统的PRG和OBJ的源程序等软件。

2. 侵犯商业秘密罪的行为包括：①以盗窃、利诱、胁迫或者其他不正当手段获取权利人的商业秘密的；②披露、使用或者允许他人使用以前项手段获取的权利人的商业秘密的；③违反约定或者违反权利人有关保守商业秘密的要求，披露、使用或者允许他人使用其所掌握的商业秘密的；④明知或者应知前款所列行为，获取、使用或者披露他人的商业秘密的。昌达公司的行为属于第一项，陈锋的行为属于第三项。

3. （1）侵犯商业秘密罪是结果犯。在侵犯商业秘密案件中，权利人损失的核心是商业秘密本身价值的损失。权利人所受损失，可以根据商业秘密的研发费用、引进费用、市场转让价格等各种基准进行认定；在权利人所受损失难以计算的情况下，可将侵权人的非法所得作为损失认定的依据。

（2）也造成了损失，可以商业秘密的研发费用等为依据进行计算。

案例二：李某侵犯商业秘密案

1. "我们认为，在刑事司法实践中，'重大损失'一般是指被害人由于犯罪行为人的犯罪行为而遭受的实际物质损失。……商业秘密权利人的损失应当是商业秘密权利人在商业秘密被侵犯后，因被告人的侵权行为导致两者存在竞争关系时所带来的销售额减少的全部损失……包括以下两方面损失：一是因同业竞争直接抢占市场份额的销售额的减少。……二是商业秘密侵权引起的损失是因侵权人使用商业秘密而使权利人失去的利润，包括同业竞争迫使商业秘密权利人不得不低价销售技术产品导致的损失，或者迫使权利人在已经与合作方达成合作意向后因侵权人的介入又丧失此合作导致的损失。"[1]

2. 都应算作权利人损失。

案例三：伊特克斯公司、郭书周等侵犯商业秘密案

做了三点纠正：①被告单位的销量不等于被害单位（损失的）销量。因有多家产销，二单位涉案氙气灯生产线产销不具有非彼即此的不可替代性。②涉案氙气灯生产线只有部分技术信息应保护而非全部。③现有证据无法反映被害单位损失，因此应当以被告单位的获利计算损失。

第八节 扰乱市场秩序罪

案例一：李明华非法经营案

最高人民法院于2011年5月6日作出了（2011）刑他字第21号《关于被告人李明华非法经营请示一案的批复》，内容为："经研究，答复如下：被告人李明华持有烟草专卖零售许可证，但多次实施批发业务，而且从非指定烟草专卖部门进货的行为，属于超范围和地域经营的情形，不宜按照非法经营罪处理，应由相关主管部门进行处理。"

案例二：张建军、刘祥伟对非国家工作人员行贿案

1. 国有土地挂牌出让不同于招投标。串通投标罪的主体限于投标人、招标人，不包含竞买人。

2. 张建军是未决犯，不属于依法被关押的罪犯。

案例三：王晓丽等传销案

1. 如果"网通机"只是道具，没有使用价值，不实际交付、安装，那么就是向公众"投资人"推销返本付息产品，属于非法吸收公众存款行为。"投资人"无需"拉人头"2年内即可获得接近一倍的回报，这部分参加人不是参与传销活动。

2. 是团队计酬模式。本案被告人销售收入的主要为招商奖和级差奖。招商奖的计酬依据是直接推荐的会员投资金额的5%，级差奖的计酬依据是根据发展的下线会

---

[1] 熊丽、李凯、白云山："侵犯商业秘密案件中'重大损失'如何认定——李某侵犯商业秘密案评析"，载《刑事司法指南》2014年第2集（总第58集），法律出版社2014年版，第120页。

员的投资金额的比例计酬,与发展人员层级的多少没有关系。在"团队计酬"式传销中,"上线"的收入包括两部分:①自己销售业绩的报酬;②发展的"下线"的销售业绩获得的提成。本案被告人作为二级代理,团队计酬的上限不超过33%,与下级销售代理即一级代理所获比例27%相减后,所获销售报酬的比例占销售金额的6%,属于合理范围。

案例四:谈文明等非法经营案

1. 不构成。侵犯著作权的行为,指以营利为目的,未经著作权人许可,复制发行其文字作品、音乐、电影、电视、录像作品、计算机软件及其他作品的行为。在本案中,涉案的外挂软件的实质功能在于为游戏消费者提供超出《传奇3》游戏规则范围的额外帮助,起游戏辅助工具的效用。谈文明等被告人的行为目的也是为游戏消费者提供突破技术保护措施的技术服务从而获利,其制作网游外挂软件对网络游戏产生影响主要通过以下两个途径:一是通过对硬盘、内存之中的网络游戏客户端程序、数据进行修改或者对服务器端与客户端间的网络数据包拦截、修改来完成;二是直接挂接到网络游戏环境中运行。前者修改了网络游戏程序的代码、数据,属于对网络游戏的修改;后者由于增补了网络游戏软件的功能,同样属于对网络游戏的修改。谈文明等被告人在制作007、008外挂程序过程中,突破了《传奇3》游戏软件的技术措施,调用了《传奇3》的部分数据及图像,在运营外挂程序时挂接在《传奇3》游戏上运营。但这些行为都是为了实现对《传奇3》游戏软件的原有功能的增加,而不是将所调用的数据或图像进行简单的复制;谈文明等人将外挂程序在互联网上出售牟利也不是将《传奇3》游戏软件整体或部分复制后出售牟利。擅自制作《传奇3》外挂出售牟利侵犯的是《传奇3》游戏软件的修改权而不是复制发行权,故涉案行为不构成侵犯著作权罪。

2. 根据《刑法》第225条的规定,非法经营行为包括:①未经许可经营法律、行政法规规定的专营、专卖物品或者其他限制买卖的物品的;②买卖进出口许可证、进出口原产地证明以及其他法律、行政法规规定的经营许可证或者批准文件的;③未经国家有关主管部门批准非法经营证券、期货、保险业务的,或者非法从事资金支付结算业务的;④其他严重扰乱市场秩序的非法经营行为。

本案中,三名被告人未经批准发售外挂软件,违反电子出版物出版法规,属于"其他严重扰乱市场秩序的非法经营行为"。对于互联网上的出版发行,1997年《出版管理条例》(现已失效)第8条第1款规定:"报纸、期刊、图书、音像制品和电子出版物等应当由出版单位出版。"《互联网出版管理暂行规定》(现已失效)第6条进一步明确:"从事互联网出版活动,必须经过批准。未经批准,任何单位或个人不得开展互联网出版活动。"本案中,谈文明等被告人制作《传奇3》外挂后,未经国家有关部门审批,擅自设立"007智能外挂网"网站和"闪电外挂门户"网站,并通过上述网站在互联网上将《传奇3》外挂出售牟利,因此属于《最高人民法院关于审理非法出版物刑事案件具体应用法律若干问题的解释》第15条规定的没有相应资质而从事出版活动的非法经营行为。可以构成非法经营罪。

案例五：王丹、沈玮婷非法经营、虚报注册资本案

根据《证券法》第125条的规定，经国务院证券监督管理机构批准，证券公司可以经营证券投资咨询业务。换言之，设立证券公司和开展证券投资咨询业务，都需要经国务院证券监督管理机构批准。

案例六：李彦生、胡文龙非法经营案

1. 不属于。《关于取缔各类讨债公司严厉打击非法讨债活动的通知》虽然系"经报请国务院同意"，但从制发主体以及发布形式来看，均与《最高人民法院关于准确理解和适用刑法中"国家规定"的有关问题的通知》中关于"国家规定"范围的规定不符，不属于《刑法》第96条中的"国家规定"。该"通知"未经国务院常务会议讨论通过，也未以国务院的名义发布……并未以"国办发"文件的形式通过国务院公报面向全社会公开发布，不符合关于"国办发"文件的规定。[1]

2. 也没有达到。

案例七：王力军非法经营案

1. 无证年收购粮食50吨、经营额5万元以上。

2. 《刑法》第13条但书"情节显著轻微危害不大的，不认为是犯罪"。

3. "对象"有所不符，粮食不属于"专营、专卖"品或"限制买卖"物品。当时法规只是要求年收购50吨以上须办证。

4. 《最高人民法院关于准确理解和适用刑法中"国家规定"的有关问题的通知》规定："对被告人的行为是否属于《刑法》第225条第4规定的'其他严重扰乱市场秩序的非法经营行为'，有关司法解释未作明确规定的，应当作为法律适用问题，逐级向最高人民法院请示。"

5. 没有。方便农民生产、销售粮食到粮库。

6. 没有违法性认识错误。东北是粮食产地，田间地头、农家院场、市场粮库都有粮食买卖发生，不可能认识到自己的行为违法。

案例八：宋东亮、陈二永强迫交易、故意伤害案

1. 根据《关于审理抢劫、抢夺刑事案件适用法律若干问题的意见》，两罪的区别在于索要的钱款与商品相比，对价是否悬殊。从事正常商品买卖、交易或者劳动服务的人，以暴力、胁迫手段迫使他人交出与合理价钱、费用相差不大的钱物，情节严重的，以强迫交易罪定罪处罚；以非法占有为目的，以买卖、交易、服务为幌子，采用暴力、胁迫手段迫使他人交出与合理价钱、费用相差悬殊的钱物的，以抢劫罪定罪处刑。在具体认定时，既要考虑超出合理价钱、费用的绝对数额，还要考

---

[1] 郭慧："李彦生、胡文龙非法经营案——如何认定刑法中的'国家规定'，经营有偿讨债业务宜否认定为刑法第225条第四项规定的'其他严重扰乱市场秩序的非法经营行为'"【第1077号】，载《刑事审判参考》总第103集。

虑超出合理价钱、费用的比例，加以综合判断。本案宋东亮用暴力强迫欲以每箱60元的价格将西兰花强行卖给彭文彬，价格并不悬殊。宜认定为强迫交易罪。

2. 强迫交易的过程中致人轻伤、重伤、死亡，应当认定为想象竞合犯，择一重罪处断。故而，强迫交易的过程中致人轻伤，最后仍宣告为强迫交易罪；强迫交易的过程中致人重伤、死亡，则应宣判为故意伤害罪（致人重伤）、故意杀人罪。

3. 宋东亮指使陈二永对彭文彬实施侵害，其故意是殴打，而不是伤害。陈二永用刀刺伤彭文彬，超过宋东亮的故意范围，系实行过限，对此结果其不承担故意责任。宋东亮的行为应认定为强迫交易罪，陈二永的行为应认定为故意伤害（致人重伤）。

第六章 妨害社会管理秩序罪

第一节 扰乱公共秩序罪

案例一：周洪宝妨害公务案

1.（1）城管队员对违章建筑进行强制拆除，其公务行为的依据及程序均合法，属于国家机关工作人员依法执行职务。周洪宝采用投掷汽油瓶方式予以阻碍，系对人身的暴力，属于暴力手段。周洪宝可构成妨害公务罪。

（2）如果城管队员是违法执行公务，则周洪宝难以构成妨害公务罪，但其手段行为可能涉嫌犯罪。

2.（1）放火罪中的放火行为具有针对不特定多数人的生命、身体或财产的公共危险性，而本案中周洪宝的行为明确、直接指向特定的被害人。本案中，其投掷点燃的汽油瓶杀伤性较小，目标仅指向正在实施强拆的城管队员周奇伟个人，其他围候在周奇伟半米至一米开外的城管队员均未受到伤害，在客观上不足以危及不特定多数人的生命、健康安全。不能构成放火罪。

（2）按妨害公务罪和故意伤害罪（重伤）择一重罪处断，应当认定为故意伤害罪（重伤）。

（3）放火罪与妨害公务罪的想象竞合犯。

案例二：李勇故意伤害、汪家伟聚众斗殴案

1. "聚众斗殴"包括"聚众斗"和"聚众殴"，亦即，聚众斗殴行为的常见形态是双方对殴，但也存在只有单方殴打行为。在单方聚众殴打对方，而对方没有对殴行为的情况下，也可将聚众一方行为人的行为认定为"斗殴"行为，对该方首要分子和积极参加者，可以认定构成聚众斗殴罪。故而，本案中，李勇等人的行为属"聚众斗殴"。

2. "聚众斗殴"，应当理解为"聚众的斗殴"，即聚众者纠集参与斗殴的单方人数众多，而不是"斗殴的聚众"，即人数均众多的双方进行斗殴。故而，如果本案中被殴打一方即陈伟勋一方仅有2人，也可认定李勇是"聚众斗殴"。

3. 聚众斗殴的，对首要分子和其他积极参加者追究刑事责任。对于一般参加者，不认为构成犯罪。

4. 聚众斗殴，致人重伤、死亡的，依照故意伤害罪、故意杀人罪定罪处罚。

5. 在本案中，相关证据能够证明李勇、汪家伟等人的聚众斗殴行为导致被害人陈伟勋死亡，但无法查明导致死亡结果的直接加害人。对此情形不能认为所有参与者都对致死结果承担责任，也不能认为所有参与者都不对致死结果承担责任。应当从客观和主观两个方面，分析致死结果的承担者和主观心态。在客观方面，认可了被告人李勇、汪家伟都不是导致被害人陈伟勋死亡的直接加害人的事实。但认为李勇系聚众斗殴的纠集者即首要分子，在不能查明致死直接加害人的情况下，仍然认为其行为与死亡结果之间存在因果关系，应当对此结果负责。而汪家伟只是积极参加者，没有参与直接加害，故其行为与死亡结果之间不存在因果关系，不应对此结果负责，故其只构成聚众斗殴罪，而不成立转化犯。在主观方面，没有直接推定李勇对陈伟勋的死亡具有故意，而认为其对伤害结果具有故意，对死亡结果具有过失，从而认定其构成故意伤害罪（致人死亡）。此认定从客观和主观两方面出发，区分首要分子和积极参加者，认定原理是恰当的。

案例三：史兴其诈骗案

定性诈骗。赌博，即以偶然事件决定财产的输赢。隐瞒真相使用透视扑克牌和隐形眼镜专门工具与人以"梭哈"方式赌博，操控赌博结果获取他人钱财，丧失了偶然事件赌输赢的性质，具有诈骗性质。

第二节 妨害司法罪

案例一：俞耀交通肇事后以贿买的方式指使他人冒名顶罪、教唆伪证案

1. 交警队一般只是行政执法机构，其处理和认定交通事故属于行政程序，不属刑事诉讼。但有些交警队负有交通肇事犯罪案件的刑事立案、侦查权，对于已涉嫌犯罪的交通肇事案进行侦查，属于刑事诉讼侦查阶段。本案就案情而言，俞耀涉嫌交通肇事罪，武义县交警队可能是以刑事案件立案并侦查的，即可认为涉案行为发生在刑事诉讼中。

2. 雷荣庆不能构成诬告陷害罪，因诬告陷害罪的对象是他人；雷荣庆不能构成伪证罪，因伪证罪的主体是证人、鉴定人、记录人和翻译人，而不能是犯罪嫌疑人本人。其顶罪行为可构成包庇罪，亦即明知俞耀是真正的犯罪人，而作假证明予以包庇。

3. 周慧、蒋森火、金团新三人，如在刑事案件的侦查阶段作虚假证言，构成伪证罪。

4. 徐惠琴收受顶罪的费用、与作伪证的证人商议、假装是肇事者家属交纳赔偿款，这些行为中其没有作出任何假证明，不属于刑法规定的"作假证明包庇"的行为。之后其又作了虚假证言的行为，该行为可认为是伪证罪。

5. （1）因雷荣庆不是证人，俞耀贿买雷荣庆为其顶罪的行为不能构成妨害作证罪，单独评价是包庇罪的教唆犯。

（2）蒋森火、金团新是证人，俞耀唆使蒋森火、金团新作伪证可以构成妨害作证罪。

（3）犯罪人本人作伪证，在我国刑法中因其不是证人，故不触犯伪证罪，因而不数罪并罚。但如其系包庇罪的教唆犯、妨害作证罪，倒没有明文规定不可以数罪并罚。

6. 法院认为，雷荣庆、徐惠琴、周慧三人知道俞耀是真正的犯罪人（是交通事故的目击证人），故而认为三人作虚假证言是包庇罪；蒋森火、金团新并不知道俞耀是真正的犯罪人（不是交通事故的目击证人），故而认为二人作虚假证言是伪证罪。这种标准显然不对，错在对"证人"进行了错误的理解。伪证罪中的"证人"指在刑事诉讼中作证的人，无论其是否属目击证人，或者真正知晓案情，不是事实上具有作证资格的人。

7. 作虚假证言的人都认为构成包庇罪。

案例二：金福祥被盗后夸大被盗数额案

1. 刑法中作为伪证罪主体的"证人"能够包括被害人。刑法中"刑事诉讼中"可以包括刑事案件立案前的初查阶段。刑法中概念的含义不一定必须要与刑事诉讼法中概念的含义保持一致，不仅如此，而且经常会有所不同。

2. 根据《刑法》第243条诬告陷害罪的措辞"意图使他人受刑事追究"，说明诬告陷害行为只包括将无罪之人陷害为有罪，而不包括将罪轻之人陷害为重罪。

3. 可以构成诬告陷害罪。

案例三：被害人闫永辉收受财物改变陈述帮助嫌疑人逃避罪责案

1. 《刑法》中作为伪证罪主体的"证人"包括被害人。被害人在刑事诉讼中作伪证，意图使犯罪的人逃避罪责的，可构成伪证罪。法院是以刑事诉讼法中的"证人"的范围来界定刑法中的"证人"，认为被害人不是证人，故而认为被害人作伪证构成包庇罪。

2. 可以构成妨害作证罪。

3. （1）可以构成诬告陷害罪。因当时法院已查明吴迪不构成犯罪，而闫永辉却捏造事实控告其犯罪。有证据证明强奸系属捏造。

（2）当然不是。如实控告不改变陈述，即使被控告被宣告无罪，例如因证据不足而宣告无罪，也没有证据证明控告人系捏造事实，即不能认定其构成诬告陷害罪。

案例四：李敬、邹汉东妨害作证、刘军帮助伪造证据案

1. 魏丹、李晖等人在民事诉讼中作虚假陈述，不能构成伪证罪，因伪证罪只能发生在刑事诉讼中。

2. 李敬、邹汉东、曹元利等人，指使民事诉讼中的证人作伪证，构成妨害作证罪。

3. 刘军构成帮助伪造证据罪。因辩护人、诉讼代理人毁灭证据、伪造证据、妨害作证罪只发生在刑事诉讼中，故而刘军不构成诉讼代理人伪造证据罪。

案例五、陈某、欧阳某等掩饰、隐瞒犯罪所得案

《最高人民法院、最高人民检察院关于办理危害计算机信息系统安全刑事案件应用法律若干问题的解释》第 7 条："明知是非法获取计算机信息系统数据犯罪所获取的数据、非法控制计算机信息系统犯罪所获取的计算机信息系统控制权，而予以转移、收购、代为销售或者以其他方法掩饰、隐瞒，违法所得 5000 元以上的，应当依照《刑法》第 312 条第 1 款的规定，以掩饰、隐瞒犯罪所得罪定罪处罚。"

案例六：贾庆显等掩饰、隐瞒犯罪所得收益案

1. 刘某、沈某、石某等人实施的行为，系盗窃行为，同时系破坏公用电信设施的行为。如其已满 16 周岁，因盗窃数额未达较大，不认定为盗窃罪；可构成破坏公用电信设施罪。

2. （1）掩饰、隐瞒犯罪所得、犯罪所得收益罪中的"犯罪所得、犯罪收益"指犯罪行为所得、所得收益，不考虑本犯的刑事责任年龄、刑事责任能力。

（2）本案中，本犯实施的行为已符合破坏公用电信设施罪的客观构成要件并具有故意，只是因不满 14 周岁达不到追究刑事责任的年龄，所得系犯罪所得。

（3）不是犯罪所得，是违法所得。

3. "犯罪所得"指犯罪行为直接获取的赃物、赃款；"犯罪所得收益"指对犯罪所得进行处理后得到的超过犯罪所得价值的利润。本案被告人贾庆显、贾连仁应认定为掩饰、隐瞒犯罪所得罪。

案例七：袁某某信用卡诈骗，张某某掩饰、隐瞒犯罪所得案

1. 本案中，张某某所犯之罪并不严重，要求妻子拒绝接受丈夫拿回家的 2 万元，实在勉为其难，缺乏期待可能性，故应当减免其罪责。

2. 捡到他人信用卡冒用的，构成信用卡诈骗罪。在机器上冒用还是针对人冒用，不影响定性。

案例八：汪照洗钱案

1. 刑法中的明知包括确定性的明知，也包括推断性的明知。根据《最高人民法院关于审理洗钱等刑事案件具体应用法律若干问题的解释》第 1 条第 2 款第 6 项的规定，协助近亲属或者其他关系密切的人转换或者转移与其职业或者财产状况明显不符的财物，可以认定被告人明知系犯罪所得及其收益，但有证据证明确实不知道的除外。

2. 区丽儿可以构成洗钱罪；区伟能因系上游犯罪的主体，当前一般不认定构成洗钱罪。

3. 被告人汪照触犯掩饰、隐瞒犯罪所得罪，也触犯窝藏、转移、隐瞒毒赃罪。根据《最高人民法院关于审理洗钱等刑事案件具体应用法律若干问题的解释》第 3 条的规定，应当依照处罚较重的规定定罪处罚。

案例九：姜某掩饰、隐瞒犯罪所得案

本案对犯罪所得"实物"进行物理意义的掩藏，是掩饰、隐瞒犯罪所得罪。以把赃钱"洗白"的方式掩饰、隐瞒犯罪所得的性质和来源，是洗钱罪。

案例十：孙善凯、刘军、朱康盗窃案

《刑法》第312条第2款规定，犯掩饰、隐瞒犯罪所得罪事先通谋的，以共犯论。

案例十一：侯某某掩饰、隐瞒犯罪所得案

1. 不成立。因为掩饰、隐瞒犯罪所得罪本质上是"事后共犯"，对上游犯罪具有助长作用且由上游犯罪分子交付、处分而取得。本案被告人出于非法占有目的、违背上游犯罪分子的意志而取得，不符合掩饰、隐瞒犯罪所得罪"事后共犯"的实质特征。

2. 具有利用职务上便利的特征，应是职务侵占性质[1]，但远未达到6万元的立案标准。

案例十二：龙某某拒不执行判决案

1. 有部分执行能力即可认定有执行能力，可以分次逐步履行，不以具备一次性全部履行能力为必要。根据实质标准认定，即使被执行人名下没有"显性"财产如存款、房产，但是有稳定收入、高消费、高支付等情况，表明被执行人相当的经济实力，可以认定有能力执行。[2]

2. 有四种观点：①宣告裁判结果说；②裁判结果生效说；③执行程序立案说；④执行文书送达说。裁判结果生效说为通说。[3]

案例十三：何弦、汪顺太非法处置扣押的财产案

1. 不是。只是本案不足以认定被告人具有非法占有目的。

2. 就本案情况，不应当没收。①没收限于犯罪人本人所有的财物，本案汽车是夫妻共有财物；②犯罪工具一般指专门用于犯罪的工具。汽车是通用交通工具，且涉案不深不多，不应没收。

案例十四：陈维仁等脱逃案

1. （1）根据1997年《刑法》第316条的规定，脱逃罪的主体为"依法被关押的罪犯、被告人、犯罪嫌疑人"。1979年《刑法》第161条规定的脱逃罪的主体为"依法被逮捕、关押的犯罪分子。也就是说，1997年《刑法》中脱逃罪的主体不论是否是真正的犯罪人，而1979年《刑法》中脱逃罪的主体是真正的犯罪人。

---

[1] 陆建红："侯某某掩饰、隐瞒犯罪所得案——保安将巡逻时抓获的盗窃犯罪分子盗窃所得物据为己有的行为如何定性？"【第1114号】，载《刑事审判参考》总第104集。

[2] 付想兵、王向明："龙某某拒不执行判决案——如何理解拒不执行判决、裁定罪中的'有能力执行'？"【第1204号】，载《刑事审判参考》总第110集。

[3] 付想兵、王向明："龙某某拒不执行判决案——如何理解拒不执行判决、裁定罪中的'有能力执行'？"【第1204号】，载《刑事审判参考》总第110集。

（2）若陈维仁单独逃脱，按行为时的刑法（1979年《刑法》）不构成脱逃罪，按审判时的刑法（1997年《刑法》）构成脱逃罪。

2. 陈维仁为董峥荣等真正犯罪人的脱逃提供帮助，可构成董峥荣等人脱逃罪的帮助犯。

第三节　妨害国（边）境管理罪

案例：杨崇贤等人涉嫌运送他人偷越国境罪

1. 陈登松、林尚耀二人构成偷越国境罪。

2.（1）依照《最高人民法院、最高人民检察院关于办理妨害国（边）境管理刑事案件应用法律若干问题的解释》，"组织他人偷越国（边）境"指领导、策划、指挥他人偷越国（边）境或者在首要分子指挥下，实施拉拢、引诱、介绍他人偷越国（边）境等行为。亦即，要求有组织、有计划，一般组织偷越的人员众多。运送他人偷越国（边）境罪，要求有"运送"行为，即运输、输送行为，指以车、船、航空器等交通工具或其他方法如徒步带领，将越境的违法犯罪分子偷运送出或接入国（边）境的行为。三罪的区别在于：偷越国（边）境罪只需行为人违反国（边）境管理法规，偷越国（边）境，情节严重即可构成该罪，而运送他人偷越国（边）境罪、组织他人偷越国（边）境罪分别要求行为人实施运送行为、组织行为，且主观上具有相对应的故意。具体而言，后两罪的界限在于：①客观行为不同。前者是运送行为，后者是组织行为。明知他人组织他人偷越国（边）境，而参与购买、联系、安排船只、汽车等交通工具，提供运输服务，将非法出境人员送至离境口岸、指引路线，甚至是积极对偷渡人员进行英语培训以应付通关的需要，转交与出境人员身份不符的虚假证件，安排食宿、送取机票等行为，均是为组织他人偷越国（边）境提供帮助，且由于主观目的及行为缺乏组织性，不能认定为组织他人偷越国（边）境罪的共同犯罪，而应认定为运送他人偷越国（边）境罪。组织他人偷越边境罪中的"组织"主要有两种方式：一是领导、策划、指挥他人偷越边境的行为；二是在首要分子指挥下，实施拉拢、引诱、介绍他人偷越边境等行为。对于拉拢、引诱、介绍三种方式以外的其他协助行为，一般不宜认定为"组织"行为。②主观故意内容不同。前者是运送他人偷越国（边）境的故意，后者是组织他人偷越国（边）境的故意。③对于既组织又运送他人偷越国（边）境的，如何定罪，应作具体分析。如果运送他人偷越国（边）境只是组织他人偷越国（边）境的有机组成部分，应按组织他人偷越国（边）境罪定罪处刑。如果二者是互不相关的独立的犯罪，则应分别定罪，数罪并罚。

（2）本案无证据证明三人的行为具有组织性，故不构成组织他人偷越国境罪。三人亦没有实施"运送"行为，只是采用护照调包的方式让其出境，故不构成运送他人偷越国境罪。因提供的证件不是伪造、变造的，因此也不构成提供虚假的出境证件罪。本案三被告人应当认定为偷越国境罪的帮助犯。

(3) 法院是以收钱营利与否来区分运送他人偷越国境罪与偷越国境罪的帮助犯的，而刑法没有明文规定运送他人偷越国境罪必须以营利为目的，并且，"运送"的含义不是指"送人"而是指"输送、护送穿越国（边）境"，故法院没有依照法条判案。

第四节　妨害文物管理罪

案例：刘大力、曹振庆、赵殿永等盗掘古文化遗址、倒卖文物、转移赃物案

1. 刘大力等人盗掘古文化遗址的行为触犯盗掘古文化遗址罪，盗窃其中的文物行为触犯盗窃罪，出售所盗文物的行为触犯倒卖文物罪。根据《刑法》第 328 条第 4 项的规定，盗掘古文化遗址罪可以包容盗窃其中文物的行为；倒卖所盗文物，系盗掘古文化遗址罪的事后不可罚行为。从而，刘大力等人的行为最终宣判的罪名为盗掘古文化遗址罪。

2. 申小虎、周长安的行为同时触犯倒卖文物罪和掩饰、隐瞒犯罪所得罪，系想象竞合犯，应当择一重罪处断。

3. 掩饰、隐瞒犯罪所得罪。

第五节　危害公共卫生罪

案例：周兆钧被控非法行医案

1. 根据《最高人民法院关于审理非法行医刑事案件具体应用法律若干问题的解释》（自 2008 年 5 月 9 日起施行）第 1 条的规定，"未取得医生执业资格的人非法行医"包括：未取得或者以非法手段取得医师资格从事医疗活动的；个人未取得《医疗机构执业许可证》开办医疗机构的；被依法吊销医师执业证书期间从事医疗活动的；未取得乡村医生执业证书，从事乡村医疗活动的；家庭接生员实施家庭接生以外的医疗行为的。本案中，周兆钧取得医生执业资格，虽未经注册但仍可视为取得，但其未取得《医疗机构执业许可证》，符合前述解释规定的"个人未取得《医疗机构执业许可证》开办医疗机构的"，属于非法行医罪的主体。

2. 周兆钧给被害人王建辉注射青霉素针，没有违反技术操作规范，王建辉因青霉素过敏而死亡；即使在正规医院，也会导致此结果，因此不存在刑法上的因果关系。

3. （1）一审法院认定有因果关系，从而适用加重刑档次，其认定存在错误；二审法院、省高院的判决，具有形式合理性；最高人民法院的判决理由不当，但出罪的结论具有实质合理性。

（2）①认为其在家中免费诊疗，不属于"开办医疗机构"，故而不属行医行为，更不定性为"非法行医"；②因死亡与其行为无因果关系，且属意外事件，故不构成过失致人死亡；③适用《刑法》但书出罪，但前提是认为其行为是危害行为。

第六节 破坏环境资源保护罪

案例：李波盗挖城市行道树案

1. 盗伐林木罪中的犯罪对象"林木"一般指大片的、活的林木。根据《最高人民法院关于审理破坏森林资源刑事案件具体应用法律若干问题的解释》第9条的规定，将国家、集体、他人所有并已经伐倒的树木窃为己有，以及偷砍他人房前屋后、自留地种植的零星树木，数额较大的，应以盗窃罪定罪处罚。也就是说，"林木"不包括零星树木。本案行为对象城市中的行道树，不属于"林木"。

2. 盗伐林木罪中的行为"盗伐"即为偷砍的意思。"盗伐"的行为直接导致活立木的死亡，行为实施当场就对森林资源和生态环境造成破坏。本案中的"盗挖"行为不属于"盗伐"。

3. 盗伐林木罪与盗窃罪存在法条竞合关系，盗伐林木罪一定包括盗窃财物的内容，系整体法与部分法的关系。但盗窃罪还可盗窃其他财物。本案中，被告人李波的行为只符合盗窃罪的构成要件，不符合盗伐林木罪的构成要件，应以盗窃罪论处。

4. 王夫兴、陆文贤、范建民、王吾兵等人受被告人李波欺骗而挖走国家所有的树木，其不知树木的权属，没有盗窃故意，不构成犯罪。被告人李波欺骗上述人等，系盗窃罪的间接正犯。

第七节 走私、贩卖、运输、制造毒品罪

案例一：彭佳升贩卖、运输毒品案

1. 《刑法》已将运输毒品行为单独规定为实行行为，没有证据证明其是以贩卖为目的而运输毒品的，应认定为运输毒品罪。

2. 因属选择性罪名，运输、贩卖不同种类的毒品，也不数罪并罚，犯罪数额应当累加计算。

3. 不构成自首，因交代的是同种罪行。

案例二：刘继芳贩卖毒品案

1. 对事实一，一审定性式表述"两次销售"；二审则叙述两次事实过程。

2. 2008年印发的《全国部分法院审理毒品犯罪案件工作座谈会纪要》（《大连会议纪要》）规定："有证据证明行为人不以牟利为目的，为他人代购仅用于吸食的毒品"，对托购者、代购者不以贩卖毒品罪定罪处罚。数量较大的，以非法持有毒品罪定罪。法发〔2015〕129号"武汉纪要"进一步明确："行为人为他人代购仅用于吸食的毒品，不认为是贩卖毒品罪。但是"在交通、食宿等必要开销之外收取'介绍费''劳务费'，或者以贩卖为目的收取部分毒品作为酬劳的，应视为从中牟利，属于变相加价贩卖毒品，以贩卖毒品罪定罪处罚。"

3. 不排除，但可以酌情从轻处罚。

第八节 组织、强迫、引诱、容留、介绍卖淫罪

案例一：李宁组织同性卖淫案

1.（1）卖淫指金钱与性的交易，既包括同性之间，也包括异性之间。
（2）组织他人卖淫中的"他人"，主要是指女性，也包括男性。
2. 组织卖淫罪中的"组织"行为指以招募、雇佣、引诱、容留等手段，控制、管理多人从事卖淫。介绍卖淫没有组织性。本案李宁构成组织卖淫罪。

案例二：吴祥海介绍卖淫案

介绍卖淫，是指行为人同卖淫者之间存有关系，目的是使卖淫者的卖淫行为能够实现。"宝都发廊"业主林爱桃曾经向吴提出今后带朋友去玩，这一要求既有让吴来嫖娼，也有让吴为发廊卖淫者招揽嫖客之意。吴将夏、李带至"宝都发廊"，有为"宝都发廊"业主林爱桃及其属下卖淫者介绍卖淫的作用和目的，具有介绍卖淫的性质。如果仅仅是向嫖客介绍卖淫场所、人员，或者带人去嫖娼，不是促成卖淫者的卖淫活动，是介绍嫖娼而不是介绍卖淫。

案例三：张桂方、冯晓明组织卖淫案

组织卖淫之"组织"行为"具体体现在：①提供固定卖淫场所；②规定上班时间和地点；③雇佣人员负责拉客，为卖淫女提供客源；④规定卖淫收入的分配比例，先由被告人收取嫖资后再分配；⑤为卖淫活动寻求保护。这些特征，均为单一的引诱、容留、介绍卖淫罪所不能涵括"。[1]

第九节 制作、贩卖、传播淫秽物品罪

案例一：方惠茹传播淫秽物品牟利案

1. 可以。《最高人民法院、最高人民检察院关于办理利用互联网、移动通讯终端、声讯台制作、复制、出版、贩卖、传播淫秽电子信息刑事案件具体应用法律若干问题的解释（一）》第1条第1款第6项已作规定。
2.（1）传播淫秽物品牟利罪中的"淫秽物品"应当限定为物品，包括有形物和无形物，不应当包括信息。"点对面"式网络裸聊所传递出来的是具有淫秽性的信息。虽有淫秽性，但难以认定为"物品"。
（2）尽管符合立法目的，但却有类推解释之嫌。最好通过刑法修正的方式，将"淫秽物品"修正为"淫秽物品与信息"。

案例二：何肃黄、杨柯传播淫秽物品牟利案

1. 在互联网上刊载淫秽图片、小说、电影的行为，若能够被不特定公众知悉，

---

[1] 最高人民法院刑四庭杨华、广东省高级人民法院吴海涛、周晶撰稿，最高人民法院刑四庭陆建红审编："张桂方、冯晓明组织卖淫案——如何区分与认定组织卖淫罪与引诱、容留、介绍卖淫罪以及如何认定组织卖淫罪的'情节严重'?"【第1054号】，载《刑事审判参考》总第101集。

可认定为"传播"。

2. 传播淫秽物品牟利罪中的"牟利"要素系主观目的要求，即欲图牟利，并不需要实际获利。欲图牟利的手段和方式不限，以赚取广告收入为目的，也属具有牟利目的。

第七章 渎职罪

第一节 滥用职权罪、玩忽职守罪

案例一：周根强、朱江华非国家工作人员受贿案

1. 二审提出了前期公司与更强公司签订的"协议"，证明是"劳务"协议，收取劳务费用、二被告人仍属更强公司员工。签协议、赚取劳务费，是市场经济关系。

2. 二审判决理由指出：根据《全国人民代表大会常务委员会关于〈中华人民共和国刑法〉第九章渎职罪主体适用问题的解释》，在依照法律、法规规定行使国家行政管理职权的组织中从事公务的人员，或者在受国家机关委托代表国家机关行使职权的组织中从事公务的人员，或者虽未列入国家机关人员编制但在国家机关中从事公务的人员，在代表国家机关行使职权时，有渎职行为，构成犯罪的，依照刑法关于渎职罪的规定追究刑事责任。本案中前期公司属于受国家机关委托代表国家机关行使职权的组织，更强公司不属于。"对于公司、企业工作人员而言构成滥用职权罪的主体，应是依法或受国家机关委托代表国家机关行使行政管理职权的公司、企业、事业单位的工作人员，周根强、朱江华二人工作职能的依据系前期公司与更强公司之间的委托协议之规定及前期公司管理人员季某某、邬某某的口头委托，并非依法或受国家机关委托进行工作。故周根强、朱江华二人不符合滥用职权罪主体身份的要求。"[1]这里有三个单位：①市政工程处（国家机关）；②前期公司（国有公司）；③更强公司（民企）。二被告人是民企更强公司的员工，不是受市政工程处（国家机关）委托从事行政管理事务（动迁工作），不是国家机关工作人员，也不是前期公司（国有公司）委派到更强公司从事公务的工作人员。其一，二公司之间是合同关系，一方支付费用、另一方提供劳务，不是委派关系；其二，更强公司不是国有参股控股公司。

如果二被告人是前期公司工作人员，则①是受市政工程处（机关）委托从事市政工程拆迁工作，是渎职罪主体。②国有公司的工作人员，是国家工作人员。

案例二：许宗强徇私不履行职责案（福建长乐拉丁酒吧火灾案）

1. 指控许宗强实施的滥用职权行为是：发现拉丁酒吧未取得消防的批准文件而先行开业，但未提出警告和整改意见，督促整改，也未上报；并且向监管对象通风

---

[1] 上海市第二中级人民法院陈姣莹、朱婷婷、宋文健撰稿，最高人民法院刑二庭刘晓虎审编，"周根强、朱江华非国家工作人员受贿案"【第1207号】，载《刑事审判参考》总第111集。

报信，让其逃避处罚。根据公安部《公共娱乐场所消防安全管理规定》《公安派出所执法执勤工作规范》，民警对辖区内的娱乐场所的消防安全以及其他安全负有检查、警告、整改、督促义务、通知上报。许宗强不履行此义务，是违背职责的行为。许宗强应当督促而不督促，系不作为。

2. 造成火灾具有多项原因，拉丁酒吧明知消防设备有问题仍违法经营是直接原因。许宗强、消防部门未尽到监管职责，也是原因之一。从条件说的角度出发，如果许宗强履行了自己的职责，则存在安全隐患的拉丁酒吧就不会继续营业，火灾结果就不会发生，因此许宗强不履行职责的行为是发生火灾结果的条件之一。当然，许宗强、消防部门对其都有监管义务，都是造成火灾结果的条件，存在责任分担的问题。消防部门也未尽到消防监管职责，不会排除许宗强的行为与结果之间的因果关系，但可能减少其责任。

3. 滥用职权罪与玩忽职守罪的区别在于行为人对于行为的主观心态，故意不履行职责为滥用职权，过失不履行职责为玩忽职守。本案中，结合许宗强受贿、通风报信、事后补签手续等事实推断，许宗强应当明知不履行职责是违反规定的，故而对于不履行职责的行为是故意，当然对于火灾结果是过失的，因而构成滥用职权罪而非玩忽职守罪。

4. 受贿后又实施滥用职权罪，如果受贿行为构成受贿罪，根据《最高人民法院、最高人民检察院关于办理渎职刑事案件适用法律若干问题的解释（一）》第3条的规定，应当数罪并罚。如果受贿行为不构成犯罪的，按照《刑法》第397条第2款的规定，属于徇私舞弊犯滥用职权罪，应在更高法定刑幅度内量刑。

案例三：郑筱萸受贿、玩忽职守案

1. 刑法中规定的玩忽职守的行为包括：过失的不履行职责、不认真履行职责、不正确履行职责。

一审法院认定的郑筱萸玩忽职守的行为具体体现为：①明知专项工作系重要工作，却只将其当作该局注册司的一项常规工作来对待，草率签发了187号文件，启动了专项工作，严重违反国家药监局《国家药品监督管理局工作规则（试行）》的规定。②擅自同意并签发了注册司上报的582号文件，削弱了国家药监局的监管力度，降低了对药品的审核标准。③明知注册司的请示意见违反有关行政法规，却签批同意，致使大量依法应予撤销的药品获得了批准文号。

2. 根据《最高人民检察院关于渎职侵权犯罪案件立案标准的规定》，玩忽职守的重大损失结果包括：①造成死亡1人以上，或者重伤3人以上，或者重伤2人、轻伤4人以上，或者重伤1人、轻伤7人以上，或者轻伤10人以上的；②导致20人以上严重中毒的；③造成个人财产直接经济损失15万元以上，或者直接经济损失不满15万元，但间接经济损失75万元以上的；④造成公共财产或者法人、其他组织财产直接经济损失30万元以上，或者直接经济损失不满30万元，但间接经济损失150万元以上的；⑤虽未达到③④两项数额标准，但③④两项合计直接经济损失30万元以上，或者合计直接经济损失不满 30 万元，但合计间接经济损失 150 万元以上的；⑥造成公司、企业等单位停业、停产 1 年以上，或者破产的；⑦海关、外汇管理部门的工作人员严重不负责任，造成 100 万美元以上外汇被骗购或者逃汇 1000 万美元以上的；⑧严重损害国家声誉，或者造成恶劣社会影响的；⑨其他致使公共财产、国家和人民利益遭受重大损失的情形。

一审法院认定郑筱萸玩忽职守行为造成的重大结果包括：①致使大量不应换发文号或应予撤销批准文号的药品获得了文号，为药品生产中的造假提供了可乘之机。②之后为清理假药，耗费了大量的人力、财力。③造成了恶劣的社会影响。

案例四：翁余生被控滥用职权案

1. 翁余生实施了滥用职权行为，其行为是：违反规定将火工材料审批给袁庆鸿、张日滨使用，并且未进行跟踪管理。该行为导致的直接结果是：袁庆鸿、张日滨违规获取了火工材料；间接结果是：火工材料被转卖用于无证煤窑雁吉井的生产。

2.（1）雁吉井发生火灾的原因主要是：雁吉井业主及管理人员严重不负责任，造成空压机过热引起火灾；火灾不是由于生产中使用火工材料引发的。

（2）从条件关系上看，雁吉井得以维持非法生产采矿的火工材料的来源是多渠道的，仅有一部分来源于被告人翁余生滥用职权而批出的火工材料。没有翁余生违规批出火工材料，雁吉井也能继续生产，火灾仍会发生。故而翁余生的行为与火灾结果没有条件关系，当然也无因果关系。

（3）如果本案中雁吉井发生火灾是因其在生产中违规使用翁余生批出的火工材料导致，则翁余生的行为与火灾结果之间存在条件关系，但仍不存在刑法上的因果关系，因介入因素有袁庆鸿、张日滨的非法转卖和转借、雁吉井的违规操作，因翁余生是将火工材料批给合法煤洞使用，其被转卖及非法煤洞违规操作，不在其注意义务的范围之内，不应归责。

3. 翁余生不能构成滥用职权罪，因滥用职权的行为未造成结果。滥用职权罪的构成以重大损失结果为必要构成要素，因此无未遂形态。

案例五：龚晓被控玩忽职守案

1. 被告人龚晓作为从事驾驶员体检工作的国家机关工作人员负有对持证驾驶员进行体检的职责，在对蒋明凡换领驾驶证的申请进行审核时，龚晓既未对蒋明凡进行体检，也未要求其到指定的医院体检，违反规定自行在其《机动车驾驶证申请表》相关栏目填写，致使自 1995 年左眼视力即已失明的蒋明凡换领了准驾 B 型车辆的驾驶证，因此被告人龚晓的玩忽职守行为客观存在。

2.（1）法院认为，龚晓为蒋明凡出具的虚假体检结论的效力只有 1 年，只及于 1999 年，而其驾驶的客车肇事发生在 2002 年，龚晓的失职行为对此结果没有影响力，应由 2002 年作出审验的交警承担责任。

（2）可能会具有因果关系，因客车肇事的原因中包括"在患有妨碍安全行车的疾病"不得驾驶的因素。若确有证据证明客车肇事是因蒋明凡左眼视力失明造成的，则具有因果关系。

案例六：姜顺祥被控玩忽职守案

1. 经济损失尚未确定，无过错。造成损失的原因，是因政策调整、紧缩银根、贷不到款等客观原因造成的，姜顺祥对此无法预料，也无力挽救，其主观上没有过失，属意外事件和不可抗力。集体决策失误。最主要的理由是没有过错。

2. 不尽然。在经济投资中，投资决策人对于投资风险也有谨慎注意义务。对于能够预测到政策调整没有预测到而造成损失的，仍需承担过失责任。

第二节　司法工作人员渎职罪

一、徇私枉法罪

案例：杨有才徇私枉法案

1. 国家机关工作人员的本质特征在于代表国家机关从事公务，不要求必须具有国家机关干部身份。根据《刑法》第94条的规定，司法工作人员为"具有侦查、检察、审判、监管职责的工作人员"，杨有才在公安机关借用期间，先后在治安科、刑侦大队工作，在受指派办理铁东海等人奸淫幼女一案中，参与了传唤、抓捕、押解、审讯等工作。虽为公安机关借用，但却在公安机关中从事国家公务，应当认定为国家机关工作人员中的司法工作人员，符合徇私枉法罪的主体要件。根据《全国人大常委会关于刑法第九章渎职罪主体适用问题的解释》（2002年12月28日通过）的规定，虽未列入国家机关人员编制但在国家机关中从事公务的人员，在代表国家机关行使职权时，有渎职行为，构成犯罪的，依照《刑法》关于渎职罪的规定追究刑事责任。本案审理虽在此立法解释颁布之前，但亦可根据"公务说"的原理推导出杨有才系司法工作人员。

2. 如对三次行为单独评价：①第一次故意放弃对付松召的查找抓捕，为使其不受追究，应当采取强制措施而不采取，触犯徇私枉法罪。其受贿行为因数额不够不构成受贿罪。②第二次让杨文罡通知王凯、郭俊锋二人"注意躲躲"，示意二人隐匿，对王凯、郭俊锋二人而言杨有才实施了帮助犯罪分子逃避处罚的行为，也足以使二人不受刑事追究，因此同样触犯徇私枉法罪。此时，徇私枉法罪可以包容帮助犯罪分子逃避处罚的行为（是其手段）。此外，其目的是使付松召不被查获，对付松召而言杨有才触犯徇私枉法罪。③第三次示意犯罪分子串供，以包庇付松召，触犯徇私枉法罪。

从整体上看，杨有才实施的三次行为都是为了实现使付松召不受刑事追究的目的，对付松召而言杨有才构成徇私枉法罪，但部分行为重合并可包容帮助犯罪分子逃避处罚罪，整体上构成徇私枉法罪。

3. ①单从两罪的犯罪构成要件比较而言，主要区别在于主体和行为。在客观行为方面，帮助犯罪分子逃避处罚罪的客观行为仅表现为向犯罪分子通风报信、提供便利以帮助其逃避处罚。徇私枉法罪的手段行为较多，目的行为包括三种：对明知是无罪的人而使他受追诉；对明知是有罪的人而故意包庇不使他受追诉；在刑事审判活动中，故意违背事实和法律作枉法裁判的。在主体方面，帮助犯罪分子逃避处罚罪的主体为有查禁犯罪活动职责的国家机关工作人员。徇私枉法罪的主体为司法工作人员。②从两罪的关系上讲，在整体上，可认为徇私枉法罪、帮助犯罪分子逃避处罚罪是基本法与补充法的关系，能认定为徇私枉法罪即优先适用此罪（如负责本案的司法工作人员），不能构成徇私枉法罪才考虑构成帮助犯罪分子逃避处罚罪（如其他查禁犯罪活动的国家机关工作人员）。当主体都是查禁该具体犯罪的司法工作人员时，采用帮助犯罪分子逃避处罚的方式对明知是有罪的人故意包庇而不使他受追诉，帮助犯罪分子逃避处罚是徇私枉法的手段行为，二者是整体法与部分法的关系。

4. 司法工作人员利用负责该案的职权包庇，即是徇私枉法罪。其他包庇的情形是包庇罪。

二、民事、行政枉法裁判罪

案例：莫兆军判错案导致被告人自杀案

1. 民事、行政枉法裁判罪是滥用职权罪的特别法条，行为人主观方面为故意，系故意判错案。而过失判错案涉嫌玩忽职守罪。

2. 自杀系自杀者本人的意愿，莫兆军的错判行为与自杀结果之间不存在刑法上的因果关系。

3. 给予当事人补偿的23万元，不是依照法律程序作出的，此后果不能归责于被告人。

4. 该民事诉讼错判，主要是由于原告李兆兴及冯志雄的欺骗造成的。莫兆军依常规、常理审理诉讼欺诈案件未能识破骗局，不能认定有重大过错。对于民事诉讼被告人自杀，不能预见，没有过失。

5. 其无故意也无过失，既不构成民事、行政枉法裁判罪，也不构成玩忽职守罪。

三、其他与司法相关的渎职罪

案例一：吴鹏辉等私放在押人员案

1. 按照"公务说"，只要实际履行国家机关工作人员的职责，即使没有正式获得或不具有国家机关工作人员的身份，也属国家机关工作人员。根据《全国人大常委会关于刑法第九章渎职罪主体适用问题的解释》（2002年12月28日通过）的规定，虽未列入国家机关人员编制但在国家机关中从事公务的人员，在代表国家机关行使职权时，有渎职行为，构成犯罪的，依照《刑法》关于渎职罪的规定追究刑事责任。即使没有正式编制但从事国家机关工作，也是国家机关工作人员。本案叶火兴经过国家的正式公务员考试后被依法录用，其已成为国家公务人员，只是见习而未转正，受单位指派，执行对罪犯张祖潮在监狱外医院治疗期间的监管任务，当然是国家机关中的司法工作人员。并且根据《最高人民法院关于未被公安机关正式录用的人员、狱医能否构成失职致使在押人员脱逃罪主体问题的批复》（2000年9月

22 日起施行）的规定，对于未被公安机关正式录用，受委托履行监管职责的人员，由于严重不负责任，致使在押人员脱逃，造成严重后果的，应当依照构成失职致使在押人员脱逃罪定罪处罚。不负监管职责的狱医，不构成失职致使在押人员脱逃罪的主体。但是受委派承担了监管职责的狱医，由于严重不负责任，致使在押人员脱逃，造成严重后果的，应当依照构成失职致使在押人员脱逃罪定罪处罚。以此推理，故意私放的，当然也构成私放在押人员罪。

2. "私放"的含义是未经法定程序擅自非法释放，包括永久释放和暂时释放。被私放的在押人员脱管时间长短、是否按时返回监管场所，均不影响成立私放在押人员罪。被告人的行为属于私放。明知暂时释放是违法违规的还故意实施，具有私放故意。

3. 如其辩解属实，其系误将私放当惯例，对行为性质具有违法性认识错误，不影响故意的成立。因一般狱警对此行为的违法性均可认识，故属于具有认识可能性的违法性认识错误，不阻却责任。

4. 罗文其的辩解理由是执行上级的法令行为。因执行法令至少外观上不能非法，本案罗文其明知私放非法仍执行，不能阻却违法性，但可减轻责任。

5. 因其签署意见和加盖公章的材料，并不是虚假材料，只是未经核实而已，其未实施捏造事实、伪造材料、隐瞒真实情况等行为，其不构成徇私舞弊减刑罪。

案例二：李刚、张鹏被控帮助犯罪分子逃避处罚案

1. （1）依照《最高人民检察院关于人民检察院直接受理立案侦查案件立案标准的规定（试行）》《最高人民检察院关于渎职侵权犯罪案件立案标准的规定》，"有查禁犯罪活动职责的国家机关工作人员"指有查禁犯罪活动职责的司法及公安、国家安全机关、海关、税务等国家机关的工作人员。亦即，直接负有查禁犯罪活动的职责（包括领导职责）或因工作需要临时参与查禁犯罪活动的国家工作人员，即具体负责该案的国家机关工作人员。

（2）本案被告人李刚虽系司法机关中的国家机关工作人员，但并不具体负责该案，不能构成帮助犯罪分子逃避处罚罪。

（3）如果李刚是具体负责审理张树人案的法官，其行为构成徇私枉法罪。

（4）如果李刚是具体负责审理张树人案的法官，在公安机关对张树人采取强制措施时得知此信息，通知其逃跑；或者李刚是具体负责审理张树人民事诉讼的法官，在知晓其涉嫌经济犯罪后，示意其伪造证据；等等，都可构成帮助犯罪分子逃避处罚罪。

2. 主要有三项违法行为：①明知此事与本人职责无关，仍越权使用提审证"提审"；②裹挟张树人之子张鹏违法入监探视；③为张树人翻供、串供出谋划策，帮助内外传递案情，并伪造谈话笔录。前两项行为均属滥用职权行为，因无明显的损失结果，难以认定为犯罪。第三项行为针对的是刑事诉讼中的被告人陈述、证人证言，示意、帮助被告人本人作伪证，帮助张鹏指使"老校长"作伪证，宜认定为妨害作

证罪。因在刑法中指使证人本人"伪造证言",不属"伪造证据",而是妨害作证。不经由证人而是在侦讯笔录上涂改才属"伪造证据"。

案例三:倪庆元徇私舞弊不移交刑事案件案

1. 从犯罪构成上看,区别在于以下几个方面:①犯罪主体不同:前罪的主体只能是行政执法人员,后罪的主体必须是司法工作人员。②行为方式不同:前罪只限于一种不作为,即将应当移交司法机关追究刑事责任的案件不移交,后罪则没有特殊限制。③成罪要求不同:前罪是情节犯,犯罪的成立必须达到情节严重,而后罪则没有情节严重的成罪要求。

2. 公安机关既有行政执法职能,也有刑事司法职能。负责行政执法的公安人员,是行政执法人员;如果是负有侦查职责的公安人员,如刑侦大队、缉毒大队、经济犯罪侦查大队人员等,则是司法工作人员。派出所的主要职责是依法执行行政法律,管理社会公共事务,处理治安案件,对刑事案件的处理主要是协助刑侦大队做第一步的询问接待工作,其身份是行政执法工作人员。由于刑事立案职权一般由公安局的刑侦大队负责,派出所在查禁行政违法活动时发现犯罪或者接获犯罪举报时需移交刑侦大队,其无刑事案件立案权。如刑侦人员明知犯罪而不立案,是徇私枉法罪。派出所所长倪庆元,在本案中是以行政执法工作人员的身份,因此为行政执法工作人员,构成徇私舞弊不移交刑事案件罪。

3. "徇私"为动机,并非一定要有客观行为。在本案中,倪庆元碍于领导、同事说情,而将本应移交给刑侦大队的刑事案件作退赃处理,以罚代刑,故意不移交刑事案件具有徇私动机。

4. 不能构成徇私舞弊不移交刑事案件罪,因其无故意。如情节严重,造成重大损失结果,可涉嫌玩忽职守罪。

第三节 其他罪名

案例一:于萍被控故意泄露国家秘密案

1. 检察部门的保密规定虽将"讯问被告人笔录"和"询问证人证言"的保密期限规定为"庭审前",但是这个规定与刑事诉讼法的规定相背离,因此规定无效。因在诉讼过程中,所有的证据材料都必须在庭上公开出示、宣读并经质证,不再有任何秘密可言,已不再属于国家秘密,故法律并不禁止律师或其他辩护人将其交予他人阅知。"犯罪事实材料"包括被告人供述、证人证言在内的各种证据材料,一经起诉并移送到法院,即告失密。

2. 根据《律师法》的规定,律师是为社会提供法律服务的执业人员,并非国家机关工作人员。律师也不属于检察部门保密规定所约束的本系统的国家秘密的知悉人员,且法院系统的保密规定亦未将案件证据材料确定为国家秘密。故律师对案件证据材料没有所谓的保密义务。

3. 律师将案卷材料让当事人亲属查阅,可能违反律师执业规范,但并不涉嫌犯罪。本案中，朱克荣涉嫌妨害作证罪。当然，律师如果指使证人作伪证，可以涉嫌辩护人妨害作证罪。本案中，于萍未指使证人作伪证，其在调查、取证时，也并不知晓证人证言为虚假，对于使用虚假证言没有故意，不构成妨害作证罪。

案例二：高晓云等徇私舞弊不征、少征税款、受贿案

1. （1）就涉税行为而言，高晓云构成徇私舞弊不征、少征税款罪，故意逃税的卖房人客户可构成逃税罪。成立共同犯罪。

（2）就贿赂行为而言，收受贿赂的高晓云构成受贿罪，给予贿赂的卖房人客户可构成行贿罪。成立共同犯罪。

（3）为对合犯，实施行为的对向人的罪名可以不同。原理是：对于对合行为共同故意、故意实施，但因各行为人身份不同，行为与特殊身份结合成立不同性质的行为，从而导致罪名不同。例如，客户故意逃税，如高晓云无身份而帮助，为逃税罪的帮助犯；但其利用特殊身份予以帮助，则为徇私舞弊不征、少征税款罪。

2. 无身份之人当然可以构成有身份之罪的共犯，但需利用有身份之人的身份，在行为上偏向于有身份者一方。就本案而言，丁红系房屋中介人员，系为了使房屋买卖能够成功，介绍客户利用高晓云逃税，认定其偏向于逃税者一方，认定为逃税罪的共犯更为恰当一些。

3. 数罪并罚。《最高人民法院、最高人民检察院关于办理渎职刑事案件适用法律若干问题的解释（一）》（自2013年1月9日起施行）第3条规定，国家机关工作人员实施渎职犯罪并收受贿赂，同时构成受贿罪的，除《刑法》另有规定外，以渎职犯罪和受贿罪数罪并罚。

第八章　危害国家安全罪、危害国防利益罪、军人违反职责罪

第一节　危害国家安全罪

一、为境外窃取、刺探、收买、非法提供国家秘密、情报罪以及关联"涉密"犯罪

案例一：吴士深、马涛为香港报社记者提供国家秘密案

1. （1）为境外窃取、刺探、收买、非法提供国家秘密、情报罪中的"境外"，指我国大陆地区以外的国家或地区，包括外国和港澳台地区。本案中，被告人为香港报社记者提供，属于为"境外"提供。

（2）国家秘密是指关系国家的安全和利益，依照法定程序确定，在一定时间内只限一定范围的人员知情的事项。根据《中华人民共和国保守国家秘密法》的规定，国家秘密的密级分为"绝密""机密""秘密"，由保密机关予以认定和鉴定。本案中，内部传阅的领导人送审稿，已标明"绝密级"，后经密级鉴定，也认定为国家秘密。

2. （1）本罪故意的认识内容：明知所提供对象属于国家秘密；明知提供的对向

人是"境外"的机构、组织、人员。

(2) 如吴士深误认为梁慧珉为境内人员，则因欠缺必要要素的认识，不成立本罪故意，但可涉嫌故意泄露国家秘密罪。

3. 无论吴士深是否属于国家秘密的合法知悉者，其已构成为境外人员非法提供国家秘密罪，即不再以故意泄露国家秘密罪论处。因客观上提供的对向人不是间谍人员，故其不构成间谍罪。三罪的关系是：国家秘密的合法知悉者故意泄露国家秘密的，构成故意泄露国家秘密罪；向境外人员故意泄露的，构成为境外窃取、刺探、收买、非法提供国家秘密、情报罪；参加间谍组织，或接受间谍组织和代理人任务搜集提供的，构成间谍罪。

案例二：王冠都间谍案

1. (1) 间谍罪的主体不限，本国公民、外国人、境外人员都可构成。即使王冠都是外国人，也可构成间谍罪。

(2) "间谍组织"是专门秘密派遣特工人员到对象国或地区从事以窃密为主的各种非法谍报活动的组织。当前由我国专门安保部门确定"间谍组织"。

2. 间谍罪中搜集情节并非必须采用非法手段，参加间谍组织后，以合法手段搜集情节，也构成间谍罪。并且根据《刑法》第110条第1项的规定，参加间谍组织即使不从事任何活动，都可构成间谍罪。

3. 间谍罪中可包容非法获取国家秘密，为境外窃取、刺探、收买、非法提供国家秘密、情报的行为，系整体法与部分法的法条竞合关系。构成间谍罪，即不再以其他涉密犯罪论处。

4. 潘某涉嫌过失泄露军事秘密罪；高某涉嫌过失泄露国家秘密罪。

案例三：林建东故意泄露国家秘密、受贿案

1. 故意泄露国家秘密罪是指国家机关工作人员或者非国家机关工作人员违反保守国家秘密法，故意使国家秘密被不应知悉者知悉，或者故意使国家秘密超出了限定的接触范围，情节严重的行为。其主体是知悉国家秘密的人员，包括国家机关工作人员和非国家机关工作人员。非法获取国家秘密罪指没有知悉权利的人员，通过非法手段获取其不应知悉的国家秘密。

2. 本案中，林建东构成故意泄露国家秘密罪。

3. (1) 如被动知悉国家秘密，此行为不涉及犯罪；知道系国家秘密再予以泄露，构成故意泄露国家秘密罪。

(2) 如主动向林建东购买国家秘密，则认定为非法获取国家秘密罪。

(3) 于树泉主动向李某亮购买国家秘密，构成非法获取国家秘密罪，之后又转卖的行为触犯故意泄露国家秘密罪，但系事后不可罚行为，不再单独定罪。

4. 构成非法获取国家秘密罪。

二、其他危害国家安全犯罪

案例一：王立军叛逃案

1. 叛逃罪的主体是国家机关工作人员、掌握国家秘密的国家工作人员。其中，国家机关工作人员在履行公务期间叛逃才构成此罪。本案中，王立军系国家工作人员，其叛逃时虽被宣布"休假式疗养"，但仍实际履行职务，符合叛逃罪的主体和"履行公务期间"的要求。

2. 在《刑法修正案（八）》对本罪进行修正之前，叛逃罪的构成需行为具有危害国家安全的要素，《刑法修正案（八）》已删除此要素。本案中，王立军的叛逃行为发生在《刑法修正案（八）》生效之后，其无需实施危害国家安全的行为，也构成此罪。

3. 对"境外"进行平义解释，指的是地理上的"境外"，亦即我国大陆地区国土（领陆、领水、领空）之外；对"境外"进行扩大解释，可延展包括国家法权受到一定限制的区域，例如外国驻华使领馆。本案所涉美国驻成都总领事馆，根据《中华人民共和国领事特权与豁免条例》第4条的规定，因领馆馆舍不受侵犯，故该区域内享有一定的特权与豁免，我国法权受到一定的限制。如对"境外"进行平义解释，则王立军属叛逃罪未遂；如对"境外"进行扩大解释，则王立军属叛逃罪既遂。

案例二：罗让旦真、泽戈煽动分裂国家案

1.（1）煽动是指行为人以语言、文字、图像等方式对他人进行鼓吹煽动，意图使他人接受或相信所煽动的内容或去实行所煽动的分裂国家的行为，而并非行为人自己实行，此为煽动分裂国家罪与分裂国家罪的区别所在。煽动的对象，可以是一人或众人。煽动的方式多种多样，可以是发表言论、散布文字、制作、传播音像制品等。在刑法中，言辞有时候也是一种行为。

（2）罗让旦真的行为系煽动行为，因煽动行为已完成，系煽动分裂国家罪既遂。煽动型犯罪没有未遂形态。只要行为人着手实施了特定煽动行为，无论被煽动者是否被鼓动起来实施了关联的实行行为，无论是否造成实际的危害结果，行为人都构成该种煽动型犯罪的既遂。故此，煽动型犯罪也就没有未遂的形态，但可以存在预备和中止的停止形态，例如行为人预谋以文字宣传的形式煽动分裂国家，在还没有着手实施宣传行为时，由于意志以外的原因而没有得逞，此时成立煽动分裂国家罪的预备形态。行为人如果在实施宣传之前主动放弃行为，则成立犯罪的中止。如其还未实施散发行为，则为犯罪预备。

2.（1）成立煽动分裂国家罪中的故意，要求明知散布的系分裂国家内容的材料。二审法院认为泽戈系文盲，不知书中含有分裂国家的内容，欠缺对象的认识，从而不具有犯罪故意。

（2）如果泽戈知书中有分裂国家的内容，而借阅给罗让旦真个人阅读，但不知其会予以散布，其仅仅持有、单纯的借阅行为不属"煽动"行为。不知罗让旦真会予以散布，也没有帮助的故意，亦不能构成煽动分裂国家罪。

第二节　危害国防利益罪

案例：谭飞等冒充军人招摇撞骗、抢劫案

1. 比照《关于审理抢劫、抢夺刑事案件适用法律若干问题的意见》第9条的规定，行为人冒充正在执行公务的人民警察"抓赌""抓嫖"，没收赌资或者罚款的行为，构成犯罪的，以招摇撞骗罪从重处罚；在实施上述行为中使用暴力或者暴力威胁的，以抢劫罪定罪处罚。则：冒充军人招摇撞骗罪的犯罪客观要件主要指冒充军人骗取对方的信任，使其信赖行为人为军人，从而使得行为人有机会利用此种信任不需采取暴力而取得对方的财物或者其他利益。冒充军人抢劫则是采取威胁、压制反抗的手段获取财物。由此，如果在具备相信了对方为军人的条件后，行为人采取了威胁手段获取财物的，若威胁的暴力特征不是很明显，只是轻威威胁的，仍应定性为冒充军人招摇撞骗罪；若威胁的暴力特征很明显，使被害人造成了相当程度的恐惧的，则应定性为抢劫罪；如果采取冒充军人招摇撞骗行为范畴以外的暴力手段的则应一律定为抢劫罪。

2. 应当数罪并罚。

第三节　军人违反职责罪

案例：某边防战士胡某军人携枪潜逃境外案

可能涉嫌以下犯罪：①军人叛逃罪，是指军人在履行国家、国防事务以及其他军事事务期间，擅离岗位，叛逃境外或者在境外叛逃，危害国家军事利益的行为。本案中，胡某没有危害国家军事利益，不应以军人叛逃罪认定。②其逃离部队的行为，可以触犯逃离部队罪。③其逃出国境进入他国境内，构成偷越国（边）境罪。④盗窃武器装备罪是指军人采取秘密手段，非法占有武器装备的行为。因其私自将站岗执勤用的枪支带走，部队并不知情，可构成盗窃武器装备罪。非法持有、私藏枪支是盗窃武器装备罪的事后不可罚行为。